# 해커스 ~~공인중~~개사
# 실시간 합격예측 서비스

**무료 제공**

KB084821

---

## STEP1. 답안입력

① QR코드를 스캔한다.

② 모바일 화면에서
   답안을 입력한다.

### ※ QR코드 스캔방법

① 스마트폰 내의 기본카메라
   어플을 켠다.
② 촬영 버튼을 누르지 않고
   카메라 화면에 QR코드를
   비춘다.
③ 화면에 뜨는 URL을 터치한다.

---

## STEP2. 자동채점

① [제출] 버튼을 터치한다.

② 자동채점 완료!

\* 해커스 공인중개사 회원가입 후
  이용 가능

---

## STEP3. 실시간 성적분석

① 성적표 화면에서 성적
   분석 데이터를 확인한다.
   (점수 / 백분위 / 합격예측
   및 다른 수험생들과의 비교
   지표 등)

② 해설강의를 통해 틀린
   문제를 복습한다.

\*실시간으로 전국 수험생
  평균점수 및 백분위가 반영되어
  나의 현위치를 수시로 파악할
  수 있습니다.

# 해커스 공인중개사
## 실전모의고사

**1차** 부동산학개론 · 민법 및 민사특별법

10회분

# &lt;해커스 공인중개사 실전모의고사&gt;가

## 특별한 이유!

### 01
**합격을 위한 최적의 난이도!**

너무 어렵거나 너무 쉬운 문제를 풀면서 소중한 시간을 낭비하지 마세요. 실제 시험 난이도를 반영해 제대로 만든 실전모의고사로 합격에 더 가까이 가세요.

### 02
**빠르고 전략적인 복습!**

풀어본 모든 문제를 복습하다 지치지 마세요. 가장 쉬운 난이도의 문제들부터 복습해 합격에 반드시 필요한 기본 점수를 탄탄하게 확보하세요.

### 03
**내 약점만 집중적으로 보완!**

내가 가장 많이 틀리는 출제포인트를 빠르게 찾아내어 집중적으로 보완해 효율적으로 시험을 대비하세요.

### 04
**본 교재 인강 제공!**

상세한 해설강의를 통한 복습을 원하시는 분들을 위해 출제 교수님들의 인강을 제공합니다.

★ 해설지의 QR코드를 찍으면 해설강의를 볼 수 있으며, 해설강의는 제35회 공인중개사 시험일까지 무료로 제공됩니다.

# <해커스 공인중개사 실전모의고사>

## 200% 활용 Tip

### 1 실제 시험 보듯 문제풀기

실제 시험장에서 문제를 푸는 마음으로 시간을 정해놓고 제한 시간 내에 문제풀이와 답안 작성까지 해보세요.
★ 시험지와 OCR카드를 실제 시험장에서 제공되는 형태와 가장 유사하게 만들었습니다.
★ 부족한 OCR카드는 해커스 공인중개사 홈페이지에서 다운받으실 수 있습니다.

### 2 합격점검 성적표 활용하기

합격점검 성적표에 내 점수를 적어보며 효과적인 학습 관리를 해보세요.

### 3 난이도에 따라 전략적으로 복습하기

내가 틀린 문제 중 난이도 하 부터 중 순서대로 복습해 나가세요.
★ 고득점을 원할 경우 난이도 상 까지 복습하면 좋습니다.

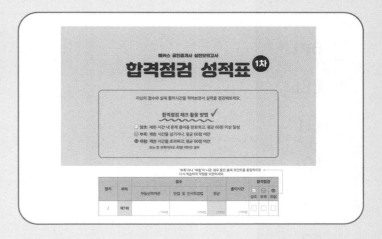

### 4 마무리 OX 부록으로 함정 피하는 연습하기

아는 내용도 함정에 빠져 틀리는 경우가 많습니다. 부록의 OX문제를 통해 실제 시험에서 함정에 빠지지 않는 연습을 하세요.

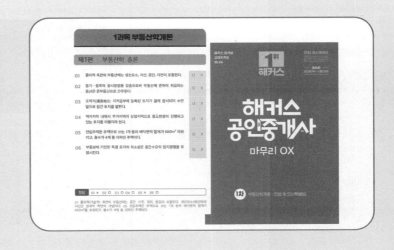

# 목차

# 2024년도 제35회 공인중개사 1차 국가자격시험

# 실전모의고사 제1회

| 교 시 | 문제형별 | 시 간 | 시 험 과 목 |
|---|---|---|---|
| **1교시** | **A** | **100분** | ① 부동산학개론<br>② 민법 및 민사특별법 중<br> 부동산 중개에 관련되는 규정 |

| 수험번호 | | 성 명 | |
|---|---|---|---|

## 【 수험자 유의사항 】

1. **시험문제지는 단일 형별(A형)이며, 답안카드 형별 기재란에 표시된 형별(A형)을 확인하시기 바랍니다.** 시험문제지의 **총면수, 문제번호 일련순서, 인쇄상태** 등을 확인하시고, 문제지 표지에 수험번호와 성명을 기재하시기 바랍니다.

2. 답은 각 문제마다 요구하는 **가장 적합하거나 가까운 답 1개**만 선택하고, 답안카드 작성 시 시험문제지 **형별누락, 마킹착오**로 인한 불이익은 전적으로 **수험자에게 책임**이 있음을 알려드립니다.

3. 답안카드는 국가전문자격 공통 표준형으로 문제번호가 1번부터 125번까지 인쇄되어 있습니다. 답안 마킹 시에는 반드시 **시험문제지의 문제번호와 동일한 번호에 마킹**하여야 합니다. (1차 1교시: 1번~80번)

4. **감독위원의 지시에** 불응하거나 **시험시간 종료 후 답안카드를 제출하지 않을 경우** 불이익이 발생할 수 있음을 알려 드립니다.

5. 시험문제지는 시험 종료 후 가져가시기 바랍니다.

6. 답안작성은 **시험 시행일(2024.10.26.) 현재 시행되는 법령** 등을 적용하시기 바랍니다.

7. 가답안 의견제시에 대한 개별회신 및 공고는 하지 않으며, **최종 정답 발표로 갈음**합니다.

8. 시험 중 **중간 퇴실은 불가**합니다. 단, 부득이하게 퇴실할 경우 시험포기각서 제출 후 퇴실은 가능하나 **재입실이 불가**하며, **해당시험은 무효처리됩니다.**

## 해커스 공인중개사

# 제1과목: 부동산학개론

1. 부동산 용어에 대한 설명 중 옳지 <u>않은</u> 것은?
   ① 공지(空地)는 건폐율 등의 제한으로 모두 건축하지 못하고 한 필지 내에서 남겨둔 토지를 말한다.
   ② 다가구주택은 주택으로 쓰는 1개 동의 바닥면적의 합계가 660m² 이하이고, 층수가 4개 층 이하인 주택을 말한다.
   ③ 맹지(盲地)는 도로에 직접 접하고 있지 못한 땅을 말한다.
   ④ 빈지(濱地)는 소유권이 인정되지 않는 바다와 육지 사이의 해변 토지를 말한다.
   ⑤ 소지(素地)는 택지 등으로 개발되기 이전의 자연 그대로의 토지를 말한다.

2. 부동산의 개념에 대한 설명으로 옳지 <u>않은</u> 것은?
   ① 부동산학에서 부동산을 기술적 측면으로 접근하면 지세, 지반, 구조, 설계 등을 연구의 대상으로 한다.
   ② 甲이 자본이득을 얻기 위해 매입한 토지는 경제적 측면에서 자산(asset)의 성격을 갖는다.
   ③ 법률적 개념의 부동산은 부동산의 무형적 측면을 이해하는 데 도움을 준다.
   ④ 부동산의 개념은 부동산활동의 범위를 확정시켜 준다.
   ⑤ 준부동산은 실생활의 필요에 따라 구분하는 것으로, 이것을 부동산학의 연구대상으로 삼을 필요는 없다.

3. 부동산의 특성에 대한 설명으로 옳은 것을 모두 고른 것은?

   > ㄱ. 토지를 여러 가지 용도로 이용할 수 있다는 것은 인문적 특성 중 하나이다.
   > ㄴ. 토지는 생산비를 투입하여 생산할 수 없기 때문에 경제적 · 용도적 공급이 불가능하다.
   > ㄷ. 부동산의 가치는 장래 기대되는 편익을 현재가치로 환원한 값으로 정의되는데, 이는 영속성과 관련이 깊다.
   > ㄹ. 토지는 부증성의 특성으로 그 위치에 따라 용도지역지정 등이 달라지고, 또 이용상태도 달라질 수 있다.

   ① ㄱ, ㄴ　　　　　② ㄱ, ㄷ
   ③ ㄴ, ㄷ　　　　　④ ㄴ, ㄹ
   ⑤ ㄷ, ㄹ

4. 부동산학 및 부동산활동에 대한 설명으로 옳지 <u>않은</u> 것은?
   ① 부동산학의 종합식 접근방법은 복합개념을 중시한다.
   ② 부동산학에서는 부동산활동뿐만 아니라 도시스프롤, 지가고(地價高) 등 부동산현상도 연구대상으로 한다.
   ③ 부동산투자, 부동산금융, 부동산개발은 부동산학의 연구분야 중에서 결정지원분야에 해당한다.
   ④ 부동산학에서 추구하는 경제성의 원칙은 최소의 비용으로 최대의 효과를 얻으려는 부동산 활동의 행위기준을 말한다.
   ⑤ 부동산활동은 체계화된 지식의 관점에서는 과학성을, 실무에 응용하는 관점에서는 기술성의 성격을 갖는다.

5. 부동산의 수요와 공급에 대한 설명으로 옳지 <u>않은</u> 것은? (단, 다른 조건은 일정함)
   ① 아파트와 보완관계에 있는 재화의 가격이 상승하면 아파트 수요는 증가한다.
   ② 임차인의 명목소득이 일정하여도 임대료가 하락하여 임대주택의 수요량이 늘어나는 것은 소득효과에 대한 설명이다.
   ③ 부동산 수요곡선은 각 가격수준에서 수요자가 기꺼이 구매하려고 하고, 할 수 있는 수요량을 연결한 곡선이다.
   ④ 유효공급이란 부동산을 공급할 의사와 공급할 능력이 뒷받침된 실질적인 공급을 말한다.
   ⑤ A부동산 가격이 5% 상승함에 따라 B부동산 수요량이 2% 증가하였다면 A부동산 가격에 대한 B부동산 수요의 교차탄력성은 0.4이다.

6. 부동산의 탄력성에 대한 설명으로 옳지 <u>않은</u> 것은? (단, 다른 조건은 일정함)
   ① 수요자의 소득이 5% 증가할 때 아파트 수요량이 1% 증가하였다면, 아파트는 정상재이다.
   ② 생산량을 늘릴 때 생산요소가격이 상승할수록 공급의 가격탄력성은 더 비탄력적이 된다.
   ③ 부동산수요의 가격탄력성은 특정 입지조건을 요구하는 부동산일수록 더 비탄력적이 된다.
   ④ 생산에 소요되는 기간이 길수록 공급의 가격탄력성은 더 탄력적이 된다.
   ⑤ 임대료 변화율보다 수요량의 변화율이 크다면, 임대료를 인하할 때 임대업자(공급자)의 수입은 증가한다.

7. 다음 조건하에서 특정 지역 아파트시장이 t시점에서 t + 1시점으로 변화할 때 균형가격과 균형거래량의 변화에 대한 설명으로 틀린 것은? [단, Qd는 수요량, Qs는 공급량, P는 가격(단위: 만원)이며 주어진 조건에 한정함]

○ t시점 아파트 수요함수: $2P = 400 - Qd_1$
○ t시점 아파트 공급함수: $2P = 200 + Qs_1$
○ (t + 1)시점 아파트 수요함수: $2P = 800 - Qd_2$
○ (t + 1)시점 아파트 공급함수: $4P = 400 + Qs_2$

① t시점에서의 균형가격은 150만원/m²이다.
② t시점에서의 균형거래량은 100이다.
③ t + 1시점에서의 균형가격은 200만원/m²이다.
④ t + 1시점에서의 균형거래량은 400이다.
⑤ t시점에서 t + 1시점으로 변화할 때 균형가격은 50만원 상승하고, 균형거래량은 400 증가한다.

8. 부동산시장의 균형가격과 균형거래량의 변화에 대한 설명으로 틀린 것은? (단, 다른 조건은 일정함)
① 수요는 불변이고 공급이 감소하면, 균형가격은 상승하고 균형거래량은 감소한다.
② 수요의 감소보다 공급의 증가가 더 클 경우, 균형가격은 하락하고 균형거래량은 증가한다.
③ 가격이 하락할 때 수요의 가격탄력성이 비탄력적일수록 가격은 더 하락한다.
④ 공급이 완전탄력적인 상황에서 수요가 증가하면 균형가격은 변하지 않고 균형거래량은 증가한다.
⑤ 수요가 완전비탄력적인 상황에서 공급이 감소하면 균형거래량은 감소한다.

9. 특정 지역의 아파트시장에서 아파트의 가격변화로 아파트의 공급량이 기존의 1,600세대에서 1,760세대로 변하였다. 공급의 가격탄력성이 0.5라고 한다면, 아파트 가격은 얼마나 변화하였겠는가? (단, 아파트의 최초가격은 4억원이며, 다른 조건은 일정함)
① 8,000만원 상승
② 8,000만원 하락
③ 4,000만원 상승
④ 4,000만원 하락
⑤ 2,000만원 상승

10. 부동산경기변동의 유형에 관한 내용이다. ( )에 들어갈 내용을 순서대로 나열한 것은?

ㄱ. 경제가 성장하면서 신규주택의 미분양물량이 전년 동기 대비 일정비율씩 감소하는 것은 ( ) 변동이다.
ㄴ. 정부의 부동산정책으로 주택거래량이 급격하게 증가하였다면 ( ) 변동이다.
ㄷ. 신학기에 학군 부근의 아파트 거래량이 늘어나는 현상이 반복되는 것은 ( ) 변동이다.
ㄹ. 2024년 4월을 정점으로 하여 상업용 부동산경기가 후퇴기에 접어들었다면 ( ) 변동이다.

  ㄱ       ㄴ       ㄷ       ㄹ
① 순환적, 우발적, 계절적, 추세적
② 계절적, 불규칙, 추세적, 순환적
③ 규칙적, 추세적, 순환적, 계절적
④ 계절적, 순환적, 추세적, 우발적
⑤ 추세적, 불규칙, 계절적, 순환적

11. 부동산시장에 관한 설명으로 옳지 않은 것은?
① 부동산시장은 시장참여자에게 부동산상품이나 가격에 관한 정보를 제공해 주는 기능을 갖는다.
② 양·질·위치·용도·규모 등에 따라 다양한 형태의 시장의 분화 가능한 특성을 가진다.
③ 부동산시장이 할당 효율적이지 못할 경우, 부동산가격은 과소평가나 과대평가가 발생하지 않는다.
④ 부동산시장은 수요와 공급을 조절하는 데 많은 시간이 소요되는 편이다.
⑤ 부동산시장에서의 가격은 구매자가 제안하는 상한가격과 판매자가 제안하는 하한가격 범위 내에서 형성되는 기능을 갖는다.

12. 주택시장분석에 관한 설명으로 옳지 않은 것은?
① 주택시장은 지역적 경향이 강하고, 지역수요에 의존하기 때문에 적정가격의 도출이 용이하지 않다.
② 주택은 이질성이 강한 제품이므로 용도적으로 동질화된 상품으로 분석해서는 아니 된다.
③ 주택시장분석에서 유량의 개념뿐만 아니라 저량의 개념을 파악하는 것은 주택공급이 단기적으로 제한되어 있기 때문이다.
④ 주택시장은 신규주택 및 중고(기존)주택으로 이원화되어 있어 여과과정이라는 독특한 현상이 발생된다.
⑤ 주택의 여과현상이란 주택의 질적 변화와 가구의 이동과의 관계를 설명해 주는 것을 말한다.

13. 지대이론에 대한 설명으로 <u>틀린</u> 것을 모두 고른 것은?

> ㄱ. 차액지대설은 지대가 상승함에 따라 곡물가격이 상승한다는 것을 잘 설명해준다.
>
> ㄴ. 절대지대설에서 토지소유자는 비옥도나 생산성과 무관하게 한계지에서도 지대를 요구할 수 있다.
>
> ㄷ. 준지대는 토지와 성격이 유사한 기계, 기구 등 고정생산요소에 귀속되는 일시적인 소득을 말한다.
>
> ㄹ. 입찰지대는 단위면적 토지에 대하여 토지이용자의 지불용의 최소금액을 말한다.
>
> ㅁ. 헤이그(Haig)의 마찰비용이론은 중심지로부터 거리가 멀어질수록 교통비는 증가하고 지대는 감소한다고 하여 교통비의 중요성을 강조하였다.

① ㄱ, ㄴ
② ㄱ, ㄹ
③ ㄴ, ㄷ
④ ㄴ, ㄹ
⑤ ㄹ, ㅁ

14. 점포 A, B가 있다. 두 점포간의 거리는 15km이다. A의 면적은 400m²이고, B의 면적은 100m²이다. 컨버스(P. D. Converse)의 분기점모형에 따른 두 점포간의 상권경계선은 어디인가? (단, 상권은 거리의 제곱에 반비례하고, 점포의 면적에 비례함)

① A점포로부터 3km지점
② A점포로부터 5km지점
③ A점포로부터 9km지점
④ A점포로부터 10km지점
⑤ A점포로부터 12km지점

15. 도시구조 및 입지이론에 관한 설명으로 옳지 <u>않은</u> 것은?

① 동심원이론에 따르면, 소득수준의 변화는 점이지대에서 외곽지역으로의 주거지 이동을 발생하게 하는 요인이다.
② 허프(D. Huff)의 확률모형에서 공간마찰계수는 시장의 교통조건과 쇼핑물건의 특성에 따라 달라지며, 교통조건이 나쁠수록 공간마찰계수가 커지게 된다.
③ 다핵심이론에서 동종·유사활동은 이종활동에 비해 분산입지한다는 것을 다핵화의 한 요인으로 본다.
④ 크리스탈러(W. Christaller)의 중심지이론에서 '재화의 도달범위'란 중심지로부터 어느 기능에 대한 수요가 0이 되는 지점까지의 거리를 말한다.
⑤ 선형이론은 양호한 교통노선을 따라 고급주택지구가 형성된다는 것을 잘 설명해준다.

16. 시장실패 및 부동산정책에 대한 설명으로 옳지 <u>않은</u> 것은?

① 부동산시장에서 시장참여자가 접하는 정보의 양과 질이 다를 경우에도 자원배분의 효율성은 달성된다.
② 시장·군수·구청장은 개발부담금 부과 대상 사업이 시행되는 지역에서 발생하는 개발이익을 「개발이익 환수에 관한 법률」에 정하는 바에 따라 개발부담금으로 징수하여야 한다.
③ 정부는 부동산자원의 최적사용이나 최적배분을 위하여 부동산시장에 개입할 수 있다.
④ 정부의 시장개입은 사회적 후생손실을 낳을 수 있다.
⑤ 토지정책수단 중 간접적 개입은 시장기구의 틀은 그대로 유지한 채 그 소기의 기능을 통해 시장이 원활하게 작동하도록 여건을 조성하는 방법이다.

17. 토지비축(은행)제도에 관한 설명으로 옳지 <u>않은</u> 것은?

① 「공공토지의 비축에 관한 법률」에 의해 현재 시행되고 있다.
② 국토교통부장관은 10년 단위의 종합계획과 연도별 시행계획으로 구분된 공공토지비축계획을 수립한다.
③ 한국토지주택공사는 국가나 지방자치단체의 재정 및 주택도시기금의 지원을 받아 토지비축사업을 수행하고 있다.
④ 토지를 사전에 비축하여 장래 공익사업의 원활한 시행과 토지시장의 안정에 기여할 수 있다.
⑤ 토지비축제도는 공공이 보유한 토지에 대하여 민간의 수요가 없으면 비축한 토지를 장기간 관리해야 하는 문제점이 있다.

18. 저소득 임차인의 주거안정을 위한 임대주택정책에 대한 설명으로 옳은 것을 모두 고른 것은? (단, 다른 조건은 일정함)

> ㄱ. 임대료보조정책은 단기보다 장기에 임대주택의 공급을 더 많이 감소시킨다.
>
> ㄴ. 저소득 임차인에게 임대료보조금을 지급하면 단기적으로 임대주택의 임대료가 상승한다.
>
> ㄷ. 장기공공임대주택공급은 정부가 민간임대주택시장보다 낮은 임대료 수준의 임대주택을 공급하는 것이다.
>
> ㄹ. 시장균형가격보다 임대료의 상한이 낮을 경우, 기존 임차인의 주거이동이 감소할 것이다.

① ㄱ, ㄴ, ㄷ
② ㄱ, ㄴ, ㄹ
③ ㄱ, ㄷ, ㄹ
④ ㄴ, ㄷ, ㄹ
⑤ ㄱ, ㄴ, ㄷ, ㄹ

19. 부동산조세의 경제적 효과에 관한 설명으로 **틀린** 것은? (단, 다른 조건은 불변임)

① 주택의 취득세율을 낮추면 주택수요가 증가할 수 있다.

② 토지이용을 특정 방향으로 유도하기 위해서는 토지의 용도에 따라 차등 적용하여 과세하여야 한다.

③ 조세의 전가란 납세의무자에게 부담된 조세가 납세의무자의 부담이 되지 않고 다른 사람에게 이전되는 것을 말한다.

④ 수요의 가격탄력성은 0.5이고, 공급의 가격탄력성이 1.5일 때 부과된 세금은 공급자에게 더 많이 귀착된다.

⑤ 지가 상승에 대한 기대가 퍼져 있는 상황에서 양도소득세가 중과되어 동결효과(lock in effect)가 발생하면 지가가 상승할 수 있다.

20. 부동산투자분석에 대한 설명으로 옳지 **않은** 것은?

① 할인율이 20%일 때, 투자안의 순현가(NPV) 값이 0이면 이 투자안의 내부수익률은 0%이다.

② 일반적으로 세전현금수지승수보다 세후현금수지승수가 더 큰 편이다.

③ 내부수익률(IRR)은 투자안의 수익성지수(PI)를 '1'로 만드는 할인율을 의미한다.

④ 영업경비비율이란 조소득에 대한 영업경비의 비율을 말한다.

⑤ 사전에 할인율을 결정하지 않아도 내부수익률을 구할 수 있다.

21. 자본환원계수에 대한 설명으로 옳은 것은?

① 5년 후에 1억원이 될 것으로 예상되는 토지의 현재가치를 계산할 경우 연금의 미래가치계수를 사용한다.

② 원금균등상환방식에 의한 매기의 원리금은 융자금에 저당상수를 곱하여 산정한다.

③ 잔금비율은 저당대출액에 대한 미상환된 금액의 비율을 말하며, 이자율·만기·경과한 저당기간의 함수이다.

④ 현재 5억원인 주택이 매년 10%씩 가격이 상승한다고 가정할 때, 연금의 미래가치계수를 사용하여 5년 후의 주택가격을 산정할 수 있다.

⑤ 매년 1,200만원씩 5년 동안 예상되는 임대료수입의 현재가치는 연금의 현재가치계수로 구한다.

22. 다음 표와 같은 투자사업이 있다. 사업기간이 1년이며, 금년에는 현금지출만 발생하고 내년에는 현금유입만 발생한다고 한다. 할인율이 5%인 경우와 12%인 경우에 각각의 순현재가치(NPV)를 구하면?

| 금년의 현금지출 | 내년의 현금유입 |
|---|---|
| 2,700만원 | 4,200만원 |

| 할인율 | 5% | 12% |
|---|---|---|
| ① | 1,300만원 | 1,050만원 |
| ② | 1,300만원 | 1,000만원 |
| ③ | 1,300만원 | 950만원 |
| ④ | 1,250만원 | 1,000만원 |
| ⑤ | 1,200만원 | 850만원 |

23. 다음 1년간 현금흐름표를 사용하여 계산한 결과로서 **틀린** 것은? (단, 주어진 조건에 한정함)

○ 부동산가치: 20억원

○ 대부비율: 60%

○ 가능총소득: 2억원

○ 유효총소득: 1억 8,000만원

○ 순영업소득: 1억원

○ 세전현금흐름: 4,000만원

① 가능총소득 대비 공실률 = 10%

② 영업경비 = 8,000만원

③ 종합환원율 = 5%

④ 부채감당률 = 2.5

⑤ 자기자본수익률 = 5%

24. 투자대안별 기대수익률과 표준편차는 다음과 같다. 이에 대하여 투자분석한 내용으로 옳지 <u>않은</u> 것은? (단, 주어진 조건에 한정함)

| 투자대안 | 기대수익률(%) | 표준편차(%) |
|---|---|---|
| 부동산 A | 5% | 4% |
| 부동산 B | 12% | 8% |
| 부동산 C | 15% | 10% |
| 부동산 D | 20% | 18% |

① 실제수익률이 기대수익률에 가까울 가능성이 가장 높은 투자대안은 부동산 A다.

② 부동산 B가 부동산 C를 지배하는 것은 아니다.

③ 네 가지 투자대안 중에서 부동산 D를 선택한 투자자의 무차별효용곡선 기울기가 가장 완만한 편이다.

④ 위험회피형 투자자는 부동산 A에 투자할 때 기대효용이 극대화된다.

⑤ 부동산 C가 부동산 A보다 변동(변이)계수 값이 더 작다.

25. 부동산의 분산투자와 상관계수에 대한 설명으로 옳지 <u>않은</u> 것은?

① 비체계적 위험은 포트폴리오를 구성하는 자산의 수를 늘릴수록 줄어드는 효과가 있다.

② 이자율변동위험은 수익률의 움직임이 상이한 종목끼리 구성하여 분산투자하면 제거되는 효과가 있다.

③ 부동산은 부동성, 개별성 등의 특성에 따라 포트폴리오 구성이 용이한 편이다.

④ 두 자산의 상관계수가 1보다 작은 경우에는 분산투자로 인한 잠재적 이익이 발생한다.

⑤ 무작위적(random)으로 투자안을 결합하면 포트폴리오의 비체계적 위험이 감소되는 효과가 있다.

26. 주택금융에 대하여 설명으로 옳지 <u>않은</u> 것은? (단, 다른 조건은 일정함)

① 변동금리저당대출에서 기준금리의 조정주기가 짧을수록 금리변동위험은 차입자에게 더 많이 전가될 수 있다.

② 금융기관이 채무불이행위험을 줄이기 위해서는 대출 초기에 담보인정비율(LTV)을 하향조정할 필요가 있다.

③ 고정금리저당대출은 대출기관을 인플레이션위험으로부터 어느 정도 보호해준다.

④ 한국주택금융공사의 주택연금에서 확정기간방식은 주택연금 이용자가 선택하는 일정한 기간 동안 노후생활자금을 매월 지급받는 방식이다.

⑤ 원금균등상환방식보다 체증식 상환방식은 금융기관 입장에서 대출 초기 원금회수위험이 상대적으로 큰 편이다.

27. 금융기관은 원금균등분할상환방식과 원리금균등분할상환방식의 대출을 제공하고 있다. 두 방식에 의해 산정한 첫 번째 월 불입액의 차액은? (단, 주어진 조건에 한함)

○ 주택가격: 3억원
○ 담보인정비율(LTV): 60%
○ 대출조건(매월 말 상환): 대출기간은 30년
○ 대출이자율: 고정금리 연 6%(월 0.5%)
○ 원금균등분할상환방식: 거치기간 없음
○ 원리금균등분할상환방식: 3년 거치 후 원리금균등분할상환하며, 거치기간 동안에는 이자만 지급함(월 저당상수 = 0.006443)

① 159,740원  ② 259,740원
③ 400,000원  ④ 500,000원
⑤ 659,740원

28. 주택저당유동화제도 및 주택저당증권(MBS)에 대한 설명으로 옳지 <u>않은</u> 것은?

① 2차 저당시장은 저당대출을 받은 저당차입자와는 아무런 직접적인 관계가 없다.

② 주택저당유동화제도는 정부 입장에서 주택경기 조절수단으로 활용할 수 있다.

③ MPTS(Mortgage pass through securities)는 조기상환위험을 증권투자자가 부담한다.

④ 다계층채권(CMO)의 발행기관은 저당채권의 풀(pool)에 대한 소유권을 가지면서 동 풀(pool)에 대하여 여러 개의 계층(트렌치)으로 구성된 채권을 발행한다.

⑤ 주택저당증권은 매기의 대출원리금상환액에 기초하여 발행증권에 대해 배당금을 투자자에게 제공하는 지분증권 중 하나이다.

29. 부동산투자회사에 관한 설명으로 옳지 <u>않은</u> 것은?

① 위탁관리 부동산투자회사는 영업인가나 등록 이후 최저 자본금은 50억원 이상으로 한다.

② 기업구조조정 부동산투자사회사는 영업인가를 받거나 등록을 한 날부터 2년 이내에는 주식 총수의 100분의 30 이상을 일반의 청약에 제공하여야 한다.

③ 자기관리 부동산투자회사의 설립 자본금은 5억원 이상으로 한다.

④ 일정요건을 갖춘 위탁관리 부동산투자회사 및 기업구조조정 부동산투자회사는 그 절차에 따라 국토교통부장관에게 등록하여야 한다.

⑤ 금융위원회는 부동산투자회사 등에 금융감독 관련 업무에 대한 자료 제출이나 보고를 명할 수 있다.

**30. 다음 중 한국주택금융공사의 업무에 해당하지 않는 것은?**

① 주택도시기금의 관리 및 운용

② 장기 보금자리론 공급

③ 주택담보노후연금 보증

④ 주택저당증권(MBS) 발행

⑤ 주택도시기금의 관리 및 운용

**31. 부동산금융은 자금조달의 성격에 따라 지분금융, 부채금융, 메자닌금융으로 나눌 수 있다. 다음 중 부채금융에 해당하는 것은 모두 몇 개인가?**

○ 상환우선주
○ 전환사채(CB)
○ 저당대출담보부 채권(MBB)
○ 주택상환사채
○ 조인트-벤처(joint-venture)
○ 신주인수권부 사채(BW)
○ 신탁증서금융(담보신탁)
○ 부동산투자회사의 주식

① 2개　　　　　　　② 3개

③ 4개　　　　　　　④ 5개

⑤ 6개

**32. 부동산개발에 대한 설명으로 옳은 것을 모두 고른 것은?**

ㄱ. 택지개발은 필요한 공간을 제공하기 위하여 토지를 조성하고 건물을 건축하는 일련의 활동이며, 공공부문 뿐만 아니라 민간 부문에도 허용된다.
ㄴ. 사업수탁방식은 개발지분을 토지소유자와 개발업자가 공유한다.
ㄷ. 토지신탁방식에서 부동산신탁회사는 사업시행에 대한 수수료를 취득할 수 있다.
ㄹ. 택지공영개발사업은 사업비 부담이 크지만, 민간의 개발사업과는 달리 계획적인 토지이용이 가능하다.

① ㄱ, ㄴ, ㄷ　　　　② ㄱ, ㄴ, ㄹ

③ ㄱ, ㄷ, ㄹ　　　　④ ㄴ, ㄷ, ㄹ

⑤ ㄱ, ㄴ, ㄷ, ㄹ

**33. 부동산관리에 대한 설명으로 옳은 것은?**

① 혼합관리의 경우 소유주와 관리요원의 협조가 제대로 이루어지지 못하면 책임소재가 분명해진다.

② 신탁관리의 경우, 관리기간 중에 발생한 대인 및 대물사고는 위탁자가 책임을 진다.

③ 시설관리란 부동산 소유주나 기업의 부를 극대화하기 위하여 대상부동산의 가치를 증진시키도록 하는 적극적 관리이다.

④ 협의의 관리는 손익분기점 관리, 수지관리 등을 수행하는 경제적 관리를 말한다.

⑤ 부동산관리자가 상업용(매장용) 부동산의 임차자를 선정할 때에는 가능매상고가 중요한 기준이 된다.

**34. 부동산마케팅 및 광고에 관한 설명으로 옳은 것은?**

① 구매자 집단을 구매관련 욕구, 행동, 특성 등의 면에서 유사한 하부집단으로 구분하는 것은 세분화전략이다.

② 시장점유마케팅전략에서 설득과정은 주목(Attention) → 흥미(Interest) → 욕망(Desire) → 행동(Action) 단계의 순서로 이루어진다.

③ 관계마케팅전략의 핵심은 STP전략과 4P MIX전략을 구사하는 것이다.

④ 노벨티(novelty)광고는 표적고객을 선정하여 광고할 수 있다는 장점이 있다.

⑤ 고객점유마케팅은 시장을 세분화하고 표적시장에 대하여 자사의 상품을 차별화하는 전략을 구사하는 것이다.

**35. 부동산감정평가의 가격제원칙에 관한 설명으로 옳은 것은?**

① 균형의 원칙은 경제적 감가와 관련이 있고, 적합의 원칙은 기능적 감가와 관련이 있다.

② 부동산의 가격은 현재의 이용상태를 전제로 하여 평가하여야 한다는 것은 예측의 원칙이다.

③ 적합의 원칙이란 부동산이 시장수요와 일치되거나 주변의 토지이용과 어울릴 수 있을 때 높은 가치를 창출하게 된다는 원리이다.

④ 기여의 원리란 부동산의 가치는 각 구성부분의 생산비를 전부 합한 것이라는 원리이다

⑤ 최유효이용의 원칙은 부동산이 최고의 가격을 형성할 수 있는 용도로 이용하여야 한다는 원칙이다.

**36.** 「감정평가에 관한 규칙」에 대하여 기술하였다. 옳은 것을 모두 고른 것은?

> ㄱ. 감정평가법인등은 법령에 다른 규정이 있는 경우 등 기준시점의 가치형성요인을 실제와 다르게 가정하거나 특수한 경우로 한정하는 조건을 붙여 감정평가할 수 있다.
>
> ㄴ. 감정평가법인등은 시장가치 외의 가치를 기준으로 감정평가할 때에는 해당 시장가치 외의 성격과 특징 등을 검토해야 한다.
>
> ㄷ. 수익환원법이란 대상물건이 장래 산출할 것으로 기대되는 순수익이나 미래의 현금흐름을 환원하거나 할인하여 대상물건의 가액을 산정하는 감정평가방법을 말한다.
>
> ㄹ. 감정평가법인등은 선박을 감정평가 할 때에 선체·기관·의장(艤裝)을 합산하여 감정평가하되, 원가법을 적용해야 한다.

① ㄱ, ㄴ, ㄷ
② ㄱ, ㄴ, ㄹ
③ ㄱ, ㄷ, ㄹ
④ ㄴ, ㄷ, ㄹ
⑤ ㄱ, ㄴ, ㄷ, ㄹ

**37.** 아래의 조건을 활용하여 건물의 기준시점 현재 원가법에 의한 감정평가액을 구하면 얼마인가? (단, 감가액은 정액법에 의함)

> ○ 신축시점: 2022.9.1.(건축비 400,000,000원)
> ○ 기준시점: 2024.9.1.
> ○ 건축비는 매년 10%씩 상승하였음
> ○ 기준시점 현재 잔존 경제적 내용연수: 28년
> ○ 내용연수 만료시 잔존가치(잔가율): 10%

① 370,960,000원
② 435,600,000원
③ 454,960,000원
④ 464,860,000원
⑤ 474,960,000원

**38.** 환원이율(자본환원율)에 대한 설명으로 틀린 것은?

① 환원이율은 상업용 부동산에 투자가 이루어지기 위한 최소한의 필수수익률로서, 기회비용을 말한다.
② 자본환원율은 부동산가격에 대한 순영업소득의 비율을 말한다.
③ 환원이율은 개별환원이율과 종합환원이율이 있다.
④ 다른 조건이 일정할 때, 자본환원율이 상승하면 부동산 자산가격은 상승한다.
⑤ 부채감당법은 투자안의 순영업소득이 부채서비스액을 감당할 수 있는지를 판단하여 환원이율을 구하는 방법이다.

**39.** 「감정평가에 관한 규칙」에 대하여 기술하였다. 옳지 **않은** 것은?

① 원가법이란 대상물건의 재조달원가에 감가수정을 하여 대상물건의 가액을 산정하는 감정평가방법을 말한다.
② 토지를 감정평가할 때에는 거래사례비교법을 적용해야 한다.
③ 기준가치란 감정평가의 기준이 되는 가치를 말한다.
④ 유사지역이란 대상부동산이 속하지 아니하는 지역으로서 인근지역과 유사한 특성을 갖는 지역을 말한다.
⑤ 감정평가법인등은 자신의 능력으로 업무수행이 불가능하거나 매우 곤란한 경우 감정평가를 해서는 안 된다.

**40.** 부동산가격공시제도에 관한 설명으로 옳지 **않은** 것은?

① 공동주택가격은 시장·군수 또는 구청장이 매년 4월 30일까지 산정·공시하여야 한다.
② 국토교통부장관은 표준주택가격을 조사·산정하고자 할 때에는 한국부동산원에 의뢰한다.
③ 단독주택가격은 표준주택가격과 개별주택가격으로 구분하여 공시한다.
④ 표준지공시지가를 평가할 때에 공시기준일 현재 이용상황을 기준으로 하되, 일시적인 상황은 고려하지 않는다.
⑤ 국토교통부장관이 공동주택의 적정가격을 조사·산정하는 경우에는 인근 유사 공동주택의 거래가격·임대료 및 해당 공동주택과 유사한 이용가치를 지닌다고 인정되는 공동주택의 건설에 필요한 비용추정액 등을 종합적으로 참작하여야 한다.

**41.** 부동산 이중매매에 관한 설명으로 **틀린** 것은? (다툼이 있으면 판례에 따름)

① 제2매수인이 이중매매사실을 알았다는 사정만으로 제2매매계약이 반사회적 법률행위에 해당한다고 볼 수 없다.

② 대리인이 매도인의 배임행위에 적극 가담하여 이루어진 부동산 이중매매의 경우, 본인인 매수인이 그러한 사정을 몰랐다면 반사회적 법률행위가 되지 않는다.

③ 반사회적 법률행위에 해당하는 이중매매의 경우, 제1매수인은 제2매수인에 대하여 직접 소유권이전등기 말소를 청구할 수 없다.

④ 반사회적 법률행위에 해당하는 제2매매계약에 기초하여 제2매수인으로부터 그 부동산을 매수하여 등기한 선의의 제3자도 제2매매계약의 유효를 주장할 수 없다.

⑤ 부동산 이중매매의 법리는 이중으로 부동산임대차계약이 체결되는 경우에도 적용될 수 있다.

**42.** 불공정한 법률행위에 관한 설명으로 옳은 것을 모두 고른 것은? (다툼이 있으면 판례에 따름)

> ㄱ. 불공정한 법률행위에도 무효행위의 전환에 관한 법리가 적용될 수 있다.
> ㄴ. 대리인에 의한 법률행위에서 무경험과 궁박은 대리인을 기준으로 판단하여야 한다.
> ㄷ. 경락대금과 목적물의 시가에 현저한 차이가 있는 경우에도 불공정한 법률행위가 성립할 수 있다.
> ㄹ. 불공정한 법률행위의 무효는 선의의 제3자에게 대항할 수 있다.

① ㄱ, ㄴ      ② ㄱ, ㄷ
③ ㄱ, ㄹ      ④ ㄴ, ㄷ
⑤ ㄴ, ㄹ

**43.** 甲은 강제집행을 면할 목적으로 자기 소유의 X토지에 관하여 乙과 짜고 허위의 매매계약을 체결한 후 乙 명의로 소유권이전등기를 마쳐 주었다. 그 후 乙은 丙에게 금전을 차용하면서 X토지 위에 저당권을 설정하였다. 다음 설명 중 **틀린** 것은? (다툼이 있으면 판례에 따름)

① 甲과 乙 사이의 매매계약은 무효이다.

② 丙이 악의인 경우, 甲은 丙의 저당권등기의 말소청구를 할 수 있다.

③ 丙이 선의인 경우, 甲은 乙에게 X토지의 진정명의회복을 위한 소유권이전등기를 청구할 수 없다.

④ 丙이 보호받기 위해서는 허위표시에 대하여 선의이면 족하고 무과실일 필요는 없다.

⑤ 丙의 저당권 실행으로 甲에게 손해가 발생한 경우, 甲은 乙에게 손해배상을 청구할 수 있다.

**44.** 착오에 관한 설명으로 옳은 것은? (다툼이 있으면 판례에 따름)

① 동기의 착오가 법률행위의 내용의 중요부분의 착오에 해당함을 이유로 표의자가 법률행위를 취소하려면, 당사자들 사이에 별도로 그 동기를 의사표시의 내용으로 삼기로 하는 합의까지 이루어져야 한다.

② 매도인의 하자담보책임이 성립하더라도 착오를 이유로 한 매수인의 취소권은 배제되지 않는다.

③ 상대방이 표의자의 착오를 알고 이용한 경우에도 의사표시에 중대한 과실이 있는 표의자는 착오에 의한 의사표시를 취소할 수 없다.

④ 경과실로 인해 착오에 빠진 표의자가 착오를 이유로 의사표시를 취소한 경우, 상대방에 대하여 불법행위로 인한 손해배상책임을 진다.

⑤ 매도인이 매수인의 채무불이행을 이유로 계약을 적법하게 해제한 후에는 매수인은 착오를 이유로 취소권을 행사할 수 없다.

**45.** 甲은 제3자 A의 기망행위로 자기 소유의 건물을 매수인 乙에게 매도하고 소유권을 이전하였다. 이에 관한 설명으로 옳은 것을 모두 고른 것은? (다툼이 있으면 판례에 따름)

> ㄱ. 甲이 제3자 A에게 사기당한 사실을 乙이 알 수 있었을 경우, 甲은 乙과의 매매계약을 취소할 수 없다.
> ㄴ. 만약 A가 乙의 대리인이었다면 乙이 선의·무과실이더라도 甲은 乙과의 매매계약을 취소할 수 있다.
> ㄷ. 甲이 A를 상대로 불법행위를 원인으로 하는 손해배상을 청구하기 위해서는 먼저 乙과의 매매계약을 반드시 취소하여야 한다.
> ㄹ. 乙이 건물의 하자에 관하여 계약체결 당시 선의·무과실이라면 甲에 대하여 하자담보책임을 물을 수 있다.

① ㄱ, ㄴ      ② ㄴ, ㄷ
③ ㄱ, ㄹ      ④ ㄴ, ㄹ
⑤ ㄷ, ㄹ

46. 甲은 자기 소유 X토지를 매도하기 위해 乙에게 대리권을 수여하였다. 이후 乙은 丙을 복대리인으로 선임하였고, 丙은 甲을 대리하여 X토지를 매도하였다. 이에 관한 설명으로 **틀린** 것은? (다툼이 있으면 판례에 따름)

① X토지의 매매계약이 갖는 성질상 乙에 의한 처리가 필요하지 않다면, 특별한 사정이 없는 한 丙의 선임에 관하여 묵시적 승낙이 있는 것으로 보는 것이 타당하다.

② 乙이 甲의 승낙을 얻어 丙을 선임한 경우 乙은 甲에 대하여 그 선임·감독에 관한 책임이 있다.

③ 乙이 甲의 지명에 의하여 丙을 복대리인으로 선임한 경우에는 그 불성실함을 알고 본인에 대한 통지나 그 해임을 게을리한 때가 아니면 책임이 없다.

④ 丙은 甲의 대리인이다.

⑤ 만일 대리권이 소멸된 乙이 丙을 선임하였다면, X토지 매매에 대하여 「민법」 제129조에 의한 표현대리의 법리가 적용될 여지가 없다.

47. 협의의 무권대리에 관한 설명으로 **틀린** 것은? (다툼이 있으면 판례에 따름)

① 본인의 추인은 상대방 및 무권대리인의 동의를 필요로 하지 않는 단독행위이다.

② 무권대리인이 본인을 상속하는 경우에 본인의 지위에서 무권대리에 의한 무효를 주장하면 신의칙에 반하는 것으로서 허용되지 않는다.

③ 무권대리인이 차용한 금전의 변제기일에 채권자가 본인에게 그 변제를 독촉하자 본인이 그 유예를 요청한 것만으로는 추인을 인정하지 않는다.

④ 본인이 무권대리행위의 내용의 일부를 변경 또는 조건을 붙여서 추인하는 것은 상대방의 동의가 없는 한 원칙적으로 무효이다.

⑤ 본인의 추인이 있으면 무권대리행위는 처음부터 유권대리행위였던 것과 동일한 법률효과를 발생한다.

48. 다음은 토지거래허가구역 내에서 매매계약은 하였으나 관청의 허가를 받기 전의 법률관계에 대한 설명이다. 다음 설명 중 **틀린** 것은? (다툼이 있으면 판례에 따름)

① 유동적 무효상태에서는 이미 지급한 계약금에 대해서 부당이득반환청구권을 행사할 수 없다.

② 토지거래허가를 받기 전에는 해약금에 기한 해제권도 행사할 수 없다.

③ 매매계약의 당사자는 허가신청절차에 협력할 의무를 부담하고 상대방에게 그 이행을 청구할 수 있고 협력해 주지 않을 경우에는 소송으로 구할 수 있다.

④ 허가를 받기 전의 상태에서는 유동적 무효이므로 소유권이전청구권 자체가 발생하지 않으므로 계약에 따른 이행을 하지 않더라도 채무불이행을 이유로 해제할 수는 없다.

⑤ 매매계약이 처음부터 허가를 배제하거나 잠탈하는 내용의 계약일 경우에는 확정적 무효가 된다.

49. 법률행위의 취소에 관한 설명으로 **옳은** 것은? (다툼이 있으면 판례에 따름)

① 취소할 수 있는 행위를 추인할 때에는 법정대리인도 취소원인이 소멸한 후에만 추인할 수 있다.

② 법률행위를 취소하는 경우 제한능력자는 선의·악의를 불문하고 이익이 현존하는 한도에서 상환할 책임이 있다.

③ 법률행위가 취소되면, 그 법률행위는 취소한 때부터 무효가 된다.

④ 취소권은 취소할 수 있는 날로부터 3년 내에 행사하여야 한다.

⑤ 취소권은 취소사유가 있음을 안 날로부터 10년 내에 행사하여야 한다.

50. 법률행위의 부관에 관한 설명으로 **틀린** 것은? (다툼이 있으면 판례에 따름)

① 조건이 선량한 풍속 기타 사회질서에 위반한 경우, 그 조건만 무효이고 법률행위는 유효하다.

② 종기(終期) 있는 법률행위는 기한이 도래한 때로부터 그 효력을 잃는다.

③ 조건이 법률행위 당시에 이미 성취할 수 없는 것인 경우에는 그 조건이 정지조건이면 그 법률행위는 무효로 된다.

④ 기한은 특별한 사정이 없는 한 채무자의 이익을 위한 것으로 추정한다.

⑤ 법률행위에 조건이 붙어 있는지 여부는 조건의 존재를 주장하는 자에게 증명책임이 있다.

51. 등기하여야 물권변동의 효력이 생기는 것을 모두 고른 것은? (다툼이 있으면 판례에 따름)

> ㄱ. 혼동에 의한 저당권의 소멸
> ㄴ. 부동산 소유권이전등기절차의 이행을 청구하는 소송에서 원고의 승소판결이 확정된 경우
> ㄷ. 피담보채무의 변제로 인한 저당권의 소멸
> ㄹ. 등기된 입목에 대한 저당권의 취득

① ㄱ, ㄴ      ② ㄱ, ㄷ

③ ㄱ, ㄹ      ④ ㄴ, ㄹ

⑤ ㄷ, ㄹ

**52.** 청구권보전을 위한 가등기에 관한 설명으로 <u>틀린</u> 것은? (다툼이 있으면 판례에 따름)

① 가등기는 물권적 청구권을 보전하기 위해서는 할 수 없다.

② 소유권이전청구권을 보전하기 위한 가등기에 기한 본등기를 청구하는 경우, 가등기 후 소유자가 변경되더라도 가등기 당시의 등기명의인을 상대로 하여야 한다.

③ 가등기에 기한 본등기절차에 의하지 않고 별도의 본등기를 경료받은 경우, 제3자 명의로 중간처분의 등기가 되었다면 가등기에 기한 본등기절차의 이행을 구할 수도 있다.

④ 가등기에 기하여 후에 본등기를 경료하면 물권변동의 효력은 가등기를 한 때로 소급한다.

⑤ 가등기된 소유권이전등기청구권은 가등기에 대한 부기등기의 방법으로 타인에게 양도될 수 있다.

**53.** 등기의 추정력에 관한 설명으로 옳은 것을 모두 고른 것은? (다툼이 있으면 판례에 따름)

> ㄱ. 소유권이전청구권 보전을 위한 가등기가 있으면, 소유권이전등기를 청구할 어떠한 법률관계가 있다고 추정된다.
>
> ㄴ. 대리에 의한 매매계약을 원인으로 소유권이전등기가 이루어진 경우, 대리권의 존재는 추정된다.
>
> ㄷ. 등기명의자가 등기부상 기재된 등기원인에 의하지 아니하고 다른 원인으로 적법하게 취득하였다고 하면서 등기원인행위의 태양이나 과정을 다소 다르게 주장한다고 하여 이러한 주장만 가지고 그 등기의 추정력이 깨어진다고 할 수는 없다.
>
> ㄹ. 건물 소유권보존등기 명의자가 전(前) 소유자로부터 그 건물을 양수하였다고 주장하는 경우, 전(前) 소유자가 양도 사실을 부인하더라도 그 보존등기의 추정력은 깨어지지 않는다.

① ㄱ, ㄴ      ② ㄱ, ㄷ

③ ㄴ, ㄷ      ④ ㄴ, ㄹ

⑤ ㄷ, ㄹ

**54.** 다음 물권의 소멸원인인 혼동에 관한 설명으로 <u>틀린</u> 것은?

① 甲 소유의 토지 위에 乙이 1번 저당권, 丙이 2번 저당권을 가지고 있는 경우에 乙이 甲 소유의 토지의 소유권을 취득하면 乙의 저당권은 소멸한다.

② 甲 소유의 토지 위에 乙이 1번 저당권, 丙이 2번 저당권을 가지고 있는 경우에 丙이 토지소유권을 甲으로부터 양도받으면 丙의 저당권은 소멸한다.

③ 甲 소유의 토지 위에 乙이 지상권을 가지고 있고 그 지상권에 丙이 저당권을 가지고 있는 경우에 乙이 토지소유권을 취득하더라도 乙의 지상권은 혼동으로 소멸하지 않는다.

④ 甲이 가지는 지상권 위에 乙이 저당권을 가지고 있는 경우에 乙이 그 지상권을 취득하면 乙의 저당권은 소멸한다.

⑤ 甲 소유의 토지 위에 乙이 지상권을 가지고 있고 그 지상권자가 이후에 토지의 소유권을 취득하게 되면 지상권은 혼동으로 소멸한다.

**55.** 점유권에 관한 설명으로 <u>틀린</u> 것은? (다툼이 있으면 판례에 따름)

① 선의의 점유자가 본권의 소에서 패소하면 패소 확정시부터 악의의 점유자로 본다.

② 특별한 사정이 없는 한 건물의 부지가 된 토지는 그 건물의 소유자가 점유하는 것으로 보아야 한다.

③ 전후 양 시점의 점유자가 다른 경우 점유승계가 증명되면 점유계속은 추정된다.

④ 점유자의 특정승계인이 자기의 점유와 전(前) 점유자의 점유를 아울러 주장하는 경우 그 하자도 승계한다.

⑤ 점유취득시효의 기초인 점유에는 간접점유도 포함된다.

**56.** 점유자와 회복자의 관계에 관한 설명으로 <u>틀린</u> 것은? (다툼이 있으면 판례에 따름)

① 악의의 점유자가 점유물의 과실을 수취하여 소비한 경우, 특별한 사정이 없는 한 그 점유자는 그 과실의 대가를 보상하여야 한다.

② 선의의 점유자는 점유물의 과실을 취득하면 회복자에 대하여 통상의 필요비상환을 청구하지 못한다.

③ 점유물이 점유자의 책임 있는 사유로 인하여 멸실 또는 훼손한 때에는 소유의 의사가 있는 선의점유자는 이익이 현존하는 한도에서 배상하여야 한다.

④ 무효인 매매계약의 매수인이 점유목적물에 필요비 등을 지출한 후 매도인이 그 목적물을 제3자에게 양도한 경우, 점유자인 매수인은 양수인에게 비용상환을 청구할 수 있다.

⑤ 점유자의 필요비상환청구에 대해 법원은 회복자의 청구에 의해 상당한 상환기간을 허여할 수 있다.

**57.** 부동산의 점유취득시효에 관한 설명으로 **틀린** 것은? (다툼이 있으면 판례에 따름)

① 집합건물의 공용부분은 취득시효에 의한 소유권취득의 대상이 될 수 없다.

② 시효완성자는 취득시효의 기산점과 관련하여 점유기간을 통틀어 등기명의인이 동일한 경우에는 임의의 시점을 기산점으로 할 수 있다.

③ 취득시효 완성으로 인한 소유권이전등기청구권은 원소유자의 동의가 없어도 제3자에게 양도할 수 있다.

④ 시효 완성을 이유로 한 소유권취득의 효력은 점유를 개시한 때로 소급하지 않으며 등기를 함으로써 장래를 향하여 발생한다.

⑤ 시효이익의 포기는 특별한 사정이 없는 한, 시효취득자가 취득시효 완성 당시의 진정한 소유자에 대하여 하여야 한다.

**58.** 甲, 乙, 丙은 X토지를 각 2분의 1, 4분의 1, 4분의 1의 지분으로 공유하고 있다. 이에 관한 설명으로 **틀린** 것을 모두 고른 것은? (다툼이 있으면 판례에 따름)

> ㄱ. 乙이 X토지에 대한 자신의 지분을 포기한 경우, 乙의 지분은 甲, 丙에게 각 지분의 비율로 귀속된다.
>
> ㄴ. 甲, 乙, 丙이 X토지의 관리에 관한 특약을 한 경우, 그 특약은 특별한 사정이 없는 한 그들의 특정승계인에게도 효력이 미친다.
>
> ㄷ. 甲, 乙은 X토지에 대한 관리방법으로 X토지에 건물을 신축할 수 있다.
>
> ㄹ. 丙이 甲, 乙과의 협의 없이 X토지를 배타적·독점적으로 점유하고 있는 경우, 乙은 공유물에 대한 보존행위로 X토지의 인도를 청구할 수 있다.

① ㄱ, ㄴ      ② ㄱ, ㄷ

③ ㄴ, ㄷ      ④ ㄴ, ㄹ

⑤ ㄷ, ㄹ

**59.** 지상권에 관한 설명 중 **틀린** 것은? (다툼이 있으면 판례에 따름)

① 지상권이 저당권의 목적인 경우 지료연체를 이유로 한 지상권소멸청구는 저당권자에게 통지하면 즉시 그 효력이 생긴다.

② 저당권이 설정된 나대지의 담보가치 하락을 막기 위해 저당권자 명의의 지상권이 설정된 경우, 피담보채권이 변제되어 저당권이 소멸하면 그 지상권도 소멸한다.

③ 지상의 공간은 상하의 범위를 정하여 공작물을 소유하기 위한 지상권의 목적으로 할 수 있다.

④ 지상권설정계약 당시 건물 기타 공작물이 없더라도 지상권은 유효하게 성립할 수 있다.

⑤ 지상권에 기하여 토지에 부속된 공작물은 토지에 부합하지 않는다.

**60.** 지역권에 관한 설명으로 **옳은** 것은? (다툼이 있으면 판례에 따름)

① 요역지는 1필의 토지 일부라도 무방하다.

② 지역권의 존속기간을 영구무한으로 약정할 수는 없다.

③ 요역지공유자의 1인은 지분에 관하여 그 토지를 위한 지역권을 소멸하게 하지 못한다.

④ 계속되고 표현된 통행지역권은 통로개설이 없이 오랜 시일 통행한 사실이 있다는 사실만으로 지역권을 시효취득할 수 있다.

⑤ 지역권자는 승역지를 권원 없이 점유한 자에게 그 반환을 청구할 수 있다.

**61.** 甲은 자기 소유의 X건물 일부에 대하여 乙에게 전세권을 설정해 주었다. 다음 중 **틀린** 것을 모두 고른 것은? (다툼이 있으면 판례에 따름)

> ㄱ. 乙은 전세권 존속 중에도 장래 전세권이 소멸하는 경우에 전세금반환청구권이 발생하는 것을 조건으로 장래의 조건부채권을 양도할 수 있다.
>
> ㄴ. 丙의 저당권의 목적인 乙의 전세권이 기간만료로 소멸하면, 丙은 그 전세권 자체에 대하여 저당권을 실행할 수 있다.
>
> ㄷ. 甲이 전세목적 X건물을 丙에게 양도한 경우, 乙에 대한 전세금반환의무는 신 소유자인 丙이 부담한다.
>
> ㄹ. 甲이 전세금반환을 지체하면 乙은 전세권에 기하여 건물의 전부를 경매할 수 있다.

① ㄱ, ㄴ      ② ㄱ, ㄷ

③ ㄴ, ㄷ      ④ ㄴ, ㄹ

⑤ ㄷ, ㄹ

62. 다음 중 유치권자의 권리가 <u>아닌</u> 것을 모두 고른 것은?

> ㄱ. 유치권에 기한 반환청구권
> ㄴ. 경매권
> ㄷ. 과실수취권
> ㄹ. 타 담보제공청구권

① ㄱ, ㄷ      ② ㄱ, ㄹ
③ ㄴ, ㄷ      ④ ㄴ, ㄹ
⑤ ㄷ, ㄹ

63. 저당권의 효력이 미치는 목적물의 범위에 관한 설명으로 <u>틀린</u> 것은? (다툼이 있으면 판례에 따름)

① 저당목적물의 변형물인 금전에 대해 이미 제3자가 압류한 경우 저당권자는 물상대위권을 행사할 수 없다.
② 저당권의 목적토지가 「공익사업을 위한 토지 등의 취득 및 보상에 관한 법률」에 따라 협의취득된 경우, 저당권자는 그 보상금청구권에 대해 물상대위권을 행사할 수 없다.
③ 건물 소유를 목적으로 토지를 임차한 자가 그 토지 위에 소유하는 건물에 저당권을 설정한 경우 건물 소유를 목적으로 한 토지임차권에도 저당권의 효력이 미친다.
④ 저당권의 목적인 건물에 증축되어 독립적 효용이 없는 부분에도 저당권의 효력이 미친다.
⑤ 당사자는 설정계약으로 저당권의 효력이 종물에 미치지 않는 것으로 정할 수 있다.

64. 근저당권에 관한 설명으로 <u>틀린</u> 것은? (다툼이 있으면 판례에 따름)

① 채권최고액에는 피담보채무의 이자가 산입된다.
② 피담보채무 확정 전에는 채무자를 변경할 수 있다.
③ 채권최고액은 저당목적물로부터 우선변제를 받을 수 있는 한도액을 의미한다.
④ 피담보채권의 확정 후에 새로운 거래관계에서 발생한 원본채권은 그 근저당권에 의해 담보되지 아니하지만, 확정 전에 발생한 원본채권에 관하여 확정 후에 발생하는 이자나 지연손해금채권은 채권최고액의 범위 내에서 여전히 담보된다.
⑤ 물상보증인은 채권최고액을 초과하는 부분의 채권액까지 변제할 의무를 부담한다.

65. 계약의 성립에 관한 설명으로 옳은 것을 모두 고른 것은?

> ㄱ. 격지자간의 계약에서 청약은 그 통지를 상대방에게 발송한 때에 효력이 발생한다.
> ㄴ. 청약에 대해서 상대방이 변경을 가해서 승낙하면 그 청약은 효력을 상실한다.
> ㄷ. 청약자가 "일정한 기간 내에 이의를 하지 않으면 승낙한 것으로 본다."라는 뜻을 청약시 표시하였더라도, 상대방은 이에 구속되지 않음이 원칙이다.
> ㄹ. 교차청약의 경우에 나중의 청약이 발송된 때에 계약이 성립한다.

① ㄱ, ㄴ      ② ㄱ, ㄷ      ③ ㄱ, ㄹ
④ ㄴ, ㄷ      ⑤ ㄴ, ㄹ

66. 「민법」상 계약체결상의 과실책임에 관한 설명으로 <u>틀린</u> 것은? (다툼이 있으면 판례에 따름)

① 우리 「민법」은 원시적 불능의 경우에 대한 계약체결상의 과실책임을 규정하고 있다.
② 甲이 乙에게 매도하기로 한 건물이 계약체결 전에 지진으로 전파(全破)된 경우 계약체결상의 과실책임이 문제될 수 있다.
③ 계약체결상의 과실책임을 지는 자는 원시적 불능을 알았거나 알 수 있었어야 한다.
④ 계약체결상의 과실을 이유로 한 신뢰이익의 손해배상은 계약이 유효함으로 인하여 생길 이익액을 넘지 못한다.
⑤ 부동산매매에 있어서 실제 면적이 계약면적에 미달하는 경우 그 미달부분이 원시적 불능인 경우에는 계약체결상의 과실책임을 물을 수 있다.

67. 다음 중 동시이행관계에 있는 것을 모두 고른 것은? (다툼이 있으면 판례에 따름)

> ㄱ. 전세계약의 종료시 전세금반환의무와 전세목적물 인도 및 전세권말소등기에 필요한 서류의 교부의무
> ㄴ. 임차권등기명령에 의한 임차권등기가 된 경우, 임대인의 보증금반환의무와 임차인의 등기말소의무
> ㄷ. 계약해제로 인한 각 당사자의 원상회복의무
> ㄹ. 상가임대차 종료시 임대인의 권리금회수 방해로 인한 손해배상의무와 임차인의 목적물반환의무

① ㄱ, ㄷ      ② ㄱ, ㄹ      ③ ㄴ, ㄷ
④ ㄴ, ㄹ      ⑤ ㄷ, ㄹ

68. 甲은 그 소유의 토지를 乙에게 매도하면서 甲의 丙에 대한 채무변제를 위해 乙이 그 대금 전액을 丙에게 지급하기로 하는 제3자를 위한 계약을 乙과 체결하였고, 丙도 乙에 대해 수익의 의사표시를 하였다. 다음 설명 중 틀린 것은? (다툼이 있으면 판례에 따름)

① 乙이 甲의 채무불이행을 이유로 계약을 해제한 경우, 특별한 사정이 없는 한 乙은 이미 이행한 급부의 반환을 丙에게 청구할 수 있다.

② 丙이 수익의 의사를 표시한 이후에는 원칙적으로 甲과 乙은 합의로써 丙의 권리를 변경·소멸시키지 못한다.

③ 乙이 상당한 기간을 정하여 丙에게 수익 여부의 확답을 최고하였으나 그 기간 내에 확답을 받지 못하면, 丙이 수익을 거절한 것으로 본다.

④ 乙은 甲과 丙 사이의 채무부존재의 항변으로 丙에게 대항할 수 없다.

⑤ 甲은 乙의 채무불이행을 이유로 丙의 동의 없이도 계약을 해제할 수 있다.

69. 계약의 해제에 관한 설명으로 옳은 것은? (다툼이 있으면 판례에 따름)

① 매도인은 다른 약정이 없으면 합의해제로 인하여 반환할 금전에 그 받은 날로부터 이자를 가산하여야 할 의무가 있다.

② 매도인의 이행불능을 이유로 매수인이 계약을 해제하려면 매매대금의 변제제공을 하여야 한다.

③ 과실상계는 계약해제로 인한 원상회복의무의 이행으로서 이미 지급한 급부의 반환을 구하는 경우에는 적용되지 않는다.

④ 매매계약이 이행된 후에 계약이 해제되면 해제에 따른 말소등기를 하여야 소유권이 원 소유자에게 복귀한다.

⑤ 당사자의 쌍방이 수인인 경우, 계약의 해제는 그 1인에 대하여 하더라도 효력이 있다.

70. 甲은 자신의 X부동산에 관하여 매매대금 5억원, 계약금 5천만원으로 하는 계약을 乙과 체결하였고, 별다른 특약은 없었다. 다음 설명 중 틀린 것은? (다툼이 있으면 판례에 따름)

① 매도인 甲이 매매계약의 이행에 착수한 바가 없더라도 중도금을 지급한 매수인 乙은 계약금을 포기하고 매매계약을 해제할 수 없다.

② 乙이 중도금을 지체하여 甲이 채무불이행으로 계약을 적법하게 해제하였다면, 乙이 교부한 계약금 5천만원은 위약금으로서 甲에게 당연히 귀속된다.

③ 乙이 계약금과 중도금을 지급한 경우, 특별한 사정이 없는 한 甲은 계약금의 배액을 상환하여 계약을 해제할 수 없다.

④ 甲과 乙 사이의 매매계약이 무효이거나 취소되면 계약금계약도 소멸한다.

⑤ 해약금에 의해 해제를 하는 경우 당사자간에 원상회복의무는 물론 손해배상청구권도 인정되지 않는다.

71. 수량을 지정한 매매의 목적물의 일부가 멸실된 경우 매도인의 담보책임에 관한 설명으로 틀린 것은? (단, 이에 관한 특약은 없으며, 다툼이 있으면 판례에 따름)

① 수량을 지정한 매매란 특정물이 일정한 수량을 가지고 있다는 데 주안을 두고 대금도 그 수량을 기준으로 정한 경우를 말한다.

② 선의의 매수인은 일부멸실의 사실을 안 날부터 1년 내에 매도인의 담보책임에 따른 매수인의 권리를 행사해야 한다.

③ 미달부분의 원시적 불능을 이유로 계약체결상의 과실책임에 따른 책임의 이행을 구할 수 없다.

④ 악의의 매수인은 대금감액과 손해배상을 청구할 수 있다.

⑤ 잔존한 부분만이면 매수인이 이를 매수하지 않았을 경우, 선의의 매수인은 계약 전부를 해제할 수 있다.

72. 甲은 자기 소유 X토지를 3억원에 乙에게 매도하면서 동시에 환매할 권리를 보유하기로 약정하고 乙이 X토지에 대한 소유권이전등기를 마쳤다. 이에 관한 설명으로 틀린 것은? (다툼이 있으면 판례에 따름)

① 특별한 약정이 없는 한 甲은 환매기간 내에 그가 수령한 3억원과 乙이 부담한 매매비용을 반환하고 X토지를 환매할 수 있다.

② 환매등기는 乙 명의의 소유권이전등기에 대한 부기등기의 형식으로 한다.

③ 만일 甲의 환매등기 후 丙이 乙로부터 X토지를 매수하였다면, 乙은 환매등기를 이유로 丙의 X토지에 대한 소유권이전등기청구를 거절할 수 있다.

④ 환매권이 행사되면 목적물의 과실과 대금의 이자는 상계한 것으로 본다.

⑤ 甲과 乙이 환매기간을 정하지 아니한 경우 그 기간은 5년으로 한다.

73. 乙이 甲으로부터 토지를 임차한 후 그 지상에 건물을 신축하였다. 이에 관한 설명으로 틀린 것을 모두 고른 것은? (다툼이 있으면 판례에 따름)

> ㄱ. 乙이 그 지상건물을 등기하면 제3자에 대하여 임대차의 효력이 생긴다.
> ㄴ. 차임연체액이 2기의 차임액에 달하는 때에는 甲은 乙에게 계약을 해지할 수 있다.
> ㄷ. 위 ㄴ의 경우, 임차인 乙은 甲에게 지상물매수청구권을 행사할 수 있다.
> ㄹ. 기간의 정함이 없는 경우, 甲의 해지통고로 임대차가 종료되면 乙은 甲에게 지상물의 매수를 청구할 수 없다.

① ㄱ, ㄴ
② ㄱ, ㄷ
③ ㄴ, ㄷ
④ ㄴ, ㄹ
⑤ ㄷ, ㄹ

74. 다음 임차인의 부속물매수청구권에 관한 설명 중 틀린 것은? (다툼이 있으면 판례에 따름)
① 부속물매수청구권에 관한 규정은 강행규정이므로 이에 위반하는 약정으로 임차인이나 전차인에게 불리한 것은 그 효력이 없다.
② 부속물에 대하여 임대인의 동의를 얻어 설치하거나 임대인으로부터 매수한 경우에 한한다.
③ 부속물매수청구권을 행사한 경우 임차인은 그 부속물에 관한 매매대금을 지급받기까지 동시이행의 항변권을 행사하여 부속물의 인도를 거절할 수 있다.
④ 부속물은 건물의 사용에 객관적인 편익을 가져오게 하는 물건이라고 할 것이므로, 부속된 물건이 오로지 임차인의 특수목적에 사용하기 위한 것인 때에는 인정되지 않는다.
⑤ 건물 자체의 수선 내지 증·개축부분과 같이 건물의 구성부분을 이루는 경우에도 인정된다.

75. 「주택임대차보호법」에 관한 설명 중 틀린 것은? (다툼이 있으면 판례에 따름)
① 「주택임대차보호법」에 의한 주택의 인도와 주민등록이라는 대항요건은 그 대항력 취득시에만 구비되면 족한 것이고, 그 대항력을 유지하기 위하여 계속 존속하고 있어야 할 필요는 없다.
② 임차인 甲이 임대인의 승낙을 받아 乙에게 임대주택을 적법하게 전대한 경우, 甲이 임대주택에 거주하지 않고 자신의 주민등록을 이전하지 아니하더라도 전차인 乙이 주택을 인도받아 자신의 주민등록을 하여야 甲은 제3자에 대하여 대항력을 갖는다.

③ 「주택임대차보호법」상의 대항요건과 임대차계약증서상의 확정일자를 갖춘 주택임차인은 「민사집행법」에 의한 경매시 임차주택의 환가대금에서 후순위권리자보다 보증금의 우선변제권을 갖는다.
④ 甲 소유의 주택을 乙이 임차하면서 존속기간을 1년으로 한 경우, 임차인 乙은 甲에게 「주택임대차보호법」에 따라 2년의 기간을 주장할 수 있다.
⑤ 주택임차권이 등기되지 않았더라도 임차인이 주택을 인도받고 주민등록을 마친 때에는 그 다음 날부터 제3자에 대하여 대항할 수 있다.

76. 「주택임대차보호법」상 임차인의 계약갱신요구권에 관한 설명으로 틀린 것은?
① 임대차기간이 끝나기 6개월 전부터 2개월 전까지의 기간에 행사해야 한다.
② 임대인(임대인의 직계존속·직계비속을 포함)이 목적주택에 실제 거주하려는 경우, 임대인은 임차인이 계약갱신요구를 거절할 수 있다.
③ 임차인이 임대인의 동의 없이 목적주택을 전대한 경우 임대인은 계약갱신요구를 거절할 수 있다.
④ 차임과 보증금의 증액청구는 약정한 차임이나 보증금의 20분의 1의 금액을 초과하지 못한다.
⑤ 임대차조건이 동일한 경우 여러 번 행사할 수 있다.

77. 「상가건물 임대차보호법」에 관한 설명 중 틀린 것은? (다툼이 있으면 판례에 따름)
① 미등기전세에는 적용되나 일시사용을 위한 임대차임이 명백한 상가건물에는 이 법이 적용되지 않는다.
② 임차인의 계약갱신요구권은 최초의 임대차기간을 포함한 전체 임대차기간이 10년을 초과하지 않는 범위 내에서만 행사할 수 있다.
③ 상가건물의 임차인도 임대차가 종료한 후에 보증금을 반환받지 못한 경우 상가건물의 소재지를 관할하는 법원에 임차권등기명령을 신청할 수 있다.
④ 기간의 정함이 없는 상가건물임대차는 그 기간을 1년으로 본다.
⑤ 최초의 임대차기간을 포함한 전체 임대차기간이 10년을 초과하지 않는 범위 내에서만 법정갱신이 인정된다.

78. 「집합건물의 소유 및 관리에 관한 법률」에 관한 설명으로 옳은 것은? (다툼이 있으면 판례에 따름)

① 공용부분은 취득시효에 의한 소유권취득의 대상이 될 수 없다.

② 공용부분에 대한 물권의 득실변경은 등기가 없는 경우에는 그 효력이 발생하지 않는다.

③ 관리단집회 결의나 다른 구분소유자의 동의 없이 구분소유자 1인이 공용부분을 독점적으로 점유·사용하는 경우, 다른 구분소유자는 공용부분의 보존행위로서 그 인도를 청구할 수 있다.

④ 대지사용권은 전유부분과 일체성을 갖게 된 후 개시된 강제경매절차에 의해 전유부분과 분리되어 처분될 수 있다.

⑤ 규약에서 달리 정한 바가 없으면, 관리위원회 위원은 부득이한 사유가 없더라도 서면이나 대리인을 통하여 의결권을 행사할 수 있다.

79. 「가등기담보 등에 관한 법률」에 관한 설명 중 틀린 것은? (다툼이 있으면 판례에 따름)

① 가등기의 주된 목적이 매매대금채권의 확보에 있고, 대여금채권의 확보는 부수적 목적인 경우 동법은 적용되지 않는다.

② 채권자가 담보권을 실행하여 담보부동산의 소유권을 취득하기 위하여는 청산금의 평가액을 채무자 등에게 통지하고 그 통지가 채무자 등에게 도달한 날로부터 2개월이 경과하여야 한다.

③ 청산금은 실행통지 당시의 목적부동산 가액에서 피담보채권액을 공제한 차액이다. 다만, 후순위담보권이 있는 경우에는 그 피담보채권액도 합산해서 공제하여야 한다.

④ 일단 청산금의 평가액을 통지한 채권자는 그가 통지한 청산금의 금액에 관하여 다툴 수 없다.

⑤ 채무자 등은 청산금채권을 변제받을 때까지 그 채무액을 채권자에게 지급하고 그 담보등기의 말소를 청구할 수 있으나, 변제기가 지난 때부터 10년이 지나거나 선의의 제3자가 소유권을 취득한 경우에는 그렇지 않다.

80. 종중 甲은 탈법목적 없이 그 소유 X토지를 종원 乙에게 명의신탁하였다. 다음 설명 중 틀린 것은? (다툼이 있으면 판례에 따름)

① 乙은 甲에 대해 X토지의 소유권을 주장할 수 없다.

② 제3자가 목적물을 불법점유하는 경우, 乙은 소유권에 기한 방해배제를 직접 청구할 수 있다.

③ 乙 명의의 등기가 원인 없이 丙에게 이전된 경우 甲은 직접 丙에게 진정명의회복을 원인으로 소유권이전등기를 청구할 수 있다.

④ 甲의 채권자 丁은 甲을 대위하여 명의신탁을 해지하고, 乙 명의의 등기의 말소를 청구할 수 있다.

⑤ 甲이 명의신탁을 해지하였으나 등기명의가 회복되기 전에 乙이 戊에게 X토지를 처분한 경우, 戊는 소유권을 취득한다.

# 2024년도 제35회 공인중개사 1차 국가자격시험

# 실전모의고사 제2회

| 교 시 | 문제형별 | 시 간 | 시 험 과 목 |
|---|---|---|---|
| **1교시** | **A** | **100분** | ① 부동산학개론<br>② 민법 및 민사특별법 중<br>　 부동산 중개에 관련되는 규정 |

| 수험번호 | | 성 명 | |
|---|---|---|---|

## 【 수험자 유의사항 】

1. **시험문제지는 단일 형별(A형)이며, 답안카드 형별 기재란에 표시된 형별(A형)을 확인하시기 바랍니다.** 시험문제지의 **총면수, 문제번호 일련순서, 인쇄상태** 등을 확인하시고, 문제지 표지에 수험번호와 성명을 기재하시기 바랍니다.

2. 답은 각 문제마다 요구하는 **가장 적합하거나 가까운 답 1개**만 선택하고, 답안카드 작성 시 시험문제지 **형별누락, 마킹착오**로 인한 불이익은 전적으로 **수험자에게 책임**이 있음을 알려드립니다.

3. 답안카드는 국가전문자격 공통 표준형으로 문제번호가 1번부터 125번까지 인쇄되어 있습니다. 답안 마킹 시에는 반드시 **시험문제지의 문제번호와 동일한 번호에 마킹**하여야 합니다. (1차 1교시: 1번~80번)

4. **감독위원의 지시에** 불응하거나 **시험시간 종료 후 답안카드를 제출하지 않을 경우** 불이익이 발생할 수 있음을 알려 드립니다.

5. 시험문제지는 시험 종료 후 가져가시기 바랍니다.

6. 답안작성은 **시험 시행일(2024.10.26.) 현재 시행되는 법령** 등을 적용하시기 바랍니다.

7. 가답안 의견제시에 대한 개별회신 및 공고는 하지 않으며, **최종 정답 발표로 갈음**합니다.

8. 시험 중 **중간 퇴실은 불가**합니다. 단, 부득이하게 퇴실할 경우 시험포기각서 제출 후 퇴실은 가능하나 **재입실이 불가**하며, **해당시험은 무효처리됩니다.**

**해커스 공인중개사**

# 제1과목: 부동산학개론

1. 부동산의 개념 등에 관한 설명으로 옳지 <u>않은</u> 것은?
   ① 권원에 의하여 타인의 토지에서 재배되고 있는 농작물은 토지와 독립된 정착물로 본다.
   ② 자산으로서의 토지가치는 시장가치와 괴리될 수 있다.
   ③ 도로의 포장과 교량은 토지의 일부인 정착물이다.
   ④ 경제적 측면에서 광의의 부동산에는 등기·등록의 대상이 되는 항공기, 선박, 자동차도 포함된다.
   ⑤ 토지와 해면의 분계는 최고 만조시의 분계점을 표준으로 한다.

2. 부동산의 특성에 관한 설명이다. 옳은 것을 모두 고른 것은?

   > ㄱ. 인문적 특성 중에서 조세제도의 변화, 도시계획의 변경 등은 위치의 가변성 중 행정적 위치가 변화하는 예이다.
   > ㄴ. 개별성은 공급을 비탄력적이고 비독점적으로 만드는 성질이 있다.
   > ㄷ. 부증성은 집약적 토지이용과 가격급등 현상을 일으키는 원인이 된다.
   > ㄹ. 영속성은 용도의 다양성을 지원하는 특성 중 하나이다.

   ① ㄱ, ㄴ, ㄷ      ② ㄱ, ㄴ, ㄹ
   ③ ㄱ, ㄷ, ㄹ      ④ ㄴ, ㄷ, ㄹ
   ⑤ ㄱ, ㄴ, ㄷ, ㄹ

3. 부동산학에서 사용하는 용어에 대한 설명으로 옳지 <u>않은</u> 것은?
   ① 답지지역이 상업지역으로 그 용도가 변경되고 있는 지역의 토지를 후보지라고 한다.
   ② '바닷가'와 '포락지'는 공유수면관리 및 매립에 관한 법령에서 그 개념을 규정하고 있다.
   ③ 다가구주택은 공동주택의 한 유형이다.
   ④ 이행지는 용도적 지역의 분류 중 세분된 지역 내에서 용도변경이 진행되고 있는 토지를 말한다.
   ⑤ 건폐율이란 대지면적에 대한 건축면적의 비율을 말한다.

4. 부동산의 수요와 공급에 관한 설명으로 옳지 <u>않은</u> 것은? (단, 다른 조건은 동일함)
   ① 수요자의 소득이 변하여 부동산수요량이 변화하는 경우는 동일한 수요곡선상의 점의 이동으로 나타난다.
   ② 건축원자재 등 생산요소가격의 상승은 주택의 공급곡선을 좌측으로 이동시킨다.
   ③ 정부가 토지이용규제를 완화시키면 토지의 경제적 공급곡선 기울기는 이전보다 완만해진다.
   ④ 부동산의 수요는 잠재수요의 개념이 아니라, 실질적인 구매력이 동반된 유효수요를 말한다.
   ⑤ 기술의 개발로 부동산공급이 증가하는 경우 수요의 가격탄력성이 작을수록 균형가격의 하락폭은 커진다.

5. 부동산시장의 균형가격과 균형거래량의 변화에 대한 설명으로 옳지 <u>않은</u> 것은? (단, 수요곡선은 우하향, 공급곡선은 우상향 형태이며, 다른 요인은 일정함)
   ① 건축자재가격의 하락으로 신규주택공급이 증가하는 경우 신규주택의 균형가격은 하락한다.
   ② 대체관계에 있는 단독주택가격이 상승하면 해당 아파트 균형가격은 상승한다.
   ③ 아파트 건축기술이 향상되고 보금자리론 금리가 상승하면, 아파트의 균형가격은 하락하고 균형거래량의 변화는 알 수가 없다.
   ④ 수요의 증가보다 공급의 감소가 클 경우 균형가격은 하락하고 균형거래량은 감소한다.
   ⑤ 수요의 증가와 공급의 증가가 동일할 경우, 균형가격은 변하지 않고 균형거래량은 증가한다.

6. 아파트 수요의 가격탄력성은 0.2이고, 빌라 가격에 대한 교차탄력성은 0.4이다. 아파트와 빌라 가격이 각각 5% 하락한다면 아파트 수요는 얼마만큼 변화하는가? (단, 주어진 조건에 한정함)
   ① 2% 증가      ② 2% 감소
   ③ 1% 증가      ④ 1% 감소
   ⑤ 변하지 않는다.

7. 다음 중 유량(flow)지표와 저량(stock)지표를 선택한 것으로 옳지 <u>않은</u> 것은?

   | | <유량지표> | <저량지표> |
   |---|---|---|
   | ① | 부채서비스액 | 부채 |
   | ② | 임대료수입 | 부동산가격 |
   | ③ | 신규주택공급량 | 주택재고량 |
   | ④ | 근로자의 임금 | 가계자산 |
   | ⑤ | 통화량 | 가계소비 |

**8.** 부동산의 탄력성에 대한 설명으로 **틀린** 것을 모두 고른 것은? (단, 다른 조건은 일정함)

> ㄱ. 수요자의 소득이 10% 증가하자 해당 재화의 수요량이 20% 감소하였다면, 수요의 소득탄력성은 2.0이다.
>
> ㄴ. 수요의 가격탄력성이 완전비탄력적이면 수요곡선은 수직선형태로 나타난다.
>
> ㄷ. 수요의 가격탄력성이 1보다 큰 경우, 임대료가 상승하면 임대업자의 임대료 수입은 증가한다.
>
> ㄹ. 단기공급의 가격탄력성은 장기공급의 가격탄력성보다 더 비탄력적이다.

① ㄱ, ㄴ      ② ㄱ, ㄷ
③ ㄴ, ㄷ      ④ ㄴ, ㄹ
⑤ ㄷ, ㄹ

**9.** 부동산경기변동과 중개활동에 관한 설명으로 옳은 것은?

① 부동산경기는 일반경기에 비하여 경기의 변동폭이 작은 경향이 있다.
② 상향시장에서 매수자는 거래의 성립을 미루려는 반면, 매도자는 거래성립을 앞당기려 하는 경향이 있다.
③ 실수요 증가에 의한 공급부족이 발생하는 경우 공인중개사는 매수자를 확보해 두려는 경향을 보인다.
④ 하향시장의 경우 종전의 거래사례 가격은 새로운 매매활동에 있어 가격 설정의 하한선이 되는 경향이 있다.
⑤ 중개물건의뢰의 접수와 관련하여 안정기의 경우 공인중개사는 매각의뢰와 매입의뢰의 수집이 다 같이 중요하다.

**10.** 부동산시장에 관한 설명으로 옳지 **않은** 것은?

① 부동산시장에서는 유형의 부동산거래뿐만 아니라, 무형의 이용과 관련한 부동산의 권리도 거래대상이 된다.
② 부동산시장은 일반시장에 비해 거래비용이 많이 들고, 수요자와 공급자의 시장진출입이 제약을 받게 되어 불완전경쟁시장이 된다.
③ 부동산의 입지성으로 인해 소유자는 해당 부동산의 활용과 가격결정에 있어서 입지 독점권(location monopoly)을 가지며, 이것은 하위시장의 형성과 관련이 있다.
④ 부동산시장에서는 경제주체의 지대지불능력에 따라 토지이용의 유형이 결정되기도 한다.
⑤ 부동산시장이 효율적 시장이라면 정보를 활용하여 정상 이상의 초과이윤을 달성할 수 있다.

**11.** 여과과정과 주거분리에 설명으로 옳지 **않은** 것은?

① 고소득층 주거지역에서 주택의 보수를 통한 가치 상승분이 보수비용보다 작다면 상향여과가 발생할 수 있다.
② 주택의 상향여과는 낙후된 주거지역이 재개발되어 상위계층이 유입된 경우에 나타난다.
③ 주거분리는 도시 전체에서뿐만 아니라 지리적으로 인접한 근린지역에서도 발생할 수 있다.
④ 안정적인 주택시장에서 주택여과효과가 긍정적으로 작동하면 주거의 질을 개선하고, 장기적으로 주택공급량 증가에도 기여한다.
⑤ 어떤 지역의 토지이용이 이질적 요소의 침입으로 인해, 다른 종류의 토지이용으로 변화되어 가는 과정을 천이(seccession)라 한다.

**12.** 다음의 설명에 적합한 지대이론을 순서대로 나열한 것은?

> ㄱ. (    )에 따르면 생산물가격과 생산비가 일치하는 한계지에서는 지대가 발생하지 않으며, 지대는 토지생산물 가격의 구성요인이 되지 않고 또한 될 수도 없다.
>
> ㄴ. (    )란 인간이 만든 기계·기구·자본설비 등 고정생산요소에 귀속되는 일시적인 소득을 말한다.
>
> ㄷ. (    )는 공급이 제한된, 공급의 희소성에 따른 생산요소의 추가적인 보수, 초과수익을 말한다.

① ㄱ: 절대지대설, ㄴ: 준지대, ㄷ: 경제지대
② ㄱ: 차액지대설, ㄴ: 경제지대, ㄷ: 준지대
③ ㄱ: 차액지대설, ㄴ: 준지대, ㄷ: 경제지대
④ ㄱ: 위치지대설, ㄴ: 준지대, ㄷ: 입찰지대
⑤ ㄱ: 입찰지대설, ㄴ: 경제지대, ㄷ: 절대지대

**13.** A점포(면적: 1,000m²)와 B점포(면적: 3,750m²) 사이에 C도시(20만명 거주)가 있다. C도시에서 A점포까지 거리는 2km이고, C도시에서 B점포까지의 거리는 5km이다. 허프의 확률모형을 적용할 경우, C도시에서 A점포로의 구매활동에 유인되는 인구 수는? (단, C도시 인구의 80%만 A점포 또는 B점포에서 구매하고, 마찰계수값은 2이며 주어진 조건에 한함)

① 60,000명
② 84,000명
③ 100,000명
④ 120,000명
⑤ 148,000명

14. 입지 및 도시구조이론에 관한 설명으로 옳지 <u>않은</u> 것은?

① 선형이론에 의하면 주택구입능력이 낮은 저소득층의 주거지는 주요간선도로의 인근에 입지하는 경향이 있다.

② 동심원설에 의하면 중심업무지구(CBD)에서 멀어질수록 범죄, 빈곤, 질병 등 도시문제가 적어지는 경향을 보인다.

③ 다핵심이론에서는 다핵의 발생요인으로 동종활동간 집적지향성, 이질활동은 분산입지성 등을 들고 있다.

④ 부동산에는 대상부동산의 위치가 주위의 다른 부동산과 어떻게 균형을 이루어 입지하고 있는지, 즉 균형의 원칙에 합당한 입지선정이 중요하다.

⑤ 도심지역에서 건물들이 고층화되는 것은 토지에 대한 자본의 결합비율이 높다는 것이다.


15. 부동산정책 및 공적개입 필요성에 관한 설명으로 옳지 <u>않은</u> 것은?

① 부동산시장은 정보의 불완전성, 수요와 공급의 불균형으로 인하여 시장실패가 나타날 수 있다.

② 정(+)의 외부효과와 공공재의 과소생산의 문제는 정부가 부동산시장에 개입하는 근거가 된다.

③ 정부는 토지를 경제적·효율적으로 이용하고 공공복리의 증진을 도모하기 위하여 용도지역제를 활용하고 있다.

④ 부동산정책이란 바람직한 부동산활동을 유도하기 위한 목표설정과 이를 달성하기 위한 부동산대책의 결정 및 운용에 관한 정부의 공적인 계획이나 실행행위를 말한다.

⑤ 공공재는 시장기구에 맡겨둘 경우 경합성과 배제성으로 인하여 무임승차(free-ride)현상이 발생할 수 있다.


16. 외부효과에 대한 설명으로 옳지 <u>않은</u> 것은? (단, 주어진 조건에 한정함)

① 사회적 비용이 사적 비용보다 작을 경우에는 정부의 시장개입이 필요하지 않다.

② 생산측면에서 부(-)의 외부효과는 사회적 비용이 사적 비용보다 더 커진다.

③ 외부비경제를 발생하는 재화의 시장생산량은 사회적 최적수준보다 더 많이 생산되는 경향이 있다.

④ 부(-)의 외부효과에 대한 정부의 개입수단으로는 규제 및 부담금 부과 등의 방법이 있다.

⑤ 생산측면에서 정(+)의 외부효과에 대한 정부의 시장개입은 사적 주체의 공급곡선을 우측으로 이동시킬 수 있다.


17. 다음의 부동산정책 수단 중 그 시행시기가 가장 <u>빠른</u> 것은?

① 부동산실명제

② 부동산거래신고제

③ 개발부담금제

④ 공인중개사제도

⑤ 토지비축(은행)제도


18. 주택정책에 대한 설명으로 옳지 <u>않은</u> 것은?

① 국토교통부장관은 국민이 쾌적하고 살기 좋은 생활을 하기 위하여 필요한 최소한의 최저주거기준을 설정·공고하여야 한다.

② 공공지원민간임대주택은 정부가 임대주택시장에 직접적으로 개입하는 정책수단이다.

③ 주택바우처(voucher)제도는 바우처를 지급받은 저소득층의 효용을 증대시키고, 주거안정에 기여할 수 있다.

④ 공공주택 특별법령상 국민임대주택이란 국가나 지방자치단체의 재정이나 주택도시기금의 자금을 지원받아 저소득서민의 주거안정을 위하여 30년 이상 장기간 임대를 목적으로 공급하는 공공임대주택을 말한다.

⑤ 주거급여란 「국민기초생활보장법」상 주거급여로서 주거안정에 필요한 임차료, 수선유지비, 그 밖의 수급품을 지급하는 것을 말한다.


19. 부동산조세 및 경제적 효과에 대한 설명으로 옳은 것을 모두 고른 것은? (단, 주어진 조건에 한정함)

| ㄱ. 양도소득세의 중과는 기존의 부동산 보유자로 하여금 매각을 뒤로 미루게 하는 동결효과(lock in effect)를 발생시킬 수 있다. |
| ㄴ. 주택의 공급곡선이 완전비탄력적일 경우 주택에 대한 재산세는 전부 공급자에게 귀착된다. |
| ㄷ. 토지의 공급곡선이 완전비탄력적인 상황에서 보유세가 부과되면 자원배분의 왜곡을 초래할 수 있다. |
| ㄹ. 수요곡선이 변하지 않을 때, 공급이 비탄력적일수록 세금부과에 의한 경제적 순손실은 작아진다. |

① ㄱ, ㄴ, ㄷ

② ㄱ, ㄴ, ㄹ

③ ㄱ, ㄷ, ㄹ

④ ㄴ, ㄷ, ㄹ

⑤ ㄱ, ㄴ, ㄷ, ㄹ

**20.** 다음 자료에 의한 세후현금수지는? (단, 주어진 조건에 한함)

> ○ 세전현금수지: 8,000만원
> ○ 대체충당금: 700만원
> ○ 원금상환액: 800만원
> ○ 감가상각액: 500만원
> ○ 영업소득세율: 30%

① 5,000만원
② 5,300만원
③ 5,600만원
④ 5,900만원
⑤ 6,300만원

**21.** 부동산투자분석방법에 관한 설명으로 옳지 <u>않은</u> 것은?

① 수익성지수법은 투자로부터 발생되는 현금유입의 현재가치를 현금유출의 현재가치로 나눈 것이다.

② 회계적 이익률법에서는 상호배타적인 투자안일 경우에 목표이익률보다 큰 투자안 중에서 회계적 이익률이 가장 큰 투자안을 선택한다.

③ 할인율이 20%일 때, 순현가가 양(+)의 값을 가지면 이 투자안의 내부수익률은 20% 이상이 될 것이다.

④ 내부수익률은 투자안의 순현가를 "0"으로 만드는 할인율을 의미하며, 투자자 입장에서는 최소한의 요구수익률이기도 하다.

⑤ 현가회수기간법은 화폐의 시간적 가치를 고려하며, 회수기간이 더 긴 투자안을 선택하는 투자결정법이다.

**22.** 부동산투자의 위험과 수익률에 관한 설명으로 옳지 <u>않은</u> 것은? (단, 주어진 조건에 한함)

① 장래 기대되는 수익의 흐름이 주어졌을 때, 요구수익률이 클수록 부동산의 투가가치는 상승한다.

② 실현수익률이란 투자가 이루어지고 난 후에 실제로 달성된 수익률이다.

③ 동일한 자산들로 포트폴리오를 구성하여도 개별자산의 투자비중에 따라 포트폴리오의 기대수익률과 분산은 다를 수 있다.

④ 위험회피형 투자자 중 공격적 투자자는 보수적 투자자에 비해 위험이 높더라도 기대수익률이 큰 투자안은 선호한다.

⑤ 기대수익률이 같다면 위험이 작은 투자안을 선택하고, 위험이 같다면 기대수익률이 높은 투자안을 선택하는 투자안의 선택기준을 지배원리라고 한다.

**23.** 다음은 부동산투자의 예상 현금흐름이다. 이 투자안의 수익성지수(PI)와 내부수익률(IRR)은? (단, 현금흐름은 기초, 현금유입은 기말로 가정하고, 0년차 현금흐름은 현금유출이며, 1년차부터 3년차까지의 현금흐름은 연 단위의 현금유입만 발생함. 할인율은 연 10%이고, 주어진 조건에 한함)

(단위: 만원)

| 사업기간 | 0년 | 1년 | 2년 | 3년 |
|---|---|---|---|---|
| 현금흐름 | 3,000 | 550 | 605 | 2,662 |

    (PI)     (IRR)
① 1.1      11%
② 1.1      10%
③ 1.0      10%
④ 1.0      8%
⑤ 1.0      0%

**24.** A부동산의 1년 동안 예상되는 현금흐름이다. 다음 중 <u>틀린</u> 것은? (단, 주어진 조건에 한함)

> ○ A부동산 가격: 8억원(자기자본: 4억원, 대출: 4억원)
> ○ 순영업소득: 8,000만원
> ○ 영업소득세: 1,000만원
> ○ 저당지불액: 4,000만원

① 부채비율: 100%
② 순소득승수: 10
③ 부채감당률: 2
④ 지분투자수익률: 15%
⑤ 종합자본환원율: 10%

**25.** 주택금융 및 한국주택금융공사의 주택연금에 대한 설명으로 옳지 <u>않은</u> 것은?

① 고정금리저당대출을 실행한 대출기관은 시장금리 상승에 대비하여 다른 대출기관과 이자율스왑(swap) 계약을 체결하기도 한다.

② 금리설정의 불확실성 때문에 고정금리대출은 변동금리대출보다 초기이자율이 더 높은 편이다.

③ 주택연금에서 연금 수령 중 담보주택이 주택재개발, 주택재건축이 되어 소유권을 상실하게 되면 계약을 유지할 수 없다.

④ 주택 및 지방자치단체에 신고된 노인복지 주택, 상가 등 복합용도주택, 주거목적 오피스텔은 주택연금의 대상이 된다.

⑤ 주택연금 가입자와 그 배우자는 종신거주, 종신지급이 보장되며 가입자는 보증료를 납부해야 한다.

26. 다음의 자료를 활용하여 상가와 호텔에 대하여 각각 40%:60%로 투자한 포트폴리오의 기대수익률을 구하면? (단, 주어진 조건에 한정함)

| 상황 | 투자대안별 예상수익률 분포 | | |
|---|---|---|---|
| | 확률 | 상가 | 호텔 |
| 불황 | 0.3 | -10% | 6% |
| 정상 | 0.4 | 10% | 11% |
| 호황 | 0.3 | 20% | 16% |

① 8.2%

② 8.6%

③ 9.0%

④ 9.4%

⑤ 9.8%

27. 주택저당유동화제도 및 주택저당증권(MBS)에 대한 설명으로 옳지 않은 것은?

① 주택저당유동화제도는 주택금융자금의 수급불균형을 완화시켜 준다.

② 주택저당채권의 유동화는 2차 저당시장에서 이루어진다.

③ CMO(다계층채권)에서 증권소유자는 주택저당채권 집합물의 소유권을 갖지 않는다.

④ CMO(다계층채권)는 MPTS(저당대출지분이전증권)와 MBB(저당대출담보부 채권)의 성격을 모두 가지고 있다.

⑤ MBB(저당대출담보부 채권)에서 주택저당채권 집합물의 현금흐름(저당지불액)은 투자자에게 귀속된다.

28. 부동산금융의 동원방법 중 지분금융방식에 해당하지 않는 것을 선택하면 모두 몇 개인가?

ㄱ. 신디케이트(Syndicate)

ㄴ. 신탁증서금융(담보신탁)

ㄷ. 주식공모에 의한 증자

ㄹ. 신주인수권부 사채(BW)

ㅁ. 저당대출지분이전증권(MPTS)

ㅂ. 주택상환사채

① 1개

② 2개

③ 3개

④ 4개

⑤ 5개

29. 다음과 같은 조건일 때, 금융당국이 소득대비 부채비율(DTI)을 40%에서 50%로 상향조정하면 최대로 대출받을 수 있는 금액은 얼마인가? (단, 주어진 조건에 한정함)

○ 대출승인기준: 담보인정비율(LTV) 50%[대출조건은 담보인정비율(LTV)과 소득대비 부채비율(DTI) 모두 충족시켜야 함]

○ 주택의 담보평가가격: 500,000,000원

○ 차입자의 연간소득: 40,000,000원

○ 연간 저당상수: 0.1

① 160,000,000원

② 180,000,000원

③ 200,000,000원

④ 220,000,000원

⑤ 250,000,000원

30. 부동산투자회사에 대한 설명으로 옳지 않은 것은?

① 부동산투자회사는 발기설립의 방법으로 하여야 한다.

② 부동산투자회사는 현물출자에 의한 설립을 할 수 있다.

③ 국토교통부장관은 회사가 최저자본금을 준비하였음을 확인한 때에는 지체 없이 주요 출자자(발행주식 총수의 100분의 5를 초과하여 주식을 소유하는 자)의 적격성을 심사하여야 한다.

④ 위탁관리 및 기업구조조정 부동산투자회사(이하 명목회사)는 자산의 투자·운용을 자산관리회사에게 위탁한다.

⑤ 자기관리 부동산투자회사는 그 설립등기일로부터 10일 이내에 대통령령이 정하는 바에 따라 설립보고서를 작성하여 국토교통부장관에게 제출하여야 한다.

31. 부동산개발에 대한 설명으로 틀린 것을 모두 고른 것은?

ㄱ. 시장위험은 개발된 부동산이 분양이나 임대가 되지 않거나, 계획했던 가격 또는 임대료 이하로 매각되거나 임대되는 경우를 말한다.

ㄴ. 경제성분석은 구체적으로 개발사업의 수익성 여부 등을 평가한다.

ㄷ. 타당성분석 단계에서는 개발방향을 설정하기 위해 사업시행 이전에 개발여건 및 개발잠재력을 분석하거나 수익과 비용을 개괄적으로 조사한다.

ㄹ. 부동산개발과정의 시장분석은 속성상 지리적·공간적 범위에 국한되지 않는다.

① ㄱ, ㄴ

② ㄱ, ㄷ

③ ㄱ, ㄹ

④ ㄴ, ㄹ

⑤ ㄷ, ㄹ

32. 부동산개발에 대한 설명으로 옳지 <u>않은</u> 것은?

① 지역경제분석은 지역의 경제활동, 지역인구와 소득 등 대상지역시장 전체에 대한 총량적 지표를 분석한다.

② 시장성분석은 현재와 미래의 대상부동산에 대한 수요·공급 분석을 통해 흡수율 분석과 시장에서 분양될 수 있는 가격, 적정개발 규모 등의 예측을 한다.

③ 부동산개발업의 관리 및 육성에 관한 법령상 부동산개발이란 토지를 건설공사의 수행 또는 형질변경의 방법으로 조성하는 행위 및 시공을 담당하는 행위를 말한다.

④ 부동산개발업의 관리 및 육성에 관한 법령상 '부동산개발업'이란 타인에게 공급할 목적으로 부동산개발을 수행하는 업을 말한다.

⑤ 부동산개발업의 관리 및 육성에 관한 법령상 '부동산개발업자'란 부동산개발업을 수행하는 자를 말한다.

33. 부동산관리방식에 따른 해당 내용을 옳게 묶은 것은?

> ㄱ. 대형건물의 관리에 더 유용하다.
> ㄴ. 관리의 전문성과 효율성을 높일 수 있다.
> ㄷ. 소유와 경영의 분리가 가능하다.
> ㄹ. 건물설비의 고도화에 대응할 수 있다.
> ㅁ. 소유자의 직접적인 통제권이 강화된다.
> ㅂ. 기밀 및 보안유지가 유리하다.

① 자기관리방식 – ㄱ, ㄴ
② 위탁관리방식 – ㄱ, ㅁ
③ 위탁관리방식 – ㄴ, ㄷ, ㅁ
④ 위탁관리방식 – ㄹ, ㅁ, ㅂ
⑤ 자기관리방식 – ㅁ, ㅂ

34. 부동산마케팅의 4P MIX전략에 대한 설명으로 옳지 <u>않은</u> 것은?

① 분양성공을 위해 부동산 중개업소를 활용하는 것은 유통경로(place)전략에 해당한다.

② 아파트의 차별화를 위해 커뮤니티 시설에 공연장, 헬스장 등을 설치하는 방안은 제품(product)전략에 해당한다.

③ 주택청약자를 대상으로 추첨을 통해 자동차, 양문형 냉장고 등 경품을 제공하는 것은 판매촉진(promotion)전략이다.

④ 가격(price)전략 중 경쟁사의 가격을 추종해야 하는 경우에는 적응가격전략을 이용한다.

⑤ 부동산마케팅의 4P MIX는 시장점유마케팅전략에 해당한다.

35. 「감정평가에 관한 규칙」의 내용으로 <u>틀린</u> 것을 모두 고른 것은?

> ㄱ. 대상물건에 대한 감정평가액은 시장가치를 기준으로 결정하나, 법령에 다른 규정이 있는 경우 등에는 시장가치 외의 가치를 기준으로 결정할 수 있다.
> ㄴ. 적정한 실거래가는 「부동산 거래신고 등에 관한 법률」에 따라 신고된 실제 거래가격으로서 거래시점이 도시지역은 3년 이내, 그 밖의 지역은 5년 이내인 거래가격 중에서 감정평가법인등이 인근지역의 지가수준 등을 고려하여 감정평가의 기준으로 적용하기에 적정하다고 판단하는 거래가격을 말한다.
> ㄷ. 적정가격은 감정평가의 대상이 되는 토지 등이 통상적인 시장에서 충분한 기간 동안 거래를 위하여 공개된 후 그 대상물건의 내용에 정통한 당사자 사이에 신중하고 자발적인 거래가 있을 경우 성립될 가능성이 가장 높다고 인정되는 대상물건의 가액을 말한다.

① ㄷ
② ㄱ, ㄴ
③ ㄱ, ㄷ
④ ㄱ, ㄴ, ㄷ
⑤ 없다.

36. 지역분석 및 개별분석에 대한 설명으로 옳지 <u>않은</u> 것은?

① 지역분석은 개별분석에 비하여 거시적이고 광역적인 분석이다.

② 개별분석은 표준적 사용의 현상과 장래의 동향을 명확히 파악하여 그 지역 부동산의 가격수준을 판정하는 것이다.

③ 인근지역은 감정평가의 대상이 된 부동산이 속한 지역으로서 부동산의 이용이 동질적이고 가치형성요인 중 지역요인을 공유하는 지역을 말한다.

④ 이행지의 동일수급권은 일반적으로 이행한다고 예견되는 토지의 종류별 동일수급권과 일치하는 경향이 있다.

⑤ 인근지역의 범위가 너무 넓으면 가격수준 판정이 어렵고, 너무 좁게 하면 사례를 선택하기가 어렵다.

37. 감정평가의 감가수정에 관한 설명으로 옳지 <u>않은</u> 것은?

① 감가수정은 재조달원가에서 부동산가격에 영향을 미치는 물리적·기능적·경제적 감가요인 등을 고려하고, 그에 해당하는 감가수정액을 공제하여, 기준시점 현재 대상물건의 기간손익의 배분을 산정하기 위한 것이다.

② 감가수정의 방법은 직접법과 간접법이 있으며, 직접법에는 내용연수법, 관찰감가법 및 분해법이 있다.

③ 감정평가대상이 되는 부동산의 상태를 면밀히 관찰한 후 감정평가사의 폭넓은 경험과 지식에 의존하는 것이 관찰감가법이다.

④ 분해법은 감가요인을 물리적·기능적·경제적 요인으로 세분하고, 치유가능·불능항목으로 세분하여 각각의 감가의 합계액을 감가수정액으로 하는 방법이다.

⑤ 치유가능한 감가는 내용년수 항목 중에서 치유로 증가가 예상되는 효용이 치유에 요하는 비용보다 큰 경우의 감가를 의미한다.

38. 수익방식의 직접환원법에 의한 대상부동산의 시산가액은? (단, 주어진 조건에 한함)

○ 가능총수익: 연 4,000만원
○ 공실 및 대손: 가능총수익의 10%
○ 임대경비비율: 유효총수익의 20%
○ 가격구성비: 토지 60%, 건물 40%
○ 토지환원율: 연 5%, 건물환원율: 연 8.5%
○ 환원율 산정방법: 물리적 투자결합법

① 420,000,000원
② 450,000,000원
③ 480,000,000원
④ 500,000,000원
⑤ 520,000,000원

39. 부동산가격공시제도에 관한 설명으로 옳은 것은?

① 표준주택가격의 공시사항으로는 표준지의 단위면적당 가격이 포함된다.

② 표준주택으로 선정된 단독주택, 그 밖에 대통령령으로 정하는 단독주택에 대하여는 개별주택가격을 결정·공시하지 아니할 수 있다.

③ 시장·군수·구청장은 개별공시지가의 산정을 위하여 필요하다고 인정하는 경우에는 표준지와 산정대상 개별토지의 가격형성요인에 관한 비교표(토지가격비준표)를 작성하여 국토교통부장관에게 제공하여야 한다.

④ 국토교통부장관은 공시기준일 이후에 토지의 분할·합병이나 건물의 신축 등이 발생한 경우에는 대통령령이 정하는 날을 기준으로 하여 개별주택가격을 결정·공시하여야 한다.

⑤ 공동주택가격은 표준주택과 개별주택가격으로 구분하여 공시한다.

40. 「감정평가에 관한 규칙」에 따라 감정평가법인등은 일정한 절차에 따라 감정평가를 하여야 한다. 그 절차를 바르게 나열한 것은?

ㄱ. 기본적 사항의 확정
ㄴ. 처리계획 수립
ㄷ. 대상물건 확인
ㄹ. 자료수집 및 정리
ㅁ. 자료검토 및 가치형성요인의 분석
ㅂ. 감정평가방법의 선정 및 적용
ㅅ. 감정평가액의 결정 및 표시

① ㄱ → ㄴ → ㄷ → ㄹ → ㅁ → ㅂ → ㅅ
② ㄱ → ㄴ → ㄷ → ㄹ → ㅅ → ㅂ → ㅁ
③ ㄴ → ㄷ → ㄹ → ㄱ → ㅁ → ㅂ → ㅅ
④ ㄴ → ㄹ → ㄷ → ㄱ → ㅁ → ㅂ → ㅅ
⑤ ㄹ → ㄷ → ㄱ → ㄴ → ㅁ → ㅂ → ㅅ

**41. 반사회질서의 법률행위에 해당하지 <u>않는</u> 것을 모두 고른 것은? (다툼이 있으면 판례에 따름)**

> ㄱ. 반사회적 행위에 의해 조성된 비자금을 소극적으로 은닉하기 위해 체결한 임치약정
>
> ㄴ. 어떤 일이 있어도 이혼하지 않기로 한 약정
>
> ㄷ. 산모가 우연한 사고로 인한 태아의 상해에 대비하기 위해 자신을 보험수익자로, 태아를 피보험자로 하여 체결한 상해보험계약
>
> ㄹ. 2024년 체결된 형사사건에 관한 성공보수약정

① ㄱ, ㄷ      ② ㄱ, ㄹ
③ ㄴ, ㄷ      ④ ㄴ, ㄹ
⑤ ㄷ, ㄹ

**42. X토지와 Y토지를 소유하고 있는 甲은 X토지를 매수인 乙에게 매도하기로 하고 乙과 함께 현장을 답사한 다음 매매계약서를 작성하였다. 그런데 甲과 乙은 토지 지번에 관하여 착오를 일으켜 계약서상 매매목적물로 Y토지의 지번을 기재하였고 乙도 이를 간과하여 결국 Y토지에 관하여 매매계약을 원인으로 하는 소유권이전등기가 경료되었다. 다음 중 틀린 것을 모두 고른 것은? (다툼이 있으면 판례에 따름)**

> ㄱ. 甲과 乙 사이에 X토지에 대하여 매매계약이 성립한다.
>
> ㄴ. 甲은 X토지에 대하여 乙에게 소유권이전등기의무를 부담한다.
>
> ㄷ. 甲과 乙은 Y토지에 관한 매매계약을 착오를 이유로 취소할 수 있다.
>
> ㄹ. Y토지에 관하여 경료된 소유권이전등기는 무효이다.
>
> ㅁ. Y토지가 乙로부터 丙에게 적법하게 양도되면 丙은 유효하게 소유권을 취득할 수 있다.

① ㄱ, ㄷ      ② ㄱ, ㄹ
③ ㄴ, ㄷ      ④ ㄴ, ㅁ
⑤ ㄷ, ㅁ

**43. 진의 아닌 의사표시에 관한 설명으로 옳은 것은? (다툼이 있으면 판례에 따름)**

① 상대방이 표의자의 진의 아님을 알았을 경우, 표의자는 진의 아닌 의사표시를 취소할 수 있다.

② 강박에 따라 제3자에게 증여한 경우, 표의자는 마음속에서 진정으로 원하지 않았으나 당시의 상황에서는 최선이라고 판단하여 의사표시를 하였다면 비진의표시가 된다.

③ 자의로 사직서를 제출하여 한 중간퇴직의 의사표시는 비진의표시가 아니다.

④ 비진의표시에 관한 규정은 대리인이 대리권을 남용한 경우 유추적용될 수 없다.

⑤ 대출절차상 편의를 위하여 명의를 빌려준 자가 채무부담의 의사를 가졌더라도 그 의사표시는 비진의표시이다.

**44. 착오로 인한 의사표시에 관한 설명으로 옳은 것을 모두 고른 것은? (다툼이 있으면 판례에 따름)**

> ㄱ. 매도인의 하자담보책임이 성립하더라도 착오를 이유로 한 매수인의 취소권은 배제되지 않는다.
>
> ㄴ. 매매계약에서 매수인이 목적물의 시가에 관해 착오를 하였더라도 이는 원칙적으로 중요부분의 착오에 해당하지 않는다.
>
> ㄷ. 농지의 상당부분이 하천임을 사전에 알았더라면 농지매매계약을 체결하지 않았을 것이 명백한 경우, 법률행위 내용의 중요부분의 착오에 해당될 수 있다.
>
> ㄹ. 동기의 착오는 동기가 표시되어 해석상 법률행위의 내용으로 된 경우에 한해서만 유일하게 고려된다.

① ㄴ, ㄷ      ② ㄱ, ㄴ, ㄷ
③ ㄱ, ㄷ, ㄹ      ④ ㄴ, ㄷ, ㄹ
⑤ ㄱ, ㄴ, ㄷ, ㄹ

**45. 대리에 관한 설명으로 틀린 것은? (다툼이 있으면 판례에 따름)**

① 행위능력자인 임의대리인이 성년후견개시 심판을 받아 제한능력자가 되면 그의 대리권은 소멸한다.

② 「민법」 제124조에서 금지하는 자기계약이 행해졌다면 그 계약은 유동적 무효이다.

③ 대리인이 자기의 이익을 위한 배임적 의사표시를 하였고 상대방도 이를 안 경우, 본인은 그 대리인의 행위에 대하여 책임이 없다.

④ 대리인이 여럿인 경우, 대리인은 원칙적으로 공동으로 대리해야 한다.

⑤ 권한을 정하지 아니한 임의대리인은 본인의 미등기부동산에 관한 보존등기를 할 수 있다.

46. 행위능력자 乙은 대리권 없이 甲을 대리하여 甲이 보유하고 있던 매수인의 지위를 丙에게 양도하기로 약정하고, 이에 丙은 乙에게 계약금을 지급하였다. 乙은 그 계약금을 유흥비로 탕진하였다. 이에 관한 설명으로 <u>틀린</u> 것은? (단, 표현대리는 성립하지 않으며, 다툼이 있으면 판례에 따름)

① 매수인의 지위 양도계약 체결 당시 乙의 무권대리를 모른 丙은 甲의 추인이 있을 때까지 계약을 철회할 수 있다.

② 丙의 계약 철회 전 甲이 사망하고 乙이 단독상속인이 된 경우, 乙이 선의·무과실인 丙에게 추인을 거절할 수 있다.

③ 丙이 계약을 유효하게 철회하면, 무권대리행위는 확정적으로 무효가 된다.

④ 乙이 甲을 단독상속한 경우, 乙은 본인의 지위에서 추인 거절권을 행사할 수 없다.

⑤ 乙이 甲의 추인을 얻지 못하면 丙은 일정 요건을 갖춘 경우 乙에게 계약의 이행 또는 손해배상을 청구할 수 있다.

47. 표현대리에 관한 설명으로 <u>틀린</u> 것은? (다툼이 있으면 판례에 따름)

① 사원총회의 결의를 거쳐야 처분할 수 있는 비법인사단의 총유재산을 대표자가 임의로 처분한 경우에도 권한을 넘은 표현대리에 관한 규정이 준용될 수 있다.

② 권한을 넘은 표현대리인지를 판단할 때 정당한 이유의 유무는 대리행위시를 기준으로 한다.

③ 공법상의 행위 중 등기신청에 관한 대리권도 기본대리권이 될 수 있다.

④ 복임권 없는 대리인에 의해 선임된 복대리인의 대리행위에 대해서도 권한을 넘은 표현대리에 관한 규정이 적용될 수 있다.

⑤ 기본대리권 없는 자가 자신이 본인인 것처럼 가장하여 본인 명의로 법률행위를 한 경우에는 특별한 사정이 없는 한 권한을 넘은 표현대리가 성립하지 않는다.

48. 다음 중 丙이 보호받기 위해서 丙이 선의·무과실임을 요하는 경우를 모두 고른 것은?

ㄱ. 甲이 乙에게 그 소유의 부동산을 허위표시인 매매를 원인으로 이전등기를 해 준 뒤 乙이 자기 명의로 등기가 되었음을 기화로 丙에게 그 부동산을 매도하고 이전등기를 마친 경우

ㄴ. 乙이 甲으로부터 매수하여 이전등기까지 마친 부동산을 丙에게 다시 매도하고 이전등기까지 해주었으나 甲이 乙과의 매매를 해제한 경우

ㄷ. 甲의 강박에 못 이겨 乙이 그 소유의 부동산을 丙에게 매도한 뒤에, 乙이 甲의 강박을 이유로 그 매매를 취소한 경우

ㄹ. 미성년자 甲으로부터 부동산을 매수한 乙이 다시 丙에게 그 부동산을 매도하고 이전등기까지 마쳤으나, 그 후 甲이 乙과의 매매를 취소한 경우

① ㄷ      ② ㄱ, ㄷ
③ ㄱ, ㄹ      ④ ㄴ, ㄷ
⑤ ㄷ, ㄹ

49. 제145조의 법정추인사유에 해당하지 <u>않는</u> 것을 모두 고른 것은?

ㄱ. 취소권자의 상대방이 취소할 수 있는 행위로 취득한 권리의 전부나 일부를 양도한 경우

ㄴ. 취소권자가 상대방에게 취소할 수 있는 법률행위로부터 생긴 채무를 전부 또는 일부 이행한 경우

ㄷ. 취소권자가 상대방으로부터 이행의 청구를 받은 경우

ㄹ. 취소권자가 채권자로서 상대방으로부터 담보의 제공을 받은 경우

① ㄱ, ㄴ      ② ㄱ, ㄷ
③ ㄱ, ㄹ      ④ ㄴ, ㄹ
⑤ ㄷ, ㄹ

50. 조건과 기한에 관한 설명 중 옳은 것은? (다툼이 있으면 판례에 따름)

① 사회질서에 반한 조건이 해제조건이면 조건 없는 법률행위가 된다.

② 조건의 성취가 미정인 권리·의무는 일반규정에 의하여 처분할 수 없다.

③ 해제조건부 법률행위에서 조건이 성취되지 않으면 법률행위의 효력은 소멸하지 않는다.

④ 기한에는 소급효가 없으나 당사자간의 특약으로 소급효를 인정할 수 있다.

⑤ 불확정한 사실의 발생시기를 이행기한으로 정한 경우, 그 사실의 발생이 불가능하게 되었다고 하여 이행기한이 도래한 것으로 볼 수는 없다.

51. 물권에 관한 설명으로 **틀린** 것은? (다툼이 있으면 판례에 따름)

① 「민법」 제185조에서의 '법률'은 국회가 제정한 형식적 의미의 법률을 의미한다.

② 온천에 관한 권리를 관습법상의 물권이라고 볼 수는 없다.

③ 근린공원을 자유롭게 이용한 사정만으로 공원이용권이라는 배타적 권리를 취득하였다고 볼 수는 없다.

④ 사용·수익권능을 대세적·영구적으로 포기한 소유권도 존재한다.

⑤ 1필의 토지 일부에 저당권을 설정할 수 없다.

52. 물권적 청구권에 대한 설명으로 **옳은** 것은? (다툼이 있으면 판례에 따름)

① 甲의 토지 위에 乙이 건물을 무단 신축하고 이를 丙에게 임대한 경우, 甲은 직접점유자 丙을 상대로 건물철거를 청구할 수 있다.

② 甲의 토지 위에 乙이 무단으로 건물을 신축하여 미등기인 채로 丙에게 매도하여 인도한 경우에 그 건물의 철거청구의 상대방은 丙이다.

③ 소유권을 양도한 전 소유자가 물권적 청구권만을 분리, 유보하여 불법점유자에 대해 그 물권적 청구권에 의한 방해배제를 할 수 있다.

④ 물권적 청구권을 행사하기 위해서는 그 상대방에게 귀책사유가 있어야 한다.

⑤ 소유권에 기한 방해배제청구권에 있어서 방해에는 과거에 이미 종결된 손해가 포함된다.

53. 다음 중 등기청구권의 법적 성질이 물권적 청구권인 경우를 모두 고른 것은? (다툼이 있으면 판례에 따름)

ㄱ. 매매계약의 해제로 인한 매도인의 매수인에 대한 등기청구권

ㄴ. 부동산을 매수하고 인도받은 자가 매도인에 대해 소유권이전등기를 청구하는 경우

ㄷ. 부동산의 점유취득시효가 완성된 후 점유자가 등기명의자에 대해 소유권이전등기를 청구하는 경우

ㄹ. 근저당권 설정 후에 소유권이 제3자에게 이전된 경우, 종전 소유자가 피담보채무의 소멸을 이유로 근저당권설정등기의 말소를 청구하는 경우

① ㄱ
② ㄱ, ㄷ
③ ㄱ, ㄹ
④ ㄴ, ㄷ
⑤ ㄷ, ㄹ

54. 점유에 관한 설명으로 **옳은** 것을 모두 고른 것은? (다툼이 있으면 판례에 따름)

ㄱ. 특별한 사정이 없는 한, 건물의 부지가 된 토지는 그 건물의 소유자가 점유하는 것으로 보아야 한다.

ㄴ. 甲 소유의 토지를 임대차로 임차인 乙이 점유하다가 전대차로 전차인 丙이 점유하는 경우 점유매개관계는 중첩적으로 존재할 수 있고, 乙만이 간접점유자이다.

ㄷ. 타인의 토지에 분묘를 설치한 자가 그 분묘기지를 점유하는 경우에 그 점유는 자주점유이다.

ㄹ. 매수인이 지상건물과 그 대지를 매수하여 점유를 개시함에 있어 인접토지와의 경계를 확인해 보지 않고 착오로 인접토지의 일부를 그가 매수한 토지로 알고 점유를 하고 있는 경우는 자주점유이다.

① ㄱ, ㄴ
② ㄱ, ㄷ
③ ㄱ, ㄹ
④ ㄴ, ㄷ
⑤ ㄷ, ㄹ

55. 甲 소유의 X토지를 점유할 권리 없이 점유하여 온 점유자 乙에 대해 甲이 소유권에 기한 반환을 청구하였다. 다음 설명 중 **틀린** 것은? (다툼이 있으면 판례에 따름)

① 乙이 선의인 경우에는 과실을 반환할 필요가 없다.

② 乙이 책임 있는 사유로 그 물건을 훼손한 경우, 乙이 타주점유자라면 전 손해를 배상할 책임이 있다.

③ 乙이 악의의 점유자인 경우에도 甲에게 지출한 특별필요비의 상환을 청구할 수 있다.

④ 乙이 유익비를 지출한 경우, 가액의 증가가 현존한 때에 한하여 乙의 선택에 따라 지출금액이나 증가액의 상환을 청구할 수 있다.

⑤ 만약 乙의 점유가 불법행위로 인하여 개시되었다면, 乙이 지출한 유익비의 상환청구권을 기초로 하는 乙의 유치권의 주장은 배척된다.

56. 소유권에 관한 설명으로 **틀린** 것은? (다툼이 있으면 판례에 따름)

① 토지가 포락되어 원상복구가 불가능한 경우, 그 토지에 대한 종전 소유권은 소멸한다.

② 주위토지통행권의 범위는 장차 건립될 아파트의 건축을 위한 이용상황까지 미리 대비하여 정할 수 있다.

③ 타인의 토지를 통과하지 않으면 필요한 수도를 설치할 수 없는 토지의 소유자는 그 타인의 승낙 없이도 수도를 시설할 수 있다.

④ 증축된 부분이 기존의 건물과 구조상·이용상 독립성이 없는 경우, 그 부분은 기존의 건물에 부합한다.

⑤ 처분권능이 없는 소유권은 인정되지 않는다.

57. 부동산의 점유취득시효에 관한 설명으로 **틀린** 것은? (다툼이 있으면 판례에 따름)

① 점유취득시효 완성 후 아직 乙 명의로 소유권이전등기가 경료되지 아니한 경우, 甲은 乙에 대하여 점유로 인한 부당이득반환청구를 할 수 없다.

② 점유취득시효 완성 후 일시적으로 丙에게 소유권이전등기가 되었다가 甲이 다시 소유권을 회복한 경우, 乙은 甲에게 시효 완성을 주장할 수 있다.

③ 등기부취득시효가 완성되기 위해서는 乙이 과실 없이 점유를 개시하여야 한다.

④ 乙이 등기부취득시효의 완성으로 시효취득한 후에 그 부동산에 관한 乙 명의의 등기가 불법말소된 경우, 乙은 소유권을 상실한다.

⑤ 乙이 등기부취득시효의 완성으로 시효취득하기 위하여 10년간 반드시 그의 명의로 등기되어 있어야 하는 것은 아니고, 앞 사람의 등기기간까지 합하여 10년간 부동산소유자로 등기되어 있으면 된다.

58. 甲과 乙은 X토지를 공유하고 있는데, 甲의 지분은 3분의 2, 乙의 지분은 3분의 1이다. 다음 설명 중 옳은 것을 모두 고른 것은? (다툼이 있으면 판례에 따름)

> ㄱ. 甲이 乙의 동의 없이 X토지 전부를 丙에게 임대하여 丙이 점유하는 경우, 乙은 丙에게 단독으로 점유의 배제를 청구할 수 있다.
>
> ㄴ. 乙이 甲과 협의 없이 X토지를 丙에게 임대한 경우, 甲은 丙에게 X토지의 인도를 청구할 수 있다.
>
> ㄷ. 丙이 X토지를 불법으로 점유하고 있는 경우, 乙은 丙에 대해 단독으로 X토지 전체에 대해 손해배상을 청구할 수 있다.
>
> ㄹ. 甲이 X토지 전부를 乙의 동의 없이 매도하여 매수인 명의로 소유권이전등기를 마친 경우, 甲의 지분 범위 내에서 등기는 유효하다.

① ㄱ, ㄴ  ② ㄱ, ㄷ
③ ㄴ, ㄷ  ④ ㄴ, ㄹ
⑤ ㄷ, ㄹ

59. 법정지상권 및 관습법상의 법정지상권에 관한 설명으로 **틀린** 것은? (다툼이 있으면 판례에 따름)

① 토지와 그 지상의 건물에 공동저당권이 설정된 후 그 건물이 철거되고 다른 건물이 신축된 경우, 저당물의 경매로 토지와 신축건물이 서로 다른 소유자에 속하게 되면 제366조 소정의 법정지상권이 성립한다.

② 저당목적물인 토지에 대하여 법정지상권을 배제하는 저당권설정 당사자 사이의 약정은 효력이 없다.

③ 대지와 건물이 동일한 소유자에 속한 경우에 건물에 전세권을 설정한 때에는 그 대지소유권의 특별승계인은 전세권설정자에 대하여 지상권을 설정한 것으로 본다.

④ 토지와 건물 중 건물만을 양수하면서 건물을 위하여 따로 토지의 임대차계약을 체결한 경우에는 관습법상의 법정지상권이 성립하지 않는다.

⑤ 관습법상의 법정지상권의 성립에는 등기가 필요하지 않다. 따라서 건물소유자는 법정지상권을 취득할 당시의 토지소유자에 대하여는 물론이고 그로부터 토지소유권을 전득한 제3자에 대하여도 등기 없이 관습법상의 법정지상권을 주장할 수 있다.

60. 지역권에 관한 설명으로 옳은 것은? (다툼이 있으면 판례에 따름)

① 요역지의 소유자는 지역권에 필요한 부분의 토지소유권을 지역권설정자에게 위기(委棄)하여 공작물의 설치나 수선의무의 부담을 면할 수 있다.

② 1필의 토지의 일부에는 지역권을 설정할 수 없다.

③ 지역권은 요역지와 분리하여 따로 양도하거나 다른 권리의 목적으로 하지 못한다.

④ 지역권에 기한 승역지반환청구권은 인정된다.

⑤ 요역지가 수인의 공유인 경우에 그 1인에 의한 지역권 소멸시효의 중단은 다른 공유자를 위하여 효력이 없다.

61. 전세권에 관한 설명으로 옳은 것을 모두 고른 것은? (다툼이 있으면 판례에 따름)

> ㄱ. 전세권의 존속기간이 시작되기 전에 마친 전세권설정등기는 특별한 사정이 없는 한 그 기간이 시작되기 전에는 무효이다.
>
> ㄴ. 건물전세권이 법정갱신된 경우 전세권자는 전세권갱신에 관한 등기 없이도 제3자에게 전세권을 주장할 수 있다.
>
> ㄷ. 전세권의 존속기간 중 전세목적물의 소유권이 양도되면, 그 양수인이 전세권설정자의 지위를 승계한다.
>
> ㄹ. 건물의 일부에 대한 전세에서 전세권설정자가 전세금의 반환을 지체하는 경우, 전세권자는 전세권에 기하여 건물 전부에 대해서 경매청구할 수 있다.

① ㄱ, ㄴ  ② ㄱ, ㄷ
③ ㄴ, ㄷ  ④ ㄴ, ㄹ
⑤ ㄷ, ㄹ

62. 乙은 甲 소유의 X건물을 점유하면서 유치권을 주장하고 있다. 이에 관한 다음의 설명 중 **틀린** 것은? (다툼이 있으면 판례에 따름)

① 乙이 유치권을 행사하고 있는 동안에도 채권의 소멸시효는 진행한다.

② 丙이 건물의 점유를 침탈하였더라도 乙이 점유물반환청구권을 행사하여 점유를 회복하면, 乙의 유치권은 되살아난다.

③ 채무자 甲이 건물을 직접점유하고 이를 매개로 하여 乙이 간접점유를 하고 있는 경우, 乙의 유치권이 인정되지 않는다.

④ 乙은 甲의 승낙 없이 X건물을 제3자에게 담보로 제공할 수 없다.

⑤ X건물의 경매개시결정의 기입등기 후 乙이 그 건물을 甲에게 인도하여 유치권을 취득시킨 경우, 그 유치권으로 건물의 경락인에게 대항할 수 있다.

63. 저당권의 피담보채권의 범위에 속하지 **않는** 것을 모두 고른 것은?

> ㄱ. 원본, 이자
> ㄴ. 위약금
> ㄷ. 저당권의 실행비용
> ㄹ. 원본의 이행기일을 경과한 후의 2년분의 지연배상금
> ㅁ. 저당목적물의 하자로 인한 손해배상금

① ㄱ, ㄷ      ② ㄱ, ㄹ
③ ㄴ, ㄷ      ④ ㄷ, ㄹ
⑤ ㄹ, ㅁ

64. 근저당권에 관한 설명으로 **틀린** 것은? (다툼이 있으면 판례에 따름)

① 근저당권의 목적물이 양도된 후 피담보채무가 소멸한 경우, 근저당권설정자는 근저당권설정등기의 말소를 청구할 수 있다.

② 특별한 사정이 없는 한, 존속기간이 있는 근저당권은 그 기간이 만료한 때 피담보채무가 확정된다.

③ 피담보채권이 확정되기 전에 제3자가 채무의 일부를 대위변제하여도 근저당권이 그 제3자에게 이전하지 않는다.

④ 1년분이 넘는 지연배상금이라도 채권최고액의 한도 내라면 전액 근저당권에 의해 담보된다.

⑤ 근저당권자가 피담보채무의 불이행을 이유로 경매신청을 한 때에는 매수인이 매각대금을 완납한 때에 피담보채권은 확정된다.

65. 제주도에 사는 甲이 서울에 사는 乙에게 물건을 매도하겠다는 뜻과 승낙의 기간을 10월 30일로 하는 내용의 서면을 발송하여 乙에게 도달하였다. 다음 설명 중 **틀린** 것은?

① 편지가 도착하기 전에 甲이 제한능력자가 되어도 청약의 효력은 생긴다.

② 乙이 청약에 조건을 붙여 승낙한 경우, 乙이 甲에게 새로운 청약을 한 것으로 본다.

③ 10월 29일에 발송한 乙의 승낙통지가 10월 31일에 도달한 경우, 甲이 이에 대하여 승낙을 하면 계약은 성립한다.

④ 乙이 10월 25일에 승낙통지를 발송하여 10월 27일에 도달한 경우, 계약은 10월 27일에 성립한다.

⑤ 甲은 10월 30일 전에는 청약을 철회할 수 없다.

66. 매도인 甲과 매수인 乙은 X토지를 1억원에 매매하기로 합의하였고, 乙은 甲에 대하여 1억원의 대여금채권을 가지고 있다. 이에 관한 설명으로 옳은 것을 모두 고른 것은? (다툼이 있으면 판례에 따름)

> ㄱ. 甲이 소유권이전에 필요한 등기서류를 교부하였는데 乙이 그 수령을 거절한 경우, 후에 甲이 재차 이행의 제공 없이 乙에게 대금지급을 청구하면 乙은 그 지급을 거절할 수 있다.
> ㄴ. 甲이 乙을 상대로 대금지급청구의 소를 제기하였고 이에 대하여 乙이 동시이행항변권을 주장하면 법원은 원고패소판결을 선고하여야 한다.
> ㄷ. 乙이 동시이행항변권을 가지는 경우에도 이행기에 채무를 이행하지 않으면 이행지체에 빠진다.
> ㄹ. 甲은 동시이행항변권이 붙은 매매대금채권을 가지고 乙의 대여금채권과 상계할 수 없다.

① ㄱ, ㄴ      ② ㄱ, ㄷ
③ ㄱ, ㄹ      ④ ㄴ, ㄷ
⑤ ㄷ, ㄹ

67. 甲은 자신 소유의 X건물을 乙에게 매도하는 계약을 체결하였으나, 약정된 날짜에 인도하기 전에 그 건물이 소실되었다. 이에 관한 다음 설명 중 틀린 것은?

① 만일 인근에서 발생한 산불에 의하여 소실된 경우라면, 甲은 채무를 면하며 또한 乙에 대해서 매매대금의 지급을 청구할 수도 없게 된다.

② 위 ①의 경우에 甲이 계약체결 당시에 계약금을 지급받았다면 이를 반환할 의무는 없다.

③ 만일 乙이 실수로 그 건물을 불태웠다면 甲은 乙에 대해서 매매대금의 지급을 청구할 수 있다.

④ 乙의 수령지체 중에 인근에서 발생한 산불에 의하여 소실된 경우에도 위 ③과 같다.

⑤ 만일 甲의 과실로 소실되었다면, 乙은 최고 없이 계약을 해제할 수 있다.

68. 매도인 甲과 매수인 乙이 계약을 하면서 그 대금을 丙에게 지급하기로 하는 제3자를 위한 계약을 체결하였다. 다음 설명 중 틀린 것은?

① 甲은 丙의 동의 없이도 乙의 채무불이행을 이유로 계약을 해제할 수 있다.

② 甲이 乙의 채무불이행을 이유로 계약을 해제하면, 丙은 乙에게 채무불이행으로 인해 자신이 입은 손해의 배상을 청구할 수 있다.

③ 丙이 수익의 의사표시를 하면 특별한 사정이 없는 한 乙에 대한 대금지급청구권을 확정적으로 취득한다.

④ 甲이 소유권이전등기를 지체하는 경우, 乙은 丙에 대한 대금지급을 거절할 수 없다.

⑤ 甲이 소유권을 이전하지 않으면 乙은 특별한 사정이 없는 한 丙의 대금지급청구를 거절할 수 있다.

69. 최고 없이 해제권을 행사할 수 있는 경우를 모두 고른 것은? (다툼이 있으면 판례에 따름)

ㄱ. 매수인의 대금지급이 지체된 때
ㄴ. 매도인의 과실로 계약목적물인 별장이 소실된 때
ㄷ. 정기행위에서 일방이 채무를 이행하지 않은 때
ㄹ. 미리 이행거절의 의사를 표시하였다가 다시 적법하게 철회한 때

① ㄱ, ㄴ       ② ㄱ, ㄹ
③ ㄴ, ㄷ       ④ ㄴ, ㄹ
⑤ ㄷ, ㄹ

70. 매매계약에 관한 설명으로 틀린 것은? (다툼이 있으면 판례에 따름)

① 매매의 일방예약은 상대방이 매매를 완결할 의사를 표시하는 때에 매매의 효력이 생긴다.

② 일방예약이 성립하려면 본계약인 매매계약의 요소가 되는 내용이 확정되어 있거나 특정할 수 있어야 한다.

③ 예약완결권은 당사자 사이에 그 행사기간을 약정하지 않은 경우 그 예약이 성립한 날로부터 5년 내에 이를 행사하여야 한다.

④ 상가에 관하여 매매예약이 성립한 이후 법령상의 제한에 의해 일시적으로 분양이 금지되었다가 다시 허용된 경우, 그 예약완결권 행사는 이행불능이라 할 수 없다.

⑤ 매매의 목적물의 인도와 동시에 대금을 지급할 경우에는 그 인도장소에서 이를 지급하여야 한다.

71. 담보책임의 내용으로 대금감액청구권이 인정되는 자를 모두 고른 것은?

ㄱ. 권리의 일부가 타인에게 속한 경우 매수인
ㄴ. 수량부족·일부멸실의 경우 선의의 매수인
ㄷ. 매매의 목적물이 지상권의 목적이 된 경우 선의의 매수인
ㄹ. 특정물에 물건의 하자가 있는 경우 선의의 매수인

① ㄱ, ㄴ       ② ㄱ, ㄷ
③ ㄴ, ㄷ       ④ ㄴ, ㄹ
⑤ ㄷ, ㄹ

72. 「민법」상 임대차계약에 관한 설명으로 옳은 것은? (다툼이 있으면 판례에 따름)

① 경제사정 변동에 따른 임대인의 차임증액청구에 대해 법원이 차임증액을 결정한 경우, 그 결정 다음 날부터 지연손해금이 발생한다.

② 임차기간을 영구로 정한 임대차약정은 특별한 사정이 없는 한 허용된다.

③ 임대차가 묵시의 갱신이 된 경우, 전 임대차에 대해 제3자가 제공한 담보는 원칙적으로 소멸하지 않는다.

④ 임차인이 임대인의 동의 없이 전대한 경우에도 그 계약 자체는 유효하므로 전차인의 점유는 임대인에 대하여 불법점유가 아니다.

⑤ 임차권의 양수인이 임차인과 부부로서 임차건물에 동거하면서 함께 가구점을 경영하고 있었더라도 임대인의 동의 없이 임차권을 무단양도한 경우에는 임대인은 임대차계약을 해지할 수 있다.

73. 임차인의 유익비상환청구권과 부속물매수청구권을 비교 설명한 다음 내용 중 틀린 것은?

① 부속된 물건이 건물 기타 공작물의 구성부분이 되면 유익비상환청구권의 대상이 되고, 독립성이 인정되는 경우에는 부속물매수청구권의 대상이 된다.

② 부속물매수청구권은 임대인의 동의를 얻어 건물이나 공작물을 부속한 경우 또는 임대인에게서 매수한 경우로 한정되지만, 유익비상환청구권은 그러한 제한이 없다.

③ 임차인은 부속물매수청구권에 관하여 유치권을 행사할 수 없으나, 유익비상환청구권에 대해서는 유치권이 인정된다.

④ 임차인의 부속물매수청구권은 당사자의 약정으로 배제할 수 있으나, 유익비상환청구권은 당사자의 약정에 의해 포기될 수 없다.

⑤ 유익비상환청구권은 임대인이 목적물을 반환받은 날로부터 6개월 이내에 행사하여야 하지만, 부속물매수청구권은 그와 같은 제한이 없다.

74. 임대인과 임차인 사이의 배제약정으로 유효한 것을 모두 고른 것은? (단, 일시사용을 위한 임대차가 아님을 전제로 함)

> ㄱ. 임차인의 비용상환청구권
> ㄴ. 임차인의 차임감액청구권
> ㄷ. 토지임차인의 지상물매수청구권
> ㄹ. 임대인의 동의 없이 임차권을 양도할 수 있도록 하는 약정

① ㄱ, ㄴ　　　　　② ㄱ, ㄹ
③ ㄴ, ㄷ　　　　　④ ㄴ, ㄹ
⑤ ㄷ, ㄹ

75. 「주택임대차보호법」에 관한 설명으로 틀린 것은? (다툼이 있으면 판례에 따름)

① 근저당권이 설정된 사무실용 건물이 주거용 건물로 용도 변경된 후 이를 임차한 소액임차인은 특별한 사정이 없는 한 보증금 중 일정액을 근저당권자에 우선하여 변제받을 수 있다.

② 임차인이 주택의 인도와 전입신고를 마치고 임대차계약서상의 확정일자를 갖춘 경우, 후순위권리자 기타의 채권자에 비해 우선변제권이 인정된다.

③ 소액보증금의 우선변제를 받기 위해서는 주택에 대한 경매신청의 등기 전에 임차인이 주택의 인도와 주민등록의 요건을 갖춘 경우라야 한다.

④ 임대차가 종료된 후 보증금을 반환받지 못한 임차인은 임차주택의 소재지를 관할하는 지방법원·지방법원지원 또는 시·군법원에 임차권등기명령을 신청할 수 있다.

⑤ 주택임차인이 그 지위를 강화하고자 별도로 전세권설정등기를 한 경우, 임차인의 지위에서 경매법원에 배당요구를 하였다면 전세권에 관하여도 배당요구가 있는 것으로 본다.

76. 「주택임대차보호법」상 임대인이 임차인의 계약갱신요구를 거절할 수 있는 사유를 모두 고른 것은?

> ㄱ. 임차인이 1기의 차임액에 해당하는 금액에 이르도록 차임을 연체한 사실이 있는 경우
> ㄴ. 임대인이 일방적으로 보상금을 공탁한 경우
> ㄷ. 임차인이 임대인의 동의 없이 목적주택의 전부 또는 일부를 전대한 경우
> ㄹ. 임차인이 임차한 주택의 전부 또는 일부를 경과실로 파손한 경우
> ㅁ. 임대인(임대인의 직계존속·직계비속을 포함)이 목적주택에 실제 거주하려는 경우

① ㄱ, ㄷ　　　　　② ㄱ, ㄹ
③ ㄴ, ㄷ　　　　　④ ㄴ, ㅁ
⑤ ㄷ, ㅁ

77. 「상가건물 임대차보호법」에 관한 설명으로 틀린 것은?

① 세종특별자치시에 있는 상가건물을 보증금 6억원, 월차임 100만원에 임차한 계약은 이 법의 적용대상이 아니다.

② 위 ①의 경우, 임차인이 대항요건을 갖춘 후 임대차계약서에 확정일자를 받은 경우, 「민사집행법」상 경매시 임차건물의 환가대금에서 후순위권리자보다 우선하여 보증금을 변제받을 권리가 있다.

③ 위 ①의 경우, 임차인이 점포를 인도받은 날에 사업자등록을 신청한 경우, 그 다음 날부터 임차권의 대항력이 생긴다.

④ 위 ①의 경우, 임차인은 「감염병의 예방 및 관리에 관한 법률」 제49조 제1항 제2호에 따른 집합 제한 또는 금지 조치를 총 3개월 이상 받음으로써 발생한 경제사정의 중대한 변동으로 폐업한 경우에는 임대차계약을 해지할 수 있다.

⑤ 기간의 정함이 없거나 기간을 1년 미만으로 정한 임대차는 그 기간을 1년으로 본다. 다만, 임차인은 1년 미만으로 정한 기간의 유효함을 주장할 수 있다.

78. 「집합건물의 소유 및 관리에 관한 법률」에 관한 설명으로 틀린 것은? (다툼이 있으면 판례에 따름)

① 전(前) 구분소유자의 특별승계인은 체납된 공용부분 관리비는 물론 그에 대한 연체료도 승계한다.

② 각 공유자는 공용부분을 그 용도에 따라 사용할 수 있다.

③ 분양대금을 완납하였음에도 분양자 측의 사정으로 소유권이전등기를 경료받지 못한 수분양자도 관리단에서 의결권을 행사할 수 있다.

④ 재건축 결의에 찬성하지 않은 구분소유자에게 매도청구권을 행사하기 위한 전제로서의 최고는 반드시 서면으로 해야 한다.

⑤ 구분소유자는 규약 또는 공정증서로써 달리 정하지 않는 한 그가 가지는 전유부분과 분리하여 대지사용권을 처분할 수 없다.

79. 甲은 乙로부터 2억원을 빌리면서 자신의 X건물(시가 10억원)에 저당권을 설정해 준 다음, 丙으로부터 3억원을 빌리면서 X건물을 양도담보로 제공하고 丙 명의로 소유권이전등기를 해 주었다. 다음 설명 중 틀린 것을 모두 고른 것은? (다툼이 있으면 판례에 따름)

> ㄱ. X건물에 대한 사용·수익권은 담보권설정자 甲에게 있다.
>
> ㄴ. 丙이 甲에게 청산금을 지급함으로써 X건물의 소유권을 취득하면 丙의 양도담보권은 소멸한다.
>
> ㄷ. X건물이 멸실·훼손되면 그 범위 내에서 丙의 양도담보권과 피담보채권은 소멸한다.
>
> ㄹ. 만일 선의의 戊가 丙으로부터 X건물의 소유권을 취득하였다면, 甲은 戊 명의의 소유권이전등기의 말소를 청구할 수 없다.
>
> ㅁ. 위 ㄹ의 경우, 丙은 甲에게 불법행위책임을 지지 않는다.

① ㄱ, ㄴ
② ㄱ, ㄷ
③ ㄴ, ㄹ
④ ㄴ, ㅁ
⑤ ㄷ, ㅁ

80. 甲은 丙의 X부동산을 매수한 뒤 친구 乙과의 사이에 명의신탁약정을 맺었고, 丙은 甲의 부탁에 따라 직접 乙에게 소유권이전등기를 하였다. 다음 설명 중 옳은 것은? (다툼이 있으면 판례에 따름)

① 甲과 丙의 매매계약은 무효이다.

② 甲과 乙의 명의신탁약정은 유효하다.

③ 甲은 乙을 상대로 부당이득반환을 원인으로 한 소유권이전등기를 구할 수 있다.

④ 甲은 명의신탁해지를 원인으로 乙에게 소유권이전등기를 청구할 수 있다.

⑤ 乙이 丁에게 신탁부동산을 처분한 경우, 丁은 선의·악의를 불문하고 소유권을 취득한다.

# 2024년도 제35회 공인중개사 1차 국가자격시험

# 실전모의고사 제3회

| 교 시 | 문제형별 | 시 간 | 시 험 과 목 |
|---|---|---|---|
| **1교시** | **A** | **100분** | ① 부동산학개론<br>② 민법 및 민사특별법 중<br>　부동산 중개에 관련되는 규정 |

| 수험번호 | | 성 명 | |
|---|---|---|---|

## 【 수험자 유의사항 】

1. **시험문제지는 단일 형별(A형)이며, 답안카드 형별 기재란에 표시된 형별(A형)을 확인하시기 바랍니다.** 시험문제지의 **총면수, 문제번호 일련순서, 인쇄상태** 등을 확인하시고, 문제지 표지에 수험번호와 성명을 기재하시기 바랍니다.

2. 답은 각 문제마다 요구하는 **가장 적합하거나 가까운 답 1개**만 선택하고, 답안카드 작성 시 시험문제지 **형별누락, 마킹착오**로 인한 불이익은 전적으로 **수험자에게 책임**이 있음을 알려드립니다.

3. 답안카드는 국가전문자격 공통 표준형으로 문제번호가 1번부터 125번까지 인쇄되어 있습니다. 답안 마킹 시에는 반드시 **시험문제지의 문제번호와 동일한 번호에 마킹**하여야 합니다. (1차 1교시: 1번~80번)

4. **감독위원의 지시에** 불응하거나 **시험시간 종료 후 답안카드를 제출하지 않을 경우** 불이익이 발생할 수 있음을 알려 드립니다.

5. 시험문제지는 시험 종료 후 가져가시기 바랍니다.

6. 답안작성은 **시험 시행일(2024.10.26.) 현재 시행되는 법령** 등을 적용하시기 바랍니다.

7. 가답안 의견제시에 대한 개별회신 및 공고는 하지 않으며, **최종 정답 발표로 갈음**합니다.

8. 시험 중 **중간 퇴실은 불가**합니다. 단, 부득이하게 퇴실할 경우 시험포기각서 제출 후 퇴실은 가능하나 **재입실이 불가**하며, **해당시험은 무효처리됩니다.**

**⒣ 해커스 공인중개사**

1. 부동산의 개념을 구분할 때 다음 중 물리적(기술적) 개념이 아닌 것은?
   ① 자연
   ② 상품
   ③ 공간
   ④ 위치
   ⑤ 환경

2. 부동산학에서 사용하는 용어에 대한 설명으로 옳은 것을 모두 고른 것은?

   > ㄱ. 공한지(空閑地)는 타인의 토지에 둘러싸여 도로에 직접 접하고 있지 못한 토지로, 감가(減價)현상이 있다.
   > ㄴ. 법지(法地)는 택지경계와 인접한 경사된 토지로 사실상 사용이 불가능한 토지를 말한다.
   > ㄷ. 휴한지(休閑地)란 지력회복을 위해서 정상적으로 쉬게 하는 농촌토지를 말한다.
   > ㄹ. 전지(田地)지역이 주거지역으로 그 용도가 변경되고 있는 토지를 후보지라 한다.

   ① ㄱ, ㄴ, ㄷ
   ② ㄱ, ㄴ, ㄹ
   ③ ㄱ, ㄷ, ㄹ
   ④ ㄴ, ㄷ, ㄹ
   ⑤ ㄱ, ㄴ, ㄷ, ㄹ

3. 부동산의 특성에 관한 설명으로 옳지 않은 것은?
   ① 영속성으로 인해 토지는 물리적 감가상각에서 배제되는 자산이다.
   ② 용도의 다양성으로 인해 토지이용결정과정에서 용도가 경합될 경우, 최유효이용할 수 있는 방안을 도출하여 실행하게 된다.
   ③ 개별성으로 인해 부동산시장에서 정보의 중요성이 증대된다.
   ④ 토지의 경제적 가치는 주변상황의 변화에 의해 상승하거나 하락할 수 있다.
   ⑤ 부동성으로 인해 부동산활동을 국지화시키고 임장활동을 배제한다.

4. 아파트시장의 균형가격과 균형거래량의 변화에 관한 설명으로 옳은 것은? (단, 우하향하는 수요곡선과 우상향하는 공급곡선의 균형상태를 가정하며, 다른 조건은 동일함)
   ① 공급이 불변이고 수요가 감소하는 경우, 새로운 균형가격은 상승하고 균형거래량은 감소한다.
   ② 수요가 불변이고 공급이 증가하는 경우, 새로운 균형가격은 상승하고 균형거래량은 증가한다.
   ③ 공급의 감소보다 수요의 증가가 큰 경우, 새로운 균형가격은 상승하고 균형거래량은 감소한다.
   ④ 수요의 증가가 공급의 증가보다 큰 경우, 새로운 균형가격은 상승하고 균형거래량은 증가한다.
   ⑤ 공급이 가격에 대해 완전비탄력적일 경우, 수요가 증가하면 균형거래량은 증가한다.

5. 부동산의 탄력성에 대한 설명으로 틀린 것은? (단, 다른 요인은 일정함)
   ① 가격 변화율과 수요량의 변화율이 동일한 경우를 완전탄력적이라고 한다.
   ② 해당 부동산과 대체관계에 있는 부동산이 많아질수록 수요의 가격탄력성은 더 탄력적이 된다.
   ③ 건축 인·허가가 어려울수록 공급의 가격탄력성은 더 비탄력적이다.
   ④ 일반적으로 부동산수요에 대한 관찰기간이 길어질수록 수요의 가격탄력성은 커진다.
   ⑤ 공급곡선이 수직선이면 공급의 가격탄력성은 완전비탄력적이다.

6. 다음 중 저량(stock)지표에 해당하는 것은 몇 개인가?

   > ㄱ. 근로자의 임금
   > ㄴ. 연간 이자비용
   > ㄷ. 주택가격
   > ㄹ. 도시인구
   > ㅁ. 부채
   > ㅂ. 주택거래량

   ① 1개
   ② 2개
   ③ 3개
   ④ 4개
   ⑤ 5개

7. 부동산의 수요·공급에 관한 설명으로 틀린 것은? (단, 다른 조건은 일정함)

   ① 부동산수요량이란 일정기간에 시장참여자들이 실제로 구입한 부동산의 양을 말한다.

   ② 아파트가격 상승에 대한 수요자들의 기대감이 있으면 동일한 가격수준에서 아파트의 수요곡선이 이동한다.

   ③ 신규주택가격의 하락 예상은 신규주택공급을 감소시키는 요인이다.

   ④ 임대주택의 임대료가 하락하면 대체효과에 의해 다른 주택의 소비량은 상대적으로 감소한다.

   ⑤ 시장수요곡선이 개별수요곡선보다 그 기울기는 완만한 편이다.


8. 어느 지역의 오피스텔 수요량이 2% 증가하였다. 오피스텔 수요의 가격탄력성이 0.5이라면, 오피스텔 가격 변화율은? (단, 가격탄력성은 절댓값으로 나타내며, 다른 조건은 동일함)

   ① 4.0% 상승          ② 4.0% 하락

   ③ 2.5% 상승          ④ 2.5% 하락

   ⑤ 1.0% 상승


9. 부동산의 경기변동에 대한 설명으로 옳지 않은 것은?

   ① 안정시장 국면에서는 과거의 거래가격을 새로운 거래가격의 기준으로 활용하기 어렵다.

   ② 부동산경기는 일반경기와 비교하여 확장국면과 수축국면간의 차이가 큰 특징을 가지는 경우가 있다.

   ③ 부동산경기와 관련하여 경제 불황 속에서 물가 상승이 동시에 발생한다면, 이는 스태그플레이션(stagflation)과 관련이 있다.

   ④ 상향시장 국면에서는 부동산가격이 지속적으로 상승하고 거래량은 증가한다.

   ⑤ 부동산경기는 부동산의 특성에 의해 일반경기보다 주기가 더 길 수 있다.


10. 부동산시장에 관한 설명으로 틀린 것은?

    ① 상품의 이질성 때문에 수요·공급분석을 어렵게 만들며 균형가격이 성립되지 않는다.

    ② 상품의 개별성이 있지만 가격을 통해 부동산의 물적 자원, 소유권, 공간, 위치 등을 배분하기도 한다.

    ③ 부동산의 고가성(高價性)은 부동산시장을 불완전경쟁시장으로 만드는 요인 중 하나이다.

    ④ 부동산시장은 유통구조가 비조직적이어서 집중통제가 용이한 편이다.

    ⑤ 부동산상품은 일반 재화보다 환금성이 낮아 매매기간이 길어지는 문제가 있다.


11. A와 B부동산시장의 함수조건하에서 가격변화에 따른 동태적 장기 조정과정을 설명한 거미집이론(Cob-web theory)에 의한 모형형태는? (단, P는 가격, Qd는 수요량, Qs는 공급량이고, 가격변화에 수요는 즉각적인 반응을 보이지만 공급은 시간적인 차이를 두고 반응하며, 다른 조건은 동일함)

   ○ A부동산시장: $P = 100 - 3Qd$, $2P = 300 + 6Qs$
   ○ B부동산시장: $P = 400 - Qd$, $P = 100 + 2Qs$

   ① A: 수렴형,  B: 수렴형
   ② A: 발산형,  B: 순환형
   ③ A: 순환형,  B: 발산형
   ④ A: 발산형,  B: 발산형
   ⑤ A: 순환형,  B: 수렴형


12. 주택의 여과과정과 주거분리에 관한 설명으로 틀린 것은? (단, 주어진 조건에 한정함)

    ① 저소득층 주거지역에서 주택의 개량비용보다 개량 이후 가치상승분이 더 크다면 저소득층 주거지역은 재개발되어 주택의 상향여과가 발생할 수 있다.

    ② 여과과정과 주거분리에는 침입과 계승(천이)의 논리가 적용되지 않는다.

    ③ 민간주택시장에서 저가주택이 발생하는 것은 시장이 하향여과작용을 통해 자원할당기능을 수행하고 있기 때문이다.

    ④ 주택의 상향여과과정은 저급주택이 수선 또는 재개발되어 상위계층의 사용으로 전환되는 것을 뜻한다.

    ⑤ 주거분리현상은 인근지역을 포함하여 도시 전체적인 측면에서 발생할 수 있다.


13. A도시 인구 수는 10만명, A도시로부터 소비자거주지 X도시까지의 거리는 3km, B도시 인구 수는 40만명, B도시로부터 X도시까지의 거리가 6km라고 할 때, 레일리(W. Reilly)의 소매인력법칙을 활용하여 A도시와 B도시로의 유입되는 인구 수는 각각 얼마인가? (단, X도시에 거주하는 소비자는 10만명이며, A도시와 B도시에서만 구매함)

   | | A도시 | B도시 |
   |---|---|---|
   | ① | 20,000명 | 80,000명 |
   | ② | 40,000명 | 60,000명 |
   | ③ | 50,000명 | 50,000명 |
   | ④ | 60,000명 | 40,000명 |
   | ⑤ | 80,000명 | 20,000명 |

14. 지대론에 관한 설명으로 옳은 것을 모두 고른 것은?

> ㄱ. 리카도(D. Ricardo)의 차액지대설에서는 우등지의 희소성, 수확체감의 법칙을 지대발생원인으로 본다.
>
> ㄴ. 마르크스(K. Marx)의 절대지대설에 따르면 토지소유 자체를 지대 발생원인으로 본다.
>
> ㄷ. 입찰지대란 단위면적 토지에 대하여 토지이용자가 지불하고자 하는 최대금액을 말한다.
>
> ㄹ. 튀넨(J. H. von Thünen)의 입지이론에 따르면 토지의 비옥도가 동일하더라도 위치에 따라 지대의 차이가 날 수 있다.

① ㄱ, ㄴ, ㄷ      ② ㄱ, ㄴ, ㄹ
③ ㄱ, ㄷ, ㄹ      ④ ㄴ, ㄷ, ㄹ
⑤ ㄱ, ㄴ, ㄷ, ㄹ

15. 공장부지의 입지요인에 관한 설명 중 틀린 것은?

① 공업입지는 국방적 가치, 문화적 가치, 사회적 가치, 개인의 선호 등에 따라서도 달라질 수 있다.
② 중간재나 완제품을 생산하는 공장은 시장지향형 입지를 선호한다.
③ 등비용선(isodapane)은 최소운송비 지점으로부터 기업이 입지를 바꿀 경우, 운송비와 노동비가 동일한 지점을 연결한 곡선을 의미한다.
④ 운송비의 비중이 적고 기술연관성이 높으며 계열화된 산업의 경우, 집적지역에 입지함으로써 비용절감효과를 얻을 수 있다.
⑤ 중량감소산업은 원료지향형 입지를 선호한다.

16. 분양가규제정책에 관한 설명으로 틀린 것은? (단, 다른 요인은 일정함)

① 분양가상한제는 신규주택의 분양가를 시장가격 이하로 통제하는 최고가격제의 일환이다.
② 분양가최고가격제를 시행하면 장기적으로 신규주택의 공급이 줄어들 수 있다.
③ 분양가상한제를 적용받는 주택에 대한 수요와 공급이 탄력적일수록 초과수요량은 많아진다.
④ 분양주택에 대한 음성적인 프리미엄이 형성되면 분양권을 불법으로 전매하는 등의 부작용이 발생할 수 있다.
⑤ 분양가규제는 주택건설업체의 경쟁력을 강화시켜 주택건설사업의 수익성 향상에 기여할 수 있다.

17. 외부효과에 관한 사실로서 옳은 것을 모두 고른 것은? (단, 주어진 조건에 한정함)

> ㄱ. 외부경제가 있는 재화는 사회적 최적수준보다 과소 생산된다.
>
> ㄴ. 외부비경제가 있는 재화의 사회적 비용은 사적 편익보다 작다.
>
> ㄷ. 사회적 비용이 사적 비용보다 높을 경우에는 정부의 시장개입이 필요하다.
>
> ㄹ. 정부는 사회적 비용을 사적 비용보다 더 작게 만들기 위해서 부동산시장에 개입한다.

① ㄱ, ㄴ      ② ㄱ, ㄷ
③ ㄴ, ㄷ      ④ ㄴ, ㄹ
⑤ ㄷ, ㄹ

18. 부동산조세의 경제적 효과에 대한 설명 중 틀린 것은? (단, 다른 조건은 일정함)

① 부동산조세는 공공부문뿐만 아니라 민간부문에도 필요한 자원을 배분하는 기능을 갖는다.
② 부동산조세는 사회계층간의 소득격차를 좁히는 기능을 갖는다.
③ 조세부과는 수요자와 공급자 모두에게 세금을 부담시키는 효과가 있지만, 상대적으로 가격탄력성이 낮은 쪽이 더 적은 세금을 부담하게 된다.
④ 임대주택에 대한 임차인의 수요가 완전비탄력적이라면 재산세 상승분은 모두 임차인에게 전가될 수 있다.
⑤ 토지의 공급곡선이 완전비탄력적인 상황에서 토지보유세가 부과되더라도 자원배분의 왜곡은 초래되지 않는다.

19. 자본환원계수에 대한 설명으로 틀린 것은?

① 현재 5억원인 주택가격이 매년 2%씩 상승한다고 할 때, 5년 후의 주택가격은 연금의 미래가치계수로 구한다.
② 일시불의 현가계수와 일시불의 내가계수를 곱하면 '1'이 된다.
③ 5년 동안 매년 1,000만원씩 얻게 되는 임대료수입의 현재가치를 구할 때에는 연금의 현가계수를 사용한다.
④ 잔금비율이란 저당대출액에 대한 미상환된 금액의 비율로, 이자율·만기·남은 저당기간의 함수로 구성된다.
⑤ 감채기금계수는 미래가치를 구하는 계수이다.

**20.** 부동산투자의 포트폴리오이론에 관한 설명 중 **틀린** 것은?

① 포트폴리오에 편입되는 투자안의 수를 늘릴수록 비체계적 위험이 감소되는 것을 포트폴리오 분산투자효과라고 한다.

② 포트폴리오 구성자산들의 수익률분포가 완전한 음의 상관관계(-1)에 있을 경우, 비체계적 위험을 '0'으로 만들 수 있다.

③ 경기침체, 인플레이션 심화는 체계적 위험에 해당한다.

④ 투자자의 무차별곡선과 효율적 투자선의 접점에서 최적으로 포트폴리오가 선택된다.

⑤ 위험과 수익은 상쇄관계에 있으므로 효율적 투자선(전선)은 우하향하는 곡선이다.

**21.** 어림셈법 및 비율분석법에 대한 설명으로 옳은 것을 모두 고른 것은? (단, 다른 조건은 동일함)

> ㄱ. 중립적인 지렛대효과란 차입(저당)이자율과 자기자본수익률(지분투자수익률)이 동일한 경우를 말한다.
>
> ㄴ. 순소득승수를 구할 때 영업소득세는 필요하지 않다.
>
> ㄷ. 투자안의 지분배당률(지분투자수익률)이 커지면 세전현금수지승수도 커진다.
>
> ㄹ. 부채감당률이 '1'보다 작으면 매기의 순영업소득이 원리금을 상환하고도 잔여액이 있다는 것이다.

① ㄱ, ㄴ          ② ㄱ, ㄷ
③ ㄴ, ㄷ          ④ ㄴ, ㄹ
⑤ ㄷ, ㄹ

**22.** 부동산투자분석에 대해 설명으로 **틀린** 것은?

① 수익성지수(PI)가 1보다 크면 투자가치가 있다.

② 현금유출의 현재가치와 미래 예상되는 현금유입만 알고 있어도 내부수익률(IRR)을 구할 수 있다.

③ 내부수익률은 투자안의 순현가(NPV)를 0으로 만드는 할인율을 말한다.

④ 순현가법의 할인율은 요구수익률이고, 내부수익률법의 할인율은 내부수익률이다.

⑤ 여러 투자대안 중에 순현가 값이 큰 것이 수익성지수도 항상 클 것이다.

**23.** A회사는 전년도에 임대면적 500m²의 매장을 비율임대차(percentage lease)방식으로 임차하였다. 계약 내용에 따르면, 매출액이 손익분기점 매출액 이하이면 기본임대료만 지급하고, 이를 초과하는 매출액에 대해서는 일정 임대료율을 적용한 추가임대료를 기본임대료에 가산하도록 하였다. 전년도 연 임대료로 총 3,500만원을 지급한 경우, 해당 계약내용에 따른 추가임대료율은? (단, 연간 기준이며, 주어진 조건에 한함)

> ○ 전년도 매출액: 임대면적 m²당 20만원
> ○ 손익분기점 매출액: 임대면적 5,000만원
> ○ 기본임대료: 임대면적 m²당 6만원

① 25%          ② 20%
③ 15%          ④ 10%
⑤ 5%

**24.** 다음의 설명하는 내용으로 적합한 것은?

> ○ 투자효과를 분석하는 모형의 투입요소가 변화함에 따라 그 결과치가 어떤 영향을 받는가를 분석한다.
> ○ 투자위험의 내용이 산출결과에 어떠한 영향을 미치는지를 파악하는 방법이다.
> ○ 독립변수와 종속변수와의 관계를 통해 투자위험을 분석하고 통제하는 방법이다.
> ○ 주요 변수들의 투입값을 낙관적, 비관적 상황으로 적용하여 수익성을 예측하는 것을 말한다.

① 위험의 전가          ② 흡수율분석
③ 부동산시장분석      ④ 평균-분산 분석
⑤ 민감도분석

**25.** 투자자 甲은 오피스빌딩을 10억원에 매수하였다. 매수한 후 5년이 경과한 시점에서 14억원에 매각하고자 한다. 다음의 자료를 활용하여 세전매각현금흐름을 계산하면? (단, 주어진 조건에 한정함)

> ○ 대출비율(LTV): 40%
> ○ 융자조건: 원금만기일시상환, 만기 20년(연 5%)
> ○ 매도경비: 총매각대금의 10%
> ○ 자본이득세율: 매각차익의 15%

① 7억 6천만원          ② 8억 6천만원
③ 9억 2천만원          ④ 9억 6천만원
⑤ 10억원

26. 부동산금융에 관한 설명으로 **틀린** 것은? (단, 다른 조건은 일정함)

① 고정금리 주택담보대출의 차입자는 시장금리가 상승하여도 대출시 확정된 이자율이 만기까지 계속 적용된다.

② 고정금리저당대출의 금리는 변동금리저당대출의 금리보다 낮다.

③ 코픽스기준금리가 상승하면 코픽스(Cost of Fund Index)를 기준금리로 하는 주택담보대출의 금리도 상승한다.

④ 주택자금융자자는 주로 장기융자 형태이므로, 대출기관의 유동성 제약이 발생할 우려가 있어 주택저당채권의 유동화 필요성이 있다.

⑤ 변동금리 주택담보대출에서 기준금리의 조정주기가 짧을수록 차입자의 금리변동위험이 더 커진다.

27. 대출기간은 10년이며 다른 조건은 모두 동일하다고 할 때, 다음의 각 항목에 해당하는 상환방식에 해당하는 것은?

○ 대출초기에 소득대비 부채비율(DTI)이 가장 높은 상환방식은 ( ㄱ )방식이다.

○ 대출기간의 2분의 1이 경과한 후 담보인정비율(LTV)이 가장 낮은 것은 ( ㄴ )방식이다.

| | ㄱ | ㄴ |
|---|---|---|
| ① | 원금균등상환 | 원리금균등상환 |
| ② | 원리금균등상환 | 원금균등상환 |
| ③ | 원금균등상환 | 원금균등상환 |
| ④ | 원금만기일시상환 | 원리금균등상환 |
| ⑤ | 원금만기일시상환 | 점증식 상환 |

28. 60,000,000원의 기존주택담보대출이 있는 甲은 A은행에서 추가로 주택담보대출을 받고자 한다. A은행의 대출승인기준이 다음과 같을 때 甲이 추가로 대출가능한 최대금액은? (단, 주어진 조건에 한정함)

○ 甲 소유 주택의 담보평가가격: 300,000,000원

○ 甲의 연간 소득: 30,000,000원

○ 연간 저당상수: 0.1

○ 대출승인기준

  - 담보인정비율(LTV): 60%

  - 소득대비 부채비율(DTI): 50%

  ※ 두 가지 대출승인기준을 모두 충족시켜야 함

① 60,000,000원
② 70,000,000원
③ 80,000,000원
④ 90,000,000원
⑤ 100,000,000원

29. 부동산투자회사에 대한 설명으로 **틀린** 것은?

① 자기관리 부동산투자회사의 설립 자본금은 5억원 이상으로 한다.

② 부동산투자회사는 부동산 등 자산의 운용에 관하여 회계 처리를 할 때에는 국토교통부가 정하는 회계처리기준에 따라야 한다.

③ 위탁관리 부동산투자회사 및 기업구조조정 부동산투자회사의 설립 자본금은 3억원 이상으로 한다.

④ 영업인가를 받은 날부터 6개월이 지난 위탁관리 부동산투자회사 및 기업구조조정 부동산투자회사의 자본금은 50억원 이상이 되어야 한다.

⑤ 영업인가를 받은 날부터 6개월이 지난 자기관리 부동산투자회사의 자본금은 70억원 이상이 되어야 한다.

30. 주택저당유동화제도(MBS)에 대한 설명으로 **틀린** 것을 모두 고른 것은? (단, 다른 조건은 일정함)

ㄱ. 1차 저당시장의 금융기관은 자금의 여유가 있을 경우에 주택저당채권을 매각하지 않고 이를 자신들의 자산 포트폴리오의 일부로 보유할 수 있다.

ㄴ. 2차 저당시장에서 발행되는 투자상품은 주택대출금리보다 더 높은 액면금리를 가진다.

ㄷ. 주택저당증권(MBS)을 발행하여 주택저당대출의 공급이 늘게 되면 주택수요가 늘어날 수 있다.

ㄹ. MBB(저당대출담보부 채권)의 발행기관은 최초의 주택저당채권 집합물(mortgage pool)에 대한 소유권을 갖지 않는다.

① ㄱ, ㄴ
② ㄱ, ㄹ
③ ㄴ, ㄷ
④ ㄴ, ㄹ
⑤ ㄷ, ㄹ

31. 부동산개발에 관한 설명 중 옳은 것은?

① 환지방식은 수용방식에 비해 초기 사업비 부담이 크고, 토지소유자의 저항이 심할 수 있다.

② 과도한 인플레이션과 높은 금리 등 거시적 시장환경의 변화위험은 개발업자(시행사)나 시공사가 스스로 관리할 수 있는 위험이다.

③ 흡수율분석의 궁극적인 목적은 과거 및 현재의 추세를 정확하게 파악하는 데 있다.

④ 재무적 타당성분석은 개발된 부동산이 현재나 미래의 시장상황에서 매매·임대될 수 있는 가능성 정도를 조사하는 것을 말한다.

⑤ 개발사업에 있어서 법적 위험은 토지이용규제와 같은 공법적인 측면과 소유권 관계와 같은 사법적인 측면에서 발생할 수 있는 위험을 말한다.

32. 부동산개발방식에 대한 설명으로 옳은 것을 모두 고른 것은?

ㄱ. 등가교환방식의 경우 토지소유자가 토지를 제공하고, 개발업자가 건물을 건축하여 그 기여도에 따라 각각 토지·건물의 지분을 갖는다.

ㄴ. 토지신탁방식의 경우 토지소유권이 형식적으로 신탁회사에 이전되며, 신탁회사는 토지소유자와의 약정에 의하여 수익증권을 발행하고 수익증권의 소유자에게 수익을 배당한다.

ㄷ. 대규모개발사업에서는 사업자금의 조달이나 기술보완 등을 위하여 법인간의 컨소시엄을 구성할 수 있는데, 이때 참여회사 중의 하나가 대표회사가 되거나 참여회사들이 별도의 연합법인을 설립할 수 있다.

ㄹ. 사업수탁방식의 경우 개발사업이 토지소유자의 명의로 행해지며, 사업수탁에 대한 수수료 문제가 발생하지 않는다.

① ㄱ, ㄴ, ㄷ
② ㄱ, ㄴ, ㄹ
③ ㄱ, ㄷ, ㄹ
④ ㄴ, ㄷ, ㄹ
⑤ ㄱ, ㄴ, ㄷ, ㄹ

33. 부동산관리에 대한 설명으로 틀린 것은?

① 부동산의 매입과 매각관리, 포트폴리오 관리, 재투자결정에 관한 것은 자산관리에 해당한다.

② 적재적소에 중요 인력을 배치하고 관리하는 것은 경제적 관리에 해당한다.

③ 임대료손실보험은 임대부동산의 수요가 부족하여 공실에 따른 위험을 보험회사에 전가하기 위한 것이다.

④ 건물과 부지의 부적합 여부를 판단하여 이를 개선시키는 활동은 기술적 관리에 해당한다.

⑤ 분양신탁관리는 상가 등 건축물 분양의 투명성과 안전성을 확보하기 위하여 신탁회사에게 사업부지의 신탁과 분양에 따른 자금관리업무를 부담시키는 것을 말한다.

34. 부동산마케팅전략에 관한 설명으로 틀린 것은?

① 다른 아파트와 차별화되도록 '혁신적인 내부구조로 설계된 아파트'는 제품(Product)전략의 예가 될 수 있다.

② 판매촉진(Promotion)전략은 고객행동변수 및 고객특성변수에 따라 시장을 나누어 몇 개의 세분시장으로 구분하는 것이다.

③ 관계마케팅전략은 공급자와 소비자의 장기적이고 지속적인 상호작용을 중시한다.

④ 표적시장(Target market)은 세분화된 시장 중 가장 좋은 시장기회를 제공해줄 수 있는 특화된 시장이다.

⑤ 차별화(Positioning)전략은 목표시장에서 고객의 욕구를 파악하여 경쟁제품과 차별성을 가지도록 제품개념을 정하고 소비자의 지각 속에 적절히 위치시키는 것이다.

35. 「감정평가에 관한 규칙」에 대한 설명으로 틀린 것은?

① 기준가치란 감정평가의 기준이 되는 가치를 말한다.

② 대상물건에 대한 감정평가액은 시장가치를 기준으로 결정한다.

③ 가치발생요인이란 대상물건의 경제적 가치에 영향을 미치는 일반요인, 지역요인 및 개별요인을 말한다.

④ 법령에 다른 규정이 있는 경우에 기준시점의 가치형성요인 등을 실제와 다르게 가정하거나 특수한 경우로 한정하는 조건을 붙여 감정평가할 수 있다.

⑤ 하나의 대상물건이라도 가치를 달리하는 부분은 이를 구분하여 감정평가할 수 있다.

36. 수익방식의 직접환원법에 의한 대상부동산의 환원이율은? (단, 주어진 조건에 한함)

> ○ 총투자액: 2억 1천만원
> ○ 가능총수익: 연 2천만원
> ○ 공실 및 대손충당금: 가능총수익의 10%
> ○ 임대경비비율: 유효총수익의 30%

① 6%
② 6.5%
③ 7%
④ 7.5%
⑤ 8%

37. 부동산가격의 제 원칙(평가원리)에 대한 설명으로 옳은 것을 모두 고른 것은?

> ㄱ. 수요와 공급에 의해서 부동산가격이 형성되고, 그 가격이 다시 수요·공급에 영향을 준다는 것을 잉여생산성의 원리라고 한다.
> ㄴ. 부동산의 경제적 감가요인의 판단기준이 되는 것은 균형의 원칙이다.
> ㄷ. 부동산의 외부 환경변화를 판단하여 가치를 평가하는 것은 적합의 원칙이며, 이는 외부성의 원칙과 유사한 개념이다.
> ㄹ. 기준시점 확정의 필요성을 제기하는 것은 변동의 원칙이다.

① ㄱ, ㄴ
② ㄱ, ㄹ
③ ㄴ, ㄷ
④ ㄷ, ㄹ
⑤ ㄴ, ㄷ, ㄹ

38. 감정평가방식 중 원가법에 대한 설명으로 틀린 것은?

① 원가법이란 대상물건의 재조달원가에 감가수정을 하여 대상물건의 가액을 산정하는 감정평가방법을 말한다.
② 감가수정방법 중 정률법의 매년 감가액은 점차 체감한다.
③ 감가수정이란 대상물건에 대한 재조달원가를 감액해야 할 요인이 있는 경우에 물리적·경제적·기능적 감가 등을 고려하여 그에 해당하는 금액을 재조달원가에서 공제하여 기준시점에 있어서의 물건의 가액을 적정화하는 작업을 말한다.
④ 상환기금법은 감가요인을 기능적·물리적·경제적 감가요인으로 세분하여 실제감가를 구하는 방법이다.
⑤ 감가수정을 할 때에는 경제적 내용연수를 사용한다.

39. 다음 자료를 이용하여 대상부동산의 비준가액을 구하면?

> ○ 대상부동산(토지)은 면적이 400m²이며, 사례부동산(토지)보다 개별요인이 15% 우세하다.
> ○ 사례부동산은 면적이 500m²이며, 기준시점 2년 전 80,000,000원에 거래되었다.
> ○ 지가상승률은 매년 5%씩이다(단, 다른 조건은 사례부동산과 동일함).

① 76,144,000원
② 78,214,000원
③ 81,144,000원
④ 83,444,000원
⑤ 85,184,000원

40. 부동산가격공시제도에 관한 설명으로 옳은 것은?

① 표준주택가격은 국가·지방자치단체 등이 그 업무와 관련하여 개별주택가격을 산정하는 경우에 그 기준이 된다.
② 시장·군수 또는 구청장이 공동주택의 적정가격을 조사·산정하는 경우에는 인근 유사공동주택의 거래가격 임대료 및 해당 공동주택과 유사한 이용가치를 지닌다고 인정되는 공동주택의 건설에 필요한 비용추정액 등을 종합적으로 참작하여야 한다.
③ 시장·군수 또는 구청장은 매년 5월 31일까지 개별주택가격을 결정·공시하여야 한다.
④ 국토교통부장관이 공동주택가격을 결정·공시하는 경우에는 해당 주택과 유사한 이용가치를 지닌다고 인정되는 표준주택가격을 기준으로 주택가격비준표를 사용하여 가격을 산정하여야 한다.
⑤ 표준지로 선정된 토지에 대하여 개별공시지가를 결정·공시하여야 한다.

**41.** 상대방 있는 단독행위가 <u>아닌</u> 것을 모두 고른 것은? (다툼이 있으면 판례에 따름)

> ㄱ. 상계의 의사표시
> ㄴ. 공유지분의 포기
> ㄷ. 손자에 대한 유증
> ㄹ. 채무이행의 최고

① ㄱ, ㄴ       ② ㄱ, ㄷ
③ ㄴ, ㄷ       ④ ㄴ, ㄹ
⑤ ㄷ, ㄹ

**42.** 불공정한 법률행위에 관한 설명으로 옳은 것은? (다툼이 있으면 판례에 따름)

① 불공정한 법률행위는 피해자가 그 무효임을 알고 추인한 때에는 그때로부터 유효한 법률행위가 된다.
② 불공정한 법률행위에도 무효행위의 전환에 관한 법리가 적용될 수 있다.
③ 경락대금과 목적물의 시가에 현저한 차이가 있는 경우에도 불공정한 법률행위가 성립할 수 있다.
④ 乙이 궁박한 甲을 이용하여 甲 소유의 시가 3억원인 토지를 대금 1억원에 매매계약을 체결하고 상호간에 이행을 한 경우, 이는 무효이므로 乙은 甲에게 1억원의 매매대금을 부당이득으로 반환청구할 수 있다.
⑤ 대리인에 의한 법률행위에서 궁박과 무경험은 대리인을 기준으로 판단한다.

**43.** 甲이 자신의 X부동산을 乙에게 매도하고 매매대금을 수령하였다. 그 후 丙이 甲의 배임행위에 적극 가담하여 甲과 X부동산에 대한 매매계약을 체결하고 자신의 명의로 소유권이전등기를 마쳤다. 다음 중 <u>틀린</u> 것은? (다툼이 있으면 판례에 따름)

① 甲과 丙 사이의 매매계약은 무효이다.
② 乙은 丙에게 소유권이전등기를 직접 청구할 수 없다.
③ 乙은 소유권이전청구권의 보전을 위하여, 甲과 丙 사이의 매매계약에 대하여 채권자취소권을 행사할 수 없다.
④ 丙으로부터 X부동산을 전득한 丁이 선의이더라도 소유권을 취득할 수 없다.
⑤ 만약 丙의 대리인 戊가 丙을 대리하여 X토지를 매수하면서 甲의 배임행위에 적극 가담하였다면, 그러한 사정을 모르는 丙은 그 소유권을 취득한다.

**44.** 통정허위표시를 기초로 새로운 법률상 이해관계를 맺은 제3자에 해당하지 <u>않는</u> 자를 모두 고른 것은? (다툼이 있으면 판례에 따름)

> ㄱ. 가장전세권에 대하여 저당권을 취득한 자
> ㄴ. 허위로 체결된 제3자를 위한 계약의 수익자
> ㄷ. 파산선고를 받은 가장채권자의 파산관재인
> ㄹ. 차주와 통정하여 가장소비대차계약을 체결한 금융기관으로부터 그 계약을 인수한 자

① ㄱ, ㄴ       ② ㄱ, ㄷ
③ ㄴ, ㄷ       ④ ㄴ, ㄹ
⑤ ㄷ, ㄹ

**45.** 법률행위의 중요부분의 착오에 해당하지 <u>않는</u> 것을 모두 고른 것은? (다툼이 있으면 판례에 따름)

> ㄱ. 신원보증서류에 서명한다는 착각에 빠져 연대보증 서면에 서명한 경우
> ㄴ. 매매목적물의 시가의 착오
> ㄷ. 토지의 현황, 경계의 착오
> ㄹ. 토지의 면적의 근소한 부족

① ㄱ, ㄴ       ② ㄱ, ㄷ
③ ㄴ, ㄷ       ④ ㄴ, ㄹ
⑤ ㄷ, ㄹ

**46.** 의사와 표시가 불일치하는 경우에 관한 설명으로 <u>틀린</u> 것은? (다툼이 있으면 판례에 따름)

① 비진의 의사표시는 상대방과 통정이 없었다는 점에서 통정허위표시와 구분된다.
② 공무원이 사직의 의사표시를 하여 의원면직처분이 이루어진 경우에 사직원 제출자의 내심의 의사가 사직할 뜻이 아니었다 하더라도 진의 아닌 의사표시에 관한 제107조가 준용되지 않는다.
③ 가장매매계약의 매수인과 직접 이해관계를 맺은 제3자가 악의라 하더라도 그와 다시 법률상 이해관계를 맺은 전득자가 선의라면 가장매매계약의 무효로써 전득자에게 대항할 수 없다.
④ 통정허위표시의 무효로부터 보호되는 선의의 제3자는 통정허위표시를 알지 못한 것에 대해 과실이 없어야 한다.
⑤ 가압류등기가 없다고 믿고 보증하였더라도 그 가압류가 원인무효인 것으로 밝혀진 경우, 착오를 이유로 의사표시를 취소할 수 없다.

47. 무권대리인 乙이 甲을 대리하여 甲 소유의 X토지를 丙에게 매도하는 계약을 체결하였다. 다음 설명 중 옳은 것은? (다툼이 있으면 판례에 따름)

① 丙이 甲에게 추인 여부의 확답을 2024년 10월 30일까지 해줄 것을 최고하였고, 이에 대해 甲이 2024년 10월 31일에 발송한 추인의 통지가 丙에게 도달하였다면 추인한 것으로 간주된다.

② 위 매매계약이 체결된 후에 甲이 X토지를 丁에게 매도하고 소유권이전등기를 마쳤다면, 甲이 乙의 대리행위를 추인하더라도 丁은 유효하게 그 소유권을 취득한다.

③ 乙이 대리권을 증명하지 못한 경우, 자신의 선택에 따라 丙에게 계약을 이행하거나 손해를 배상할 책임을 진다.

④ 丙은 계약 당시에 乙에게 대리권이 없음을 알고 있었더라도 甲의 추인이 있을 때까지는 甲이나 乙에 대하여 철회권을 행사할 수 있다.

⑤ 甲의 추인을 얻지 못한 경우, 乙은 미성년자이어도 丙에 대해서 그 계약에 대한 책임을 면할 수 없다.

48. 甲의 임의대리인 乙이 丙 소유의 X건물을 매수하는 계약을 체결하였다. 이에 관한 다음의 설명 중 옳은 것은?

① 丙이 乙을 기망하여 매매계약을 체결한 경우에 乙은 그 매매계약을 취소할 수 있다.

② 丙이 중도금을 지급하지 않는 경우 乙은 매매계약을 해제할 수 있다.

③ X건물에 하자가 있는 것을 乙은 알고 있었으나 甲이 과실 없이 알지 못한 경우, 甲은 丙에게 하자담보책임을 물을 수 있다.

④ 乙이 丙을 기망하였으나 甲이 이에 대해서 선의·무과실인 때에는 丙은 매매계약을 취소할 수 없다.

⑤ 대리인 乙이 미성년자인 경우 본인 甲은 대리인의 제한능력을 이유로 대리행위를 취소할 수 없다.

49. 무효와 취소에 관한 설명으로 틀린 것은? (다툼이 있으면 판례에 따름)

① 제한능력자가 제한능력을 이유로 자신의 법률행위를 취소하기 위해서는 법정대리인의 동의를 받아야 한다.

② 법률행위의 일부분이 무효일 때, 그 나머지 부분의 유효성을 판단함에 있어 나머지 부분을 유효로 하려는 당사자의 가정적 의사를 고려하여야 한다.

③ 무효인 가등기를 유효한 등기로 전용하기로 한 약정은 그때부터 유효하고, 이로써 그 가등기가 소급하여 유효한 등기로 전환될 수 없다.

④ 사회질서에 반하여 무효인 법률행위는 추인에 의하여 유효로 될 수 없다.

⑤ 무권리자의 처분이 계약으로 이루어진 경우, 권리자가 추인하면 원칙적으로 계약의 효과는 계약체결시에 소급하여 권리자에게 귀속된다.

50. 다음 중 소급효가 인정되는 것을 모두 고른 것은? (다툼이 있으면 판례에 따름)

ㄱ. 계약의 해제
ㄴ. 무효행위임을 알고 한 무효행위의 추인
ㄷ. 착오로 인한 계약의 취소
ㄹ. 청구권보전을 위한 가등기에 기한 본등기에 의한 물권변동시기

① ㄱ, ㄴ　　　　　　② ㄱ, ㄷ
③ ㄴ, ㄷ　　　　　　④ ㄴ, ㄹ
⑤ ㄷ, ㄹ

51. 물권에 관한 설명으로 틀린 것은? (다툼이 있으면 판례에 따름)

① 지상권은 물건이 아니므로 저당권의 객체가 될 수 없다.

② 「민법」 제185조에서의 '법률'은 국회가 제정한 형식적 의미의 법률을 의미한다.

③ 온천에 관한 권리를 관습법상의 물권이라고 볼 수는 없다.

④ 토지의 일부나 건물의 일부를 목적으로 전세권을 설정할 수 있다.

⑤ 「입목에 관한 법률」에 의하여 등기된 수목의 집단은 토지와 별개로 저당권의 목적이 될 수 있다.

52. 乙은 甲의 X토지 위에 무단으로 건물을 축조한 뒤 丙회사에게 임대하였고 현재까지 丙이 이를 점유하고 있다. 다음 설명 중 틀린 것은? (다툼이 있으면 판례에 따름)

① 건물은 토지에 부합하지 않고 乙의 소유에 속한다.

② 甲은 乙에 대해서 건물철거청구를 할 수 있다.

③ 乙 소유의 지상건물을 丙이 임차하여 대항요건을 갖춘 때에는 甲은 丙에 대해서 그 건물에서 퇴거할 것을 청구할 수 없다.

④ 회사의 직원들은 회사를 상대로 한 퇴거청구의 독립된 상대방이 될 수 없다.

⑤ 乙이 건물을 미등기인 채로 丁에게 매도하여 인도한 경우에 그 건물의 철거청구의 상대방은 丁이다.

53. X토지는 甲 → 乙 → 丙으로 순차 매도되고, 3자간에 중간생략등기의 합의를 하였다. 이에 대한 설명으로 **틀린** 것은? (다툼이 있으면 판례에 따름)

① 乙의 甲에 대한 소유권이전등기청구권은 소멸하지 않는다.

② 甲은 乙의 매매대금 미지급을 이유로 丙 명의로의 소유권이전등기 의무이행을 거절할 수 있다.

③ 중간생략등기의 합의 후 甲·乙 사이의 매매계약이 합의해제된 경우, 甲은 丙 명의로의 소유권이전등기 의무의 이행을 거절할 수 있다.

④ 만약 X토지가 토지거래허가구역에 소재한다면, 丙은 직접 甲에게 허가신청절차의 협력을 구할 수 없다.

⑤ 만약 중간생략등기의 합의가 없다면, 丙은 甲의 동의나 승낙 없이 乙의 소유권이전등기청구권을 양도받아 甲에게 소유권이전등기를 청구할 수 있다.

54. 등기의 추정력에 관한 다음 설명 중 **틀린** 것은? (다툼이 있으면 판례에 따름)

① 등기의무자의 사망 전에 그 등기원인이 이미 존재하는 때에는 사망자 명의의 등기신청에 의해 경료된 등기라도 추정력을 가진다.

② 전 소유명의자가 실재하지 아니한 경우에 현재의 등기명의자에 대한 소유권은 추정되지 않는다.

③ 소유권이전등기가 된 경우, 특별한 사정이 없는 한 이전등기에 필요한 적법한 절차를 거친 것으로 추정된다.

④ 등기명의자는 그 전 소유자에 대하여는 적법한 등기원인에 의하여 소유권을 취득한 것이라는 등기의 추정력을 주장할 수 없다.

⑤ 원인 없이 부적법 말소된 등기에는 권리소멸의 추정력이 인정되지 않는다.

55. 점유권에 관한 설명으로 **틀린** 것은? (다툼이 있으면 판례에 따름)

① 점유자가 상대방의 사기에 의해 물건을 인도한 경우 점유침탈을 이유로 한 점유물반환청구권은 발생하지 않는다.

② 전후 양 시점의 점유자가 다른 경우 점유승계가 증명되면 점유계속은 추정된다.

③ 점유자의 특정승계인이 자기의 점유와 전(前) 점유자의 점유를 아울러 주장하는 경우, 그 하자도 승계한다.

④ 점유매개관계를 발생시키는 법률행위가 무효라 하더라도 간접점유는 인정될 수 있다.

⑤ 간접점유자에게는 점유보호청구권이 인정되지 않는다.

56. 선의점유와 악의점유를 구별할 실익이 **없는** 것을 모두 고른 것은?

ㄱ. 부동산소유권의 등기부시효취득
ㄴ. 점유물의 멸실·훼손에 따른 점유자의 회복자에 대한 책임
ㄷ. 점유자의 유익비상환청구권
ㄹ. 동산의 선의취득

① ㄷ　　　　② ㄱ, ㄴ　　　　③ ㄱ, ㄷ
④ ㄴ, ㄷ　　　　⑤ ㄴ, ㄹ

57. 부합에 관한 설명으로 옳은 것을 모두 고른 것은? (다툼이 있으면 판례에 따름)

ㄱ. 부동산의 소유자는 원칙적으로 그 부동산에 부합한 물건의 소유권을 취득한다.
ㄴ. 매도인에게 소유권이 유보된 시멘트를 매수인이 제3자 소유의 건물 건축공사에 사용한 경우, 그 제3자가 매도인의 소유권 유보에 대해 악의라면 특별한 사정이 없는 한 시멘트는 건물에 부합하지 않는다.
ㄷ. 토지임차인의 승낙만을 받아 임차 토지에 나무를 심은 사람은 다른 약정이 없으면 토지소유자에 대하여 그 나무의 소유권을 주장할 수 없다.
ㄹ. 동산 이외에 부동산은 부합물이 될 수 없다.

① ㄱ, ㄴ　　　　② ㄱ, ㄷ　　　　③ ㄴ, ㄷ
④ ㄴ, ㄹ　　　　⑤ ㄷ, ㄹ

58. 甲, 乙, 丙이 각 3분의 1의 지분으로 X토지를 공유하고 있다. 이에 대한 다음 설명 중 **틀린** 것은?

① 甲과 乙이 X토지를 丁에게 임대한 경우에, 丙이 丁에 대해서 점유배제나 부당이득의 반환을 청구할 수는 없다.

② X토지가 나대지인 경우, 甲과 乙은 丙의 동의 없이 건물을 신축할 수 없다.

③ 제3자가 권원 없이 자기 명의로 X토지의 소유권이전등기를 한 경우, 甲은 공유물의 보존행위로 원인무효의 등기 전부의 말소를 청구할 수 있다.

④ 甲이 X토지를 丁에게 매도하여 소유권이전등기를 경료한 경우에 丁 명의의 등기는 3분의 1의 지분 범위 내에서는 유효하다.

⑤ 甲이 단독으로 특정부분 3분의 1을 배타적으로 점유하는 경우에 丙이 甲의 점유부분 전부를 자신에게 인도할 것을 청구할 수 있다.

59. 甲 소유의 토지와 그 지상의 건물 중 건물에 대해서만 저당권을 실행하여 乙이 그 건물을 낙찰받았다. 乙은 이 건물을 다시 丙에게 매도하고 소유권이전등기를 마쳐 주었다. 이에 관한 다음의 설명 중 틀린 것은?

① 乙은 법정지상권을 등기 없이 취득한다.

② 甲이 丁에게 토지를 양도한 경우, 乙은 丁에게는 법정지상권을 주장할 수 없다.

③ 丙는 甲·乙에게 지상권설정 및 이전을 순차적으로 청구할 수 있다.

④ 甲의 丙에 대한 건물철거 및 토지인도청구는 신의성실의 원칙상 허용될 수 없다.

⑤ 만약 丙이 경매에 의하여 건물의 소유권을 취득한 경우라면, 특별한 사정이 없는 한 丙은 등기 없이도 법정지상권을 취득한다.

60. 지역권에 관한 설명으로 틀린 것은?

① 승역지에 수개의 용수지역권이 설정된 때에는 후순위의 지역권자는 선순위의 지역권자의 용수(用水)를 방해하지 못한다.

② 점유로 인한 지역권 취득기간의 중단은 지역권을 행사하는 모든 공유자에 대한 사유가 아니면 그 효력이 없다.

③ 공유자의 1인이 지역권을 취득한 때에는 다른 공유자도 이를 취득한다.

④ 요역지소유권의 처분은 다른 약정이 없는 한 지역권의 처분을 수반한다.

⑤ 지역권은 요역지소유권에 부종하여 이전하지만, 이를 요역지와 분리하여 양도하는 것은 가능하다.

61. 전세권에 관한 설명 중 틀린 것은? (다툼이 있으면 판례에 따름)

① 존속기간의 만료로 전세권이 소멸하면 전세권의 용익물권적 권능은 소멸한다.

② 전세금의 지급은 반드시 현실적으로 수수되어야 하고, 기존의 채권으로 갈음할 수 없다.

③ 제3자가 불법점유하는 건물에 대하여 용익목적으로 전세권을 취득한 자는 제3자를 상대로 건물의 인도를 청구할 수 있다.

④ 甲 소유의 X토지와 그 지상의 Y건물 중에 Y건물에만 乙에게 전세권을 설정한 상태에서 甲이 X토지를 丙에게 매도하여 소유권을 이전하면, 甲이 그 토지에 법정지상권을 취득한다.

⑤ 채권담보의 목적으로 전세권을 설정한 경우, 그 설정과 동시에 목적물을 인도하지 않았으나 장래 전세권자의 사용·수익을 완전히 배제하는 것이 아니라면, 그 전세권은 유효하다.

62. 다음 중 유치권이 성립하는 경우를 모두 고른 것은? (다툼이 있으면 판례에 따름)

> ㄱ. 건물의 임대차에서 임차인의 임차보증금반환청구권으로써 임차인이 그 건물에 유치권을 주장하는 경우
>
> ㄴ. 건물에 압류의 효력발생 후 채무자가 건물에 관한 공사대금채권자에게 건물의 점유를 이전하여 변제기 도래한 채권자가 건물을 점유하는 경우
>
> ㄷ. 가축이 타인의 농작물을 먹어 발생한 손해에 관한 배상청구권에 기해 그 타인이 그 가축에 대한 유치권을 주장하는 경우
>
> ㄹ. 임대인과 임차인 사이에 건물명도시 권리금을 반환하기로 약정을 한 때, 권리금반환청구권을 가지고 건물에 대한 유치권을 주장하는 경우

① ㄱ, ㄴ      ② ㄱ, ㄷ

③ ㄴ, ㄷ      ④ ㄴ, ㄹ

⑤ ㄷ, ㄹ

63. 甲 소유의 X토지에 대해서 乙이 저당권을 설정받았다. 이에 관한 다음 설명 중 틀린 것은? (다툼이 있으면 판례에 따름)

① 乙의 저당권이 설정된 후에 甲이 그 지상에 건물을 축조한 경우에는 乙은 X토지와 함께 그 건물에 대해서도 경매를 청구할 수 있다.

② 乙의 저당권이 실행되어 B가 X토지를 매수하고 매각대금을 다 낼 경우, 甲은 법정지상권을 취득한다.

③ 甲이 X토지 위에 수목을 식재한 경우, 특별한 사정이 없는 한 그 수목에 대하여 乙의 저당권의 효력이 미친다.

④ 丙이 X토지를 훼손하는 경우에는 그 토지의 잔존가치로서 乙의 채권을 만족시킬 수 있다 하더라도 乙은 丙에 대해 방해배제청구권을 행사할 수 있다.

⑤ 채무자 甲과 저당권자 乙 사이에 위약금약정이 있는 경우에 그 약정을 등기하여야만 저당권에 의해 담보될 수 있다.

64. 甲은 乙에 대한 5천만원의 채권을 담보하기 위하여 A부동산(시가 6천만원)과 B부동산(시가 4천만원)에 공동저당권을 가지고 있다. A부동산에는 2번 저당권자 丙(피담보채권액 4천만원)이 있고, B부동산에는 2번 저당권자 丁(피담보채권액 3천만원)이 있다. 이 경우 틀린 것은? (다툼이 있으면 판례에 따름)

① A, B 모두 채무자 乙의 소유인데, 동시배당되는 경우 丁은 2천만원의 배당을 받는다.

② 위 ①의 경우, A의 저당권이 먼저 실행된 경우 丙은 B로부터 2천만원의 배당을 받을 수 있다.

③ A는 乙의 소유이고, B는 물상보증인 戊의 소유인데, A의 저당권이 먼저 실행된 경우, 丙은 B로부터 배당을 받을 수 있다.

④ 위 ③의 경우, B의 저당권이 먼저 실행된 경우 戊는 변제자대위에 의하여 A에 대한 1번 저당권을 취득한다.

⑤ 위 ④의 경우, 丁은 A로부터 3천만원의 배당을 받을 수 있다.

65. 계약의 유형에 관한 설명으로 옳은 것을 모두 고른 것은?

ㄱ. 예약은 채권계약이다.
ㄴ. 중개계약은 「민법」상의 전형계약이다.
ㄷ. 교환계약은 요물계약이다.
ㄹ. 모든 쌍무계약은 유상계약이다.

① ㄱ, ㄴ
② ㄱ, ㄹ
③ ㄴ, ㄷ
④ ㄴ, ㄹ
⑤ ㄷ, ㄹ

66. 계약에 관한 설명으로 틀린 것은? (다툼이 있으면 판례에 따름)

① 승낙자가 청약과 승낙이 불합치했음에도 합치하는 것으로 오신한 경우 계약은 성립하지 않는다.

② 청약은 계약의 내용을 결정할 수 있을 정도의 사항을 포함시키는 구체적·확정적 의사표시여야 한다.

③ 아파트의 외형·재질 등에 관한 아파트 분양광고의 내용은 분양계약의 내용이 될 수 있다.

④ 청약자가 '일정한 기간 내에 회답이 없으면 승낙한 것으로 본다'고 표시한 경우, 특별한 사정이 없으면 상대방은 이에 구속된다.

⑤ 청약자의 의사표시나 관습에 의하여 승낙의 통지가 필요하지 않은 경우, 계약은 승낙의 의사표시로 인정되는 사실이 있는 때에 성립한다.

67. 동시이행관계에 있는 것을 모두 고른 것은? (다툼이 있으면 판례에 따름)

ㄱ. 임대차 종료시 임대인의 임차보증금반환의무와 임차인의 임차물반환의무
ㄴ. 매도인의 토지거래허가신청절차에 협력할 의무와 매수인의 매매대금지급의무
ㄷ. 근저당권 실행을 위한 경매가 무효인 경우, 낙찰자의 채무자에 대한 소유권이전등기말소의무와 근저당권자의 낙찰자에 대한 배당금반환의무
ㄹ. 구분소유적 공유관계를 해소하기 위한 공유지분권자 상호간의 지분이전등기의무

① ㄱ, ㄴ
② ㄱ, ㄷ
③ ㄱ, ㄹ
④ ㄴ, ㄷ
⑤ ㄷ, ㄹ

68. 제3자를 위한 계약에 관한 설명 중 옳은 것을 모두 고른 것은? (다툼이 있으면 판례에 따름)

ㄱ. 낙약자는 기본관계에 기한 항변으로 제3자에게 대항할 수 없다.
ㄴ. 수익자는 계약의 해제권이나 해제를 원인으로 한 원상회복청구권이 없다.
ㄷ. 제3자의 수익의 의사표시 후 특별한 사정이 없는 한 계약당사자의 합의로 제3자의 권리를 변경시킬 수 없다.
ㄹ. 제3자는 계약체결 당시에 현존하고 있어야 한다.
ㅁ. 낙약자가 상당한 기간을 정하여 제3자에게 수익여부의 확답을 최고하였음에도 그 기간 내에 확답을 받지 못한 때에는 제3자가 수익의 의사를 표시한 것으로 본다.

① ㄱ, ㄴ
② ㄱ, ㅁ
③ ㄴ, ㄷ
④ ㄴ, ㄹ
⑤ ㄷ, ㅁ

69. 쌍무계약에 관한 다음 설명 중 **틀린** 것은? (다툼이 있으면 판례에 따름)

① 甲이 그 소유의 토지를 乙에게 1억원에 매매하기로 합의하였고 乙은 甲에 대하여 1억원의 대여금채권을 가지고 있는 경우에, 乙이 동시이행의 항변을 행사하는 경우 甲은 자신의 매매대금채권을 乙의 대여금채권과 상계할 수 없다.

② 동시이행의 관계에 있는 쌍방의 채무 중 어느 한 채무가 이행불능이 됨으로 인하여 발생한 손해배상채무도 여전히 다른 채무와 동시이행의 관계에 있다.

③ 계약당사자는 위험부담에 관하여 「민법」 규정과 달리 정할 수 있다.

④ 매매목적물이 이행기 전에 강제수용된 경우, 매수인이 대상청구권을 행사하면 매도인은 매매대금 지급을 청구할 수 있다.

⑤ 채무자의 책임 있는 사유로 후발적 불능이 발생한 경우, 위험부담의 법리가 적용된다.

70. 합의해제에 관한 설명으로 **틀린** 것은?

① 매도인은 다른 약정이 없으면 합의해제로 인하여 반환할 금전에 그 받은 날로부터 이자를 가산하여야 할 의무가 있다.

② 계약이 합의해제된 경우, 다른 사정이 없으면 채무불이행으로 인한 손해배상을 청구할 수 없다.

③ 매매계약을 합의해제한 경우에는 매수인의 등기를 말소하지 않아도 소유권은 매도인에게 당연히 복귀한다.

④ 매매계약을 합의해제한 경우에 그에 기한 매도인의 말소등기청구권은 물권적 청구권으로서 소멸시효에 걸리지 않는다.

⑤ 합의해제를 한 경우에도 법정해제와 마찬가지로 제3자의 권리를 해할 수는 없다.

71. 교환계약에 관한 설명으로 **틀린** 것은? (다툼이 있으면 판례에 따름)

① 당사자가 자기 소유 목적물의 시가를 묵비하여 상대방에게 고지하지 않은 경우, 특별한 사정이 없는 한 상대방의 의사결정에 불법적인 간섭을 한 것이다.

② 당사자가 바로 목적물을 서로 교환하는 현물교환도 교환이다.

③ 교환은 유상·쌍무·낙성·불요식계약이다.

④ 교환물의 가격이 균등하지 않은 때에는 그 차액을 보충하기 위하여 일방 당사자가 일정액의 금전을 보충지급할 것을 약정할 수 있다.

⑤ 다른 약정이 없는 한 각 당사자는 목적물의 하자에 대해 담보책임을 부담한다.

72. 매매계약에 관한 설명으로 **틀린** 것은? (다툼이 있으면 판례에 따름)

① 매매계약은 유상·쌍무계약이다.

② 매매의 일방예약은 물권계약이다.

③ 매매의 일방예약은 상대방이 매매를 완결할 의사를 표시하는 때에 매매의 효력이 생긴다.

④ 매수인이 이행기 전에 중도금을 지급한 경우, 매도인은 특별한 사정이 없는 한 계약금의 배액을 상환하여 계약을 해제할 수 없다.

⑤ 매도인이 계약금의 배액을 상환하여 계약을 해제하는 경우, 그 이행의 제공을 하면 족하고 매수인이 이를 수령하지 않더라도 공탁까지 할 필요는 없다.

73. 임차인의 부속물매수청구권 및 지상물매수청구권에 관한 설명 중 **틀린** 것은? (다툼이 있으면 판례에 따름)

① 지상물매수청구권이 행사되면 임대인은 기존 지상물의 철거비용을 포함하여 임차인이 임차지상의 지상물을 신축하기 위하여 지출한 모든 비용을 보상할 의무를 부담한다.

② 부속물매수청구의 대상이 되는 부속물은 건물 기타 공작물의 임차인이 임대인의 동의를 얻어 부속하거나 임대인으로부터 매수한 것이어야 한다.

③ 임대차계약이 임차인의 채무불이행을 이유로 해지된 경우에는 부속물매수청구권을 행사할 수 없다.

④ 건물에 근저당권이 설정되어 있는 경우에도 토지임차인의 건물매수청구권이 인정된다.

⑤ 지상물매수청구권을 포기하는 특약이 있더라도 그것이 임차인에게 불리한 것이 아니라는 특별한 사정이 인정되는 경우에는 그 포기특약은 유효하다.

74. 甲이 자신 소유의 건물을 乙에게 임대하고, 乙이 이를 다시 丙에게 전대하였다. 이에 관한 다음 설명 중 **옳은** 것은?

① 甲의 동의 없는 전대의 경우, 乙과 丙 사이의 전대차계약은 무효이다.

② 위 ①의 경우, 乙이 건물의 소부분을 丙에게 사용하게 한 경우에 甲은 이를 이유로 임대차계약을 해지할 수 있다.

③ 위 ①의 경우, 임대차계약이 존속하는 동안에는 甲은 丙에게 불법점유를 이유로 한 차임 상당의 손해배상을 청구할 수 없다.

④ 甲의 동의를 얻은 전대에서 임대차와 전대차가 모두 종료된 경우, 丙은 甲에게 부속물매수청구권을 행사할 수 없다.

⑤ 위 ④의 경우, 丙은 직접 甲에 대하여 비용상환청구권을 행사할 수 있다.

75. 「주택임대차보호법」에 관한 설명으로 옳은 것은? (다툼이 있으면 판례에 따름)

① 임차권등기명령을 갖춘 임차인은 임차목적물의 경매시에 배당요구를 하여야 배당을 받을 수 있다.

② 대지에 관한 저당권설정 후 지상건물이 신축된 경우에도 소액임차인은 대지의 매각대금에서 우선변제를 받을 수 있다.

③ 대항력과 우선변제적 효력을 겸유하고 있는 임차인이 제1경매절차에서 배당요구를 하였으나 보증금 전액을 배당받지 못한 경우에 제2경매절차에서 우선변제를 받을 수는 없다.

④ 주택임차인이 사망한 경우, 그 주택에서 가정공동생활을 하던 사실혼 배우자는 2촌 이내의 상속권자에 우선하여 임차인의 권리와 의무를 승계한다.

⑤ 임차인이 보증금반환청구소송의 확정판결에 기하여 임차주택의 경매를 신청하는 경우, 그 집행개시를 위해서는 반대의무의 이행제공을 해야 한다.

76. 「상가건물 임대차보호법」에 관한 설명으로 옳은 것은?

① 권리금회수의 방해로 인한 임차인의 임대인에 대한 손해배상청구권은 그 방해가 있는 날로부터 3년 이내에 행사하지 않으면 시효의 완성으로 소멸한다.

② 임대차가 종료한 후 보증금이 반환되지 않은 때에는 임차인은 관할 세무서에 임차권등기명령을 신청할 수 있다.

③ 임대차계약이 묵시적으로 갱신된 경우, 임차인의 계약해지의 통고가 있으면 즉시 해지의 효력이 발생한다.

④ 임차인이 임차한 건물을 중대한 과실로 전부 파손한 경우, 임대인은 권리금 회수의 기회를 보장할 필요가 없다.

⑤ 기간을 정하지 아니하거나 기간을 2년 미만으로 정한 임대차는 그 기간을 2년으로 본다.

77. 乙은 甲 소유의 X상가건물을 임차하고 인도 및 사업자등록을 마쳤다. 다음 중 옳은 것은? (다툼이 있으면 판례에 따름)

① 乙이 서울에 있는 상가건물을 보증금 6억원, 월차임 350만원에 임차한 경우라면 「상가건물 임대차보호법」의 적용대상이 된다.

② 乙이 폐업신고를 한 후에 다시 같은 상호 및 등록번호로 사업자등록을 하였다면, 처음의 대항력이 그대로 유지된다.

③ 乙이 적법하게 X상가건물을 전대하여 전차인 丙이 직접 점유하면서 丙 명의로 사업자등록을 하였다면 乙의 대항력이 유지된다.

④ 사업자등록은 대항력의 취득요건일 뿐이고 존속요건은 아니다.

⑤ 乙이 X상가건물의 환가대금에서 후순위권리자보다 보증금을 우선변제받기 위해서는 임대차계약서에 확정일자를 받고 사업자등록이 경매개시결정시까지 존속하면 된다.

78. 「집합건물의 소유 및 관리에 관한 법률」에 관한 설명으로 옳은 것을 모두 고른 것은? (다툼이 있으면 판례에 따름)

ㄱ. 전유부분은 구분소유권의 목적인 건물부분을 말한다.

ㄴ. 집합건물 구분소유권의 특별승계인이 그 구분소유권을 다시 제3자에게 이전한 경우, 관리규약에 달리 정함이 없는 한 각 특별승계인들은 자신의 전(前) 구분소유자의 공용부분에 대한 체납관리비를 지급할 책임이 있다.

ㄷ. 규약에서 달리 정한 바가 없으면, 관리인은 관리위원회의 위원이 될 수 있다.

ㄹ. 규약에서 달리 정한 바가 없으면, 관리위원회 위원은 부득이한 사유가 없더라도 서면이나 대리인을 통하여 의결권을 행사할 수 있다.

① ㄱ, ㄴ      ② ㄱ, ㄷ

③ ㄴ, ㄷ      ④ ㄴ, ㄹ

⑤ ㄷ, ㄹ

79. 「가등기담보 등에 관한 법률」에 관한 설명으로 틀린 것은? (다툼이 있으면 판례에 따름)

① 가등기담보 부동산의 예약 당시 시가가 그 피담보채무액에 미달하는 경우에는 청산금평가액의 통지를 할 필요가 없다.

② 일단 청산금의 평가액을 통지한 채권자는 그가 통지한 청산금의 금액에 관하여 다툴 수 없다.

③ 가등기의 피담보채권은 당사자의 약정과 관계없이 가등기의 원인증서인 매매예약서상의 매매대금의 한도로 제한된다.

④ 가등기담보권의 실행에 있어 채권자는 법률이 정하는 방법에 따라 목적부동산의 가액을 평가하여 통지해야 하며, 그 평가액이 객관적 가액에 미치지 못하더라도 유효하다.

⑤ 채권자는 담보부동산에 관하여 이미 소유권이전등기가 경료된 경우에는 청산기간 경과 후 청산금을 채무자 등에게 지급한 때에 목적부동산의 소유권을 취득한다.

80. 2024년 4월 5일 甲은 丙의 X토지를 취득하고자 친구 乙과 명의신탁약정을 하고 乙에게 매수자금 2억원을 주었다. 乙은 명의신탁사실을 모르는 丙으로부터 X토지를 매수한 뒤 소유권이전등기를 경료받았다. 다음 설명 중 틀린 것은? (다툼이 있으면 판례에 따름)

① 甲·乙 사이의 명의신탁약정은 무효이다.

② 乙은 소유권을 취득한다.

③ 甲은 乙을 상대로 부당이득반환으로 X토지의 등기이전을 청구할 수 없다.

④ 甲은 乙과의 명의신탁을 해지하고 X토지의 이전을 청구할 수 있다.

⑤ 乙이 악의의 丁에게 소유권이전등기를 경료해 준 경우, 丁이 甲과 乙 사이의 명의신탁약정을 알았더라도 丁은 소유권을 취득한다.

# 2024년도 제35회 공인중개사 1차 국가자격시험

# 실전모의고사 제4회

| 교 시 | 문제형별 | 시 간 | 시 험 과 목 |
|---|---|---|---|
| **1교시** | **A** | **100분** | ① 부동산학개론<br>② 민법 및 민사특별법 중<br>　부동산 중개에 관련되는 규정 |

| 수험번호 | | 성 명 | |
|---|---|---|---|

## 【 수험자 유의사항 】

1. **시험문제지는 단일 형별(A형)이며, 답안카드 형별 기재란에 표시된 형별(A형)을 확인하시기 바랍니다.** 시험문제지의 **총면수, 문제번호 일련순서, 인쇄상태** 등을 확인하시고, 문제지 표지에 수험번호와 성명을 기재하시기 바랍니다.

2. 답은 각 문제마다 요구하는 **가장 적합하거나 가까운 답 1개**만 선택하고, 답안카드 작성시 시험문제지 **형별누락, 마킹착오**로 인한 불이익은 전적으로 **수험자에게 책임**이 있음을 알려드립니다.

3. 답안카드는 국가전문자격 공통 표준형으로 문제번호가 1번부터 125번까지 인쇄되어 있습니다. 답안 마킹 시에는 반드시 **시험문제지의 문제번호와 동일한 번호에 마킹**하여야 합니다. (1차 1교시: 1번~80번)

4. **감독위원의 지시에** 불응하거나 **시험시간 종료 후 답안카드를 제출하지 않을 경우** 불이익이 발생할 수 있음을 알려 드립니다.

5. 시험문제지는 시험 종료 후 가져가시기 바랍니다.

6. 답안작성은 **시험 시행일(2024.10.26.) 현재 시행되는 법령** 등을 적용하시기 바랍니다.

7. 가답안 의견제시에 대한 개별회신 및 공고는 하지 않으며, **최종 정답 발표로 갈음**합니다.

8. 시험 중 **중간 퇴실은 불가**합니다. 단, 부득이하게 퇴실할 경우 시험포기각서 제출 후 퇴실은 가능하나 **재입실이 불가**하며, **해당시험은 무효처리됩니다.**

**해커스 공인중개사**

# 제1과목: 부동산학개론

1. 부동산의 개념에 대한 설명으로 **틀린** 것을 모두 고른 것은?

> ㄱ. 부동산을 경제적 측면으로 접근할 때 수급관계나 가격 및 임대료 등을 그 연구대상으로 한다.
>
> ㄴ. 명인방법을 갖춘 수목집단과 등기된 입목은 토지와 별개인 독립된 정착물이다.
>
> ㄷ. 건물로부터 제거하여 건물의 기능 및 효용을 감소시키는 물건(설비, fixture)은 동산으로 본다.
>
> ㄹ. 임차인이 편의를 위해서 설치한 가사정착물, 농업정착물은 부동산 정착물로 취급한다.

① ㄱ, ㄴ
② ㄱ, ㄷ
③ ㄴ, ㄷ
④ ㄴ, ㄹ
⑤ ㄷ, ㄹ

2. 부동산의 특성에 대한 설명으로 옳지 **않은** 것은?

① 개별성으로 인하여 특정부동산에 대한 시장정보의 수집이 어렵고, 거래비용이 높아질 수 있다.
② 부동산에 대한 최유효이용의 성립근거는 용도의 다양성과 부증성에 의해 설명될 수 있다.
③ 신도시의 형성이나 교통수단의 변화 등은 부동산의 물리적·절대적 위치를 변화시킨다.
④ 부동산활동이 임장활동이나 정보활동이 되는 이유는 부동산의 지리적 위치가 고정되어 있기 때문이다.
⑤ 영속성은 부동산으로부터 발생하는 사용이익과 소유이익을 분리하여 임대차시장이 형성되는 근거가 된다.

3. 부동산학에서 사용하는 용어에 대한 설명으로 옳지 **않은** 것은?

① 부지(敷地)는 택지처럼 건축이 가능한 토지만을 말한다.
② 투기 등의 목적으로 도시 내의 토지가 장기간 방치되고 있다면, 이는 공한지(空閑地)와 관련이 있다.
③ 일반적으로 선하지(線下地)는 다른 토지보다 그 가격이 낮게 평가된다.
④ 나지(裸地)란 토지에 건물 기타의 정착물이 없고 지상권 등 토지의 사용·수익을 제한하는 사법상의 권리가 설정되어 있지 아니한 토지를 말한다.
⑤ 법지(法地)는 소유권은 인정되지만 활용실익이 적거나 없는 토지이다.

4. 아파트에 대한 수요의 감소요인과 공급의 증가요인으로 옳은 것은? (단, 다른 조건은 일정함)

| | <수요의 감소요인> | <공급의 증가요인> |
|---|---|---|
| ① | 아파트 가격의 상승 | 아파트 가격의 하락 |
| ② | 보금자리론 금리 상승 | 아파트 건축비의 하락 |
| ③ | 대체주택 수요량 증가 | 소득수준의 향상 |
| ④ | 인구유입 증가 | 아파트 건축규제의 완화 |
| ⑤ | 건설노동자의 임금 상승 | 아파트 건축기술의 진보 |

5. 부동산의 수요와 공급에 대한 설명으로 옳지 **않은** 것은?

① 부동산의 수요량과 그 수요량에 영향을 주는 요인들과의 관계를 나타낸 것이 수요함수이다.
② 부동산상품은 내구성이 있어 가격이 하락하여도 재구매 수요가 빈번하게 발생하지 않는 편이다.
③ 부동산은 고가성(高價性)이라는 특성 때문에 구매자금을 축적하는 데 오랜 시간이 소요된다.
④ 부동산의 공급함수는 가격에 대한 감소함수이다.
⑤ 부동산의 공급량이 단기적으로 크게 늘어나지 못하는 것은 가용생산요소의 투입이 장기에 비해 상대적으로 제한되기 때문이다.

6. 다음과 같은 조건하에서 거미집이론을 적용할 때, 균형에 충격이 가해지면 균형으로 수렴하는 경우는 모두 몇 개인가? (단, 주어진 조건에 한정함)

> ㄱ. 곡선 기울기의 값: 수요곡선 -1, 공급곡선 3
>
> ㄴ. 공급곡선의 기울기가 수요곡선의 기울기보다 급할 경우
>
> ㄷ. 수요의 가격탄력성 0.5, 공급의 가격탄력성 2일 경우
>
> ㄹ. $P = 300 - 3Qd$, $P = 100 + 2Qs$
>
> ㅁ. $2P = 400 - 2Qd$, $4P = 2Qs$

① 1개 ② 2개 ③ 3개
④ 4개 ⑤ 5개

7. 인근지역 수요자들의 월 평균소득이 400만원에서 500만원으로 변하자 해당 지역의 아파트의 수요량이 1,400세대에서 1,260세대로 변하였다면 수요의 소득탄력성은 얼마인가? (단, 다른 요인은 일정하고, 탄력성은 최초값을 기준으로 함)

① 0.4 ② 0.5
③ 0.8 ④ -0.4
⑤ -0.5

8. 부동산조세의 경제적 효과에 관한 설명 중 틀린 것은? (단, 다른 조건은 일정함)

① 법률상의 납세의무자와 실제로 세금을 부담하는 자가 언제나 일치하는 것은 아니다.

② 공급자에게 부과된 세금의 일부가 수요자에게 전가되면 경제적 순(후생)손실이 발생할 수 있다.

③ 수요의 가격탄력성이 상대적으로 작다는 것은 수요자에게 그만큼 조세가 더 많이 전가된다는 것을 의미한다.

④ 수요의 가격탄력성이 탄력적인 반면 공급의 가격탄력성이 비탄력적일 경우, 부과된 세금은 공급자에게 더 많이 귀착된다.

⑤ 공급이 완전비탄력적인 토지에 세금을 부과하면 효율성과 형평성 측면에서 그 목표를 달성하기가 어려워진다.

9. 부동산금융에 대한 설명 중 옳지 않은 것은?

① 부동산투자회사가 외부 금융기관에서 필요한 자금을 차입하는 것은 부채금융 기법이다.

② 주택도시보증공사는 국민주택규모 이하의 주택의 구입·임차 또는 개량 등에 자금을 지원한다.

③ 조인트-벤처는 지분투자방식의 개발금융기법이다.

④ 우리나라에서는 「자본시장과 금융투자업에 관한 법률」에 의해 부동산펀드(집합투자기구)가 운용되고 있다.

⑤ 한국주택금융공사는 주택저당증권(MBS)을 발행하여 부동산개발업자 등 공급자에게 개발자금을 제공하고 있다.

10. 부동산투자회사에 대한 설명으로 옳은 것은?

① 기업구조조정 부동산투자회사는 기업의 구조조정을 위해 매각하는 부동산을 매입하고, 관리·운영하여 수익을 배분하는 뮤추얼 펀드(Mutual Fund)로서 서류상의 명목회사이다.

② 위탁관리 부동산투자회사는 자산운용 전문인력을 포함한 임직원을 상근으로 두고 자산의 투자·운용을 직접 수행하는 회사를 말한다.

③ 감정평가사 또는 공인중개사로서 해당 분야에 5년 이상 종사한 사람은 기업구조조정 부동산투자회사의 상근 자산운용 전문인력이 될 수 있다.

④ 자기관리 부동산투자회사는 본점 외의 지점을 설치할 수 없으며, 직원을 고용하거나 상근 임원을 고용할 수 없다.

⑤ 자기관리 부동산투자회사의 설립 자본금은 70억원 이상으로 한다.

11. 부동산의 경기변동에 대한 설명으로 옳지 않은 것은?

① 부동산경기는 일반경기의 변동에 민감하게 반응하지 못하여 그 타성기간이 긴 편이다.

② 일반적으로 부동산경기는 부동산의 유형과 지역별로 각각 다른 국면으로 진행되는 경향이 있다.

③ 부동산경기의 순환주기는 규칙적으로 나타나며, 그 순환국면이 뚜렷하게 구분된다는 특징이 있다.

④ 공실률, 거래량, 주택금융의 상태 등은 부동산경기를 측정하고 판단하는 데 유용하게 활용될 수 있다.

⑤ 부동산경기란 일반적으로 주거용 부동산 건축경기를 말한다.

12. 다음 중 (    )에 들어갈 내용이 바르게 묶인 것은? (단, 다른 조건은 일정하고, 중간점을 이용하여 계산한 탄력성임)

> 사무실의 월 임대료가 24만원에서 16만원으로 하락할 때 사무실 수요량이 184m²에서 216m²로 증가하였다. 이때 수요의 가격탄력성은 ( A )이며, 이 수요의 가격탄력성은 ( B )이다.

|  | A | B |
|---|---|---|
| ① | 1.2 | 탄력적 |
| ② | 1.0 | 단위탄력적 |
| ③ | 0.8 | 비탄력적 |
| ④ | 0.6 | 비탄력적 |
| ⑤ | 0.4 | 비탄력적 |

13. 다음의 설명하는 내용으로서 (    )에 가장 적합한 것은?

> 투자자 甲이 증권시장에 상장된 A부동산투자회사의 5년 동안 주가(株價)의 변동과 패턴, 거래량 등을 분석하여 투자하였음에도 투자성과가 개선되지 않는다면, 이는 부동산시장에 (    )의 성격이 있기 때문이다.

① 완전경쟁시장

② 부분시장

③ 추상적 시장

④ 약성 효율적 시장

⑤ 국지적 시장

14. 주택시장의 여과과정과 주거분리에 대한 설명으로 옳지 않은 것은?
    ① 주택의 여과과정을 주택순환과정이라 한다.
    ② 여과과정과 주거분리는 토지이용에 대한 침입과 천이(계승)과정으로 이해할 수 있다.
    ③ 고가주택지역에 저소득층이 유입되면 하향여과가 발생하고, 점차 그 지역은 저가주택지역으로 변할 수 있다.
    ④ 여과과정은 질적 변화와 가구의 이동과의 관계를 설명하는 것이지만, 이로 인하여 신규주택의 건설이 촉진되지는 않는다.
    ⑤ 하향여과가 발생하면 전체 주택시장에서 저가주택이 차지하는 비중은 증가한다.

15. 부동산의 탄력성에 관한 설명 중 옳은 것은? (단, 다른 조건은 일정함)
    ① 두 재화간 교차탄력성이 1.0일 때, X재 가격이 1% 상승하면 Y재 수요량은 1% 감소한다.
    ② 수요의 가격탄력성이란 가격이 변할 때 수요량이 얼마나 변하는지를 나타내는 정성적(定性的) 지표이다.
    ③ 부동산의 단기수요곡선보다 장기수요곡선의 기울기가 더 급한 편이다.
    ④ 수요가 완전탄력적일 때 공급이 감소하면 균형거래량은 증가한다.
    ⑤ 공급이 완전비탄력적일 때 수요가 증가하면 균형거래량은 변하지 않고 균형가격은 상승한다.

16. 튀넨(J. H. von Thünen)의 위치지대설에 대한 설명으로 옳지 않은 것은?
    ① 지대는 생산물가격(매상고)에서 생산비와 수송비를 공제한 것으로 정의된다.
    ② 지대곡선의 기울기는 생산물가격이나 생산비에 따라 달라지지만, 수송비에 따라서는 달라지지 않는다.
    ③ 고립국을 가정한 농업용 토지이용에 대한 이론이다.
    ④ 토지이용량이 많은 조방적 농업일수록 중심지에서 먼 외곽지역에 입지하는 경향이 있다.
    ⑤ 튀넨(J. H. von Thünen)의 고립국이론은 버제스(E. Burgess)의 동심원이론에 영향을 주었다.

17. 입지이론에 대한 설명으로 옳지 않은 것은?
    ① 허프(D. L. Huff)의 확률모형으로 대도시에서 특정 매장으로 구매하러 갈 인구비율과 각 매장의 가능매상고를 구할 수 있다.
    ② 레일리(W. J. Reilly)의 소매인력법칙은 컨버스의 분기점이론에 영향을 주었다.

③ 일반적으로 구매빈도가 낮은 상품을 취급하는 점포보다 구매빈도가 높은 상품을 취급하는 점포일수록 상권의 범위가 더 작은 편이다.
④ 크리스탈러(W. Christaller)의 중심지이론에서 고차중심지일수록 중심지 기능을 많이 보유하며, 재화의 도달범위가 크다.
⑤ 보편원료나 부패하기 쉬운 원료를 많이 사용하는 산업은 원료지향형 입지를 선호한다.

18. 법령을 기준으로 현재 시행되고 있는 제도와 이의 근거법률의 연결이 틀린 것은?
    ① 토지비축제도 - 「공공토지의 비축에 관한 법률」
    ② 부동산개발업 - 「부동산개발업의 관리 및 육성에 관한 법률」
    ③ 재건축부담금제 - 「개발이익 환수에 관한 법률」
    ④ 분양전환공공임대주택 - 「공공주택 특별법」
    ⑤ 최저주거기준 - 「주거기본법」

19. 다음 중 시장실패의 원인에 대한 설명으로 적합한 것을 모두 고른 것은?

> ㄱ. 수익성을 확보하기 어려운 도로나 근린공원 조성사업 등에 민간사업자의 참여가 활발하지 못하다.
> ㄴ. 특정주택을 독과점형태의 기업들이 공급하고 있으며, 분양가격을 시장균형가격보다 높게 임의대로 결정하고 있다.
> ㄷ. 정부의 분양가규제로 인해 신규주택공급이 감소하고, 전체적인 주택가격이 시장가격 이상으로 급등함에 따라 저소득층의 주택난이 심화되고 있다.

    ① ㄷ            ② ㄱ, ㄴ            ③ ㄱ, ㄷ
    ④ ㄴ, ㄷ        ⑤ ㄱ, ㄴ, ㄷ

20. 부동산정책에 대한 설명으로 옳지 않은 것은?
    ① 부동산실명제는 「부동산 실권리자명의 등기에 관한 법률」에 의해 시행되고 있다.
    ② 택지공영개발, 공공투자사업, 도시재개발은 공적 주체가 부동산시장에 직접적으로 개입하는 방법이다.
    ③ 용도지역 중 도시지역에는 주거지역, 상업지역, 공업지역, 녹지지역이 있다.
    ④ 지역지구제는 토지자원의 개발과 보전의 조화를 유도하여 공공복리 증진이라는 목적이 있다.
    ⑤ 주택저당유동화제도(MBS)는 자산유동화제도(ABS)보다 그 시행시기가 빠르다.

21. 저소득 임차인의 주거안정을 위한 임대주택정책에 대한 설명으로 옳지 <u>않은</u> 것은? (단, 다른 요인은 일정함)

① 공공임대주택의 공급은 소득재분배효과를 기대할 수 있다.

② 임대료의 상한이 시장균형임대료보다 낮을 경우, 기존 임차인의 주거이동이 감소할 것이다.

③ 임대료의 상한이 시장균형임대료보다 낮을 경우, 단기적으로 임대주택의 수요가 감소한다.

④ 저소득 임차인에게 임대료 일부를 보조해주면 단기적으로 임대주택의 수요가 증가한다.

⑤ 임대료보조정책은 장기적으로 임대주택의 공급을 증가시킨다.

22. 투자부동산에 대한 현금흐름의 계산과정을 기술하였다. 옳은 것은?

① 영업소득세의 계산과정에서 과세대상소득은 세전현금수지에 대손충당금은 더하고 원금상환분과 감가상각비를 공제하여 구한다.

② 순영업소득과 세전현금수지는 동일할 수 없다.

③ 임대부동산의 공실률 변화는 가능총수입에 영향을 준다.

④ 순매각현금흐름과 세전매각현금흐름은 동일할 수 있다.

⑤ 영업외수입과 연간 이자비용은 순영업소득을 계산하는 데 필요한 자료이다.

23. A씨는 주택구입자금을 마련하기 위하여 2024년 1월 1일 현재 6억원을 원리금균등상환방식으로 대출을 받았다. 13년 경과 후 미상환잔금을 구하기 위한 수식은? (단, 대출만기 20년, 이자율은 복리로 연 10%임)

① $6억원 \times \dfrac{0.1}{1 - (1 + 0.1)^{-20}} \times \dfrac{1 - (1 + 0.1)^{-7}}{0.1}$

② $6억원 \times \dfrac{0.1}{1 - (1 + 0.1)^{-20}} \times \dfrac{1 - (1 + 0.1)^{-13}}{0.1}$

③ $6억원 \times \dfrac{\dfrac{1 - (1 + 0.1)^{-7}}{0.1}}{\dfrac{1 - (1 + 0.1)^{-13}}{0.1}}$

④ $6억원 \times \dfrac{\dfrac{1 - (1 + 0.1)^{-13}}{0.1}}{\dfrac{1 - (1 + 0.1)^{-20}}{0.1}}$

⑤ $6억원 \times \dfrac{0.1}{1 - (1 + 0.1)^{-7}}$

24. 다음은 부동산회사의 재무구조에 관한 내용이다. ( )에 들어갈 내용으로 옳은 것은?

| 구분 | A부동산회사 | B부동산회사 |
|---|---|---|
| 자산총계 | ( ㄱ ) | 50억원 |
| 부채총계 | 40억원 | ( ㄴ ) |
| 자본총계 | 40억원 | 20억원 |
| 부채비율 | ( ㄷ ) | ( ㄹ ) |

① ㄱ: 80억원, ㄴ: 70억원, ㄷ: 100%, ㄹ: 150%

② ㄱ: 80억원, ㄴ: 30억원, ㄷ: 100%, ㄹ: 150%

③ ㄱ: 80억원, ㄴ: 30억원, ㄷ: 50%, ㄹ: 150%

④ ㄱ: 0원, ㄴ: 30억원, ㄷ: 100%, ㄹ: 50%

⑤ ㄱ: 0원, ㄴ: 30억원, ㄷ: 50%, ㄹ: 60%

25. 다음과 같은 상황에서 투자자의 1년간 자기자본수익률은? (단, 주어진 조건에 한정함)

○ 투자부동산가격: 10억원

○ 대부비율(LTV): 60%

○ 대출조건
- 대출기간: 1년
- 대출이자율: 연 10%(고정금리)
- 대출기간 만료시 원금은 일시상환

○ 1년간 순영업소득(NOI): 7,000만원

○ 1년간 부동산가격상승률: 4%

① 11%  ② 11.5%

③ 12%  ④ 12.5%

⑤ 13%

26. 부동산투자이론에 대한 설명으로 옳지 <u>않은</u> 것은?

① 효율적 전선(前線)이 우상향하는 이유는 위험과 수익이 비례관계라는 것을 의미한다.

② 위험선호형 투자자란 기대수익률이 동일하다면 보다 적은 위험을 선호하며, 위험을 부담할 경우에는 그에 상응하는 보상을 바라는 합리적인 투자자를 말한다.

③ 최적 포트폴리오는 투자자의 위험선호도에 따라 달라질 수 있다.

④ 두 자산간 상관계수가 -1에 가까우면 상호 수익률의 움직임이 상당히 상이하다는 의미이다.

⑤ 두 자산간 수익률의 분포도가 아무런 관련이 없는 경우, 위험분산효과가 나타난다.

27. 제시된 부동산 A, B, C 투자안 중 투자효율성이 높은 순서대로 나열한 것은? (단, 할인율은 10%임)

| 구분 | 1년 후 현금유입 | 금년의 현금유출 |
|---|---|---|
| 부동산 A | 385만원 | 312.5만원 |
| 부동산 B | 242만원 | 176만원 |
| 부동산 C | 363만원 | 300만원 |

① A > B > C
② A > C > B
③ B > A > C
④ B > C > A
⑤ C > A > B

28. 주택저당유동화제도(MBS)에 대한 설명으로 옳지 <u>않은</u> 것은?
① 1차 저당시장의 주택대출금리보다 2차 저당시장의 금리가 더 낮은 편이다.
② 2차 저당시장은 1차 저당시장에 자금을 제공하는 역할을 한다.
③ 한국주택금융공사법령상 자산(주택저당채권)의 양도는 매매 및 교환에 의한다.
④ 주택저당유동화제도는 금융기관의 유동성을 감소시킨다.
⑤ MBB(담보부 채권)는 MPTS(지분이전증권)와 달리 채권발행액이 발행기관의 부채로 표시된다.

29. 부동산개발 프로젝트 파이낸싱(PF)에 대한 설명으로 옳은 것을 모두 고른 것은?

> ㄱ. 일반적으로 법적·경제적으로 독립된 프로젝트회사(SPC)가 대출기관으로부터 부채자금을 조달하는 방식이다.
> ㄴ. 프로젝트금융에 참여하는 대출기관은 장래 개발사업의 수익성이나 현금흐름에 근거하여 개발자금을 제공한다.
> ㄷ. 대출기관은 재무상태표에 관련 부채가 기재되지 않기 때문에 부외금융효과(Off-the Balance effect)를 누릴 수 있다.
> ㄹ. 대출기관은 개발사업부지에 권리를 확보하기 위하여 담보신탁을 설정하기도 한다.

① ㄱ, ㄴ, ㄷ
② ㄱ, ㄴ, ㄹ
③ ㄱ, ㄷ, ㄹ
④ ㄴ, ㄷ, ㄹ
⑤ ㄱ, ㄴ, ㄷ, ㄹ

30. 부동산개발에 대한 설명으로 옳은 것은?
① 민간의 부동산투자회사가 수행하는 건축사업은 제2섹터에 의한 유형적 개발행위에 해당한다.
② 부동산개발사업의 예비적 타당성분석 단계에서는 시장가치와 투자가치를 비교하여 구체적으로 개발사업의 최종 채택여부를 결정한다.
③ 등가교환방식은 토지소유자와 개발업자간에 수수료 문제가 발생한다.
④ 부동산개발사업의 흡수율이 높을수록 시장위험은 크다고 볼 수 있다.
⑤ 수복재개발은 아직 노후·쇠퇴가 발생하지 않았으나, 우려가 있는 시설에 대하여 그 진행을 예방하거나 방지하기 위한 재개발유형이다.

31. 다음 표를 활용하여 A지역 건설업과 B지역 운수장비업의 입지계수(LQ)를 각각 구하면? (단, 주어진 조건에 한정함)

| 산업＼지역 | A지역 | B지역 | 전국 |
|---|---|---|---|
| 건설업 | 10,000명 | 40,000명 | 50,000명 |
| 운수장비업 | 20,000명 | 20,000명 | 40,000명 |
| 합계 | 30,000명 | 60,000명 | 90,000명 |

| | A지역 건설업 | B지역 운수장비업 |
|---|---|---|
| ① | 0.60 | 0.75 |
| ② | 0.60 | 1.00 |
| ③ | 0.75 | 0.60 |
| ④ | 1.00 | 0.75 |
| ⑤ | 1.20 | 0.80 |

32. 부동산관리에 대한 설명으로 옳은 것은?
① 적재적소에 중요 인력을 배치하는 것은 기술적 측면의 관리에 해당한다.
② 민간임대주택에 관한 특별법령에 의한 자기관리형 주택임대관리업이란 주택의 소유자로부터 주택을 임차하여 자기책임으로 전대(轉貸)하는 형태의 업을 말한다.
③ 신탁관리는 부동산소유자가 소유권을 이전하지 않고, 부동산신탁회사가 일정기간 관리하여 소유자에게 돌려주는 것을 말한다.
④ 복합개념의 관리로 구분할 때 권리분석을 하거나 임차인에게 재계약을 촉구한 것은 경제적 측면의 관리이다.
⑤ 설계의 불량, 주변환경과의 부조화, 건물과 부지의 부적합은 건물의 기능적 내용연수와 관련이 있다.

58

**33. 부동산마케팅에 대한 설명으로 옳은 것은?**

① 세분화전략은 고객행동변수와 고객특성변수에 따라 시장을 세분화하고, 상품의 판매지향점을 찾는 전략이다.

② 인적판매란 부동산상품의 구입을 유도하기 위해 고객 및 예상고객과 직접 접촉할 때 판매원이 기울이는 여러 가지 노력으로, 4P MIX 중 유통경로(place)전략이다.

③ 시장점유마케팅은 고객과의 지속적이고 장기적인 관계 유지에 중점을 두는 것이다.

④ AIDA원리는 주의(attention), 관심(interest), 욕망(desire), 행동(action)의 단계를 통해 공급자의 욕구를 파악하여 마케팅효과를 극대화하는 시장점유마케팅 전략의 하나이다.

⑤ 관계마케팅전략은 동일한 표적시장을 갖는 다양한 공급경쟁자 사이에서 자신의 상품을 어디에 위치시킬 것인가를 정하는 것이다.

**34. 저당대출의 상환방법에 대한 설명으로 옳은 것은? (단, 다른 조건은 모두 동일함)**

> ㄱ. 원금균등상환방식과 원리금균등상환방식의 잔고의 변화는 동일한 양상으로 나타난다.
> ㄴ. 원금균등상환방식과 원리금균등상환방식의 1회차 불입액의 크기는 다르다.
> ㄷ. 체감식 상환방식은 체증식 상환방식보다 대출 초기에 상환해야 할 원리금이 많은 편이다.
> ㄹ. 원리금균등상환방식은 체증식 상환방식보다 대출기관 입장에서 원금회수속도가 느린 편이다.
> ㅁ. 대출기간의 2분의 1 경과 후 담보인정비율(LTV)은 체감식 상환방식이 원리금균등상환방식보다 높다.

① ㄱ, ㄴ      ② ㄱ, ㄹ      ③ ㄴ, ㄷ
④ ㄷ, ㄹ      ⑤ ㄹ, ㅁ

**35. 감정평가에 대한 설명으로 옳지 않은 것은?**

① 둘 이상의 대상물건이 일체로 거래되거나 대상물건 상호간에 용도상 불가분의 관계가 있는 경우에는 일괄하여 감정평가할 수 있다.

② 감정평가가격은 시장참여자의 행동결정을 한다는 점에서 자원배분의 기능을 갖는다.

③ 일체로 이용되고 있는 대상물건의 일부분에 대하여 감정평가하여야 할 특수한 목적이나 합리적인 이유가 있는 경우에는 그 부분에 대하여 감정평가할 수 없다.

④ 감정평가법인등은 시장가치 외의 가치를 기준으로 하는 감정평가의 합리성, 적법성이 결여되어 있다고 판단할 때에는 의뢰를 거부하거나 수임을 철회할 수 있다.

⑤ 부동산 가격제원칙이란 부동산의 가격이 어떻게 형성되고, 유지되는지에 대한 법칙성을 추출하여 부동산평가활동의 지침으로 삼으려는 행위기준을 말한다.

**36. 다음 중 원가법에서 활용하는 감가수정방법에 해당하지 않는 것은?**

① 상환기금법      ② 분해법
③ 관찰감가법      ④ 정액법
⑤ 부채감당법

**37. 아래의 자료를 활용하여 적산임료를 구하면?**

> ○ 기초가액: 400,000,000원
> ○ 기대이율: 연 6%
> ○ 환원이율: 연 4%
> ○ 공실 및 대손충당금ㆍ유지관리비ㆍ감가상각비 등 필요제경비: 연간 6,000,000원

① 10,000,000원      ② 20,000,000원
③ 22,000,000원      ④ 30,000,000원
⑤ 46,000,000원

**38. 「감정평가에 관한 규칙」에 대해 설명하였다. 각 (    )에 적합한 것은?**

> ㄱ. (    )이란 대상물건과 가치형성요인이 같거나 비슷한 물건의 임대사례와 비교하여 대상물건의 현황에 맞게 사정보정, 시점수정, 가치형성요인 비교 등의 과정을 거쳐 대상물건의 임대료를 산정하는 감정평가방법을 말한다.
> ㄴ. (    )이란 일반기업경영에 의하여 산출된 총수익을 분석하여 대상물건이 일정한 기간에 산출할 것으로 기대되는 순수익에 대상물건을 계속하여 임대하는 데에 필요한 경비를 더하여 대상물건의 임대료를 산정하는 감정평가방법을 말한다.

| | ㄱ | ㄴ |
|---|---|---|
| ① | 임대사례비교법 | 수익분석법 |
| ② | 거래사례비교법 | 수익분석법 |
| ③ | 임대사례비교법 | 수익환원법 |
| ④ | 거래사례비교법 | 수익환원법 |
| ⑤ | 공시지가기준법 | 수익분석법 |

39. 「부동산 가격공시에 관한 법률」에 대하여 기술하였다. 옳지 않은 것은?

① 비주거용 집합부동산가격은 비주거용 표준부동산가격과 비주거용 개별부동산가격으로 구분하여 공시한다.

② 국토교통부장관은 공시기준일 이후에 토지의 분할·합병이나 건물의 신축 등이 발생한 경우에는 대통령령이 정하는 날을 기준으로 하여 공동주택가격을 결정·공시하여야 한다.

③ 표준지공시지가에 이의가 있는 자는 그 공시일로부터 30일 이내에 서면으로 국토교통부장관에게 이의를 신청할 수 있다.

④ 시장·군수·구청장이 개별주택가격을 결정·공시하는 경우에는 해당 주택과 유사한 이용가치를 지닌다고 인정되는 표준주택가격을 기준으로 주택가격비준표를 사용하여 가격을 산정하여야 한다.

⑤ 표준지공시지가와 표준주택가격의 공시기준일은 매년 1월 1일로 한다.

40. 원가법에 의한 대상물건 기준시점의 감가누계액은? (단, 주어진 조건에 한함)

○ 준공시점: 2019.9.1.
○ 기준시점: 2024.9.1.
○ 기준시점 재조달원가: 500,000,000원
○ 경제적 내용연수: 40년
○ 감가수정은 정액법에 의함
○ 내용연수 만료시 잔존가치율은 10%

① 4,965만원
② 5,250만원
③ 5,625만원
④ 5,800만원
⑤ 6,000만원

제2과목: 민법 및 민사특별법 중 부동산 중개에 관련되는 규정

41. 단속규정인 것을 모두 고른 것은? (다툼이 있으면 판례에 따름)

ㄱ. 「부동산등기 특별조치법」상 중간생략등기를 금지하는 규정
ㄴ. 「공인중개사법」상 개업공인중개사가 중개의뢰인과 직접 거래를 하는 행위를 금지하는 규정
ㄷ. 「공인중개사법」상 개업공인중개사가 법령에 규정된 중개보수 등을 초과하여 금품을 받는 행위를 금지하는 규정
ㄹ. 「부동산 거래신고 등에 관한 법률」상 일정한 구역 내의 토지매매에 대하여 허가를 요하는 규정

① ㄱ, ㄴ
② ㄱ, ㄷ
③ ㄴ, ㄷ
④ ㄴ, ㄹ
⑤ ㄷ, ㄹ

42. 다음 사례에 대한 설명으로 틀린 것은?

A. 甲은 乙과 도박을 하던 중 돈을 모두 잃었다. 그러자 甲은 乙에게 100만원을 도박자금으로 빌려달라고 하였고, 이에 따라 乙은 甲에게 100만원을 빌려주었다.

B. 丙은 丁에 대한 도박채무를 변제하기 위하여 丁에게 자신의 부동산을 처분하여 그 대금을 변제에 충당하라고 하였다. 이에 丁은 丙을 대리하여 그 부동산을 선의의 제3자인 戊에게 매도하고 그 대금으로 변제에 충당하였다.

① A의 경우, 甲과 乙의 금전소비대차계약은 무효이다.

② A의 경우, 乙은 甲에 대하여 대여금의 반환을 청구할 수 있다.

③ B의 경우, 丙의 丁에 대한 도박채무의 부담행위 및 그 변제약정은 선량한 풍속 기타 사회질서에 위반된다.

④ B의 경우, 도박채무를 변제하기 위하여 丁에게 대리권을 수여한 행위는 유효이다.

⑤ B의 경우, 제3자 戊는 부동산에 대한 소유권을 취득할 수 있다.

43. 불공정한 법률행위에 관한 다음 설명 중 **틀린** 것은? (다툼이 있으면 판례에 따름)

① 불공정한 법률행위는 추인에 의하여 유효로 될 수 있다.

② 불공정한 법률행위가 되기 위해서 궁박·경솔·무경험 세 가지 모두가 요구되는 것은 아니다.

③ 폭리행위의 궁박은 경제적이거나 정신적·심리적 궁박 등도 포함된다.

④ 불공정한 법률행위에 관한 규정은 무상행위에는 적용되지 않는다.

⑤ 현저한 불균형이 있다고 해서 궁박·경솔·무경험이 추정되지 않으며, 폭리자에게 피해자의 궁박·경솔·무경험의 사정을 이용하려는 의사가 있어야 폭리행위가 성립한다.

44. 甲과 乙은 甲 소유의 X토지와 그 토지에 인접한 Y토지 중 X토지의 매매에 대해 의사의 합치가 있었지만 그 지번에 착오를 일으켜 매매계약서에는 Y토지를 기재하고 Y토지에 대해 소유권이전등기를 완료하였다. 다음 중 **틀린** 것을 모두 고른 것은? (다툼이 있으면 판례에 따름)

ㄱ. 甲과 乙 사이의 매매계약은 X토지에 관하여 성립한다.

ㄴ. Y토지에 대한 乙 앞으로의 소유권이전등기는 무효이고, Y토지에 대해서 착오를 이유로 취소하지 못한다.

ㄷ. 乙은 甲에게 X토지에 대해 소유권이전등기를 청구할 수 없다.

ㄹ. 현재 乙은 X토지에 대해 소유권을 취득하였다.

ㅁ. 현재 乙은 Y토지에 대해서는 소유권을 취득하지 못하였으며, Y토지가 乙에게서 丙으로 소유권이전이 되었다고 해도 丙은 권리를 취득하지 못한다.

① ㄱ, ㄷ      ② ㄱ, ㄹ      ③ ㄴ, ㄷ

④ ㄷ, ㄹ      ⑤ ㄹ, ㅁ

45. 진의 아닌 의사표시에 관한 다음 설명 중 **틀린** 것은? (다툼이 있으면 판례에 따름)

① 비진의표시는 진의와 표시의 불일치를 표의자가 알고서 한다는 점에서 착오와 구별된다.

② 부동산매매에서 비진의표시는 상대방이 선의이며 과실 없는 경우에 한하여 유효이다.

③ 대출절차상 편의를 위하여 명의를 빌려준 자가 채무부담의 의사를 가졌더라도 그 의사표시는 비진의표시이다.

④ 대리인이 오직 자기 이익을 꾀할 목적으로 대리권을 남용한 경우, 비진의표시에 관한 규정이 유추적용될 수 있다.

⑤ 상대방이 표의자의 진의 아님을 알았다는 것은 무효를 주장하는 자가 증명하여야 한다.

46. 甲은 채권자 A의 강제집행을 면탈할 목적으로 乙과 통모하여 그의 X부동산을 매매의 형식을 빌려 乙 명의로 소유권이전등기를 하였다. 乙은 그 사정을 모르는 丙에게 X부동산을 매도하여 소유권이전등기가 경료되었다. 다음 설명 중 **틀린** 것은? (다툼이 있으면 판례에 따름)

① 甲·乙 사이의 매매계약은 무효이다.

② 丙이 과실로 가장매매 사실을 모른 경우에도 丙의 소유권은 보호된다.

③ 丙의 선의는 추정되므로 丙이 스스로 선의를 입증할 책임이 없다.

④ 甲이 자신의 소유권을 주장하려면 丙의 악의를 증명해야 한다.

⑤ 甲은 乙에게 반사회질서행위를 이유로 부당이득반환을 청구할 수 없다.

47. 대리에 관한 설명으로 **틀린** 것은? (다툼이 있으면 판례에 따름)

① 대리인이 파산선고를 받으면 대리권이 소멸한다.

② 대여금의 영수권한만을 위임받은 대리인이 그 대여금 채무의 일부를 면제하기 위해서는 본인의 특별수권이 필요하다.

③ 부동산 입찰절차에서 동일한 물건에 관하여 한 사람이 동시에 다른 두 사람의 대리인으로서 한 입찰행위는 무효이다.

④ 자기계약이나 쌍방대리는 금지되지만 본인이 대리인에게 채무를 진 경우에 대리인은 본인의 허락이 없더라도 그 채무를 자신에게 변제할 수 있다.

⑤ 대리인이 수인인 경우에는 특별한 사정이 없는 한 공동으로 대리하여야 한다.

48. 권한을 넘은 표현대리에 관한 설명으로 **틀린** 것은? (다툼이 있으면 판례에 따름)

① 대리권이 소멸한 후에도 권한을 넘은 표현대리가 성립할 수 있다.

② 등기신청대리권을 기본대리권으로 사법상의 법률행위를 한 경우에도 권한을 넘은 표현대리가 성립할 수 있다.

③ 본인을 위한 것임을 현명하지 않은 경우에도 원칙적으로 표현대리는 성립한다.

④ 표현대리가 성립하여도 무권대리의 성질이 유권대리로 전환되는 것은 아니다.

⑤ 기본대리권의 내용과 대리행위가 동종이 아니더라도 상대방이 그 권한이 있다고 믿을 만한 정당한 이유가 있으면 표현대리가 성립할 수 있다.

49. 법률행위의 무효와 취소에 관한 설명 중 **틀린** 것은? (다툼이 있으면 판례에 따름)

① 토지거래허가구역 내의 토지를 매매한 당사자가 계약 체결시부터 허가를 잠탈할 의도였더라도, 그 후 해당 토지에 대한 허가구역 지정이 해제되었다면 위 매매계약은 유효가 된다.

② 무효인 법률행위의 추인은 그 무효의 원인이 소멸한 후에 하여야 그 효력이 인정된다.

③ 계약이 불성립하였다면 무효행위의 전환이나 무효행위의 추인 규정이 적용되지 않는다.

④ 하나의 법률행위가 가분적이거나 그 목적물의 일부가 특정될 수 있고, 그 나머지 부분을 유지하려는 당사자의 가정적 의사가 인정되는 경우, 그 일부만의 취소도 가능하다.

⑤ 매도인이 매매계약을 적법하게 해제한 후에도 매수인은 그 매매계약을 착오를 이유로 취소할 수 있다.

50. 조건에 관한 설명으로 **틀린** 것을 모두 고른 것은? (다툼이 있으면 판례에 따름)

> ㄱ. 甲이 乙에게 "丙이 사망하면 부동산을 주겠다."라고 한 약정은 정지조건부 증여이다.
>
> ㄴ. 상대방이 동의하면 해제의 의사표시에 조건을 붙이는 것이 허용된다.
>
> ㄷ. 당사자가 조건성취의 효력을 그 성취 전에 소급하게 할 의사를 표시하더라도, 당사자 사이에서 법률행위는 조건이 성취한 때부터 효력이 생긴다.
>
> ㄹ. 조건성취로 인하여 불이익을 받을 당사자가 신의성실에 반하여 그 성취를 방해한 경우, 그 방해행위가 없었더라면 조건이 성취되었으리라고 추산되는 시점에 그 성취가 의제된다.

① ㄱ, ㄴ      ② ㄱ, ㄷ
③ ㄱ, ㄹ      ④ ㄴ, ㄷ
⑤ ㄴ, ㄹ

51. 물권과 관련된 설명으로 **틀린** 것은? (다툼이 있으면 판례에 따름)

① 물권의 객체는 원칙적으로 특정·독립한 물건이지만, 공장저당과 같이 집합물 위에 저당권이 설정될 수 있다.

② 1필의 토지의 일부에 저당권을 설정할 수 없지만, 공유자 중 1인은 자기의 지분만을 담보로 저당권을 설정할 수 있다.

③ 매도인 甲이 신축한 무허가건물은 매수인 乙에게 등기 없이 점유만 이전되더라도 乙은 건물소유권을 취득한다.

④ 「입목에 관한 법률」에 의하여 등기된 수목의 집단은 토지와 별도로 저당권의 목적이 될 수 있지만 명인방법을 갖춘 수목의 집단은 그렇지 않다.

⑤ 구분등기를 하지 않는 한 1동의 건물 중 일부에 관한 소유권보존등기는 허용되지 않는다.

52. 물권적 청구권에 관한 설명으로 **옳은** 것을 모두 고른 것은? (다툼이 있으면 판례에 따름)

> ㄱ. 소유권에 기한 물권적 청구권은 그 소유자가 소유권을 상실하면 더 이상 인정되지 않는다.
>
> ㄴ. 저당권자는 목적물에서 임의로 분리·반출된 물건을 자신에게 반환할 것을 청구할 수 있다.
>
> ㄷ. 소유자는 소유권을 방해하는 자에 대해 「민법」 제214조에 기해 방해배제비용을 청구할 수 없다.
>
> ㄹ. 물권적 청구권은 손해배상청구권을 당연히 포함한다.

① ㄱ, ㄴ      ② ㄱ, ㄷ
③ ㄱ, ㄹ      ④ ㄴ, ㄷ
⑤ ㄷ, ㄹ

53. 등기에 관한 설명으로 **틀린** 것은? (다툼이 있으면 판례에 따름)

① 위조문서에 의한 등기이더라도 이것이 실체관계에 부합하거나 그 등기에 부합하는 물권행위가 있을 때에는 그 등기는 유효하다.

② 멸실된 건물의 보존등기를 멸실 후에 신축된 건물의 보존등기로 유용할 수 있다.

③ 하나의 부동산에 관하여 동일인 명의로 중복등기가 이루어진 경우, 뒤에 된 등기는 무효이다.

④ 중복된 소유권보존등기의 등기명의인이 동일인이 아닌 경우, 선등기가 원인무효가 아닌 한 후등기는 무효이다.

⑤ 중복보존등기 중 뒤에 된 소유권보존등기에 터 잡은 소유권이전등기를 근거로 하여서는 등기부취득시효의 완성을 주장할 수 없다.

54. 등기의 추정력에 관한 설명 중 틀린 것은? (다툼이 있으면 판례에 따름)

① 소유권이전등기가 된 경우, 등기명의인은 전 소유자에 대하여 적법한 등기원인에 기한 소유권을 취득한 것으로 추정된다.

② 부동산 등기명의인이 매도인인 경우 그를 소유자로 믿고 그 부동산을 매수하여 점유하는 자는 특별한 사정이 없는 한 과실 없는 점유자에 해당한다.

③ 소유권이전등기의 원인으로 주장된 계약서가 진정하지 않은 것으로 증명된 경우에는 다른 적법한 등기원인이 있을 것으로 추정한다.

④ 근저당권의 설정등기가 있으면 이에 상응하는 피담보채권의 존재가 추정된다.

⑤ 소유권보존등기의 명의자가 원시취득하지 않았다는 사실이 밝혀지면 추정력은 깨지므로, 보존등기의 명의자가 스스로 소유권을 취득했다는 점을 입증해야 한다.

55. X토지에 관하여 甲 명의로 소유권보존등기가 있은 후에 매매에 기하여 乙 명의로 소유권이전청구권보전을 위한 가등기가 있었다. 그 후에 증여를 원인으로 丙 명의로 소유권이전등기가 완료되었다. 다음 중 틀린 것은? (다툼이 있으면 판례에 따름)

① 乙이 甲에 대하여 소유권이전등기를 청구할 법률관계가 있다고 추정되지 않는다.

② 乙은 甲에게 가등기에 기한 본등기를 청구하여야 한다.

③ 乙이 가등기에 기한 본등기를 하더라도 그동안 丙의 사용·수익에 관하여 乙은 부당이득반환을 청구할 수 없다.

④ 丙은 甲에 대하여 적법한 등기원인에 의하여 X토지의 소유권을 취득한 것으로 추정된다.

⑤ 만일 X토지에 관하여 丁 명의로 중복된 소유권보존등기가 마쳐졌다면, 乙은 가등기에 기한 본등기를 하기 전에도 그 말소를 청구할 수 있다.

56. 甲 소유의 X토지를 권한 없이 점유하고 있던 乙이 그 토지를 자신 앞으로 무단히 소유권이전등기를 한 후에 丙에게 매도하였다. 丙이 그 토지를 점유하여 사용하던 중에 인근 하천의 범람으로 일부가 유실되어, 丙이 500만원을 들여 이를 복구하였다. 그 후에 甲이 丙에게 X토지의 반환을 청구하는 소를 제기하였다. 이에 관한 다음 설명 중 틀린 것은?

① 丙은 甲에게 비용상환청구권을 행사할 수 있다.

② 丙은 유치권을 행사하여 비용상환을 받을 때까지 인도를 거부할 수 있다.

③ 丙이 乙의 등기명의를 신뢰하고 매수한 경우, 甲에게 X토지에 대한 사용료를 지급하지 않아도 된다.

④ 甲이 승소한 경우에 甲은 그 소가 제기된 이후의 丙의 점유·사용에 대해서는 임료 상당의 부당이득반환청구권을 행사할 수 있다.

⑤ 선의의 丙이 과실(過失)로 X토지의 일부를 훼손한 경우에 甲은 丙에게 손해 전부의 배상을 청구할 수 있다.

57. 甲 소유의 X토지를 乙이 점유하여 취득시효가 완성되었으나, 아직 乙 명의의 이전등기는 경료하지 않았다. 다음 설명 중 틀린 것은? (다툼이 있으면 판례에 따름)

① 乙의 점유취득시효가 완성되더라도 乙은 등기를 하여야 소유권을 취득한다.

② 乙이 X토지를 계속 점유하고 있는 동안에는 취득시효가 완성된 후 10년이 경과하여도 乙의 소유권이전등기청구권은 시효로 소멸하지 않는다.

③ 甲이 乙의 취득시효 완성 사실을 알면서도 X토지를 丙에게 매도하여 이전등기를 경료해 준 경우, 乙은 甲에게 불법행위책임을 물어서 손해배상을 청구할 수 있다.

④ 시효 완성 당시의 甲의 소유권보존등기 또는 이전등기가 무효인 경우에도 원칙적으로 乙은 甲을 상대로 시효취득을 원인으로 한 소유권이전등기를 청구하여야 한다.

⑤ 乙이 취득시효 완성으로 인한 소유권이전등기청구권을 丁에게 양도한 경우에는 丁은 甲에게 직접 등기를 청구할 수 있다.

58. 「민법」상 합유에 관한 설명으로 틀린 것은? (다툼이 있으면 판례에 따름)

① 부동산에 관한 합유지분의 포기는 등기하여야 효력이 생긴다.

② 합유물에 관하여 경료된 원인 무효의 소유권이전등기의 말소를 구하는 소는 합유자 각자가 제기할 수 있다.

③ 합유자는 그 전원의 동의 없이 합유지분을 처분하지 못한다.

④ 합유자 중 1인이 사망하면 그의 상속인이 합유자의 지위를 승계한다.

⑤ 합유자는 합유물의 분할을 청구하지 못한다.

59. 甲은 乙에 대한 채무를 담보하고자 그 소유 토지(X)에 乙 명의의 저당권과 함께 X의 담보가치 유지만을 위한 乙 명의의 지상권을 설정하였다. 이후 甲과 丙은 X에 건축물(Y)을 축조하였다. 다음 설명 중 옳은 것을 모두 고른 것은? (다툼이 있으면 판례에 따름)

> ㄱ. 乙의 甲에 대한 위 채권이 시효소멸하면 乙 명의의 지상권도 소멸한다.
> ㄴ. 乙이 지상권침해를 이유로 丙에 대하여 Y의 철거를 청구할 경우, 특별한 사정이 없는 한 丙은 甲에 대한 채권을 이유로 乙에게 대항할 수 있다.
> ㄷ. 乙의 지상권은 담보물권이므로 그 피담보채무의 범위 확인을 구하는 청구는 적법하다.
> ㄹ. 乙은 丙에게 X의 사용·수익을 이유로 부당이득의 반환을 청구할 수 있다.
> ㅁ. Y의 축조로 X의 교환가치가 피담보채권액 미만으로 하락하면 乙은 甲에게 저당권침해를 이유로 손해배상을 청구할 수 있다.

① ㄱ, ㄴ
② ㄱ, ㅁ
③ ㄴ, ㄷ
④ ㄷ, ㄹ
⑤ ㄹ, ㅁ

60. 지역권에 관한 설명으로 틀린 것은? (다툼이 있으면 판례에 따름)

① 지역권은 요역지와 분리하여 양도하거나 다른 권리의 목적으로 하지 못한다.
② 승역지에 수개의 용수지역권이 설정된 때에는 후순위의 지역권자는 선순위의 지역권자의 용수를 방해하지 못한다.
③ 지상권자는 인접한 토지에 통행지역권을 시효취득할 수 없다.
④ 지역권은 요역지와 분리하여 양도할 수 없다.
⑤ 요역지와 분리하여 지역권만을 저당권의 목적으로 할 수 없다.

61. 전세권에 관한 설명으로 틀린 것은? (다툼이 있으면 판례에 따름)

① 건물전세권이 법정갱신된 경우 전세권자는 전세권갱신에 관한 등기 없이도 제3자에게 전세권을 주장할 수 있다.
② 당사자가 주로 채권담보의 목적을 갖는 전세권을 설정하였더라도 장차 전세권자의 목적물에 대한 사용·수익권을 완전히 배제하는 것이 아니라면 그 효력은 인정된다.

③ 전세권의 존속기간 중 전세목적물의 소유권이 양도되면, 그 양수인이 전세권설정자의 지위를 승계한다.
④ 전세금의 지급은 전세권 성립의 요소이다.
⑤ 건물의 일부에 대한 전세에서 전세권설정자가 전세금의 반환을 지체하는 경우, 전세권자는 전세권에 기하여 건물 전부에 대해서 경매청구할 수 있다.

62. 乙은 甲 소유의 X건물을 보증금 1억원에 임차하였다. 乙은 丙으로부터 건축자재를 외상으로 공급받아 X건물을 수리하였다. 그 후 임대차가 종료하였지만 수리비를 상환받지 못한 乙은 X건물을 점유하고 있다. 다음 설명 중 틀린 것은?

① 乙은 甲이 보증금을 반환할 때까지 그 건물에 대하여 유치권을 행사할 수 없으나 동시이행의 항변권은 행사할 수 있다.
② 乙은 甲이 수리비를 상환할 때까지 X건물에 대해 유치권을 행사할 수 있다.
③ 乙이 丙에게 외상대금을 지급하지 않으면 丙은 X건물에 대해 유치권을 행사할 수 있다.
④ 乙이 X건물의 점유에 관하여 선관주의의무를 위반하면, 甲은 유치권의 소멸을 청구할 수 있다.
⑤ 만약 X건물을 甲으로부터 양수한 丁이 乙에게 X건물의 반환을 청구한 경우, 乙은 유치권으로 대항할 수 있다.

63. 乙 명의의 저당권이 설정되어 있는 甲 소유의 X토지 위에 Y건물이 신축되었다. 이에 관한 설명 중 옳은 것을 모두 고른 것은? (다툼이 있으면 판례에 따름)

> ㄱ. 乙의 저당권이 실행되어 B가 X토지를 매수하고 매각대금을 다 낼 경우, 甲은 법정지상권을 취득한다.
> ㄴ. 甲이 Y건물을 신축한 경우, 乙은 Y건물에 대한 경매도 함께 신청할 수 있으나 Y건물의 경매대가에서 우선변제를 받을 수는 없다.
> ㄷ. X토지에 대한 저당권 실행을 위한 경매개시결정 전에 甲이 A에게 건물 소유권을 이전한 경우, 乙은 X토지와 건물에 대해 일괄경매를 청구할 수 있다.
> ㄹ. 저당권설정 뒤 D가 X토지를 매수취득하여 그 토지에 필요비를 지출한 경우, 乙의 저당권이 실행되면 D는 경매대가로부터 필요비를 우선상환받을 수 있다.

① ㄱ, ㄴ
② ㄱ, ㄷ
③ ㄴ, ㄷ
④ ㄴ, ㄹ
⑤ ㄷ, ㄹ

64. 저당목적물이 경매되는 경우, 저당권과 용익물권의 관계에 관한 설명으로 틀린 것은? (다툼이 있으면 판례에 따름)

① 1번 저당권이 설정된 후 지상권이 설정되고, 그 후 2번 저당권이 설정된 경우, 2번 저당권의 실행으로 목적물이 매각되더라도 지상권은 소멸하지 않는다.

② 전세권이 저당권보다 먼저 설정된 경우, 저당권 실행 시 전세권자가 기한의 이익을 포기하고 배당요구를 하면 전세권은 목적물의 매각으로 소멸한다.

③ 대항력을 갖춘 임차권이 저당권보다 먼저 성립한 경우, 저당권 실행으로 토지가 매각되더라도 임차권은 소멸하지 않는다.

④ 경매신청 이전에 대항요건을 갖춘 주택임차인은 「주택임대차보호법」 제8조의 보증금 중 일정액을 저당권자보다 우선하여 변제받을 수 있다.

⑤ 지상권이 저당권보다 후에 설정된 경우, 지상권자는 저당권자에게 그 토지로 담보된 채권을 변제하고 저당권의 소멸을 청구할 수 있다.

65. 근저당권에 관한 설명으로 옳은 것은? (다툼이 있으면 판례에 따름)

① 근저당권의 피담보채권이 확정되기 전이라도 그 채권의 일부가 양도되면 그 부분의 근저당권은 양수인에게 승계된다.

② 근저당권설정 후 저당목적물의 소유권이 제3자에게 이전된 경우, 현재의 소유자는 피담보채무가 소멸된 경우라도 근저당권의 말소를 청구할 수 없다.

③ 후순위 근저당권자가 경매를 신청한 경우, 선순위 근저당권자의 채권액은 경매신청시에 확정된다.

④ 피담보채권이 확정된 후에는 근저당권은 부종성을 가지게 되므로 변제로 피담보채권이 소멸하면 근저당권은 말소등기가 없어도 소멸한다.

⑤ 근저당권자가 피담보채무의 불이행을 이유로 경매신청을 하여 경매개시결정이 있은 후에 경매신청이 취하된 경우에는 채무확정의 효과가 번복된다.

66. 계약에 관한 설명으로 틀린 것은? (다툼이 있으면 판례에 따름)

① 계약금계약은 요식계약이다.

② 중개계약은 「민법」상의 전형계약이 아니다.

③ 증여계약은 편무·무상계약이다.

④ 격지자간의 계약에서 청약은 그 통지가 상대방에게 도달한 때에 효력이 발생한다.

⑤ 불특정 다수인에 대하여도 청약이 가능하다.

67. 동시이행의 항변권에 관한 다음 설명 중 틀린 것은? (다툼이 있으면 판례에 따름)

① 일방의 채무가 이행불능이 되더라도 손해배상채무로서 동일성을 유지하는 한 동시이행항변권은 존속한다.

② 동시이행항변권에 따른 이행지체책임 면제의 효력은 그 항변권을 행사·원용하여야 발생한다.

③ 일방당사자가 선이행의무를 부담하더라도 상대방의 채무이행이 곤란할 현저한 사유가 있는 경우에는 동시이행항변권을 행사할 수 있다.

④ 수령지체에 빠진 자에게도 그 이행의 제공이 계속되지 않는 한 동시이행의 항변권이 인정된다.

⑤ 동시이행관계에 있는 어느 일방의 채권이 양도되더라도 그 동일성이 인정되는 한 동시이행관계는 존속한다.

68. 금전소비대차계약에 기하여 丙에게 1억원을 지급해야 하는 甲은, 자기 소유의 대지를 1억원에 매수한 乙과 합의하여 乙이 그 매매대금을 丙에게 지급하기로 하였다. 다음 설명 중 옳은 것을 모두 고른 것은? (다툼이 있으면 판례에 따름)

---

ㄱ. 丙의 권리가 확정된 후에는 甲이 착오를 이유로 매매계약을 취소할 수 없다.

ㄴ. 乙은 甲과 丙 사이의 계약이 무효라는 것을 알더라도 丙의 지급요구를 거절할 수 없다.

ㄷ. 乙이 丙에게 매매대금을 지급하지 않으면 丙은 매매계약을 해제할 수 있다.

ㄹ. 乙이 丙에게 대금을 지급한 후 계약이 해제된 경우, 특별한 사정이 없는 한 乙은 丙에게 대금의 반환을 청구할 수 없다.

---

① ㄱ, ㄷ        ② ㄱ, ㄹ

③ ㄴ, ㄷ        ④ ㄴ, ㄹ

⑤ ㄷ, ㄹ

69. 매매계약의 해제에 관한 설명으로 <u>틀린</u> 것을 모두 고른 것은? (다툼이 있으면 판례에 따름)

> ㄱ. 일방 당사자의 계약 위반을 이유로 한 상대방의 계약해제 의사표시에 의해 계약이 해제되었음에도 상대방이 계약이 존속함을 전제로 계약상 의무의 이행을 구하는 경우, 특별한 사정이 없는 한 계약을 위반한 당사자도 당해 계약이 상대방의 해제로 소멸되었음을 들어 그 이행을 거절할 수 있다.
>
> ㄴ. 매도인의 이행불능을 이유로 매수인이 계약을 해제하려면 매매대금의 변제제공을 하여야 한다.
>
> ㄷ. 계약해제로 인한 원상회복의 대상에는 매매대금은 물론 이와 관련하여 그 계약의 존속을 전제로 수령한 지연손해금도 포함된다.
>
> ㄹ. 甲에게서 乙, 乙에게서 丙으로 토지가 매도되어 丙에게 소유권이전등기가 된 경우, 甲은 乙의 대금미지급을 이유로 계약을 해제하면 丙에게 토지의 인도를 청구할 수 있다.

① ㄱ, ㄴ
② ㄱ, ㄷ
③ ㄴ, ㄷ
④ ㄴ, ㄹ
⑤ ㄷ, ㄹ

70. 계약금에 관한 설명으로 옳은 것은? (다툼이 있으면 판례에 따름)

① 매수인은 특별한 사정이 없는 한 이행기 전에 이행에 착수할 수 없다.

② 계약금을 포기하고 행사할 수 있는 해제권은 당사자의 합의로 배제할 수 없다.

③ 토지거래허가를 받지 않아 유동적 무효상태인 매매계약에서도 매도인은 계약금의 배액을 상환하고 계약을 적법하게 해제할 수 있다.

④ 매매계약시 계약금의 일부만을 먼저 지급하고 잔액은 나중에 지급하기로 한 경우, 매도인은 실제 받은 일부 금액의 배액을 상환하고 매매계약을 해제할 수 있다.

⑤ 계약금을 수령한 매도인이 계약을 해제하기 위해서는 매수인에게 그 배액을 이행제공하여야 하고, 매수인이 이를 수령하지 않으면 공탁하여야 한다.

71. 매매계약에 관한 설명으로 옳은 것을 모두 고른 것은?

> ㄱ. 매매계약 후 인도 전에 목적물로부터 생긴 과실은 매수인에게 속한다.
>
> ㄴ. 매매계약 후 목적물이 인도되지 않더라도 매수인이 대금을 완제한 때에는 그 시점 이후 목적물로부터 생긴 과실은 매수인에게 귀속된다.
>
> ㄷ. 담보책임의 면제특약이 있는 경우, 매도인은 알면서 고지하지 않은 하자에 대해서도 그 책임을 면한다.
>
> ㄹ. 매매계약이 취소된 경우, 선의의 점유자인 매수인의 과실취득권이 인정되는 이상 선의의 매도인도 지급받은 대금의 운용이익 내지 법정이자를 반환할 의무가 없다.

① ㄱ, ㄷ
② ㄱ, ㄹ
③ ㄴ, ㄷ
④ ㄴ, ㄹ
⑤ ㄷ, ㄹ

72. 甲은 乙건설회사로부터 32평의 아파트를 1평에 1천만원씩 계산하여 3억 2천만원에 분양받았는데, 실제로는 30평에 불과하였고, 공유대지면적도 분양계약보다 부족하였다. 다음 설명 중 <u>틀린</u> 것은? (다툼이 있으면 판례에 따름)

① 甲과 乙의 분양계약은 수량지정매매로 볼 수 있다.

② 甲이 실제 평수가 적다는 사실을 알았던 경우, 甲은 계약해제 또는 대금감액을 청구할 수 있다.

③ 甲이 선의인 경우 손해배상을 청구할 수 있다.

④ 甲이 위 ③의 권리를 행사할 수 있다면 그 사실을 안 날로부터 1년 이내에 행사하여야 한다.

⑤ 乙이 약정한 공유대지의 일부를 매수하지 못하여 공유대지면적이 약정한 것보다 부족한 경우, 甲이 선의라면 부족분에 대한 대금감액을 청구할 수 있다.

73. 임차인의 비용상환청구권에 관한 설명으로 옳은 것은? (다툼이 있으면 판례에 따름)

① 필요비는 모두 임대인의 부담에 속하며 이에 반하는 약정은 임차인에게 불리한 것으로 무효이다.

② 유익비상환청구권은 임대차 종료시에 행사할 수 있다.

③ 임차물에 필요비를 지출한 임차인은 임대차 종료시 그 가액 증가가 현존한 때에 한하여 그 상환을 청구할 수 있다.

④ 필요비는 그 가액의 증가가 현존한 때에 한하여 상환청구할 수 있다.

⑤ 유익비상환청구권은 임대인이 목적물을 반환받은 날로부터 1년 내에 행사하여야 한다.

74. 다음 중 임차권과 전세권에 관한 설명으로 옳은 것을 모두 고른 것은?

> ㄱ. 임차인이 지상물매수청구권을 행사한 경우, 임대인으로부터 매수대금을 지급받기 전까지 임차인의 부지를 계속 사용하는 것은 부당이득이 된다.
> ㄴ. 토지의 전세권자도 그 지상의 건물이나 공작물에 대해 매수청구권을 행사할 수 있다.
> ㄷ. 임대차에 있어서 보증금으로 담보되는 채무 상당액은 임대차관계의 종료 후 목적물이 반환될 때에 별도의 의사표시 없이 보증금에서 당연히 공제된다.
> ㄹ. 대항력을 갖춘 주택임차인이 그 주택에 전세권까지 설정한 경우에는 대지부분의 경매대가에서도 보증금을 우선변제를 받을 수 있다.

① ㄱ
② ㄱ, ㄹ
③ ㄴ, ㄷ
④ ㄱ, ㄷ, ㄹ
⑤ ㄱ, ㄴ, ㄷ, ㄹ

75. 甲은 자기 소유 X창고건물 전부를 乙에게 월차임 80만원에 3년간 임대하였고, 乙은 甲의 동의를 얻어 X창고건물 전부를 丙에게 월차임 90만원에 2년간 전대하였다. 이에 관한 설명으로 틀린 것을 모두 고른 것은? (다툼이 있으면 판례에 따름)

> ㄱ. 甲이 乙과 임대차계약을 합의해지하면 丙의 전차권도 따라서 소멸한다.
> ㄴ. 丙은 직접 甲에 대해 월차임 80만원을 지급할 의무를 부담한다.
> ㄷ. 丙이 건물의 부속물을 乙로부터 매수했다면, 丙은 전대차 종료시 甲에게 그 매수를 청구할 수 있다.
> ㄹ. 임대차와 전대차가 모두 종료한 경우, 丙이 甲에게 직접 건물을 반환하면 乙에 대한 건물반환의무를 면한다.
> ㅁ. 甲에 대한 차임연체액이 160만원에 달하여 甲이 임대차계약을 해지한 경우, 丙에게 그 사유를 통지하지 않아도 해지로써 丙에게 대항할 수 있다.

① ㄱ, ㄷ
② ㄱ, ㄹ
③ ㄴ, ㄷ
④ ㄷ, ㄹ
⑤ ㄹ, ㅁ

76. 甲 소유의 대지 위에 있는 甲의 주택을 임차한 乙은 「주택임대차보호법」상 보증금 중 일정액을 최우선변제 받을 수 있는 소액임차인이다. 다음 중 틀린 것은? (다툼이 있으면 판례에 따름)

① 甲이 주택을 丙에게 매도한 경우, 乙은 그 매매대금으로부터 최우선변제를 받을 수 있다.
② 주택의 경매절차에서 乙이 다른 채권자에 우선하여 변제받으려면 집행법원에 배당요구 종기일 이전에 배당을 요구하여야 한다.
③ 대지에 저당권을 설정할 당시 주택이 미등기인 채 이미 존재하였다면, 乙은 저당권에 기한 대지의 경매절차에서 대항요건을 갖추어 「주택임대차보호법」상 최우선변제를 주장할 수 있다.
④ 다가구용 단독주택의 임대차인 경우 전입신고를 할 때 지번만 기재하고 동·호수의 표시가 없어도 대항력이 인정되며, 乙의 최우선변제권이 인정된다.
⑤ 甲이 대지만을 丙에게 매도한 뒤 그 대지가 경매되는 경우에도 乙은 그 환가대금에서 최우선변제를 받을 수 있다.

77. 甲은 2024년 2월 1일 서울특별시에 위치한 乙 소유 X상가건물에 대하여 보증금 5억원, 월차임 500만원으로 임대차계약을 체결하였다. 甲은 2024년 2월 15일 건물의 인도를 받아 영업을 개시하고, 사업자등록을 신청하였다. 이에 관한 설명으로 틀린 것은? (다툼이 있으면 판례에 따름)

① 위 계약에는 확정일자 부여 등에 대해 규정하고 있는 「상가건물 임대차보호법」 제4조의 규정이 적용되지 않는다.
② 甲이 2개월분의 차임을 연체하던 중 매매로 건물의 소유자가 丙으로 바뀐 경우, 특별한 사정이 없는 한 연체차임은 乙에게 지급해야 한다.
③ 甲의 계약갱신요구권은 최초의 임대차기간을 포함한 전체 임대차기간이 10년을 초과하지 아니하는 범위에서만 행사할 수 있다.
④ 甲이 임차건물의 일부를 중과실로 파손하여 계약갱신을 요구할 경우 임대인 乙은 거절할 수 있다.
⑤ X상가건물이 경매로 매각된 경우, 甲은 특별한 사정이 없는 한 보증금에 대해 일반 채권자보다 우선하여 변제받을 수 있다.

78. 집합건물의 관리단과 관리인에 관한 설명으로 옳은 것은? (다툼이 있으면 판례에 따름)

① 구분소유자가 10인 이상일 때에는 관리단을 대표하고 관리단의 사무를 집행할 관리인을 선임하여야 한다.

② 관리단집회에서 적법하게 결의된 사항은 그 결의에 반대한 구분소유자에게는 효력이 없다.

③ 수분양자가 분양대금을 완납하였지만 분양자 측의 사정으로 소유권이전등기를 경료받지 못하였다면, 그는 관리단의 구성원이 되어 의결권을 행사할 수 없다.

④ 구분소유자가 공동이익에 반하는 행위를 하는 경우, 관리인은 직권으로 해당 구분소유자의 전유부분의 사용을 금지할 수 있다.

⑤ 관리위원회를 둔 경우에도 규약에서 달리 정한 바가 없으면, 관리인은 공용부분의 보존행위를 함에 있어 관리위원회의 결의를 요하지 않는다.

79. 「가등기담보 등에 관한 법률」이 적용되는 경우는 모두 몇 개인가? (다툼이 있으면 판례에 따름)

ㄱ. 1억원의 매매대금의 지급담보와 그 불이행의 경우의 제재를 위해 2억원 상당의 부동산에 가등기한 경우

ㄴ. 공사대금채권을 담보할 목적으로 가등기가 경료된 경우

ㄷ. 1억원을 차용하면서 시가 2억원 상당의 부동산에 대해 대물변제의 예약을 하고 가등기한 경우

ㄹ. 3억원을 차용하면서 이미 2억원의 채무에 대한 저당권이 설정된 4억원 상당의 부동산에 가등기한 경우

ㅁ. 1천만원을 차용하면서 2천만원 상당의 고려청자를 양도담보로 제공한 경우

① 1개  ② 2개
③ 3개  ④ 4개
⑤ 5개

80. 甲은 법령상의 제한을 회피하기 위해 2024년 5월 배우자 乙과 명의신탁약정을 하고 자신의 X건물을 乙 명의로 소유권이전등기를 마쳤다. 다음 설명 중 틀린 것은? (다툼이 있으면 판례에 따름)

① 甲은 乙에게 명의신탁해지를 원인으로 소유권이전등기를 청구할 수 없다.

② 乙이 소유권이전등기 후 X건물을 점유하는 경우, 乙의 점유는 타주점유이다.

③ 甲은 소유권에 의해 乙을 상대로 소유권이전등기의 말소를 청구할 수 있다.

④ 甲은 乙을 상대로 부당이득반환을 원인으로 한 소유권이전등기를 청구할 수 있다.

⑤ 乙이 丙에게 X건물을 증여하고 소유권이전등기를 해준 경우, 丙은 특별한 사정이 없는 한 소유권을 취득한다.

# 2024년도 제35회 공인중개사 1차 국가자격시험

# 실전모의고사 제5회

| 교 시 | 문제형별 | 시 간 | 시 험 과 목 |
|---|---|---|---|
| 1교시 | A | 100분 | ① 부동산학개론<br>② 민법 및 민사특별법 중<br>　부동산 중개에 관련되는 규정 |

| 수험번호 | | 성 명 | |
|---|---|---|---|

## 【 수험자 유의사항 】

1. **시험문제지는 단일 형별(A형)이며, 답안카드 형별 기재란에 표시된 형별(A형)을 확인하시기 바랍니다.** 시험문제지의 **총면수, 문제번호 일련순서, 인쇄상태** 등을 확인하시고, 문제지 표지에 수험번호와 성명을 기재하시기 바랍니다.

2. 답은 각 문제마다 요구하는 **가장 적합하거나 가까운 답 1개**만 선택하고, 답안카드 작성 시 시험문제지 **형별누락, 마킹착오**로 인한 불이익은 전적으로 **수험자에게 책임**이 있음을 알려드립니다.

3. 답안카드는 국가전문자격 공통 표준형으로 문제번호가 1번부터 125번까지 인쇄되어 있습니다. 답안 마킹 시에는 반드시 **시험문제지의 문제번호와 동일한 번호에 마킹**하여야 합니다. (1차 1교시: 1번~80번)

4. **감독위원의 지시에** 불응하거나 **시험시간 종료 후 답안카드를 제출하지 않을 경우** 불이익이 발생할 수 있음을 알려 드립니다.

5. 시험문제지는 시험 종료 후 가져가시기 바랍니다.

6. 답안작성은 **시험 시행일(2024.10.26.) 현재 시행되는 법령 등**을 적용하시기 바랍니다.

7. 가답안 의견제시에 대한 개별회신 및 공고는 하지 않으며, **최종 정답 발표로 갈음**합니다.

8. 시험 중 **중간 퇴실은 불가**합니다. 단, 부득이하게 퇴실할 경우 시험포기각서 제출 후 퇴실은 가능하나 **재입실이 불가**하며, **해당시험은 무효처리됩니다.**

**해커스 공인중개사**

1. 부동산 정착물에 대한 설명으로 틀린 것은?

① 정착물은 건물처럼 토지와 독립하여 부동산으로 간주되는 것과 토지의 일부인 것이 있다.

② 경작노력을 요하지 않는 수목이나 다년생식물은 부동산 정착물이다.

③ 정착물은 계속하여 토지에 부착되어 있지 않다고 하더라도, 사회 · 경제적인 측면에서 인정되는 독립된 물건이면 된다.

④ 부동산의 가치 증진을 위해 부동산의 임대인이 설치한 설비(fixture)는 부동산 정착물로 취급된다.

⑤ 가식(假植)중의 수목은 부동산 정착물로 취급하지 않는다.

2. 부동산의 특성에 대한 설명으로 틀린 것은?

① 토지가격이 상승하여도 토지의 물리적 생산량을 늘릴 수 없는 것은 부증성 때문이다.

② 인접성은 소유와 관련하여 경계문제를 발생하게 하며, 토지의 용도적인 측면에서 대체를 가능하게 한다.

③ 토지는 영속성이 있어 물리적 감가가 발생하지 않기 때문에 재생산이론이 성립되지 않는다.

④ 위치의 가변성 중에서 교통체계의 변화, 인구의 변화는 부동산의 행정적 위치를 변화시킨다.

⑤ 병합 · 분할의 가능성은 용도의 다양성을 지원하는 기능을 갖는다.

3. 부동산학에서 사용하는 토지용어를 기술하였다. 바르게 나열한 것은?

> ㄱ. (　　)는 임지지역 · 농지지역 · 택지지역 상호간에 다른 지역으로 전환되고 있는 지역의 토지를 말한다.
>
> ㄴ. (　　)는 주거 · 상업 · 공업용지 등으로 이용되고 있거나 해당 용도로 이용할 목적으로 조성된 토지를 말한다.
>
> ㄷ. (　　)는 하나의 지번을 가진 토지의 등기단위를 말한다.
>
> ㄹ. (　　)는 임지지역 내에서, 농지지역 내에서, 택지지역 내에서 그 용도가 변경되고 있는 지역의 토지를 말한다.

① 후보지-택지-필지-이행지

② 후보지-택지-획지-이행지

③ 후보지-나지-획지-이행지

④ 이행지-택지-필지-후보지

⑤ 이행지-택지-획지-후보지

4. 특정 주거지역에 소재한 아파트의 균형가격을 하락시키고 동시에 균형거래량을 증가시키는 요인으로 적합한 것은? (단, 다른 조건은 일정함)

① 아파트 건축기술의 향상

② 아파트와 대체관계에 있는 빌라의 가격 하락

③ 아파트 건축에 소요되는 건축자재가격의 상승

④ 보금자리론(loan) 대출금리의 인상

⑤ 주택수요자에 대한 청약 자격 제한 강화

5. 아파트 수요의 가격탄력성은 0.4이고, 빌라 가격에 대한 아파트 수요의 교차탄력성은 0.2이다. 아파트와 빌라 가격이 각각 10% 상승한다면 아파트 수요(량)는 얼마만큼 변화하는가? (단, 주어진 조건에 한정함)

① 6% 증가

② 4% 증가

③ 4% 감소

④ 2% 증가

⑤ 2% 감소

6. 부동산의 수요와 공급에 대한 설명으로 옳은 것은? (단, 다른 요인은 일정함)

① 아파트가격이 하락할 때 아파트의 수요량이 증가하는 것을 '아파트수요의 변화'라고 한다.

② 해당 부동산가격의 변화에 의한 공급량의 변화는 다른 조건이 불변일 때 공급곡선 자체의 이동으로 나타난다.

③ 건축규제의 변화로 동일한 가격수준에서 부동산공급량이 변화하는 것을 부동산공급의 변화라고 한다.

④ 부동산수요량은 주어진 가격수준에서 수요자 구매하고자 하는 최소수량이다.

⑤ 임대주택의 임대료가 하락하면 대체효과에 의해 다른 주택의 소비량은 상대적으로 증가한다.

7. 부동산의 탄력성에 대한 설명으로 틀린 것은? (단, 다른 요인은 일정함)
① 공급의 가격탄력성이 탄력적이라는 것은 가격의 변화율에 비하여 공급량의 변화율이 크다는 것을 의미한다.
② 용도변경을 제한하는 법규가 완화될수록 공급곡선은 이전에 비해 그 기울기가 급해진다.
③ 공급이 완전탄력적일 때, 수요가 감소하면 균형가격은 변하지 않고 균형거래량은 감소한다.
④ 장기공급의 가격탄력성은 단기공급의 가격탄력성보다 더 탄력적이다.
⑤ 부동산수요가 증가할 때 부동산공급곡선이 비탄력적일수록 부동산가격은 더 크게 상승한다.

8. 다음 중 저량(stock)지표에 해당하는 것은 모두 몇 개인가?

ㄱ. 주택거래량
ㄴ. 건설노동자의 임금
ㄷ. 도시인구
ㄹ. 보유 부동산가격
ㅁ. 주택재고량
ㅂ. 신규주택공급량
ㅅ. 부채
ㅇ. 부동산투자회사의 순자산가치

① 2개
② 3개
③ 4개
④ 5개
⑤ 6개

9. 부동산경기변동에 대한 설명으로 틀린 것은?
① 하향국면에서의 부동산 매도자는 거래성립 시기를 당기려는 경향이 있다.
② 부동산경기의 확장국면에서 중개활동은 매수자보다 매도자를 더 중시하게 된다.
③ 회복시장에서 과거의 사례가격은 새로운 거래의 기준가격이 되거나 하한선이 된다.
④ 대학교 부근의 원룸이 개강(개학)을 주기로 공실률이 감소하는 것은 계절적 변동이다.
⑤ 주택가격과 주택거래량이 2024년 5월을 저점으로 하여 회복기에 접어들었다면 이는 추세적(trend)변동이다.

10. 부동산시장에 대한 설명으로 옳은 것을 모두 고른 것은?

ㄱ. 부동산상품의 이질성은 부동산시장을 비조직적이며 비독점적 시장으로 만드는 요인이 된다.
ㄴ. 특정 지역의 부동산시장은 위치의 고정성으로 인해 멀리 떨어진 다른 지역의 시장과 연계관계가 적다.
ㄷ. 부동산시장은 수요와 공급의 조절이 쉽지 않아 단기적으로 가격의 왜곡이 발생할 가능성이 높다.
ㄹ. 부동산시장은 개별성이라는 특성에도 불구하고 물적 자원, 소유권, 공간, 위치 등을 배분하는 기능을 갖는다.

① ㄱ, ㄴ, ㄷ
② ㄱ, ㄴ, ㄹ
③ ㄱ, ㄷ, ㄹ
④ ㄴ, ㄷ, ㄹ
⑤ ㄱ, ㄴ, ㄷ, ㄹ

11. 여과과정과 주거분리에 대한 설명으로 틀린 것은?
① 공가(空家)의 발생은 여과과정의 중요한 구성요소가 된다.
② 주택의 상향여과는 상위계층이 사용하던 기존 주택이 하위계층의 사용으로 전환되는 것을 말한다.
③ 저소득층 주거지역에서 주택의 보수를 통한 가치상승분이 보수비용보다 크다면, 저소득층 주거지역에서는 주택의 상향여과가 발생할 수 있다.
④ 주거분리는 고소득층 주거지와 저소득층 주거지가 서로 분리되는 현상을 말한다.
⑤ 저가주택시장에서 불량주택이 존재하는 것은 시장실패에 기인한 것으로 볼 수 없다.

12. 지대이론에 대한 설명으로 틀린 것은?
① 고립국이론(위치지대설)에 따르면 중심지에 가까운 곳일수록 집약적 토지이용이 이루어진다.
② 입찰지대곡선의 기울기가 완만한 업종일수록 중심지에 가까이 입지하려는 경향이 있다.
③ 차액지대설에 의하면 곡물수요의 증가가 재배면적을 확대하게 되며, 지대는 한계지를 기준으로 하여 이보다 생산력이 높은 토지에 대한 대가를 말한다.
④ 중심지에서 높은 지가와 지대는 토지이용경쟁의 산물로 볼 수 있다.
⑤ 도심지역에 입지하는 활동들은 대체로 토지에 대한 자본의 대체성이 큰 것들이다.

13. C도시에 인구 10만명이 거주하고 있고, 인근에 A할인점과 B할인점이 있다. A할인점의 면적은 1,000m², C도시까지 거리는 4km이다. B할인점의 면적은 9,000m², C도시까지 거리는 12km이다. 허프(D. Huff)의 상권분석모형을 적용할 경우, A할인점의 이용객 수는 C도시 인구의 몇 %인가? (단, 거리마찰계수 값은 2이고, C도시 인구 중 60%가 A할인점이나 B할인점을 이용함)

① 20%
② 24%
③ 30%
④ 40%
⑤ 50%

14. 입지단위로 보아 다른 장소 이상으로 이익을 가져오기 때문에 특정 장소(위치)에 공업입지를 끌어들이는 비용절약상의 이익으로, 이 중에서 정치·국방·개인의 선호도 등을 무엇이라고 하는가?

① 비경제적 인자
② 경제적 인자
③ 최소요구치
④ 집적이익
⑤ 조방한계

15. 외부효과에 관한 설명으로 옳은 것은? (단, 주어진 조건에 한정함)

① 사회적 비용이 사적 비용보다 높은 재화는 최적수준보다 더 적게 생산된다.
② 사회적 편익이 사적 편익보다 클 경우 정부의 시장개입은 필요하지 않다.
③ 사적 비용이 사회적 비용보다 클 경우 정부의 시장개입은 필요하다.
④ 외부경제가 있는 재화는 사회적 최적수준보다 과다생산되는 문제가 있다.
⑤ 부(-)의 외부효과는 시장기구를 통하지 않고 제3자에게 불리한 효과를 발생시키지만, 이에 대한 보상을 제3자가 인지하지 못하는 현상을 말한다.

16. 부동산정책에 대한 설명으로 틀린 것은?

① 토지비축제도는 사적 토지소유의 편중현상으로 인하여 발생가능한 토지보상비 등의 고비용문제를 완화할 수 있다.
② 토지비축제도는 공적 주체의 간접적 시장개입수단이다.
③ 정부는 저소득 임차인의 주거안정을 위해 주택보조금을 지원하기도 한다.
④ 정부는 규모의 경제(economy of scale)에 따른 시장실패를 수정하기 위해 부동산시장에 개입할 수 있다.
⑤ 개발권양도제(TDR)는 토지이용규제가 극심한 지역에 적용할 수 있다.

17. 저소득층을 위한 임대료규제정책에 관한 설명으로 틀린 것을 모두 고른 것은? (단, 다른 조건은 일정함)

ㄱ. 균형임대료보다 임대료상한이 낮을 경우, 수요와 공급이 탄력적일수록 임대주택에 대한 초과수요량은 많아진다.
ㄴ. 임대료 최고가격제의 시행은 임대주택의 공급이 탄력적으로 반응할수록 저소득 임차인의 보호효과가 커진다.
ㄷ. 정부가 임대료 상승을 시장균형가격 이하로 규제하면, 장기적으로 임대주택 공급량이 늘어나기 때문에 임대료규제의 효과가 충분히 발휘된다.
ㄹ. 규제임대료가 시장균형임대료보다 낮을 경우, 초과공급이 발생한다.

① ㄱ, ㄴ
② ㄹ
③ ㄱ, ㄷ
④ ㄱ, ㄹ
⑤ ㄴ, ㄷ, ㄹ

18. 부동산조세 및 경제적 효과에 대한 설명으로 틀린 것은? (단, 다른 조건은 일정함)

① 취득세와 재산세는 지방세이다.
② 임대인의 공급곡선이 비탄력적이고 임차인의 수요곡선이 탄력적일 때, 재산세를 중과하면 임차인에게 재산세가 전가되는 부분이 상대적으로 많아진다.
③ 토지시장에 부(-)의 외부효과가 발생할 경우, 세금부과를 통해 자원배분의 효율성을 제고할 수 있다.
④ 토지의 물리적 공급은 비탄력적이기 때문에 토지에 대한 보유세는 자원배분의 왜곡을 초래하지 않은 효율적인 세금이다.
⑤ 공급곡선 기울기가 수요곡선 기울기보다 급할 때, 공급자에게 더 많은 세금이 귀착된다.

**19.** 임대주택의 1년간 운영실적에 관한 자료이다. 세후현금수지를 구하면? (단, 주어진 조건에 한정함)

| | |
|---|---|
| ○ 유효총소득 | 460,000,000원 |
| ○ 운영비용 | 40,000,000원 |
| ○ 원리금상환액 | 20,000,000원 |
| ○ 원금상환분 | 4,000,000원 |
| ○ 감가상각액 | 20,000,000원 |
| ○ 소득세율 | 20% |

① 3억 2,320만원  ② 3억 1,820만원
③ 3억 1,320만원  ④ 2억 9,320만원
⑤ 2억 8,320만원

**20.** 부동산투자분석에 대한 설명으로 틀린 것은?
① 내부수익률법은 투자안의 내부수익률(IRR)을 구해 이를 요구수익률과 비교하여 투자결정하는 방법이다.
② 회계적 수익률(이익률)법에서는 회계적 수익률이 목표이익률보다 클 경우 투자를 채택한다.
③ 다른 조건이 일정할 때, 할인율이 커질수록 투자안의 순현가(NPV)는 작아진다.
④ 현가회수기간법은 화폐의 시간가치를 고려한다.
⑤ 순현가는 현금유입에서 제비용지출을 차감한 금액이다.

**21.** 어림셈법과 재무비율에 관한 설명으로 옳은 것은?
① 세전현금수지승수는 화폐의 시간가치를 고려한다.
② 순소득승수의 역수는 총소득승수이다.
③ 일반적으로 총소득승수보다 순소득승수가 더 큰 편이다.
④ 종합환원율은 총소득을 지분투자액으로 나눈 비율이다.
⑤ 부채감당률이 1보다 크면 매기의 순영업소득이 부채서비스액을 상환하기에 부족하다고 본다.

**22.** 부동산투자의 예상 현금흐름이다. 이 투자안의 수익성지수(PI)는? (단, 현금흐름은 기초, 현금유입은 기말로 가정하고, 0년차 현금흐름은 현금유출이며, 1년차부터 3년차까지의 현금흐름은 연 단위의 현금유입만 발생함. 할인율은 연 10%이고, 주어진 조건에 한함)

(단위: 만원)

| 사업기간 | 0년 | 1년 | 2년 | 3년 |
|---|---|---|---|---|
| 현금흐름 | -2,200 | 440 | 2,420 | 2,662 |

① 2.0  ② 1.875  ③ 1.5
④ 1.375  ⑤ 1.2

**23.** 부동산투자이론에 대하여 기술하였다. (    )에 적합한 것을 순서대로 나열한 것은?

> ㄱ. 투자위험의 관리방법 중에서 (    )은 투자효과를 분석하는 모형의 투입요소가 변화함에 따라 그 결과치가 어떠한 영향을 받는가를 분석하는 것을 말한다.
> ㄴ. 특정 투자자에게 동일한 효용을 가져다주는 기대수익과 분산(위험)의 조합을 연결한 것을 (    )이라고 한다.

| | ㄱ | ㄴ |
|---|---|---|
| ① | 민감도분석 | 무차별효용곡선 |
| ② | 민감도분석 | 효율적 전선(프론티어) |
| ③ | 흡수율분석 | 무차별효용곡선 |
| ④ | 민감도분석 | 등비용선(등수송비선) |
| ⑤ | 평균분산분석 | 효율적 전선(프론티어) |

**24.** 다음과 같이 포트폴리오를 구성하였다. 부동산 A와 부동산 B에 대하여 각각 60% : 40%로 투자한 포트폴리오의 기대수익률은? (단, 주어진 조건에 한정함)

| 상황 | 예상수익률 | | |
|---|---|---|---|
| | 확률 | 부동산 A | 부동산 B |
| 불황 | 0.3 | 8% | 0% |
| 정상 | 0.4 | 15% | 10% |
| 호황 | 0.3 | 22% | 20% |

① 14.5%  ② 14.0%
③ 13.5%  ④ 13.0%
⑤ 12.5%

**25.** 주택금융에 대한 설명으로 옳은 것은? (단, 다른 조건은 일정함)
① 고정금리대출의 경우, 시장이자율이 대출약정이자율보다 높아지면 차입자가 조기상환할 유인이 생긴다.
② 고정금리대출의 경우, 시장이자율이 대출약정이자율보다 높아지면 대출기관의 수익성이 향상된다.
③ 금융당국이 주택금융에 소득대비 부채비율(DTI)을 상향조정하면 주택수요가 증가할 수 있다.
④ 이자율스왑(swap)은 대출기관의 유동성위험을 줄이기 위한 방안 중 하나이다.
⑤ 총부채상환비율(DTI)이 높을수록 채무불이행 위험이 높아진다.

26. 부동산투자회사에 대한 설명으로 틀린 것을 모두 고른 것은?

ㄱ. 영업인가를 받은 날부터 6개월이 지난 자기관리 부동산투자회사의 자본금은 5억원 이상이 되어야 한다.
ㄴ. 국토교통부장관은 자기관리 부동산투자회사가 최저자본금을 준비하였음을 확인한 때에는 지체 없이 주요출자자의 적격성을 심사하여야 한다.
ㄷ. 기업구조조정 부동산투자회사의 경우 주주 1인과 그 특별관계자는 발행주식 총수의 50%를 초과하여 소유하지 못한다.
ㄹ. 부동산투자회사는 부동산 등 자산의 운용에 관하여 회계처리를 할 때에는 금융위원회가 정하는 회계처리기준에 따라야 한다.
ㅁ. 자산관리회사란 자기관리 부동산투자회사 및 위탁관리 부동산투자회사의 위탁을 받아 자산의 투자·운용 업무를 수행하는 것을 목적으로 설립된 회사를 말한다.

① ㄱ, ㄴ, ㄷ
② ㄱ, ㄷ, ㄹ
③ ㄱ, ㄷ, ㅁ
④ ㄴ, ㄹ, ㅁ
⑤ ㄷ, ㄹ, ㅁ

27. 주택저당유동화제도 및 주택저당증권(MBS)에 대한 설명으로 옳은 것은?
① 한국주택금융공사는 1차 저당시장에서 유동화중개기관 역할을 수행하고 있다.
② 저당대출담보부 채권(MBB)은 차입자의 채무불이행이 발생하여도 MBB에 대한 원리금(원금 + 이자)을 발행자가 투자자에게 지급하여야 한다.
③ 다계층채권(CMO)의 발행기관은 후순위 트렌치보다 선순위 트렌치에게 더 높은 이자율을 지급한다.
④ 2차 저당시장에서 발행되는 투자상품은 1차 저당시장의 주택대출금리보다 더 높은 액면금리를 가진다.
⑤ 다계층채권(CMO)의 조기상환위험은 발행기관이 부담한다.

28. 대출금액은 200,000,000원, 상환기간 20년, 이자율 12%(고정금리), 저당상수 0.177일 때, 원리금균등분할상환방식에 의한 2차년도의 원금상환분을 구하면? (단, 주어진 조건만 고려함)
① 11,668,000원
② 12,768,000원
③ 13,868,000원
④ 14,768,000원
⑤ 14,448,000원

29. 다음과 같은 조건하에서 금융당국이 소득대비 부채비율(DTI)을 40% 적용할 때 주택을 담보로 대출받을 수 있는 금액은 얼마인가? (단, 주어진 조건에 한정함)

○ 대출승인 기준: 담보인정비율(LTV) 50%
  [담보대출 이전의 기존대출은 없고, 담보인정비율(LTV)과 소득대비 부채비율(DTI) 대출조건을 모두 충족시켜야 함]
○ 주택의 담보평가가격: 500,000,000원
○ 차입자의 연간소득: 40,000,000원
○ 연간 저당상수: 0.1

① 100,000,000원
② 140,000,000원
③ 160,000,000원
④ 200,000,000원
⑤ 250,000,000원

30. 부동산개발에 관한 설명으로 틀린 것은?
① 부동산의 개발기간 중 건축자재가격이 상승할수록 개발업자의 비용위험은 커진다.
② 시장위험은 개발부동산이 임대·분양되지 않을 위험으로, 이를 감소시키는 방법으로는 흡수율분석이 활용된다.
③ BTO(build-transfer-operate)방식은 시설의 준공과 함께 시설의 소유권이 국가 또는 지방자치단체에 귀속되지만, 사업시행자가 정해진 기간 동안 시설에 대한 운영권을 가지고 수익을 내는 방식이다.
④ 토지의 물리적 변형 없이 단순하게 이용상태의 변경을 초래하는 것은 부동산개발행위로 볼 수 없다.
⑤ 일반적으로 부동산개발사업은 '계획 → 협의 → 계획인가 → 시행 → 처분'의 단계로 이루어진다.

**31.** 부동산개발의 경제적 타당성분석에 관한 설명으로 <u>틀린</u> 것은?

① 입지계수(LQ)는 전국 대비 특정 지역에서 각 산업의 특화도를 판별하는 것이다.

② 물리적·경제적·법적 타당성분석 중에서 경제적 타당성분석이 가장 중요하다.

③ 경제성분석은 부동산개발사업의 수익성을 평가하고, 최종적으로 투자의사결정을 하는 것이다.

④ 투자분석에서는 주어진 위치에는 어떤 용도가 적합한지, 주어진 용도에는 어떤 위치가 적합하는지 분석한다.

⑤ 부동산시장분석은 부동산의사결정을 지원하기 위한 부동산시장의 동향과 추세를 연구하는 활동을 말한다.

**32.** 부동산관리에 대한 설명으로 <u>틀린</u> 것은?

① 복합개념의 관리로 구분할 때 건물과 부지의 부적응을 개선시키는 활동은 기술적 관리에 해당한다.

② 위탁관리는 관리의 전문성과 효율성을 제고할 수 있어서 불필요한 관리비용을 절감할 수 있다.

③ 부동산신탁관리를 이용하면 위탁자는 관리비 이외에 추가적으로 신탁보수(수수료) 부담이 발생한다.

④ 혼합관리방식은 직접(자가)관리방식에서 간접(위탁)관리방식으로 이행하는 과도기에 채택될 수 있다.

⑤ 토지의 경계를 확인하기 위한 경계측량을 실시하는 것은 경제적 측면의 관리에 속한다.

**33.** 부동산마케팅에 관한 설명으로 <u>옳은</u> 것은?

① 세분화(segmentation)전략이란 자신의 경쟁우위와 경쟁상황을 고려할 때 가장 좋은 기회를 제공해 줄 수 있는 특화된 시장을 찾는 것이다.

② 관계마케팅전략은 소비자의 구매의사결정 과정의 각 단계마다 소비자와의 심리적 접점을 마련하고 전달하려는 메시지의 취지와 강도를 조절하는 전략이다.

③ 공급자의 전략차원으로서 표적시장을 선정하거나 틈새시장을 점유하는 것은 고객점유마케팅전략이다.

④ 차별화전략은 동일시장 내의 다양한 공급경쟁자들 사이에서 경쟁력을 확보할 수 있도록 자신의 상품을 어디에 위치시킬 것인가 하는 전략이다.

⑤ 부동산마케팅은 구매자 주도시장에서 판매자 시장으로의 인식이 전환됨에 따라 더욱 중요하게 되었다.

**34.** 「감정평가에 관한 규칙」에 대하여 기술하였다. <u>틀린</u> 것은?

① 기준시점을 미리 정하였을 때에는 그 날짜에 가격조사가 가능하지 않더라도 그 날짜를 기준시점으로 할 수 있다.

② 감정평가법인등은 법령에 다른 규정이 있는 경우에는 대상물건의 감정평가액을 시장가치 외의 가치를 기준으로 결정할 수 있다.

③ 대상물건에 대한 감정평가액은 시장가치를 기준으로 결정한다.

④ 감정평가법인등은 감정평가조건의 합리성, 적법성이 결여되거나 사실상 실현 불가능하다고 판단될 때에는 의뢰를 거부하거나 수임을 철회할 수 있다.

⑤ 감정평가는 대상물건마다 개별로 하여야 한다.

**35.** 지역분석 및 개별분석에 대한 설명으로 <u>틀린</u> 것을 모두 고른 것은?

ㄱ. 지역분석이란 대상부동산이 어떤 지역에 속하며, 그 지역특성이 무엇이며, 전반적으로 그 특성이 지역 내 부동산가격형성에 어떠한 영향을 미치는가를 분석하는 것이다.

ㄴ. 유사지역이란 대상부동산이 속하지 아니한 지역으로서 인근지역과 유사한 지역적 특성을 갖는 지역을 말한다.

ㄷ. 지역분석에서는 대상부동산의 최유효이용을 판정하여 구체적 가격을 구한다.

ㄹ. 성숙도가 낮은 후보지의 동일수급권은 전환 후(後) 용도지역의 동일수급권과 일치하는 경향이 있다.

① ㄱ, ㄴ      ② ㄱ, ㄷ

③ ㄱ, ㄹ      ④ ㄴ, ㄷ

⑤ ㄷ, ㄹ

36. 자료를 활용하여 대상부동산의 비준가액(가격)을 구하면? (단, 주어진 조건에 한정함)

○ 사례부동산의 거래가격은 500,000,000원이다.
○ 사례부동산은 거래 당시 급매로 20% 낮게 저가로 거래되었다.
○ 거래시점의 지수는 100이고, 기준시점의 지수는 95이다.
○ 대상부동산이 속한 지역이 사례부동산이 속한 지역보다 20% 열세이다.
○ 대상부동산은 사례부동산보다 개별요인이 5% 우세하다.
○ 사례부동산의 면적은 110m², 대상부동산의 면적은 121m²이다.

① 518,950,000원
② 528,625,000원
③ 538,950,000원
④ 548,625,000원
⑤ 558,900,000원

37. 원가법에 대한 설명으로 틀린 것은?

① 「감정평가에 관한 규칙」상 건설기계를 감정평가할 때에는 원가법을 적용해야 한다.
② 정률법에서 감가액은 첫 해가 가장 크고, 해가 지날수록 점차 체감한다.
③ 감가수정방법으로 직접법에는 내용연수법, 관찰감가법, 분해법이 있다.
④ 재조달원가의 표준적 건설비에는 직접공사비, 간접공사비, 수급인의 적정이윤이 포함된다.
⑤ 상환기금법은 내용연수나 감가율의 산정 없이 대상부동산 전체 또는 구성부분에 대하여 실태를 조사하여 감가요인과 감가액을 직접 관찰하여 구하는 방법이다.

38. 향후 1년 동안 예상되는 현금흐름이 다음과 같을 경우, 직접환원법에 의한 대상부동산의 수익가액은? (단, 주어진 조건에 한함)

○ 가능총소득          20,000,000원
○ 공실손실상당액        2,000,000원
○ 영업경비           3,150,000원
○ 자본수익률            2.5%
○ 자본회수율            2.0%

① 300,000,000원
② 320,000,000원
③ 330,000,000원
④ 337,500,000원
⑤ 382,500,000원

39. 부동산가격공시제도에 관한 설명으로 틀린 것은?

① 표준주택가격은 주택시장의 가격정보를 제공하고 국가·지방자치단체 등이 과세 등의 업무와 관련하여 주택가격을 산정하는 데 기준으로 활용된다.
② 시장·군수 또는 구청장은 시·군·구 부동산가격공시위원회의 심의를 거쳐 매년 표준주택가격의 공시기준일 현재 관할 구역안의 개별주택가격을 결정·공시하여야 한다.
③ 표준주택가격, 공동주택가격의 공시기준일은 매년 1월 1일로 한다.
④ 공동주택에 전세권 그 밖에 공동주택의 사용·수익을 제한하는 사법상의 권리가 설정되어 있는 경우에는 해당 권리가 존재하지 아니하는 것으로 보고 적정가격을 산정하여야 한다.
⑤ 시장·군수 또는 구청장은 공시기준일 이후에 분할·합병 등이 발생한 토지에 대하여는 대통령령이 정하는 날을 기준으로 하여 개별공시지가를 결정·공시하여야 한다.

40. 비주거용 부동산가격공시에 대한 설명으로 틀린 것은?

① 비주거용 집합부동산이란 「집합건물의 소유 및 관리에 관한 법률」에 따라 구분소유되는 비주거용 부동산을 말한다.
② 비주거용 집합부동산가격은 국가·지방자치단체 등이 그 업무와 관련하여 비주거용 개별부동산가격을 산정하는 경우에 그 기준이 된다.
③ 비주거용 개별부동산가격은 매년 4월 30일까지 결정·공시하여야 한다.
④ 비주거용 표준부동산으로 선정된 비주거용 일반부동산에 대하여는 해당 비주거용 표준부동산가격을 비주거용 개별부동산가격으로 본다.
⑤ 비주거용 집합부동산가격에 대하여 이의가 있는 자는 국토교통부장관에게 이의를 신청할 수 있다.

**41.** 권리의 원시취득에 해당하지 <u>않는</u> 것을 모두 고른 것은? (다툼이 있으면 판례에 따름)

> ㄱ. 무주물 선점에 의한 소유권취득
> ㄴ. 취득시효로 인한 소유권취득
> ㄷ. 계약에 의한 저당권취득
> ㄹ. 상속에 의한 지상권취득

① ㄱ, ㄴ      ② ㄱ, ㄷ
③ ㄴ, ㄷ      ④ ㄴ, ㄹ
⑤ ㄷ, ㄹ

**42.** 법률행위의 목적에 관한 설명으로 <u>틀린</u> 것은? (다툼이 있으면 판례에 따름)

① 법률행위가 사회질서에 반한다는 판단은 부단히 변천하는 가치관념을 반영한다.

② 매매계약에서 매매목적물과 대금은 반드시 계약체결 당시에 구체적으로 확정되어야 하는 것은 아니고, 사후에 구체적으로 확정될 수 있는 방법과 기준이 정하여져 있으면 된다.

③ 「부동산 실권리자명의 등기에 관한 법률」에 따라 명의신탁약정과 그에 따른 물권변동은 무효로서 반사회적 법률행위에 해당한다.

④ 계약성립 후 채무이행이 불가능하게 되더라도 계약이 무효로 되는 것은 아니다.

⑤ 도박채무의 이행으로써 토지를 양도하는 계약은 반사회적 법률행위로서 무효이다.

**43.** 의사표시의 효력발생에 관한 설명으로 <u>틀린</u> 것은? (다툼이 있으면 판례에 따름)

① 상대방이 정당한 사유 없이 의사표시의 수령을 거절하더라도 상대방이 그 의사표시의 내용을 알 수 있는 객관적 상태에 놓여 있다면 그 의사표시는 효력이 있다.

② 도달주의의 원칙은 채권양도의 통지와 같은 준법률행위에도 유추적용될 수 있다.

③ 의사표시의 부도달 또는 연착으로 인한 불이익은 특별한 사정이 없는 한 표의자가 이를 부담한다.

④ 미성년자는 그 행위능력이 제한되고 있는 범위에서 수령무능력자이다.

⑤ 의사표시의 발신 후 표의자가 사망하였다면, 그 의사표시는 상대방에게 도달하더라도 무효이다.

**44.** 착오에 의한 의사표시에 관한 설명으로 <u>틀린</u> 것은? (다툼이 있으면 판례에 따름)

① 상대방이 표의자의 진의에 동의한 경우 표의자는 착오를 이유로 의사표시를 취소할 수 없다.

② 상대방이 표의자의 착오를 알고 이용한 경우에도 의사표시에 중대한 과실이 있는 표의자는 착오에 의한 의사표시를 취소할 수 없다.

③ 부동산거래계약서에 서명·날인한다는 착각에 빠진 상태로 연대보증의 서면에 서명·날인한 경우에는 표시상의 착오에 해당한다.

④ 제3자의 기망행위에 의해 표시상의 착오에 빠진 경우에 사기가 아닌 착오를 이유로 의사표시를 취소할 수 있다.

⑤ 매도인이 계약을 적법하게 해제한 후에도 매수인은 계약해제에 따른 불이익을 면하기 위하여 중요부분의 착오를 이유로 취소권을 행사하여 계약 전체를 무효로 할 수 있다.

**45.** 대리권의 범위가 명확하지 않은 임의대리인이 일반적으로 할 수 있는 행위가 <u>아닌</u> 것을 모두 고른 것은? (다툼이 있으면 판례에 따름)

> ㄱ. 미등기부동산을 등기하는 행위
> ㄴ. 채무의 일부를 면제하는 행위
> ㄷ. 은행예금을 찾아 보다 높은 금리로 개인에게 빌려주는 행위
> ㄹ. 무이자 금전소비대여를 이자부로 변경하는 행위

① ㄱ, ㄴ      ② ㄱ, ㄷ
③ ㄱ, ㄹ      ④ ㄴ, ㄷ
⑤ ㄴ, ㄹ

**46.** 복대리에 관한 다음 설명 중 옳은 것은?

① 본인의 묵시적 승낙에 기초한 임의대리인의 복임권 행사는 허용되지 않는다.

② 대리인의 능력에 따라 사업의 성공 여부가 결정되는 사무에 대해 대리권을 수여받은 자는 본인의 묵시적 승낙으로도 복대리인을 선임할 수 있다.

③ 법정대리인이 그 자신의 이름으로 선임한 복대리인은 법정대리인의 대리인이다.

④ 복대리인이 행한 대리행위의 효과는 직접 대리인에게 귀속된다.

⑤ 복대리인은 본인에 대하여 대리인과 동일한 권리의무가 있다.

47. 협의의 무권대리에 관한 설명으로 옳은 것을 모두 고른 것은? (다툼이 있으면 판례에 따름)

> ㄱ. 추인은 다른 의사표시가 없는 때에는 계약시에 소급하여 그 효력이 생기지만 제3자의 권리를 해하지 못한다.
> ㄴ. 무권대리행위의 추인과 추인거절의 의사표시는 무권대리인에게 할 수 없다.
> ㄷ. 일부에 대하여 추인을 하거나 그 내용을 변경하여 추인한 경우, 원칙적으로 추인으로서 효력이 없다.
> ㄹ. 무권대리인의 상대방은 계약 당시에 대리권 없음을 안 경우 계약의 이행을 청구할 수 있다.

① ㄱ, ㄴ
② ㄱ, ㄷ
③ ㄱ, ㄹ
④ ㄴ, ㄷ
⑤ ㄷ, ㄹ

48. 甲은 허가받을 것을 전제로 토지거래허가구역 내 자신의 토지에 대해 乙과 매매계약을 체결하였다. 다음 설명 중 옳은 것을 모두 고른 것은? (다툼이 있으면 판례에 따름)

> ㄱ. 일정기간 내 허가를 받기로 약정한 경우, 특별한 사정이 없는 한 그 허가를 받지 못하고 약정기간이 경과하였다는 사정만으로도 매매계약은 확정적 무효가 된다.
> ㄴ. 乙이 계약금 전액을 지급한 후, 당사자의 일방이 이행에 착수하기 전이라면 특별한 사정이 없는 한 甲은 계약금의 배액을 상환하고 계약을 해제할 수 있다.
> ㄷ. 乙이 丙에게 X토지를 전매하고 丙이 자신과 甲을 매매당사자로 하는 허가를 받아 甲으로부터 곧바로 등기를 이전받았다면 그 등기는 유효하다.
> ㄹ. 허가절차협력의무를 위반한 乙도 무효를 주장할 수 있다.

① ㄱ, ㄷ
② ㄱ, ㄹ
③ ㄴ, ㄷ
④ ㄴ, ㄹ
⑤ ㄷ, ㄹ

49. 제145조의 법정추인사유에 해당하지 <u>않는</u> 것을 모두 고른 것은?

> ㄱ. 취소권자가 상대방으로부터 이행의 청구를 받은 경우
> ㄴ. 취소권자가 채권자로서 담보의 제공을 받은 경우
> ㄷ. 취소권자의 상대방이 권리의 전부나 일부를 양도한 경우
> ㄹ. 취소권자가 취소할 수 있는 행위로부터 생긴 채무의 전부 또는 일부를 상대방에게 이행한 경우

① ㄱ, ㄴ
② ㄱ, ㄷ
③ ㄱ, ㄹ
④ ㄴ, ㄹ
⑤ ㄷ, ㄹ

50. 조건에 관한 설명으로 틀린 것은? (다툼이 있으면 판례에 따름)

① 당사자의 특별한 의사표시가 없는 한 정지조건이든 해제조건이든 그 성취의 효력은 소급하지 않는다.
② 소유권유보약정이 있는 경우, 특별한 사정이 없는 한 매매대금 전부의 지급이라는 조건이 성취될 때까지 매도인이 목적물의 소유권을 보유한다.
③ 기성조건을 정지조건으로 한 법률행위는 무효이다.
④ 기성조건이 정지조건이면 조건 없는 법률행위가 되고, 해제조건이면 그 법률행위는 무효가 된다.
⑤ 조건이 되기 위해서는 법률이 요구하는 것이 아니라 당사자가 임의로 부가한 것이어야 한다.

51. 甲의 토지 위에 乙이 무단으로 X건물을 축조하였다. 다음 설명 중 틀린 것은? (다툼이 있으면 판례에 따름)

① 甲은 乙에 대해 불법행위로 인한 손해배상을 청구할 수 있다.
② 甲은 乙에게 X건물에서의 퇴거를 청구할 수 없다.
③ 甲은 乙에게 토지의 반환을 청구할 수 있다.
④ 乙이 X건물을 丙에게 임대하여 丙이 점유하고 있는 경우, 甲은 丙에게 X건물에서의 퇴거를 구할 수 있다.
⑤ 乙이 X건물을 丁에게 매도하여 丁이 등기 없이 점유하고 있는 경우, 甲은 乙 또는 丁에게 건물의 철거를 청구할 수 있다.

52. 乙은 甲 소유의 X토지를 매수하여 매매대금을 모두 지급하고 그 토지를 인도받아 등기 없이 점유·사용하고 있다. 다음 설명 중 틀린 것은? (다툼이 있으면 판례에 따름)

① 甲의 채권자가 X건물에 대해 강제집행하는 경우, 乙은 이의를 제기하지 못한다.

② 乙의 점유는 자주점유에 해당한다.

③ 乙이 丙에게 X토지를 매도하고 인도한 경우, 甲은 丙에 대하여 소유물반환을 청구할 수 없다.

④ 위 ③의 경우, 乙의 甲에 대한 등기청구권은 소멸시효에 걸린다.

⑤ 제3자인 丁이 X토지상에 무단으로 건물을 신축한 경우, 乙은 甲의 소유물방해제거청구권을 대위행사할 수 있다.

53. 부동산등기에 관한 설명으로 틀린 것은? (다툼이 있으면 판례에 따름)

① 물권에 관한 등기가 원인 없이 말소되더라도 특별한 사정이 없는 한 그 물권의 효력에는 영향을 미치지 않는다.

② 토지거래허가구역 내의 토지에 대한 최초매도인과 최후매수인 사이의 중간생략등기에 관한 합의만 있더라도, 그에 따라 이루어진 중간생략등기는 실체관계에 부합하는 등기로서 유효하다.

③ 미등기건물의 승계취득자가 원시취득자와의 합의에 따라 직접 소유권보존등기를 마친 경우, 그 등기는 실체관계에 부합하는 등기로서 유효하다.

④ 甲이 그 소유의 토지를 乙에게 증여하면서 매매를 한 것처럼 꾸며 소유권이전등기를 해 준 경우, 乙은 그 토지의 소유권을 취득한다.

⑤ 미등기건물의 양수인이 그 건물을 신축한 양도인의 동의를 얻어 직접 자기 명의로 보존등기를 한 경우, 그 등기는 유효하다.

54. 등기의 추정력에 관한 설명으로 틀린 것은? (다툼이 있으면 판례에 따름)

① 소유권보존등기의 명의자가 건물을 신축한 것이 아니더라도 등기의 권리추정력은 인정된다.

② 근저당권의 설정등기가 되어 있으면 이에 상응하는 피담보채권의 존재가 추정된다.

③ 소유권이전등기가 된 경우, 특별한 사정이 없는 한 이전등기에 필요한 적법한 절차를 거친 것으로 추정된다.

④ 소유권이전등기가 불법말소된 경우, 말소된 등기의 최종명의인은 그 회복등기가 경료되기 전이라도 적법한 권리자로 추정된다.

⑤ 등기의무자의 사망 전에 그 등기원인이 이미 존재하는 때에는 사망자 명의의 등기신청에 의해 경료된 등기라도 추정력을 가진다.

55. 점유에 관한 설명으로 틀린 것은?

① 점유자의 점유권원에 관한 주장이 인정되지 않는다는 것만으로도 자주점유의 추정이 깨진다.

② 사기의 의사표시에 의해 건물을 명도해 준 자는 점유회수의 소권을 행사할 수 없다.

③ 점유자가 점유물에 대하여 행사하는 권리는 적법하게 보유한 것으로 추정된다.

④ 미등기건물을 양수하여 건물에 관한 사실상의 처분권을 보유한 양수인은 그 건물부지의 점유자이다.

⑤ 점유보조자에게도 자력구제권은 인정된다.

56. 점유자와 회복자의 관계에 관한 설명으로 옳은 것을 모두 고른 것은?

> ㄱ. 악의의 점유자는 특별한 사정이 없는 한 통상의 필요비를 청구할 수 있다.
>
> ㄴ. 과실을 취득한 점유자는 통상의 필요비를 청구할 수 없다.
>
> ㄷ. 선의점유자는 자주점유이든 타주점유이든 그 귀책사유로 점유물이 멸실·훼손된 경우에 손해 전부를 배상하여야 한다.
>
> ㄹ. 이행지체로 인해 매매계약이 해제된 경우, 선의의 점유자인 매수인에게 과실취득권이 인정된다.

① ㄱ, ㄴ        ② ㄱ, ㄷ
③ ㄱ, ㄹ        ④ ㄴ, ㄷ
⑤ ㄷ, ㄹ

57. 상린관계에 관한 설명으로 옳은 것은? (다툼이 있으면 판례에 따름)

① 서로 인접한 토지의 통상의 경계표를 설치하는 경우, 측량비용을 제외한 설치비용은 다른 관습이 없으면 쌍방이 토지면적에 비례하여 부담한다.

② 토지의 경계에 담이 없는 경우, 특별한 사정이 없는 한 인접지 소유자는 공동비용으로 통상의 담을 설치하는 데 협력할 의무가 없다.

③ 경계에 설치된 경계표나 담은 특별한 사정이 없는 한, 상린자의 공유로 추정한다.

④ 토지 주변의 소음이 사회통념상 수인한도를 넘지 않은 경우에도 그 토지소유자는 소유권에 기하여 소음피해의 제거를 청구할 수 있다.

⑤ 토지소유자가 부담하는 자연유수의 승수의무(承水義務)는 적극적으로 그 자연유수의 소통을 유지할 의무가 포함된다.

**58.** 취득시효에 관한 설명으로 틀린 것은? (다툼이 있으면 판례에 따름)

① 취득시효 완성 후 등기 전에 원소유자가 시효 완성된 토지에 저당권을 설정하였고, 등기를 마친 시효취득자가 피담보채무를 변제한 경우, 원소유자에게 부당이득 반환을 청구할 수 있다.

② 시효기간이 진행되던 중에 등기부상의 소유자가 변경된 경우, 시효완성자는 시효완성 당시의 소유자에 대하여 시효 완성의 효과를 주장할 수 있다.

③ 일반재산이던 당시에 취득시효가 완성된 후 그 일반재산이 행정재산으로 되었다면, 그 후 시효 완성을 이유로 소유권이전등기를 청구할 수 없다.

④ 국유재산 중 일반재산은 취득시효의 대상이 된다.

⑤ 중복등기로 인해 무효인 소유권보존등기에 기한 등기부취득시효는 부정된다.

**59.** 甲과 乙은 X토지를 각 2분의 1의 지분으로 공유하고 있다. 다음 설명 중 틀린 것은? (다툼이 있으면 판례에 따름)

① 제3자가 권원 없이 자기 명의로 X토지의 소유권이전등기를 한 경우, 甲은 공유물의 보존행위로 원인무효의 등기 전부의 말소를 청구할 수 있다.

② 甲이 乙의 동의 없이 X토지에 소나무를 식재하여 독점적으로 점유하는 경우, 乙은 그의 지분비율로 甲에게 부당이득의 반환을 청구할 수 있다.

③ 위 ②의 경우, 乙은 甲을 상대로 지분권에 기한 방해배제청구권을 행사하여 위법상태를 시정할 수 있다.

④ 위 ②의 경우, 乙은 공유물의 보존행위로 X토지 전부를 자기에게 반환할 것을 청구할 수 있다.

⑤ 甲이 부정한 방법으로 X토지 전부에 관한 소유권이전등기를 甲의 단독명의로 행한 경우, 乙은 甲을 상대로 자신의 지분에 관하여 그 등기의 말소를 청구할 수 있다.

**60.** 지역권에 관한 설명으로 틀린 것은?

① 요역지의 공유자 1인은 자신의 지분에 관하여 지역권을 소멸시킬 수 없다.

② 지역권은 독립하여 양도·처분할 수 있는 물권이다.

③ 통행지역권을 시효취득한 요역지소유자는 특별한 사정이 없으면 승역지의 사용으로 그 소유자가 입은 손해를 보상하여야 한다.

④ 승역지소유자가 자신의 비용으로 부담하고 있는 공작물의 설치 또는 수선의 의무를 면하기 위하여 지역권에 필요한 부분의 토지소유권을 지역권자에게 이전시킬 수 있다.

⑤ 지역권의 존속기간을 영구로 정하는 것도 허용된다.

**61.** 법정지상권이 성립되는 경우를 모두 고른 것은? (다툼이 있으면 판례에 따름)

ㄱ. 乙 소유의 토지 위에 乙의 승낙을 얻어 신축한 丙 소유의 건물을 甲이 매수한 경우

ㄴ. 乙 소유의 토지 위에 甲과 乙이 건물을 공유하면서 토지에만 저당권을 설정하였다가, 그 실행을 위한 경매로 丙이 토지소유권을 취득한 경우

ㄷ. 甲이 乙로부터 乙 소유의 미등기건물과 그 대지를 함께 매수하고 대지에 관해서만 소유권이전등기를 한 후, 건물에 대한 등기 전 설정된 저당권에 의해 대지가 경매되어 丙이 토지소유권을 취득한 경우

ㄹ. 甲과 乙이 1필지의 대지를 구분소유적으로 공유하던 중 甲이 자기 몫으로 점유하던 특정 부분에 건물을 신축하여 자신의 이름으로 등기하였으나, 乙이 강제경매로 대지에 관한 甲의 지분을 모두 취득한 경우

① ㄱ, ㄴ      ② ㄱ, ㄷ
③ ㄴ, ㄷ      ④ ㄴ, ㄹ
⑤ ㄷ, ㄹ

**62.** 전세권에 관한 설명으로 틀린 것은?

① 존속기간의 만료로 전세권이 소멸하면, 전세권의 용익물권적 권능은 소멸한다.

② 채권담보의 목적으로 전세권을 설정한 경우, 그 설정과 동시에 목적물을 인도하지 않았으나 장래 전세권자의 사용·수익을 완전히 배제하는 것이 아니라면, 그 전세권은 유효하다.

③ 전세권이 성립한 후 전세목적물의 소유권이 이전되면, 전세금반환채무도 신 소유자에게 이전된다.

④ 제3자가 불법점유하는 건물에 대한 용익목적으로 전세권을 취득한 자는 제3자를 상대로 건물의 인도를 청구할 수 있다.

⑤ 토지전세권을 처음 설정할 때에는 존속기간에 제한이 없다.

63. 乙은 甲의 건물을 임차한 후 유익비를 지출하였으나 임대차 종료 후에도 甲이 이를 상환하지 않고 있다. 이와 관련된 다음 기술 중 틀린 것은?

① 乙은 건물을 경매할 수 있다.

② 甲은 乙에게 상당한 담보를 제공하고 유치권의 소멸을 청구할 수 있다.

③ 甲이 乙에게 목적물의 반환을 청구하는 소송을 제기하여 乙이 유치권을 주장하는 경우 법원은 상환급부판결을 하여야 한다.

④ 乙이 그 건물을 甲의 승낙 없이 丙에게 대여한 경우, 甲은 유치권의 소멸을 청구할 수 있다.

⑤ 乙의 과실 없이 건물이 소실된 경우, 乙의 유치권은 甲의 화재보험금청구권 위에 미친다.

64. 법률규정 또는 별도의 약정이 없는 경우, 저당권의 효력이 미치는 것을 모두 고른 것은? (다툼이 있으면 판례에 따름)

ㄱ. 토지에 저당권이 설정된 후 토지소유자가 그 토지에 매설한 유류저장탱크

ㄴ. 토지에 저당권이 설정된 후 토지의 전세권자가 그 토지에 식재하고 등기한 입목

ㄷ. 저당권이 설정된 토지가 「공익사업을 위한 토지 등의 취득 및 보상에 관한 법률」에 따라 협의취득된 경우, 토지소유자가 수령할 보상금

ㄹ. 저당토지가 저당권 실행으로 압류된 후 그 토지에 관하여 발생한 저당권설정자의 차임채권

① ㄱ, ㄴ　　　　　　　② ㄱ, ㄹ
③ ㄴ, ㄷ　　　　　　　④ ㄴ, ㄹ
⑤ ㄷ, ㄹ

65. 저당권에 관한 설명으로 틀린 것은?

① 저당부동산의 종물에는 저당권의 효력이 미치지 않는다는 약정은 등기하지 않더라도 제3자에 대해 효력이 있다.

② 불법말소된 저당권등기가 회복되기 전에 경매가 행하여져 매수인이 매각대금을 완납하였다면 저당권은 소멸한다.

③ 근저당이전의 부기등기가 경료된 후 피담보채무의 소멸을 원인으로 한 근저당설정등기말소청구의 상대방은 양도인이 아니라 양수인이다.

④ 지상권은 저당권의 객체가 될 수 있다.

⑤ 피담보채권의 양도 없는 근저당권만의 양도는 효력이 없다.

66. 요물계약을 모두 고른 것은? (다툼이 있으면 판례에 따름)

ㄱ. 현상광고
ㄴ. 임대차계약
ㄷ. 교환계약
ㄹ. 계약금계약

① ㄱ, ㄴ　　　　　　　② ㄱ, ㄷ
③ ㄱ, ㄹ　　　　　　　④ ㄴ, ㄷ
⑤ ㄴ, ㄹ

67. 계약의 성립에 관한 설명으로 틀린 것은?

① 당사자간에 동일한 내용의 청약이 상호교차된 경우, 양 청약이 상대방에게 발송된 때에 계약이 성립한다.

② 격지자간의 계약에서 청약은 그 통지가 상대방에게 도달한 때에 효력이 발생한다.

③ 당사자 사이에 계약체결에 대한 신뢰가 형성된 상태에서 일방의 부당파기는 불법행위가 될 수 있다.

④ 하도급계약을 체결하려는 교섭당사자가 견적서를 제출하는 행위는 청약의 유인에 해당한다.

⑤ 불특정 다수인에 대하여도 청약이 가능하다.

68. 甲과 乙이 甲 소유의 건물에 대하여 매매계약을 체결하였다. 다음 설명 중 틀린 것은? (다툼이 있으면 판례에 따름)

① 甲의 매매대금채권에 관하여 甲의 채권자 丙이 압류 및 추심명령을 받은 경우에도 乙은 丙에 대하여 동시이행의 항변권을 행사할 수 있다.

② 乙이 선이행의무인 중도금지급의무를 이행하지 않고 있던 중 甲의 건물인도의무의 이행기가 도래하였더라도, 乙은 중도금의 지급에 관하여 甲에 대하여 동시이행의 항변권을 행사할 수 있다.

③ 乙이 선이행의무인 중도금지급의무를 이행하지 않고 있던 중 甲의 건물인도의무의 이행기가 도래한 경우에도, 乙은 중도금지급기일부터 잔금지급기일까지의 지연손해금은 지급할 필요가 있다.

④ 甲이 건물인도기일에 乙에게 변제제공을 하였으나 乙이 수령을 거절한 후 乙은 甲의 대금지급청구에 대하여 동시이행관계를 주장할 수 있다.

⑤ 잔금지급기일이 도래한 경우 乙은 명시적으로 동시이행의 항변권을 행사하여야 이행지체의 책임을 지지 않는다.

69. 甲은 자기 소유의 X토지를 2억원에 매수한 乙과 합의하여, 乙이 그 매매대금을 丙에게 지급하기로 하였다. 다음 설명 중 옳은 것은? (다툼이 있으면 판례에 따름)

① 丙이 수익의 의사표시를 하였다면, 乙이 甲과 丙 사이의 계약이 무효라는 사실을 알았다 하더라도 丙의 지급요구를 거절할 수 없다.

② 甲과 乙간의 계약이 甲의 착오로 취소된 경우, 丙은 착오취소로써 대항할 수 없는 제3자의 범위에 속한다.

③ 乙이 丙에게 매매대금을 지급하지 않으면 丙은 채무불이행을 이유로 甲과 乙의 매매계약을 해제할 수 있다.

④ 乙이 매매대금을 지급하지 아니하더라도 수익의 의사표시를 한 丙은 乙에게 손해배상을 청구할 수는 없다.

⑤ 乙의 丙에 대한 대금지급채무의 불이행을 이유로 甲이 매매계약을 해제하려면 丙의 동의를 얻어야 한다.

70. 甲은 乙에게 자신의 건물을 매도하는 계약을 체결하였다. 다음 설명 중 틀린 것은? (다툼이 있으면 판례에 따름)

① 매매계약 체결 후 甲의 과실로 건물이 멸실한 경우 乙은 이행의 최고 없이 해제할 수 있다.

② 乙에게 이전등기가 경료된 후 甲이 계약을 해제하면 소유권은 당연히 甲에게 복귀한다.

③ 甲으로부터 임대권한을 부여받은 乙과 임대차계약을 체결하고 「주택임대차보호법」상 대항요건을 갖춘 丙은 후에 甲이 乙에게 해제하더라도 제3자로서 보호된다.

④ 계약해제를 하였지만 등기명의가 아직 乙에게 남아 있는 상태에서 해제 사실을 모르는 제3자 丙이 乙로부터 부동산을 매수하여 등기하였더라도 부동산소유권을 취득할 수 없다.

⑤ 甲과 乙이 매매계약을 합의해제한 경우에는 해제시에 상대방에게 손해배상을 하기로 특약하거나 손해배상청구를 유보하는 의사표시를 하는 등 다른 사정이 없으면 甲은 乙의 채무불이행으로 인한 손해배상을 청구할 수 없다.

71. 매매의 일방예약에 관한 설명으로 틀린 것은? (다툼이 있으면 판례에 따름)

① 매매의 일방예약은 상대방이 매매를 완결할 의사를 표시하는 때에 매매의 효력이 생긴다.

② 예약완결권은 재산권이므로 특별한 사정이 없는 한 타인에게 양도할 수 있다.

③ 예약완결권의 행사기간 도과 전에 예약완결권자가 예약 목적물인 부동산을 인도받은 경우, 그 기간이 도과되더라도 예약완결권은 소멸되지 않는다.

④ 매매의 일방예약은 언제나 채권계약이다.

⑤ 예약완결권 행사의 의사표시를 담은 소장 부본의 송달로써 예약완결권을 재판상 행사하는 경우, 그 행사가 유효하기 위해서는 그 소장 부본이 제척기간 내에 상대방에게 송달되어야 한다.

72. 매도인의 담보책임과 관련하여 '악의의 매수인에게 인정되는 권리'로 옳은 것을 모두 고른 것은?

ㄱ. 권리의 전부가 타인에게 속하여 매수인에게 이전할 수 없는 경우 계약해제권

ㄴ. 수량지정매매에 있어서 수량부족으로 인한 대금감액청구권

ㄷ. 저당권 · 전세권 행사로 인한 손해배상청구권

ㄹ. 종류매매에 있어서 완전물급부청구권

① ㄱ, ㄷ        ② ㄱ, ㄹ

③ ㄴ, ㄷ        ④ ㄴ, ㄹ

⑤ ㄷ, ㄹ

73. 교환계약에 관한 설명으로 틀린 것은? (다툼이 있으면 판례에 따름)

① 쌍무 · 유상계약이다.

② 당사자가 자기 소유 목적물의 시가를 묵비하여 상대방에게 고지하지 않은 경우, 특별한 사정이 없는 한 상대방의 의사결정에 불법적인 간섭을 한 것이다.

③ 다른 약정이 없는 한 각 당사자는 목적물의 하자에 대해 담보책임을 부담한다.

④ 일방이 금전의 보충지급을 약정한 경우 그 금전에 대하여는 매매대금에 관한 규정을 준용한다.

⑤ 교환계약이 해제된 경우, 원상회복의무는 동시이행관계에 있다.

74. 임대차에 관한 설명으로 옳은 것은? (다툼이 있으면 판례에 따름)

① 목적물의 파손 정도가 손쉽게 고칠 수 있을 정도로 사소하여 임차인의 사용·수익을 방해하지 아니한 경우에도 임대인은 수선의무를 부담한다.

② 건물소유를 목적으로 한 토지임대차의 기간이 만료된 경우, 임차인은 계약갱신의 청구 없이도 매도인에게 건물의 매수를 청구할 수 있다.

③ 임대차 종료로 인한 임차인의 원상회복의무에는 임대인이 임대 당시의 부동산 용도에 맞게 다시 사용할 수 있도록 협력할 의무까지 포함된다.

④ 임차인이 임대인의 동의 없이 전대한 경우, 임대인은 임대차를 해지하지 않고 전차인에게 불법점유를 이유로 손해배상을 청구할 수 있다.

⑤ 견고한 건물의 소유를 목적으로 하는 토지임대차는 그 존속기간이 20년을 넘지 못한다.

75. 乙은 Y건물의 소유를 목적으로 甲 소유의 X토지를 임차하여 그 지상에 Y건물을 신축하였다. 다음 설명 중 틀린 것은? (다툼이 있으면 판례에 따름)

① 기간만료 후 Y건물이 현존하는 경우 乙은 계약갱신을 청구할 수 있다.

② 乙의 차임연체를 이유로 임대차계약이 해지된 경우, 乙은 매수청구권을 행사할 수 없다.

③ 乙의 매수청구가 유효하려면 甲의 승낙을 요한다.

④ 특별한 사정이 없는 한 Y건물이 미등기 무허가건물이라도 매수청구권의 대상이 될 수 있다.

⑤ 임대차기간이 만료되면 乙이 Y건물을 철거하기로 한 약정은 특별한 사정이 없는 한 무효이다.

76. 乙은 甲의 주택을 임차하였다. 다음 설명 중 틀린 것은? (다툼이 있으면 판례에 따름)

① 「주택임대차보호법」이 정한 대항요건과 확정일자를 갖춘 후 제3자에 의하여 임차물에 대한 경매가 이루어지면 乙은 우선변제를 선택하여 배당에 참여할 수 있다.

② 위 ①의 경우, 乙이 보증금 전액을 배당받지 못한 경우에는 잔액을 받을 때까지 경락인에게 대항할 수 있다.

③ 乙이 확정일자를 입주 및 주민등록일 이전에 갖춘 경우, 우선변제적 효력은 대항력과 마찬가지로 인도와 주민등록을 마친 다음 날을 기준으로 발생한다.

④ 임대인 甲의 임대차보증금 반환의무는 「주택임대차보호법」상 임차권등기명령에 의해 이루어진 임차권등기에 대한 임차인 乙의 말소의무와 동시이행관계에 있다.

⑤ 경매신청등기 전까지 대항요건을 갖춘 乙의 보증금 중 일정액은 선순위담보물권자보다 우선변제를 받을 수 있다.

77. 「상가건물 임대차보호법」에 관한 설명 중 옳은 것은? (다툼이 있으면 판례에 따름)

① 주택임차인과 달리 상가건물임차인은 임차권등기명령을 신청할 수 없다.

② 임차인이 3기 이상의 차임을 연체한 경우 임대인은 임차인의 갱신요구를 거절할 수 있다.

③ 임차인의 계약갱신요구권은 최초의 임대차기간을 포함한 전체 임대차기간이 7년을 초과하지 않는 범위 내에서만 행사할 수 있다.

④ 임차인이 상가건물을 인도받고 「부가가치세법」 등에 의한 사업자등록을 신청하면 사업자등록증이 교부된 다음 날부터 제3자에 대한 대항력이 생긴다.

⑤ 임차기간을 2년으로 정한 임대차는 그 기간을 1년으로 보므로, 임대인은 임차기간이 1년임을 주장할 수 있다.

78. 「집합건물의 소유 및 관리에 관한 법률」에 관한 설명으로 틀린 것은?

① 관리인은 구분소유자일 필요가 없다.

② 집합건축물대장에 등록되지 않더라도 구분소유가 성립할 수 있다.

③ 의결권은 전자적 방법으로 행사할 수 있다.

④ 분양자와 시공자는 집합건물의 하자에 대하여 구분소유자에게 담보책임을 진다.

⑤ 전유부분에 대한 처분이나 압류 등의 효력은 특별한 사정이 없는 한 대지권에는 미치지 않는다.

79. 乙은 甲에 대한 차용금반환채무 1억원과 그에 대한 이자(2천만원)를 담보할 목적으로 자기 소유의 X토지(예약 당시의 가액은 2억원임)에 대하여 甲에게 담보가등기를 설정해 주었다. 그 후 다시 丙으로부터 4천만원을 차용하면서 X토지에 저당권을 설정해 주었다. 다음 설명 중 틀린 것은?

① 위 사례의 경우 「가등기담보 등에 관한 법률」이 적용된다.

② 甲이 乙에게 담보권 실행통지를 하지 않으면 청산금을 지급하더라도 가등기에 기한 본등기를 청구할 수 없다.

③ 甲은 적법한 통지가 乙에게 도달한 이후 지체 없이 丙에게 그 통지의 사실·내용 및 도달일을 통지하여야 한다.

④ 甲의 청산금의 평가액이 객관적인 평가액에 미치지 못한 경우에는 실행통지로서의 효력이 없다.

⑤ 丙은 청산기간 내에 한하여 자기 채권의 변제기 도래 전이라도 경매를 신청할 수 있다.

80. 甲과 乙은 X토지에 관하여 구분소유적 공유관계에 있다. 다음 설명 중 틀린 것은? (다툼이 있으면 판례에 따름)

① 乙은 甲에 대하여 공유물분할을 청구할 수 없다.

② 제3자의 방해행위가 있으면 공유자는 자기의 구분소유 부분뿐만 아니라 전체 토지에 대하여 공유물의 보존행위로서 그 배제를 구할 수 있다.

③ 甲의 특정 구분부분에 대한 乙의 방해행위에 대하여 甲은 소유권에 기한 방해배제를 청구할 수 있다.

④ 乙이 甲 소유의 부분에 건물을 신축한 경우에 법정지상권이 성립한다.

⑤ 당사자 내부에 있어서는 각자가 특정 매수한 부분은 각자의 단독소유가 된다.

# 2024년도 제35회 공인중개사 1차 국가자격시험

# 실전모의고사 제6회

| 교 시 | 문제형별 | 시 간 | 시 험 과 목 |
|---|---|---|---|
| **1교시** | **A** | **100분** | ① 부동산학개론<br>② 민법 및 민사특별법 중<br>　부동산 중개에 관련되는 규정 |

| 수험번호 | | 성 명 | |
|---|---|---|---|

## 【 수험자 유의사항 】

1. **시험문제지는 단일 형별(A형)이며, 답안카드 형별 기재란에 표시된 형별(A형)을 확인하시기 바랍니다.** 시험문제지의 **총면수, 문제번호 일련순서, 인쇄상태** 등을 확인하시고, 문제지 표지에 수험번호와 성명을 기재하시기 바랍니다.

2. 답은 각 문제마다 요구하는 **가장 적합하거나 가까운 답 1개**만 선택하고, 답안카드 작성 시 시험문제지 **형별누락, 마킹착오**로 인한 불이익은 전적으로 **수험자에게 책임**이 있음을 알려드립니다.

3. 답안카드는 국가전문자격 공통 표준형으로 문제번호가 1번부터 125번까지 인쇄되어 있습니다. 답안 마킹 시에는 반드시 **시험문제지의 문제번호와 동일한 번호에 마킹**하여야 합니다. (1차 1교시: 1번~80번)

4. **감독위원의 지시**에 불응하거나 **시험시간 종료 후 답안카드를 제출하지 않을 경우** 불이익이 발생할 수 있음을 알려 드립니다.

5. 시험문제지는 시험 종료 후 가져가시기 바랍니다.

6. 답안작성은 **시험 시행일(2024.10.26.) 현재 시행되는 법령 등**을 적용하시기 바랍니다.

7. 가답안 의견제시에 대한 개별회신 및 공고는 하지 않으며, **최종 정답 발표로 갈음**합니다.

8. 시험 중 **중간 퇴실은 불가**합니다. 단, 부득이하게 퇴실할 경우 시험포기각서 제출 후 퇴실은 가능하나 **재입실이 불가**하며, **해당시험은 무효처리됩니다.**

**ⓗ 해커스 공인중개사**

# 제1과목: 부동산학개론

1. 경제적 측면의 부동산의 개념에 대한 설명으로 옳지 <u>않은</u> 것은?

① 투자자가 소득이득과 자본이득을 획득하기 위해 매입한 토지는 자산(asset)의 개념이 된다.

② 자산으로서의 토지는 그 가격(price)이 시장가치(value)와 항상 일치한다.

③ 자산으로서의 토지는 사용·수익·처분의 대상이 된다.

④ 토지는 노동·자본과 함께 생산요소의 하나이다.

⑤ 임차인이 임대료를 지불하고 임대주택에 거주하는 있다면 임대주택을 소비재라 할 수 있다.

2. 부동산학에서 사용하는 용어에 대한 설명으로 옳은 것은?

① 공지(空地)란 도시토지로서, 투기목적으로 장기간 방치되고 있는 토지를 말한다.

② 부지(敷地)는 택지처럼 건축이 가능한 토지만을 말한다.

③ 후보지는 공업지역이 주거(택)지역으로 그 용도가 변경되고 있는 것처럼 용도적 지역의 세분된 지역 내에서 전환되고 있는 지역의 토지를 말한다.

④ 건폐율이란 대지면적에 대한 연건축면적의 비율을 말한다.

⑤ 빈지(濱地)란 바다와 육지 사이의 해변토지로, 소유권은 인정되지 않지만 그 활용실익이 있는 토지를 말한다.

3. 부동산의 특성과 이에 대한 설명으로 연결이 옳지 <u>않은</u> 것은?

① 부증성 - 토지부족 문제의 근거가 되며, 독점소유욕을 증대시킨다.

② 인접성 - 소유와 관련하여 경계문제를 유발할 수 있으며, 협동적 이용의 필요성을 제기한다.

③ 부동성 - 부동산시장을 지역시장화 시키며, 지역시장마다 균질적 가격을 형성하게 한다.

④ 개별성 - 일물일가의 법칙이 배제되며, 토지시장에서 상품간 완전한 대체관계가 제약된다.

⑤ 영속성 - 부동산활동을 장기배려하게 하며, 토지의 가치보존력을 우수하게 한다.

4. 공간으로서의 부동산에 대한 설명 중 틀린 것은?

① 공간으로서 토지는 지표(수평공간)뿐만 아니라 지하와 공중을 포함하는 입체공간을 의미한다.

② 공간에서 창출되는 장래 유·무형의 편익의 현재가치를 부동산가치로 본다면, 이는 부동산을 물리적인 측면뿐만 아니라 경제적·법률적 측면을 포함하여 복합개념으로 파악한 것이다.

③ 공중공간을 활용하는 방안으로서 개발권이전제도, 용적률 인센티브제도 등이 있다.

④ 일정범위 이상의 공중공간에 대하여 공공기관이 공익목적으로 이용하는 권리를 사적 공중권이라 한다.

⑤ 입체공간의 이용이 늘어남에 따라, 토지소유권의 구체적 범위의 해석에 대해서는 법원의 판단에 의존하기도 한다.

5. 어떤 부동산에 대한 시장수요함수는 $P = 200 - 8Q_d$이며, 이 시장의 수요자는 모두 동일한 개별수요함수를 갖는다. 이 시장의 수요자 수가 2배로 늘어나면 새로운 시장수요함수는? (P: 가격, $Q_M$: 새로운 시장수요량)

① $P = 200 - 2Q_M$  ② $P = 200 - 4Q_M$

③ $P = 400 - 2Q_M$  ④ $P = 400 - 8Q_M$

⑤ $P = 400 - 16Q_M$

6. 다음 중 아파트의 공급곡선을 우측으로 이동시키는 요인에 해당하는 것은 몇 개인가? (단, 다른 요인은 일정함)

○ 건설노동자의 임금 상승
○ 아파트 건축기술의 향상
○ 아파트 건축규제의 완화
○ 아파트 가격의 상승
○ 아파트 건축자재가격의 상승
○ 보금자리론(loan) 금리의 인하

① 1개  ② 2개

③ 3개  ④ 4개

⑤ 5개

7. 부동산의 수요·공급 및 가격탄력성에 대한 설명으로 틀린 것은? (단, 다른 요인은 일정함)

① 아파트가격 상승이 예상되면 아파트 수요의 변화로 동일한 가격수준에서 아파트 수요는 증가한다.

② 아파트 가격의 변화는 아파트 공급량에 영향을 준다.

③ 미세한 가격변화에 대해 공급량이 무한대로 변하는 경우를 완전탄력적이라 한다.

④ 아파트의 대체주택에 대한 수요가 증가하면, 해당 아파트 수요곡선은 우상향으로 이동한다.

⑤ 주택수요가 증가할 때 공급의 가격탄력성이 비탄력적일수록 균형가격은 더 상승한다.

8. 부동산의 탄력성에 대해 설명으로 <u>틀린</u> 것은? (단, 다른 요인은 일정함)

① 공급이 완전비탄력적일 때 수요가 증가하면 균형가격은 상승하고 균형거래량은 변하지 않는다.

② 용도가 다양할수록, 용도적으로 세분화할수록 수요의 가격탄력성은 더 커진다.

③ 장기공급의 가격탄력성은 단기공급의 가격탄력성보다 더 탄력적이다.

④ 생산에 소요되는 기간이 길수록 공급의 가격탄력성은 더 탄력적이다.

⑤ 두 재화간 수요의 교차탄력성이 2.0일 때, X재 가격이 1% 상승하면 Y재 수요량은 2% 증가한다.

9. 아파트에 대한 수요의 가격탄력성은 0.5, 소득탄력성은 0.6이고, 오피스텔 가격에 대한 아파트 수요의 교차탄력성은 0.4이다. 아파트 가격, 아파트 수요자의 소득, 오피스텔 가격이 각각 4%씩 상승할 때, 아파트 전체 수요량의 변화율은? (단, 두 부동산은 모두 정상재이고 서로 대체재이며, 아파트에 대한 수요의 가격탄력성은 절댓값으로 나타내며, 조건은 동일함)

① 6.0% 증가
② 6.0% 감소
③ 2.8% 증가
④ 2.8% 감소
⑤ 2.0% 증가

10. 주택시장의 여과과정과 주거분리에 대한 설명으로 <u>틀린</u> 것은?

① 주택의 하향여과과정이 발생하면 전체 주택시장에서 저가주택이 차지하는 비중은 증가한다.

② 고가주택지역에 저소득층이 유입되면 하향여과가 발생하고 점차 그 지역은 저가주택지역으로 변할 수 있다.

③ 저가주택시장에서 불량주택이 존재하는 것은 시장의 실패로 볼 수 없다.

④ 여과과정은 주택의 순환과정과 가구의 이동을 설명하는 것이지만, 여과과정으로 신규주택의 건설이 촉진되지는 않는다.

⑤ 주택의 여과과정이 긍정적으로 작동하면 주거의 질이 개선되는 효과가 있다.

11. 부동산시장에 대한 설명으로 옳지 <u>않은</u> 것은?

① 부동산시장은 거래를 비공개하는 기능이 있다. 이러한 비공개는 정보 수집을 어렵게 한다.

② 부동산시장은 경우에 따라 할당 효율적 시장이 될 수 있다.

③ 부동산시장은 부동산과 현금, 권리관계와 현금 등이 교환되는 기능이 있다.

④ 부동산시장은 부동산소유권을 할당하고 공간을 배분하는 기능을 한다.

⑤ 부동산시장은 입지주체간의 입지경쟁에 의하여 토지이용의 유형이 결정되는 기능을 갖는다.

12. 지대이론에 대한 설명으로 옳은 것을 모두 고른 것은?

ㄱ. 리카도(D. Ricardo)의 차액지대설에서 지대는 토지의 생산성과 운송비의 차이에 의해 결정된다.

ㄴ. 튀넨(J. H. von Thünen)의 위치지대설에 따르면, 수송비 차이에 기초한 지대에 의해 농업적 토지이용이 결정된다.

ㄷ. 마르크스(K. Marx)의 절대지대설에 따르면, 최열등지(한계지)에서도 지대가 발생한다.

ㄹ. 헤이그(R. Haig)의 마찰비용이론에서 지대는 마찰비용과 교통비용의 합으로 산정된다.

① ㄱ, ㄴ  ② ㄱ, ㄷ
③ ㄴ, ㄷ  ④ ㄴ, ㄹ
⑤ ㄷ, ㄹ

13. 입지 및 도시구조이론에 관한 설명으로 옳지 <u>않은</u> 것은?

① 뢰쉬(A. Lösch)의 최대수요이론에서는 대상지역 내 원자재가 불균등하게 존재한다는 전제하에, 수요가 최대가 되는 지점이 기업(산업)의 최적입지라고 본다.

② 선형이론에 의하면 주택구입능력이 높은 고소득층의 주거지는 주요 간선도로 인근에 입지하는 경향이 있다.

③ 버제스(E. W. Burgess)의 동심원이론은 도시공간구조 형성을 침입, 경쟁, 천이 등의 과정으로 설명하였다.

④ 버제스의 동심원이론에서 통근자지대(고소득층 주거지대)는 가장 외곽에 위치한다.

⑤ 베버의 최소비용이론에서는 노동비, 운송비, 집적이익 가운데 운송비를 최적입지 결정에 가장 우선적으로 검토한다.

14. 허프(D. Huff)모형을 활용하여 점포 B의 월 매출액을 추정하였는데, 착오에 의한 공간(거리)마찰계수가 잘못 적용된 것을 확인하였다. 올바르게 추정한 점포 B의 월 매출은 잘못 추정한 점포 B의 월 매출액보다 얼마나 증가하는가? (단, 주어진 조건에 한함)

○ X지역의 현재 주민: 30,000명
○ 1인당 월 점포 소비액: 4만원
○ 올바른 공간(거리)마찰계수: 2
○ 잘못 적용된 공간(거리)마찰계수: 1
○ X지역의 주민은 모두 구매자이고, 점포(A, B, C)에서만 구매한다고 가정함
○ 각 점포의 매출액은 X지역 주민에 의해서만 창출됨

| 구분 | 점포 A | 점포 B | 점포 C |
|---|---|---|---|
| 면적 | 2,500m² | 750m² | 500m² |
| X지역 거주지로부터의 거리 | 10km | 5km | 5km |

① 2억원
② 1억 8천만원
③ 1억 5천만원
④ 1억 2천만원
⑤ 1억원

15. 시장실패 및 정부의 부동산시장에 대한 개입을 설명한 것으로 틀린 것은?
① 부동산시장에 진입과 탈퇴가 자유롭지 못하면 자원배분의 효율성은 달성되지 못한다.
② 주택구입능력을 제고하기 위한 정책은 소득계층에 따라 달라진다.
③ 정(+)의 외부효과가 발생하는 경우 정부는 사적 주체에게 보조금 지급 등을 통해 자원배분의 비효율성을 감소시킬 수 있다.
④ 정부의 시장개입으로 인해 자원배분이 그 이전보다 더 비효율적이 되는 것은 시장실패로 볼 수 없다.
⑤ 사적 편익보다 사회적 편익이 더 클 경우에는 정부의 시장개입이 필요하지 않다.

16. 다음 중 화폐의 시간적 가치를 고려하는 부동산투자분석기법은?
① 내부수익률(IRR)법
② 순소득승수법
③ 단순회수기간법
④ 회계적 수익률법
⑤ 총소득승수법

17. 임대주택에 대한 단기공급함수는 Q = 120, 장기공급함수는 Q = 2P - 100이며, 임대주택의 수요함수는 Q = 250 - P로 장·단기 동일하다. 정부가 임대주택의 호당 임대료를 월 90만원으로 통제할 경우, 임대주택의 부족량은 단기와 장기에 각각 얼마인가? [Q는 임대주택 수(단위: 호), P는 임대주택 호당 월 임대료(단위: 만원), 다른 조건은 모두 일정함]
① 단기 10호, 장기 20호
② 단기 20호, 장기 40호
③ 단기 20호, 장기 60호
④ 단기 40호, 장기 60호
⑤ 단기 40호, 장기 80호

18. 저소득층의 주거안정을 위한 주택정책에 대한 설명으로 옳지 않은 것은? (단, 다른 조건은 일정함)
① 공공임대주택, 주거급여제도, 주택청약종합저축제도는 현재 우리나라에서 시행되고 있다.
② 분양가상한제를 실시하면 장기적으로 신규주택의 공급이 줄어들기 때문에 전체적인 주택가격이 상승할 수 있다.
③ 시장임대료 이하로 임대료를 통제하면 공급이 완전비탄력적인 한, 임대인과 임차인간의 소득불균형 문제가 심화된다.
④ 정부가 임차인에게 임대료를 보조해주면 단기적으로는 시장임대료가 상승하지만, 장기적으로는 시장임대료가 낮아진다.
⑤ 임대료의 상한이 균형임대료보다 낮을 경우, 장기적으로 임대주택의 질적 수준이 저하될 수 있다.

19. 부동산조세의 경제적 효과에 관한 설명으로 틀린 것은? (단, 다른 요인은 일정함)
① 임대주택에 재산세가 부과되면, 부과된 세금의 일부는 수요자(임차인)에게 전가될 수 있다.
② 공공임대주택공급 확대정책은 사적임대주택시장에서 임대료 인상을 통하여 세금의 일부가 임차인에게 전가되는 현상을 완화시켜준다.
③ 공급이 완전비탄력적인 토지에 세금을 부과하면 세금의 전가가 되지 않으므로 비효율적인 세금이 된다.
④ 공급곡선의 기울기가 수요곡선의 기울기보다 급할 경우, 공급자에게 더 많은 세금이 귀착될 것이다.
⑤ 주택가격에 일률적으로 같은 세율을 적용하는 재산세는 역진세적 효과를 나타낸다.

20. 다음 자료는 A부동산의 1년간 운영수지이다. A부동산의 세후현금흐름승수는? (단, 주어진 조건에 한함)

○ 총투자액: 10억원
○ 지분투자액: 4억원
○ 가능총소득: 9,600만원
○ 공실: 가능총소득의 10%
○ 이자비용: 1,000만원
○ 원금상환액: 400만원
○ 영업소득세: 1,600만원
○ 영업경비: 640만원

① 10                    ② 8
③ 7                     ④ 6
⑤ 5

21. 부동산개발의 경제적 타당성분석 과정에서 전국 대비 해당 지역 특정 산업의 특화도를 파악하는 것은?
① 민감도분석
② 투자분석
③ 입지계수(LQ)
④ 재무적 타당성분석
⑤ 최유효이용 분석

22. 부동산투자분석에 대한 설명으로 틀린 것은?
① 순현가(NPV)를 구할 때 적용되는 할인율은 투자주체마다 달라질 수 있다.
② 투자안의 내부수익률(IRR)이 요구수익률보다 작을 경우에는 투자가치가 있다고 본다.
③ 현금흐름에 따라 복수의 내부수익률이 존재할 수 있다.
④ 수익성지수(PI)법은 투자금액의 크기가 다른 두 투자의 상대적인 투자효율성(수익성)을 비교할 때 유용하게 활용될 수 있다.
⑤ 할인율이 20%일 때, 투자안의 순현가(NPV) 값이 0이라면 이 투자안의 내부수익률(IRR)은 20%이다.

23. 다음과 같은 투자안에서 부동산의 투자가치는? (단, 연간 기준이며, 주어진 조건에 한함)

○ 무위험률: 3%
○ 위험할증률: 2%
○ 예상인플레이션율: 3%
○ 예상순수익: 4,800만원

① 4억 8천만원              ② 5억원
③ 5억 2천만원              ④ 5억 4천만원
⑤ 6억원

24. 부동산투자분석에 대한 설명 중 옳은 것은?
① 순소득승수와 세전현금수지승수는 동일할 수 없다.
② 회계적 이익(수익)률법은 연평균세후순이익을 연평균투자액으로 나누어서 구한다.
③ 지분투자수익률은 지분투자액에 대한 순영업소득의 비율을 말한다.
④ 부채감당률이 1보다 크면, 순영업소득이 매기의 원리금을 상환하기에 부족하다는 것을 의미한다.
⑤ 종합자본환원율과 지분투자수익률은 동일할 수 없다.

25. 부동산에 투자하고자 아래의 자료를 통해 투자분석을 하였다. 이에 대한 설명으로 틀린 것은? (단, 투자자는 위험회피형이며, 주어진 조건에 한정함)

| 투자대안 | 평균 | 표준편차 | 상관계수(ρ) |
|---|---|---|---|
| 부동산 A | 20% | 18% | -0.574 |
| 부동산 B | 17% | 15% | |
| 부동산 C | 14% | 10% | -0.123 |
| 부동산 D | 10% | 8% | |

① 부동산 A, B, C, D 모두 효율적 프론티어(전선)에 존재한다.
② 부동산 A를 최적의 투자안으로 선택한 투자자의 무차별곡선 기울기는 부동산 D를 선택한 투자자의 무차별곡선 기울기보다 완만한 편이다.
③ 부동산 C에 40%를, 부동산 D에 60% 투자한 포트폴리오의 기대수익률은 11.6%이다.
④ 표준편차가 가장 작은 부동산 D가 변이(변동)계수 값도 가장 작다.
⑤ 상관계수(ρ)를 고려하면, 부동산 A와 B를 결합한 포트폴리오가 부동산 C와 D를 결합한 포트폴리오보다 분산투자효과가 더 클 것이다.

26. A씨는 원리금균등분할상환조건으로 5억원을 대출받았다. 은행의 대출조건이 다음과 같을 때, 대출 후 5년이 지난 시점에 남아있는 대출잔액을 구하기 위한 수식은? (단, 주어진 조건에 한함)

○ 대출금리: 고정금리, 연 5%
○ 총대출기간과 상환주기: 30년, 월말 분할상환
○ 월별 원리금지급액: 270만원
○ 기간이 30년인 저당상수: 0.0054
○ 기간이 25년인 저당상수: 0.0058
○ 기간이 30년인 연금의 현가계수: 185.18
○ 기간이 25년인 연금의 현가계수: 171.06

① 5억원 × 0.054 × 171.06
② 5억원 × 0.058 × 171.06
③ 5억원 × 0.054 × 185.18
④ 270만원 × 0.058 × 185.18
⑤ 270만원 × 185.18

27. 부동산 프로젝트금융(PF)의 특징에 관한 설명으로 옳지 않은 것은?
① 사업자체의 현금흐름을 근거로 자금을 조달하고, 원리금상환도 해당 사업에서 발생하는 현금흐름에 근거한다.
② 복잡한 계약에 따른 사업의 지연과 이해당사자간의 조정의 어려움은 사업주와 금융기관 모두에게 단점으로 작용한다.
③ 사업주의 입장에서는 비소구 또는 제한적 소구방식이므로 상환 의무가 제한되는 장점이 있다.
④ 금융기관 입장에서는 금리와 수수료 수준이 높아 일반적인 기업금융보다 높은 수익을 얻을 수 있는 장점이 있다.
⑤ 금융기관 입장에서는 부외금융(off-balance sheet financing)에 의해 채무수용능력이 커지는 장점이 있다.

28. 주택금융에 대한 설명으로 틀린 것은? (단, 다른 조건은 일정함)
① 대출의 만기가 긴 상품일수록 대출기관의 유동성위험은 작아진다.
② 변동금리 주택담보대출의 금리는 기준금리에 가산금리를 합산하여 결정한다.
③ 변동금리대출에서 기준금리의 조정주기가 짧을수록 금리변동위험은 차입자에게 더 많이 전가된다.
④ 금리하한선(floor)이 설정된 대출상품은 대출기관을 시장금리 하락위험으로부터 어느 정도 보호해 준다.
⑤ 고정금리대출의 경우, 예상 인플레이션보다 실제 인플레이션이 더 높으면 대출기관은 상대적으로 불리해진다.

29. 주택담보대출을 희망하는 A소유 주택의 시장가치가 4억원이고, 연소득이 5,000만원이며, 기존 주택담보대출 원리금을 반영한 A가 받을 수 있는 최대 대출가능금액은? (단, 주어진 조건에 한함)

○ 연간저당상수: 0.1
○ 대출승인기준
  - 담보인정비율(LTV): 시장가치기준 60%
  - 총부채상환비율(DTI): 40%
○ 기존주택담보대출: 연간 1,200만원 원리금상환
※ 두 가지 대출승인기준을 모두 충족시켜야 함

① 6,000만원
② 8,000만원
③ 1억원
④ 1억 2,000만원
⑤ 1억 6,000만원

30. 다음 중 기업구조조정 부동산투자회사의 설립 및 운영, 자산의 투자와 관련된 것으로 적합한 것은?
① 자산관리회사에 위탁
② 내부통제기준 제정
③ 상근 자산운용 전문인력
④ 설립 자본금 5억원 이상
⑤ 공모의무 비율 적용

31. 부동산금융의 재원조달방안 중 부채금융(debt financing)의 유형에 해당하는 것을 모두 고른 것은?

ㄱ. 상환우선주        ㄴ. 전환사채(CB)
ㄷ. 부동산 신디케이트    ㄹ. 후순위채권
ㅁ. 신탁증서금융       ㅂ. 조인트 - 벤처

① 1개            ② 2개
③ 3개            ④ 4개
⑤ 없다.

**32. 부동산개발에 대한 설명으로 틀린 것은?**

① 등가교환방식에서 개발업자는 건축비(개발자금)를 제공하고 토지소유자와 공동으로 사업을 수행한다.

② 사업수탁방식의 경우 사업 전반은 토지소유자 명의로 진행되며, 개발사업의 이익은 토지소유자에게 귀속된다.

③ 토지(개발)신탁방식은 위탁자 입장에서 수수료 문제가 발생하지 않는다.

④ BOT(Build-Operate-Transfer)방식은 해당 시설을 준공 후 민간사업자에게 일정기간 운영권이 인정되며, 그 기간의 만료시에 소유권이 정부 또는 지방자치단체에게 귀속되는 방식이다.

⑤ BTL(Build-Transfer-Lease)방식은 민간사업자의 투자비회수가 어려운 시설인 초등학교, 기숙사, 보육시설 등의 건설에 활용된다.

**33. 부동산마케팅 및 광고에 대한 설명으로 옳지 않은 것은?**

① 고객점유마케팅전략은 소비자의 구매의사결정 과정의 각 단계마다 소비자와의 심리적 접점을 마련하고 전달하려는 메시지의 취지와 강도를 조절하는 전략이다.

② STP란 시장세분화(Segmentation), 표적시장(Target market), 차별화(Positioning)를 말한다.

③ AIDA원리에 따르면 구매의사결정은 주의(Attention), 관심(Interest), 욕망(Desire), 행동(Action)단계를 순차적으로 거친다.

④ 노벨티(novelty)광고는 실용적이며 장식적인 물건에 상호, 전화번호 등을 표시하는 것을 말한다.

⑤ 마케팅믹스에서 유통경로(place)전략은 판매유인과 직접적인 인적 판매 등이 있다.

**34. 부동산관리에 관한 설명으로 옳지 않은 것은?**

① 인근지역의 변화, 인근환경과 건물의 부적합, 당해지역 건축물의 시장성 감퇴는 기능적 내용연수에 영향을 미치는 요인이다.

② 부동산관리에서 '유지'란 부동산의 외형·형태를 변화시키지 않으면서 양호한 상태를 지속시키는 행위를 말한다.

③ 부동산의 자산관리는 부동산자산의 포트폴리오 관점에서 자산 - 부채의 재무적 효율성을 최적화하는 것이다.

④ 건물의 관리에 있어서 재무·회계관리, 인력관리 등 전문영역은 위탁하고, 청소를 포함한 단순한 관리는 소유자가 직접 수행할 경우, 이는 혼합관리방식으로 볼 수 있다.

⑤ 건물의 설비, 기계운영 및 보수, 유지관리업무 등은 시설관리나 기술적 관리에 속한다.

**35. 「감정평가에 관한 규칙」상 감정평가방법에 대하여 기술하였다. ㄱ, ㄴ, ㄷ에 적합한 감정평가방법은?**

> ㄱ. 대상물건이 장래 산출할 것으로 기대되는 순수익이나 미래의 현금흐름을 환원하거나 할인하여 대상물건의 가액을 산정하는 감정평가방법을 말한다.
>
> ㄴ. 대상물건과 가치형성요인이 같거나 비슷한 물건의 임대사례와 비교하여 대상물건의 현황에 맞게 사정보정, 시점수정, 가치형성요인 비교 등의 과정을 거쳐 대상물건의 임대료를 산정하는 감정평가방법을 말한다.
>
> ㄷ. 대상물건의 기초가액에 기대이율을 곱하여 산정한 기대수익에 대상물건을 계속하여 임대하는 데에 필요한 경비를 더하여 대상물건의 임대료를 산정하는 감정평가방법을 말한다.

|   | ㄱ | ㄴ | ㄷ |
|---|------|------|------|
| ① | 수익분석법 | 임대사례비교법 | 원가법 |
| ② | 수익환원법 | 임대사례비교법 | 적산법 |
| ③ | 수익환원법 | 거래사례비교법 | 원가법 |
| ④ | 수익분석법 | 임대사례비교법 | 적산법 |
| ⑤ | 수익환원법 | 거래사례비교법 | 적산법 |

**36. 신축 후 경과연수가 5년, 재조달원가는 m²당 400,000원인 1,000m²의 건물이 있다. 기준시점 현재 잔존 경제적 내용연수가 35년인 경우 정액법에 의한 적산가액을 구하면? (단, 잔가율은 10%이며, 주어진 조건에 한정함)**

① 3억원

② 3억 2,500만원

③ 3억 5,500만원

④ 3억 8,000만원

⑤ 4억 2,000만원

**37. 부동산감정평가에 대한 설명으로 틀린 것은?**

① 감정평가가격은 시장참여자의 행동결정을 한다는 점에서 자원배분의 기능을 갖는다.

② 기준시점을 미리 정하였을 때에는 그 날짜에 가격조사가 가능한 경우에만 기준시점으로 할 수 있다.

③ 시산가액의 조정이란 감정평가 3방식 상호간에 발생하는 가격격차를 축소하는 것으로, 산술평균하는 것만을 말한다.

④ 가치형성요인이란 대상물건의 경제적 가치에 영향을 미치는 일반요인, 지역요인 및 개별요인을 말한다.

⑤ 감정평가는 대상물건마다 개별로 해야한다.

38. 다음과 같은 조건하에서 직접환원법에 의해 평가한 대상부동산의 가치(수익가액)는? (단, 주어진 조건에 한정함)

○ 유효총소득: 50,000,000원
○ 영업경비: 4,500,000원
○ 토지가액:건물가액 = 60%:40%
○ 토지환원이율: 5%
○ 건물환원이율: 10%

① 560,000,000원
② 580,000,000원
③ 600,000,000원
④ 650,000,000원
⑤ 700,000,000원

39. 부동산이 최대의 가치를 구현하기 위해서는 투입되는 생산요소의 결합비율이 적절한 균형을 이루고 있어야 한다는 감정평가의 가격원칙(평가원리)으로 가장 적절한 것은?
① 외부성의 원칙
② 경쟁의 원칙
③ 적합의 원칙
④ 대체의 원칙
⑤ 균형의 원칙

40. 부동산가격공시제도에 관한 설명 중 옳지 않은 것은?
① 표준지공시지가는 토지시장의 가격정보를 제공하고, 국가·지방자치단체 등이 그 업무와 관련하여 지가를 산정하는 경우에 그 기준이 된다.
② 시장·군수 또는 구청장은 토지가격비준표를 활용하여 개별공시지가를 매년 5월 31일까지 결정·공시한다.
③ 비주거용 일반부동산가격은 비주거용 표준부동산가격과 비주거용 개별부동산가격으로 구분하여 공시된다.
④ 표준주택에 전세권 또는 그 밖에 주택의 사용·수익을 제한하는 권리가 설정되어 있는 경우에는 해당 권리가 존재하는 것으로 보고 적정가격을 평가하여야 한다.
⑤ 표준주택으로 선정된 단독주택, 그 밖에 대통령령이 정하는 단독주택에 대하여는 개별주택가격을 결정·공시하지 않을 수 있다. 이 경우 표준주택으로 선정된 주택에 대하여는 해당 표준주택가격을 개별주택가격으로 본다.

41. 다음 중 연결이 틀린 것은?
① 무권대리에서 추인 여부에 대한 확답의 최고 – 의사의 통지
② 전세권의 설정 – 설정적 승계
③ 지명채권의 양도 – 준물권행위
④ 소유권의 포기 – 상대방 없는 단독행위
⑤ 임차인의 필요비상환청구권 – 형성권

42. 법률행위의 목적에 관한 설명으로 옳은 것은? (다툼이 있으면 판례에 따름)
① 다수의 보험계약을 통하여 보험금을 부정취득할 목적으로 체결한 보험계약은 반사회질서의 법률행위이다.
② 계약을 체결한 후에 그 계약의 이행이 객관적으로 불가능하게 되었다면 그 법률행위는 무효이다.
③ 공인중개사 자격이 없는 자가 우연히 1회성으로 행한 중개행위에 대한 적정한 수준의 수수료 약정은 무효이다.
④ 강제집행을 면할 목적으로 부동산에 허위의 근저당권 설정등기를 경료하는 행위는 반사회적 법률행위로서 무효이다.
⑤ 대리인이 매도인의 배임행위에 적극 가담하여 이루어진 부동산의 이중매매는 본인인 매수인이 그러한 사정을 몰랐다면 반사회질서의 법률행위가 되지 않는다.

43. 통정허위표시에 관한 설명으로 틀린 것은? (다툼이 있으면 판례에 따름)
① 통정허위표시의 무효에 대항하려는 제3자는 자신이 선의라는 것을 증명하여야 한다.
② 통정허위표시의 무효로 대항할 수 없는 제3자에 해당하는지를 판단할 때, 파산관재인은 파산채권자 일부가 선의라면 선의로 다루어진다.
③ 채무자의 법률행위가 통정허위표시인 경우에도 채권자 취소권의 대상이 된다.
④ 당사자들이 실제로는 증여계약을 체결하면서 매매계약인 것처럼 통정허위표시를 하였다면 은닉행위인 증여계약은 유효할 수 있다.
⑤ 계약뿐만 아니라 상대방 있는 단독행위의 경우에도 통정허위표시가 성립할 수 있다.

44. 甲은 乙의 강박에 의하여 乙에게 자신 소유의 X부동산을 증여하고 소유권이전등기를 경료하였다. 이에 관한 설명으로 옳은 것을 모두 고른 것은? (다툼이 있으면 판례에 따름)

> ㄱ. 乙의 강박에 의한 甲의 증여는 반사회적 법률행위로서 무효이다.
> ㄴ. 甲의 증여는 불공정한 법률행위가 성립하여 무효이다.
> ㄷ. 甲은 계약일로부터 10년이 지난 후에는 강박을 이유로 취소할 수 없다.
> ㄹ. 乙의 강박에 의해 甲의 자유로운 의사결정의 여지가 완전히 박탈되어 그 외형만 있는 법률행위는 무효이다.

① ㄱ, ㄴ　　　　　　　② ㄱ, ㄷ
③ ㄱ, ㄹ　　　　　　　④ ㄴ, ㄷ
⑤ ㄷ, ㄹ

45. 甲으로부터 甲 소유 X토지의 매도 대리권을 수여받은 乙은 甲을 대리하여 丙과 X토지에 대한 매매계약을 체결하였다. 다음 설명 중 옳은 것을 모두 고른 것은? (다툼이 있으면 판례에 따름)

> ㄱ. 만약 甲이 매매계약의 체결과 이행에 관하여 포괄적 대리권을 수여한 경우, 乙은 특별한 사정이 없는 한 약정된 매매대금 지급기일을 연기해 줄 권한도 가진다.
> ㄴ. 乙이 甲을 위한 매매임을 표시하지 않으면 乙의 의사표시는 효력이 없다.
> ㄷ. 乙이 자기의 이익을 위하여 배임적 대리행위를 하였고 丙도 이를 안 경우, 乙의 대리행위는 甲에게 효력을 미친다.
> ㄹ. 丙이 매매계약을 적법하게 해제한 경우, 그 해제로 인한 원상회복의무는 甲과 丙이 부담한다.

① ㄱ, ㄷ　　　　　　　② ㄱ, ㄹ
③ ㄴ, ㄷ　　　　　　　④ ㄴ, ㄹ
⑤ ㄷ, ㄹ

46. 乙이 대리권 없이 甲의 대리인으로서 상대방 丙과 계약을 체결한 경우에 관한 설명 중 옳은 것은? (다툼이 있으면 판례에 따름)

① 계약체결 사실을 알게 된 甲이 즉시 乙에게 계약을 추인하였는데, 그 후 이러한 사정을 모르는 丙이 甲에게 계약을 철회한 경우, 丙은 甲에 대하여 계약의 이행을 거절할 수 없다.
② 乙이 甲을 단독상속한 경우, 乙은 본인의 지위에서 추인거절권을 행사할 수 없다.
③ 丙이 甲에게 상당한 기간을 정하여 계약의 추인 여부의 확답을 최고하였는데, 甲이 그 기간이 지난 후에 丙에게 추인을 한 경우, 丙은 甲에게 계약의 이행을 거절할 수 없다.
④ 乙은 미성년자인 경우에도 무권대리인의 책임을 면할 수 없다.
⑤ 甲이 丙에게 추인거절의 의사를 적극적으로 표시한 경우에도 丙은 甲에 대해 추인 여부의 확답의 최고권을 가진다.

47. 표현대리에 관한 다음 설명 중 틀린 것은? (다툼이 있으면 판례에 따름)

① 표현대리를 주장할 때에는 무권대리인과 표현대리에 해당하는 무권대리행위를 특정하여 주장하여야 한다.
② 권한을 넘은 표현대리에 있어서 정당한 이유의 유무는 대리행위 당시를 기준으로 하여 판정하여야 한다.
③ 기본대리권은 표현대리행위와 동종 또는 유사한 것임을 요하지 않는다.
④ 강행법규를 위반하여 무효인 법률행위라 하더라도 표현대리의 법리는 준용될 수 있다.
⑤ 건물의 관리를 위임받은 대리인이 건물을 양도하는 매매계약을 체결한 경우는 권한을 넘은 표현대리가 될 수 있다.

48. 법률행위의 효력이 확정적이지 않은 것을 모두 고른 것은?

> ㄱ. 불공정한 법률행위
> ㄴ. 상대방의 강박으로 인한 의사표시
> ㄷ. 부동산 공유자의 상호명의신탁
> ㄹ. 소유권유보부 매매를 원인으로 하는 동산소유권취득

① ㄱ, ㄴ　　　　　　　② ㄱ, ㄷ
③ ㄴ, ㄷ　　　　　　　④ ㄴ, ㄹ
⑤ ㄷ, ㄹ

49. 다음 중 원칙적으로 취소권이 없는 자는?
 ① 제한능력자
 ② 제한능력자의 법정대리인
 ③ 사기당하여 의사표시를 한 임의대리인
 ④ 취소권자의 포괄승계인
 ⑤ 취소권자의 특정승계인

50. 조건과 기한에 관한 다음 설명 중 옳은 것은?
 ① 조건이 법률행위 당시 이미 성취된 경우, 그 조건이 정지조건이면 법률행위는 무효가 된다.
 ② 불법조건이 붙어 있는 법률행위는 그 조건만 무효가 된다.
 ③ 조건의 성취가 미정인 권리는 일반규정에 의하여 처분할 수 있을 뿐 아니라 담보로 할 수도 있다.
 ④ 기한은 당사자의 특약으로 소급효를 인정할 수 있다.
 ⑤ 기한이익상실의 특약은 특별한 사정이 없는 한 정지조건부 기한이익상실의 특약으로 추정한다.

51. 甲이 점유하고 있는 X물건을 乙이 침탈하였다. 다음 설명 중 틀린 것을 모두 고른 것은? (다툼이 있으면 판례에 따름)

 ㄱ. 甲의 乙에 대한 점유물반환청구권은 침탈당한 날로부터 1년 내에 행사하여야 하는데, 이는 출소기간이다.
 ㄴ. 甲이 丁 소유의 X물건을 임차하여 점유하였던 경우, 丁도 乙에 대하여 점유물반환청구권을 행사할 수 있다.
 ㄷ. 乙이 선의의 丙에게 X물건을 매도·인도한 경우, 甲은 丙에 대하여 점유물반환청구권을 행사할 수 있다.
 ㄹ. 만일 甲이 乙의 사기로 인해 점유를 乙에게 이전한 경우, 乙에 대하여 점유물반환을 청구할 수 있다.

 ① ㄱ, ㄷ          ② ㄱ, ㄹ
 ③ ㄴ, ㄷ          ④ ㄴ, ㄹ
 ⑤ ㄷ, ㄹ

52. 甲이 등기를 하여야 비로소 소유권을 취득하는 경우를 모두 고른 것은? (다툼이 있으면 판례에 따름)

 ㄱ. 甲이 부동산에 대한 점유취득시효를 완성한 경우
 ㄴ. 乙 소유의 토지에 甲이 무단으로 건물을 신축한 경우
 ㄷ. 저당권 실행을 위한 경매에서 매수인 甲이 매각대금을 완납한 경우
 ㄹ. 공유자 乙의 공유지분 포기에 따른 공유자 甲의 단독소유권취득

 ① ㄱ, ㄴ          ② ㄱ, ㄷ
 ③ ㄱ, ㄹ          ④ ㄴ, ㄷ
 ⑤ ㄷ, ㄹ

53. 甲은 자신의 X토지를 乙에게 매도하였고, 乙은 X토지를 丙에게 전매하였다. 다음 설명 중 틀린 것을 모두 고른 것은? (다툼이 있으면 판례에 따름)

 ㄱ. 甲, 乙, 丙 사이에 중간생략등기에 관한 합의가 있은 후 甲·乙간의 특약으로 매매대금을 인상한 경우, 甲은 인상된 매매대금의 미지급을 이유로 丙에 대한 소유권이전등기의무의 이행을 거절할 수 있다.
 ㄴ. 甲, 乙, 丙 사이에 중간생략등기에 관한 합의가 있어도 乙의 甲에 대한 소유권이전등기청구권은 소멸하지 않는다.
 ㄷ. 甲, 乙, 丙 사이에 중간생략등기에 관한 합의가 없다면, 중간생략등기가 이루어져서 실체관계에 부합하더라도 그 등기는 무효이다.
 ㄹ. 乙의 甲에 대한 소유권이전등기청구권의 양도는 甲에 대한 통지만으로 대항력이 생긴다.

 ① ㄱ, ㄷ          ② ㄱ, ㄹ
 ③ ㄴ, ㄷ          ④ ㄴ, ㄹ
 ⑤ ㄷ, ㄹ

**54. 부동산 소유권이전등기청구권에 관한 설명으로 틀린 것은? (다툼이 있으면 판례에 따름)**

① 취득시효 완성으로 인한 소유권이전등기청구권은 시효 완성 당시의 등기명의인이 동의해야만 양도할 수 있다.

② 점유취득시효 완성으로 인한 소유권이전등기청구권은 채권적 청구권으로 이해된다.

③ 乙이 甲 소유 부동산을 매수하여 丙에게 전매하였으나 등기는 甲 명의로 남아 있는 경우 丙은 乙을 대위하여 甲에게 이전등기를 청구할 수 있다.

④ 등기권리자가 등기의무자에게 등기신청에 협력할 것을 청구하는 권리이다.

⑤ 등기신청권이란 등기권리자와 등기의무자가 함께 국가에 등기를 신청하는 공법상의 권리이다.

**55. 저당권의 소멸원인이 아닌 것은 모두 몇 개인가?**

> ㄱ. 저당목적물이 경매로 인해 제3자에게 매각된 경우
> ㄴ. 피담보채권이 시효 완성으로 소멸한 경우
> ㄷ. 지상권을 목적으로 제3자에게 저당권이 설정된 후 토지소유자가 그 지상권을 취득한 경우
> ㄹ. 저당권자가 자신 또는 제3자의 이익을 위해 존속시킬 필요가 없는 저당부동산에 대한 소유권을 취득한 경우

① 없다.
② 1개
③ 2개
④ 3개
⑤ 4개

**56. 점유에 관한 설명으로 틀린 것은? (다툼이 있으면 판례에 따름)**

① 점유매개자의 점유는 타주점유에 해당한다.

② 「주택임대차보호법」상의 대항요건인 인도(引渡)는 임차인이 주택의 간접점유를 취득하는 경우에도 인정될 수 있다.

③ 점유매개관계가 소멸하면 간접점유자는 직접점유자에게 점유물의 반환을 청구할 수 있다.

④ 점유자의 점유권원에 관한 주장이 인정되지 않는다는 것만으로도 자주점유의 추정이 깨진다.

⑤ 점유자의 특정승계인이 자기의 점유와 전(前) 점유자의 점유를 아울러 주장하는 경우, 그 하자도 승계한다.

**57. 주위토지통행권에 관한 설명으로 틀린 것은? (다툼이 있으면 판례에 따름)**

① 포위된 토지가 공로에 접하게 되어 주위토지통행권을 인정할 필요성이 없어진 경우에도 그 통행권은 존속한다.

② 주위토지통행권은 토지와 공로 사이에 기존의 통로가 있더라도 그것이 그 토지의 이용에 부적합하여 실제로 통로로서의 충분한 기능을 하지 못하는 경우에도 인정된다.

③ 주위토지통행권의 본래적 기능 발휘를 위해서 그 통행에 방해가 되는 축조물은 적법하게 설치되었던 것이라 하더라도 철거되어야 한다.

④ 토지의 용도에 필요한 통로가 있는 경우에는 그 통로를 사용하는 것보다 더 편리하다는 이유만으로 주위토지통행권을 인정할 수는 없다.

⑤ 주위토지통행권이 인정되는 경우 통로개설 비용은 원칙적으로 주위토지통행권자가 부담하여야 한다.

**58. 부합에 관한 설명으로 옳은 것은? (다툼이 있으면 판례에 따름)**

① 건물에 부합된 증축부분이 경매절차에서 경매목적물로 평가되지 않은 때에는 매수인은 그 소유권을 취득하지 못한다.

② 저당권설정 이후에 부합한 물건에 대하여 저당권의 효력이 미칠 수 없음을 약정할 수 있다.

③ 시가 1억원 상당의 부동산에 시가 2억원 상당의 동산이 부합하면, 특약이 없는 한 동산의 소유자가 그 부동산의 소유권을 취득한다.

④ 건물임차인이 권원에 기하여 증축한 부분은 구조상 · 이용상 독립성이 없더라도 임차인의 소유에 속한다.

⑤ 건물은 토지에 부합한다.

**59. 지역권에 관한 다음 설명 중 틀린 것은?**

① 요역지와 분리하여 지역권만을 양도할 수 있다.

② 지역권은 상속에 의해서 취득할 수 있다.

③ 지역권은 1필의 토지의 일부 위에도 성립할 수 있다.

④ 지역권은 소멸시효의 대상이 될 수 있다.

⑤ 지역권은 계속되고 표현된 것에 한하여 시효취득할 수 있다.

60. 지상권에 관한 설명으로 **틀린** 것은? (다툼이 있으면 판례에 따름)

① 분묘기지권을 시효취득한 자는 토지소유자가 지료를 청구한 날부터의 지료를 지급할 의무가 있다.

② 기존의 분묘기지권이 미치는 지역적 범위 내에서 부부합장을 위한 쌍분(雙墳) 형태의 분묘를 새로이 설치할 수 없다.

③ 지상권자의 지료 지급연체가 토지소유권의 양도 전후에 걸쳐 이루어진 경우, 토지양수인은 자신에 대한 연체기간이 2년 미만이라도 지상권의 소멸을 청구할 수 있다.

④ 당사자가 지료에 관한 합의를 하였다면 이를 등기하지 않았더라도 해당 지상권자에 대하여 지료지급을 청구할 수 있다.

⑤ 지상권을 유보한 채 지상물만을 양도할 수도 있다.

61. 甲은 乙 소유 X건물의 일부에 관하여 전세권을 취득하였다. 다음 설명 중 **틀린** 것은? (다툼이 있으면 판례에 따름)

① 乙의 전세권이 법정갱신되는 경우, 그 존속기간은 1년이다.

② 甲의 전세권 존속기간이 만료한 경우, 전세권의 용익물권적 권능은 소멸한다.

③ 甲은 설정행위로 금지되지 않는 한 전세권을 제3자에게 양도할 수 있다.

④ 존속기간 만료시 乙이 전세금을 반환받지 못하더라도 乙은 전세권에 기하여 X건물 전체에 대한 경매를 신청할 수는 없다.

⑤ 乙은 특별한 사정이 없는 한 전세목적물의 현상유지를 위해 지출한 통상 필요비의 상환을 甲에게 청구할 수 없다.

62. 「민법」상 유치권에 관한 설명으로 **틀린** 것은? (다툼이 있으면 판례에 따름)

① 채권자가 채무자를 직접점유자로 하여 간접점유하는 경우에도 유치권은 성립한다.

② 건물신축공사를 도급받은 수급인이 사회통념상 독립한 건물이 되지 못한 정착물을 토지에 설치한 상태에서 공사가 중단된 경우, 그 토지에 대해 유치권을 행사할 수 없다.

③ 유치권자는 선량한 관리자의 주의로 유치물을 점유해야 한다.

④ 유치권자는 유치물에 대한 경매권이 있다.

⑤ 유치권자는 유치물의 과실인 금전을 수취하여 다른 채권보다 먼저 피담보채권의 변제에 충당할 수 있다.

63. 저당권의 물상대위에 관한 설명으로 **옳은** 것은? (다툼이 있으면 판례에 따름)

① 저당권설정자에게 대위할 물건이 인도된 후에 저당권자가 그 물건을 압류한 경우 물상대위권을 행사할 수 있다.

② 대위할 물건이 제3자에 의하여 압류된 경우에는 물상대위성이 없다.

③ 저당권자는 저당목적물의 소실로 인하여 저당권설정자가 취득한 화재보험금청구권에 대하여 물상대위권을 행사할 수 있다.

④ 저당권이 설정된 토지가 「공익사업을 위한 토지 등의 취득 및 보상에 관한 법률」에 따라 협의취득된 경우, 저당권자는 그 보상금에 대하여 물상대위권을 행사할 수 있다.

⑤ 전세권을 저당권의 목적으로 한 경우 저당권자에게 물상대위권이 인정되지 않는다.

64. 저당권에 관한 설명으로 **틀린** 것은? (다툼이 있으면 판례에 따름)

① 저당권의 목적토지가 「공익사업을 위한 토지 등의 취득 및 보상에 관한 법률」에 따라 협의취득된 경우, 저당권자는 그 보상금청구권에 대해 물상대위권을 행사할 수 없다.

② 저당물의 소유권을 취득한 제3자는 그 저당물의 보존을 위해 필요비를 지출하더라도 특별한 사정이 없는 한 그 저당물의 경매대가에서 우선상환을 받을 수 없다.

③ 저당권은 그 담보하는 채권과 분리하여 다른 채권의 담보로 하지 못한다.

④ 건물 건축 개시 전의 나대지에 저당권이 설정될 당시 저당권자가 그 토지소유자의 건물 건축에 동의한 경우, 저당토지의 임의경매로 인한 법정지상권은 성립하지 않는다.

⑤ 저당부동산에 대한 압류 이후의 저당권설정자의 저당부동산에 관한 차임채권에도 저당권의 효력이 미친다.

96

65. 甲의 X토지에 乙이 채권을 담보하기 위해서 저당권을 취득하였고, 그 후 丙이 저당권을 취득하였다. 다음 설명 중 옳은 것을 모두 고른 것은? (다툼이 있으면 판례에 따름)

> ㄱ. 乙은 저당권을 피담보채권과 분리하여 제3자에게 양도할 수 있다.
> ㄴ. 등기된 입목이나 등록된 건설기계는 저당권의 객체가 된다.
> ㄷ. 乙 명의의 저당권등기가 불법말소된 후 丙의 경매신청으로 X토지가 제3자에게 매각되더라도 乙의 저당권등기는 회복될 수 있다.
> ㄹ. 甲이 乙에게 이행기에 피담보채무 전부를 변제하면 乙 명의의 저당권은 말소등기를 하지 않아도 소멸한다.

① ㄱ, ㄴ      ② ㄱ, ㄷ      ③ ㄴ, ㄷ
④ ㄴ, ㄹ      ⑤ ㄷ, ㄹ

66. 乙은 甲 소유의 X토지를 10억원에 사고 싶어 甲에게 이러한 내용을 담은 편지를 2024년 10월 5일 발송하면서, 10월 20일까지 답장을 요구하였다. 10월 7일 편지를 받은 甲은 그 토지를 팔겠다는 편지를 10월 12일에 발송하였다. 그런데 우체국의 잘못으로 甲의 편지는 10월 22일에 도착하였고, 甲은 이러한 연착에 대한 통지를 하지 않았다. 매매계약이 성립한 때는 언제인가?

① 2024년 10월 5일      ② 2024년 10월 7일
③ 2024년 10월 12일      ④ 2024년 10월 20일
⑤ 2024년 10월 22일

67. 乙은 제3자의 가압류등기가 있는 X부동산을 甲으로부터 매수하였다. 이에 관한 설명으로 옳은 것을 모두 고른 것은? (다툼이 있으면 판례에 따름)

> ㄱ. 甲의 소유권이전등기의무 및 가압류등기의 말소의무와 乙의 대금지급의무는 특별한 사정이 없는 한 동시이행관계에 있다.
> ㄴ. 甲의 乙에 대한 매매대금채권이 전부명령에 의해 압류채권자인 丙에게 이전된 경우, 乙은 丙의 대금청구에 대해 동시이행의 항변권을 행사할 수 없다.
> ㄷ. 甲이 乙을 상대로 대금지급청구의 소를 제기하였고 이에 대하여 乙이 동시이행항변권을 주장하면 법원은 원고패소를 선고하여야 한다.
> ㄹ. 甲은 乙에 대한 매매대금채권을 자동채권으로 하여 상계적상에 있는 乙의 甲에 대한 대여금채권과 상계할 수 없다.

① ㄱ, ㄴ      ② ㄱ, ㄷ
③ ㄱ, ㄹ      ④ ㄴ, ㄷ
⑤ ㄴ, ㄹ

68. 위험부담에 관한 설명으로 옳은 것을 모두 고른 것은? (다툼이 있으면 판례에 따름)

> ㄱ. 당사자 쌍방의 귀책사유 없는 이행불능으로 매매계약이 종료된 경우, 매도인은 이미 지급받은 계약금을 반환하지 않아도 된다.
> ㄴ. 당사자 일방이 대상청구권을 행사하면 상대방에 대하여 반대급부를 이행할 의무가 있다.
> ㄷ. 교환계약의 일방 당사자의 채무이행이 그에게 책임 있는 사유로 불가능하게 된 경우에도 위험부담의 법리가 적용된다.
> ㄹ. 편무계약의 경우 원칙적으로 위험부담의 법리가 적용되지 않는다.

① ㄱ, ㄴ      ② ㄱ, ㄷ
③ ㄴ, ㄷ      ④ ㄴ, ㄹ
⑤ ㄷ, ㄹ

69. 甲이 乙에게 자신의 주택을 매도하면서 乙은 중도금 및 잔금을 丙에게 지급하기로 약정하였다. 다음 설명 중 틀린 것은? (다툼이 있으면 판례에 따름)

① 丙이 수익의 의사표시를 한 후에는 특별한 사정이 없는 한 甲과 乙의 합의에 의해 丙의 권리를 소멸시킬 수 없다.
② 乙의 채무불이행을 이유로 丙은 매매계약을 해제할 수 없다.
③ 丙이 수익의 의사표시를 한 후에 乙의 귀책사유에 의하여 채무가 불이행된 경우, 丙은 乙에 대하여 손해배상을 청구할 수 있다.
④ 乙은 甲의 채무불이행을 이유로 매매계약을 해제할 수 있다.
⑤ 乙이 丙에게 중도금 및 잔금을 전부 지급한 후에 甲의 채무불이행을 이유로 매매계약을 해제한 경우, 특별한 사정이 없는 한 乙은 계약해제에 기한 원상회복을 원인으로 丙에게 그 반환을 청구할 수 있다.

70. 계약해제에 관한 설명으로 **틀린** 것은? (다툼이 있으면 판례에 따름)

① 계약금계약에 의한 해제를 하는 경우, 매도인은 해제의사표시와 약정계약금의 배액을 제공하면 되고, 매수인의 수령거절시 공탁할 필요는 없다.

② 계약이 해제된 경우 금전을 수령한 자는 해제한 날부터 이자를 가산하여 반환하여야 한다.

③ 정기행위의 경우에는 상대방은 그 이행의 최고를 하지 아니하고 계약을 해제할 수 있다.

④ 계약이 합의해제된 경우, 다른 사정이 없으면 채무불이행으로 인한 손해배상을 청구할 수 없다.

⑤ 계약의 상대방이 여럿인 경우, 해제권자는 그 전원에 대하여 해제권을 행사하여야 한다.

71. 甲은 자신의 X부동산에 관하여 매매대금 5억원, 계약금 5천만원으로 하는 계약을 乙과 체결하였다. 다음 설명 중 **틀린** 것은? (다툼이 있으면 판례에 따름)

① 甲과 乙 사이에 계약금을 위약금으로 하는 특약도 가능하다.

② 乙이 지급한 계약금은 다른 약정이 없는 한 해약금으로 추정한다.

③ 乙은 중도금의 지급 후에는 특약이 없는 한 계약금을 포기하고 계약을 해제할 수 없다.

④ 甲과 乙 사이의 매매계약이 무효이거나 취소되더라도 계약금계약의 효력은 소멸하지 않는다.

⑤ 甲과 乙 사이에 해약금에 기한 해제권을 배제하기로 하는 약정을 하였다면 더 이상 그 해제권을 행사할 수 없다.

72. 甲이 경매절차에서 저당목적물인 乙 소유의 X토지를 매각받고 그 소유권이전등기가 경료되었다. 다음 설명 중 **틀린** 것은? (다툼이 있으면 판례에 따름)

① X토지에 대한 법령상의 제한으로 건물신축이 불가능하면 甲은 담보책임을 물을 수 없다.

② 채무자 乙이 권리의 하자를 알고 고지하지 않았다면 甲은 乙에게 손해배상을 청구할 수 있다.

③ 담보책임이 인정되는 경우, 甲은 乙의 자력 유무를 고려함이 없이 곧바로 배당채권자에게 대금의 전부 또는 일부의 상환을 청구할 수 있다.

④ 만약 乙이 물상보증인인 경우, 담보책임으로 인해 매매계약이 해제되면 그 대금반환채무는 乙이 부담한다.

⑤ 경매절차가 무효인 경우, 甲은 담보책임을 물을 수 없다.

73. 임대차에 관한 설명으로 **틀린** 것은? (다툼이 있으면 판례에 따름)

① 임대인이 목적물을 임대할 권한이 없어도 임대차계약은 유효하게 성립한다.

② 부동산임차인은 임대인과의 반대약정이 없으면 임대인에게 임대차등기절차에 협력할 것을 청구할 수 있다.

③ 여럿이 공동으로 임차한 경우, 임차인은 연대하여 차임지급의무를 부담한다.

④ 연체차임액이 1기의 차임액에 이르면 건물임대인이 차임연체로 해지할 수 있다는 약정은 무효이다.

⑤ 임차인이 지출한 필요비는 계약이 종료한 때 비로소 상환청구를 할 수 있다.

74. 토지임차인의 지상물매수청구권에 관한 설명으로 **옳은** 것은? (다툼이 있으면 판례에 따름)

① 토지임차인이 지상물만을 타인에게 양도하더라도 임대차가 종료하면 그 임차인이 매수청구권을 행사할 수 있다.

② 차임연체 등 채무불이행을 이유로 그 임대차계약이 해지되는 경우에도 토지임차인으로서는 그 지상건물의 매수를 청구할 수 있다.

③ 매수청구권의 대상이 되는 지상물은 임대인의 동의를 얻어 신축한 것에 한한다.

④ 기간의 정함이 없는 임대차가 임대인의 해지통고로 소멸한 경우에 임차인은 즉시 매수청구를 할 수 있다.

⑤ 임대차 종료 전 지상물 일체를 포기하기로 하는 임대인과 임차인의 약정은 특별한 사정이 없는 한 유효하다.

75. 「주택임대차보호법」에 관한 설명으로 **틀린** 것은? (다툼이 있으면 판례에 따름)

① 다가구용 단독주택 일부의 임차인이 대항력을 취득하였다면, 후에 건축물대장상으로 다가구용 단독주택이 다세대주택으로 변경되었다는 사정만으로는 이미 취득한 대항력을 상실하지 않는다.

② 임차인이 2기의 차임액에 달하는 차임을 연체하면 묵시적 갱신이 인정되지 않는다.

③ 임차인이 대항력을 가진 후 그 임차주택의 소유권이 양도되어 양수인이 임차보증금반환채무를 부담하게 되었더라도, 임차인이 주민등록을 이전하면 양수인이 부담하는 임차보증금반환채무는 소멸한다.

④ 묵시적 갱신이 된 경우, 갱신된 임대차계약의 존속기간은 2년이다.

⑤ 임대차계약이 묵시적으로 갱신된 경우에 임차인이 임대인에게 해지통지를 한 후 임대인이 그 통지를 받은 날로부터 3개월이 경과되면 계약은 해지된다.

76. 주택에 대해 대항요건과 확정일자를 갖춘 임대차에 관한 설명으로 틀린 것은? (다툼이 있으면 판례에 따름)

① 임차권은 상속인에게 상속될 수 있다.

② 임차권이 대항요건을 갖춘 후에 저당권이 설정된 경우, 임차인이 소유권을 취득하면 혼동으로 임차권은 소멸한다.

③ 주택임차인이 주택의 인도와 주민등록을 마친 때에는 그 다음 날부터 제3자에 대하여 효력이 생기고, 임차주택의 양수인은 임대인의 지위를 승계한 것으로 본다.

④ 임대차가 종료된 후 보증금을 반환받지 못한 임차인은 임차권등기명령을 신청할 수 있고, 위 신청 및 그에 따른 임차권등기와 관련하여 소요된 비용을 임대인에게 청구할 수 있다.

⑤ 근저당권이 설정된 사무실용 건물이 주거용 건물로 용도변경된 후 이를 임차한 소액임차인은 특별한 사정이 없는 한 보증금 중 일정액을 근저당권자에 우선하여 변제받을 수 있다.

77. 「상가건물 임대차보호법」에서 임대인이 계약갱신을 거절할 수 있는 사유가 아닌 것은?

① 임차인이 3기의 차임지급을 연체한 사실이 있는 경우

② 쌍방 합의하에 임대인이 임차인에게 상당한 보상을 제공한 경우

③ 임차인이 임대인의 동의 없이 목적건물의 전부 또는 일부를 전대한 경우

④ 임차인이 임차한 건물의 일부를 경과실로 파손한 경우

⑤ 임차인이 거짓 그 밖의 부정한 방법으로 임차한 경우

78. 「집합건물의 소유 및 관리에 관한 법률」에 관한 설명으로 틀린 것은? (다툼이 있으면 판례에 따름)

① 관리위원회를 둔 경우에도 규약에서 달리 정한 바가 없으면, 관리인은 공용부분의 보존행위를 함에 있어 관리위원회의 결의를 요하지 않는다.

② 재건축 결의는 구분소유자의 5분의 4 이상 및 의결권의 5분의 4 이상의 결의에 따른다.

③ 공용부분의 개량을 위한 것으로서 지나치게 많은 비용이 드는 것이 아닐 경우, 통상의 집회결의로써 결정할 수 있다.

④ 건물의 노후화 억제를 위한 것으로 구분소유권 및 대지사용권의 범위나 내용에 변동을 일으키는 공용부분의 변경에 관한 사항은 구분소유자의 5분의 4 이상 및 의결권의 5분의 4 이상의 결의로써 결정한다.

⑤ 구분소유자가 10인 이상일 때에는 관리단을 대표하고 관리단의 사무를 집행할 관리인을 선임하여야 한다.

79. 가등기담보권의 실행에 관한 설명으로 틀린 것은? (다툼이 있으면 판례에 따름)

① 채권자가 담보권을 실행하여 담보부동산의 소유권을 취득하기 위하여는 청산금의 평가액을 채무자 등에게 통지하고 그 통지가 채무자 등에게 도달한 날로부터 2개월이 경과하여야 한다.

② 청산금 미지급으로 본등기가 무효로 되었다면, 그 후 청산절차를 마치더라도 유효한 등기가 될 수 없다.

③ 가등기담보권의 사적 실행에 있어서 채권자가 청산금의 지급 이전에 본등기 이전과 담보목적물을 인도받을 것을 내용으로 하는 처분정산형의 담보권실행은 「가등기담보 등에 관한 법률」상 허용되지 않는다.

④ 목적부동산의 평가액이 채권액에 미달하여 청산금이 없다고 인정되는 때에는 채권자는 그 뜻을 채무자 등에게 통지하여야 한다.

⑤ 후순위권리자는 청산기간 내에 한하여 그 피담보채권의 변제기가 되기 전이라도 목적부동산의 경매를 청구할 수 있다.

80. 甲과 乙의 명의신탁약정에 따라 乙이 丙으로부터 건물을 매수한 후 자신의 명의로 등기한 경우에, 「부동산 실권리자명의 등기에 관한 법률」이 적용되지 않는 경우를 모두 고른 것은? (다툼이 있으면 판례에 따름)

---

ㄱ. 甲이 채무변제를 담보하기 위해 채권자 乙 명의로 가등기를 한 경우

ㄴ. 乙 명의의 등기가 소유권이전등기청구권 보전을 위한 가등기인 경우

ㄷ. 甲과 乙이 「신탁법」에 따라 신탁재산인 사실을 등기한 경우

ㄹ. 甲과 乙이 배우자로서 탈세목적으로 명의신탁약정을 한 경우

ㅁ. 甲과 乙이 상호명의신탁을 한 경우

---

① ㄱ, ㄴ
② ㄱ, ㄷ
③ ㄴ, ㄷ
④ ㄴ, ㄹ
⑤ ㄱ, ㄷ, ㅁ

# 2024년도 제35회 공인중개사 1차 국가자격시험

# 실전모의고사 제7회

| 교 시 | 문제형별 | 시 간 | 시 험 과 목 |
|---|---|---|---|
| **1교시** | **A** | **100분** | ① 부동산학개론<br>② 민법 및 민사특별법 중<br>　부동산 중개에 관련되는 규정 |

| 수험번호 | | 성 명 | |
|---|---|---|---|

## 【 수험자 유의사항 】

1. **시험문제지는 단일 형별(A형)이며, 답안카드 형별 기재란에 표시된 형별(A형)을 확인하시기 바랍니다.** 시험문제지의 **총면수, 문제번호 일련순서, 인쇄상태** 등을 확인하시고, 문제지 표지에 수험번호와 성명을 기재하시기 바랍니다.

2. 답은 각 문제마다 요구하는 **가장 적합하거나 가까운 답 1개**만 선택하고, 답안카드 작성 시 시험문제지 **형별누락, 마킹착오**로 인한 불이익은 전적으로 **수험자에게 책임**이 있음을 알려드립니다.

3. 답안카드는 국가전문자격 공통 표준형으로 문제번호가 1번부터 125번까지 인쇄되어 있습니다. 답안 마킹 시에는 반드시 **시험문제지의 문제번호와 동일한 번호에 마킹**하여야 합니다. (1차 1교시: 1번~80번)

4. **감독위원의 지시**에 불응하거나 **시험시간 종료 후 답안카드를 제출하지 않을 경우** 불이익이 발생할 수 있음을 알려 드립니다.

5. 시험문제지는 시험 종료 후 가져가시기 바랍니다.

6. 답안작성은 **시험 시행일(2024.10.26.) 현재 시행되는 법령 등**을 적용하시기 바랍니다.

7. 가답안 의견제시에 대한 개별회신 및 공고는 하지 않으며, **최종 정답 발표로 갈음**합니다.

8. 시험 중 **중간 퇴실은 불가**합니다. 단, 부득이하게 퇴실할 경우 시험포기각서 제출 후 퇴실은 가능하나 **재입실이 불가**하며, **해당시험은 무효처리됩니다.**

## 해커스 공인중개사

# 제1과목: 부동산학개론

1. 공간으로서의 부동산에 대한 설명으로 옳지 <u>않은</u> 것은?

① 「민법」에서 토지의 소유권은 정당한 이익이 있는 범위 내에서 토지의 상하에 미친다고 규정하고 있어, 토지 소유권의 효력범위를 입체적으로 규정하고 있다.

② 부동산가격은 3차원 공간이 갖는 개개의 공간가격의 총화로서 복합개념으로 이해할 수 있다.

③ 토지소유권은 토지의 구성부분과 토지로부터 독립성이 없는 부착물에도 그 효력을 미친다.

④ 토지의 지하에 관한 권리의 하나인 광업권은 토지소유자의 권리로 인정된다.

⑤ 부동산활동은 3차원 공간을 모두 대상으로 하는 공간활동이다.

2. 부동산학에서 사용하는 용어를 설명하였다. 틀린 것은?

① 과수원지역이 답지지역으로 그 용도가 변경되고 있는 지역의 토지는 이행지이다.

② 토지이용규제가 강화된 지역에서 건부지가격은 나지가격보다 높게 평가될 수 있다.

③ 휴한지란 지력회복을 위해서 정상적으로 쉬게 하는 농촌토지를 말한다.

④ 연립주택은 주택으로 쓰는 1개 동의 바닥면적의 합계가 330m²를 초과하고 층수가 3개 층 이하인 주택을 말한다.

⑤ 획지는 인위적·자연적·행정적 조건에 의해 다른 토지와 구별되는 가격수준이 비슷한 일단의 토지를 말한다.

3. 부동산의 특성에 대한 설명으로 옳지 <u>않은</u> 것은?

① 내구성은 부동산의 재고시장 형성에 영향을 준다.

② 부동산의 고가성은 부동산시장에의 진·출입을 어렵게 한다.

③ 개별성은 부동산활동이나 부동산현상을 동질화하는 특성으로서 부동산의 비교를 명확하고 용이하게 한다.

④ 부증성은 토지의 물리적 공급을 비탄력화시켜서 부동산의 균형가격 성립을 저해하는 요인이 된다.

⑤ 지리적 위치의 고정성은 부동산을 제도적 규율의 대상으로 삼기 용이하게 해준다.

4. 부동산수요·공급에 관한 설명으로 옳지 <u>않은</u> 것은? (단, 다른 조건은 일정함)

① 시장금리의 상승은 이자비용을 증가시켜 부동산공급자의 수익을 감소시키는 요인이 된다.

② 아파트 가격의 변화가 아파트 수요량과 공급량에 영향을 주는 것은 아니다.

③ 주택소비자들의 아파트 가격 상승에 대한 기대감이 크다면 아파트 수요는 증가한다.

④ 공급이 증가할 때 수요의 가격탄력성이 비탄력적일수록 균형가격의 변화폭은 더 크다.

⑤ 주택의 공급규모가 커지면, 규모의 경제(economy of scale)로 인해 생산단가가 낮아져 건설비용을 절감할 수 있다.

5. 아파트시장에서 아파트의 균형가격을 상승시키는 요인은 모두 몇 개인가? (단, 아파트는 정상재이며, 다른 조건은 일정함)

> ㄱ. 대체주택 가격의 상승
> ㄴ. 건축자재 가격의 상승
> ㄷ. 아파트 건축기술의 진보
> ㄹ. 아파트 가격의 하락
> ㅁ. 인구유입의 증가
> ㅂ. 수요자의 실질소득 감소
> ㅅ. 보금자리론 대출금리의 하락
> ㅇ. 보완재 가격의 하락

① 2개  ② 3개
③ 4개  ④ 5개
⑤ 6개

6. A점포와 B점포 사이에 위치하고 있는 C도시는 A점포로부터 4km, B점포로부터 2km 떨어져 있다. A점포의 면적은 4,000m², B점포의 면적은 3,000m²이며, C도시의 인구는 60,000명이다. C도시의 1인당 지출가능액이 월 12만원으로 추정되었다면, 허프(D. Huff)의 상권분석모형을 통하여 A점포의 월 매출액(가능매상고)를 구하면? (단, 주어진 조건에 한하며, 마찰계수 값은 2임)

① 12억원
② 18억원
③ 26억원
④ 40억원
⑤ 54억원

7. 어떤 부동산에 대한 시장수요함수는 $P = 120 - 6Q_d$이며, 이 시장의 수요자는 모두 동일한 개별수요함수를 갖는다. 이 시장의 수요자의 수가 3배로 늘어나면 새로운 시장수요함수는? (단, 새로운 시장수요량은 $Q_M$으로 표기하며 다른 조건은 일정하다고 가정하고, 또한 새로운 수요자들도 원래의 수요자들과 동일한 개별수요함수를 갖는다고 가정함. P: 가격, $Q_M$: 새로운 시장수요량임)

① $P = 40 - 2Q_M$

② $P = 40 - 6Q_M$

③ $P = 120 - 2Q_M$

④ $P = 120 - 18Q_M$

⑤ $P = 390 - 2Q_M$

8. 부동산조세의 경제적 효과에 대한 설명으로 틀린 것은? (단, 다른 조건은 일정함)

① 공공임대주택의 확대공급은 사적 임대주택시장에서 임차인에게 세금이 전가되는 현상을 완화해준다.

② 부동산조세는 분배의 불공평성을 개선하기 위하여 부과하기도 한다.

③ 주택의 공급곡선이 완전비탄력적일 경우, 부과된 세금은 전부 주택수요자에게 전가된다.

④ 조세의 중립성은 조세의 시장의 자원배분에 영향을 미치지 않아야 한다는 원칙을 의미한다.

⑤ 재산세를 주택가격에 관계없이 동일한 세율로 부과하면, 이러한 세금은 역진세적인 성격을 갖는다.

9. 주택금융에 대한 설명으로 옳지 않은 것은? (단, 다른 조건은 동일함)

① 코픽스(COFIX)금리가 상승하면 이를 기준금리로 하는 주택담보대출금리가 상승할 수 있다.

② 금리상한(cap)이 설정된 변동금리저당대출은 차입자를 금리상승위험으로부터 어느 정도 보호해준다.

③ 원리금균등상환방식에서 원리금은 일정하지만, 체감식 상환방식에서 원리금은 점차 감소한다.

④ 한국주택금융공사의 주택연금에서 연금이용자와 배우자가 모두 사망하면 주택연금지급이 종료된다.

⑤ 원리금균등상환방식은 원금균등상환방식에 비하여 대출만기까지의 차입자의 누적 원리금이 더 적은 편이다.

10. 주택금융과 관련된 다음 상황에서 옳은 것은? (단, 다른 조건이나 가정은 배제함)

---

ㄱ. A는 총부채상환비율(DTI)이 적용되지 않는 지역에 소재하는 주택매입을 위해 담보인정비율(LTV) 50%를 적용하여 주택담보대출 2억원을 받으려 할 때, A가 매입하고자 하는 주택의 담보평가가격은 얼마 이상이어야 하나?

ㄴ. 담보인정비율은 적용되지 않으나 총부채상환비율이 40%인 지역에서 연소득 6천만원인 B가 매월 원리금균등분할상환액이 220만원인 주택담보대출을 받으려 할 때, B의 대출 가능 여부는?

---

| | ㄱ | ㄴ |
|---|---|---|
| ① | 2억원 | 대출불가능 |
| ② | 2억원 | 대출가능 |
| ③ | 4억원 | 대출불가능 |
| ④ | 4억원 | 대출가능 |
| ⑤ | 6억원 | 대출불가능 |

11. 다음 자료를 활용하여 산정한 대상부동산의 순소득승수는? (단, 주어진 조건에 한함)

---

○ 총투자액: 20,000만원

○ 지분투자액: 10,000만원

○ 가능총소득(PGI): 3,000만원/년

○ 유효총소득(EGI): 2,700만원/년

○ 영업비용(OE): 700만원/년

○ 부채서비스액(DS): 300만원/년

○ 영업소득세: 150만원/년

---

① 24

② 20

③ 15

④ 12

⑤ 10

12. 투자자는 금융기관으로부터 A지역 소재 아파트를 4억원에 매수하였다. 매수한 후 5년이 경과한 시점에서 아파트를 6억원에 매각하고자 한다. 자료를 활용하여 세전매각현금흐름을 계산하면? (단, 주어진 조건에 한함)

> ○ 자금조달조건
>   - 지분투자액 1.6억원
>   - 융자금 2.4억원, 만기 10년(연 5%) 원금만기일 시상환
> ○ 매도경비: 총 매각대금의 10%
> ○ 자본이득세율: 매각차익의 15%

① 5억 4,000만원
② 4억원
③ 3억 6,000만원
④ 3억 2,000만원
⑤ 3억원

13. 거미집이론에 대한 설명으로 옳지 않은 것은? (단, 다른 조건은 일정함)

① 공급자는 언제나 미래의 가격에만 반응한다는 것을 전제하고 있다.
② 일반적으로 거미집이론은 주거용 부동산보다 상업용·공업용 부동산에 더 강하게 적용된다.
③ 수요곡선 기울기의 절댓값과 공급곡선 기울기의 절댓값이 동일할 때, 균형에 충격을 가하면 순환형으로 나타난다.
④ 수요의 가격탄력성은 2.0이고, 공급의 가격탄력성이 0.5일 때 균형에 충격을 가하면 균형으로 수렴한다.
⑤ 거미집이론은 부동산시장이 주기적으로 초과수요와 초과공급을 반복하는 경향이 있다는 것을 설명해준다.

14. 부동산의 탄력성에 대한 설명으로 틀린 것은? (단, 다른 요인은 일정함)

① 해당 부동산과 대체관계에 있는 부동산이 많아질수록 수요의 가격탄력성은 더 커진다.
② 수요의 소득탄력성이란 소득변화율에 대한 수요량의 변화율을 말한다.
③ 건축 인·허가요건이 완화될수록 공급의 가격탄력성은 더 탄력적이 된다.
④ 가격변화율과 수요량의 변화율이 동일한 경우를 완전탄력적이라고 한다.
⑤ 공급의 가격탄력성이 2.0일 때, 가격이 10% 하락하면 공급량은 20% 감소한다.

15. 부동산시장에 대한 설명으로 옳지 않은 것은?

① 부동산상품의 공공성은 부동산시장에 대한 정부개입 및 법적 규제의 명분을 약화시킨다.
② 부동산시장은 부증성·부동성·개별성 등의 고유한 특성으로 인하여 불완전경쟁시장이 된다.
③ 부동산시장은 증권시장과 달리 공매(short selling)를 통해 가격 하락위험을 타인에게 전가하기 어렵다.
④ 부동산상품은 입지 차이나 경제적 성격 차이로 인해서 상품의 동질성을 확보하기 어렵다.
⑤ 부동산시장에서는 부동산의 물리적 실체가 아닌 추상적인 권리와 현금이 교환되기도 한다.

16. A지역의 주택시장에서 빌라의 가격변화로 인하여 아파트의 수요량이 기존의 1,000세대에서 1,200세대로 변하였다. 두 재화간의 교차탄력성이 4.0이라고 한다면, 빌라의 가격은 얼마나 변화하였겠는가? (단, 빌라의 최초가격은 3억원이며, 다른 조건은 일정함)

① 3,000만원 상승
② 3,000만원 하락
③ 1,500만원 상승
④ 1,500만원 하락
⑤ 1,000만원 상승

17. 지대이론에 관한 설명으로 옳지 않은 것은?

① 입찰지대설에서는 가장 높은 지대를 지불할 의사가 있는 용도에 따라 토지이용이 이루어진다.
② 경제지대는 어떤 생산요소가 현재의 용도에서 다른 용도로 전용되지 않고 현재의 용도에 사용되도록 지불해야 하는 최소한의 금액(보수)을 말한다.
③ 차액지대설에서는 토지비옥도가 지대를 결정하게 되며, 수확체감의 법칙을 전제한다.
④ 절대지대설은 토지 소유 자체를 지대발생 원인으로 본다.
⑤ 위치지대설에 따르면 다른 조건이 동일한 경우, 지대는 중심지에서 거리가 멀어질수록 하락한다.

18. 크리스탈러(W. Christaller)의 중심지이론에 관한 설명으로 **틀린** 것은?

① 최소요구치 – 중심지 기능이 유지되기 위한 최소한의 수요 요구 규모

② 도달범위 – 중심지로부터 어느 기능에 대한 수요가 0이 되는 곳까지의 거리

③ 중심지 재화 및 서비스 – 중심지에서 배후지로 제공되는 재화 및 서비스

④ 배후지(상권) – 중심지에 의해(중심지로부터) 재화와 서비스를 제공받는 주변지역

⑤ 최소요구범위 – 판매자가 초과이윤을 얻을 만큼의 충분한 소비자들을 포함하는 경계까지의 거리

19. 투기 등의 요인으로 주택시장이 과열국면일 경우, 정부가 시행할 수 있는 주택시장 안정화대책으로 가장 적합하지 **않은** 것은?

① 총부채상환비율(DTI) 규제 강화

② 양도소득세율 인상

③ 아파트 전매제한 기간 확대

④ 주택 청약시 재당첨제한 폐지

⑤ 담보인정비율(LTV) 하향조정

20. 저소득층을 위한 임대주택정책에 관한 설명으로 옳지 **않은** 것은? (단, 다른 조건은 일정함)

① 임대료보조 대신 동일한 금액을 현금으로 제공하면 임대주택 외에 다른 재화의 소비량은 보조급 지급 전보다 감소한다.

② 주택바우처(voucher)는 소득대비 임대료 부담이 큰 저소득층에게 임대료의 일부를 재정으로 지급하는 제도이다.

③ 임대주택의 공급자에게 저리의 자금을 지원해주면 장기적으로 임대주택의 공급이 증가한다.

④ 정부가 저소득층의 주거안정을 위해 공급하는 국민임대주택의 임대료가 시장임대료보다 낮다면 임대료 차액만큼 임차가구에게 주거비를 보조하는 효과가 있다.

⑤ 공공주택 특별법령상 장기전세주택이란 국가나 지방자치단체의 재정이나 주택도시기금의 자금을 지원받아 전세계약의 방식으로 공급하는 공공임대주택을 말한다.

21. 외부효과에 관한 설명으로 옳은 것을 모두 고른 것은?

> ㄱ. 외부효과는 시장실패의 한 요인으로 정부의 시장 개입 근거가 된다.
>
> ㄴ. 정(+)의 외부효과의 경우, 비용을 지불하지 않은 사람도 그로 인한 이익을 누릴 수 있다.
>
> ㄷ. 부(-)의 외부효과를 완화하기 위한 수단으로 부담금 부과, 배출권거래제도 등이 있다.
>
> ㄹ. 정부는 사회적 편익보다 사적 비용을 더 작게 만들기 위해서 부동산시장에 개입한다.

① ㄱ, ㄴ, ㄷ      ② ㄱ, ㄴ, ㄹ

③ ㄱ, ㄷ, ㄹ      ④ ㄴ, ㄷ, ㄹ

⑤ ㄱ, ㄴ, ㄷ, ㄹ

22. 부동산정책에 대한 설명으로 옳은 것은?

① 규제(보전)지역 토지소유자에게 개발권을 부여하고 이를 시장기구를 통해 보전해주는 제도를 개발부담금제라고 한다.

② 공공주택 특별법령상 '행복주택'은 정부의 직접적 개입 방법의 유형이다.

③ 부동산정책의 의사결정과정에서 가장 우선적으로 수행하는 것은 여러 가지 대안을 작성하고 이를 평가하는 것이다.

④ 국가 및 지방자치단체는 주거급여대상이 아닌 중산층 이상의 가구에게도 예산의 범위에서 주거비의 전부 또는 일부를 보조할 수 있다.

⑤ 토지거래허가제는 공적 주체가 공공용지를 확보하는 수단으로 활용된다.

23. 저소득층의 주거안정을 위한 임대료규제정책에 관한 설명으로 옳지 **않은** 것은? (단, 다른 조건은 일정함)

① 정부가 임대료 상승을 균형가격 이하로 규제하면 장기적으로 기존임대주택이 다른 용도로 전환될 가능성이 높아진다.

② 임대주택의 공급이 완전비탄력적일 때, 임대료규제로 인한 소득불균형문제가 심화될 수 있다.

③ 균형임대료보다 임대료 상한이 낮을 경우, 임대료규제가 이전의 균형수준보다 낮아져서 단기에 비해 장기에 초과수요가 더 발생할 수 있다.

④ 임대료규제정책은 정부가 규제한 규제임대료 이하로만 거래하도록 통제하는 임대료 상한제를 의미한다.

⑤ 임대료규제정책은 임대료에 대한 이중가격을 형성하게 한다.

**24.** 부동산투자분석에 대한 설명으로 옳은 것을 모두 고른 것은?

> ㄱ. A투자안의 순현가 30만원, B투자안의 순현가 20만원일 때, A와 B를 결합한 순현가(NPV)는 50만원이다.
>
> ㄴ. 순현가법은 투자금액에 대한 상대적 수익성이나 투자효율성을 판단하는 지표로 활용된다.
>
> ㄷ. 여러 투자안 중에서 순현가가 가장 큰 것이 수익성지수(PI)도 가장 클 것이다.
>
> ㄹ. 내부수익률(IRR)법은 화폐의 시간가치를 고려하지 않지만, 수익성지수법은 화폐의 시간가치를 고려한다.

① ㄱ
② ㄱ, ㄴ
③ ㄷ
④ ㄴ, ㄹ
⑤ ㄱ, ㄹ

**25.** 부동산투자이론에 관한 설명으로 옳지 <u>않은</u> 것은?

① 투자안의 기대수익률은 경제상황별 확률에 경제상황별 추정수익률을 곱하여 계산한다.
② 수익률의 분포가 정규분포일 경우, 투자위험은 분산이나 표준편차로 측정할 수 있다.
③ 평균과 표준편차가 서로 다른 투자대안의 상대적 위험은 변동(변이)계수로 측정할 수 있다.
④ 투자안의 표준편차가 작을수록 위험이 작아지므로, 기대수익률을 달성할 가능성이 높은 편이라고 볼 수 있다.
⑤ A투자안이 B투자안보다 기대수익률과 표준편차가 클 경우, A투자안이 B투자안을 지배한다.

**26.** 부동산투자에 관한 설명으로 옳은 것은? (단, 주어진 조건에 한정함)

① 부( - )의 지렛대효과가 존재할 때, 대부비율을 높일수록 자기자본수익률은 이전보다 상승한다.
② 부동산투자자가 대상부동산을 원하는 시기와 가격에 현금화하지 못하는 경우는 운영위험에 해당한다.
③ 민감도분석에서는 미래현금흐름에 영향을 주는 위험요소 중 하나만 변동시킬 때 수익성이 어떻게 변동하는지 분석함으로써 그 위험요소의 영향을 검토하기도 한다.
④ 투자자본을 고정금리대출을 이용하여 조달하면 금융적 위험은 제거될 수 있다.
⑤ 기대수익률이 요구수익률보다 높을 때, 기대수익률이 점차 상승하여 기대수익률과 요구수익률이 같아지는 수준에서 균형을 이루게 된다.

**27.** 다음 표의 부동산 투자사업을 분석하였다. 이에 대한 설명으로 옳지 <u>않은</u> 것은? (단, 0년도의 현금흐름은 현금유출이며, 1기간~5기간까지는 세후현금수지를 말하며, 1기간 내의 현금흐름은 균등하다고 가정하고, 주어진 조건에 한함)

(단위: 만원)

| 구분 | 0 | 1 | 2 | 3 | 4 | 5 |
|---|---|---|---|---|---|---|
| A | -500 | 180 | 150 | 70 | 50 | 50 |
| B | -200 | 20 | 40 | 60 | 80 | 0 |
| C | -300 | 100 | 100 | 100 | 50 | 50 |

① 위 자료를 통하여 각 투자안의 순현가(NPV)는 구할 수 없다.
② 단순회수기간법으로 판단할 때 A의 회수기간은 5년이다.
③ 단순회수기간법에 따르면 C투자안이 회수기간이 가장 짧다.
④ 목표회수기간이 3년이면, B투자안은 투자의 타당성이 있다고 본다.
⑤ 위 자료를 통하여 각 투자안의 내부수익률(IRR)을 구할 수 있다.

**28.** A씨는 주택구입자금을 마련하기 위해 2024년 1월 1일 현재, 4년 동안 매년 말 6,000,000원씩 불입하는 4년 만기의 정기적금에 가입하였다. 이 정기적금의 이자율이 복리로 연 10%라면 4년 후의 미래가치는?

① 25,846,000원
② 26,846,000원
③ 27,846,000원
④ 28,846,000원
⑤ 29,846,000원

**29.** 우리나라의 부동산금융에 대한 설명으로 <u>틀린</u> 것은?

① 부동산투자회사의 투자·운용실적이 악화되면 해당 부동산투자회사의 주주는 주가가 하락하는 등 원금손실이 발생할 수 있다.
② 금융기관은 부동산개발업체에게 프로젝트 금융(PF)을 제공할 때 해당 개발사업부지에 대하여 저당권을 설정할 수 없다.
③ 주택상환사채의 발행은 부채금융기법이고, 전환사채(CB)의 발행은 메자닌금융기법이다.
④ 한국주택금융공사는 주택저당증권에 대한 지급보증업무를 수행한다.
⑤ 위탁관리 부동산투자회사는 내부통제기준의 준수 여부를 점검하고 내부통제기준을 위반할 경우 조사하여 감사에게 보고하는 준법감시인을 상근으로 두어야 한다.

## 30. 주택저당유동화제도 및 주택저당증권(MBS)에 대해 설명하였다. 옳은 것을 모두 고른 것은?

> ㄱ. 다른 조건이 일정할 때, 주택저당유동화제도는 무주택자의 주택구입을 용이하게 해준다.
>
> ㄴ. 주택저당채권의 집합으로부터 주택저당증권(MBS)을 발행할 때 대출채권의 상환기간보다 장기에 원금과 이자의 상환이 완료되는 채권을 발행할 수 있다.
>
> ㄷ. MBB(저당대출담보부 채권)에서 주택저당채권 집합물의 현금흐름(저당지불액)은 증권투자자에게 귀속된다.
>
> ㄹ. 다계층채권(CMO)은 장기투자자들이 원하는 콜방어(call protection)를 실현시킬 수 있다.

① ㄱ, ㄴ, ㄷ      ② ㄱ, ㄴ, ㄹ
③ ㄱ, ㄷ, ㄹ      ④ ㄴ, ㄷ, ㄹ
⑤ ㄱ, ㄴ, ㄷ, ㄹ

## 31. 토지이용활동과 현상에 관한 설명 중 틀린 것은?

① 토지이용에 있어 총수익과 총비용이 일치하는 생산량을 집약한계라고 한다.
② 계획적인 토지이용은 도심지에서 스프롤(sprwal)현상을 방지할 수 있게 해준다.
③ 지가고는 단일 도심지에서 스프롤(sprwal)현상을 발생시킬 수 있다.
④ 도심지에서 직·주분리는 도심공동화 현상을 유발할 수 있다.
⑤ 외곽지역의 상대적으로 낮은 지가와 쾌적한 환경 등의 강한 흡인력은 확대적 침입활동을 유발하는 요인이 된다.

## 32. 부동산개발사업의 경제적 타당성분석은 부동산시장분석과 경제성분석으로 구분할 수 있다. 다음 중 부동산시장분석의 구성요소에 해당하는 것은?

① 선택된 부지의 용도를 결정하고, 대상개발사업이 임대되거나 분양될 가능성을 조사한다.
② 개발사업의 총비용을 산정하고 토지부분과 건축물부분으로 배분한다.
③ 개발사업의 제1기의 현금흐름을 추정하고, 이를 토대로 장래 세후현금흐름을 분석한다.
④ 장래 예상되는 세후현금흐름을 현재가치로 할인한다.
⑤ 순현가(NPV)와 수익성지수(PI) 등을 적용하여 투자 및 개발여부를 결정한다.

## 33. 부동산관리에 대한 설명으로 옳지 않은 것은?

① 혼합관리의 경우 소유자와 관리업체의 협조가 제대로 이루어지면 지휘통제력을 적절히 확보하면서 관리의 전문성도 기대할 수 있다.
② 일반적으로 매장용 부동산의 임대료 결정방법(임대차유형)으로는 비율임대차가 적용된다.
③ 자산관리, 재산관리, 시설관리 중 건물의 매입·매각관리, 리모델링 투자의사결정에 관한 것은 자산관리에 해당한다.
④ 건물의 내용연수는 관리자의 태도, 시공상태, 관리방법 등에 따라 달라질 수 있다.
⑤ 위탁(간접)관리방식은 관리요원이 관리사무에 안일해지기 쉽고, 관리의 전문성이 낮은 편이다.

## 34. 부동산마케팅 및 광고에 관한 설명으로 옳지 않은 것은?

① 부동산마케팅을 수행할 때에는 경쟁업자, 유통경로 구성원, 공중 등 미시적 환경에 대한 분석이 필요하다.
② 관계마케팅전략은 고객점유마케팅전략의 한계점을 보완하여 공급자와 소비자의 장기적이고 지속적인 상호작용을 중시한다.
③ 신문매체의 안내광고는 넓은 지면에 캐치프레이즈, 사진, 상세한 설명 등을 자유롭게 광고할 수 있다.
④ 단기간 내에 시장점유율을 높이기 위해서는 상대적으로 저가전략이 유리하다.
⑤ 주택건설업자가 동일한 자재, 시공, 설비를 하는 경우라도 지역시장 등에 따라 다른 가격을 구사하는 것은 신축가격전략이다.

## 35. 부동산가치의 개념 및 부동산가격의 특징에 대하여 설명하였다. 옳지 않은 것은?

① 보상가치란 국가 등이 공익을 위하여 부동산을 매수 또는 수용하는 경우 그 손실을 보상하는 평가가치를 말한다.
② 사용가치는 대상부동산이 시장에서 매매(매도)되었을 때 형성되는 가치를 말한다.
③ 부동산가격은 장기적인 고려하에 형성되며, 각각 지역적·개별적으로 형성된다.
④ 둘 이상의 권리·이익이 동일부동산에 존재하는 경우에는 각각의 권리·이익에 그 가격이 형성될 수 있다.
⑤ 영속성(내구성)에 따라 부동산가격은 교환의 대가인 가격과 용익의 대가인 임료로 구성된다.

36. 지역분석의 대상지역에 대한 설명으로 옳지 <u>않은</u> 것은?
① 인근지역은 그 지역적 특성을 형성하는 지역요인의 추이, 동향에 따라 변화하게 된다.
② 대상부동산과 같은 동(洞)에 속한 지역은 인근지역으로 선정하여야 한다.
③ 인근지역이란 감정평가의 대상이 된 부동산(대상부동산)이 속한 지역으로서 부동산의 이용이 동질적이고 가치형성요인 중 지역요인을 공유하는 지역을 말한다.
④ 사례부동산을 인근지역에서 구하기 어려울 경우, 동일수급권 안의 유사지역에서 선택할 수 있다.
⑤ '동일수급권'이란 대상부동산과 대체·경쟁관계가 성립하고 가치형성에 서로 영향을 미치는 관계에 있는 다른 부동산이 존재하는 권역을 말하며, 인근지역과 유사지역을 포함한다.

37. 다음의 자료를 이용하여 환원이율(자본환원율)을 구하면 얼마인가? (단, 주어진 조건에 한함)

> ○ 총투자액: 300,000,000원
> ○ 연간 가능총소득(potential gross income):
>   48,000,000원
> ○ 연간 기타소득: 1,800,000원
> ○ 연간 공실에 따른 손실: 4,800,000원
> ○ 연간 영업경비: 연간 유효총소득의 30%

① 7.5%          ② 8.5%
③ 9.5%          ④ 10.5%
⑤ 11.5%

38. 「감정평가에 관한 규칙」에 대하여 기술하였다. (    )에 적합한 내용을 순서대로 나열한 것은?

> ㄱ. (    )이란 대상물건에 대한 재조달원가를 감액해야 할 요인이 있는 경우에 물리적 감가, 기능적 감가 또는 경제적 감가 등을 고려하여 그에 해당하는 금액을 재조달원가에서 공제하여 기준시점에 있어서 대상물건의 가액을 적정화하는 작업을 말한다.
> ㄴ. (    )이란 대상물건의 기초가액에 기대이율을 곱하여 산정된 기대수익에 대상물건을 계속하여 임대하는 데에 필요한 경비를 더하여 대상물건의 임대료를 산정하는 감정평가방법을 말한다.
> ㄷ. 감정평가법인등은 건물을 감정평가할 때에 (    )을 적용해야 한다.
> ㄹ. 감정평가법인등은 과수원을 감정평가할 때에 (    )을 적용해야 한다.

① 감가수정 - 적산법 - 원가법 - 거래사례비교법
② 시점수정 - 수익분석법 - 원가법 - 공시지가기준법
③ 사정보정 - 원가법 - 원가법 - 거래사례비교법
④ 감가상각 - 원가법 - 원가법 - 거래사례비교법
⑤ 감가수정 - 적산법 - 원가법 – 수익환원법

39. 부동산가격공시제도에 관한 설명으로 옳지 <u>않은</u> 것은?
① 표준지의 선정 및 관리지침에 대하여는 중앙부동산가격공시위원회에서 심의한다.
② 일반적인 토지거래의 지표가 되며, 국가·지방자치단체 등이 그 업무와 관련하여 지가를 산정하는 경우에 기준이 되는 것은 표준지공시지가이다.
③ 표준지의 평가에 있어서 그 토지에 건물이나 그 밖의 정착물이 있거나 지상권 등 토지의 사용·수익을 제한하는 사법상의 권리가 설정되어 있는 경우에는 그 정착물 등이 없는 나지상태를 상정하여 평가한다.
④ 국토교통부장관은 비주거용 표준부동산을 선정할 때는 일단의 비주거용 집합부동산 중에서 해당 일단의 비주거용 집합부동산을 대표할 수 있는 비주거용 부동산을 선정하여야 한다.
⑤ '적정가격'이란 당해 토지, 주택 및 비주거용 부동산에 대하여 통상적인 시장에서 정상적인 거래가 이루어지는 경우 성립될 가능성이 가장 높다고 인정되는 가격을 말한다.

40. 주어진 자료를 활용하여 대상토지의 공시기준일 현재 감정평가액을 구하면 얼마인가? (단, 주어진 조건에 한정함)

> ○ 평가대상 토지의 면적은 100m²이다.
> ○ 대상토지의 100m² 중에서 30%는 평지이고, 50%는 완경사, 20%는 급경사로 구성되어 있다.
> ○ 대상토지는 표준지와 비교하여 평지부분은 감가가 없고, 완경사 부분은 10% 감가, 급경사 부분은 20% 감가가 적용된다.
> ○ 인근지역의 표준지는 100,000원/m²이다.

① 9,900,000원
② 9,700,000원
③ 9,500,000원
④ 9,300,000원
⑤ 9,100,000원

**41.** 다음 중 법률행위의 효력이 발생하기 위한 요건이 <u>아닌</u> 것은? (다툼이 있으면 판례에 따름)

① 당사자의 행위능력

② 법률행위 내용의 적법성

③ 농지거래계약에서 농지취득자격증명

④ 시기부 법률행위에서 기한의 도래

⑤ 토지거래허가구역 내의 토지거래계약에 관한 관할관청의 허가

**42.** 甲은 자기 소유의 토지를 乙에게 1억원에 매매하기로 하는 계약을 체결하였다. 그러나 그 후 甲은 같은 토지를 다시 丙에게 매도하는 계약을 체결하고 丙 앞으로 소유권이전등기를 경료하여 주었다. 이에 관한 설명으로 <u>틀린</u> 것은? (다툼이 있으면 판례에 따름)

① 丙이 甲과 乙의 매매사실에 대하여 악의인 경우에도 丙은 적법하게 소유권을 취득한다.

② 위 ①의 경우, 乙은 甲에 대하여 소유권이전채무의 불이행을 이유로 손해배상을 청구할 수도 있다.

③ 丙이 甲과 乙의 매매사실을 알면서도 적극 가담하여 소유권이전등기를 경료한 후 선의의 제3자 丁에게 재차 매도한 경우, 丁은 소유권을 취득할 수 없다.

④ 甲과 丙간의 제2매매가 사회질서에 반하여 무효인 경우, 乙은 丙에 대하여 진정명의회복을 원인으로 직접 소유권이전등기를 청구할 수 있다.

⑤ 乙은 자신의 甲에 대한 소유권이전청구권의 보전을 위하여 甲과 丙 사이의 제2매매계약에 대하여 채권자취소권을 행사할 수 없다.

**43.** 법률행위의 해석에 관한 설명으로 <u>틀린</u> 것은? (다툼이 있으면 판례에 따름)

① 오표시무해의 원칙은 법률행위 해석 중 자연적 해석에 따른 것이다.

② 규범적 해석이란 표의자의 진의가 아니라 표시행위의 객관적 의미를 탐구하는 것을 말한다.

③ 계약당사자의 확정에 관한 문제는 일반적으로 의사표시 해석의 문제이다.

④ 乙이 부동산경매절차에서 甲이 제공한 자금으로 2024년 10월 자기 명의로 낙찰받은 경우, 부동산의 매수인은 甲이 아니라 乙이다.

⑤ 당사자가 특정 토지를 계약목적물로 합의하였으나 그 지번의 표시에 관한 착오로 인하여 계약서에 그 토지와 다른 토지로 표시한 경우, 계약서에 표시된 토지에 대하여 계약이 성립한다.

**44.** 甲은 乙에게 자신의 토지를 증여하기로 합의하였다. 그러나 세금 문제를 염려하여 甲과 乙은 마치 매도하는 것처럼 계약서를 꾸며서 이전등기를 하였다. 그 뒤 乙은 丙에게 그 토지를 매도하고 이전등기를 하였다. 다음 설명 중 <u>틀린</u> 것은? (다툼이 있으면 판례에 따름)

① 甲과 乙 사이의 매매계약은 무효이다.

② 甲과 乙 사이의 증여계약은 유효이다.

③ 甲은 악의의 丙을 상대로 그 명의의 등기말소를 청구할 수 없다.

④ 丙이 甲과 乙 사이에 증여계약이 체결된 사실을 알지 못한 데 과실이 있더라도 丙은 소유권을 취득한다.

⑤ 甲은 乙을 대위하여 악의의 丙을 상대로 등기말소를 청구할 수 있다.

**45.** 사기에 의한 의사표시에 관한 설명 중 옳은 것을 모두 고른 것은? (다툼이 있으면 판례에 따름)

ㄱ. 토지거래허가를 받지 않아 유동적 무효상태에 있는 법률행위라도 사기에 의한 의사표시의 요건이 충족된 경우 사기를 이유로 취소할 수 있다.

ㄴ. 교환계약의 당사자 일방이 상대방에게 그가 소유하는 목적물의 시가를 허위로 고지한 경우, 원칙적으로 사기를 이유로 취소할 수 있다.

ㄷ. 甲의 피용자 乙의 사기로 甲과 계약을 체결한 丙은 甲이 乙의 사기 사실을 알았거나 알 수 있었을 경우에만 그 계약을 취소할 수 있다.

ㄹ. 대리인의 기망행위로 계약을 체결한 상대방은 본인이 대리인의 기망행위에 대해 선의·무과실이면 계약을 취소할 수 없다.

① ㄱ, ㄴ      ② ㄱ, ㄷ

③ ㄱ, ㄹ      ④ ㄴ, ㄹ

⑤ ㄷ, ㄹ

46. 대리에 관한 설명으로 옳은 것을 모두 고른 것은? (다툼이 있으면 판례에 따름)

> ㄱ. 부동산의 매도권한을 부여받은 대리인은 특별한 사정이 없는 한 중도금이나 잔금을 수령할 권한은 없다.
> ㄴ. 권한을 정하지 아니한 대리인은 보존행위만을 할 수 있다.
> ㄷ. 금전소비대차계약과 그 담보를 위한 담보권설정계약을 체결할 권한이 있는 임의대리인은 특별한 사정이 없는 한 계약을 해제할 권한까지 갖는 것은 아니다.
> ㄹ. 부동산 매도인과 매수인 쌍방을 대리한 등기신청행위는 허용된다.

① ㄱ, ㄴ        ② ㄱ, ㄷ
③ ㄴ, ㄷ        ④ ㄴ, ㄹ
⑤ ㄷ, ㄹ

47. 복대리에 관한 설명으로 틀린 것은? (다툼이 있으면 판례에 따름)

① 복대리인은 본인에 대해 어떠한 권리·의무도 부담하지 않는다.
② 대리인이 그 권한 내에서 본인을 위한 것임을 표시한 의사표시는 직접 본인에게 대하여 효력이 생긴다.
③ 법정대리인은 특별한 사정이 없는 한 그 책임으로 복대리인을 선임할 수 있다.
④ 복대리권은 대리인에 의한 수권행위의 철회에 의하여도 소멸한다.
⑤ 복대리인의 대리행위에 대하여도 표현대리에 관한 규정이 적용될 수 있다.

48. 협의의 무권대리에 관한 설명으로 옳은 것은? (다툼이 있으면 판례에 따름)

① 무권대리인이 본인을 상속한 경우 본인의 지위에서 자신의 무권대리행위가 무효임을 주장하는 것은 신의칙에 반하지 않는다.
② 상대방 없는 단독행위의 무권대리는 본인의 추인 여부와 관계없이 확정적으로 유효하다.
③ 무권대리인의 상대방에 대한 책임은 대리권의 흠결에 관하여 대리인에게 귀책사유가 있는 경우에만 인정된다.
④ 무권리자가 타인의 권리를 자기의 이름으로 또는 자기의 권리로 처분한 경우에는 권리자는 후일 이를 추인할 수 없다.
⑤ 무권대리행위의 일부에 대한 추인은 상대방의 동의를 얻지 못하는 한 효력이 없다.

49. 甲과 乙 사이에 토지거래허가구역 내의 토지에 대하여 관할관청으로부터의 허가 없이 매매계약이 체결되었다. 다음 설명 중 옳은 것은? (다툼이 있으면 판례에 따름)

① 甲·乙 사이의 매매계약이 처음부터 그 허가를 배제하거나 잠탈하는 내용의 계약인 경우에도 유동적 무효이다.
② 甲과 乙 사이의 매매계약이 유동적 무효인 상태에서는 甲·乙 쌍방은 그 계약이 효력이 있는 것으로 완성될 수 있도록 서로 협력할 의무도 없다.
③ 甲과 乙 사이의 매매계약이 유동적 무효인 상태에서 그 토지에 대한 토지거래허가구역 지정이 해제된 경우, 매매계약은 확정적 무효로 된다.
④ 관할관청으로부터 허가받기 전의 상태에서는 甲은 乙의 채무불이행을 이유로 손해배상을 청구할 수 없다.
⑤ 甲이 乙의 강박에 의하여 매매계약을 체결한 경우, 토지거래허가를 받지 않아 유동적 무효상태에서는 甲은 강박을 이유로 매매계약의 취소를 주장할 수 없다.

50. 조건과 기한에 관한 설명 중 옳은 것은? (다툼이 있으면 판례에 따름)

① 채무면제와 같은 단독행위에는 조건을 붙일 수 없다.
② 부첩(夫妾)관계의 종료를 해제조건으로 한 증여는 조건 없는 증여로서의 효력을 가진다.
③ 불확정한 사실의 발생을 기한으로 한 경우, 특별한 사정이 없는 한 그 사실의 발생이 불가능한 것으로 확정된 때에도 기한이 도래한 것으로 본다.
④ 기한에는 소급효가 없으나 당사자간의 특약으로 소급효를 인정할 수 있다.
⑤ 기한은 특별한 사정이 없는 한 채권자의 이익을 위한 것으로 추정한다.

51. 물권에 관한 설명으로 옳은 것은? (다툼이 있으면 판례에 따름)

① 사용·수익 권능을 대세적·영구적으로 포기한 소유권도 존재한다.
② 물권은 「부동산등기규칙」에 의해 창설될 수 있다.
③ 1필의 토지의 일부를 객체로 하여 지상권을 설정할 수 없다.
④ 농지소유자의 승낙 없이 농작물을 경작한 경우 명인방법을 갖추어야만 토지와 별도로 독립된 소유권의 객체로 된다.
⑤ 구분소유의 목적이 되는 건물의 등기부상 표시에서 전유부분의 면적 표시가 잘못된 경우, 그 잘못 표시된 면적만큼의 소유권보존등기를 말소할 수 없다.

**52.** 甲의 토지를 무단으로 점유하던 乙이 문서를 위조하여 자기 앞으로 등기를 이전한 다음, 丙에게 매도하여 丙이 소유자로 등기되어 있다. 이에 관한 설명으로 옳은 것을 모두 고른 것은? (다툼이 있으면 판례에 따름)

> ㄱ. 甲은 丙을 상대로 진정명의회복을 원인으로 한 소유권이전등기를 청구할 수 있다.
> ㄴ. 甲은 乙, 丙을 상대로 각 등기의 말소등기를 청구할 수 없다.
> ㄷ. 丙이 乙을 소유자로 믿었고 과실이 없는 경우에는 소유권을 즉시 취득할 수 있다.
> ㄹ. 丙 명의의 등기 후, 선의·무과실로 토지를 10년간 점유하면 丙은 그 토지를 시효취득할 수 있다.

① ㄱ, ㄴ      ② ㄱ, ㄹ
③ ㄴ, ㄷ      ④ ㄴ, ㄹ
⑤ ㄷ, ㄹ

**53.** 등기에 관한 설명으로 틀린 것은? (다툼이 있으면 판례에 따름)
① 종전건물의 등기를 신축건물의 등기로 유용하지 못한다.
② 전세권이 법정갱신된 경우라도 그 등기가 없으면 전세목적물을 취득한 제3자에게 대항할 수 없다.
③ 부동산물권변동 후 그 등기가 원인 없이 말소되었더라도 그 물권변동의 효력에는 영향이 없다.
④ 「민법」 제187조 소정의 판결은 형성판결을 의미한다.
⑤ 이중으로 경료된 사항란의 소유권보존등기의 경우 등기명의인이 동일인인 때에는 먼저 한 등기가 유효하고, 뒤에 한 등기는 효력이 없다.

**54.** 등기의 추정력에 관한 설명으로 틀린 것은? (다툼이 있으면 판례에 따름)
① 소유권이전등기가 경료되어 있는 경우 그 등기는 전 등기명의인에 대하여 추정력이 인정되나 제3자에 대해서는 그러하지 아니하다.
② 저당권의 등기는 그 저당권의 존재뿐만 아니라 피담보채권의 존재도 추정된다.
③ 등기명의자가 등기부와 다른 등기원인을 주장하였으나 그 주장사실이 인정되지 않은 것만으로는 등기의 추정력이 깨어지는 것은 아니다.
④ 소유권이전등기의 원인으로 주장된 계약서가 진정하지 않은 것으로 증명된 경우, 그 등기의 적법추정은 깨어진다.
⑤ 건물 소유권보존등기의 명의인이 건물을 신축하지 않은 것으로 밝혀진 경우 등기의 추정력은 깨어진다.

**55.** 자주점유에 관한 설명으로 틀린 것은? (다툼이 있으면 판례에 따름)
① 타주점유자가 새로운 권원에 기하여 소유의 의사를 가지고 점유를 시작했으면 그때부터 자주점유자가 된다.
② 권원의 성질상 자주점유인지 타주점유인지 불분명한 점유는 자주점유로 추정된다.
③ 자주점유의 판단기준인 소유의 의사 유무는 점유취득의 원인이 된 권원의 성질이 아니라 점유자의 내심의 의사에 따라 결정된다.
④ 동산의 매매 당시에는 그 무효를 알지 못하였으나 이후 매매가 무효임이 밝혀지더라도 특별한 사정이 없는 한, 매수인의 점유는 여전히 자주점유이다.
⑤ 매매계약이 해제되면 매수인의 점유는 자주점유에서 타주점유로 전환된다.

**56.** 甲은 그의 X토지를 乙에게 매도하여 점유를 이전하였고, 乙은 X토지를 사용·수익하면서 X토지의 보존·개량을 위하여 비용을 지출하였다. 甲과 乙 사이의 계약이 무효인 경우의 법률관계에 관한 설명으로 틀린 것은? (다툼이 있으면 판례에 따름)
① 甲은 乙에게 X토지에 대한 소유물반환을 청구할 수 있다.
② 위 ①의 경우, 乙은 비용상환청구권으로 유치권 항변을 할 수 있다.
③ 乙이 악의의 점유자인 경우에도 甲에게 지출한 특별필요비의 상환을 청구할 수 있다.
④ 선의의 乙은 甲에 대하여 점유·사용으로 인한 이익을 반환할 의무가 없다.
⑤ 선의의 乙은 甲에 대하여 통상의 필요비의 상환을 청구할 수 있다.

**57.** 상린관계에 관한 설명으로 틀린 것은? (다툼이 있으면 판례에 따름)
① 甲과 乙이 공유하는 토지가 甲의 토지와 乙의 토지로 분할됨으로 인하여 甲의 토지가 공로에 통하지 못하게 된 경우, 甲은 공로에 출입하기 위하여 乙의 토지를 통행할 수 있으나, 乙에게 보상할 의무는 없다.
② 통행지소유자가 주위토지통행권에 기한 통행에 방해가 되는 담장을 설치한 경우, 통행지소유자가 그 철거의무를 부담한다.
③ 경계에 설치된 경계표는 원칙적으로 상린자의 공유로 추정된다.
④ 토지의 경계에 담이 없는 경우, 특별한 사정이 없는 한 인접지 소유자는 공동비용으로 통상의 담을 설치하는 데 협력할 의무가 없다.
⑤ 토지소유자는 이웃 토지로부터 자연히 흘러오는 물을 막지 못한다.

58. 취득시효에 관한 설명으로 **틀린** 것은? (다툼이 있으면 판례에 따름)

① 시효 완성 당시의 소유권보존등기가 무효라면 그 등기명의인은 원칙적으로 시효 완성을 원인으로 한 소유권이전등기청구의 상대방이 될 수 없다.

② 미등기부동산에 대한 시효가 완성된 경우, 점유자는 등기 없이도 소유권을 취득한다.

③ 부동산의 소유자로 등기한 자가 10년간 소유의 의사로 평온·공연하게 선의이며 과실 없이 그 부동산을 점유한 때에는 소유권을 취득한다.

④ 무효인 이중보존등기나 이에 터 잡은 소유권이전등기를 근거로 하여서는 등기부취득시효의 완성을 주장할 수 없다.

⑤ 집합건물의 공용부분은 점유취득시효에 의한 소유권취득의 대상이 될 수 없다.

59. 甲과 乙은 X토지를 공유하고 있는데, 甲의 지분은 3분의 2, 乙의 지분은 3분의 1이다. 다음 설명으로 옳은 것은? (다툼이 있으면 판례에 따름)

① 乙은 甲과 협의 없이 X토지 면적의 3분의 1에 해당하는 특정부분을 배타적으로 사용·수익할 수 있다.

② 丙이 X토지를 불법으로 점유하고 있는 경우, 乙은 丙에 대해 단독으로 X토지 전체에 대해 손해배상을 청구할 수 있다.

③ X토지에 관하여 丁 명의로 원인무효의 소유권이전등기가 경료되어 있는 경우, 乙은 丁을 상대로 그 등기 전부의 말소를 청구할 수 있다.

④ 甲이 乙과 협의 없이 X토지를 戊에게 임대한 경우, 乙은 戊에게 단독으로 점유의 배제를 청구할 수 있다.

⑤ 위 ④의 경우, 乙은 戊에게 차임 상당의 부당이득반환청구를 할 수 있다.

60. 乙 소유의 토지에 설정된 甲의 지상권에 관한 설명으로 옳은 것을 모두 고른 것은? (다툼이 있으면 판례에 따름)

ㄱ. 지료를 연체한 甲이 丙에게 지상권을 양도한 경우, 乙은 지료약정이 등기된 때에만 연체사실로 丙에게 대항할 수 있다.

ㄴ. 甲의 권리가 법정지상권일 경우, 지료에 관한 협의나 법원의 지료결정이 없으면 乙은 지료연체를 주장하지 못한다.

ㄷ. 乙의 토지를 양수한 丁은 甲의 乙에 대한 지료연체액을 합산하여 2년의 지료가 연체되면 지상권소멸을 청구할 수 있다.

ㄹ. 甲이 戊에게 지상권을 목적으로 하는 저당권을 설정한 경우, 지료연체를 원인으로 하는 乙의 지상권소멸청구는 戊에게 통지하면 즉시 그 효력이 생긴다.

① ㄱ, ㄴ  ② ㄱ, ㄷ
③ ㄱ, ㄹ  ④ ㄴ, ㄷ
⑤ ㄷ, ㄹ

61. 지역권에 관한 설명으로 옳은 것은? (다툼이 있으면 판례에 따름)

① 지역권은 시효취득할 수 없다.

② 지역권은 요역지와 분리하여 양도할 수 있다.

③ 통로의 개설 없이 20년간 통로로 사실상 사용하여 온 경우는 지역권의 시효취득이 인정되지 않는다.

④ 공유자의 1인이 지역권을 취득한 때에도 다른 공유자는 이를 취득하지 못한다.

⑤ 요역지가 수인의 공유인 경우에 그 1인에 의한 지역권소멸시효의 중단은 다른 공유자를 위하여 효력이 없다.

62. 전세권에 관한 설명으로 **틀린** 것은? (다툼이 있으면 판례에 따름)

① 전세권의 사용·수익을 배제하고 채권담보만을 위해 전세권을 설정하는 것은 허용된다.

② 전세권의 존속기간은 10년을 넘지 못한다.

③ 건물 일부의 전세권자는 전세권이 목적이 아닌 건물 전부에 대해서는 전세권에 기한 경매를 신청할 수 없다.

④ 타인의 토지에 있는 건물에 전세권을 설정한 경우, 전세권의 효력은 그 건물의 소유를 목적으로 한 지상권에 미친다.

⑤ 전세권자와 인지(隣地)소유자 사이에도 상린관계에 관한 규정이 준용된다.

63. 유치권과 동시이행항변권에 관한 설명으로 **틀린** 것은?

① 유치권은 목적물에 관하여 생긴 채권의 담보를 목적으로 한다.

② 유치권과 동시이행항변권은 동시에 서로 병존할 수 있다.

③ 상대방의 소송상 청구에 대하여 동시이행의 항변권이나 유치권이 주장될 때는 모두 상환급부판결을 하게 된다.

④ 전자는 누구에 대해서든 행사할 수 있으나 후자는 계약의 상대방에 대해서만 행사할 수 있다.

⑤ 유치권과 동시이행항변권은 점유를 성립요건으로 한다.

**64. 저당권에 관한 설명으로 틀린 것은? (다툼이 있으면 판례에 따름)**

① 공유지분을 목적으로 저당권을 설정할 수 있다.

② 저당권이 설정된 후에 설치된 종물에는 저당권의 효력이 미치지 않는다.

③ 건물에 저당권이 설정된 경우, 원칙적으로 그 건물에 부속된 창고에도 저당권의 효력이 미친다.

④ 명인방법을 갖춘 수목에는 토지의 저당권의 효력이 미치지 않는다.

⑤ 채무자가 저당물을 손상·멸실하였을 때에는 기한의 이익을 상실한다.

**65. 근저당권에 관한 설명으로 틀린 것은? (다툼이 있으면 판례에 따름)**

① 채권최고액이란 우선변제를 받을 수 있는 한도액을 의미하고, 책임의 한도액을 의미하는 것은 아니다.

② 근저당권의 피담보채권이 확정되었을 경우, 확정 이후에 새로운 거래관계에서 발생한 원본채권은 그 근저당권에 의하여 담보되지 않는다.

③ 피담보채무가 확정되기 이전이라면 채무자를 변경할 수 없다.

④ 1년분이 넘는 지연배상금이라도 채권최고액의 한도 내라면 전액 근저당권에 의해 담보된다.

⑤ 후순위권리자가 경매를 신청한 경우에는 경락대금 완납시에 근저당권의 피담보채권액이 확정된다.

**66. 甲과 乙 사이에 계약이 성립한 경우를 모두 고른 것은?**

> ㄱ. 甲은 자신의 X물건을 갖고 싶어하던 乙에게 매도의사로 청약을 하였는데, 丙이 승낙한 경우
>
> ㄴ. 甲이 자기 소유 주택을 乙에게 매도의사로 청약하였는데, 乙이 승낙한 후 사망하였지만 그 의사표시가 甲에게 도달한 경우
>
> ㄷ. 甲이 乙에게 100만원에 X물건을 매수하라는 청약을 하였는데, 그 청약을 수령한 乙이 5만원을 깎아주면 매수하겠다는 의사표시를 하여 甲에게 도달한 경우
>
> ㄹ. 甲이 2024.10.10. 乙에게 X물건을 100만원에 팔겠다는 청약을 하였으나, 乙이 그와 같은 甲의 청약사실을 알지 못한 채 같은 달 12일 甲에게 X물건을 100만원에 사겠다는 청약을 하였는데, 甲과 乙의 청약이 모두 상대방에게 도달한 경우

① ㄱ, ㄴ     ② ㄱ, ㄷ     ③ ㄴ, ㄷ
④ ㄴ, ㄹ     ⑤ ㄷ, ㄹ

**67. 동시이행관계에 있는 것은 모두 몇 개인가? (다툼이 있으면 판례에 따름)**

> ㄱ. 부동산 매매계약이 매수인의 착오로 취소됨으로써 매도인이 부담하게 되는 매매대금반환의무와 매수인의 소유권이전등기말소의무
>
> ㄴ. 양도소득세를 매수인이 부담하기로 하는 약정이 있는 경우의 매수인의 양도소득세 납부의무와 매도인의 소유권이전등기의무
>
> ㄷ. 특정채무의 담보를 위하여 경료된 채권자 명의의 소유권이전등기의 말소청구와 피담보채무의 변제
>
> ㄹ. 임대차 종료 후 임차인의 임차목적물 명도의무와 임대인의 연체차임 기타 손해배상금을 공제하고 남은 임대차보증금반환의무

① 없다.     ② 1개     ③ 2개
④ 3개     ⑤ 4개

**68. 甲은 자신의 토지를 乙에게 매도하기로 하고, 매매대금을 제3자 丙에게 지급하기로 하였다. 다음 설명 중 틀린 것은?**

① 甲과 丙 사이의 원인관계에 흠결이 있어도 계약의 효력에 영향을 미치지 않는다.

② 丙이 태아인 경우에도 계약은 성립한다.

③ 수익의 의사표시를 한 丙은 乙에게 직접 그 이행을 청구할 수 있다.

④ 丙이 수익의 의사표시를 한 후에도 甲은 乙의 채무불이행을 이유로 계약을 해제할 수 있다.

⑤ 甲과 乙간의 계약이 甲의 착오로 취소된 경우, 丙은 착오취소로써 대항할 수 없는 제3자의 범위에 속한다.

**69. 계약해제시 보호되는 제3자에 해당하지 않는 자를 모두 고른 것은? (다툼이 있으면 판례에 따름)**

> ㄱ. 해제대상 매매계약에 의하여 채무자 명의로 이전등기된 부동산을 가압류 집행한 가압류채권자
>
> ㄴ. 계약해제 전 해제대상인 계약상의 채권 자체를 압류 또는 전부(轉付)한 채권자
>
> ㄷ. 소유권이전등기를 경료받은 매수인으로부터 저당권등기를 경료받은 자
>
> ㄹ. 토지의 매매계약이 매수인의 대금 미지급으로 해제된 경우에 그 토지 위에 신축된 건물을 매수한 자

① ㄱ, ㄴ     ② ㄱ, ㄷ     ③ ㄴ, ㄷ
④ ㄴ, ㄹ     ⑤ ㄷ, ㄹ

70. 2024.5.1. 甲이 그의 건물을 乙에게 10억원에 매도하면서 같은 해 5.10. 계약금 1억원을, 그로부터 2개월 후에 중도금 및 잔금을 지급받기로 하였다. 다음 설명 중 틀린 것은? (다툼이 있으면 판례에 따름)

① 乙이 2024.6.10. 중도금을 지급한 경우, 乙은 계약금을 포기하고 계약을 해제할 수 있다.

② 乙이 2024.6.10. 중도금을 지급한 경우, 甲은 계약금의 배액을 상환하고 계약을 해제할 수 없다.

③ 乙이 계약 당시 중도금 중 1억원의 지급에 갈음하여 자신의 丙에 대한 대여금채권을 甲에게 양도하기로 약정하고 그 자리에 丙도 참석하였다면, 甲은 계약금의 배액을 상환하고 계약을 해제할 수 없다.

④ 甲과 乙 사이의 계약금계약은 매매계약의 종된 계약이다.

⑤ 乙이 2024.7.10. 중도금과 잔금을 지급하였으나 甲이 소유권이전등기를 해주지 않으면 乙은 매매계약을 해제할 수 있다.

71. 환매에 관한 설명으로 틀린 것은?

① 환매특약은 매매계약과 동시에 하여야 한다.

② 매매계약이 취소되어 효력을 상실하면 그에 부수하는 환매특약도 효력을 상실한다.

③ 매도인이 환매기간 내에 환매의 의사표시를 하면 그는 그 환매에 의한 권리취득의 등기를 하지 않아도 그 부동산을 가압류 집행한 자에 대하여 권리취득을 주장할 수 있다.

④ 매매등기와 환매특약등기가 경료된 이후, 그 부동산 매수인은 그로부터 다시 매수한 제3자에 대하여 환매특약의 등기사실을 들어 소유권이전등기절차 이행을 거절할 수 없다.

⑤ 부동산에 대한 환매기간을 7년으로 정한 때에는 5년으로 단축된다.

72. 甲이 자신의 건물을 乙에게 매도하면서 대금지급과 동시에 점유를 이전하고 소유권이전등기에 필요한 서류를 교부하기로 하였다. 다음 설명 중 옳은 것을 모두 고른 것은? (다툼이 있으면 판례에 따름)

ㄱ. 甲과 乙의 책임 없는 사유로 건물이 멸실한 경우, 甲은 乙에 대해 매매대금지급을 청구할 수 없다.

ㄴ. 乙의 책임 있는 사유로 건물이 멸실한 경우, 甲은 乙에게 매매대금지급을 청구할 수 있다.

ㄷ. 乙의 채권자지체 중에 양 당사자의 책임 없는 사유로 화재가 발생한 경우, 甲은 乙에게 매매대금의 지급을 청구할 수 없다.

ㄹ. 건물에 저당권이 설정되었고, 그 저당권의 실행으로 乙이 건물의 소유권을 취득할 수 없게 된 경우, 악의의 乙은 계약을 해제할 수 있지만 손해배상은 청구할 수 없다.

① ㄱ, ㄴ

② ㄱ, ㄷ

③ ㄴ, ㄷ

④ ㄴ, ㄹ

⑤ ㄷ, ㄹ

73. 甲은 자신의 X건물을 乙 소유 Y토지와 서로 교환하기로 합의하면서 가액 차이로 발생한 보충금을 지급하기로 약정하였다. 다음 설명 중 틀린 것은? (다툼이 있으면 판례에 따름)

① 甲과 乙의 교환계약은 서면의 작성을 필요로 하지 않는다.

② 甲이 보충금을 제외한 X건물의 소유권을 乙에게 이전하면 특별한 사정이 없는 한 계약상의 의무를 한 것이 된다.

③ 甲과 乙은 특약이 없는 한 목적물의 하자에 대하여 상대방에게 담보책임을 부담하지 않는다.

④ X건물에 설정된 저당권의 행사로 乙이 그 소유권을 취득할 수 없게 된 경우, 乙은 계약을 해제할 수 있다.

⑤ 乙이 시가보다 조금 높게 Y토지의 가액을 고지해서 甲이 보충금을 지급하기로 약정했더라도 특별한 사정이 없는 한 의사결정에 불법적인 간섭을 한 것이라고 볼 수 없으므로 위법한 행위가 되지 않는다.

74. 임대차에 관한 설명으로 옳은 것은? (다툼이 있으면 판례에 따름)

① 임차인의 채무불이행으로 임대차계약이 해지된 경우, 임차인은 부속물매수청구권을 행사할 수 있다.

② 건물 소유를 위한 토지임대차의 경우, 임차인의 차임 연체액이 2기의 차임액에 이른 때에는 임대인은 계약을 해지할 수 있다.

③ 임대인이 목적물을 임차인에게 인도한 후에는 특별한 사정이 없는 한 계약존속 중 그 사용·수익에 필요한 상태를 유지하게 할 의무까지 부담하는 것은 아니다.

④ 건물임차인이 임대인의 동의 없이 건물의 소부분을 전대한 경우, 임대인은 임대차계약을 해지할 수 있다.

⑤ 판례는 비록 임차권의 양수인이 임차인과 부부로서 임차건물에 동거하면서 함께 가구점을 경영하고 있었더라도 임대인의 동의 없이 임차권을 무단양도한 경우에는 임대인은 임대차계약을 해지할 수 있다고 한다.

75. 일시사용을 위한 임대차에서 인정되는 권리는?

① 임차인의 비용상환청구권
② 임대인의 차임증액청구권
③ 임차인의 차임감액청구권
④ 임차인의 부속물매수청구권
⑤ 임차건물의 부속물에 대한 법정질권


76. 甲은 자기 소유의 X주택을 乙에게 임대하여 인도하였다. 다음 설명 중 틀린 것은? (다툼이 있으면 판례에 따름)

① 乙이 주민등록을 X주택으로 옮긴 다음 날 丙이 그 주택을 매수하여 소유권을 취득하였다면 임대차관계의 존속 중에는 乙에 대하여 주택의 인도를 청구할 수 없다.
② 乙이 주민등록을 X주택으로 옮긴 다음 날 丙이 그 주택의 소유권을 취득하였다면 乙은 임대차관계가 종료한 후에 보증금의 반환을 丙 또는 甲에게 청구할 수 있다.
③ 乙의 의사와 무관하게 乙의 주민등록이 행정기관에 의해 직권말소된 경우, 임차권은 대항력을 상실함이 원칙이다.
④ 乙이 상속권자 없이 사망한 경우에 그와 X주택에서 가정공동생활을 하던 사실상 혼인관계에 있는 사람은 임차인으로서의 권리와 의무를 승계한다.
⑤ 乙의 배우자나 자녀의 주민등록도 「주택임대차보호법」상의 대항요건인 주민등록에 해당한다.


77. 「상가건물 임대차보호법」상 상가임대인이 그의 임차인이 주선한 신규임차인으로 되려는 자의 임대차계약의 체결을 거절할 수 있는 경우는 모두 몇 개인가?

ㄱ. 임차인이 주선한 신규임차인이 되려는 자가 차임을 지급할 자력이 없는 경우
ㄴ. 임차인이 주선한 신규임차인이 되려는 자가 임차인으로서의 의무를 위반할 우려가 있는 경우
ㄷ. 임대차목적물인 상가건물을 1년 동안 영리목적으로 사용하지 아니한 경우
ㄹ. 임대인이 선택한 신규임차인이 임차인과 권리금계약을 체결하고 그 권리금을 지급한 경우

① 0개          ② 1개
③ 2개          ④ 3개
⑤ 4개


78. 「집합건물의 소유 및 관리에 관한 법률」에 대한 설명으로 옳은 것은?

① 규약에서 달리 정한 바가 없으면, 관리인은 관리위원회의 위원이 될 수 있다.
② 규약에서 달리 정한 바가 없으면, 관리위원회 위원은 부득이한 사유가 없더라도 서면이나 대리인을 통하여 의결권을 행사할 수 있다.
③ 집합건물 구분소유권의 특별승계인이 그 구분소유권을 다시 제3자에게 이전한 경우, 관리규약에 달리 정함이 없는 한 각 특별승계인들은 자신의 전(前) 구분소유자의 공용부분에 대한 체납관리비를 지급할 책임이 있다.
④ 재건축 결의에 찬성하지 않는 구분소유자에 대한 최고는 반드시 서면으로 하여야 할 필요는 없다.
⑤ 대지사용권의 분리처분금지는 그 취지를 등기하지 아니하여도 제3자에 대하여 대항할 수 있다.


79. 「가등기담보 등에 관한 법률」이 적용되는 것은? (단, 이자는 고려하지 않으며, 다툼이 있으면 판례에 따름)

① 가등기의 주된 목적이 매매대금채권 확보에 있고, 대여금채권의 확보는 부수적인 경우
② 매매대금채권의 담보를 위하여 양도담보권이 설정된 후 대여금채권이 그 피담보채권에 포함되게 된 경우
③ 대물변제 예약 당시 담보목적물의 가액이 차용액 및 그에 붙인 이자의 합산액에 미달하는 경우
④ 공사대금채권을 담보할 목적으로 가등기가 경료된 경우
⑤ 소비대차에 기한 차용금반환채무와 그 외의 원인에 의한 채무를 동시에 담보할 목적으로 가등기가 마쳐진 후 후자의 채무가 변제로 소멸하고 차용금반환채무만 남게 된 경우


80. 甲은 친구 乙과 명의신탁약정을 하고 丙 소유의 X부동산을 매수하면서 丙의 양해를 구하여 乙 명의로 소유권이전등기를 하였고, X토지는 현재 甲이 점유하고 있다. 다음 설명 중 옳은 것은? (다툼이 있으면 판례에 따름)

① 甲과 丙간의 매매계약은 효력이 없으며, 甲의 丙에 대한 소유권이전등기청구권은 인정되지 않는다.
② 甲은 乙에게 부당이득반환청구권을 행사할 수 있다.
③ 甲은 乙에게 신탁약정의 해지를 원인으로 하여 소유권이전등기청구권을 행사할 수 있다.
④ 甲은 乙에게 부당이득반환청구권을 피담보채권으로 하여 유치권을 주장할 수 있다.
⑤ 甲은 丙을 대위하여 乙에 대해서 말소등기청구권을 행사할 수 있다.

# 2024년도 제35회 공인중개사 1차 국가자격시험

# 실전모의고사 제8회

| 교 시 | 문제형별 | 시 간 | 시 험 과 목 |
|---|---|---|---|
| **1교시** | **A** | **100분** | ① 부동산학개론<br>② 민법 및 민사특별법 중<br>　 부동산 중개에 관련되는 규정 |

| 수험번호 | | 성 명 | |
|---|---|---|---|

## 【 수험자 유의사항 】

1. **시험문제지는 단일 형별(A형)이며, 답안카드 형별 기재란에 표시된 형별(A형)을 확인하시기 바랍니다.** 시험문제지의 **총면수, 문제번호 일련순서, 인쇄상태** 등을 확인하시고, 문제지 표지에 수험번호와 성명을 기재하시기 바랍니다.

2. 답은 각 문제마다 요구하는 **가장 적합하거나 가까운 답 1개**만 선택하고, 답안카드 작성 시 시험문제지 **형별누락, 마킹착오**로 인한 불이익은 전적으로 **수험자에게 책임**이 있음을 알려드립니다.

3. 답안카드는 국가전문자격 공통 표준형으로 문제번호가 1번부터 125번까지 인쇄되어 있습니다. 답안 마킹 시에는 반드시 **시험문제지의 문제번호와 동일한 번호에 마킹**하여야 합니다. (1차 1교시: 1번~80번)

4. **감독위원의 지시에** 불응하거나 **시험시간 종료 후 답안카드를 제출하지 않을 경우** 불이익이 발생할 수 있음을 알려 드립니다.

5. 시험문제지는 시험 종료 후 가져가시기 바랍니다.

6. 답안작성은 **시험 시행일(2024.10.26.) 현재 시행되는 법령** 등을 적용하시기 바랍니다.

7. 가답안 의견제시에 대한 개별회신 및 공고는 하지 않으며, **최종 정답 발표로 갈음**합니다.

8. 시험 중 **중간 퇴실은 불가**합니다. 단, 부득이하게 퇴실할 경우 시험포기각서 제출 후 퇴실은 가능하나 **재입실이 불가**하며, **해당시험은 무효처리됩니다.**

**🏛 해커스 공인중개사**

1. 부동산마케팅 및 광고에 대한 설명으로 옳은 것은?
   ① 부동산마케팅의 책임자는 경쟁업자, 대중, 유통경로 구성원 등의 마케팅의 거시적 환경에 대한 분석을 수행할 필요가 있다.
   ② 거주자의 라이프 스타일 등을 반영한 아파트의 설계는 마케팅 4P MIX중 유통경로(place)전략이다.
   ③ 전시광고는 신문광고 중의 하나로, 약어 등을 사용하여 동종의 광고를 여러 개 나열한 것이다.
   ④ 우편물에 의한 직접광고(direct mail)는 표적고객을 선택하여 할 수 있다는 장점이 있다.
   ⑤ 공급자의 전략차원으로서 표적시장을 선점하거나 틈새시장을 점유하는 것을 고객점유마케팅전략이라 한다.

2. 토지의 물리적 공급이 가격에 대해 완전비탄력적일 때 나타나는 현상으로 옳지 <u>않은</u> 것은? (단, 주어진 조건에 한정함)
   ① 토지수요가 증가하여도 균형거래량은 변하지 않는다.
   ② 토지수요가 증가하면 지가고(地價高) 현상이 나타난다.
   ③ 공급의 가격탄력성은 값은 ‘0’이 된다.
   ④ 파레토(V. Pareto)에 따르면 경제지대는 ‘0’이 된다.
   ⑤ 헨리 조지(Henry George)의 토지단일(가치)세에 의하면 토지세는 타인에게 전가되지 않는다.

3. 도시구조 및 입지이론의 설명으로 <u>틀린</u> 것을 모두 고른 것은?

   > ㄱ. 헤이그(R. Haig)의 마찰비용이론은 중심지로부터 거리가 멀어질수록 교통비는 감소하고 지대는 증가한다고 보고 교통비의 중요성을 강조하였다.
   > ㄴ. 호이트(H. Hoyt)의 선형이론에서 고급주택지구는 쾌적성이 양호한 교통망 축의 가장 가까운 곳에 입지한다.
   > ㄷ. 해리스(C. Harris)와 울만(E. Ullman)의 다핵심이론에서 다핵의 발생요인으로 유사활동간 집적지향성, 이질활동간 분산지향성(입지적 비양립성) 등을 들고 있다.
   > ㄹ. 버제스(E. W. Burgess)의 동심원이론에 의하면 중심업무지구에 가까울수록 범죄, 빈곤 및 질병이 적어지는 경향을 보인다.

   ① ㄱ, ㄴ      ② ㄱ, ㄹ
   ③ ㄴ, ㄷ      ④ ㄴ, ㄹ
   ⑤ ㄷ, ㄹ

4. 해당 주거지역에 소재한 아파트의 균형가격을 상승시키고 동시에 균형거래량을 감소시키는 요인으로 옳은 것을 모두 고른 것은? (단, 다른 요인은 일정함)

   > ㄱ. 해당 주거지역에 순유입인구 증가
   > ㄴ. 대체관계에 있는 단독주택가격의 상승
   > ㄷ. 아파트 건설업체 수의 감소
   > ㄹ. 아파트 건축에 소요되는 건축자재가격의 상승
   > ㅁ. 아파트 건축기술의 진보

   ① ㄱ, ㄷ      ② ㄱ, ㄴ, ㄷ
   ③ ㄷ, ㄹ      ④ ㄴ, ㄷ, ㄹ
   ⑤ ㄷ, ㄹ, ㅁ

5. 오피스텔 시장에서 수요의 가격탄력성은 0.6이고, 오피스텔의 대체재인 아파트 가격에 대한 오피스텔 수요의 교차탄력성은 0.5이다. 오피스텔 가격, 오피스텔 수요자의 소득, 아파트 가격이 각각 4%씩 상승함에 따른 오피스텔 전체 수요량의 변화율이 0이라고 하면, 오피스텔 수요의 소득탄력성은? (단, 오피스텔과 아파트 모두 정상재이고, 수요의 가격탄력성은 절댓값으로 나타내며, 다른 조건은 동일함)
   ① 0.4      ② 0.2      ③ 0.1
   ④ -0.1      ⑤ -0.2

6. 임대주택정책에 대한 설명으로 <u>틀린</u> 것은? (단, 다른 조건은 일정함)
   ① 공공임대주택의 공급은 소득의 재분배효과가 있다.
   ② 규제임대료가 시장균형임대료보다 낮을 경우 임대주택에 대한 초과수요가 발생할 수 있다.
   ③ 임대료의 상한가격이 시장균형가격보다 낮다면 임대주택 공급은 단기보다 장기에 더 탄력적으로 반응한다.
   ④ 주택바우처는 저소득임차가구에 주택임대료를 일부 지원해주는 소비자보조방식의 일종으로 임차인의 주거지 선택을 용이하게 할 수 있다.
   ⑤ 정부에서 임대료 보조를 주택재화의 구입에만 한정하면 보조를 받은 임차인의 실질소득은 감소한다.

7. 부동산신탁에 있어 위탁자가 부동산의 관리와 처분을 부동산신탁회사에 신탁한 후 수익증권을 발급받아 이를 담보로 금융기관에서 대출을 받는 방식은?
   ① 담보신탁      ② 처분신탁
   ③ 개발신탁      ④ 관리신탁
   ⑤ 명의신탁

8. 토지는 지목, 이용상황, 이용목적 등에 따라 다양하게 분류할 수 있다. 다음 중 지목에 해당하는 것은?

① 후보지

② 빈지

③ 유휴지

④ 포락지

⑤ 공장용지

9. 여과과정과 주거분리에 관한 설명으로 틀린 것은?

① 고소득층 주거지역에서 주택의 개량을 통한 가치상승분보다 개량비용이 큰 경우에는 하향여과가 발생할 수 있다.

② 고소득층 주거지역에 인접한 저가주택은 정(+)의 외부효과가 발생함에 따라 다른 주택보다 할증되어 거래될 가능성이 높다.

③ 민간주택시장에서 저가주택이 발생하는 것은 시장이 하향여과과정을 통해 자원할당기능을 수행하고 있기 때문이다.

④ 여과과정은 주택의 질적 수준의 변화와 가구의 이동과의 관계를 설명한다.

⑤ 저소득층 주거지역으로 상위계층이 유입되면 주택의 하향여과가 발생하고, 그 지역은 계속 저가주택지역으로 남게 되어 주거분리가 발생한다.

10. 다음과 같은 조건하에서 거미집이론을 적용할 때, 균형에 충격이 가해지면 균형으로 수렴하는 경우를 선택한 것은? (단, 다른 조건은 일정함)

---

ㄱ. $Qd = 400 - \dfrac{1}{2}P$, $3Qs = -10 + P$

ㄴ. 수요의 가격탄력성 절댓값이 공급의 가격탄력성 절댓값보다 작은 경우

ㄷ. 기울기의 값: 수요곡선 -0.8, 공급곡선 1.2

ㄹ. 공급곡선의 기울기가 수요곡선의 기울기보다 완만한 경우

---

① ㄱ, ㄴ

② ㄱ, ㄷ

③ ㄱ, ㄷ, ㄹ

④ ㄴ, ㄷ, ㄹ

⑤ ㄱ, ㄴ, ㄷ, ㄹ

11. 시장실패 및 정부의 시장개입에 대한 설명으로 틀린 것은?

① 재화의 동질성은 시장실패의 원인이다.

② 공공재는 무임승차의 문제를 유발하므로 시장실패의 원인이 된다.

③ 부동산시장에서 정보가 불완전하면 자원배분의 효율성은 달성되지 못한다.

④ 시장의 실패란 부동산시장기구가 자원을 효율적으로 배분하지 못한 상태를 말한다.

⑤ 정(+)의 외부효과를 장려하기 위한 수단으로 보조금 지급 등이 있다.

12. 부동산정책 및 제도에 대한 설명으로 틀린 것은?

① 토지수용은 공익목적을 위하여 사적 거래에 우선하여 국가 · 지방자치단체 · 한국토지주택공사 등이 그 토지를 매수할 수 있는 제도를 말한다.

② 토지적성평가제도는 토지에 대한 개발과 보전의 경합이 발생했을 때 이를 합리적으로 조정하는 수단이다.

③ 국토교통부장관은 도시의 무질서한 확산을 방지하고 도시주변의 자연환경을 보전하여 도시민의 건전한 생활환경을 확보하기 위하여 개발제한구역을 지정할 수 있다.

④ 「부동산 거래신고 등에 관한 법률」에 따라 토지거래허가구역(제)은 토지의 투기적인 거래가 성행하거나 지가가 급격히 상승하는 지역으로 대상으로 지정될 수 있다.

⑤ 「국토의 계획 및 이용에 관한 법률」에 따라 개발행위를 하고자 하는 자는 허가(개발행위허가)를 받아야 한다.

13. 부동산관리에 대한 설명으로 틀린 것은?

① 기술적 측면의 부동산관리는 대상부동산의 물리적 · 기능적 하자의 유무를 판단하여 필요한 조치를 취하는 것이다.

② 부동산투자회사 등 부동산간접투자제도가 활발해질수록 자가(직접)관리의 필요성이 높아진다.

③ 대상부동산의 가치 하락을 방지하고 계속적으로 임차인을 유인하기 위한 유지활동이 중요한데, 이 중에서 대응적 유지활동은 문제가 발생한 후에 사후적으로 대처하는 것이다.

④ 민간임대주택에 관한 특별법령상 주택임대관리업을 하려는 자는 시장 · 군수 · 구청장에게 등록할 수 있다.

⑤ 부동산관리를 복합개념으로 구분할 때 임대차계약이 종료되어 임차인에게 재계약을 촉구한 것은 법률적 관리에 해당한다.

14. 컨버스(P. Converse)의 분기점 모형에 따르면 상권은 거리의 제곱에 반비례하고 인구 수에 비례한다. 다음의 조건에서 A, B도시의 상권경계선은 A도시로부터 얼마나 떨어진 곳에 형성되는가? (단, 주어진 조건에 한정함)

○ A도시 인구: 16만명
○ B도시 인구: 4만명
○ 두 도시간의 거리: 15km
○ 두 도시의 인구는 모두 구매자이며, 두 도시에서만 구매함

① 8km
② 9km
③ 10km
④ 11km
⑤ 12km

15. 부동산조세 및 경제적 효과에 대한 설명으로 틀린 것은? (단, 다른 조건은 일정함)
① 종합부동산세는 국세이며, 재산세는 지방세이다.
② 양도소득세의 중과로 주택공급의 동결효과가 발생하면 주택거래량이 감소할 수 있다.
③ 납세의무자가 공급자일 때, 공급이 비탄력적일수록 세금부과에 의한 경제적 순(후생)손실은 커진다.
④ 토지의 공급곡선이 완전비탄력적인 상황에서는 토지보유세가 부과되더라도 자원배분의 왜곡을 초래하지 않는다.
⑤ 공급곡선이 수요곡선에 비하여 더 탄력적이면, 공급자에 비하여 수요자의 부담이 더 커진다.

16. 부동산의 경기변동에 대한 설명으로 틀린 것은?
① 협의의 부동산경기란 주거용 부동산건축경기를 말한다.
② 일반적으로 회복시장에서는 공실률·공가율이 점차 감소하기도 한다.
③ 부동산경기의 순환변동은 일반경기보다 그 진폭이 크고, 그 순환주기도 긴 편이다.
④ 상향시장에서 매수자는 거래성립시기를 당기려고 하고, 매도자는 거래성립시기를 늦추려는 경향이 있다.
⑤ 상향시장에서 과거의 매매사례가격은 현재시점에서 상한선이 된다.

17. 부동산금융 및 현황에 대한 설명으로 틀린 것은?
① 주택도시기금은 국토교통부장관이 운용·관리한다.
② 주택도시기금은 국민주택의 건설이나 국민주택규모 이하의 주택구입에 출자 또는 융자할 수 있다.
③ 프로젝트 파이낸싱(PF)에서 개발자금은 부동산신탁회사의 에스크로우(escrow) 계정을 통해 관리된다.
④ 주택도시보증공사는 분양보증, 하자보수보증, 임대보증금보증 등의 업무를 수행한다.
⑤ 한국주택금융공사가 보증하는 주택연금은 기존의 주택담보대출을 이용하고 있는 상태에서는 이용할 수 없다.

18. 부동산의 탄력성에 대한 설명으로 틀린 것은? (단, 주어진 조건에 한함)
① 생산기술의 향상으로 부동산공급이 증가하는 경우 수요의 가격탄력성이 클수록 균형량의 증가폭은 커진다.
② 수요의 임대료탄력성이 비탄력적일 때, 임대료가 하락하면 공급자의 임대수입은 감소한다.
③ 수요의 임대료탄력성이 탄력적일 때, 임대료가 하락하면 공급자의 임대수입은 증가한다.
④ 공급이 증가할 때 수요의 가격탄력성이 비탄력적일수록 가격은 덜 하락한다.
⑤ 수요가 증가할 때 공급의 가격탄력성이 탄력적일수록 가격은 덜 상승한다.

19. 다음과 관련된 내용을 모두 충족하는 부동산의 특성은?

○ 소유와 관련하여 경계문제를 일으킬 수 있으며, 협동적 토지이용의 필요성을 제기한다.
○ 부동산의 용도면에서 대체이용을 가능하게 한다.
○ 외부효과를 이해하는 데 중요한 특성이다.
○ 감정평가시 지역분석을 필연화시킨다.

① 영속성
② 부증성
③ 개별성
④ 인접성
⑤ 용도의 다양성

**20.** 다음 1년간 현금흐름자료를 활용하여 <A> 지분투자(세전)수익률과 <B> 세후현금수지를 계산한 것으로 옳은 것은? (단, 주어진 조건에 한함)

○ 총투자액: 10억원

○ 대부비율: 60%

○ 순영업소득: 6,000만원

○ 원금상환분: 400만원

○ 세전현금흐름: 4,000만원

○ 감가상각비: 600만원

○ 영업소득세율: 20%

   <A>    <B>

① 10%, 3,240만원

② 10%, 3,620만원

③ 10%, 3,820만원

④ 15%, 3,240만원

⑤ 15%, 3,620만원

**21.** 다음의 조건을 가진 A부동산의 대부비율(LTV)은? (단, 주어진 조건에 한함)

○ 매매가격: 5억원

○ 순영업소득: 3,000만원

○ 부채감당률: 1.5

○ 연 저당상수: 0.1

① 20%

② 30%

③ 40%

④ 50%

⑤ 60%

**22.** 상업입지이론에 관한 설명으로 옳은 것을 모두 고른 것은?

ㄱ. 넬슨(R. Nelson)의 소매입지이론은 특정 점포가 최대 이익을 얻을 수 있는 매출액을 확보하기 위해서는 어떤 장소에 입지하여야 하는가에 대한 원칙을 제시하였다.

ㄴ. 레일리(W. Reilly)는 두 중심지가 소비자에게 미치는 영향력의 크기는 두 중심지의 크기에 반비례하고 거리의 제곱에 비례한다고 보았다.

ㄷ. 허프(D. Huff)는 소비자들의 특정 상점의 구매를 설명할 때 실측거리, 시간거리, 매장규모와 같은 공간요인뿐만 아니라 효용이라는 비공간요인도 고려하였다.

ㄹ. 크리스탈러(W. Christaller)의 중심지이론은 고차 중심지의 배후지 안에 차수가 낮은 중심지들간의 배후지와 그 수가 분할·포섭되는 중심지계층간 공간체계를 설명한다.

① ㄱ, ㄴ, ㄷ       ② ㄱ, ㄴ, ㄹ

③ ㄱ, ㄷ, ㄹ       ④ ㄴ, ㄷ, ㄹ

⑤ ㄱ, ㄴ, ㄷ, ㄹ

**23.** 다음 표와 같은 투자사업들이 있다. 투자분석한 내용으로 옳은 것은? (단, 주어진 조건에 한정함)

(단위: 만원)

| 사업 | 현금유출의 현가 | 현금유입의 현가 |
|---|---|---|
| 부동산 A | 4,500 | 5,000 |
| 부동산 B | 3,000 | 3,150 |
| 부동산 C | 2,000 | 2,400 |
| 부동산 D | 4,000 | 4,300 |

① 순현가(NPV) 값이 가장 큰 투자안은 부동산 C이다.

② B 투자안의 수익성지수(PI)는 1.15이다.

③ 투자액 대비 투자효율성이 가장 높은 것은 부동산 A이다.

④ B와 D를 함께 수행한 순현가 합의 크기는 A의 순현가보다 크다.

⑤ 부동산 A와 C를 함께 수행한 포트폴리오 투자대안의 순현가는 900만원이다.

**24.** 외부효과와 관련하여 ( )에 들어갈 내용으로 옳은 것은?

> ○ 생산의 긍정적 외부효과가 있을 때, ( ㄱ )이 ( ㄴ ) 보다 크다.
>
> ○ 소비의 부정적 외부효과가 있을 때, ( ㄷ )이 ( ㄹ ) 보다 크다.

① ㄱ: 사적 비용,　　ㄴ: 사회적 비용
　ㄷ: 사적 편익,　　ㄹ: 사회적 편익

② ㄱ: 사회적 비용,　ㄴ: 사적 비용
　ㄷ: 사회적 편익,　ㄹ: 사적 편익

③ ㄱ: 사적 비용,　　ㄴ: 사회적 비용
　ㄷ: 사회적 편익,　ㄹ: 사적 편익

④ ㄱ: 사회적 비용,　ㄴ: 사적 비용
　ㄷ: 사적 편익,　　ㄹ: 사회적 편익

⑤ ㄱ: 사회적 편익,　ㄴ: 사적 편익
　ㄷ: 사적 편익,　　ㄹ: 사회적 편익

**25.** 투자대안의 기대수익률과 표준편차가 다음과 같이 측정되었다. 이 중에서 효율적 포트폴리오(투자대안)를 모두 선택한 것은? (단, 투자자는 위험회피적이라고 가정함, 단위: %)

| 투자대안 | A | B | C | D | E |
|---|---|---|---|---|---|
| 기대수익률(r) | 10 | 7 | 10 | 6 | 9 |
| 표준편차(σ) | 14 | 4 | 18 | 4 | 7 |

① A, B　　　　　　② A, B, E
③ A, C　　　　　　④ C, D
⑤ C, D, E

**26.** 융자금상환방식에 대한 설명으로 **틀린** 것은? (단, 모든 조건은 동일함)

① 대출초기에 원리금균등상환방식은 원금균등상환방식보다 원리금상환액 부담이 적은 편이다.
② 체증식 상환은 금융기관 입장에서 대출초기에 부(-)의 상환이 발생한다.
③ 원금균등상환방식의 잔고(잔금)는 일정하게 감소한다.
④ 원금만기일시상환방식은 원리금균등상환방식보다 대출채권의 가중평균상환기간(Duration)이 더 길다.
⑤ 원리금균등상환방식의 경우, 융자기간의 2분의 1이 경과한 시점부터는 원리금 중에서 원금상환분이 차지하는 비중이 이자지급분보다 많아진다.

**27.** 주택저당유동화제도 및 주택저당증권(MBS)에 대한 설명으로 **틀린** 것은? (단, 다른 조건은 일정함)

① 한국주택금융공사법령상 금융기관은 양도한 자산에 대해 한국주택금융공사에게 반환청구권을 가지지 아니한다.
② 일반적으로 주택저당담보부 채권(MBB)은 투자자 보호를 위해 초과담보를 제공한다.
③ 채무불이행위험이 없는 저당담보부 증권의 가격도 채권시장 수익률의 변동에 영향을 받는다.
④ 기관투자자가 주택저당증권(MBS)의 매입금액을 늘리면 단기적으로 주택가격이 하락할 수 있다.
⑤ 채권시장 수익률이 하락할 때 가중평균상환기간이 긴 저당담보부 증권일수록 그 가격이 더 크게 상승한다.

**28.** 부동산의 수요와 공급에 대한 설명으로 **틀린** 것은? (단, 주어진 조건에 한함)

① 부동산의 내구성은 기존주택이나 건물의 소유주를 공급자로 전환되게 하는 것을 어렵게 한다.
② 부동산가격이 상승하면 부동산수요량은 감소하고, 부동산가격이 하락하면 부동산수요량은 증가한다.
③ 부증성은 토지의 공급조절을 어렵게 한다.
④ 우상향 형태의 공급곡선의 높이는 공급자의 비용을 의미한다.
⑤ 다른 부동산가격변화로 인해 동일한 가격수준에서 부동산수요량이 변하는 것을 부동산수요의 변화라고 한다.

**29.** 부동산개발에 관한 설명으로 **틀린** 것을 모두 고른 것은?

> ㄱ. BTO방식은 사업시행자가 최종수요자에게 사용료를 직접 부과하여 투자비 회수가 상대적으로 용이한 도로, 지하철, 항만 등의 공급에 적합하다.
>
> ㄴ. 사회기반시설의 준공 후 일정기간 동안 운영을 통하여 투자비를 회수하고 수익을 창출한 다음, 시설을 정부 등에게 이전(기부채납)하는 것은 인정하는 것은 BOO방식이다.
>
> ㄷ. 사회기반시설의 준공 후 일정기간 동안 사업운영권을 임대하여 투자비를 회수하고, 약정 임대기간 종료 후 그 시설물을 국가 또는 지방자치단체에 귀속되는 방식을 BLT방식이라고 한다.

① ㄱ　　　　　　　② ㄴ
③ ㄷ　　　　　　　④ ㄱ, ㄷ
⑤ ㄴ, ㄷ

30. 부동산투자회사에 대한 설명으로 **틀린** 것은?

① 부동산투자회사의 상근 임원은 다른 회사의 상근 임직원이 되거나 다른 사업을 할 수 있다.

② 부동산투자회사는 최저자본금준비기간이 끝난 후에는 매 분기 말 현재 총자산의 100분의 80 이상을 부동산, 부동산 관련 증권 및 현금으로 구성하여야 한다. 이 경우 총자산의 100분의 70 이상은 부동산이어야 한다.

③ 자기관리 부동산투자회사는 그 설립등기일로부터 10일 이내에 대통령령이 정하는 바에 따라 설립보고서를 작성하여 국토교통부장관에게 제출하여야 한다.

④ 감정평가사 또는 공인중개사로서 해당 분야에 5년 이상 종사한 사람은 자기관리 부동산투자회사의 상근 자산운용 전문인력이 될 수 있다.

⑤ 주요 주주는 미공개 자산운용정보를 이용하여 부동산을 매매하거나 타인에게 이용하게 하여서는 아니 된다.

31. 자산유동화(ABS)제도에 대한 설명으로 **틀린** 것은?

① 유동화자산이라 함은 자산유동화의 대상이 되는 채권·부동산 기타의 재산권을 말한다.

② 자산유동화는 「자산유동화에 관한 법률」뿐만 아니라 「상법」 등에서도 근거하고 있다.

③ 유동화전문회사(SPC)는 「상법」상 유한회사로만 설립할 수 있다.

④ PF 자산담보부 기업어음(ABCP)은 금융감독기관 등에 등록하지 않고, 도관체(conduit)를 통해 임의대로 유사자산을 반복적으로 유동화할 수 있다.

⑤ 유동화전문회사(SPC)는 자산유동화 고유 업무 외의 다른 업무를 할 수 없다.

32. 부동산가격공시제도에 대한 설명으로 **틀린** 것은?

① 적정가격이란 토지, 주택 및 비주거용 부동산에 대하여 통상적인 시장에서 정상적인 거래가 이루어지는 경우 성립될 가능성이 가장 높다고 인정되는 가격을 말한다.

② 개별주택가격과 공동주택가격은 주택시장의 가격정보를 제공하고, 조세부과의 기준으로 활용된다.

③ 표준주택가격이란 일단의 단독주택 중에서 선정한 표준주택에 대하여 매년 공시기준일 현재의 적정가격을 말한다.

④ 국토교통부장관은 공시기준일 이후에 분할·합병 등이 발생한 토지에 대하여는 대통령령이 정하는 날을 기준으로 하여 개별공시지가를 결정·공시하여야 한다.

⑤ 개별공시지가를 결정하기 위하여 토지가격비준표가 활용된다.

33. 다음의 조건을 활용하여 원리금균등상환방식과 원금균등상환방식의 2회차 원리금상환액의 차이를 구하면? (단, 주어진 조건에 한정함)

---
○ 주택가격: 6억원
○ 담보인정비율(LTV): 50%
○ 대출기간: 20년
○ 대출이자율: 연 6.5% 고정금리, 연 단위 상환
○ 저당상수 20년(6.5%): 0.09
---

① 6,025,000원

② 6,525,000원

③ 7,025,000원

④ 7,525,000원

⑤ 8,525,000원

34. 다음 자료를 활용하여 공시지가기준법으로 산정한 대상토지의 단위면적당 시산가액은? (단, 주어진 조건에 한하며 천원 단위까지만 계산함)

---
○ 대상토지 현황: A시 B구 C동 200번지, 일반상업지역, 상업용
○ 기준시점: 2024.10.1.
○ 표준공시지가(A시 B구 C동, 2024.1.1. 기준)

| 기호 | 소재지 | 용도지역 | 이용상황 | 공시지가 (원/m²) |
|---|---|---|---|---|
| 1 | C동 220 | 준주거지역 | 상업용 | 8,000,000 |
| 2 | C동 230 | 일반상업지역 | 상업용 | 6,000,000 |

○ 지가변동률(A시 B구, 2024.1.1~2024.10.1)
 - 주거지역: 2% 상승
 - 상업지역: 5% 상승
○ 지역요인: 표준지와 대상토지는 인근지역에 위치하여 지역요인이 동일함
○ 개별요인: 대상토지는 표준지 기호 1에 비해 개별요인 4% 우세하고, 표준지 기호 2에 비해 개별요인 2% 열세함
○ 그 밖의 요인 보정: 대상토지 인근지역의 가치형성요인이 유사한 정상적인 거래사례 및 평가사례 등을 고려하여 그 밖의 요인으로 20% 증액보정함
○ 상승식으로 계산할 것
---

① 9,878,000원/m²　② 9,118,000원/m²

③ 8,108,000원/m²　④ 7,748,000원/m²

⑤ 7,408,000원/m²

35. 원가법에 의한 공장건물의 적산가액은? (단, 주어진 조건에 한정함)

○ 신축공사비: 1억원
○ 준공시점: 2022년 10월 1일
○ 기준시점: 2024년 10월 1일
○ 건축비지수
  - 2022년 10월: 100
  - 2024년 10월: 120
○ 매년 감가율: 20%
○ 신축공사비는 준공 당시 재조달원가로 적정하며, 감가수정방법은 공장건물이 설비에 가까운 점을 고려하여 정률법을 적용함

① 6,400만원
② 7,200만원
③ 7,680만원
④ 8,820만원
⑤ 9,680만원

36. 감정평가의 가격제원칙에 대한 설명 중 옳은 것은?
① 부동산의 가치는 고정적·경직적이므로 최유효이용을 판정하는 데 있어 변동의 원칙과 예측의 원칙을 바탕으로 삼을 필요가 없다.
② 부동산의 내부구성요소간 균형을 이루어야 부동산의 유용성이 최대가 된다는 것은 적합의 원칙이다.
③ 기여의 원칙에 의하면 부동산가격은 각 구성요소들의 생산비를 모두 합한 것이라 할 수 있다.
④ 대체의 원칙이란 동일한 효용을 가진, 즉 대체성 있는 다른 부동산과의 상호작용과정에서 가격이 형성된다는 것을 말한다.
⑤ 토지, 자본, 노동의 각 생산요소에 의하여 발생하는 총수익은 이들 제 요소에 배분되는데 자본, 노동에 배분된 이외의 잔여액은 그 배분이 정당하게 행하여지는 한 토지에 귀속된다는 것이 수익체증·체감의 원칙이다.

37. 부동산가격은 부동산의 가치발생요인이 상호 결합하여 결정된다. 다음 중 가치발생요인에 해당하지 않는 것은?
① 상대적 희소성
② 능률성
③ 효용(유용성)
④ 권리의 이전성
⑤ 유효수요

38. 「감정평가에 관한 규칙」상 대상물건별 평가방법의 연결이 옳은 것은?
① 과수원 – 거래사례비교법
② 자동차 – 원가법
③ 임대료 – 거래사례비교법
④ 건물 – 수익환원법
⑤ 저작권 – 수익분석법

39. 자본환원율에 관한 설명으로 틀린 것은? (단, 다른 조건은 동일함)
① 자본환원율은 자본의 기회비용을 반영하며, 시장금리의 상승은 자본환원율을 높이는 요인이 된다.
② 부동산개발 프로젝트사업의 위험 증가는 자본환원율을 낮추는 요인이 된다.
③ 자본환원율은 부동산자산이 창출하는 순영업소득을 해당 부동산자산가격으로 나눈 값이다.
④ 자본환원율이 상승하면 부동산자산가격이 하락하므로, 신규개발사업 추진이 어려워질 수 있다.
⑤ 순영업소득(NOI)이 일정할 때 투자수요의 증가로 인한 자산가격 상승은 자본환원율을 낮추는 요인이 된다.

40. 한국표준산업분류에 따른 부동산업의 세분류 항목으로 옳지 않은 것은?
① 부동산임대업
② 부동산개발 및 공급업
③ 부동산관리업
④ 부동산투자업
⑤ 부동산중개, 자문 및 감정평가업

**41.** 상대방 없는 단독행위인 것을 모두 고른 것은? (다툼이 있으면 판례에 따름)

> ㄱ. 공유지분의 포기
> ㄴ. 재단법인의 설립행위
> ㄷ. 소유권의 포기
> ㄹ. 취득시효이익의 포기

① ㄱ, ㄴ      ② ㄱ, ㄷ
③ ㄴ, ㄷ      ④ ㄴ, ㄹ
⑤ ㄷ, ㄹ

**42.** 불공정한 법률행위에 관한 설명으로 틀린 것은? (다툼이 있으면 판례에 따름)

① 불공정한 법률행위라도 당사자가 무효임을 알고 추인한 경우 유효로 될 수 있다.
② 토지매매가 불공정한 법률행위로 무효이면, 그 토지를 전득한 제3자는 선의이더라도 소유권을 취득하지 못한다.
③ 궁박은 정신적·심리적 원인에 기인할 수도 있다.
④ 불공정한 법률행위에 무효행위 전환의 법리가 적용될 수 있다.
⑤ 불공정한 법률행위에 해당하는지 여부는 그 행위를 한 때를 기준으로 판단한다.

**43.** 甲은 채권자가 자신의 토지에 강제집행을 할 의도를 보이자 친구 乙과 가장매매계약을 체결한 후 乙 앞으로 소유권이전의 가등기를 하였다. 다음 설명 중 틀린 것은?

① 甲과 乙 사이의 매매계약은 반사회적 행위로서 무효라 할 수 없다.
② 甲의 채권자는 위 매매계약의 무효를 주장할 수 있다.
③ 甲이 위 토지를 丙에게 매도하고 소유권이전등기를 경료한 경우에는 丙은 유효하게 소유권을 취득할 수 있다.
④ 만약, 乙이 가등기에 기하여 본등기를 한 후 이를 丁에게 양도하였다면, 丁은 선의인 경우에 한하여 유효하게 소유권을 취득할 수 있다.
⑤ 위 ④의 경우, 丁으로부터 전득한 戊가 악의인 때에는 유효하게 소유권을 취득하지 못한다.

**44.** 甲은 자신의 X부동산을 9억 8천만원에 팔기로 의욕하였지만, 乙에게 실수로 매매대금을 8억 9천만원으로 표시하여 이 가격으로 계약이 체결되었다. 이 사안에 관한 설명으로 옳은 것은? (다툼이 있으면 판례에 따름)

① 위 매매계약은 甲의 진의 아닌 의사표시로서 일단 유효하지만, 甲이 乙의 악의 또는 과실을 입증하여 무효를 주장할 수 있다.
② 甲과 乙은 모두 통정허위표시에 따른 무효를 주장할 수 있다.
③ 甲은 오표시무해의 원칙을 주장하여 9억 8천만원을 대금으로 하는 매매계약의 성립을 주장할 수 있다.
④ 甲은 착오를 주장하여 위 매매계약을 취소할 수 있지만, 乙이 甲의 중대한 과실을 증명하면 취소할 수 없다.
⑤ 상대방 乙이 착오자 甲의 진의인 9억 8천만원에 동의하더라도 甲은 의사표시를 취소할 수 있다.

**45.** 甲은 A의 기망행위로 자기 소유 건물을 乙에게 매도하고 소유권이전등기를 경료하였다. 그 후 乙은 그 건물을 丙에게 전매하여 소유권을 이전한 경우에 대한 설명 중 틀린 것은? (다툼이 있으면 판례에 따름)

① 甲이 A에 대하여 불법행위를 이유로 손해배상을 청구하기 위해서는 반드시 乙과의 매매계약을 취소하여야 한다.
② 甲이 매매계약을 취소한 경우에도, 丙이 선의인 경우에는 건물에 대한 소유권을 취득할 수 있다.
③ 甲이 취소의 의사표시를 하면 甲과 乙의 매매계약은 무효가 되고 甲은 乙에게 부당이득반환을 청구할 수 있다.
④ 甲이 사기당한 사실을 乙이 알 수 있었을 경우에 甲은 乙과의 매매계약을 취소할 수 있다.
⑤ 甲이 사기 사실을 안 후 乙로부터 매매대금을 수령한 경우에는 甲과 乙의 법률행위는 확정적으로 유효로 된다.

**46.** 甲의 허락 없이 그의 자(子) 乙은 甲의 대리인으로서 丙과 甲 소유 토지의 매매계약을 체결하였다. 다음 기술 중 틀린 것은? (다툼이 있으면 판례에 따름)

① 甲·丙 사이의 매매계약은 무효이다.
② 丙은 甲에게 상당한 기간을 정하여 추인 여부의 확답을 최고할 수 있다.
③ 선의인 丙은 甲의 추인이 있기 전에 계약을 철회할 수 있다.
④ 乙이 甲을 단독상속한 경우, 乙은 甲의 지위에서 계약의 무효를 주장할 수 있다.
⑤ 丙 명의의 소유권이전등기가 이루어지면 실체적 권리관계에 부합하므로 유효하다.

47. 甲은 乙에게 자신의 X토지에 대한 담보권설정의 대리권만을 수여하였으나, 乙은 X토지를 丙에게 매도하는 계약을 체결하였다. 다음 중 틀린 것을 모두 고른 것은? (다툼이 있으면 판례에 따름)

> ㄱ. 乙에게는 기본대리권이 인정된다.
> ㄴ. 표현대리가 성립한 경우, 丙에게 과실이 있으면 과실상계하여 甲의 책임을 경감할 수 있다.
> ㄷ. 매매계약이 토지거래허가제를 위반하여 확정적으로 무효이면 표현대리 법리가 적용될 여지가 없다.
> ㄹ. 丙이 매수 당시 乙에게 대리권이 있다고 믿은 데 정당한 이유가 있었다면, 매매계약 성립 후에 대리권 없음을 알았더라도 월권대리는 성립한다.
> ㅁ. 표현대리가 성립하지 않더라도, 丙은 甲에게 소유권이전등기를 청구할 수 있다.

① ㄱ, ㄴ  ② ㄱ, ㄷ
③ ㄴ, ㄷ  ④ ㄴ, ㅁ
⑤ ㄷ, ㄹ

48. 추인하면 소급하여 효력이 생기는 법률행위를 모두 고른 것은? (다툼이 있으면 판례에 따름)

> ㄱ. 소송에서의 증언을 조건으로 통상 용인되는 수준을 넘는 대가를 받기로 한 약정
> ㄴ. 불공정한 법률행위
> ㄷ. 무권대리인의 법률행위
> ㄹ. 무권리자의 처분행위
> ㅁ. 불법조건이 붙은 법률행위

① ㄱ, ㄴ  ② ㄱ, ㄷ
③ ㄴ, ㄷ  ④ ㄴ, ㅁ
⑤ ㄷ, ㄹ

49. 乙이 甲 소유의 X토지를 丙에게 매도하는 계약을 체결하였다. 매매계약의 효과가 甲에게 귀속하지 않는 경우를 모두 고른 것은? (다툼이 있으면 판례에 따름)

> ㄱ. 甲과 丙으로부터 토지매매의 대리권을 수여받은 乙이 쌍방을 대리하여 X토지에 대한 매매계약을 체결한 경우
> ㄴ. 甲으로부터 X토지 매매의 대리권을 수여받은 乙이 오직 자기의 이익을 도모하기 위하여 매매계약을 체결하였고 丙이 乙의 의도를 알 수 있었던 경우
> ㄷ. 甲으로부터 X토지 매매의 대리권을 수여받은 乙이 甲 명의로 계약을 체결한 경우
> ㄹ. 甲으로부터 X토지 매매의 대리권을 수여받은 미성년자 乙이 甲을 대리하여 丙과 매매계약을 체결한 경우
> ㅁ. 무권대리인 乙이 X토지를 丙에게 매도하였는데, 甲이 그 계약에 따른 이행을 丙에게 촉구하고 매매대금을 수령한 경우

① ㄱ, ㄴ  ② ㄱ, ㄷ
③ ㄴ, ㄷ  ④ ㄴ, ㅁ
⑤ ㄷ, ㄹ

50. 조건과 기한에 관한 설명으로 틀린 것은?
① 조건의 성취를 의제하는 효과를 발생시키는 조건성취 방해행위에는 과실에 의한 행위도 포함된다.
② 해제조건이 선량한 풍속 기타 사회질서에 위반한 것인 때에는 특별한 사정이 없는 한 조건 없는 법률행위로 된다.
③ 정지조건부 법률행위의 경우 법률행위 당시 조건이 이미 성취할 수 없는 것인 때에는 그 법률행위는 무효이다.
④ 기한은 채무자의 이익을 위한 것으로 추정한다.
⑤ 기한의 이익은 포기할 수 있으나, 상대방의 이익을 해치지 못한다.

51. 물권적 청구권에 관한 설명으로 틀린 것은? (다툼이 있으면 판례에 따름)
① 임차인은 임차목적물 침해자에 대하여 소유자인 임대인의 물권적 청구권을 대위행사할 수 있다.
② 진정한 등기명의의 회복을 위한 이전등기청구권의 법적 성질은 소유권에 기한 방해배제청구권이다.
③ 소유자는 소유권을 방해할 염려가 있는 자에 대하여 그 예방과 함께 손해배상의 담보를 청구할 수 있다.
④ 점유회수청구권의 행사기간은 출소기간이다.
⑤ 사기에 의해 물건을 인도한 자는 점유회수의 소를 제기할 수 없다.

**52. 물권의 변동에 관한 설명으로 옳은 것을 모두 고른 것은?** (다툼이 있으면 판례에 따름)

> ㄱ. 「민법」제187조 소정의 판결은 형성판결을 의미한다.
> ㄴ. 건물을 신축한 자는 등기를 하여야 소유권을 취득한다.
> ㄷ. 합유지분 포기에 따른 물권변동의 효력은 등기 없이도 발생한다.
> ㄹ. 부동산 강제경매에서 매수인이 매각 목적인 권리를 취득하는 시기는 매각대금 완납시이다.

① ㄱ, ㄴ      ② ㄱ, ㄹ
③ ㄴ, ㄷ      ④ ㄴ, ㄹ
⑤ ㄷ, ㄹ

**53. 乙은 甲 소유의 건물을 매수하여 다시 이를 丙에게 매도하였으며, 甲·乙·丙은 甲에게서 丙으로 소유권이전등기를 해주기로 합의하였다. 다음 중 틀린 것은?** (다툼이 있으면 판례에 따름)

① 丙은 직접 甲에 대하여 소유권이전등기청구권을 행사할 수 있다.
② 乙의 甲에 대한 소유권이전등기청구권은 소멸하는 것이 아니다.
③ 만약 위와 같은 합의가 없는 경우, 丙은 乙을 대위하여 乙에게로의 이전등기를 甲에게 청구할 수는 없다.
④ 위 ③의 경우, 이미 甲에게서 丙으로 이전등기가 이루어진 경우에는 丙의 등기는 유효하다.
⑤ 乙이 丙에게 건물을 인도한 경우, 甲은 丙에 대하여 소유물반환을 청구할 수 없다.

**54. 혼동으로 인한 물권의 소멸에 관한 설명으로 틀린 것은?** (다툼이 있으면 판례에 따름)

① 지역권자가 승역지의 소유권을 취득한 경우 지역권은 소멸한다.
② 점유권과 본권이 동일인에게 귀속하더라도 점유권은 소멸하지 않는다.
③ 근저당권자가 그 저당물의 소유권을 취득하면 그 근저당권은 원칙적으로 혼동에 의하여 소멸하지만, 그 뒤 그 소유권취득이 무효인 것이 밝혀지면 소멸하였던 근저당권은 당연히 부활한다.
④ 甲토지의 지상권자가 상속으로 소유권을 취득하였더라도 그 지상권이 타인의 저당권의 목적이 되었을 때에는 혼동으로 소멸하지 않는다.

⑤ 甲의 토지에 乙이 지상권을 취득한 후, 그 토지에 저당권을 취득한 丙이 그 토지의 소유권을 취득하더라도 丙의 저당권은 소멸하지 않는다.

**55. 특별한 사정이 없는 한 자주점유자에 해당하는 지를 모두 고른 것은?** (다툼이 있으면 판례에 따름)

> ㄱ. 점유매개관계의 직접점유자
> ㄴ. 타인의 토지 위에 분묘기지권을 취득한 점유자
> ㄷ. 상대방에 대하여 소유의 의사를 밝힌 점유자
> ㄹ. 점유의 권원이 불명(不明)한 점유자

① ㄱ, ㄴ      ② ㄱ, ㄷ
③ ㄴ, ㄷ      ④ ㄴ, ㄹ
⑤ ㄷ, ㄹ

**56. 점유에 관한 설명으로 옳은 것은?** (다툼이 있으면 판례에 따름)

① 건물소유자가 현실적으로 건물이나 그 부지를 점거하지 않더라도 특별한 사정이 없는 한 건물의 부지에 대한 점유가 인정된다.
② 유치권자가 점유를 침탈당한 경우, 유치권에 기한 반환청구권을 행사할 수 있다.
③ 점유권에 기인한 소는 본권에 관한 이유로 재판할 수 있다.
④ 선의의 점유자라도 점유물의 사용으로 인한 이익은 회복자에게 반환하여야 한다.
⑤ 점유물이 타주점유자의 책임 있는 사유로 멸실된 경우, 그가 선의의 점유자라면 현존이익의 범위에서 손해배상책임을 진다.

57. 상린관계에 관한 설명으로 **틀린** 것은? (다툼이 있으면 판례에 따름)

① 지상권자 상호간에도 상린관계에 관한 규정이 준용된다.

② 인접하는 토지를 소유한 자들이 공동비용으로 통상의 경계표를 설치하는 경우, 다른 관습이 없으면 측량비용은 토지의 면적에 비례하여 부담한다.

③ 건물을 축조함에는 특별한 관습이 없으면, 경계로부터 그 건물의 가장 돌출된 부분까지 반미터 이상의 거리를 두어야 한다.

④ 인접지의 수목 뿌리가 경계를 넘은 때에는 임의로 제거할 수 있다.

⑤ 주위토지통행권은 장래의 이용을 위하여 인정될 수 있으므로, 그 범위와 관련하여 장래의 이용상황까지 미리 대비하여 통행로를 정할 수 있다.

58. 甲 소유의 X토지를 乙이 점유하여 취득시효가 완성되었으나, 아직 乙 명의의 이전등기는 경료하지 않았다. 다음 설명 중 **틀린** 것은? (다툼이 있으면 판례에 따름)

① 乙의 점유취득시효가 완성되더라도, 乙은 등기를 하여야 소유권을 취득한다.

② 점유취득시효 완성 후 일시적으로 丙에게 소유권이전등기가 되었다가 甲이 다시 소유권을 회복한 경우, 乙은 甲에게 시효 완성을 주장할 수 있다.

③ 甲이 乙의 취득시효 완성 사실을 알면서도 X토지를 丙에게 매도하여 이전등기를 경료해 준 경우, 乙은 甲에게 불법행위책임을 물어서 손해배상을 청구할 수 있다.

④ 위 ③의 경우, 丙이 甲의 매도행위에 적극 가담하였다면 乙은 丙을 상대로 직접 소유권이전등기청구를 할 수 있다.

⑤ 乙로부터 목적부동산을 매수한 丁은 甲에 대하여 乙의 소유권이전등기청구권을 대위하여 행사할 수 있다.

59. 분묘기지권에 관한 설명으로 **틀린** 것은? (다툼이 있으면 판례에 따름)

① 타인토지에 분묘를 설치·소유하는 자에게는 그 토지에 대한 소유의 의사가 추정된다.

② 분묘가 일시적으로 멸실되어도 유골이 존재하여 분묘의 원상회복이 가능하다면 분묘기지권은 존속한다.

③ 부부 중 일방이 먼저 사망하여 이미 그 분묘가 설치되고 그 분묘기지권이 미치는 범위 내에서 그 후에 사망한 다른 일방을 단분(單墳) 형태로 합장하여 분묘를 설치하는 것도 허용되지 않는다.

④ 분묘기지권을 시효취득한 자는 토지소유자가 지료를 청구한 날부터의 지료를 지급할 의무가 있다.

⑤ 「장사 등에 관한 법률」 시행 이전에 설치된 분묘에 관한 분묘기지권의 시효취득은 법적 규범으로 유지되고 있다.

60. 지역권에 관한 설명으로 **틀린** 것은? (다툼이 있으면 판례에 따름)

① 요역지는 1필의 토지여야 한다.

② 요역지가 수인의 공유인 경우에 그 공유자 1인에 의한 지역권 소멸시효의 중단은 다른 공유자를 위하여 효력이 있다.

③ 지역권자는 승역지의 점유침탈이 있는 경우, 지역권에 기하여 승역지 반환청구권을 행사할 수 있다.

④ 요역지의 지상권자는 자신의 용익권 범위 내에서 지역권을 행사할 수 있다.

⑤ 지역권은 계속되고 표현된 것에 한하여 시효취득할 수 있다.

61. 甲은 乙에게 자신의 토지에 전세권을 설정해 주고, 丙은 乙의 전세권 위에 저당권을 취득하였다. 그 후 전세권의 존속기간이 만료되었다. 이에 관한 설명으로 옳은 것을 모두 고른 것은? (다툼이 있으면 판례에 따름)

> ㄱ. 전세권설정등기의 말소등기가 없으면, 전세권의 용익물권적 권능은 소멸하지 않는다.
>
> ㄴ. 甲은 乙로부터 전세권설정등기의 말소등기에 필요한 서류를 반환받기 전까지는 전세금반환을 거절할 수 있다.
>
> ㄷ. 丙은 전세권 자체에 대해 저당권을 실행할 수 없다.
>
> ㄹ. 丙이 전세금반환채권을 압류한 경우에도 丙은 전세금반환채권에 대해 우선변제권을 행사할 수 없다.

① ㄱ, ㄴ      ② ㄱ, ㄷ

③ ㄱ, ㄹ      ④ ㄴ, ㄷ

⑤ ㄷ, ㄹ

## 62. 유치권에 관한 설명이다. 다음 설명 중 **틀린** 것을 모두 고른 것은? (다툼이 있으면 판례에 따름)

> ㄱ. 수급인의 재료와 노력으로 건물을 신축한 경우, 특별한 사정이 없는 한 그 건물에 대한 수급인의 유치권은 인정되지 않는다.
>
> ㄴ. 임차인은 임대인과의 약정에 의한 권리금반환채권으로 임차건물에 유치권을 행사할 수 없다.
>
> ㄷ. 다세대주택의 창호공사를 완성한 하수급인이 공사대금채권 잔액을 변제받기 위하여 그중 한 세대를 점유하는 유치권 행사는 인정되지 않는다.
>
> ㄹ. 유치권자와 유치물의 소유자 사이에 유치권을 포기하기로 특약한 경우, 제3자는 특약의 효력을 주장할 수 없다.
>
> ㅁ. 유치권자가 유치물에 대한 보존행위로서 목적물을 사용하는 것은 적법하다.

① ㄱ, ㄷ      ② ㄱ, ㄹ
③ ㄴ, ㄷ      ④ ㄷ, ㄹ
⑤ ㄹ, ㅁ

## 63. 저당권과 용익물권에 관한 설명으로 **틀린** 것은?

① 저당권보다 먼저 설정된 지상권은 저당권자의 경매신청에 따른 매각으로 매수인에게 인수되지만, 저당권보다 나중에 설정된 지상권은 매각으로 소멸한다.

② 1번 저당권이 설정된 후 지상권이 설정되고 그 후 2번 저당권이 설정된 경우, 2번 저당권 실행으로 목적물이 매각되더라도 지상권은 소멸하지 않는다.

③ 저당권보다 먼저 설정된 전세권이 있는 경우, 저당권자가 신청한 경매절차에서 전세권자가 배당요구를 하였다면 그 전세권은 매각으로 소멸한다.

④ 지상권이 저당권보다 후에 설정된 경우, 지상권자는 저당권자에게 그 토지로 담보된 채권을 변제하고 저당권의 소멸을 청구할 수 있다.

⑤ 전세권이 저당권보다 후에 설정된 경우, 전세권자가 목적물에 유익비를 지출하였다면 전세권자는 저당목적물의 매각대금에서 그 비용을 우선상환받을 수 있다.

## 64. 토지저당권자의 일괄경매청구권(제365조)에 대한 설명으로 **옳은** 것은? (다툼이 있으면 판례에 따름)

① 건물은 토지에 대한 저당권이 설정될 당시 이미 존재하고 있어야 한다.

② 저당권설정자가 건축하여 제3자에게 양도한 건물에 대하여도 일괄경매를 청구할 수 있다.

③ 저당권설정자로부터 용익권을 설정받은 자가 건축한 건물이라도 저당권설정자가 나중에 소유권을 취득하였다면 일괄경매청구가 허용된다.

④ 저당권자는 건물의 매각대금에 대하여도 우선변제를 받을 수 있다.

⑤ 저당권자는 일괄경매를 청구할 의무가 있으므로 토지만 경매를 신청하는 것은 허용되지 않는다.

## 65. 甲이 乙에게 X주택을 매도하겠다는 뜻과 승낙의 기간을 10월 20일로 하는 내용의 서면을 발송하여 해당 서면이 乙에게 10월 5일에 도달하였다. 다음 설명 중 **틀린** 것을 모두 고른 것은? (다툼이 있으면 판례에 따름)

> ㄱ. 甲의 청약은 乙에게 도달한 10월 5일에 그 효력이 생긴다.
>
> ㄴ. 甲의 서면이 乙에게 도달하기 전에 甲이 사망하고 乙이 甲의 단독상속인 丙에게 승낙통지를 발송하여 10월 20일에 도달하면 乙과 丙 사이에 계약이 성립하지 않는다.
>
> ㄷ. 甲이 "10월 20일까지 이의가 없으면 승낙한 것으로 본다."라는 내용을 붙여 청약을 한 경우에, 乙이 그 기간까지 이의하지 않더라도 계약은 성립하지 않는다.
>
> ㄹ. 10월 19일에 발송한 乙의 승낙통지가 10월 21일에 도달한 경우, 새로운 청약을 한 것으로 보고 甲이 승낙을 함으로써 계약을 성립시킬 수 있다.
>
> ㅁ. 乙이 10월 15일에 승낙통지를 발송하여 10월 17일에 도달한 경우, 계약은 10월 17일에 성립한다.

① ㄱ, ㄴ      ② ㄱ, ㄷ
③ ㄴ, ㅁ      ④ ㄷ, ㄹ
⑤ ㄹ, ㅁ

## 66. 전세권을 목적으로 하는 저당권에 관한 설명으로 **틀린** 것은? (다툼이 있으면 판례에 따름)

① 저당권설정자는 저당권자의 동의 없이 전세권을 소멸하게 하는 행위를 하지 못한다.

② 전세금반환채권은 저당권의 목적물이 아니다.

③ 전세권이 기간만료로 소멸한 경우 전세권설정자는 원칙적으로 전세권자에 대하여만 전세금반환의무를 부담한다.

④ 건물에 대한 전세권이 법정갱신된 경우, 전세권자는 그 등기 없이도 건물의 양수인에게 전세권을 주장할 수 있다.

⑤ 전세권의 존속기간이 만료된 경우 저당권자는 전세권 자체에 대해 저당권을 실행할 수 있다.

67. 동시이행항변권에 관한 설명으로 <u>틀린</u> 것은? (다툼이 있으면 판례에 따름)

① 구분소유적 공유관계가 해소되는 경우, 공유지분권자 상호간의 지분이전등기의무는 동시이행관계에 있다.

② 동시이행의 항변권을 배제하는 당사자 사이의 특약은 유효하다.

③ 선이행의무를 부담하는 당사자 일방은 상대방의 이행이 곤란할 현저한 사유가 있으면 자기의 채무이행을 거절할 수 있다.

④ 가압류등기가 있는 부동산 매매계약에서 특약이 없는 한 매도인이 소유권이전등기의무, 가압류등기말소의무와 매수인의 대금지급의무간에는 동시이행관계에 있다.

⑤ 동시이행항변권에 따른 이행지체책임 면제의 효력은 그 항변권을 행사·원용하여야 발생한다.

68. 제3자를 위한 계약에 관한 설명으로 <u>틀린</u> 것은? (다툼이 있으면 판례에 따름)

① 낙약자는 특별한 사정이 없는 한 요약자와의 기본관계에서 발생한 항변으로써 수익자의 청구에 대항할 수 있다.

② 요약자는 특별한 사정이 없는 한 수익자의 동의 없이 낙약자의 이행불능을 이유로 계약을 해제할 수 없다.

③ 계약의 당사자가 제3자에 대하여 가진 채권에 관하여 그 채무를 면제하는 계약도 제3자를 위한 계약에 준하는 것으로서 유효하다.

④ 채무자에게 수익의 의사표시를 한 제3자는 그 채무자에게 그 채무의 이행을 직접 청구할 수 있다.

⑤ 채무자와 인수인 사이의 계약으로 인한 중첩적(병존적) 채무인수는 제3자를 위한 계약으로 볼 수 있다.

69. 甲은 자신의 토지를 乙에게 팔고 중도금까지 수령하였으나, 그 토지가 공용(재결)수용되는 바람에 乙에게 소유권을 이전할 수 없게 되었다. 이에 관한 설명으로 옳은 것을 모두 고른 것은? (다툼이 있으면 판례에 따름)

ㄱ. 甲의 乙에 대한 소유권이전의무는 소멸한다.
ㄴ. 乙은 이미 지급한 중도금을 부당이득으로 반환청구할 수 없다.
ㄷ. 乙은 甲의 수용보상금청구권의 양도를 청구할 수 있다.
ㄹ. 乙은 매매계약을 해제하고 전보배상을 청구할 수 있다.

① ㄱ, ㄴ
② ㄱ, ㄷ
③ ㄱ, ㄹ
④ ㄴ, ㄷ
⑤ ㄷ, ㄹ

70. 다음 중 고의나 과실(過失)이 있는 경우에만 인정되는 것을 모두 고른 것은?

ㄱ. 전세권자의 부속물매수청구권
ㄴ. 불법행위로 인한 손해배상청구권
ㄷ. 이행불능으로 인한 계약해제권과 손해배상청구권
ㄹ. 물건의 하자로 인한 매도인의 담보책임

① ㄱ, ㄴ
② ㄱ, ㄷ
③ ㄱ, ㄹ
④ ㄴ, ㄷ
⑤ ㄴ, ㄹ

71. 甲은 그 소유의 X토지에 대하여 乙과 매매계약을 체결하였다. 이에 관한 설명으로 옳은 것을 모두 고른 것은? (다툼이 있으면 판례에 따름)

ㄱ. 매매계약이 무효로 되어 甲·乙이 서로 취득한 것을 반환하여야 할 경우, 각 당사자의 반환의무는 동시이행관계가 아니다.
ㄴ. X토지를 아직 인도받지 못한 乙이 미리 소유권이전등기를 경료받았다고 하여도 매매대금을 완제하지 않는 이상 X토지에서 발생하는 과실은 甲에게 귀속된다.
ㄷ. X토지가 인도되지 않았다면 乙이 대금을 완제하더라도 특별한 사정이 없는 한 X토지에서 발생한 과실은 甲에게 귀속된다.
ㄹ. X토지가 인도되지 않았다면, 특별한 사정이 없는 한 乙이 잔대금지급을 지체하여도 甲은 잔대금의 이자상당액의 손해배상청구를 할 수 없다.

① ㄱ, ㄴ
② ㄱ, ㄷ
③ ㄱ, ㄹ
④ ㄴ, ㄹ
⑤ ㄷ, ㄹ

72. 甲·乙 사이에 X토지 1,000평에 대한 매매계약이 성립하였다. 매도인 甲의 담보책임에 관한 다음 설명 중 **틀린** 것은?

① X토지 전부가 丙의 소유이며, 甲이 그 권리를 취득하여 乙에게 이전할 수 없는 경우에는 乙은 자신의 선의·악의를 묻지 않고 계약을 해제할 수 있다.

② 甲·乙이 1,000평의 수량지정매매를 하였으나, 계약 당시 X토지가 포락(浦落)으로 800평밖에 되지 않는 경우에는 乙은 자신의 선의·악의를 묻지 않고 대금의 감액을 청구할 수 있다.

③ X토지 위에 지상권이 설정되어 있는 경우에 乙이 이 사실을 알고 있다면 甲은 담보책임을 지지 않는다.

④ 1,000평 중 300평이 丙의 소유이며, 甲이 그 권리를 취득하여 乙에게 이전할 수 없는 경우에는 乙은 자신의 선의·악의를 묻지 않고 대금의 감액을 청구할 수 있다.

⑤ X토지 위에 저당권이 존재하여도 그 사실만으로는 담보책임의 문제가 생기지 않는다.

73. 甲은 자신의 X토지와 乙 소유의 Y토지에 대한 교환하는 계약을 체결하면서 乙에게 8천만원의 보충금을 지급하기로 약정하였다. 이에 관한 설명으로 **틀린** 것을 모두 고른 것은? (다툼이 있으면 판례에 따름)

> ㄱ. 甲과 乙의 교환계약은 서면의 작성을 필요로 한다.
>
> ㄴ. 계약체결 후 이행 전에 X토지가 해일로 포락(浦落)된 경우, 甲은 乙에게 Y토지의 인도를 청구하지 못한다.
>
> ㄷ. X토지에 설정된 저당권의 행사로 乙이 그 소유권을 취득할 수 없게 된 경우, 乙은 계약을 해제할 수 있다.
>
> ㄹ. 교환계약이 해제되어도 X토지상에 乙이 신축한 건물을 매수한 자는 제3자로서 보호된다.

① ㄱ, ㄴ      ② ㄱ, ㄷ
③ ㄱ, ㄹ      ④ ㄴ, ㄹ
⑤ ㄷ, ㄹ

74. 건물전세권자와 건물임차권자 모두에게 인정될 수 있는 권리를 모두 고른 것은?

> ㄱ. 필요비상환청구권
>
> ㄴ. 유익비상환청구권
>
> ㄷ. 지상물매수청구권
>
> ㄹ. 전세금 또는 차임의 증감청구권

① ㄱ, ㄴ      ② ㄱ, ㄷ
③ ㄴ, ㄷ      ④ ㄴ, ㄹ
⑤ ㄷ, ㄹ

75. 乙은 건물 소유를 목적으로 甲 소유의 X토지를 10년간 임차하여 그 지상에 Y건물을 신축하였다. 다음 설명 중 **틀린** 것은? (다툼이 있으면 판례에 따름)

① 임대차계약이 乙의 2기의 차임액을 연체하여 해지된 경우, 乙은 甲에게 지상물매수청구권을 행사할 수 없다.

② Y건물이 X토지와 제3자 소유의 토지 위에 걸쳐서 건립되었다면, 乙은 Y건물 전체에 대하여 매수청구를 할 수 있다.

③ 대항력을 갖춘 乙의 임차권이 기간만료로 소멸한 후 甲이 토지를 丙에게 양도한 경우, 甲은 丙을 상대로 지상물매수청구권을 행사할 수 있다.

④ 乙이 적법하게 매수청구권을 행사한 후에도 Y건물의 점유·사용을 통하여 X토지를 계속하여 점유·사용하였다면, X토지 임료 상당액의 부당이득반환의무를 진다.

⑤ 乙의 지상물매수청구권의 행사만으로 甲과 乙 사이에 시가에 의한 매매유사의 법률관계가 성립한다.

76. 乙은 甲 소유의 주택을 보증금 1억원에 임차하였다. 다음 설명 중 **옳은** 것은? (다툼이 있으면 판례에 따름)

① 임대차계약이 묵시적으로 갱신되면 甲은 언제든지 계약해지를 통고할 수 있다.

② 임대차가 해지된 후에도 정당한 이유 없이 乙이 건물을 점유하면서 건물에 비용을 지출한 경우, 乙은 비용상환에 관하여 유치권이 인정된다.

③ 乙이 임대차 종료시에 주택을 원상복구하기로 약정한 경우, 이는 강행법규에 위반한 약정이므로 주택에 지출한 비용의 상환에 관하여 乙은 유치권을 행사할 수 있다.

④ 甲으로부터 소유권을 양도받은 丙의 인도청구에 대하여 乙은 甲의 배신행위로 인한 채무불이행을 이유로 한 손해배상채권을 가지고 유치권을 행사할 수 있다.

⑤ 乙은 甲이 보증금을 반환할 때까지 그 건물에 대하여 유치권을 행사할 수 없으나 동시이행의 항변권은 행사할 수 있다.

77. 乙이 2024.2.10. 甲으로부터 그 소유의 서울특별시 소재 X상가건물을 보증금 10억원, 월 임료 100만원, 기간은 정함이 없는 것으로 하여 임차하는 상가임대차계약을 체결하여 대항요건을 갖추고 영업하고 있다. 이에 관한 설명으로 옳은 것을 모두 고른 것은? (다툼이 있으면 판례에 따름)

> ㄱ. 임대차기간이 만료하기 전에 甲이 丙에게 X상가건물을 매도하고 소유권이전등기를 마친 경우, 乙은 丙에게 임차권을 주장할 수 없다.
> ㄴ. 乙이 甲에게 1년의 존속기간을 주장할 수 있다.
> ㄷ. 乙이 甲에게 계약갱신요구권을 주장할 수 없다.
> ㄹ. 임대차종료 후 보증금이 반환되지 않은 경우, 甲은 X상가건물의 소재지 관할법원에 임차권등기명령을 신청할 수 없다.

① ㄱ, ㄴ
② ㄱ, ㄷ
③ ㄱ, ㄹ
④ ㄴ, ㄷ
⑤ ㄷ, ㄹ

78. 「집합건물의 소유 및 관리에 관한 법률」에 관한 설명으로 틀린 것은? (다툼이 있으면 판례에 따름)

① 전유부분에 대한 처분이나 압류 등의 효력은 특별한 사정이 없는 한 대지권에는 미치지 않는다.
② 규약은 특별한 사정이 없는 한 관리단집회에서 구분소유자 및 의결권의 각 4분의 3 이상의 찬성으로 변경될 수 있다.
③ 구분소유건물의 공용부분에 관한 물권의 득실변경은 등기가 필요하지 않다.
④ 재건축 결의는 구분소유자 및 의결권의 각 5분의 4 이상의 결의에 의한다.
⑤ 구분소유자가 10인 이상일 때에는 관리인을 선임하여야 한다.

79. 甲이 乙에게 빌려준 1억원을 담보하기 위해 乙 소유의 X토지(시가 3억원)에 가등기를 마친 다음, 丙이 X토지에 대해 저당권을 취득하였다. 다음 설명 중 틀린 것은? (다툼이 있으면 판례에 따름)

① 乙의 채무변제의무와 甲의 가등기말소의무는 동시이행의 관계에 있다.
② 丙은 청산기간에 한정하여 그 피담보채권의 변제기도래 전이라도 X토지의 경매를 청구할 수 있다.
③ 乙의 다른 채권자가 X토지에 대해 경매를 신청하여 매각된 경우 甲의 가등기담보권은 소멸한다.
④ 甲이 담보계약에 따른 담보권을 실행하여 X토지의 소유권을 취득하기 위해서는 청산절차를 거쳐야 한다.
⑤ 변제기에 乙이 변제하지 않으면 甲은 X토지에 대한 경매를 청구할 수 있다.

80. 부동산경매절차에서 丙 소유의 X건물을 취득하려는 甲은 친구 乙과 명의신탁약정을 맺고 2024.10. 乙 명의로 매각허가결정을 받아 자신의 비용으로 매각대금을 완납하였다. 그 후 乙 명의로 X건물의 소유권이전등기가 마쳐졌다. 다음 설명 중 틀린 것을 모두 고른 것은? (다툼이 있으면 판례에 따름)

> ㄱ. 甲과 乙의 관계는 계약명의신탁에 해당한다.
> ㄴ. 丙이 甲과 乙 사이의 명의신탁약정이 있다는 사실을 알았더라도 乙은 X건물의 소유권을 취득한다.
> ㄷ. 甲은 乙에 대하여 매수자금 상당의 부당이득반환을 청구할 수 있다.
> ㄹ. X건물을 점유하는 甲은 乙로부터 매각대금을 반환받을 때까지 X건물을 유치할 권리가 있다.
> ㅁ. X건물을 점유하는 甲이 丁에게 X건물을 매도하는 계약을 체결한 경우, 그 계약은 무효이다.

① ㄱ, ㄴ
② ㄱ, ㄷ
③ ㄴ, ㄹ
④ ㄷ, ㄹ
⑤ ㄹ, ㅁ

# 2024년도 제35회 공인중개사 1차 국가자격시험

# 실전모의고사 제9회

| 교 시 | 문제형별 | 시 간 | 시 험 과 목 |
|---|---|---|---|
| **1교시** | **A** | **100분** | ① 부동산학개론<br>② 민법 및 민사특별법 중<br>   부동산 중개에 관련되는 규정 |

| 수험번호 | | 성 명 | |
|---|---|---|---|

## 【 수험자 유의사항 】

1. **시험문제지는 단일 형별(A형)이며, 답안카드 형별 기재란에 표시된 형별(A형)을 확인하시기 바랍니다.** 시험문제지의 **총면수, 문제번호 일련순서, 인쇄상태** 등을 확인하시고, 문제지 표지에 수험번호와 성명을 기재하시기 바랍니다.

2. 답은 각 문제마다 요구하는 **가장 적합하거나 가까운 답 1개**만 선택하고, 답안카드 작성 시 시험문제지 **형별누락, 마킹착오**로 인한 불이익은 전적으로 **수험자에게 책임**이 있음을 알려드립니다.

3. 답안카드는 국가전문자격 공통 표준형으로 문제번호가 1번부터 125번까지 인쇄되어 있습니다. 답안 마킹 시에는 반드시 **시험문제지의 문제번호와 동일한 번호에 마킹**하여야 합니다. (1차 1교시: 1번~80번)

4. **감독위원의 지시에** 불응하거나 **시험시간 종료 후 답안카드를 제출하지 않을 경우** 불이익이 발생할 수 있음을 알려 드립니다.

5. 시험문제지는 시험 종료 후 가져가시기 바랍니다.

6. 답안작성은 **시험 시행일(2024.10.26.) 현재 시행되는 법령** 등을 적용하시기 바랍니다.

7. 가답안 의견제시에 대한 개별회신 및 공고는 하지 않으며, **최종 정답 발표로 갈음**합니다.

8. 시험 중 **중간 퇴실은 불가**합니다. 단, 부득이하게 퇴실할 경우 시험포기각서 제출 후 퇴실은 가능하나 **재입실이 불가**하며, **해당시험은 무효처리됩니다.**

**해커스 공인중개사**

# 제1과목: 부동산학개론

**1. 협의의 부동산이란 토지 및 그 정착물을 말한다. 다음 중 부동산 정착물에 해당하는 것은 모두 몇 개인가?**

> ㄱ. 소유권보존등기된 입목
> ㄴ. 구거
> ㄷ. 다년생식물
> ㄹ. 도로의 포장
> ㅁ. 가식(假植)중의 수목
> ㅂ. 건물
> ㅅ. 명인방법을 구비한 수목
> ㅇ. 경작수확물

① 3개　　　② 4개　　　③ 5개
④ 6개　　　⑤ 7개


**2. 부동산의 개별성에 관한 내용을 설명한 것으로 옳지 않은 것은?**

① 부동산시장에서 일물일가의 법칙의 성립을 어렵게 하며, 물리적 대체를 불가능하게 만드는 요인이 된다.
② 개별성은 지형·지세·면적·위치 등이 서로 다르다는 것으로, 이것은 부동산의 가격이나 수익 등에 구체적이고 개별적인 영향을 미치게 된다.
③ 토지의 가치를 평가할 때 개별공시지가를 기준으로 하는 근거가 된다.
④ 부동산감정평가를 할 때에 개별분석의 필요성을 제기한다.
⑤ 개별성은 토지뿐만 아니라 건물이나 기타 개량물에도 적용될 수 있다.


**3. 부동산학에서 사용하는 용어에 대한 설명으로 옳은 것은?**

① 1필지의 토지는 여러 획지로 구성될 수 없다.
② 건부지는 관련법령이 정하는 바에 따라 재난시 피난 등 안전이나 일조 등 양호한 생활환경 확보를 위해, 건축하면서 남겨놓은 일정부분의 토지를 말한다.
③ 필지는 법률상의 등록·등기 단위로 소유권이 미치는 범위를 말한다.
④ 도시개발사업에 소요된 비용과 공공용지를 제외한 후 개발사업 전 토지의 위치, 지목, 면적 등을 고려하여 토지소유자에게 재분배하는 토지를 체비지라 한다.
⑤ 아파트는 주택으로 쓰는 층수가 4개 층 이상인 주택을 말한다.


**4. 부동산의 수요·공급에 관한 설명 중 옳지 않은 것은? (단, 다른 조건은 일정함)**

① 보완관계에 있는 재화의 가격변화로 동일한 가격수준에서 부동산수요량이 변하는 것을 부동산수요의 변화라고 한다.
② 노동자소득과 통화량은 저량(stock)지표이다.
③ 주택소요(needs)는 저소득층에게 필요로 하는 주택의 양과 질을 말한다.
④ 아파트가격의 변화로 아파트 공급량이 변화하는 현상은 아파트 공급곡선상의 점의 이동으로 나타난다.
⑤ 주택담보대출금리의 상승으로 차입자의 이자상환부담이 늘어나면 주택수요자의 실질구매력이 낮아진다.


**5. 다음 중 특정 주거지역의 아파트시장에서 아파트 균형거래량을 증가시키는 요인에 해당하는 것은 몇 개인가? (단, 다른 요인은 일정함)**

> ㄱ. 대체관계에 있는 주거지역의 경제적·사회적 환경 개선
> ㄴ. 아파트 건축기술의 향상
> ㄷ. 대체관계에 있는 단독주택의 수요 증가
> ㄹ. 해당 주거지역에 순유입인구 증가
> ㅁ. 아파트 건설업체 수의 감소
> ㅂ. 아파트 건설에 소요되는 건축자재가격의 상승

① 1개　　　② 2개　　　③ 3개
④ 4개　　　⑤ 5개


**6. A부동산의 가격이 20% 하락함에 따라 A부동산의 수요량은 6% 증가하였고, 이에 따라 B부동산의 수요량은 10% 감소하였다. 이에 대한 현상을 설명한 것으로 틀린 것을 모두 고른 것은? (단, 다른 조건은 일정함)**

> ㄱ. 최초값을 기준으로 한 A부동산 수요의 가격탄력성은 0.3이다.
> ㄴ. A부동산과 B부동산은 보완관계이다.
> ㄷ. A부동산가격에 대한 B부동산수요의 교차탄력성은 0.5이다.
> ㄹ. A부동산 가격변화로 인하여 B부동산의 균형가격은 상승한다.

① ㄱ, ㄴ　　　　② ㄱ, ㄷ
③ ㄱ, ㄹ　　　　④ ㄴ, ㄹ
⑤ ㄷ, ㄹ

7. A부동산 수요의 가격탄력성과 수요의 소득탄력성이 각각 0.6와 0.4이다. A부동산 가격이 3% 상승하고 소득이 5% 증가할 경우, A부동산 수요량의 전체변화율(%)은? (단, A부동산은 정상재이고, 가격탄력성은 절댓값으로 나타내며, 다른 조건은 동일함)

① 0.2% 감소
② 0.2% 증가
③ 0.8% 감소
④ 0.8% 증가
⑤ 3.8% 감소

8. 부동산의 탄력성에 대한 설명으로 옳지 않은 것은? (단, 다른 요인은 일정함)

① 수요가 증가할 때 공급이 탄력적일수록 가격은 덜 상승한다.
② 공급이 완전비탄력적일 때 수요가 감소해도 균형거래량은 감소하지 않는다.
③ 생산에 소요되는 기간이 길수록 공급의 가격탄력성은 더 비탄력적이다.
④ 장기공급의 가격탄력성은 단기공급의 가격탄력성보다 더 탄력적이다.
⑤ 생산기술의 향상으로 부동산 공급이 증가하는 경우, 수요의 가격탄력성이 작을수록 균형가격의 하락폭은 작아지고, 균형량의 증가폭은 커진다.

9. 다음에 설명하는 내용으로 틀린 것은? (단, 주어진 조건에 한정함)

○ 오피스빌딩의 최초의 1실(室)당 임대료는 50만원이다.
○ 100실(室) 중에서 80실(室)이 임대되었다.
○ 이후에 임대료에 대한 수요의 가격탄력성은 0.5로 조사되었다.

① 임대료변화율보다 수요량의 변화율이 작은 편이다.
② 임차인(수요자)이 선택할 수 있는 대체부동산은 상대적으로 적은 편이라 할 수 있다.
③ 임대료가 50만원에서 60만원으로 인상될 때 오피스빌딩의 수요량은 80실(室)에서 72실(室)로 감소할 것이다.
④ 임대업자가 임대료를 20% 인상하면(올리면) 수요량은 10% 증가할 것이다.
⑤ 위와 같은 수요의 가격탄력성 조건에서 임대료를 인하하면(내리면) 임대업자의 매출액(수입)은 감소한다.

10. 부동산의 경기변동은 순환적 변동, 계절적 변동, 추세적 변동, 우발적 변동 등으로 구분할 수 있다. 다음 중 우발적(random) 변동에 가장 적합한 것은?

① 해마다 겨울철에 들어서면 건축허가면적이 반복적으로 줄어들고 있다.
② 주거용 부동산경기가 불황인 반면, 상업용 부동산경기는 호황국면에 있다.
③ 업무용 오피스텔에 대한 가격 상승 기대감이 낮아지면서 오피스텔 거래량이 매년 2%씩 계속적으로 감소하고 있다.
④ 건축허가면적의 증가율이 2024년 5월을 정점으로 하여 후퇴기에 접어들었다.
⑤ 정부의 총부채상환비율(DTI) 규제 강화로 주택거래량이 급격하게 감소하고 있다.

11. 부동산시장에서의 정보의 비대칭성에 대하여 설명하였다. 옳지 않은 것은?

① 불완전경쟁시장에서 정보의 비대칭이 존재하는 경우, 정보로 인한 초과이윤은 발생하지 않는다.
② 부동산거래의 비공개성은 시장참여자에게 정보비용을 부담하게 하며, 불합리한 가격을 형성하게 한다.
③ 부동산 프로젝트금융(PF)기법은 대출기관 입장에서 차주와의 정보의 비대칭 문제가 줄어든다는 이점이 있다.
④ 정보의 비대칭성은 시장실패의 원인이 되고, 정부의 시장개입의 명분을 제공한다.
⑤ 실거래가격신고제도 및 부동산간접투자기구의 공시제도는 시장참여자간 정보의 비대칭 문제를 완화시켜준다.

12. 주택시장분석에 대한 설명으로 옳은 것은? (단, 단기와 장기로 구분하며, 주어진 조건에 한정함)

① 물리적 주택시장은 완전경쟁을 전제로 하는 이론이나 모형으로 분석이 용이한 편이다.
② 주택유량의 공급량이란 일정 기간에 존재하는 주택의 양을 말한다.
③ 9월 1일 현재 A지역에 80,000채의 주택이 존재하고 이 중에서 7,000채가 공가(空家)일 경우, 주택저량의 공급량은 73,000채이다.
④ 건축자재 등 생산요소가격이 하락하면 단기에는 주택가격이 하락한다.
⑤ 주택시장의 단기공급공선은 저량개념을, 장기공급곡선은 유량개념을 의미한다.

135

**13.** 지대이론에 대한 설명으로 옳지 <u>않은</u> 것은?

① 차액지대설에 의하면 비옥도가 전혀 없는 한계지에서는 지대가 발생하지 않는다.

② 튀넨(J. H. von Thünen)은 위치지대설에서 고립국을 가정하여 수송비의 절약분이 지대가 된다라고 하였다.

③ 리카도(D. Ricardo)는 차액지대설에서 지대가 상승하면 곡물가격이 상승한다고 하여 지대는 생산물가격에 영향을 주는 비용이라고 주장하였다.

④ 고전학파는 토지의 자연적 특성을 중시하고, 토지를 원시적인 것으로 취급하여 특별한 재화로 구분하였다.

⑤ 입찰지대곡선의 기울기가 급한 업종일수록 중심지 가까운 지역에 입지하려는 경향이 있다.

**14.** 도시구조이론 및 입지이론에 대한 설명으로 <u>틀린</u> 것을 모두 고른 것은?

┌─────────────────────────────────────────┐
ㄱ. 레일리(W. Reilly)의 소매인력법칙은 특정 점포가 최대이익을 확보하기 위해 어떤 장소에 입지하는가에 대한 8원칙을 제시한다.

ㄴ. 호이트의 선형이론에서 고급주택지구는 쾌적성이 양호한 교통망 축의 가장 가까운 곳에 입지하는 경향이 있다.

ㄷ. 운송비의 비중이 적고 기술연관성이 높으며 계열화된 산업의 경우, 집적지역에 입지함으로써 비용 절감효과를 얻을 수 있다.

ㄹ. 중간재나 완제품을 생산하는 공장(산업)은 원료지향형 입지를 선호하는 경향이 있다.
└─────────────────────────────────────────┘

① ㄱ, ㄴ      ② ㄱ, ㄷ      ③ ㄱ, ㄹ
④ ㄴ, ㄹ      ⑤ ㄷ, ㄹ

**15.** 부동산시장이 할당 효율적이라면 합리적인 투자자가 최대로 지불할 수 있는 정보의 현재가치는? (단, 요구수익률은 연 20%이고, 주어진 조건에 한함)

┌─────────────────────────────────────────┐
○ A토지가 상업지역으로 지정될 확률은 60%로 알려져 있다.

○ 1년 후에 해당 토지가 상업지역으로 지정되면 A토지의 가치는 7억 2,000만원으로 예상된다.

○ 1년 후에 해당 토지가 상업지역으로 지정되지 않으면 A토지의 가치는 4억 2,000만원으로 예상된다.
└─────────────────────────────────────────┘

① 8,000만원      ② 1억원
③ 1억 2,000만원      ④ 1억 4,000만원
⑤ 1억 5,000만원

**16.** 외부효과에 대하여 설명하였다. 옳은 것을 모두 고른 것은? (단, 주어진 조건에 한정함)

┌─────────────────────────────────────────┐
ㄱ. 사회적 비용이 사적 비용보다 높은 재화는 사회적 최적수준보다 더 많이 생산된다.

ㄴ. 소비측면에서 외부경제가 발생하면 사회적 편익은 사적 편익보다 크다.

ㄷ. 부(-)의 외부효과는 시장기구를 통하지 않고 거래 상대방에게 불리한 효과를 발생시키지만, 이에 대한 보상을 제3자가 인지하지 못하는 현상을 말한다.

ㄹ. 사적 비용이 사회적 비용보다 큰 경우에 정부의 시장개입은 필요하지 않다.
└─────────────────────────────────────────┘

① ㄱ, ㄴ      ② ㄱ, ㄷ
③ ㄱ, ㄹ      ④ ㄴ, ㄹ
⑤ ㄷ, ㄹ

**17.** 시장실패 및 정부의 부동산시장에 대하여 설명하였다. 옳지 <u>않은</u> 것은?

① 생산이나 소비측면에서 규모의 경제(economy of scale)가 발생하면 자원배분의 효율성은 달성된다.

② 시장실패의 대표적인 원인으로 공공재, 외부효과, 정보의 비대칭성이 있다.

③ 정부의 시장개입 결과 자원배분의 효율성이 항상 달성되는 것은 아니다.

④ 부동산투기, 부동산자원배분의 비효율성은 정부가 부동산시장에 개입하는 근거가 된다.

⑤ 정부는 계층간 소득불균형과 불량주택 문제를 해결하기 위해 부동산시장에 개입할 수 있다.

**18.** 토지정책수단에 대한 설명으로 <u>틀린</u> 것은?

① 지역지구제는 정부가 도시 내의 지가를 합리적으로 조정하기 위해 시행한다.

② 토지비축제도는 민간의 토지수요가 없으면 비축한 토지를 공적 주체가 장기간 관리해야 하는 문제점이 있다.

③ 개발제한구역의 지정은 개발가능토지의 감소로 인하여 주변지역의 지가 상승을 유발시킬 우려가 있다.

④ 토지적성평가제도는 토지에 대한 개발과 보전에 문제가 발생했을 때 이를 합리적으로 조정하는 제도이다.

⑤ 수용방식의 택지개발은 협의매수보다 원토지소유자의 소유권 침해가 크다.

**19.** 민간임대주택에 관한 특별법령에 따른 민간임대주택 및 주택임대관리업에 대한 설명으로 **틀린** 것은?

① 민간매입임대주택이란 임대사업자가 매매 등으로 소유권을 취득하여 임대하는 민간임대주택을 말한다.

② 공공지원민간임대주택이란 임대사업자가 민간임대주택을 10년 이상 임대할 목적으로 취득하여 임대료 및 임차인의 자격 제한 등을 받아 임대하는 민간임대주택을 말한다.

③ 위탁관리형 주택임대관리업은 주택의 소유자로부터 수수료를 받고 임차인 모집, 임대료 부과·징수 및 시설물 유지·관리를 대행하는 업을 말한다.

④ 주택임대관리업을 하려는 자는 시장·군수·구청장에게 등록할 수 있다.

⑤ 주택임대관리업자는 임차인에게 대출알선 업무는 수행하지 않는다.

**20.** 저소득층을 위한 주택정책에 대한 설명으로 옳은 것은? (단, 다른 조건은 일정함)

① 임대료의 상한가격이 시장균형가격보다 낮을 경우, 임대주택의 공급이 탄력적으로 반응하면 장기적으로 임차인의 주거안정효과가 커진다.

② 우리나라는 주거에 대한 권리를 인정하고 있지 않다.

③ 주택바우처는 임대주택 생산자에 대한 보조정책이다.

④ 분양가상한제는 신규주택의 분양가를 시장가격 이하로 통제하는 최고가격제의 일환이다.

⑤ 정부에서 임대료보조금을 임대주택재화의 구입에만 한정할 경우 보조를 받은 임차인의 실질소득이 감소한다.

**21.** 부동산투자에서 (ㄱ) 타인자본을 50% 활용하는 경우와 (ㄴ) 타인자본을 활용하지 않는 경우, 각각의 1년간 자기자본수익률(%)은? (단, 주어진 조건에 한함)

> ○ 부동산매입가격: 40,000만원
> ○ 1년 후 부동산처분
> ○ 순영업소득(NOI): 연 1,800만원(기간 말 발생)
> ○ 보유기간 동안 부동산가격상승률: 연 2%
> ○ 대출조건: 이자율 연 5%, 대출기간 1년, 원리금은 만기일시상환

① ㄱ: 9.0, ㄴ: 6.5
② ㄱ: 9.0, ㄴ: 6.0
③ ㄱ: 8.0, ㄴ: 6.5
④ ㄱ: 8.0, ㄴ: 6.0
⑤ ㄱ: 7.5, ㄴ: 6.0

**22.** 다음의 세 가지 부동산에 대해서 경제환경변화별로 향후 기대수익률과 표준편차를 추정한 결과는 다음과 같았다. 투자자가 위험회피적이라고 할 때 다음의 설명 중 옳지 **않은** 것은? (단, 다른 조건은 일정함)

| 구분 | 기대수익률 | 표준편차 |
|---|---|---|
| 호텔 | 14.0% | 7.0% |
| 아파트 | 12.0% | 4.0% |
| 원룸 | 17.0% | 8.0% |

① 호텔과 원룸에 비해서 아파트의 실제수익률이 기대수익률에 가까울 가능성이 크다.

② 세 가지 투자안 중에서 원룸이 가장 고위험-고수익 투자안이다.

③ 기대수익률 단위당 위험도가 가장 높은 것은 호텔이다.

④ 위험회피적 투자자는 기대수익률이 가장 높은 것으로 추정된 원룸에 우선적으로 투자한다.

⑤ 위 세 가지 투자안은 모두 효율적 포트폴리오(투자안)이다.

**23.** 가, 나, 다, 라, 마의 투자 포트폴리오를 구성하려고 한다. 두 자산간 상관계수를 고려할 때 위험분산효과가 높은(큰) 순서대로 나열한 것은? (단, 주어진 조건에 한정함)

| 구분 | 포트폴리오 | 두 자산간 상관계수($\rho$) |
|---|---|---|
| 가 | 부동산 A + 부동산 B | 0.682 |
| 나 | 부동산 C + 부동산 D | -0.127 |
| 다 | 부동산 A + 부동산 C | 0 |
| 라 | 부동산 E + 부동산 F | -0.453 |
| 마 | 부동산 X + 부동산 Y | 0.738 |

① 마 > 가 > 나 > 다 > 라
② 마 > 나 > 다 > 라 > 가
③ 라 > 다 > 나 > 가 > 마
④ 마 > 라 > 가 > 나 > 다
⑤ 라 > 나 > 다 > 가 > 마

24. 부동산투자분석에 대한 설명으로 옳은 것은?

① 내부수익률(IRR)은 투자안의 수익성지수(PI)를 0으로 만드는 할인율을 말한다.

② 순현가(NPV)법의 할인율은 요구수익률이고, 내부수익률법의 할인율은 내부수익률이다.

③ 내부수익률은 현금유입의 미래가치와 현금유출의 현재가치를 같게 만드는 할인율을 말한다.

④ 순현가법이란 보유기간 동안 기대되는 순영업소득의 현재가치 합과 투자비용으로 지출한 지분의 현재가치를 비교하여 투자결정하는 방법이다.

⑤ 투자금액이 다른 두 투자안의 순현가가 동일할 경우, 두 투자안의 수익성지수(PI)도 항상 동일할 것이다.

25. 어림셈법과 비율분석법에 대한 설명으로 옳은 것은?

① 수익률법과 승수법은 투자현금흐름의 시간가치를 반영하여 투자타당성을 분석하는 방법이다.

② 총소득승수보다 순소득승수가 더 작은 편이다.

③ 채무불이행률은 순영업소득이 영업경비와 부채서비스액을 상환할 수 있는지를 판단한다.

④ 자산총계가 40억원, 자본총계가 16억원일 때 부채비율은 150%이다.

⑤ 부채감당률이 1보다 크면 세전현금수지는 음(-)의 값을 갖는다.

26. 호텔의 기대수익률은 14%이며, 아파트의 기대수익률은 10%이다. 최초 투자한 이후 5년이 지난 시점에서 투자액의 비중을 아래와 같이 조정하였을 때, 두 자산으로 구성한 포트폴리오의 기대수익률은 이전보다 얼마나 변화하는가? (단, 주어진 조건에 한정함)

○ 총투자액: 100억원
○ 최초투자액
  - 호텔: 40억원, 아파트: 60억원
○ 5년 후 포트폴리오 금액을 조정한 투자액
  - 호텔: 60억원, 아파트: 40억원

① 0.4%p 하락한다.
② 0.4%p 상승한다.
③ 0.5%p 상승한다.
④ 0.8%p 하락한다.
⑤ 0.8%p 상승한다.

27. 다계층채권(CMO)에 대한 설명으로 옳은 것은?

ㄱ. 발행자가 주택저당채권 집합물을 기초로 일정한 가공을 통해 발행한 위험-수익 구조가 다양한 트랜치(tranche)의 증권을 말한다.

ㄴ. 조기상환위험은 증권발행자가 부담한다.

ㄷ. 장기투자자들이 원하는 콜방어(call protection)를 실현할 수 있다.

ㄹ. 신용등급이 높은 채권일수록 지급되는 표면금리는 높아진다.

① ㄱ, ㄴ, ㄷ            ② ㄱ, ㄷ
③ ㄱ, ㄷ, ㄹ           ④ ㄴ, ㄹ
⑤ ㄴ, ㄷ, ㄹ

28. 우리나라의 주택금융에 대한 설명으로 옳지 않은 것은?

① 변동금리 주택담보대출에 적용되는 코픽스(COFIX)기준금리는 한국은행에서 산출하여 고시하고 있다.

② 주택도시보증공사는 주택 관련 각종 사업보증을 통하여 분양계약자의 안전한 입주와 원활한 사업수행을 지원한다.

③ 전세제도 및 주택선분양제도는 비공식적(비제도권) 금융기법으로 볼 수 있다.

④ 총부채원리금상환비율(DSR)은 모든 대출을 고려하여 소득을 기준으로 채무불이행 가능성을 판단하는 지표이다.

⑤ 국토교통부장관은 주택도시기금을 운용하기 위하여 기금의 부담으로 한국은행 또는 금융기관 등으로부터 자금을 차입할 수 있다.

29. 대출기관은 저당대출과 관련하여 여러 위험에 직면해 있다. 이러한 위험들을 줄이기 위한 방법으로 가장 적절하지 <u>않은</u> 것은?

① 보유하고 있는 저당대출채권을 매각하여 유동화시킨다.

② 부채감당률이 1.0 이하가 되는 상업용 투자안은 대출을 배제한다.

③ 다른 대출기관과 이자율스왑(swap)계약을 체결한다.

④ 고정금리보다 변동금리로 대출을 실행한다.

⑤ 대출기관 자체적으로 담보인정비율(LTV)을 상향조정한다.

30. A는 주택 구입을 위해 연초에 2억 1천만원을 대출받았다. A가 받은 대출조건이 다음과 같을 때, (ㄱ)대출금리와 3회차에 상환할 (ㄴ)원리금은? (단, 주어진 조건에 한함)

> ○ 대출조건: 고정금리
> ○ 대출만기: 15년
> ○ 원리금상환 조건: 원금균등상환방식, 매년 말 연단위로 상환
> ○ 1회차 원리금상환액: 2,660만원

① ㄱ: 연 6.5%, ㄴ: 2,576만원
② ㄱ: 연 6.5%, ㄴ: 2,532만원
③ ㄱ: 연 6.0%, ㄴ: 2,492만원
④ ㄱ: 연 6.0%, ㄴ: 2,292만원
⑤ ㄱ: 연 5.0%, ㄴ: 2,192만원

31. 부동산금융을 지분금융, 부채금융, 메자닌금융으로 구분할 때 그 연결이 옳지 않은 것은?
① 신탁증서금융(담보신탁) - 부채금융
② 전환사채(CB) 발행 - 메자닌금융
③ 신주인수권부 사채(BW) 발행 - 부채금융
④ 주식 발행 - 지분금융
⑤ 자산담보부 기업어음(ABCP) 발행 - 부채금융

32. 다음 중 「부동산개발업의 관리 및 육성에 관한 법률」상 부동산개발에 해당하지 않은 행위는?
① 토지를 건설공사의 수행으로 조성하는 행위
② 토지를 형질변경의 방법으로 조성하는 행위
③ 건축물을 건축기준에 맞게 용도변경하는 행위
④ 공작물을 설치하는 행위
⑤ 시공을 담당하는 행위

33. 부동산관리에 대한 설명으로 옳지 않은 것은?
① 재산관리(property management)는 시설사용자나 사용과 관련된 타부문의 요구에 단순히 부응하는 소극적이고 기술적인 측면을 중시하는 관리를 말한다.
② 건물의 생애주기 중 신축단계에서 건물의 물리적 유용성이 가장 높게 나타난다.
③ 임차부동산에서 발생하는 총수입(매상고)의 일정비율을 임대료로 지불한다면, 이는 임대차의 유형 중 비율임대차에 해당한다.

④ 자산관리는 부동산자산의 포트폴리오 관점에서 자산-부채의 재무적 효율성을 최적화하는 것이다.
⑤ 혼합관리방식은 직접(자치)관리와 간접(위탁)관리를 병용하여 관리하는 방식으로 관리업무의 전부를 위탁하지 않고 필요한 부분만을 위탁하는 방식이다.

34. 부동산마케팅 및 광고에 대하여 설명하였다. 옳지 않은 것은?
① 부동산마케팅은 부동산상품을 수요자의 욕구에 맞게 상품을 개발하고 가격을 결정한 후 시장에서 유통, 촉진, 판매를 관리하는 일련의 과정이다.
② 촉진(promotion)전략은 세분화된 수요자 집단에서 경쟁상황과 자신의 능력을 고려하여 가장 자신 있는 수요자 집단을 찾아내는 것을 말한다.
③ 부동산광고는 명시된 광고주가 비용을 수반하여 고객의 의사결정을 하는데 설득의 과정으로 볼 수 있다.
④ 가격(price)전략 중 시가(市價)전략은 시장평균가격을 추종하는, 경쟁업자와 동일한 가격을 구사하는 것을 말한다.
⑤ 분양대행사를 이용하는 것은 마케팅믹스의 4P전략 중 유통경로(Place)전략과 밀접한 관련이 있다.

35. 부동산평가활동에서 부동산가격의 제원칙에 관한 설명으로 옳지 않은 것은?
① 적합의 원칙이란 부동산의 유용성이 최고도로 발휘되기 위해서는 부동산구성요소의 결합에 균형이 있어야 한다는 것을 말한다.
② 부동산의 가치는 유동적이고 가변적이므로 최유효이용을 판정하는데 있어 변동의 원칙과 예측의 원칙을 바탕으로 하여야 한다.
③ 최유효이용의 원칙이란 객관적으로 보아 양식과 통상의 이용능력을 지닌 사람이 대상토지를 합법적이고 합리적이며 최고최선의 방법으로 이용하는 것을 말한다.
④ 기여의 원칙이란 부동산가격이 대상부동산의 각 구성요소가 기여하는 정도의 합으로 결정된다는 것을 말한다.
⑤ 토지, 자본, 노동 및 경영의 각 생산요소에 의하여 발생하는 총수익은 이들 제 요소에 배분되는데 자본, 노동, 경영에 배분된 이외의 잔여액은 그 배분이 정당하게 행하여지는 한 토지에 귀속된다는 것이 잉여생산성의 원리이다.

36. 「감정평가에 관한 규칙」에 대하여 기술하였다. 옳지 않은 것은?

① 감정평가법인등은 법령에 다른 규정이 있는 경우에는 기준시점의 가치형성요인 등을 실제와 다르게 가정하거나 특수한 경우로 한정하는 조건을 붙여 감정평가할 수 있다.

② 산림을 감정평가할 때에 산지와 입목을 구분하여 감정평가해야 한다.

③ 감정평가법인등은 필요한 경우 관련 전문가에 대한 자문을 거쳐 감정평가할 수 있다.

④ 본래 용도의 효용가치가 없는 자동차는 해체처분가액으로 감정평가할 수 있다.

⑤ 기준시점이란 대상물건의 감정평가액을 결정하는 날짜를 말한다.

37. 부동산가격공시제도에 대하여 설명으로 옳은 것은?

① 표준주택으로 선정된 공동주택, 국세 또는 지방세의 부과대상이 아닌 공동주택에 대하여는 공동주택가격을 결정·공시하지 아니할 수 있다.

② 국토교통부장관은 공시기준일 이후에 토지의 분할·합병 등이 발생한 경우에는 대통령령이 정하는 날을 기준으로 하여 개별공시지가를 결정·공시하여야 한다.

③ 비주거용 표준부동산가격은 비주거용 부동산시장의 가격정보를 제공하고, 국가·지방자치단체 등이 과세 등의 업무와 관련하여 비주거용 부동산가격을 산정하는 데 그 기준으로 활용될 수 있다.

④ 표준지공시지가의 공시에는 표준지의 지번, 표준지의 단위면적당 가격, 표준지의 면적 및 형상, 표준지 및 주변토지의 이용상황, 그 밖에 대통령령으로 정하는 사항이 포함되어야 한다.

⑤ 시장·군수 또는 구청장은 매년 4월 30일까지 개별공시지가 및 개별주택가격을 결정·공시하여야 한다.

38. 다음 자료를 활용하여 공시지가기준법으로 평가한 대상토지의 단위면적당 가액은? (단, 주어진 조건에 한하며, 천원 단위까지만 계산함)

○ 대상토지 현황: A시 B구 C동 45번지, 일반상업지역, 상업나지
○ 기준시점: 2024.10.1.
○ 비교표준지: A시 B구 C동 35번지, 일반상업지역, 상업용 2024.1.1. 기준 공시지가 1,500,000/㎡
○ 지가변동률(2024.1.1.~2024.10.1): A시 B구 상업지역 4% 상승함
○ 지역요인: 비교표준지와 대상토지는 인근지역에 위치하여 지역요인 동일함
○ 개별요인: 대상토지는 비교표준지에 비해 가로조건에서 8% 우세하고, 환경조건은 5% 열세하며, 다른 조건은 동일함(상승식으로 계산할 것)
○ 그 밖의 요인 보정: 대상토지 인근지역의 가치형성요인이 유사한 정상적인 거래사례 및 평가사례 등을 고려하여 그 밖의 요인으로 50% 증액보정함

① 2,100,000원
② 2,220,000원
③ 2,300,000원
④ 2,400,000원
⑤ 2,500,000원

39. 다음 중 수익환원법에서 환원이율을 산정하는 방법이 아닌 것은?

① 상환기금법
② 부채감당법
③ 시장추출법
④ 요소구성법
⑤ 물리적 투자결합법

40. 「감정평가에 관한 규칙」상 감정평가법인등이 의뢰인과 협의하여 확정할 기본적 사항이 아닌 것은?

① 기준시점
② 표준지공시지가
③ 대상물건
④ 수수료 및 실비에 관한 사항
⑤ 관련 전문가에 대한 자문 또는 용역에 관한 사항

41. 형성권인 것을 모두 고른 것은? (다툼이 있으면 판례에 따름)

> ㄱ. 임차인의 유익비상환청구권
> ㄴ. 지상물매수청구권
> ㄷ. 물권적 청구권
> ㄹ. 예약완결권

① ㄱ, ㄴ        ② ㄱ, ㄷ
③ ㄴ, ㄷ        ④ ㄴ, ㄹ
⑤ ㄷ, ㄹ

42. 법률행위에 관한 설명으로 옳은 것을 모두 고른 것은? (다툼이 있으면 판례에 따름)

> ㄱ. 정지조건부 법률행위에서 조건의 성취는 법률행위의 효력발생요건이다.
> ㄴ. 계약성립 후 채무이행이 불가능하게 되더라도, 계약이 무효로 되는 것은 아니다.
> ㄷ. 사회질서의 위반을 이유로 하는 법률행위의 무효는 선의의 제3자에게 대항할 수 없다.
> ㄹ. 불공정한 법률행위는 추인하면 유효로 된다.

① ㄱ, ㄴ        ② ㄱ, ㄷ
③ ㄴ, ㄷ        ④ ㄴ, ㄹ
⑤ ㄷ, ㄹ

43. 반사회질서의 법률행위로서 무효인 것을 모두 고른 것은? (다툼이 있으면 판례에 따름)

> ㄱ. 변호사가 민사소송의 승소 대가로 성공보수를 받기로 한 약정
> ㄴ. 무허가건물의 임대행위
> ㄷ. 처음부터 보험사고를 가장하여 보험금을 취할 목적으로 체결한 보험계약
> ㄹ. 수사기관에서 참고인으로서 자신이 잘 알지 못하는 내용에 대한 허위진술을 하고 대가를 제공받기로 하는 약정

① ㄱ, ㄴ        ② ㄱ, ㄷ
③ ㄴ, ㄷ        ④ ㄴ, ㄹ
⑤ ㄷ, ㄹ

44. 甲은 乙에게 자신의 X토지의 소유권이전등기를 해 주었고, 乙은 다시 이를 丙에게 매도한 후 소유권이전등기를 해 주었다. 다음 중 틀린 것을 모두 고른 것은? (다툼이 있으면 판례에 따름)

> ㄱ. 강제집행을 면하기 위하여 甲이 소유권이전의 의사 없이 乙과 짜고 X토지를 매매한 것처럼 꾸민 경우, 甲은 악의의 丙에게 등기말소를 청구할 수 있다.
> ㄴ. 위 ㄱ의 경우, 이는 반사회적 법률행위에 해당하여 무효이다.
> ㄷ. 위 ㄱ의 경우, 등기의 공신력이 인정되지 않으므로 丙이 선의이더라도 甲은 丙에게 등기말소를 청구할 수 있다.
> ㄹ. 만약 X토지에 대한 甲과 乙 사이의 명의신탁이 있었고 그 명의신탁이 유효한 경우, 丙은 악의이더라도 소유권을 취득한다.
> ㅁ. 위 ㄹ의 경우, 丙이 乙의 배신적 처분행위에 적극 가담하였다면 丙은 소유권을 취득하지 못한다.

① ㄱ, ㄴ        ② ㄱ, ㄷ
③ ㄴ, ㄷ        ④ ㄴ, ㄹ
⑤ ㄷ, ㄹ

45. 임대인 甲은 임차인 乙에게 임대차계약에 대한 적법한 해지의 의사표시를 내용증명우편으로 발송하였다. 다음 설명 중 옳은 것을 모두 고른 것은? (다툼이 있으면 판례에 따름)

> ㄱ. 甲이 그 우편을 발송한 후 성년후견개시의 심판을 받으면 해지의 의사표시는 효력을 잃는다.
> ㄴ. 甲의 내용증명우편이 乙에게 도달한 후 乙이 성년후견개시의 심판을 받은 경우, 甲의 해지의 의사표시는 효력을 잃는다.
> ㄷ. 甲은 내용증명우편이 乙에게 도달한 후에도 일방적으로 해지의 의사표시를 철회할 수 있다.
> ㄹ. 乙이 정당한 사유 없이 통지의 수령을 거절한 경우에도 그가 통지의 내용을 알 수 있는 객관적 상태에 놓인 때에 해지의 효력이 생긴다.
> ㅁ. 甲의 내용증명우편이 반송되지 않았다면, 특별한 사정이 없는 한 그 무렵에 乙에게 송달되었다고 봄이 상당하다.

① ㄱ, ㄷ        ② ㄱ, ㅁ
③ ㄴ, ㄷ        ④ ㄴ, ㄹ
⑤ ㄹ, ㅁ

46. 甲의 대리인 乙은 甲 소유의 부동산을 丙에게 매도하기로 약정하였다. 다음 설명 중 **틀린** 것은? (다툼이 있으면 판례에 따름)

① 乙은 그 매매계약에서 약정한 바에 따라 중도금이나 잔금을 수령할 권한까지 있다.

② 乙이 丙의 기망행위로 매매계약을 체결한 경우, 甲은 이를 취소할 수 있다.

③ 乙이 매매계약서에 甲의 이름을 기재하고 甲의 인장을 날인한 때에도 유효한 대리행위가 될 수 있다.

④ 乙이 매매계약을 체결하면서 甲을 위한 것임을 표시하지 않은 경우, 특별한 사정이 없으면 그 의사표시는 자기를 위한 것으로 본다.

⑤ 만일 乙이 미성년자인 경우, 甲은 乙이 제한능력자임을 이유로 매매계약을 취소할 수 있다.

47. 본인 甲, 그의 임의대리인 乙, 乙이 선임한 복대리인 丙의 법률관계에 관한 설명 중 옳은 것은? (다툼이 있으면 판례에 따름)

① 乙이 甲의 승낙을 얻어 丙을 선임한 경우에는 乙은 丙의 선임에 대하여 책임을 부담하지 않는다.

② 乙이 甲의 지명에 따라 丙을 선임한 경우에는 乙은 甲의 동의가 없다면 丙을 해임할 수 없다.

③ 乙이 사망하거나 대리권을 상실하여도 丙의 복대리권은 소멸하지 않는다.

④ 乙이 대리권소멸 후 丙을 선임하였다면, 丙의 대리행위로는 표현대리가 성립할 수 없다.

⑤ 만일 乙이 법정대리인이고 부득이한 사유로 丙을 선임한 경우, 甲에 대하여 선임·감독상의 책임만 있다.

48. 무효인 법률행위에 해당하는 것을 모두 고른 것은? (다툼이 있으면 판례에 따름)

ㄱ. 임대인의 동의 없는 임차인의 전대차계약
ㄴ. 대리인의 사기에 의한 법률행위
ㄷ. 사회질서에 위반한 조건이 붙은 법률행위
ㄹ. 지역권에 저당권을 설정하는 계약

① ㄱ, ㄴ  ② ㄱ, ㄷ
③ ㄴ, ㄷ  ④ ㄴ, ㄹ
⑤ ㄷ, ㄹ

49. 법률행위의 무효와 취소에 관한 설명으로 **틀린** 것은? (다툼이 있으면 판례에 따름)

① 무효인 법률행위의 추인은 무효원인이 소멸된 후 본인이 무효임을 알고 추인해야 그 효력이 인정된다.

② 취소할 수 있는 법률행위가 취소된 후에는 무효행위의 추인요건을 갖추더라도 다시 추인될 수 없다.

③ 양도금지특약에 위반하여 무효인 채권양도에 대해 양도대상이 된 채권의 채무자가 승낙하면 다른 약정이 없는 한 양도의 효과는 승낙시부터 발생한다.

④ 하나의 법률행위가 가분적이거나 그 목적물의 일부가 특정될 수 있고, 그 나머지 부분을 유지하려는 당사자의 가정적 의사가 인정되는 경우, 그 일부만의 취소도 가능하다.

⑤ 제한능력자가 제한능력을 이유로 법률행위를 취소한 경우, 그 행위로 인하여 받은 이익이 현존하는 한도에서 상환할 책임이 있다.

50. 조건 및 기한에 관한 설명으로 옳은 것은?

① 부첩(妾)관계의 종료를 해제조건으로 하는 부동산 증여계약은 해제조건뿐만 아니라 증여계약도 무효이다.

② 조건부 법률행위는 조건이 성취되었을 때에 비로소 그 법률행위가 성립한다.

③ 甲이 乙에게 "丙이 사망하면 부동산을 주겠다."라고 한 약정은 정지조건부 증여이다.

④ 기한부 권리를 일반규정에 의하여 처분할 수 없다.

⑤ 기한이익상실특약은 특별한 사정이 없으면 정지조건부 기한이익상실특약으로 추정된다.

51. 물권적 청구권에 대한 설명으로 옳은 것은? (다툼이 있으면 판례에 따름)

① 甲이 자신의 토지 위에 무단으로 건축한 乙을 상대로 건물철거소송을 제기한 후 甲이 丙에게 토지소유권을 이전했더라도, 甲이 소유물방해배제청구권을 상실하는 것은 아니다.

② 甲 소유 건물에 乙 명의의 저당권설정등기가 불법으로 경료된 후 丙에게 저당권이전등기가 경료되었다면, 甲은 丙을 상대로 저당권설정등기의 말소를 청구할 수 있다.

③ 乙이 소유자 甲으로부터 토지를 매수하고 인도받았으나 등기를 갖추지 않고 다시 丙에게 전매하고 인도한 경우, 甲은 丙에게 소유물반환청구를 할 수 있다.

④ 甲의 토지 위에 乙이 건물을 무단 신축하고 이를 丙에게 임대한 경우, 甲은 직접점유자 丙을 상대로 건물철거를 청구할 수 있다.

⑤ 미등기건물의 매수인이 건물의 매매대금을 전부 지급한 경우에는 건물의 불법점유자에 대해 직접 소유물반환청구를 할 수 있다.

142

52. 등기하여야 물권변동의 효력이 생기는 것을 모두 고른 것은? (다툼이 있으면 판례에 따름)

> ㄱ. 신축건물의 소유권취득
> ㄴ. 존속기간만료에 의한 지상권의 소멸
> ㄷ. 점유취득시효에 의한 부동산소유권의 취득
> ㄹ. 부동산소유권이전을 내용으로 하는 화해조서에 기한 소유권취득

① ㄱ, ㄴ      ② ㄱ, ㄷ
③ ㄴ, ㄷ      ④ ㄴ, ㄹ
⑤ ㄷ, ㄹ

53. 다음 중 물권이 <u>아닌</u> 것은? (다툼이 있으면 판례에 따름)
① 온천권      ② 분묘기지권
③ 구분지상권      ④ 지역권
⑤ 유치권

54. 甲 소유의 X토지에 乙 명의로 소유권이전청구권 보전을 위한 가등기가 경료되어 있다. 이에 관한 설명으로 옳은 것을 모두 고른 것은? (다툼이 있으면 판례에 따름)

> ㄱ. 甲이 X토지에 대한 소유권을 丙에게 이전한 뒤 乙이 본등기를 하려면 丙에게 등기청구권을 행사하여야 한다.
> ㄴ. 乙이 가등기에 기한 본등기를 하면 乙은 가등기를 경료한 때부터 X토지에 대한 소유권을 취득한다.
> ㄷ. 乙의 가등기 이후에 가압류등기가 마쳐지고 위 가등기에 기한 본등기가 이루어지는 경우, 등기관이 위 가압류등기를 직권으로 말소할 수 있다.
> ㄹ. 가등기가 있다고 해서 乙이 甲에게 소유권이전등기를 청구할 법률관계의 존재가 추정되지는 않는다.

① ㄱ, ㄴ      ② ㄱ, ㄷ
③ ㄴ, ㄷ      ④ ㄴ, ㄹ
⑤ ㄷ, ㄹ

55. 물권의 소멸에 관한 설명으로 <u>틀린</u> 것은? (다툼이 있으면 판례에 따름)
① 복구가 심히 곤란할 정도로 포락되어 토지로서의 효용을 상실한 토지가 다시 성토된 경우 종전의 소유자가 그 소유권을 회복하는 것은 아니다.

② 부동산이 멸실되더라도 가치적 변형물이 남아 있는 경우에는 저당권은 그 가치적 변형물에 미친다.
③ 지역권은 소멸시효의 대상이 될 수 있다.
④ 甲의 지상권에 대하여 乙이 저당권을 취득한 경우, 甲이 지상권의 목적물에 대한 소유권을 취득하더라도 甲의 지상권은 소멸하지 않는다.
⑤ 부동산에 대한 합유지분의 포기는 형성권의 행사이므로 등기하지 않더라도 포기의 효력이 생긴다.

56. 자주점유에 관한 설명으로 <u>틀린</u> 것은? (다툼이 있으면 판례에 따름)
① 권원의 성질상 자주점유인지 타주점유인지 불분명한 점유는 자주점유로 추정된다.
② 명의수탁자가 그 목적물인 부동산을 점유하는 경우에 그 점유는 타주점유이다.
③ 타인의 토지를 무단으로 점유하던 자가 그 지상에 건물을 축조하고 건축물관리대장에 등재하였다면 자주점유자이다.
④ 피상속인의 점유가 소유의 의사가 없는 경우 그 상속으로 인한 점유도 타주점유이다.
⑤ 자기 소유 부동산을 타인에게 매도하고 대금전액을 지급받아 인도의무를 지고 있는 자의 점유는 특별한 사정이 없는 한 타주점유로 전환된다.

57. 乙은 적법한 권원 없이 甲 소유의 물건을 점유하면서 비용을 지출하였고, 그 후 甲은 乙에 대해 그 물건의 반환을 청구하였다. 이에 관한 설명으로 <u>틀린</u> 것을 모두 고른 것은? (다툼이 있으면 판례에 따름)

> ㄱ. 乙이 악의의 점유자라면 그의 잘못 없이 과실을 훼손 또는 수취하지 못한 때에도 그 과실의 대가를 보상하여야 한다.
> ㄴ. 乙이 책임 있는 사유로 그 물건을 훼손한 경우, 乙이 악의의 점유자라면 그 손해의 전부를 배상하여야 한다.
> ㄷ. 乙이 선의의 점유자로서 그 물건을 사용하면서 마모된 부품을 교체하는 데 비용을 지출하였다면 그 상환을 청구할 수 있다.
> ㄹ. 乙이 유익비를 지출한 때에는 그 가액의 증가가 현존한 경우에 한하여 甲의 선택에 따라 그 지출 금액이나 증가액의 상환을 청구할 수 있다.

① ㄱ, ㄴ      ② ㄱ, ㄷ
③ ㄴ, ㄷ      ④ ㄴ, ㄹ
⑤ ㄷ, ㄹ

58. 乙 소유 토지에 대한 甲의 주위토지통행권에 관한 설명으로 틀린 것은? (다툼이 있으면 판례에 따름)

① 甲에게 인정되는 주위토지통행권은 그 통행로가 항상 특정한 장소로 고정된 것은 아니다.

② 통행권자 甲은 특별한 사정이 없는 한 통행지 소유자의 손해를 보상할 필요는 없다.

③ 기존 통로가 토지용도에 필요한 통로로서의 기능을 다하지 못하는 경우에도 새로운 통행권이 인정된다.

④ 乙이 기존 통행로로 이용되던 토지의 사용방법을 그 용법에 따라 바꾸었을 때에는 甲은 乙을 위하여 보다 손해가 적은 다른 장소로 옮겨 통행하여야 한다.

⑤ 甲은 기존의 통로보다 더 편리하다는 이유만으로 다른 곳으로 통행할 권리를 갖는 것은 아니다.

59. 부합에 관한 설명으로 옳은 것은? (다툼이 있으면 판례에 따름)

① 동산이 부동산에 부합된 경우, 부합물은 부합 당시의 가액의 비율로 원래의 동산과 부동산의 소유자가 공유한다.

② 건물임차인이 권원에 기하여 증축한 부분에 구조상·이용상 독립성이 없더라도 임대차 종료시 임차인은 증축 부분의 소유권을 주장할 수 있다.

③ 위 ②에서와 같이 독립성이 없더라도, 임차인은 부속물매수청구권을 행사할 수 있다.

④ 토지임차인의 승낙만을 받아 임차 토지에 나무를 심은 사람은 다른 약정이 없으면 토지소유자에 대하여 그 나무의 소유권을 주장할 수 없다.

⑤ 농지소유자의 승낙 없이 농작물을 경작한 경우 명인방법을 갖추어야만 토지와 별도로 독립된 소유권의 객체로 된다.

60. 「민법」상 공동소유에 관한 설명으로 틀린 것은? (다툼이 있으면 판례에 따름)

① 과반수 지분의 공유자는 다른 공유자와 사이에 미리 공유물의 관리방법에 관한 협의가 없었다 하더라도 공유물의 특정 부분을 제3자에게 임대할 수 있다.

② 공유물분할금지의 약정은 갱신할 수 있다.

③ 합유물의 보존행위는 합유자 각자가 할 수 있다.

④ 비법인사단의 사원은 단독으로 총유물의 보존행위를 할 수 있다.

⑤ 법인 아닌 사단의 구성원은 사원총회의 결의를 거쳤다 하더라도 총유재산에 관한 소송을 제기할 당사자적격이 없다.

61. 관습상의 법정지상권에 관한 설명으로 틀린 것은? (다툼이 있으면 판례에 따름)

① 토지 또는 그 지상 건물의 소유권이 강제경매절차로 인하여 매수인에게 이전된 경우, 매수인의 매각대금 완납시를 기준으로 토지와 그 지상 건물이 동일인 소유에 속하였는지 여부를 판단하여야 한다.

② 지료에 관하여 토지소유자와 협의가 이루어지지 않으면 당사자의 청구에 의하여 법원이 이를 정한다.

③ 공유토지 위에 건물을 소유하고 있는 토지공유자 중 1인이 자기의 토지지분만을 매도한 경우, 토지 전체에 관해 법정지상권은 성립할 수 없다.

④ 관습상의 법정지상권은 이를 취득할 당시의 토지소유자로부터 토지소유권을 취득한 제3자에게 등기없이 주장될 수 있다.

⑤ 관습상의 법정지상권 발생을 배제하는 특약의 존재에 관한 주장·증명책임은 그 특약의 존재를 주장하는 측에 있다.

62. 전세권에 관한 설명으로 옳은 것은? (다툼이 있으면 판례에 따름)

① 전전세권의 설정에는 원전세권자와 전전세권자 사이의 전전세권설정의 합의 및 등기와 원전세권설정자의 동의를 요한다.

② 토지전세권자에게는 토지임차권과 달리 지상물매수청구권이 인정될 수 없다.

③ 건물에 대한 전세권이 법정갱신되는 경우 그 존속기간은 2년으로 본다.

④ 전세권의 설정은 갱신할 수 있으나 그 기간은 갱신한 날로부터 10년을 넘지 못한다.

⑤ 전전세권자는 원전세권이 소멸하지 않은 경우에도 전전세권의 목적부동산에 대해 경매를 신청할 수 있다.

63. 甲은 乙과의 계약에 따라 乙 소유의 구분건물 301호, 302호 전체를 수리하는 공사를 완료하였지만, 乙이 공사대금을 지급하지 않자 甲이 301호만을 점유하고 있다. 이에 관한 설명으로 옳은 것을 모두 고른 것은? (다툼이 있으면 판례에 따름)

> ㄱ. 甲의 유치권은 乙 소유의 구분건물 301호, 302호 전체의 공사대금을 피담보채권으로 하여 성립한다.
>
> ㄴ. 甲은 乙 소유의 구분건물 301호, 302호 전체에 대해 유치권에 의한 경매를 신청할 수 있다.
>
> ㄷ. 301호에 대한 경매신청에 따라 압류 전에 甲이 유치권을 취득하였지만 丙의 저당권이 甲의 유치권보다 먼저 성립한 경우, 甲은 경락인에게 유치권을 행사할 수 있다.
>
> ㄹ. 甲이 乙의 승낙 없이 301호를 丙에게 임대한 경우, 丙은 乙에 대해 임대차의 효력을 주장할 수 있다.

① ㄱ, ㄴ      ② ㄱ, ㄷ
③ ㄴ, ㄷ      ④ ㄴ, ㄹ
⑤ ㄷ, ㄹ

64. 甲은 그 소유 나대지(X)에 乙에 대한 채무담보를 위해 乙 명의의 저당권을 설정하였다. 이후 丙은 X에 건물(Y)을 신축하여 소유하고자 甲으로부터 X를 임차하여 Y를 완성한 후, Y에 丁 명의의 저당권을 설정하였다. 이에 관한 설명으로 틀린 것을 모두 고른 것은? (다툼이 있으면 판례에 따름)

> ㄱ. 乙은 甲에 대한 채권과 분리하여 자신의 저당권을 타인에게 양도할 수 없다.
>
> ㄴ. X가 「공익사업을 위한 토지 등의 취득 및 보상에 관한 법률」에 따라 협의취득된 경우, 乙은 그 보상금에 대하여 물상대위권을 행사할 수 있다.
>
> ㄷ. 乙이 X에 대한 저당권을 실행하는 경우, Y에 대해서도 일괄경매를 청구할 수 있다.
>
> ㄹ. 丁의 Y에 대한 저당권 실행으로 戊가 경락을 받아 그 대금을 완납하면, 특별한 사정이 없는 한 丙의 X에 관한 임차권은 戊에게 이전된다.

① ㄱ, ㄴ      ② ㄱ, ㄷ
③ ㄴ, ㄷ      ④ ㄴ, ㄹ
⑤ ㄷ, ㄹ

65. 甲은 乙에게 1억 5천만원을 빌려주고, 이 금전채권을 담보하기 위해 乙 소유의 X부동산(시가 2억원), 丙 소유의 Y부동산(시가 1억원) 위에 각각 1순위의 저당권을 취득하였다. 그런데 乙이 채무를 이행하지 않아 甲의 저당권 실행으로 X부동산은 1억 2천만원, Y부동산은 8천만원에 동시에 매각(경락)되었다. 甲은 X와 Y부동산의 매각대금으로부터 각각 얼마씩 배당받을 수 있는가? (단, 실행비용 등은 고려하지 않으며, 다툼이 있으면 판례에 따름)

① X부동산: 7,500만원,     Y부동산: 7,500만원
② X부동산: 9,000만원,     Y부동산: 6,000만원
③ X부동산: 1억원,     Y부동산: 5,000만원
④ X부동산: 1억 2,000만원,     Y부동산: 3,000만원
⑤ X부동산: 1억 5,000만원,   Y부동산: 0원

66. 계약에 관한 설명으로 틀린 것은?
① 당사자간에 동일한 내용의 청약이 상호교차된 경우, 양 청약이 상대방에게 발송된 때에 계약이 성립한다.
② 교환계약은 낙성·쌍무계약이다.
③ 예약은 채권계약이다.
④ 전형계약 중 쌍무계약은 유상계약이다.
⑤ 승낙기간을 정하지 아니한 계약의 청약은 청약자가 상당한 기간 내에 승낙의 통지를 받지 못한 때에는 그 효력을 잃는다.

67. 계약체결상의 과실책임이 인정될 수 있는 것을 모두 고른 것은? (다툼이 있으면 판례에 따름)

> ㄱ. 가옥 매매계약체결 후 제3자의 방화로 그 가옥이 전소한 경우
>
> ㄴ. 토지에 대한 매매계약체결 전에 이미 그 토지 전부가 공용수용된 경우
>
> ㄷ. 이미 멸실된 가옥을 매매한 경우
>
> ㄹ. 수량을 지정한 토지매매계약에서 실제 면적이 계약면적에 미달하는 경우

① ㄱ, ㄴ      ② ㄱ, ㄷ
③ ㄴ, ㄷ      ④ ㄴ, ㄹ
⑤ ㄷ, ㄹ

68. 동시이행의 관계에 있지 않는 것은? (다툼이 있으면 판례에 따름)
① 계약해제로 인한 당사자 쌍방의 원상회복의무
② 가등기담보에 있어 채권자의 청산금지급의무와 채무자의 목적부동산에 대한 본등기 및 인도의무
③ 토지임차인이 건물매수청구권을 행사한 경우, 토지임차인의 건물인도 및 소유권이전등기의무와 토지임대인의 건물대금지급의무
④ 임대차계약 종료에 따른 임차인의 임차목적물반환의무와 임대인의 권리금 회수방해로 인한 손해배상의무
⑤ 임대차 종료시 임대인의 임차보증금반환의무와 임차인의 임차물반환의무

69. 甲은 자기 소유의 가옥을 乙에게 매도하면서 자신의 丙에 대한 차용금채무를 변제하기 위하여 매매대금 1억원을 丙에게 지급하도록 乙과 약정하였다. 그 후 丙은 그 수익의 의사표시를 하였다. 다음 설명 중 틀린 것은? (다툼이 있으면 판례에 따름)
① 甲과 乙은 합의를 통해 원칙적으로 丙의 권리를 변경할 수 없다.
② 甲·丙 사이의 원인관계가 소멸하더라도 甲과 乙 사이의 계약이 당연히 소멸하는 것은 아니다.
③ 甲은 乙의 채무불이행을 이유로 丙의 동의 없이도 계약을 해제할 수 있다.
④ 乙의 채무불이행이 성립하면 丙은 손해배상을 청구할 수 있다.
⑤ 甲이 乙에게 매매계약에 따른 이행을 하지 않더라도 乙은 특별한 사정이 없는 한 丙에게 대금지급을 거절할 수 없다.

70. 甲은 자신의 X토지와 乙의 Y건물을 교환하는 계약을 체결하고 乙에게 X토지의 소유권을 이전하였다. 乙은 丙에게 X토지를 매각하여 소유권이전등기를 하였는데, 그 후 Y건물은 乙의 실화로 甲에게 소유권을 이전할 수 없게 되었다. 다음 설명 중 틀린 것은? (다툼이 있으면 판례에 따름)
① 만약 丙이 교환계약이 해제된 사실을 안 후에 丙의 등기가 경료되었더라도 丙은 X토지의 소유권을 취득한다.
② 甲의 계약해제는 甲의 乙에 대한 손해배상청구에 영향을 미치지 않는다.
③ 계약이 해제되면 甲과 乙은 선의·악의에 관계없이 원상회복의무가 있다.
④ 甲이 교환계약을 해제하더라도 甲은 丙의 등기의 말소를 청구할 수 없다.
⑤ 甲은 최고 없이 교환계약을 해제할 수 있다.

71. 甲은 자기 소유의 토지를 乙에게 매도하면서 계약금을 수령하였다. 다음 설명 중 틀린 것은? (다툼이 있으면 판례에 따름)
① 甲은 乙이 중도금을 지급하기 전에 수령한 계약금의 배액을 상환하고 계약을 해제할 수 있다.
② 甲의 해제권 행사는 계약금의 배액의 제공과 함께 하여야 한다.
③ 乙의 귀책사유로 계약이 해제된 경우, 계약금을 위약금으로 한다는 특약이 없는 한 계약금이 당연히 甲에게 귀속하는 것은 아니다.
④ 甲이 계약해제의 의사표시와 함께 계약금의 배액을 제공하였으나 乙이 이를 수령하지 않는 경우에는 공탁을 하여야 유효한 해제권 행사가 된다.
⑤ 甲이 乙에게 매매계약의 이행을 최고하고 매매잔대금의 지급을 구하는 소송을 제기한 것만으로는 이행에 착수한 것이 아니므로, 乙은 매매계약을 해제할 수 있다.

72. 매매에 관한 설명으로 틀린 것은? (다툼이 있으면 판례에 따름)
① 매매계약은 낙성·불요식계약이다.
② 측량비용, 등기비용, 담보권 말소비용 등 매매계약에 관한 비용은 특별한 사정이 없으면 당사자 쌍방이 균분하여 분담한다.
③ 매도인의 담보책임 규정은 그 성질이 허용되는 한 교환계약에도 준용된다.
④ 매매예약완결권은 특별한 약정이 없는 한 형성권으로서 제척기간의 제한을 받는다.
⑤ 매수인이 대금지급을 거절할 정당한 사유가 있는 경우, 매수인은 목적물을 미리 인도받더라도 대금 이자의 지급의무가 없다.

73. 乙은 甲으로부터 X토지를 매수하여 아파트를 신축할 계획이었으나, 법령상의 제한으로 그 건물을 신축할 수 없게 되었다. 또한 토지의 오염으로 통상적인 사용도 기대할 수 없었다. 다음 설명 중 틀린 것은? (다툼이 있으면 판례에 따름)
① 乙은 담보책임에 기한 손해배상청구권을 토지의 오염 사실을 안 날로부터 6개월 내에 甲에게 행사하여야 한다. 이 기간은 재판상 청구를 위한 출소기간이다.
② X토지에 하자가 존재하는지의 여부는 언제나 매매계약 성립시를 기준으로 판단하여야 한다.
③ 만일 乙이 X토지를 경매로 낙찰받았다면 甲의 담보책임은 생기지 않는다.
④ 乙이 토지가 오염되어 있다는 사실을 계약체결시에 알고 있었다면, 甲에게 하자담보책임을 물을 수 없다.
⑤ 토지에 대한 법령상의 제한으로 건물 신축이 불가능하면 이는 매매목적물의 하자에 해당한다.

**74.** 임대차계약에 관한 설명으로 **틀린** 것은? (다툼이 있으면 판례에 따름)

① 임차인이 목적물을 반환하는 때에는 이를 원상회복하여야 할 의무가 있다.

② 일시사용을 위한 임대차에 해당하는 숙박계약의 경우 임대인은 임차인의 안전을 배려할 의무가 있다.

③ 임차기간을 영구로 정한 임대차약정은 특별한 사정이 없는 한 허용된다.

④ 임대차가 묵시의 갱신이 된 경우, 전 임대차에 대해 제3자가 제공한 담보는 원칙적으로 소멸하지 않는다.

⑤ 건물임대차에서 임차인이 증축부분에 대한 원상회복의무를 면하는 대신 유익비상환청구권을 포기하기로 하는 약정은 특별한 사정이 없는 한 유효하다.

**75.** 甲이 자기 소유의 X건물을 乙에게 임대하여 인도한 경우에 대한 설명으로 옳은 것은 모두 몇 개인가? (다툼이 있으면 판례에 따름)

> ㄱ. 乙은 특별한 사정이 없는 한 甲에게 반환할 때까지 자기 재산과 동일한 주의로 X건물을 보존하여야 한다.
>
> ㄴ. 乙의 귀책사유로 X건물이 멸실된 경우, 乙은 甲에게 이행불능으로 인한 손해배상책임을 진다.
>
> ㄷ. 乙이 자신의 비용으로 X건물에 증축한 부분은 甲에게 부속물매수청구권을 행사할 수 있다.
>
> ㄹ. 甲이 임대차에 관한 채권에 기하여 X건물에 부속한 乙 소유의 동산을 압류한 때에는 저당권과 동일한 효력이 있다.

① 없다.　　　　　② 1개

③ 2개　　　　　④ 3개

⑤ 4개

**76.** 2023.7.1. 甲은 乙의 서울 소재 X주택을 보증금 2억원, 임대기간 1년으로 하여 임차하면서 같은 날 입주와 동시에 주민등록을 마쳤다. 다음 설명 중 옳은 것을 모두 고른 것은? (다툼이 있으면 판례에 따름)

> ㄱ. 2024.7.1. 甲이 임차권의 존속을 주장하더라도 乙은 약정기간의 만료를 이유로 甲에게 X주택의 인도를 청구할 수 있다.
>
> ㄴ. 2023.9.1. 임대인 乙이 그 주택의 소유권을 丙에게 양도한 경우, 乙은 특별한 사정이 없는 한 甲에 대하여 보증금반환의무를 면한다.

> ㄷ. 2023.9.1. 동거가족이 없는 甲이 자신의 주민등록을 다른 주소로 이전하였더라도 계속하여 X주택에 거주하고 있었다면 대항력은 유지된다.
>
> ㄹ. 2024.6.1. 乙은 甲에게 1천만원의 보증금 증액을 청구할 수 있다.
>
> ㅁ. 임대차 종료 후 보증금을 반환받지 못한 甲은 X주택의 소재지를 관할하는 법원에 임차권등기명령을 신청할 수 있다.

① ㄱ, ㄴ　　　　　② ㄱ, ㄷ

③ ㄴ, ㄹ　　　　　④ ㄴ, ㅁ

⑤ ㄷ, ㅁ

**77.** 2024.1. 甲은 선순위권리자가 없는 乙의 X상가건물을 보증금 3억원, 월차임 300만원에 임차하여 대항요건을 갖추고 확정일자를 받았다. 다음 설명 중 **틀린** 것은? (다툼이 있으면 판례에 따름)

① 甲이 3기의 차임 상당액을 연체한 경우, 乙은 甲의 계약갱신요구를 거절할 수 있다.

② 전체 임대차기간이 10년을 초과하면, 甲은 계약갱신요구를 할 수 없고, 乙은 권리금회수기회 보호의무를 부담하지 않는다.

③ 임대기간에 대하여 별도의 약정이 없는 경우, 그 기간은 1년으로 본다.

④ 甲이 X건물의 환가대금에서 보증금을 우선변제받기 위해서는 대항요건이 배당요구 종기까지 존속하여야 한다.

⑤ 보증금이 전액 변제되지 않는 한 X건물에 대한 경매가 실시되어 매각되더라도 甲의 임차권은 존속한다.

**78.** 「집합건물의 소유 및 관리에 관한 법률」의 내용 중 **틀린** 것은? (다툼이 있으면 판례에 따름)

① 관리인 선임 여부와 관계없이 공유자는 단독으로 공용부분에 대한 보존행위를 할 수 있다.

② 전유부분이 속하는 1동의 건물의 설치·보존의 흠으로 인하여 다른 자에게 손해를 입힌 경우, 그 흠은 공용부분에 존재하는 것으로 추정한다.

③ 전유부분이 수인의 공유인 경우 각각 의결권을 행사할 수 있다.

④ 임차인도 구분소유자의 승낙을 받아 관리단집회에 참석하여 그 구분소유자의 의결권을 행사할 수 있다.

⑤ 의결권은 전자적 방법으로 행사할 수 있다.

79. 乙은 甲으로부터 1억원을 빌리면서 자신의 X건물(시가 3억원)을 양도담보로 제공하고 甲 명의로 소유권이전등기를 마쳤다. 그 후 丙은 X건물을 사용·수익하던 乙과 임대차계약을 맺고 그 토지를 인도받아 사용하고 있다. 다음 설명 중 틀린 것은? (다툼이 있으면 판례에 따름)

① 甲은 X건물의 화재로 乙이 취득한 화재보험금청구권에 대하여 물상대위권을 행사할 수 있다.

② 甲은 특별한 사정이 없는 한 담보권실행을 위하여 丙에게 X토지의 인도를 청구할 수 있다.

③ 乙이 피담보채무의 이행지체에 빠졌을 경우, 甲은 丙에게 소유권에 기하여 X토지의 인도를 청구할 수 없다.

④ 甲은 피담보채권의 변제기 전에도 丙에게 임료 상당을 부당이득으로 반환청구할 수 있다.

⑤ 만약 甲이 선의의 丁에게 X건물을 매도하고 소유권이전등기를 마친 경우, 乙은 丁에게 소유권이전등기의 말소를 청구할 수 없다.

80. 2024.5.26. 甲은 친구 乙과 명의신탁약정을 하였다. 그 후 甲은 丙 소유의 X토지를 매수하면서 丙에게 부탁하여 乙 명의로 소유권이전등기를 하였고, X토지는 현재 甲이 점유하고 있다. 다음 설명 중 틀린 것은? (다툼이 있으면 판례에 따름)

① 甲과 乙 사이의 명의신탁약정은 무효이다.

② 만약 甲과 乙이 사실혼관계에 있다면 甲과 乙 사이의 명의신탁약정은 유효이다.

③ 丙은 진정명의회복을 원인으로 乙에게 소유권이전등기를 청구할 수 있다.

④ 甲은 丙을 상대로 소유권이전등기청구를 할 수 있다.

⑤ 乙이 X토지를 丁에게 매도하고 소유권이전등기를 해준 경우, 丁은 선의·악의를 불문하고 소유권을 취득한다.

학습일자: _____ / _____

# 2024년도 제35회 공인중개사 1차 국가자격시험
# 실전모의고사 제10회

| 교 시 | 문제형별 | 시 간 | 시 험 과 목 |
|---|---|---|---|
| **1교시** | **A** | **100분** | ① 부동산학개론<br>② 민법 및 민사특별법 중<br>　부동산 중개에 관련되는 규정 |

| 수험번호 | | 성 명 | |
|---|---|---|---|

## 【 수험자 유의사항 】

1. **시험문제지는 단일 형별(A형)이며, 답안카드 형별 기재란에 표시된 형별(A형)을 확인하시기 바랍니다.** 시험문제지의 **총면수, 문제번호 일련순서, 인쇄상태** 등을 확인하시고, 문제지 표지에 수험번호와 성명을 기재하시기 바랍니다.

2. 답은 각 문제마다 요구하는 **가장 적합하거나 가까운 답 1개**만 선택하고, 답안카드 작성 시 시험문제지 **형별누락, 마킹착오**로 인한 불이익은 전적으로 **수험자에게 책임**이 있음을 알려드립니다.

3. 답안카드는 국가전문자격 공통 표준형으로 문제번호가 1번부터 125번까지 인쇄되어 있습니다. 답안 마킹 시에는 반드시 **시험문제지의 문제번호와 동일한 번호에 마킹**하여야 합니다. (1차 1교시: 1번~80번)

4. **감독위원의 지시에** 불응하거나 **시험시간 종료 후 답안카드를 제출하지 않을 경우** 불이익이 발생할 수 있음을 알려 드립니다.

5. 시험문제지는 시험 종료 후 가져가시기 바랍니다.

6. 답안작성은 **시험 시행일(2024.10.26.) 현재 시행되는 법령** 등을 적용하시기 바랍니다.

7. 가답안 의견제시에 대한 개별회신 및 공고는 하지 않으며, **최종 정답 발표로 갈음**합니다.

8. 시험 중 **중간 퇴실은 불가**합니다. 단, 부득이하게 퇴실할 경우 시험포기각서 제출 후 퇴실은 가능하나 **재입실이 불가**하며, **해당시험은 무효처리됩니다.**

**해커스 공인중개사**

# 제1과목: 부동산학개론

1. 부동산학 및 부동산활동에 대한 설명으로 <u>틀린</u> 것은?

   ① 부동성, 영속성 등 부동산의 특성은 부동산활동에 영향을 준다.

   ② 부동산학(부동산활동)의 일반원칙으로서 경제성의 원칙은 최유효이용을 그 지도원리로 삼는다.

   ③ 부동산활동은 윤리성을 중시한다.

   ④ 부동산활동은 3차원 입체공간을 대상으로 한다는 측면에서 공간활동이다.

   ⑤ 부동산활동은 체계화된 지식의 관점에서는 과학성을, 실무에 응용하는 측면에서는 기술성의 성격을 갖는다.

2. 다음에 해당하는 주택의 용어로 옳게 연결된 것은?

   > ㄱ. 주택으로 쓰는 1개 동의 바닥면적 합계가 660m² 이하이고, 층수가 4개 층 이하인 주택이다.
   >
   > ㄴ. 주택으로 쓰는 1개 동의 바닥면적 합계가 660m² 를 초과하고, 층수가 4개 층 이하인 주택이다.

   ① ㄱ: 다세대주택,    ㄴ: 연립주택

   ② ㄱ: 연립주택,    ㄴ: 다세대주택

   ③ ㄱ: 다세대주택,    ㄴ: 다가구주택

   ④ ㄱ: 다세대주택,    ㄴ: 다중주택

   ⑤ ㄱ: 연립주택,    ㄴ: 다가구주택

3. 부동산의 특성에 대한 설명으로 <u>틀린</u> 것은?

   ① 이자율의 변화, 토지이용규제의 변화 등은 대상부동산의 상대적 위치를 변화시키는 예이다.

   ② 주어진 위치에 어떤 용도가 적합한지를 판단하는 적지론의 근거는 용도의 다양성에 의한다.

   ③ 부동성은 잘못된 입지 선정과 주변환경과의 부조화로 발생하는 부동산의 경제적 감가를 설명해준다.

   ④ 영속성은 부동산감정평가시 수익환원법의 근거가 된다.

   ⑤ 부증성은 지방자치단체 운영을 위한 부동산조세 수입의 근거가 된다.

4. 부동산의 수요와 공급에 대한 설명으로 <u>틀린</u> 것은?

   ① 부동산상품의 이질성은 부동산의 수요량이 일반재화보다 가격에 대하여 더 탄력적으로 반응하는 것을 가능하게 한다.

   ② 소득이 10% 증가하여 아파트수요량이 8% 증가하였다면, 아파트는 정상재이다.

   ③ 아파트 건축규제의 변화로 동일한 가격수준에서 아파트 공급량이 변화하는 것을 아파트공급의 변화라고 한다.

   ④ 유효공급이란 부동산을 공급할 의사와 공급할 능력이 뒷받침된 실질적인 공급을 말한다.

   ⑤ 신규주택은 가격이 상승하여도 생산에 소요되는 기간이 길어서 생산공급이 적시에 이루어지지 못한다.

5. 부동산의 수요와 공급에 관한 설명으로 <u>틀린</u> 것은? (단, 다른 조건은 일정함)

   ① 아파트와 보완관계에 있는 재화의 가격이 상승하면 해당 아파트 수요는 증가한다.

   ② 시장수요곡선 기울기의 절댓값은 개별수요곡선 기울기의 절댓값보다 더 작다.

   ③ 임대주택의 임대료가 하락하면 대체효과에 의해 다른 주택의 소비량은 상대적으로 감소한다.

   ④ 주택거래량은 유량(flow)지표이며, 주택보급률은 저량(stock)지표이다.

   ⑤ 제품가격이 가계소득에서 차지하는 비중이 클수록 수요의 가격탄력성은 더 커진다.

6. 다음과 같은 조건하에서 거미집이론을 적용할 때, 균형에 충격이 가해지면 균형으로 수렴하는 경우는 모두 몇 개인가? (단, P는 가격, Qd는 수요량, Qs는 공급량이며, 주어진 조건에 한정함)

   > ㄱ. 기울기의 값: 수요곡선 -0.8, 공급곡선 0.2
   >
   > ㄴ. 수요의 가격탄력성: 1.5, 공급의 가격탄력성: 0.5
   >
   > ㄷ. P = 400 - Qd, 4P = 400 + 5Qs
   >
   > ㄹ. 2P = 300 - 4Qd, P = 2Qs

   ① ㄱ, ㄴ                ② ㄱ, ㄷ

   ③ ㄴ, ㄷ                ④ ㄴ, ㄹ

   ⑤ ㄷ, ㄹ

7. 워포드(L. Wofford)의 부동산개발 7단계의 순서를 올바르게 나열한 것은?

> ㄱ. 사업구상(계획)　　ㄴ. 예비적 타당성분석
> ㄷ. 부지확보　　　　　ㄹ. 타당성분석
> ㅁ. 금융　　　　　　　ㅂ. 건설(건축)
> ㅅ. 마케팅(분양 및 임대)

① ㄱ → ㄴ → ㄷ → ㄹ → ㅁ → ㅂ → ㅅ
② ㄱ → ㄴ → ㄷ → ㅅ → ㅁ → ㄹ → ㅂ
③ ㄱ → ㄷ → ㄴ → ㅅ → ㄹ → ㅁ → ㅂ
④ ㄱ → ㄷ → ㄹ → ㅅ → ㅁ → ㅂ → ㄴ
⑤ ㄷ → ㄹ → ㅁ → ㅂ → ㅅ → ㄱ → ㄴ

8. 다음의 내용을 설명한 것으로 옳지 <u>않은</u> 것은? (단, 다른 조건은 일정함)

> A부동산상품 가격이 20% 상승함에 따라 A부동산상품의 수요량은 7% 감소하였고, B부동산상품의 수요(량)는 10% 증가하였다.

① 최초 값을 기준으로 한 A부동산수요의 가격탄력성은 0.35이다.
② A부동산상품과 B부동산상품은 대체관계이다.
③ A부동산상품의 가격변화로 인하여 B부동산상품의 수요곡선은 우측으로 이동할 것이다.
④ A부동산상품 가격변화로 인하여 B부동산상품의 균형가격은 상승한다.
⑤ A부동산상품 가격에 대한 B부동산상품 수요의 교차탄력성은 -0.5이다.

9. 부동산의 가격(price)과 가치(value)에 대한 설명으로 옳지 <u>않은</u> 것은?

① 일정시점에서 부동산가격은 하나만 존재한다.
② 부동산의 가격과 가치간에는 단기적으로 오차(괴리)가 발생할 수 있다.
③ 부동산가격은 시장에서 자원배분의 기능을 수행한다.
④ 부동산가치는 부동산에서 비롯되는 현재의 편익을 미래가치로 환원한 값이다.
⑤ 부동산가격은 장기적 고려하에 형성된다.

10. 부동산시장에서 정보의 효율성에 대한 설명으로 옳은 것은? (단, 주어진 조건에 한정함)

① 공표된 정보 및 미공개정보를 이용하면 초과이윤을 달성할 수 있다는 것은 강성 효율적 시장이다.
② 부동산시장은 할당 효율적 시장이 될 수 없다.
③ 정보가 가격에 영향을 주는 효율성의 정도는 시대와 나라, 경제환경 등에 따라 달라지지 않는다.
④ 약성 효율적 시장에서는 기술적 분석으로 정상 이상의 초과이윤을 달성할 수 있다.
⑤ 한국은행의 기준(정책)금리의 인하와 정부의 대출규제 완화로 주택가격이 급등하였다면, 주택시장은 정보 효율적이라는 것을 의미한다.

11. 레일리(W. J. Reilly)의 소매인력법칙을 적용할 경우, X도시에서 A도시, B도시로 구매활동에 유입되는 비율은? (단, 주어진 조건에 한함)

> ○ X도시에 거주하는 인구는 모두 A도시, B도시에서 구매한다.
> ○ A도시 인구 수: 40,000명
> ○ A도시에서 X도시까지의 거리는 3km이다.
> ○ B도시 인구 수: 90,000명
> ○ B도시에서 X도시까지의 거리가 9km이다.

① A: 36%, B: 64%　　② A: 50%, B: 50%
③ A: 64%, B: 36%　　④ A: 80%, B: 20%
⑤ A: 84%, B: 16%

12. 입지 및 도시구조이론에 관한 설명으로 옳은 것은 모두 몇 개인가?

> ㄱ. 도시구조는 소득수준과 교통여건에 따라 변화될 수 있다.
> ㄴ. 크리스탈러(W. Christaller)의 중심지이론은 공간적 중심지 규모에 따라 상권의 크기가 달라진다는 것을 실증하였다.
> ㄷ. 컨버스(P. Converse)는 경쟁관계에 있는 두 소매시장간 상권의 경계점을 확인할 수 있도록 소매인력법칙을 수정하였다.
> ㄹ. 잡화점, 세탁소 등 분산입지해야 유리한 점포 유형을 집재성 점포라 한다.
> ㅁ. 일반적으로 구매빈도가 높은 상품을 취급하는 점포일수록 그 상권의 범위는 큰 편이다.

① 1개　　② 2개　　③ 3개　　④ 4개　　⑤ 5개

13. 지대이론에 대한 설명으로 **틀린** 것은?

① 다른 조건이 일정할 때, 고정생산요소에 대한 수요가 증가하면 준지대는 높아진다.

② 다른 조건이 일정할 때, 생산요소공급이 비탄력적일수록 경제(파레토)지대는 작아진다.

③ 차액지대설에서 지대는 토지생산물 가격의 구성요인이 되지 않으며 또한 될 수도 없다.

④ 리카도(D. Ricardo) 등 고전학파는 토지를 원시적인 것으로 취급하여, 인공적인 자본과는 엄격하게 구분·구별하였다.

⑤ 위치지대설에서 지대함수는 중심지에서 거리가 멀어짐에 따라 지대가 점점 감소하는 역선형 함수이다.

14. 다음에서 설명하는 내용을 모두 충족하는 이론은?

○ 특정 점포를 이용할 확률은 공간(거리)마찰계수를 고려한 소비자와 점포와의 거리, 경쟁점포의 수와 면적에 의해서 결정된다고 보았다.
○ 공간(거리)마찰계수는 시장의 교통조건과 쇼핑물건의 특성에 따라 달라지는 값이다.
○ 일반적으로 소비자는 가장 가까운 곳에서 상품을 선택하려는 경향이 있다.
○ 고정된 상권을 놓고 경쟁함으로써 제로섬(zero-sum) 게임이 된다는 한계가 있다.

① 넬슨(R. Nelson)의 소매입지이론
② 뢰쉬(A. Lösch)의 최대수요이론
③ 베버(A. Weber)의 최소비용이론
④ 해리스(C. Harris)와 울만(E. Ullman)의 다핵심이론
⑤ 허프(D. L. Huff)의 확률모형

15. 부동산시장에 대한 정부의 개입 및 정책수단에 대한 설명으로 **틀린** 것은?

① 종합부동산세는 국세이고, 보유과세이며 누진세 유형의 조세이다.

② 개발제한구역은 도시의 무질서한 팽창을 억제하는 효과가 있다.

③ 개발이익환수제에서 개발이익은 개발사업의 시행에 의해 물가상승분을 초과하여 개발사업을 시행하는 자에게 귀속되는 사업이윤의 증가분이다.

④ 정부의 시장개입은 사회적 후생손실을 발생시킬 수 있다.

⑤ 다른 조건이 일정할 때, 주택의 취득세율을 낮추면 주택의 수요가 증가한다.

16. 다음 중 현재 우리나라에서 시행되고 있는 부동산정책수단은?

① 주거급여제도
② 택지소유상한제
③ 토지초과이득세제
④ 공한지세
⑤ 종합토지세

17. 다음에 해당하는 공공임대주택의 유형은?

ㄱ. 국가나 지방자치단체의 재정이나 주택도시기금의 자금을 지원받아 저소득 서민의 주거안정을 위하여 30년 이상 장기간 임대를 목적으로 공급하는 공공임대주택

ㄴ. 국가나 지방자치단체의 재정이나 주택도시기금의 자금을 지원받아 최저소득 계층, 저소득 서민, 젊은층 및 장애인·국가유공자 등 사회 취약계층 등의 주거안정을 목적으로 공급하는 공공임대주택

|  | ㄱ | ㄴ |
|---|---|---|
| ① | 영구임대주택, | 장기전세주택 |
| ② | 국민임대주택, | 행복주택 |
| ③ | 국민임대주택, | 통합공공임대주택 |
| ④ | 행복주택, | 분양전환공공임대주택 |
| ⑤ | 공공지원민간임대주택, | 기존주택전세임대주택 |

18. 주택시장 및 임대주택정책에 대한 설명으로 **틀린** 것은? (단, 다른 조건은 일정함)

① PIR(Price to Income Ratio, 소득대비 주택가격의 비율)은 가구의 주택지불능력을 측정하는 지표이다.

② 사적 임대주택의 공급이 증가할 때 수요의 임대료탄력성이 클수록 임대료 하락효과가 작아질 수 있다.

③ 규제임대료가 시장균형임대료보다 낮을 경우, 기존 임차인의 주거이동이 감소할 것이다.

④ 공공임대주택 공급정책은 입주자가 주거지를 자유롭게 선택할 수 있는 것이 장점이다.

⑤ 분양가상한제는 「주택법」에 근거하여 시행되고 있다.

19. 부동산경기변동에 대한 설명으로 **틀린** 것은?

① 매년 4월에 건축허가면적이 다른 달에 비하여 늘어나는 현상이 반복적으로 나타나는 것은 계절변동이다.

② 회복시장에 들어서면 매수자 중심시장에서 매도자 중심의 시장으로 변하게 된다.

③ 부동산경기순환의 하향시장에서 일반적으로 매수자는 거래성립시기를 늦추려고 하는 경향이 있다.

④ 부동산경기의 순환주기는 일정치 않고, 그 순환국면이 뚜렷하게 구분되지 않는다.

⑤ 부동산경기순환의 후퇴시장(국면)에서는 임대되지 않고 비어있는 공간이나 기간의 비율이 점차 줄어드는 경향이 있다.

20. 부동산투자분석에 관한 설명으로 옳은 것은? (단, 다른 조건은 일정함)

① 할인율이 커질수록 투자안의 순현가(NPV)는 커진다.

② 일반적으로 대부비율이나 부채비율이 높을수록 투자자의 채무불이행 가능성은 낮아진다.

③ 회계적 수익률법은 장래 현금흐름을 현재가치로 할인하여 투자분석하는 방법이다.

④ 투자안의 순현가 값이 1,000원일 경우, 현금유입의 현재가치가 현금유출의 현재가치보다 크다.

⑤ 투자안의 자기자본수익률(지분투자수익률)이 커질수록 세전현금수지승수는 커진다.

21. 화폐의 시간가치에 관한 설명으로 옳지 **않은** 것은? (단, 다른 조건은 일정함)

① 감채기금계수는 이자율이 상승할수록 작아진다.

② 일시불의 현가계수와 일시불의 내가계수를 곱하면 1이 된다.

③ 현재 3억원인 토지가 매년 5%씩 상승한다면, 10년 후의 토지가격은 연금의 내가계수를 사용하여 구한다.

④ 저당상수는 이자율이 상승할수록 작아진다.

⑤ 상환비율이 0.46이면 잔금비율은 0.54가 된다.

22. 임대주택의 1년간 운영실적에 관한 자료이다. 세후현금수지를 구하면? (단, 문제에서 제시한 것 외의 기타조건은 고려하지 않음)

| | |
|---|---|
| ○ 유효총소득 | 280,000,000원 |
| ○ 운영비용 | 30,000,000원 |
| ○ 원금상환액 | 10,000,000원 |
| ○ 이자지급분 | 20,000,000원 |
| ○ 감가상각액 | 30,000,000원 |
| ○ 영업소득세율 | 25% |

① 1억 5,000만원

② 1억 6,000만원

③ 1억 7,000만원

④ 1억 8,000만원

⑤ 1억 9,000만원

23. 다음과 같은 이유들로 나타날 수 있는 부동산투자의 위험은?

○ 관리자의 관리능력
○ 근로자의 파업 가능성
○ 영업경비의 증가

① 유동성위험

② 금융위험

③ 인플레이션위험

④ 입지위험

⑤ 운영위험

24. 부동산 A, B, C, D 네 가지 투자안으로 포트폴리오를 구성하려고 한다. 상관계수($\rho$)만을 고려할 때 다음 중 위험분산효과가 가장 높은 투자결합은? (단, 주어진 조건에 한정함)

| 포트폴리오 | 두 자산간 상관계수($\rho$) |
|---|---|
| ① 부동산 A + 부동산 B | -0.642 |
| ② 부동산 A + 부동산 C | 0.767 |
| ③ 부동산 A + 부동산 D | 0.198 |
| ④ 부동산 B + 부동산 C | -0.842 |
| ⑤ 부동산 C + 부동산 D | -0.271 |

153

25. 부동산투자에 관한 설명으로 **틀린** 것은? (단, 주어진 조건에 한함)

① 위험한 투자안을 투자대상에서 제외시키는 것은 위험의 전가(risk-shifting)에 해당한다.

② 기대수익률보다 요구수익률이 높을 경우, 투자를 기각한다.

③ 정(+)의 레버리지는 이자율의 변화에 따라 부(-)의 레버리지로 변화될 수 있다.

④ 동일 투자자산이라도 개별투자자가 위험을 기피할수록 요구수익률이 높아진다.

⑤ 포트폴리오의 기대수익률은 개별자산의 기대수익률을 가중평균하여 구한다.

26. 금융기관의 상업용 부동산에 대한 대출기준이 다음과 같다면, 금융기관이 대출해줄 수 있는 최대 금액은? (단, 주어진 조건에 한함)

○ 대출기준
  - 부채감당비율(DSCR): 1.5 이상
  - 대부비율(LTV): 50%
  - 위의 2개 조건 모두 충족
○ 연간 저당상수: 0.1
○ 상업용 부동산의 현황
  - 평가가격 30억원
  - 연간 순영업소득 3억원

① 12억원
② 15억원
③ 20억원
④ 25억원
⑤ 30억원

27. 차입자 A씨는 원리금균등분할상환방식으로 대출을 받았고, 차입자 B씨는 원금균등분할상환방식으로 대출을 받았다. 차입자 A씨는 B씨에 비해 첫 회 원리금상환부담이 얼마나 더 적은가? (단, 융자금액, 대출시점, 대출이자율, 대출기간 등은 동일하며 주어진 조건에 한정함)

○ 주택가격: 5억원
○ 담보인정비율(LTV): 60%
○ 대출기간은 20년, 대출이자율은 연 7% 고정금리
○ 저당상수 20년(7%) = 0.0944

① 6,880,000원
② 7,082,000원
③ 7,222,000원
④ 7,480,000원
⑤ 7,680,000원

28. 저당대출의 상환방식에 관한 설명으로 **틀린** 것을 모두 고른 것은? (단, 다른 조건은 동일함)

ㄱ. 체증분할상환방식은 장래 소득이 줄어들 것으로 예상되는 차입자에게 적합한 대출방식이다.

ㄴ. 중도상환시 미상환잔액은 원리금균등상환방식이 원금균등상환방식보다 더 많다.

ㄷ. 거치식 방식은 원리금분할상환방식보다 대출자 입장에서 이자수입이 줄어드는 상환방식이다.

ㄹ. 원금균등상환방식의 경우, 매기의 원리금상환액이 동일하다.

ㅁ. 원리금균등상환방식의 경우, 초기에는 원리금에서 이자가 차지하는 비중이 높으나, 원금을 상환해 가면서 원리금에서 이자가 차지하는 비중이 줄어든다.

① ㄱ, ㄴ, ㄷ　　　　② ㄱ, ㄴ, ㄹ
③ ㄱ, ㄷ, ㄹ　　　　④ ㄴ, ㄷ, ㄹ
⑤ ㄴ, ㄷ, ㅁ

**29. 부동산금융 및 국내의 현황에 대한 설명으로 틀린 것은?**

① 자산유동화증권(ABS)은 금융기관 및 기업이 보유하고 있는 대출채권, 부동산저당채권 등 현금흐름이 예상되는 자산을 기초(담보)로 발행하는 유가증권을 말한다.

② CMBS(Commercial Mortgage Backed Securities)는 금융기관이 보유한 상업용 모기지(Mortgage)를 기초로 유동화전문회사가 발행하는 자산유동화증권을 말한다.

③ 역모기지(reverse mortgage)는 시간이 지남에 따라 대출잔액이 늘어나는 구조이며, 일반적으로 비소구형 대출이다.

④ PF ABCP(자산담보부 기업어음)는 PF ABS(자산유동화증권)에 비해 만기가 더 길다.

⑤ PF ABCP(자산담보부 기업어음)는 PF ABS(자산유동화증권)의 만기를 차환하기 위해 발행되기도 한다.

**30. 주택저당유동화제도 및 주택저당증권(MBS)에 대한 설명으로 옳은 것은?**

① 주택저당증권에 투자하면 채권의 보유기간 동안 고정이자를 받기 때문에 채권의 가격변동위험은 없다.

② 저당대출지분이전증권(MPTS)은 유동화기관의 부채로 표시된다.

③ 저당대출지분이전증권(MPTS)의 조기상환위험과 채무불이행위험은 모두 증권투자자가 부담한다.

④ 저당대출담보부 채권(MBB)에서 투자자가 받는 증권의 수익은 기초자산인 주택저당채권 집합물(mortgage)의 현금흐름(저당지불액)에 의존한다.

⑤ 다계층채권(CMO)의 모든 트렌치(계층)는 상환우선순위에 관계없이 콜방어를 실현할 수 있다.

**31. 부동산투자회사에 관한 설명으로 틀린 것은?**

① 국토교통부장관은 기업구조조정 부동산투자회사의 등록을 하려는 경우에는 미리 금융위원회의 의견을 들어야 한다.

② 위탁관리 부동산투자회사는 해당 연도 이익을 초과하여 배당할 수 없다.

③ 부동산투자자문회사는 부동산투자회사의 위탁으로 그 자산의 투자·운용에 관한 자문 및 평가 등을 수행한다.

④ 위탁관리 부동산투자회사의 경우 주주 1인과 그 특별관계자는 발행주식 총수의 50%를 초과하여 소유하지 못한다.

⑤ 부동산투자회사의 주요 주주는 미공개 자산운용정보를 이용하여 부동산을 매매하거나 타인에게 이용하게 하여서는 아니 된다.

**32. X와 Y지역의 산업별 고용자 수가 다음과 같을 때, Y지역의 입지계수(LQ)에 따른 비기반산업의 개수는?**

| 구분 | X지역 | Y지역 | 전지역 |
|---|---|---|---|
| A산업 | 50 | 30 | 80 |
| B산업 | 40 | 50 | 90 |
| C산업 | 50 | 60 | 110 |
| D산업 | 20 | 100 | 120 |
| E산업 | 60 | 80 | 140 |
| 전 산업 고용자 수 | 220 | 320 | 540 |

① 0개

② 1개

③ 2개

④ 3개

⑤ 4개

**33.** A회사는 분양면적 600m²의 매장을 손익분기점 매출액 이하이면 기본임대료만 부담하고, 손익분기점 매출액을 초과하는 매출액에 대하여 일정 임대료율을 적용한 추가임대료를 가산하는 비율임대차 방식으로 임차하고자 한다. 향후 1년 동안 A회사가 지급할 것으로 예상되는 연 임대료는? (단, 주어진 조건에 한하며, 연간 기준임)

○ 예상매출액: 분양면적 m²당 25만원
○ 기본임대료: 분양면적 m²당 15만원
○ 손익분기점 매출액: 7,000만원
○ 손익분기점 매출액 초과 매출액에 대한 임대료율: 5%

① 9,400만원

② 9,600만원

③ 9,800만원

④ 9,900만원

⑤ 1억원

**34.** 부동산관리에 대한 설명으로 옳은 것은?

① 복합개념의 관리로 구분할 때 건물과 부지의 적응상태를 개선시키는 활동은 경제적 관리에 해당한다.

② 자가관리방식은 전문업자를 이용함으로써 합리적이고 편리하며, 전문화된 관리와 서비스를 받을 수 있다.

③ 자산관리는 시설사용자나 사용과 관련된 타 부문의 요구에 단순히 부응하는 소극적이고 기술적인 측면을 중시하는 관리를 말한다.

④ 입주자와의 의사소통 측면에서는 자가관리가 위탁관리보다 이점이 있다.

⑤ 건물의 생애주기상 안정단계는 물리적·기능적 상태가 급격히 악화되기 시작하는 단계로 리모델링을 통하여 가치를 올릴 수 있다.

**35.** 부동산개발사업의 경제적 타당성분석의 내용을 기술하였다. 분석과정을 순서대로 나열한 것은?

> ㄱ. 지역경제의 인구·고용·소득 등의 요인을 거시적 관점에서 분석한다.
>
> ㄴ. 특정 지역이나 부동산 유형에 대한 수요·공급을 분석한다.
>
> ㄷ. 개발사업에 투자자금을 끌어들일 수 있을 정도로 충분한 수익이 발생하는지를 분석한다.
>
> ㄹ. 개발사업으로부터 발생되는 현금흐름을 기초로 순현가와 수익성지수를 계산한다.
>
> ㅁ. 개발될 부동산이 현재나 미래의 시장상황에서 매매 또는 임대될 수 있는 가능성을 조사한다.

① ㄱ → ㄴ → ㄷ → ㄹ → ㅁ

② ㄱ → ㄴ → ㅁ → ㄷ → ㄹ

③ ㄱ → ㅁ → ㄴ → ㄹ → ㄷ

④ ㄹ → ㅁ → ㄴ → ㄱ → ㄷ

⑤ ㅁ → ㄹ → ㄴ → ㄱ → ㄷ

**36.** 정액법에 의한 건물의 적산가액은? (단, 주어진 조건에 한함)

> ○ 준공시점: 2022.9.1.
> ○ 연면적: 400m²
> ○ 기준시점: 2024.9.1.
> ○ 기준시점 현재 m²당 재조달원가: 100만원
> ○ 잔존 경제적 내용연수: 30년
> ○ 내용연수 만료시 잔가율: 0%

① 3억 5,500만원

② 3억 7,500만원

③ 3억 9,500만원

④ 4억 1,500만원

⑤ 4억 3,500만원

**37.** 다음의 자료를 이용하여 직접환원법에 의한 수익가액을 구하기 위한 환원이율은? (단, 주어진 조건에 한함)

> ○ 가능총수입: 9천만원
> ○ 공실손실상당액: 3백만원
> ○ 대손충당금: 1백만원
> ○ 인건비: 2천4백만원
> ○ 수선유지비: 3백만원
> ○ 재산세: 2백만원
> ○ 광고비: 3백만원
> ○ 임대소득세: 5백만원
> ○ 부동산가격: 9억원
> ○ 기대이율: 10%

① 5.0%

② 5.5%

③ 6.0%

④ 6.5%

⑤ 7.0%

38. 「감정평가에 관한 규칙」에 대한 설명으로 틀린 것은?
    ① 감정평가법인등은 법령에 다른 규정이 있는 경우에 감정평가조건의 합리성, 적법성, 실현가능성을 검토해야 한다.
    ② 시장가치란 대상물건이 통상적인 시장에서 충분한 기간 동안 거래를 위하여 공개된 후 그 대상물건의 내용에 정통한 당사자 사이에 신중하고 자발적인 거래가 있을 경우 성립될 가능성이 가장 높다고 인정되는 대상물건의 가액을 말한다.
    ③ 감정평가법인등은 시장가치 외의 가치를 기준으로 하는 감정평가의 합리성, 적법성이 결여되어 있다고 판단할 때에는 의뢰를 거부하거나 수임을 철회할 수 있다.
    ④ 법령에 다른 규정이 있는 경우에는 시장가치 외의 가치를 기준으로 감정평가할 수 있다.
    ⑤ 감정평가법인등은 대상물건별로 산정한 시산가액을 다른 감정평가방식에 속하는 하나 이상의 감정평가방법으로 산출한 시산가액과 비교하여 합리성을 검토해야 한다.

39. 「감정평가에 관한 규칙」상 주된 감정평가방법 중 원가법을 적용하는 경우는 모두 몇 개인가?

    | | |
    |---|---|
    | ㄱ. 기업가치 | ㄴ. 광업재단 |
    | ㄷ. 건설기계 | ㄹ. 상장주식 |
    | ㅁ. 과수원 | ㅂ. 저작권 |
    | ㅅ. 건물 | ㅇ. 동산 |

    ① 1개
    ② 2개
    ③ 3개
    ④ 4개
    ⑤ 5개

40. 부동산가격공시제도에 관한 설명으로 옳은 것은?
    ① 공동주택가격을 산정할 때 기준이 되는 것은 주택가격비준표이다.
    ② 공동주택가격의 공시기준일을 6월 1일로 하는 경우가 있다.
    ③ 비주거용 일반부동산이란 「집합건물의 소유 및 관리에 관한 법률」에 따라 구분소유되는 비주거용 부동산을 말한다.
    ④ 표준지를 평가할 때 공시기준일 현재 현실화되지 않은 개발이익도 충분히 반영하여 결정하여야 한다.
    ⑤ 표준지공시지가에 대하여 이의신청을 하고자 하는 때에는 이의신청서를 시장·군수·구청장에게 제출하여야 한다.

41. 다음 중 준법률행위를 모두 고른 것은? (다툼이 있으면 판례에 따름)

    | |
    |---|
    | ㄱ. 최고 |
    | ㄴ. 소유권의 포기 |
    | ㄷ. 청약자가 하는 승낙연착 사실의 통지 |
    | ㄹ. 해제 |

    ① ㄱ, ㄴ
    ② ㄱ, ㄷ
    ③ ㄴ, ㄷ
    ④ ㄴ, ㄹ
    ⑤ ㄷ, ㄹ

42. 甲이 X부동산을 乙에게 매도하고 乙이 소유권이전등기를 하기 전에 다시 丙에게 매도하여 丙이 이전등기를 경료하였다. 다음 설명 중 틀린 것은? (다툼이 있으면 판례에 따름)
    ① 丙은 甲과 乙 사이에 이미 매매계약이 있었다는 사실을 안 경우에도 X부동산의 소유권을 취득한다.
    ② 위 ①의 경우, 甲은 乙에게 이행불능에 의한 채무불이행책임을 져야 한다.
    ③ 丙이 甲의 이중매매에 적극적으로 가담한 경우, 甲과 丙 사이의 매매계약은 제103조 위반으로 무효가 된다.
    ④ 위 ③의 경우, 丁이 선의로 丙으로부터 매수하여 등기를 경료하면 소유권을 취득할 수 있다.
    ⑤ 丙이 甲의 배임행위에 적극 가담한 경우, 제3자에 의한 채권침해가 되어 乙에 대하여 불법행위책임을 질 수 있다.

43. 불공정한 법률행위에 관한 설명으로 틀린 것은? (다툼이 있으면 판례에 따름)
    ① 가격이 현저하게 대가적 균형을 잃었다고 하여 궁박이 추정되는 것은 아니다.
    ② 대리인에 의하여 법률행위가 이루어진 경우 경솔과 무경험은 본인을 기준으로, 궁박은 대리인을 기준으로 판단한다.
    ③ 증여계약은 「민법」 제104조에서의 공정성 여부를 논의할 수 있는 성질의 법률행위가 아니다.
    ④ 불공정한 법률행위에도 무효행위 전환의 법리가 적용될 수 있다.
    ⑤ 경매절차에서 매각대금이 시가보다 현저히 저렴하더라도 불공정한 법률행위를 이유로 그 무효를 주장할 수 없다.

**44.** 다음 중 효력규정인 것을 모두 고른 것은? (다툼이 있으면 판례에 따름)

> ㄱ. 「공인중개사법」상 개업공인중개사가 중개의뢰인과 직접 거래를 하는 행위를 금지하는 규정
> ㄴ. 「공인중개사법」상 개업공인중개사가 법령에 규정된 중개보수 등을 초과하여 금품을 받는 행위를 금지하는 규정
> ㄷ. 「부동산 실권리자명의 등기에 관한 법률」상 명의신탁약정에 기초한 물권변동에 관한 규정
> ㄹ. 구 「주택법」의 전매금지규정
> ㅁ. 「부동산등기 특별조치법」상 중간생략등기를 금지하는 규정

① ㄱ, ㄹ       ② ㄱ, ㅁ
③ ㄴ, ㄷ       ④ ㄴ, ㄹ
⑤ ㄷ, ㅁ

**45.** 甲은 그의 X토지를 내심의 의사와는 달리 乙에게 증여하고, 乙 앞으로 이전등기를 마쳤다. 이에 관한 설명으로 옳은 것을 모두 고른 것은? (다툼이 있으면 판례에 따름)

> ㄱ. 대리행위에 있어서 진의 아닌 의사표시인지 여부는 대리인을 표준으로 결정한다.
> ㄴ. 甲의 의사표시는 무효이므로, 乙이 선의·무과실이라도 X토지의 소유권을 취득할 수 없다.
> ㄷ. 乙이 통상인의 주의만 기울였어도 甲의 진의를 알 수 있었다면, 乙은 X토지의 소유권을 취득할 수 없다.
> ㄹ. 위 ㄷ의 경우, 乙로부터 X토지를 매수하여 이전등기를 경료한 丙이 甲의 진의를 몰랐더라도 X토지의 소유권은 여전히 甲에게 있다.

① ㄱ, ㄴ       ② ㄱ, ㄷ
③ ㄴ, ㄷ       ④ ㄴ, ㄹ
⑤ ㄷ, ㄹ

**46.** 통정허위표시의 무효는 선의의 제3자에게 대항하지 못한다는 규정에서 '제3자'에 해당하는 자를 모두 고른 것은? (다툼이 있으면 판례에 따름)

> ㄱ. 가장채권의 양수인
> ㄴ. 가장채무를 보증하고 그 보증채무를 이행한 보증인
> ㄷ. 허위로 체결된 제3자를 위한 계약의 수익자
> ㄹ. 저당권을 가장포기한 경우의 후순위저당권자
> ㅁ. 채권의 가장양도에서 변제 전 채무자

① ㄱ, ㄴ       ② ㄱ, ㄷ       ③ ㄴ, ㄷ
④ ㄴ, ㄹ       ⑤ ㄷ, ㅁ

**47.** 의사표시에 관한 다음 설명 중 옳은 것은 모두 몇 개인가?

> ㄱ. 상대방이 표의자의 진의 아님을 알았을 경우, 표의자는 진의 아닌 의사표시를 취소할 수 있다.
> ㄴ. 강박에 따라 제3자에게 증여한 경우, 표의자는 마음속에서 진정으로 원하지 않았으나 당시의 상황에서는 최선이라고 판단하여 의사표시를 하였다면 비진의표시가 된다.
> ㄷ. 제3자의 사기로 인하여 매매계약을 체결하여 손해를 입은 자가 제3자에 대해 손해배상을 청구하기 위해서는 먼저 매매계약을 취소하여야 한다.
> ㄹ. 매도인의 대리인이 매수인에게 사기를 행한 경우 매도인이 그 사실을 안 경우에 한하여 매수인이 매매계약을 취소할 수 있다.
> ㅁ. 상대방이 표의자의 착오를 알면서 이용하였다면 표의자의 착오에 중대한 과실이 있더라도 착오취소가 인정된다.

① 1개       ② 2개       ③ 3개
④ 4개       ⑤ 5개

**48.** 임의대리와 법정대리의 대리권의 공통된 소멸사유가 <u>아닌</u> 것을 모두 고른 것은?

> ㄱ. 본인의 사망
> ㄴ. 본인의 성년후견의 개시
> ㄷ. 대리인의 성년후견의 개시
> ㄹ. 본인의 수권행위의 철회

① ㄱ, ㄴ       ② ㄱ, ㄷ       ③ ㄴ, ㄷ
④ ㄴ, ㄹ       ⑤ ㄷ, ㄹ

49. 대리권이 없는 乙이 甲을 대리하여 甲의 토지에 대한 임대차계약을 丙과 체결하였다. 다음 설명 중 틀린 것은? (다툼이 있으면 판례에 따름)

① 乙·丙 사이의 임대차계약은 원칙적으로 甲에게 효력이 없다.

② 丙이 계약 당시 乙의 대리권 없음을 안 경우에는 甲의 추인 전이라도 매매계약을 철회할 수 없다.

③ 甲은 위 임대차계약을 묵시적으로 추인할 수 있다.

④ 甲이 임대차기간을 단축하여 위 임대차계약을 추인한 경우, 丙의 동의가 없는 한 그 추인은 무효이다.

⑤ 대리권을 증명하지 못한 乙은 자신의 선택에 따라 丙에게 계약을 이행하거나 손해를 배상할 책임을 부담한다.

50. 법률행위의 취소에 관한 설명으로 틀린 것은? (다툼이 있으면 판례에 따름)

① 취소권의 단기제척기간은 취소할 수 있는 날로부터 3년이다.

② 취소할 수 있는 법률행위의 상대방이 그 행위로 취득한 특정의 권리를 양도한 경우, 양수인이 아닌 원래의 상대방에게 취소의 의사표시를 하여야 한다.

③ 취소할 수 있는 법률행위는 추인할 수 있는 후에 취소권자의 이행청구가 있으면 이의를 보류하지 않는 한 추인한 것으로 본다.

④ 법률행위의 취소를 당연한 전제로 한 소송상의 이행청구에는 취소의 의사표시가 포함되어 있다고 볼 수 있다.

⑤ 취소권의 법적 성질은 형성권이다.

51. 다음 중 물권적 반환청구권이 인정되지 않는 물권을 모두 고른 것은?

```
ㄱ. 소유권
ㄴ. 전세권
ㄷ. 지역권
ㄹ. 저당권
```

① ㄱ, ㄴ          ② ㄱ, ㄷ
③ ㄴ, ㄷ          ④ ㄴ, ㄹ
⑤ ㄷ, ㄹ

52. 乙은 甲 소유의 X토지를 무단점유하면서 등기서류를 위조하여 자기 앞으로 이전등기한 다음 그 토지에 Y주택을 신축하였다. 丙은 乙로부터 X토지와 Y주택을 매수하고 매매대금을 전부 지급하고 점유하고 있으나, X토지에 관해서만 이전등기하였고 Y주택은 미등기상태이다. 다음 설명 중 틀린 것은? (다툼이 있으면 판례에 따름)

① 甲은 乙에 대해 불법행위로 인한 손해배상을 청구할 수 있다.

② 甲은 丙에 대해 Y주택의 철거 및 X토지의 인도를 청구할 수 있다.

③ 甲은 丙을 상대로 토지에 대해 진정명의회복을 위한 소유권이전등기를 청구할 수 있다.

④ 丙이 건물을 인도받은 후 20년이 경과하면 건물을 시효취득할 수 있다.

⑤ 만일 Y주택의 점유자가 「주택임대차보호법」상 대항력 있는 임차인인 경우에는 甲은 그 임차인의 퇴거를 청구할 수 없다.

53. 乙은 甲 소유의 X건물을 매수하여 대금전액을 지불하고 그 부동산을 인도받아 사용하고 있지만, 아직 등기를 하지 않고 있다. 다음 설명 중 틀린 것은? (다툼이 있으면 판례에 따름)

① 乙로부터 X건물을 다시 매수하여 점유·사용하고 있는 丙에 대하여 甲은 소유물반환을 청구할 수 있다.

② 乙의 甲에 대한 등기청구권은 소멸시효에 걸리지 않는다.

③ 乙은 X건물로부터 생긴 과실(果實)의 수취권을 가진다.

④ 甲의 채권자가 X건물에 대해 강제집행을 하는 경우, 乙은 제3자 이의의 소를 제기할 수 없다.

⑤ X건물의 점유를 방해하는 자에 대해 乙은 점유권에 기한 방해제거청구권을 행사할 수 있다.

54. 등기의 추정력에 관한 설명으로 틀린 것은? (다툼이 있으면 판례에 따름)

① 소유권이전청구권 보전을 위한 가등기가 있으면, 소유권이전등기를 청구할 어떠한 법률관계가 있다고 추정된다.

② 소유권이전등기의 추정력은 권리변동의 당사자간에도 미친다.

③ 건물소유권보존등기의 명의자가 그 건물을 신축한 것이 아니라면 그 등기의 권리추정력은 깨어진다.

④ 등기의 추정력이 인정되는 결과 등기의 내용을 신뢰한 자는 무과실로 추정된다.

⑤ 전 소유명의자가 실재하지 아니한 경우에 현재의 등기명의자에 대한 소유권은 추정되지 않는다.

55. 점유의 승계에 관한 설명으로 <u>틀린</u> 것을 모두 고른 것은? (다툼이 있으면 판례에 따름)

> ㄱ. 점유자의 특정승계인은 자기의 점유와 전(前) 점유자의 점유를 아울러 주장할 수 있다.
>
> ㄴ. 전후 양 시점의 점유자가 다르더라도 점유의 승계가 증명된다면 점유계속은 추정된다.
>
> ㄷ. 甲이 토지를 점유하다가 사망한 경우, 상속인 乙은 상속개시의 사실을 알아야 甲의 점유권을 승계한다.
>
> ㄹ. 위 ㄷ에서 甲의 점유가 타주점유인 경우, 乙은 상속을 새로운 권원으로 하여 자주점유로의 전환을 주장할 수 있다.

① ㄱ, ㄴ　　② ㄱ, ㄷ　　③ ㄴ, ㄷ
④ ㄴ, ㄹ　　⑤ ㄷ, ㄹ

56. 점유권에 관한 설명으로 <u>틀린</u> 것은? (다툼이 있으면 판례에 따름)

① 점유물방해제거청구권의 행사기간은 출소기간이다.

② 乙의 점유보조자 甲은 원칙적으로 점유물반환청구권을 행사할 수 없다.

③ 양도인이 등기부상의 명의인과 동일인이며 그 명의를 의심할 만한 특별한 사정이 없는 경우, 그 부동산을 양수하여 인도받은 자는 과실(過失) 없는 점유자에 해당한다.

④ 임차인이 지출한 유익비는 임대인이 아닌 점유회복자에 대해서도 「민법」 제203조 제2항에 근거하여 상환을 청구할 수 있다.

⑤ 회복자로부터 점유물의 반환을 청구받은 점유자는 유익비의 상환을 청구할 수 있다.

57. 乙은 甲의 소유 명의로 되어 있는 A부동산을 20년 넘게 점유하여 점유취득시효가 완성되었다. 다음 설명 중 <u>틀린</u> 것은? (다툼이 있으면 판례에 따름)

① 乙이 甲으로부터 아직 소유권이전등기를 경료받지 못한 경우에도 甲은 乙에게 점유로 인한 부당이득반환을 청구할 수 없다.

② 만약 甲에게서 丙으로 소유권이전등기가 된 경우, 원칙적으로 乙은 丙에게 이전등기를 청구할 수 없다.

③ 위 ②의 경우, 甲이 다시 소유권을 회복한 경우에는 乙은 甲에게 시효완성을 주장할 수 있다.

④ 위 ②의 경우, 丙이 소유권을 취득한 시점을 새로운 기산점으로 삼아 다시 취득시효가 완성된 경우에도 乙은 등기명의자인 丙에게 소유권이전등기를 청구할 수 없다.

⑤ 위 ②의 경우, 만일 丙 명의의 등기가 원인무효인 경우에는 乙은 甲을 대위하여 丙에 대하여 등기말소를 청구할 수 있다.

58. 甲과 乙이 X건물을 공유하고 있는 경우에 관한 설명으로 옳은 것은? (다툼이 있으면 판례에 따름)

① 3분의 1 지분권자 乙은 甲의 동의 없이 자신의 지분을 丙에게 처분하지 못한다.

② 3분의 2 지분권자 甲이 乙의 동의 없이 X건물 전부를 丙에게 사용하게 한 경우, 乙은 丙에 대하여 3분의 1 지분만큼의 X건물의 인도를 청구할 수 있다.

③ X건물의 임대인 甲이 대항력 있는 임차인에게 계약을 해지하려면 공유지분의 과반수로써 결정하여야 한다.

④ 甲과 乙이 공유한 때로부터 10년 이상 경과하였다면 분할청구권이 소멸시효에 걸리므로, 乙은 甲에게 X건물의 분할을 청구할 수 없다.

⑤ 丙이 X건물을 불법점유하고 있는 경우, 甲은 乙의 지분에 관하여도 특별한 사정이 없는 한 단독으로 丙에게 손해배상을 청구할 수 있다.

59. 乙은 甲의 X토지에 건물을 소유하기 위하여 지상권을 설정받았다. 다음 설명 중 <u>틀린</u> 것은? (다툼이 있으면 판례에 따름)

① X토지를 양수한 자는 지상권의 존속 중에 乙에게 그 토지의 인도를 청구할 수 없다.

② 乙은 토지에 신축한 건물의 소유권을 유보하여 지상권을 양도할 수 있다.

③ 지료를 연체한 乙이 丙에게 지상권을 양도한 경우, 甲은 지료약정이 등기된 때에만 연체 사실로 丙에게 대항할 수 있다.

④ 乙이 戊에게 지상권을 목적으로 하는 저당권을 설정한 경우, 지료연체를 원인으로 하는 甲의 지상권소멸청구는 戊에게 통지한 후 상당한 기간이 경과함으로써 효력이 생긴다.

⑤ 지상권의 존속기간을 정하지 않은 경우, 乙은 언제든지 지상권의 소멸을 청구할 수 있다.

60. 대지와 건물을 동일인이 소유하고 있었으나 적법한 원인에 의하여 그 소유자를 달리한 경우 관습상 법정지상권이 성립한다. 다음 중 그 적법한 원인이라고 볼 수 있는 것은 모두 몇 개인가? (다툼이 있으면 판례에 따름)

> ㄱ. 매매　　　　　ㄴ. 강제경매
>
> ㄷ. 공유지분할　　ㄹ. 환지처분
>
> ㅁ. 대물변제

① 1개　　　　　　② 2개
③ 3개　　　　　　④ 4개
⑤ 5개

61. 지역권에 관한 설명으로 **틀린** 것은? (다툼이 있으면 판례에 따름)

① 요역지의 불법점유자도 통행지역권을 시효취득할 수 있다.

② 요역지의 전세권자는 특별한 사정이 없으면 지역권을 행사할 수 있다.

③ 공유자 중 1인이 지역권을 취득한 때에는 다른 공유자도 이를 취득한다.

④ 통행지역권을 주장하는 자는 통행으로 편익을 얻는 요역지가 있음을 주장·증명해야 한다.

⑤ 승역지소유자는 지역권에 필요한 부분의 토지소유권을 지역권자에게 위기(委棄)함으로써 지역권 행사를 위하여 계약상 부담하는 공작물 수선의무를 면할 수 있다.

62. 전세권에 관한 설명으로 **옳은** 것은 모두 몇 개인가? (다툼이 있으면 판례에 따름)

ㄱ. 전세권설정시 전세금 지급은 전세권 성립요소이다.

ㄴ. 전세권 설정계약의 당사자는 전세권의 사용·수익 권능을 배제하고 채권담보만을 위한 전세권을 설정할 수 있다.

ㄷ. 건물전세권자와 인지(隣地)소유자 사이에는 상린관계에 관한 규정이 준용되지 않는다.

ㄹ. 건물의 일부에 전세권이 설정된 경우 전세권의 목적물이 아닌 나머지 부분에 대해서도 경매를 신청할 수 있다.

ㅁ. 전세권의 존속기간 중 전세목적물의 소유권이 양도되면, 그 양수인이 전세권설정자의 지위를 승계한다.

① 1개      ② 2개
③ 3개      ④ 4개
⑤ 5개

63. X건물에 대하여 甲이 저당권, 乙이 유치권을 각각 주장하고 있다. 다음 설명 중 **틀린** 것은? (다툼이 있으면 판례에 따름)

① 乙이 건물의 수급인으로서 소유권을 갖는다면, 乙의 유치권은 인정되지 않는다.

② X건물에 甲의 저당권의 설정된 후 성립한 乙의 유치권은 건물이 경매되어도 그의 채권이 완제될 때까지 경락인에 대하여 목적물의 인도를 거절할 수 있다.

③ 경매개시결정의 기입등기 후 그 소유자인 채무자가 건물에 관한 공사대금채권자 乙에게 그 건물의 점유를 이전한 경우, 乙의 유치권은 성립할 수 없다.

④ 유치권은 법정담보물권이나 당사자의 특약에 의해 그 발생을 배제할 수 있다.

⑤ 乙이 건물의 점유에 관하여 선관주의의무를 위반하면, 채무자는 유치권의 소멸을 청구할 수 있다.

64. 甲은 乙에게 금전을 빌려주고 乙 소유 건물에 저당권을 취득하였고, 乙은 그 후에 건물을 丙에게 매도하고 소유권이전등기를 해주었다. 다음 설명 중 **틀린** 것은? (다툼이 있으면 판례에 따름)

① 丙은 제3취득자로서 그 건물의 경매에서 경매인이 될 수 있다.

② 丙이 甲에게 변제할 때에는 그 건물로 담보된 채권을 변제하고 저당권의 소멸을 청구할 수 있다.

③ 丙이 甲에게 변제하고 저당권의 말소를 구하는 경우 이 청구권의 성질은 물권적 청구권이다.

④ 만일 丙이 저당권이 설정된 乙의 건물에 전세권을 취득한 경우라면 丙은 甲에게 담보된 채권을 변제하고 저당권의 소멸을 청구할 수 있다.

⑤ 만일 丙이 저당권이 설정된 乙의 건물에 후순위 근저당권을 취득한 경우라면, 甲의 확정된 피담보채권액이 채권최고액을 초과하더라도 丙이 그 채권최고액을 변제하면 甲의 근저당권의 소멸을 청구할 수 있다.

65. 근저당권에 관한 설명으로 **틀린** 것을 모두 고른 것은? (다툼이 있으면 판례에 따름)

ㄱ. 근저당권에 의해 담보될 채권최고액에 채무의 이자는 포함되지 않는다.

ㄴ. 실제 발생한 채권액이 채권최고액을 초과하는 경우, 채무자는 실제 채권액 전액을 변제하여야 근저당권의 말소를 청구할 수 있다.

ㄷ. 채권최고액은 필요적 등기사항이 아니다.

ㄹ. 근저당권자가 피담보채무의 불이행을 이유로 경매신청을 한 경우에는 경매신청시에 피담보채권액이 확정된다.

① ㄱ, ㄴ      ② ㄱ, ㄷ
③ ㄱ, ㄹ      ④ ㄴ, ㄷ
⑤ ㄷ, ㄹ

66. 계약에 관한 설명으로 옳은 것은?
    ① 중개계약은 「민법」상의 전형계약이다
    ② 증여계약은 편무, 유상계약이다.
    ③ 예약은 채권계약이다.
    ④ 청약은 상대방 있는 의사표시이므로 그 상대방은 특정되어야 한다.
    ⑤ 모든 유상계약은 쌍무계약이다.

67. 임대인 甲은 임차인 乙에게 임대차기간의 만료와 동시에 임대주택의 명도를 요구하고 있다. 이에 관한 설명으로 옳은 것을 모두 고른 것은? (다툼이 있으면 판례에 따름)

> ㄱ. 乙이 동시이행항변권에 기하여 주택을 사용·수익하는 경우, 甲은 乙에게 불법점유를 이유로 손해배상책임을 물을 수 없다.
> ㄴ. 乙이 동시이행항변권에 기하여 주택을 사용·수익하더라도 그로 인하여 실질적으로 얻은 이익이 있으면 부당이득으로 甲에게 반환하여야 한다.
> ㄷ. 乙이 甲에게 변제기가 도래한 대여금채무를 지고 있다면, 乙은 甲에 대한 보증금채권을 자동채권으로 하여 甲의 乙에 대한 대여금채권과 상계할 수 있다.
> ㄹ. 甲이 乙을 상대로 소를 제기하였고 이에 대하여 乙이 동시이행항변권을 주장하면 법원은 원고패소를 선고하여야 한다.

    ① ㄱ, ㄴ      ② ㄱ, ㄷ
    ③ ㄱ, ㄹ      ④ ㄴ, ㄷ
    ⑤ ㄷ, ㄹ

68. 甲과 乙은 甲 소유의 X건물에 대하여 매매계약을 체결하였다. 다음 설명 중 틀린 것은?
    ① 甲의 채무가 乙의 귀책사유로 불능이 된 경우, 특별한 사정이 없는 한 甲은 乙에게 대금지급을 청구할 수 있다.
    ② 乙의 수령지체 중에 쌍방의 귀책사유 없이 甲의 채무가 불능이 된 경우, 甲은 乙에게 대금 지급을 청구할 수 없다.
    ③ 甲의 채무가 쌍방의 귀책사유 없이 불능이 된 경우, 이미 대금을 지급한 乙은 그 대금을 부당이득법리에 따라 반환청구할 수 있다.
    ④ 계약성립 후 甲의 귀책사유로 불능이 된 경우 甲은 乙에게 이행불능에 대한 책임을 진다.
    ⑤ 만약 甲 소유 건물이 계약성립 전에 이미 멸실하고 없다면 계약체결상의 과실책임이 문제된다.

69. 계약의 해제에 관한 설명으로 틀린 것은? (다툼이 있으면 판례에 따름)
    ① 이행불능으로 계약을 해제하는 경우, 채권자는 동시이행관계에 있는 자신의 급부를 제공할 필요가 없다.
    ② 계약상대방이 수인인 경우, 특별한 사정이 없는 한 그중 1인에 대하여 한 계약의 해제는 효력이 없다.
    ③ 계약이 합의해제된 경우, 특약이 없는 한 반환할 금전에 그 받은 날로부터 이자를 붙여 지급할 의무가 없다.
    ④ 채무자가 불이행의사를 명백히 표시하더라도 이행기 도래 전에는 최고 없이 해제할 수 없다.
    ⑤ 토지매수인으로부터 그 토지 위에 신축된 건물을 매수한 자는 토지매매계약의 해제로 인하여 보호받는 제3자에 해당하지 않는다.

70. 甲과 乙은 甲 소유의 토지를 乙에게 매도하되, 매매대금은 乙이 丙에게 지급하기로 약정하였다. 다음 설명 중 옳은 것은? (다툼이 있으면 판례에 따름)
    ① 丙이 乙에게 수익의 의사표시를 한 후 乙이 대금채무 이행을 지체하는 경우 丙은 계약을 해제할 수 있다.
    ② 丙의 수익의 의사표시 후 丙의 권리가 확정적으로 발생하므로 甲과 乙은 철회권을 미리 유보시에도 계약을 철회하여 丙의 권리를 소멸시키지 못한다.
    ③ 乙의 丙에 대한 대금지급의무와 甲의 乙에 대한 소유권이전의무는 원칙적으로 동시이행의 관계에 있다.
    ④ 丙이 수익의 의사표시를 한 후에는 甲은 원칙적으로 乙을 상대로 丙에게 이행할 것을 청구할 수는 없다.
    ⑤ 乙은 甲과 丙의 법률관계가 무효인 경우, 丙의 대금지급청구에 대해 대금지급을 거절할 수 있다.

71. 계약금에 관한 설명으로 틀린 것은? (다툼이 있으면 판례에 따름)
    ① 계약금은 별도의 약정이 없는 한 해약금의 성질을 가진다.
    ② 계약금계약은 매매 기타의 주된 계약에 부수하여 행해지는 종된 계약이다.
    ③ 매매계약시 계약금의 일부만을 먼저 지급하고 잔액은 나중에 지급하기로 한 경우, 매도인은 실제 받은 일부 금액의 배액을 상환하고 매매계약을 해제할 수 있다.
    ④ 계약금만 수령한 매도인이 매수인에게 계약의 이행을 최고하고 매매잔금의 지급을 청구하는 소송을 제기한 경우, 다른 약정이 없는 한 매수인은 계약금을 포기하고 계약을 해제할 수 있다.
    ⑤ 매수인이 이행기 전에 중도금을 지급한 경우, 매도인은 특별한 사정이 없는 한 계약금의 배액을 상환하여 계약을 해제할 수 없다.

72. 「민법」상 환매에 관한 설명으로 **틀린** 것은?

① 부동산에 대한 매매등기와 동시에 환매권 보류를 등기하지 않더라도 제3자에게 대항할 수 있다.

② 환매시 목적물의 과실과 대금의 이자는 특별한 약정이 없으면 이를 상계한 것으로 본다.

③ 매매계약이 무효이면 환매특약도 무효이다.

④ 환매기간을 정한 경우에는 그 기간을 다시 연장하지 못한다.

⑤ 환매등기가 경료된 나대지에 건물이 신축된 후 환매권이 행사된 경우, 특별한 사정이 없는 한 그 건물을 위한 관습상의 법정지상권은 발생하지 않는다.

73. 매도인의 담보책임에 관한 설명으로 **틀린** 것은? (다툼이 있으면 판례에 따름)

① 매매목적물에 지상권이 설정되어 있는 경우 선의의 매수인은 손해배상을 청구할 수 있으나 대금감액은 청구할 수 없다.

② 건축목적으로 매매된 토지가 관련 법령상 건축허가를 받을 수 없는 경우, 그 하자의 유무는 계약 성립시를 기준으로 판단한다.

③ 매매목적인 권리의 전부가 타인에게 속하여 권리의 전부를 이전할 수 없게 된 경우, 매도인은 선의의 매수인에게 신뢰이익을 배상하여야 한다.

④ 매매목적인 권리 전부가 타인에게 속한 경우, 매도인이 손해배상책임을 진다면 그 배상액은 이행이익 상당액이다.

⑤ 담보권실행으로 행하여지는 경매에 있어서 매수인은 물건의 하자에 대하여는 원칙적으로 담보책임을 묻지 못한다.

74. 건물 소유를 목적으로 X토지에 관하여 임대인 甲과 임차인 乙 사이에 적법한 임대차계약이 체결되었다. 다음 설명 중 **틀린** 것은? (다툼이 있으면 판례에 따름)

① 乙이 2기의 차임액을 연체한 경우, 甲은 乙과의 임대차계약을 해지할 수 있다.

② 甲과 乙 사이에 체결된 임대차계약에 임대차기간에 관한 약정이 없는 때에는 甲은 언제든지 계약해지의 통고를 할 수 있다.

③ 위 ②의 경우, 乙의 지상물매수청구권은 乙의 계약갱신청구의 유무에 불구하고 인정된다.

④ 乙이 甲의 동의 없이 X토지를 전대한 경우, 甲은 원칙적으로 乙과의 임대차계약을 해지할 수 있다.

⑤ 토지임차인에게 인정되는 지상물매수청구권은 乙이 X토지 위에 甲의 동의를 얻어 신축한 건물에 한해 인정된다.

75. 임차인 乙은 임대인 甲의 동의 없이 丙과 전대차계약을 맺고 임차건물을 인도해 주었다. 다음 설명 중 **틀린** 것은? (다툼이 있으면 판례에 따름)

① 乙은 丙에게 甲의 동의를 받아 줄 의무가 있다.

② 乙과 丙 사이의 전대차계약은 유동적 무효이다.

③ 甲은 임대차계약이 존속하는 한도 내에서는 丙에게 불법점유를 이유로 한 차임 상당의 손해배상청구를 할 수 없다.

④ 甲은 임대차계약이 종료되지 않으면 불법점유를 이유로 丙에게 차임 상당의 부당이득반환을 청구할 수 없다.

⑤ 만약 乙이 甲의 동의를 받아 임차권을 丙에게 양도하였다면, 이미 발생된 乙의 연체차임채무는 특약이 없는 한 丙에게 이전되지 않는다.

76. 甲은 乙과 乙 소유 주택에 대해 임대차계약을 체결하였다. 임대차기간은 1년으로 하고, 甲은 2023년 6월 1일 주택을 인도받고 당일 주민등록을 마쳤으며 확정일자를 받았다. 다음 중 **틀린** 것은?

① 2024년 6월 1일이 되더라도 乙은 임대차의 종료를 주장할 수 없다.

② 임대차가 종료된 후 보증금을 반환받지 못한 甲은 임차주택 소재지를 관할하는 지방법원·지방법원지원 또는 시·군법원에 임차권등기명령을 신청할 수 있다.

③ 임차권등기명령에 의해 임차권이 등기된 경우, 임대인의 보증금반환의무와 임차인의 등기말소의무는 동시이행의 관계가 아니다.

④ 법원의 임차권등기명령에 의하여 임차권을 등기한 甲은 주민등록을 이전하더라도 乙의 주택에 대해 갖는 우선변제권을 상실하지 않는다.

⑤ 甲과 乙의 임대차계약이 묵시적 갱신이 된 경우 甲과 乙은 언제든지 상대방에 대해 계약해지의 통지를 할 수 있으며, 그 통지를 받은 날로부터 3개월이 경과하면 그 효력이 발생한다.

77. 乙은 甲 소유의 X상가건물을 보증금 5억원에 임차하여 인도받은 후 「부가가치세법」 등에 의한 사업자등록을 구비하고 확정일자도 받았다. 다음 중 **옳은** 것은? (다툼이 있으면 판례에 따름)

① 임대차기간의 정함이 없거나 기간을 2년 미만으로 정한 때에는 그 기간을 2년으로 본다.

② 사업자등록은 대항력 또는 우선변제권의 취득요건일 뿐이고 존속요건은 아니다.

③ 乙이 X건물의 일부를 경과실로 파손한 경우, 甲은 乙의 계약갱신요구를 거절할 수 없다.

④ 乙은 최초 임대차기간을 포함한 전체 임대차기간이 10년을 초과한 경우에도 계약갱신을 요구할 권리가 있다.

⑤ 乙이 X건물의 환가대금에서 후순위권리자보다 보증금을 우선변제받기 위해서는 사업자등록이 경매개시결정시까지 존속하면 된다.

78. 「집합건물의 소유 및 관리에 관한 법률」에 관한 설명으로 틀린 것은?

① 구분소유자는 규약 또는 공정증서로써 달리 정하지 않는 한 그가 가지는 전유부분과 분리하여 대지사용권을 처분할 수 없다.

② 관리단집회 결의나 다른 구분소유자의 동의 없이 구분소유자 1인이 공용부분을 독점적으로 점유·사용하는 경우, 다른 구분소유자는 공용부분의 보존행위로서 그 인도를 청구할 수 있다.

③ 구조상 공용부분에 관한 물권의 득실변경은 등기가 필요하지 않다.

④ 규약은 특별한 사정이 없는 한 관리단집회에서 구분소유자 및 의결권의 각 4분의 3 이상의 찬성으로 변경될 수 있다.

⑤ 공유자가 공용부분에 관하여 다른 공유자에 대하여 가지는 채권은 그 특별승계인에 대하여도 행사할 수 있다.

79. 甲은 乙에 대한 금전채권을 담보할 목적으로 乙 소유의 X토지에 가등기를 하였고, 그 후 丙이 그 부동산에 저당권을 취득하였다. 다음 설명 중 옳은 것은? (다툼이 있으면 판례에 따름)

① 乙의 채무변제의무와 甲의 가등기말소의무는 동시이행의 관계에 있다.

② 丙은 청산기간이 지나면 그의 피담보채권 변제기가 도래하기 전이라도 X토지의 경매를 청구할 수 있다.

③ 甲이 청산금의 지급을 지체한 경우에도 乙은 청산기간이 경과한 후에는 이자 등이 포함된 채무액을 변제하고 등기말소를 청구할 수 없다.

④ 甲이 청산기간이 지나기 전에 가등기에 의한 본등기를 마치면 그 본등기는 무효이다.

⑤ 甲의 가등기담보권 실행을 위한 경매절차에서 X토지의 소유권을 丁이 취득한 경우, 甲의 가등기담보권은 소멸하지 않는다.

80. 「부동산 실권리자명의 등기에 관한 법률」상의 명의신탁에 관한 설명으로 옳은 것을 모두 고른 것은? (다툼이 있으면 판례에 따름)

ㄱ. 명의신탁약정은 선량한 풍속 기타 사회질서에 위반하는 행위로 볼 수 있다.

ㄴ. 채무의 변제를 담보하기 위하여 채권자가 부동산에 관한 물권을 이전받은 경우는 위 법상의 명의신탁약정에 포함되지 않는다.

ㄷ. 명의신탁된 부동산을 가압류한 명의수탁자의 채권자는 제3자에 포함되지 않는다.

ㄹ. 명의신탁자와 명의신탁된 부동산소유권을 취득하기 위한 계약을 맺고 등기명의만을 명의수탁자로부터 경료받은 것과 같은 외관을 갖춘 자는 제3자에 포함되지 않는다.

① ㄱ, ㄴ  ② ㄱ, ㄹ
③ ㄴ, ㄷ  ④ ㄴ, ㄹ
⑤ ㄷ, ㄹ

마 킹 주 의  바르게 마킹 : ●  잘못 마킹 : ⊗ ⊙ ⓥ ◎ ① ⊖ ◖ ●

( 예 시 )

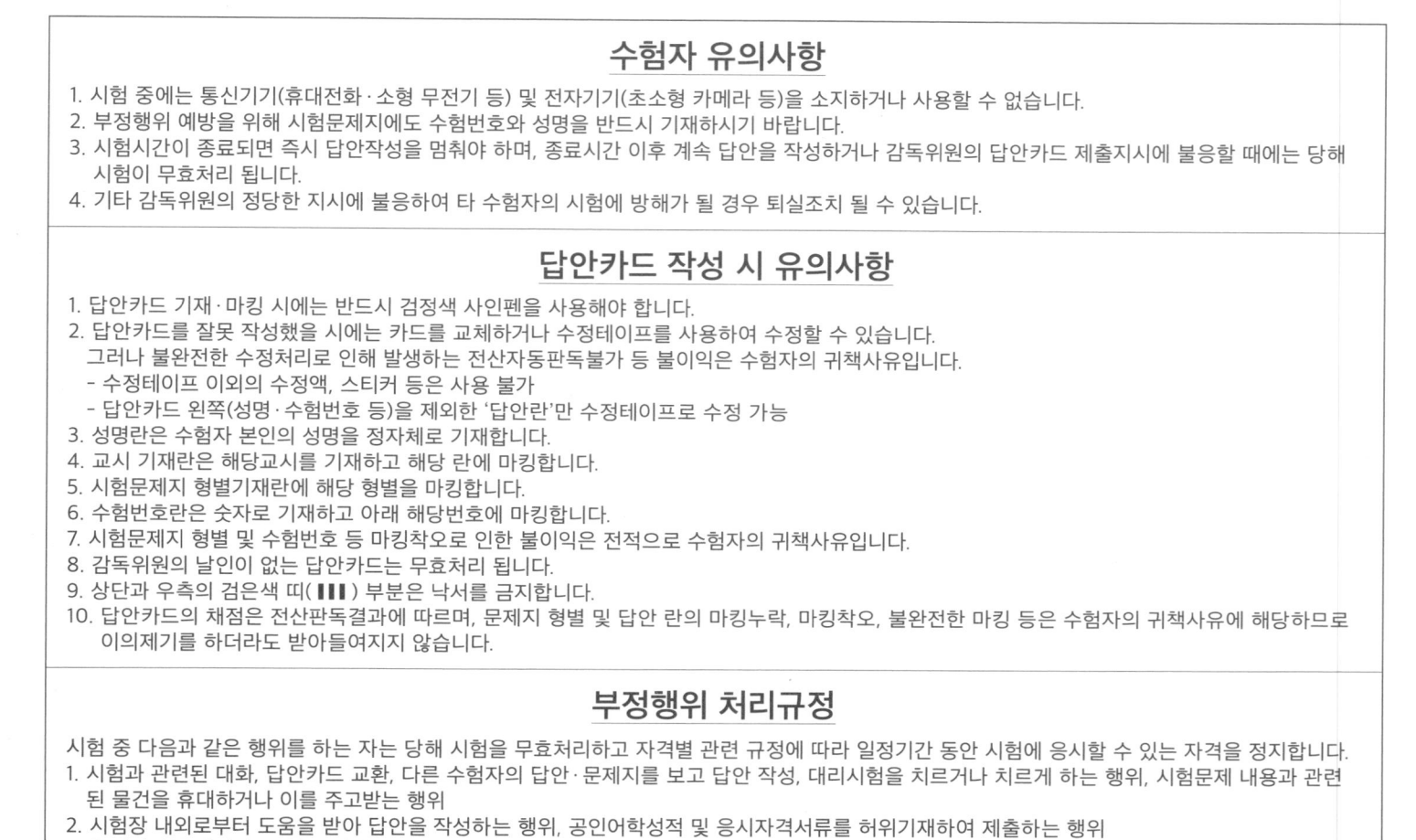

| 성 명 |
|---|
| 해 커 스 |

**교시 기재란**

( 1 )교시  ● ② ③

**문제지 형별 기재란**

( A )형  ● ⑧

**선 택 과 목 1**

**선 택 과 목 2**

**수 험 번 호**

1 5 8 8 2 3 3 2

⓪⓪⓪⓪⓪⓪⓪⓪
●①①①①①①①
②②②②●②②●
③③③③③③③③
④④④④④④④④
⑤⑤⑤⑤⑤⑤⑤⑤
⑥⑥⑥⑥⑥⑥⑥⑥
⑦⑦⑦⑦⑦⑦⑦⑦
⑧⑧●●⑧⑧⑧⑧
⑨⑨⑨⑨⑨⑨⑨⑨

**감독위원 확인**

김 합 독

# 수험자 유의사항

1. 시험 중에는 통신기기(휴대전화·소형 무전기 등) 및 전자기기(초소형 카메라 등)을 소지하거나 사용할 수 없습니다.
2. 부정행위 예방을 위해 시험문제지에도 수험번호와 성명을 반드시 기재하시기 바랍니다.
3. 시험시간이 종료되면 즉시 답안작성을 멈춰야 하며, 종료시간 이후 계속 답안을 작성하거나 감독위원의 답안카드 제출지시에 불응할 때에는 당해 시험이 무효처리 됩니다.
4. 기타 감독위원의 정당한 지시에 불응하여 타 수험자의 시험에 방해가 될 경우 퇴실조치 될 수 있습니다.

# 답안카드 작성 시 유의사항

1. 답안카드 기재·마킹 시에는 반드시 검정색 사인펜을 사용해야 합니다.
2. 답안카드를 잘못 작성했을 시에는 카드를 교체하거나 수정테이프를 사용하여 수정할 수 있습니다.
   그러나 불완전한 수정처리로 인해 발생하는 전산자동판독불가 등 불이익은 수험자의 귀책사유입니다.
   - 수정테이프 이외의 수정액, 스티커 등은 사용 불가
   - 답안카드 왼쪽(성명·수험번호 등)을 제외한 '답안란'만 수정테이프로 수정 가능
3. 성명란은 수험자 본인의 성명을 정자체로 기재합니다.
4. 교시 기재란은 해당교시를 기재하고 해당 란에 마킹합니다.
5. 시험문제지 형별기재란에 해당 형별을 마킹합니다.
6. 수험번호란은 숫자로 기재하고 아래 해당번호에 마킹합니다.
7. 시험문제지 형별 및 수험번호 등 마킹착오로 인한 불이익은 전적으로 수험자의 귀책사유입니다.
8. 감독위원의 날인이 없는 답안카드는 무효처리 됩니다.
9. 상단과 우측의 검은색 띠(▮▮▮) 부분은 낙서를 금지합니다.
10. 답안카드의 채점은 전산판독결과에 따르며, 문제지 형별 및 답안 란의 마킹누락, 마킹착오, 불완전한 마킹 등은 수험자의 귀책사유에 해당하므로 이의제기를 하더라도 받아들여지지 않습니다.

# 부정행위 처리규정

시험 중 다음과 같은 행위를 하는 자는 당해 시험을 무효처리하고 자격별 관련 규정에 따라 일정기간 동안 시험에 응시할 수 있는 자격을 정지합니다.
1. 시험과 관련된 대화, 답안카드 교환, 다른 수험자의 답안·문제지를 보고 답안 작성, 대리시험을 치르거나 치르게 하는 행위, 시험문제 내용과 관련된 물건을 휴대하거나 이를 주고받는 행위
2. 시험장 내외로부터 도움을 받아 답안을 작성하는 행위, 공인어학성적 및 응시자격서류를 허위기재하여 제출하는 행위
3. 통신기기(휴대전화·소형 무전기 등) 및 전자기기(초소형 카메라 등)를 휴대하거나 사용하는 행위
4. 다른 수험자와 성명 및 수험번호를 바꾸어 작성·제출하는 행위
5. 기타 부정 또는 불공정한 방법으로 시험을 치르는 행위

---

마 킹 주 의  바르게 마킹 : ●  잘못 마킹 : ⊗ ⊙ ⓥ ◎ ① ⊖ ◖ ●

( 예 시 )

| 성 명 |
|---|
| 해 커 스 |

**교시 기재란**

( 1 )교시  ● ② ③

**문제지 형별 기재란**

( A )형  ● ⑧

**선 택 과 목 1**

**선 택 과 목 2**

**수 험 번 호**

1 5 8 8 2 3 3 2

⓪⓪⓪⓪⓪⓪⓪⓪
●①①①①①①①
②②②②●②②●
③③③③③③③③
④④④④④④④④
⑤⑤⑤⑤⑤⑤⑤⑤
⑥⑥⑥⑥⑥⑥⑥⑥
⑦⑦⑦⑦⑦⑦⑦⑦
⑧⑧●●⑧⑧⑧⑧
⑨⑨⑨⑨⑨⑨⑨⑨

**감독위원 확인**

김 합 독

# 수험자 유의사항

1. 시험 중에는 통신기기(휴대전화·소형 무전기 등) 및 전자기기(초소형 카메라 등)을 소지하거나 사용할 수 없습니다.
2. 부정행위 예방을 위해 시험문제지에도 수험번호와 성명을 반드시 기재하시기 바랍니다.
3. 시험시간이 종료되면 즉시 답안작성을 멈춰야 하며, 종료시간 이후 계속 답안을 작성하거나 감독위원의 답안카드 제출지시에 불응할 때에는 당해 시험이 무효처리 됩니다.
4. 기타 감독위원의 정당한 지시에 불응하여 타 수험자의 시험에 방해가 될 경우 퇴실조치 될 수 있습니다.

# 답안카드 작성 시 유의사항

1. 답안카드 기재·마킹 시에는 반드시 검정색 사인펜을 사용해야 합니다.
2. 답안카드를 잘못 작성했을 시에는 카드를 교체하거나 수정테이프를 사용하여 수정할 수 있습니다.
   그러나 불완전한 수정처리로 인해 발생하는 전산자동판독불가 등 불이익은 수험자의 귀책사유입니다.
   - 수정테이프 이외의 수정액, 스티커 등은 사용 불가
   - 답안카드 왼쪽(성명·수험번호 등)을 제외한 '답안란'만 수정테이프로 수정 가능
3. 성명란은 수험자 본인의 성명을 정자체로 기재합니다.
4. 교시 기재란은 해당교시를 기재하고 해당 란에 마킹합니다.
5. 시험문제지 형별기재란에 해당 형별을 마킹합니다.
6. 수험번호란은 숫자로 기재하고 아래 해당번호에 마킹합니다.
7. 시험문제지 형별 및 수험번호 등 마킹착오로 인한 불이익은 전적으로 수험자의 귀책사유입니다.
8. 감독위원의 날인이 없는 답안카드는 무효처리 됩니다.
9. 상단과 우측의 검은색 띠(▮▮▮) 부분은 낙서를 금지합니다.
10. 답안카드의 채점은 전산판독결과에 따르며, 문제지 형별 및 답안 란의 마킹누락, 마킹착오, 불완전한 마킹 등은 수험자의 귀책사유에 해당하므로 이의제기를 하더라도 받아들여지지 않습니다.

# 부정행위 처리규정

시험 중 다음과 같은 행위를 하는 자는 당해 시험을 무효처리하고 자격별 관련 규정에 따라 일정기간 동안 시험에 응시할 수 있는 자격을 정지합니다.
1. 시험과 관련된 대화, 답안카드 교환, 다른 수험자의 답안·문제지를 보고 답안 작성, 대리시험을 치르거나 치르게 하는 행위, 시험문제 내용과 관련된 물건을 휴대하거나 이를 주고받는 행위
2. 시험장 내외로부터 도움을 받아 답안을 작성하는 행위, 공인어학성적 및 응시자격서류를 허위기재하여 제출하는 행위
3. 통신기기(휴대전화·소형 무전기 등) 및 전자기기(초소형 카메라 등)를 휴대하거나 사용하는 행위
4. 다른 수험자와 성명 및 수험번호를 바꾸어 작성·제출하는 행위
5. 기타 부정 또는 불공정한 방법으로 시험을 치르는 행위

**성 명**

**교시 기재란**

( )교시 ① ② ③

**문제지 형별 기재란**

( )형 Ⓐ Ⓑ

**선 택 과 목 1**

**선 택 과 목 2**

**수 험 번 호**

⓪ ⓪ ⓪ ⓪ ⓪ ⓪ ⓪ ⓪
① ① ① ① ① ① ① ①
② ② ② ② ② ② ② ②
③ ③ ③ ③ ③ ③ ③ ③
④ ④ ④ ④ ④ ④ ④ ④
⑤ ⑤ ⑤ ⑤ ⑤ ⑤ ⑤ ⑤
⑥ ⑥ ⑥ ⑥ ⑥ ⑥ ⑥ ⑥
⑦ ⑦ ⑦ ⑦ ⑦ ⑦ ⑦ ⑦
⑧ ⑧ ⑧ ⑧ ⑧ ⑧ ⑧ ⑧
⑨ ⑨ ⑨ ⑨ ⑨ ⑨ ⑨ ⑨

**감독위원 확인**

㉑

( )년도 ( ) 제( )차 국가전문자격시험 답안지

수험자 여러분의 합격을 기원합니다.

㎢ 해커스 공인중개사

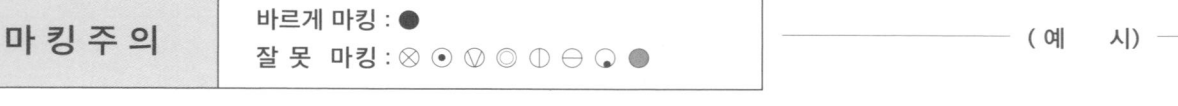

## 마 킹 주 의

바르게 마킹 : ●
잘못 마킹 : ⊗ ⊙ ⓥ ◯ ① ⊖ ◡ ●

( 예 시 ) ➡

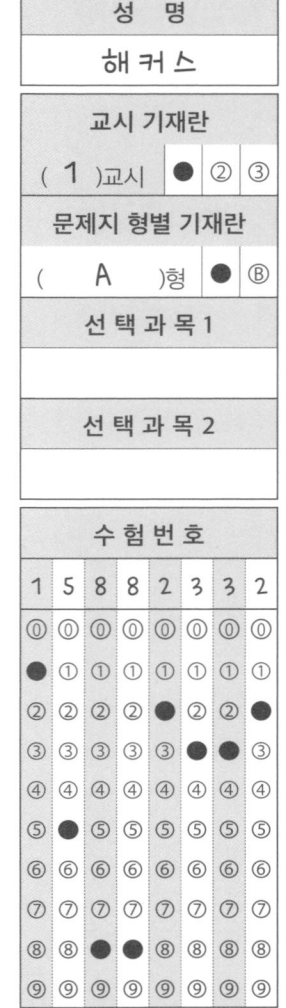

**성 명**

해 커 스

**교시 기재란**

( 1 )교시  ● ② ③

**문제지 형별 기재란**

( A )형  ● Ⓑ

**선 택 과 목 1**

**선 택 과 목 2**

**수 험 번 호**

| 1 | 5 | 8 | 8 | 2 | 3 | 3 | 2 |
|---|---|---|---|---|---|---|---|
| ⓪ | ⓪ | ⓪ | ⓪ | ⓪ | ⓪ | ⓪ | ⓪ |
| ● | ① | ① | ① | ① | ① | ① | ① |
| ② | ② | ② | ② | ● | ② | ② | ● |
| ③ | ③ | ③ | ③ | ③ | ● | ● | ③ |
| ④ | ④ | ④ | ④ | ④ | ④ | ④ | ④ |
| ⑤ | ● | ⑤ | ⑤ | ⑤ | ⑤ | ⑤ | ⑤ |
| ⑥ | ⑥ | ⑥ | ⑥ | ⑥ | ⑥ | ⑥ | ⑥ |
| ⑦ | ⑦ | ⑦ | ⑦ | ⑦ | ⑦ | ⑦ | ⑦ |
| ⑧ | ⑧ | ● | ● | ⑧ | ⑧ | ⑧ | ⑧ |
| ⑨ | ⑨ | ⑨ | ⑨ | ⑨ | ⑨ | ⑨ | ⑨ |

**감독위원 확인**

김 캄 독

### 수험자 유의사항

1. 시험 중에는 통신기기(휴대전화 · 소형 무전기 등) 및 전자기기(초소형 카메라 등)을 소지하거나 사용할 수 없습니다.
2. 부정행위 예방을 위해 시험문제지에도 수험번호와 성명을 반드시 기재하시기 바랍니다.
3. 시험시간이 종료되면 즉시 답안작성을 멈춰야 하며, 종료시간 이후 계속 답안을 작성하거나 감독위원의 답안카드 제출지시에 불응할 때에는 당해 시험이 무효처리 됩니다.
4. 기타 감독위원의 정당한 지시에 불응하여 타 수험자의 시험에 방해가 될 경우 퇴실조치 될 수 있습니다.

### 답안카드 작성 시 유의사항

1. 답안카드 기재 · 마킹 시에는 반드시 검정색 사인펜을 사용해야 합니다.
2. 답안카드를 잘못 작성했을 시에는 카드를 교체하거나 수정테이프를 사용하여 수정할 수 있습니다.
   그러나 불완전한 수정처리로 인해 발생하는 전산자동판독불가 등 불이익은 수험자의 귀책사유입니다.
   - 수정테이프 이외의 수정액, 스티커 등은 사용 불가
   - 답안카드 왼쪽(성명 · 수험번호 등)을 제외한 '답안란'만 수정테이프로 수정 가능
3. 성명란은 수험자 본인의 성명을 정자체로 기재합니다.
4. 교시 기재란은 해당교시를 기재하고 해당 란에 마킹합니다.
5. 시험문제지 형별기재란에 해당 형별을 마킹합니다.
6. 수험번호란은 숫자로 기재하고 아래 해당번호에 마킹합니다.
7. 시험문제지 형별 및 수험번호 등 마킹착오로 인한 불이익은 전적으로 수험자의 귀책사유입니다.
8. 감독위원의 날인이 없는 답안카드는 무효처리 됩니다.
9. 상단과 우측의 검은색 띠( ▮▮▮ ) 부분은 낙서를 금지합니다.
10. 답안카드의 채점은 전산판독결과에 따르며, 문제지 형별 및 답안 란의 마킹누락, 마킹착오, 불완전한 마킹 등은 수험자의 귀책사유에 해당하므로 이의제기를 하더라도 받아들여지지 않습니다.

### 부정행위 처리규정

시험 중 다음과 같은 행위를 하는 자는 당해 시험을 무효처리하고 자격별 관련 규정에 따라 일정기간 동안 시험에 응시할 수 있는 자격을 정지합니다.
1. 시험과 관련된 대화, 답안카드 교환, 다른 수험자의 답안 · 문제지를 보고 답안 작성, 대리시험을 치르거나 치르게 하는 행위, 시험문제 내용과 관련된 물건을 휴대하거나 이를 주고받는 행위
2. 시험장 내외로부터 도움을 받아 답안을 작성하는 행위, 공인어학성적 및 응시자격서류를 허위기재하여 제출하는 행위
3. 통신기기(휴대전화 · 소형 무전기 등) 및 전자기기(초소형 카메라 등)를 휴대하거나 사용하는 행위
4. 다른 수험자와 성명 및 수험번호를 바꾸어 작성 · 제출하는 행위
5. 기타 부정 또는 불공정한 방법으로 시험을 치르는 행위

---

## 마 킹 주 의

바르게 마킹 : ●
잘못 마킹 : ⊗ ⊙ ⓥ ◯ ① ⊖ ◡ ●

( 예 시 ) ➡

**성 명**

해 커 스

**교시 기재란**

( 1 )교시  ● ② ③

**문제지 형별 기재란**

( A )형  ● Ⓑ

**선 택 과 목 1**

**선 택 과 목 2**

**수 험 번 호**

| 1 | 5 | 8 | 8 | 2 | 3 | 3 | 2 |
|---|---|---|---|---|---|---|---|
| ⓪ | ⓪ | ⓪ | ⓪ | ⓪ | ⓪ | ⓪ | ⓪ |
| ● | ① | ① | ① | ① | ① | ① | ① |
| ② | ② | ② | ② | ● | ② | ② | ● |
| ③ | ③ | ③ | ③ | ③ | ● | ● | ③ |
| ④ | ④ | ④ | ④ | ④ | ④ | ④ | ④ |
| ⑤ | ● | ⑤ | ⑤ | ⑤ | ⑤ | ⑤ | ⑤ |
| ⑥ | ⑥ | ⑥ | ⑥ | ⑥ | ⑥ | ⑥ | ⑥ |
| ⑦ | ⑦ | ⑦ | ⑦ | ⑦ | ⑦ | ⑦ | ⑦ |
| ⑧ | ⑧ | ● | ● | ⑧ | ⑧ | ⑧ | ⑧ |
| ⑨ | ⑨ | ⑨ | ⑨ | ⑨ | ⑨ | ⑨ | ⑨ |

**감독위원 확인**

김 캄 독

### 수험자 유의사항

1. 시험 중에는 통신기기(휴대전화 · 소형 무전기 등) 및 전자기기(초소형 카메라 등)을 소지하거나 사용할 수 없습니다.
2. 부정행위 예방을 위해 시험문제지에도 수험번호와 성명을 반드시 기재하시기 바랍니다.
3. 시험시간이 종료되면 즉시 답안작성을 멈춰야 하며, 종료시간 이후 계속 답안을 작성하거나 감독위원의 답안카드 제출지시에 불응할 때에는 당해 시험이 무효처리 됩니다.
4. 기타 감독위원의 정당한 지시에 불응하여 타 수험자의 시험에 방해가 될 경우 퇴실조치 될 수 있습니다.

### 답안카드 작성 시 유의사항

1. 답안카드 기재 · 마킹 시에는 반드시 검정색 사인펜을 사용해야 합니다.
2. 답안카드를 잘못 작성했을 시에는 카드를 교체하거나 수정테이프를 사용하여 수정할 수 있습니다.
   그러나 불완전한 수정처리로 인해 발생하는 전산자동판독불가 등 불이익은 수험자의 귀책사유입니다.
   - 수정테이프 이외의 수정액, 스티커 등은 사용 불가
   - 답안카드 왼쪽(성명 · 수험번호 등)을 제외한 '답안란'만 수정테이프로 수정 가능
3. 성명란은 수험자 본인의 성명을 정자체로 기재합니다.
4. 교시 기재란은 해당교시를 기재하고 해당 란에 마킹합니다.
5. 시험문제지 형별기재란에 해당 형별을 마킹합니다.
6. 수험번호란은 숫자로 기재하고 아래 해당번호에 마킹합니다.
7. 시험문제지 형별 및 수험번호 등 마킹착오로 인한 불이익은 전적으로 수험자의 귀책사유입니다.
8. 감독위원의 날인이 없는 답안카드는 무효처리 됩니다.
9. 상단과 우측의 검은색 띠( ▮▮▮ ) 부분은 낙서를 금지합니다.
10. 답안카드의 채점은 전산판독결과에 따르며, 문제지 형별 및 답안 란의 마킹누락, 마킹착오, 불완전한 마킹 등은 수험자의 귀책사유에 해당하므로 이의제기를 하더라도 받아들여지지 않습니다.

### 부정행위 처리규정

시험 중 다음과 같은 행위를 하는 자는 당해 시험을 무효처리하고 자격별 관련 규정에 따라 일정기간 동안 시험에 응시할 수 있는 자격을 정지합니다.
1. 시험과 관련된 대화, 답안카드 교환, 다른 수험자의 답안 · 문제지를 보고 답안 작성, 대리시험을 치르거나 치르게 하는 행위, 시험문제 내용과 관련된 물건을 휴대하거나 이를 주고받는 행위
2. 시험장 내외로부터 도움을 받아 답안을 작성하는 행위, 공인어학성적 및 응시자격서류를 허위기재하여 제출하는 행위
3. 통신기기(휴대전화 · 소형 무전기 등) 및 전자기기(초소형 카메라 등)를 휴대하거나 사용하는 행위
4. 다른 수험자와 성명 및 수험번호를 바꾸어 작성 · 제출하는 행위
5. 기타 부정 또는 불공정한 방법으로 시험을 치르는 행위

## 마 킹 주 의

바르게 마킹 : ●
잘못 마킹 : ⊗ ⊙ ⓥ ○ ⊖ ⊝ ◑ ◒

( 예 시 )

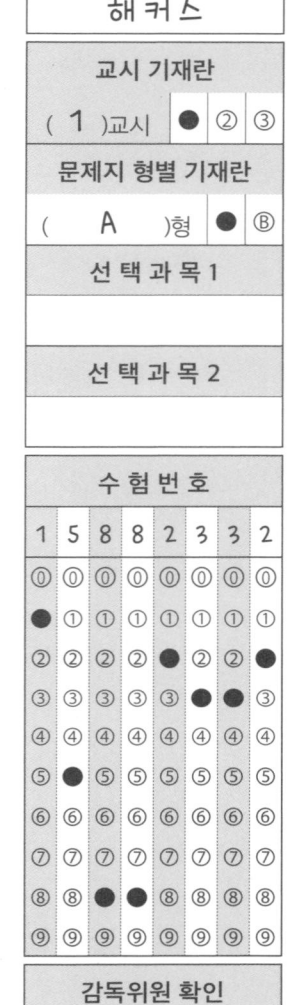

| 성 명 |
|---|
| 해 커 스 |

**교시 기재란**

( 1 )교시　● ② ③

**문제지 형별 기재란**

( A )형　● ⑧

**선 택 과 목 1**

**선 택 과 목 2**

**수 험 번 호**

| 1 | 5 | 8 | 8 | 2 | 3 | 3 | 2 |
|---|---|---|---|---|---|---|---|
| ⓪ | ⓪ | ⓪ | ⓪ | ⓪ | ⓪ | ⓪ | ⓪ |
| ● | ① | ① | ① | ① | ① | ① | ① |
| ② | ② | ② | ② | ● | ② | ② | ● |
| ③ | ③ | ③ | ③ | ③ | ● | ● | ③ |
| ④ | ④ | ④ | ④ | ④ | ④ | ④ | ④ |
| ⑤ | ● | ⑤ | ⑤ | ⑤ | ⑤ | ⑤ | ⑤ |
| ⑥ | ⑥ | ⑥ | ⑥ | ⑥ | ⑥ | ⑥ | ⑥ |
| ⑦ | ⑦ | ⑦ | ⑦ | ⑦ | ⑦ | ⑦ | ⑦ |
| ⑧ | ⑧ | ● | ● | ⑧ | ⑧ | ⑧ | ⑧ |
| ⑨ | ⑨ | ⑨ | ⑨ | ⑨ | ⑨ | ⑨ | ⑨ |

**감독위원 확인**

김 캄 독

### 수험자 유의사항

1. 시험 중에는 통신기기(휴대전화·소형 무전기 등) 및 전자기기(초소형 카메라 등)을 소지하거나 사용할 수 없습니다.
2. 부정행위 예방을 위해 시험문제지에도 수험번호와 성명을 반드시 기재하시기 바랍니다.
3. 시험시간이 종료되면 즉시 답안작성을 멈춰야 하며, 종료시간 이후 계속 답안을 작성하거나 감독위원의 답안카드 제출지시에 불응할 때에는 당해 시험이 무효처리 됩니다.
4. 기타 감독위원의 정당한 지시에 불응하여 타 수험자의 시험에 방해가 될 경우 퇴실조치 될 수 있습니다.

### 답안카드 작성 시 유의사항

1. 답안카드 기재·마킹 시에는 반드시 검정색 사인펜을 사용해야 합니다.
2. 답안카드를 잘못 작성했을 시에는 카드를 교체하거나 수정테이프를 사용하여 수정할 수 있습니다.
   그러나 불완전한 수정처리로 인해 발생하는 전산자동판독불가 등 불이익은 수험자의 귀책사유입니다.
   - 수정테이프 이외의 수정액, 스티커 등은 사용 불가
   - 답안카드 왼쪽(성명·수험번호 등)을 제외한 '답안란'만 수정테이프로 수정 가능
3. 성명란은 수험자 본인의 성명을 정자체로 기재합니다.
4. 교시 기재란은 해당교시를 기재하고 해당 란에 마킹합니다.
5. 시험문제지 형별기재란에 해당 형별을 마킹합니다.
6. 수험번호란은 숫자로 기재하고 아래 해당번호에 마킹합니다.
7. 시험문제지 형별 및 수험번호 등 마킹착오로 인한 불이익은 전적으로 수험자의 귀책사유입니다.
8. 감독위원의 날인이 없는 답안카드는 무효처리 됩니다.
9. 상단과 우측의 검은색 띠( ▌▌▌ ) 부분은 낙서를 금지합니다.
10. 답안카드의 채점은 전산판독결과에 따르며, 문제지 형별 및 답안 란의 마킹누락, 마킹착오, 불완전한 마킹 등은 수험자의 귀책사유에 해당하므로 이의제기를 하더라도 받아들여지지 않습니다.

### 부정행위 처리규정

시험 중 다음과 같은 행위를 하는 자는 당해 시험을 무효처리하고 자격별 관련 규정에 따라 일정기간 동안 시험에 응시할 수 있는 자격을 정지합니다.
1. 시험과 관련된 대화, 답안카드 교환, 다른 수험자의 답안·문제지를 보고 답안 작성, 대리시험을 치르거나 치르게 하는 행위, 시험문제 내용과 관련된 물건을 휴대하거나 이를 주고받는 행위
2. 시험장 내외로부터 도움을 받아 답안을 작성하는 행위, 공인어학성적 및 응시자격서류를 허위기재하여 제출하는 행위
3. 통신기기(휴대전화·소형 무전기 등) 및 전자기기(초소형 카메라 등)를 휴대하거나 사용하는 행위
4. 다른 수험자와 성명 및 수험번호를 바꾸어 작성·제출하는 행위
5. 기타 부정 또는 불공정한 방법으로 시험을 치르는 행위

---

## 마 킹 주 의

바르게 마킹 : ●
잘못 마킹 : ⊗ ⊙ ⓥ ○ ⊖ ⊝ ◑ ●

( 예 시 )

| 성 명 |
|---|
| 해 커 스 |

**교시 기재란**

( 1 )교시　● ② ③

**문제지 형별 기재란**

( A )형　● ⑧

**선 택 과 목 1**

**선 택 과 목 2**

**수 험 번 호**

| 1 | 5 | 8 | 8 | 2 | 3 | 3 | 2 |
|---|---|---|---|---|---|---|---|
| ⓪ | ⓪ | ⓪ | ⓪ | ⓪ | ⓪ | ⓪ | ⓪ |
| ● | ① | ① | ① | ① | ① | ① | ① |
| ② | ② | ② | ② | ● | ② | ② | ● |
| ③ | ③ | ③ | ③ | ③ | ● | ● | ③ |
| ④ | ④ | ④ | ④ | ④ | ④ | ④ | ④ |
| ⑤ | ● | ⑤ | ⑤ | ⑤ | ⑤ | ⑤ | ⑤ |
| ⑥ | ⑥ | ⑥ | ⑥ | ⑥ | ⑥ | ⑥ | ⑥ |
| ⑦ | ⑦ | ⑦ | ⑦ | ⑦ | ⑦ | ⑦ | ⑦ |
| ⑧ | ⑧ | ● | ● | ⑧ | ⑧ | ⑧ | ⑧ |
| ⑨ | ⑨ | ⑨ | ⑨ | ⑨ | ⑨ | ⑨ | ⑨ |

**감독위원 확인**

김 캄 독

### 수험자 유의사항

1. 시험 중에는 통신기기(휴대전화·소형 무전기 등) 및 전자기기(초소형 카메라 등)을 소지하거나 사용할 수 없습니다.
2. 부정행위 예방을 위해 시험문제지에도 수험번호와 성명을 반드시 기재하시기 바랍니다.
3. 시험시간이 종료되면 즉시 답안작성을 멈춰야 하며, 종료시간 이후 계속 답안을 작성하거나 감독위원의 답안카드 제출지시에 불응할 때에는 당해 시험이 무효처리 됩니다.
4. 기타 감독위원의 정당한 지시에 불응하여 타 수험자의 시험에 방해가 될 경우 퇴실조치 될 수 있습니다.

### 답안카드 작성 시 유의사항

1. 답안카드 기재·마킹 시에는 반드시 검정색 사인펜을 사용해야 합니다.
2. 답안카드를 잘못 작성했을 시에는 카드를 교체하거나 수정테이프를 사용하여 수정할 수 있습니다.
   그러나 불완전한 수정처리로 인해 발생하는 전산자동판독불가 등 불이익은 수험자의 귀책사유입니다.
   - 수정테이프 이외의 수정액, 스티커 등은 사용 불가
   - 답안카드 왼쪽(성명·수험번호 등)을 제외한 '답안란'만 수정테이프로 수정 가능
3. 성명란은 수험자 본인의 성명을 정자체로 기재합니다.
4. 교시 기재란은 해당교시를 기재하고 해당 란에 마킹합니다.
5. 시험문제지 형별기재란에 해당 형별을 마킹합니다.
6. 수험번호란은 숫자로 기재하고 아래 해당번호에 마킹합니다.
7. 시험문제지 형별 및 수험번호 등 마킹착오로 인한 불이익은 전적으로 수험자의 귀책사유입니다.
8. 감독위원의 날인이 없는 답안카드는 무효처리 됩니다.
9. 상단과 우측의 검은색 띠( ▌▌▌ ) 부분은 낙서를 금지합니다.
10. 답안카드의 채점은 전산판독결과에 따르며, 문제지 형별 및 답안 란의 마킹누락, 마킹착오, 불완전한 마킹 등은 수험자의 귀책사유에 해당하므로 이의제기를 하더라도 받아들여지지 않습니다.

### 부정행위 처리규정

시험 중 다음과 같은 행위를 하는 자는 당해 시험을 무효처리하고 자격별 관련 규정에 따라 일정기간 동안 시험에 응시할 수 있는 자격을 정지합니다.
1. 시험과 관련된 대화, 답안카드 교환, 다른 수험자의 답안·문제지를 보고 답안 작성, 대리시험을 치르거나 치르게 하는 행위, 시험문제 내용과 관련된 물건을 휴대하거나 이를 주고받는 행위
2. 시험장 내외로부터 도움을 받아 답안을 작성하는 행위, 공인어학성적 및 응시자격서류를 허위기재하여 제출하는 행위
3. 통신기기(휴대전화·소형 무전기 등) 및 전자기기(초소형 카메라 등)를 휴대하거나 사용하는 행위
4. 다른 수험자와 성명 및 수험번호를 바꾸어 작성·제출하는 행위
5. 기타 부정 또는 불공정한 방법으로 시험을 치르는 행위

## 저자 약력

**신관식** 교수
부동산학 석사(부동산금융학)

현 | 해커스 공인중개사학원 부동산학개론 대표강사
해커스 공인중개사 부동산학개론 동영상강의 대표강사

전 | 세종공인중개사학원, 광주고시학원 부동산학개론 강사 역임
분당 · 노량진 · 구리 · 대전 박문각 부동산학개론 강사 역임

**민희열** 교수

현 | 해커스 공인중개사학원 민법 및 민사특별법 강사
해커스 공인중개사 민법 및 민사특별법 동영상강의 강사

전 | EBS, 랜드프로(노원) 민법 및 민사특별법 강의
새롬공인중개사(강남, 송파, 분당, 주안 등) 민법 및 민사특별법 강의
한림법학원(사법고시, 변호사시험) 민법 강의
노무사단기(노무사시험) 민법 강의
한국외대, 방송통신대 등 특강
현대자동차, 삼성전다, 롯데그룹, SKT 등 기업체 초빙 강의

# 해커스 공인중개사
## 실전모의고사 10회분

**1차** 부동산학개론 · 민법 및 민사특별법

**개정2판 1쇄 발행** 2024년 5월 30일

| | |
|---|---|
| **지은이** | 신관식, 민희열, 해커스 공인중개사시험 연구소 공편저 |
| **펴낸곳** | 해커스패스 |
| **펴낸이** | 해커스 공인중개사 출판팀 |

| | |
|---|---|
| **주소** | 서울시 강남구 강남대로 428 해커스 공인중개사 |
| **고객센터** | 1588-2332 |
| **교재 관련 문의** | land@pass.com |
| | 해커스 공인중개사 사이트(land.Hackers.com) 1:1 무료상담 |
| | 카카오톡 플러스 친구 [해커스 공인중개사] |
| **학원 강의 및 동영상강의** | land.Hackers.com |

| | |
|---|---|
| **ISBN** | 979-11-7244-095-4 (13320) |
| **Serial Number** | 02-01-01 |

공인중개사 시험 전문,
해커스 공인중개사 land.Hackers.com

**해커스 공인중개사**

• 해커스 공인중개사학원 및 동영상강의
• 해커스 공인중개사 온라인 전국 실전모의고사
• 해커스 공인중개사 무료 학습자료 및 필수 합격정보 제공

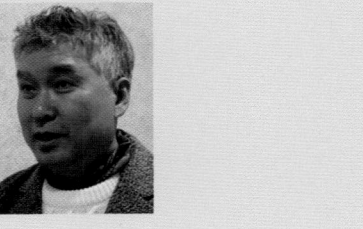
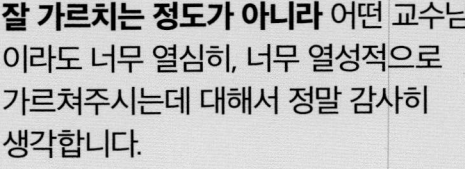
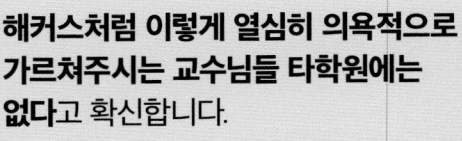

# 해커스 공인중개사

## 실전모의고사

 **1차** 부동산학개론 · 민법 및 민사특별법

# 해설집

## 빠른 정답확인 + 정답 및 해설

# 해커스 공인중개사

## 실전모의고사

**1차** 부동산학개론 · 민법 및 민사특별법

10회분

# 한계돌파 실전편 ①차

매일 공인중개사 합격의지지

자신의 점수와 실제 풀이시간을 꼼꼼하게 기록하면서 실력을 점검해 보세요.

～ 컨디션 체크 기호 설명 ～

😊 양호: 제한 시간 내 문제 풀이를 완료하고, 평균 60점 이상 맞힘
😐 부족: 제한 시간을 넘기거나, 평균 60점 미만
😠 미달: 제한 시간을 초과하고, 평균 60점 미만
또는 총 과목이라도 40점 미만인 경우

"부족", "미달" 판정이 나온 경우 틀린 문제 중 특히 중요 포인트를 중심으로 다시 한번 내용을 점검해 보세요.

| 날짜 | 회차 | 부동산공법 | 인강 및 인지도체크 | 정답 | 풀이시간 | 😊양호 | 😐부족 | 😠미달 |
|---|---|---|---|---|---|---|---|---|
| / | 제1회 | /100점 | /100점 | /100점 | /100분 | ☐ | ☐ | ☐ |
| / | 제2회 | /100점 | /100점 | /100점 | /100분 | ☐ | ☐ | ☐ |
| / | 제3회 | /100점 | /100점 | /100점 | /100분 | ☐ | ☐ | ☐ |
| / | 제4회 | /100점 | /100점 | /100점 | /100분 | ☐ | ☐ | ☐ |
| / | 제5회 | /100점 | /100점 | /100점 | /100분 | ☐ | ☐ | ☐ |
| / | 제6회 | /100점 | /100점 | /100점 | /100분 | ☐ | ☐ | ☐ |
| / | 제7회 | /100점 | /100점 | /100점 | /100분 | ☐ | ☐ | ☐ |
| / | 제8회 | /100점 | /100점 | /100점 | /100분 | ☐ | ☐ | ☐ |
| / | 제9회 | /100점 | /100점 | /100점 | /100분 | ☐ | ☐ | ☐ |
| / | 제10회 | /100점 | /100점 | /100점 | /100분 | ☐ | ☐ | ☐ |

# 빠른 정답확인

## 제 1 회

### 제1과목 부동산학개론

| 1 | 2 | 3 | 4 | 5 | 6 | 7 | 8 | 9 | 10 |
|---|---|---|---|---|---|---|---|---|---|
| ② | ⑤ | ② | ③ | ① | ④ | ⑤ | ⑤ | ① | ⑤ |
| 11 | 12 | 13 | 14 | 15 | 16 | 17 | 18 | 19 | 20 |
| ③ | ② | ② | ④ | ③ | ① | ③ | ④ | ④ | ① |
| 21 | 22 | 23 | 24 | 25 | 26 | 27 | 28 | 29 | 30 |
| ⑤ | ① | ④ | ④ | ② | ③ | ④ | ⑤ | ② | ⑤ |
| 31 | 32 | 33 | 34 | 35 | 36 | 37 | 38 | 39 | 40 |
| ② | ③ | ⑤ | ① | ③ | ① | ③ | ④ | ② | ① |

### 제2과목 민법 및 민사특별법

| 41 | 42 | 43 | 44 | 45 | 46 | 47 | 48 | 49 | 50 |
|---|---|---|---|---|---|---|---|---|---|
| ② | ③ | ③ | ② | ④ | ⑤ | ③ | ② | ② | ① |
| 51 | 52 | 53 | 54 | 55 | 56 | 57 | 58 | 59 | 60 |
| ④ | ④ | ③ | ① | ① | ⑤ | ④ | ⑤ | ① | ③ |
| 61 | 62 | 63 | 64 | 65 | 66 | 67 | 68 | 69 | 70 |
| ④ | ② | ① | ⑤ | ④ | ⑤ | ① | ① | ③ | ② |
| 71 | 72 | 73 | 74 | 75 | 76 | 77 | 78 | 79 | 80 |
| ④ | ② | ⑤ | ⑤ | ① | ⑤ | ⑤ | ① | ③ | ③ |

## 제 2 회

### 제1과목 부동산학개론

| 1 | 2 | 3 | 4 | 5 | 6 | 7 | 8 | 9 | 10 |
|---|---|---|---|---|---|---|---|---|---|
| ④ | ③ | ③ | ① | ④ | ④ | ⑤ | ② | ⑤ | ⑤ |
| 11 | 12 | 13 | 14 | 15 | 16 | 17 | 18 | 19 | 20 |
| ① | ③ | ③ | ① | ⑤ | ① | ④ | ② | ② | ② |
| 21 | 22 | 23 | 24 | 25 | 26 | 27 | 28 | 29 | 30 |
| ⑤ | ① | ③ | ④ | ③ | ④ | ⑤ | ④ | ③ | ② |
| 31 | 32 | 33 | 34 | 35 | 36 | 37 | 38 | 39 | 40 |
| ⑤ | ③ | ⑤ | ④ | ① | ② | ① | ② | ② | ① |

### 제2과목 민법 및 민사특별법

| 41 | 42 | 43 | 44 | 45 | 46 | 47 | 48 | 49 | 50 |
|---|---|---|---|---|---|---|---|---|---|
| ① | ⑤ | ③ | ② | ④ | ② | ① | ① | ② | ③ |
| 51 | 52 | 53 | 54 | 55 | 56 | 57 | 58 | 59 | 60 |
| ④ | ② | ① | ③ | ④ | ② | ④ | ④ | ① | ③ |
| 61 | 62 | 63 | 64 | 65 | 66 | 67 | 68 | 69 | 70 |
| ③ | ⑤ | ⑤ | ⑤ | ④ | ② | ② | ④ | ③ | ③ |
| 71 | 72 | 73 | 74 | 75 | 76 | 77 | 78 | 79 | 80 |
| ① | ② | ④ | ② | ⑤ | ③ | ② | ① | ⑤ | ⑤ |

# 빠른 정답확인

# 제 3 회

### 제1과목 부동산학개론

| 1 | 2 | 3 | 4 | 5 | 6 | 7 | 8 | 9 | 10 |
|---|---|---|---|---|---|---|---|---|---|
| ② | ④ | ⑤ | ④ | ① | ③ | ① | ② | ① | ④ |
| 11 | 12 | 13 | 14 | 15 | 16 | 17 | 18 | 19 | 20 |
| ⑤ | ② | ⑤ | ⑤ | ③ | ⑤ | ② | ③ | ① | ⑤ |
| 21 | 22 | 23 | 24 | 25 | 26 | 27 | 28 | 29 | 30 |
| ① | ⑤ | ④ | ⑤ | ② | ② | ③ | ④ | ② | ④ |
| 31 | 32 | 33 | 34 | 35 | 36 | 37 | 38 | 39 | 40 |
| ⑤ | ① | ③ | ② | ③ | ① | ④ | ④ | ③ | ① |

### 제2과목 민법 및 민사특별법

| 41 | 42 | 43 | 44 | 45 | 46 | 47 | 48 | 49 | 50 |
|---|---|---|---|---|---|---|---|---|---|
| ⑤ | ② | ⑤ | ④ | ④ | ④ | ② | ⑤ | ① | ② |
| 51 | 52 | 53 | 54 | 55 | 56 | 57 | 58 | 59 | 60 |
| ① | ⑤ | ④ | ⑤ | ① | ② | ⑤ | ② | ⑤ | ⑤ |
| 61 | 62 | 63 | 64 | 65 | 66 | 67 | 68 | 69 | 70 |
| ② | ③ | ② | ③ | ② | ④ | ③ | ③ | ⑤ | ① |
| 71 | 72 | 73 | 74 | 75 | 76 | 77 | 78 | 79 | 80 |
| ① | ② | ① | ③ | ③ | ③ | ④ | ③ | ① | ③ | ④ |

# 제 4 회

### 제1과목 부동산학개론

| 1 | 2 | 3 | 4 | 5 | 6 | 7 | 8 | 9 | 10 |
|---|---|---|---|---|---|---|---|---|---|
| ⑤ | ③ | ① | ② | ④ | ② | ④ | ⑤ | ⑤ | ① |
| 11 | 12 | 13 | 14 | 15 | 16 | 17 | 18 | 19 | 20 |
| ③ | ② | ④ | ④ | ⑤ | ② | ⑤ | ③ | ② | ⑤ |
| 21 | 22 | 23 | 24 | 25 | 26 | 27 | 28 | 29 | 30 |
| ③ | ④ | ① | ② | ④ | ② | ③ | ⑤ | ② | ① |
| 31 | 32 | 33 | 34 | 35 | 36 | 37 | 38 | 39 | 40 |
| ① | ② | ① | ③ | ③ | ⑤ | ④ | ① | ① | ③ |

### 제2과목 민법 및 민사특별법

| 41 | 42 | 43 | 44 | 45 | 46 | 47 | 48 | 49 | 50 |
|---|---|---|---|---|---|---|---|---|---|
| ① | ② | ① | ④ | ③ | ⑤ | ⑤ | ③ | ① | ② |
| 51 | 52 | 53 | 54 | 55 | 56 | 57 | 58 | 59 | 60 |
| ① | ⑤ | ⑤ | ⑤ | ⑤ | ⑤ | ④ | ④ | ② | ③ |
| 61 | 62 | 63 | 64 | 65 | 66 | 67 | 68 | 69 | 70 |
| ⑤ | ③ | ④ | ① | ④ | ① | ② | ④ | ④ | ③ |
| 71 | 72 | 73 | 74 | 75 | 76 | 77 | 78 | 79 | 80 |
| ④ | ② | ② | ⑤ | ① | ① | ⑤ | ① | ① | ④ |

# 빠른 정답확인

## 제 5 회

### 제1과목 부동산학개론

| 1 | 2 | 3 | 4 | 5 | 6 | 7 | 8 | 9 | 10 |
|---|---|---|---|---|---|---|---|---|----|
| ③ | ④ | ① | ① | ⑤ | ③ | ② | ④ | ⑤ | ④ |
| 11 | 12 | 13 | 14 | 15 | 16 | 17 | 18 | 19 | 20 |
| ② | ② | ③ | ① | ③ | ② | ⑤ | ② | ① | ⑤ |
| 21 | 22 | 23 | 24 | 25 | 26 | 27 | 28 | 29 | 30 |
| ③ | ① | ① | ④ | ⑤ | ③ | ② | ② | ③ | ④ |
| 31 | 32 | 33 | 34 | 35 | 36 | 37 | 38 | 39 | 40 |
| ④ | ⑤ | ④ | ① | ⑤ | ④ | ⑤ | ③ | ① | ② |

### 제2과목 민법 및 민사특별법

| 41 | 42 | 43 | 44 | 45 | 46 | 47 | 48 | 49 | 50 |
|----|----|----|----|----|----|----|----|----|----|
| ⑤ | ③ | ⑤ | ② | ④ | ⑤ | ② | ④ | ② | ③ |
| 51 | 52 | 53 | 54 | 55 | 56 | 57 | 58 | 59 | 60 |
| ⑤ | ④ | ② | ① | ① | ① | ③ | ① | ④ | ② |
| 61 | 62 | 63 | 64 | 65 | 66 | 67 | 68 | 69 | 70 |
| ④ | ⑤ | ⑤ | ② | ① | ③ | ① | ⑤ | ① | ④ |
| 71 | 72 | 73 | 74 | 75 | 76 | 77 | 78 | 79 | 80 |
| ③ | ① | ② | ③ | ④ | ④ | ② | ⑤ | ④ | ④ |

## 제 6 회

### 제1과목 부동산학개론

| 1 | 2 | 3 | 4 | 5 | 6 | 7 | 8 | 9 | 10 |
|---|---|---|---|---|---|---|---|---|----|
| ② | ⑤ | ③ | ④ | ② | ② | ④ | ④ | ⑤ | ④ |
| 11 | 12 | 13 | 14 | 15 | 16 | 17 | 18 | 19 | 20 |
| ① | ③ | ① | ④ | ⑤ | ① | ⑤ | ③ | ③ | ② |
| 21 | 22 | 23 | 24 | 25 | 26 | 27 | 28 | 29 | 30 |
| ③ | ② | ⑤ | ② | ④ | ① | ⑤ | ① | ② | ① |
| 31 | 32 | 33 | 34 | 35 | 36 | 37 | 38 | 39 | 40 |
| ① | ③ | ⑤ | ① | ② | ③ | ③ | ④ | ⑤ | ④ |

### 제2과목 민법 및 민사특별법

| 41 | 42 | 43 | 44 | 45 | 46 | 47 | 48 | 49 | 50 |
|----|----|----|----|----|----|----|----|----|----|
| ⑤ | ① | ① | ⑤ | ② | ② | ④ | ④ | ③ | ③ |
| 51 | 52 | 53 | 54 | 55 | 56 | 57 | 58 | 59 | 60 |
| ⑤ | ③ | ⑤ | ① | ② | ④ | ① | ② | ① | ③ |
| 61 | 62 | 63 | 64 | 65 | 66 | 67 | 68 | 69 | 70 |
| ① | ① | ③ | ② | ④ | ③ | ③ | ④ | ⑤ | ② |
| 71 | 72 | 73 | 74 | 75 | 76 | 77 | 78 | 79 | 80 |
| ④ | ③ | ③ | ④ | ④ | ② | ④ | ① | ② | ⑤ |

# 빠른 정답확인

## 제 7 회

### 제1과목 부동산학개론

| 1 | 2 | 3 | 4 | 5 | 6 | 7 | 8 | 9 | 10 |
|---|---|---|---|---|---|---|---|---|----|
| ④ | ④ | ③ | ② | ④ | ② | ③ | ③ | ⑤ | ③ |
| 11 | 12 | 13 | 14 | 15 | 16 | 17 | 18 | 19 | 20 |
| ⑤ | ⑤ | ① | ④ | ① | ③ | ② | ⑤ | ④ | ① |
| 21 | 22 | 23 | 24 | 25 | 26 | 27 | 28 | 29 | 30 |
| ① | ② | ② | ① | ⑤ | ③ | ④ | ③ | ⑤ | ② |
| 31 | 32 | 33 | 34 | 35 | 36 | 37 | 38 | 39 | 40 |
| ① | ① | ⑤ | ③ | ② | ② | ④ | ① | ④ | ⑤ |

### 제2과목 민법 및 민사특별법

| 41 | 42 | 43 | 44 | 45 | 46 | 47 | 48 | 49 | 50 |
|----|----|----|----|----|----|----|----|----|----|
| ③ | ④ | ⑤ | ⑤ | ② | ⑤ | ① | ⑤ | ④ | ③ |
| 51 | 52 | 53 | 54 | 55 | 56 | 57 | 58 | 59 | 60 |
| ⑤ | ② | ① | ① | ③ | ⑤ | ④ | ② | ③ | ① |
| 61 | 62 | 63 | 64 | 65 | 66 | 67 | 68 | 69 | 70 |
| ③ | ① | ⑤ | ② | ③ | ④ | ④ | ⑤ | ④ | ① |
| 71 | 72 | 73 | 74 | 75 | 76 | 77 | 78 | 79 | 80 |
| ③ | ① | ③ | ② | ① | ② | ④ | ③ | ⑤ | ⑤ |

## 제 8 회

### 제1과목 부동산학개론

| 1 | 2 | 3 | 4 | 5 | 6 | 7 | 8 | 9 | 10 |
|---|---|---|---|---|---|---|---|---|----|
| ④ | ④ | ② | ③ | ③ | ⑤ | ① | ⑤ | ⑤ | ② |
| 11 | 12 | 13 | 14 | 15 | 16 | 17 | 18 | 19 | 20 |
| ① | ① | ② | ③ | ③ | ⑤ | ⑤ | ④ | ④ | ① |
| 21 | 22 | 23 | 24 | 25 | 26 | 27 | 28 | 29 | 30 |
| ③ | ③ | ⑤ | ① | ② | ⑤ | ④ | ① | ② | ① |
| 31 | 32 | 33 | 34 | 35 | 36 | 37 | 38 | 39 | 40 |
| ③ | ④ | ② | ⑤ | ③ | ④ | ② | ① | ② | ④ |

### 제2과목 민법 및 민사특별법

| 41 | 42 | 43 | 44 | 45 | 46 | 47 | 48 | 49 | 50 |
|----|----|----|----|----|----|----|----|----|----|
| ③ | ① | ⑤ | ④ | ① | ④ | ④ | ⑤ | ① | ② |
| 51 | 52 | 53 | 54 | 55 | 56 | 57 | 58 | 59 | 60 |
| ③ | ④ | ⑤ | ② | ① | ⑤ | ④ | ④ | ① | ③ |
| 61 | 62 | 63 | 64 | 65 | 66 | 67 | 68 | 69 | 70 |
| ④ | ④ | ② | ③ | ③ | ⑤ | ⑤ | ② | ② | ④ |
| 71 | 72 | 73 | 74 | 75 | 76 | 77 | 78 | 79 | 80 |
| ④ | ② | ③ | ④ | ② | ⑤ | ⑤ | ① | ① | ⑤ |

# 빠른 정답확인

## 제 9 회

### 제1과목 부동산학개론

| 1 | 2 | 3 | 4 | 5 | 6 | 7 | 8 | 9 | 10 |
|---|---|---|---|---|---|---|---|---|----|
| ④ | ③ | ③ | ② | ② | ④ | ② | ⑤ | ④ | ⑤ |
| 11 | 12 | 13 | 14 | 15 | 16 | 17 | 18 | 19 | 20 |
| ① | ⑤ | ③ | ③ | ② | ① | ① | ① | ③ | ④ |
| 21 | 22 | 23 | 24 | 25 | 26 | 27 | 28 | 29 | 30 |
| ③ | ④ | ⑤ | ② | ④ | ⑤ | ② | ① | ⑤ | ③ |
| 31 | 32 | 33 | 34 | 35 | 36 | 37 | 38 | 39 | 40 |
| ③ | ⑤ | ① | ② | ① | ⑤ | ④ | ④ | ① | ② |

### 제2과목 민법 및 민사특별법

| 41 | 42 | 43 | 44 | 45 | 46 | 47 | 48 | 49 | 50 |
|----|----|----|----|----|----|----|----|----|----|
| ④ | ① | ⑤ | ③ | ⑤ | ⑤ | ⑤ | ⑤ | ② | ① |
| 51 | 52 | 53 | 54 | 55 | 56 | 57 | 58 | 59 | 60 |
| ② | ⑤ | ① | ⑤ | ③ | ② | ② | ④ | ④ | |
| 61 | 62 | 63 | 64 | 65 | 66 | 67 | 68 | 69 | 70 |
| ① | ④ | ② | ③ | ④ | ① | ③ | ④ | ⑤ | ① |
| 71 | 72 | 73 | 74 | 75 | 76 | 77 | 78 | 79 | 80 |
| ④ | ② | ① | ④ | ② | ④ | ② | ③ | ④ | ② |

## 제 10 회

### 제1과목 부동산학개론

| 1 | 2 | 3 | 4 | 5 | 6 | 7 | 8 | 9 | 10 |
|---|---|---|---|---|---|---|---|---|----|
| ② | ① | ⑤ | ① | ① | ③ | ① | ⑤ | ④ | ⑤ |
| 11 | 12 | 13 | 14 | 15 | 16 | 17 | 18 | 19 | 20 |
| ④ | ② | ② | ⑤ | ③ | ① | ③ | ② | ⑤ | ④ |
| 21 | 22 | 23 | 24 | 25 | 26 | 27 | 28 | 29 | 30 |
| ④ | ③ | ⑤ | ④ | ① | ② | ⑤ | ③ | ④ | ③ |
| 31 | 32 | 33 | 34 | 35 | 36 | 37 | 38 | 39 | 40 |
| ② | ⑤ | ① | ④ | ② | ② | ③ | ① | ② | ② |

### 제2과목 민법 및 민사특별법

| 41 | 42 | 43 | 44 | 45 | 46 | 47 | 48 | 49 | 50 |
|----|----|----|----|----|----|----|----|----|----|
| ② | ④ | ② | ③ | ② | ① | ① | ④ | ⑤ | ① |
| 51 | 52 | 53 | 54 | 55 | 56 | 57 | 58 | 59 | 60 |
| ⑤ | ① | ① | ⑤ | ④ | ④ | ③ | ⑤ | ④ | |
| 61 | 62 | 63 | 64 | 65 | 66 | 67 | 68 | 69 | 70 |
| ① | ② | ③ | ⑤ | ② | ③ | ① | ② | ④ | ③ |
| 71 | 72 | 73 | 74 | 75 | 76 | 77 | 78 | 79 | 80 |
| ③ | ① | ③ | ⑤ | ② | ⑤ | ③ | ② | ④ | ④ |

# 제1회 정답 및 해설

## 난이도 및 출제포인트 분석

★ 난이도가 낮은 문제는 해설 페이지를 찾아가 꼭 익혀두세요.

### 1교시 제1과목    부동산학개론

### 1교시 제2과목    민법 및 민사특별법

## 제1과목 부동산학개론

| 1 | 2 | 3 | 4 | 5 | 6 | 7 | 8 | 9 | 10 |
|---|---|---|---|---|---|---|---|---|---|
| ② | ⑤ | ② | ③ | ① | ④ | ⑤ | ⑤ | ① | ⑤ |
| **11** | **12** | **13** | **14** | **15** | **16** | **17** | **18** | **19** | **20** |
| ③ | ② | ② | ④ | ③ | ① | ③ | ④ | ④ | ① |
| **21** | **22** | **23** | **24** | **25** | **26** | **27** | **28** | **29** | **30** |
| ⑤ | ① | ④ | ④ | ② | ④ | ③ | ⑤ | ② | ⑤ |
| **31** | **32** | **33** | **34** | **35** | **36** | **37** | **38** | **39** | **40** |
| ② | ③ | ⑤ | ④ | ③ | ① | ③ | ④ | ② | ① |

### 선생님의 한마디

2023년 제34회 공인중개사 시험에 '실전모의고사 문제'와 유사한 문제가 상당수 출제되었습니다. '실전모의고사 문제집'을 통해서 여러분의 문제 대응능력이 향상될 것이며, 본 시험에서 합격점수를 획득하는데 상당부분 기여할 것입니다.
'오늘 걷지 않으면... 내일은 뛰어야 한다'.

### 1.                                     정답 ②

하 부동산의 개념과 분류

② 다세대주택에 대한 설명이다.

✓ 다가구주택과 다세대주택

1. **다가구주택**
   • 주택으로 쓰는 층수(지하층은 제외한다)가 3개 층 이하일 것. 다만, 1층의 전부 또는 일부를 필로티 구조로 하여 주차장으로 사용하고 나머지 부분을 주택(주거목적으로 한정한다) 외의 용도로 쓰는 경우에는 해당 층을 주택의 층수에서 제외한다.
   • 1개 동의 주택으로 쓰는 바닥면적의 합계가 660m² 이하일 것
   • 19세대(대지 내 동별 세대 수를 합한 세대를 말한다) 이하가 거주할 수 있을 것
2. **다세대주택**: 주택으로 쓰는 1개 동의 바닥면적의 합계가 660m² 이하이고, 층수가 4개 층 이하인 주택(2개 이상의 동을 지하주차장으로 연결하는 경우에는 각각의 동으로 본다)

### 2.                                     정답 ⑤

하 부동산의 개념과 분류

⑤ 준부동산도 부동산학의 연구대상이 되며, 감정평가활동 등 부동산활동의 대상이 된다. 준(의제)부동산이란 물권변동을 등기나 등록의 수단으로 하는 동산이나, 동산과 부동산의 결합물을 말한다.

## 3.

정답 ②

옳은 것은 ㄱ, ㄷ이다.

ㄴ. 토지는 부증성의 특성으로 생산비를 투입하여 생산할 수 없기 때문에 물리적 공급이 불가능하다. 단, 용도의 다양성에 의해 경제적·용도적 공급은 가능하다.

ㄹ. 부증성이 아닌 부동성에 대한 설명이다. 토지는 부동성이 있어서 그 위치에 따라 용도지역지정 등이 달라지고, 또 이용상태도 달라질 수 있다.

## 4.

정답 ③

하 부동산학의 이해 및 부동산활동

③ • 부동산투자, 부동산금융, 부동산개발은 부동산학의 연구분야 중에서 (의사)결정분야에 해당한다.
• 결정지원분야: 부동산관리, 부동산마케팅, 부동산감정평가

## 5.

정답 ①

상 부동산의 수요·공급이론

① 아파트와 보완관계에 있는 재화의 가격이 상승하면(보완재 수요량은 감소하고) 이에 따라 아파트 수요도 감소한다.
∴ 보완재 가격 상승(보완재 수요량 감소) ➡ 해당 아파트 수요 감소 (아파트 수요곡선 좌측 이동)

⑤ A부동산 가격이 5% 상승(A부동산 수요량 감소하고)함에 따라 B부동산 수요량이 2% 증가하였다면, 두 재화는 대체관계이고 교차탄력성은 0.4이다.

➡ 교차탄력성 $0.4 = \dfrac{\text{B부동산 수요량 2\% 증가}}{\text{A부동산 가격 5\% 상승}}$

## 6.

정답 ④

중 부동산의 수요·공급이론

④ 신규주택이나 건축물의 경우 ➡ 생산(건축)에 소요되는 기간이 길수록(가격이 상승하여도 공급량을 적시에 늘릴 수 없으므로 그 양의 변화가 적어서) 공급의 가격탄력성은 더 비탄력적이 된다.

① 소득 증가로 수요량 증가 ➡ 정상재(우등재)

수요의 소득탄력성 $0.2 = \dfrac{\text{수요량의 변화율 1\% 증가}}{\text{소득 변화율 5\% 증가}}$

⑤ 임대료 변화율보다 수요량의 변화율이 크다면(수요의 가격탄력성이 1보다 클 경우), 임대료를 인하할 때(임대료 인하율보다 수요량이 더 많이 증가하므로) 임대업자(공급자)의 수입은 증가한다.

## 7.

정답 ⑤

상 부동산의 수요·공급이론

1. 균형은 'Qd = Qs'에서 이뤄진다.
   각 함수를 'Qd =, Qs ='로 정리하면 다음과 같다
   ➡ Qd= 400 - 2P,  Qs = -200 + 2P
2. t시점에서의 균형가격과 균형거래량의 계산
   • 400 - 2P = -200 + 2P ➡ 600 = 4P ➡ P = 150
   • P = 150을 t시점의 수요함수에 대입하면(공급함수에 대입하여도 동일한 결과가 나온다) Qd = 400 - 2P(150) ➡ Qd = 100

3. (t + 1)시점에서의 균형가격과 균형거래량의 계산
   • 800 - 2P = -400 + 4P ➡ 1,200 = 6P ➡ P = 200
   • P = 20을 (t + 1)시점의 수요함수에 대입하면 Qd = 800 - 2P (200)
     ➡ Qd = 400

따라서, t시점에서 (t + 1)시점으로 변화할 때 균형가격은 150만원에서 200만원으로 50만원 상승하고, 균형거래량은 100에서 400으로 300 증가한다.

## 8.

정답 ⑤

상 부동산의 수요·공급이론

⑤ 수요가 완전비탄력적인 상황에서 공급이 감소하면 균형가격은 상승하고, 균형거래량은 변하지 않는다. 완전비탄력적인 조건(그래프 수직선)에서 균형거래량은 변하지 않는다.

## 9.

정답 ①

중 부동산의 수요·공급이론

$$\text{공급의 가격탄력성 } 0.5 = \dfrac{\text{공급량의 변화율 0.1}}{\text{가격 변화율(a)}} = \dfrac{\dfrac{\text{공급량의 변화분 160세대}}{\text{최초의 공급량 1,600세대}}}{\dfrac{\text{가격의 변화분}(x)}{\text{최초의 가격 4억원}}}$$

따라서, 가격 변화율(a) = 공급량의 변화율 0.1 ÷ 공급의 가격탄력성 0.5 = 0.2

➡ 가격 변화율은 0.2(20%) 상승하였다(가격과 공급량은 비례관계).

따라서, 최초의 가격 4억원 × 0.2(20%) = 8,000만원 상승

## 10.

정답 ⑤

중 부동산의 경기변동

ㄱ은 추세적, ㄴ은 불규칙, ㄷ은 계절적, ㄹ은 순환적이다.

ㄱ. 경제가 성장하면서 신규주택의 미분양물량이 전년 동기 대비 일정비율씩 감소하는 것은 추세적 변동이다.

ㄴ. 정부의 부동산 정책으로 주택거래량이 급격하게 증가하였다면 불규칙·우발적·무작위적 변동이다.

ㄷ. 신학기에 학군부근의 아파트 거래량이 늘어나는 현상이 반복되는 것은 계절적 변동이다.

ㄹ. 2024년 4월을 정점으로 하여 상업용 부동산경기가 후퇴기에 접어들었다면 순환적 변동이다.

## 11.

정답 ③

하 부동산시장

③ 부동산시장이 할당 효율적이지 못할 경우(균형상태가 아니므로), 부동산가격은 과소평가나 과대평가 등 왜곡가능성이 커질 수 있다.

## 12.

정답 ②

하 부동산시장

② 주택은 이질성(개별성)이 강한 제품이지만, 용도적으로 동질화된 상품으로 분석할 수 있다.

> Ⓥ 참고
> 주택서비스란 이질적인 주택을 용도적으로 동질화해주는 개념이다.

## 13.
정답 ②

**중** 입지 및 공간구조론

틀린 것은 ㄱ, ㄹ이다.
ㄱ. 차액지대설은 곡물가격이 상승함에 따라 지대가 발생한다고 하여, 지대는 가격을 결정하는 비용(구성요소)이 아닌 잉여라는 것을 증명해준다.
ㄹ. 입찰지대는 단위면적 토지에 대하여 토지이용자의 지불용의최대금액을 말한다.

## 14.
정답 ④

**상** 입지 및 공간구조론

상권의 경계선(분기점)이란 두 점포로 구매하러 갈 비율이 1:1인 지점이므로 다음과 같이 정리하여 계산한다. A점포의 면적이 B점포의 면적보다 더 크기 때문에 A점포의 상권영향력이 더 크다. 따라서, 상권의 경계선(분기점)은 B점포에 가깝게 형성된다.

- $\dfrac{A}{B} = \dfrac{A점포\ 면적}{B점포\ 면적} \times \left(\dfrac{B점포까지의\ 거리}{A점포까지의\ 거리}\right)^2 = \dfrac{(1)}{(1)}$

- $\dfrac{A}{B} = \dfrac{400m^2}{100m^2} \times \left(\dfrac{B점포까지의\ 거리}{A점포까지의\ 거리}\right)^2 = \dfrac{(1)}{(1)}$

  → $\dfrac{A}{B} = \dfrac{4}{1} \times \left(\dfrac{1}{2}\right)^2 = \dfrac{(1)}{(1)}$

∴ 전체 거리 15km 중 A점포와 B점포간 거리의 비율은 2:1이므로, $15km \times \dfrac{2}{3} = 10km$, 즉 A점포로부터 10km 떨어진 지점이 상권의 경계선(분기점)이 된다.

## 15.
정답 ③

**하** 입지 및 공간구조론

③ 다핵심이론에서 동종·유사활동은 집적이익을 추구하고자 모여서 입지하는 것(집적 입지)을 다핵화의 한 요인으로 본다. 반면에 이종(이질)활동은 이해가 상반되므로 분산입지하는 경향이 있다.

## 16.
정답 ①

**하** 부동산정책의 의의 및 기능

① 부동산시장에서 시장참여자가 접하는 정보의 양과 질이 다를 경우 자원배분의 효율성은 달성되지 못한다. 즉, 정보의 불완전성(비대칭성)은 시장실패의 원인이다.

## 17.
정답 ③

**하** 토지정책

③ 한국토지주택공사는 토지채권을 발행하거나 토지은행 적립금 등을 활용하여 비축재원을 조달한다. 재정이나 주택도시기금의 지원을 받지 않는다.

## 18.
정답 ④

**중** 주택정책

옳은 것은 ㄴ, ㄷ, ㄹ이다.
ㄱ. 임대료보조정책은 장기적으로 임대주택의 공급을 증가시키므로, 임차인의 주거안정에 기여할 수 있다.
ㄹ. 시장균형가격보다 임대료의 상한이 낮을 경우, (임대주택의 공급이 감소함에 따라 임대주택을 구하기 어려워서) 기존 임차인의 주거이동이 감소할 것이다.

> ✓ 임대료 보조정책의 효과
>
> 1. **단기**: 보조금 지급 → 임대주택 수요 증가 → 임대료 상승
> 2. **장기**: 임대주택 공급 증가 → 임대료 하락 또는 원래 수준으로 회귀

## 19.
정답 ④

**하** 조세정책

④ 수요의 가격탄력성은 0.5이고, 공급의 가격탄력성이 1.5일 때 수요의 가격탄력성이 더 비탄력적이므로, 부과된 세금은 수요자에게 더 많이 전가될 수 있다. → 상대적으로 가격탄력성이 낮은 쪽(비탄력적인 쪽)이 더 많은 세금을 부담하게 된다.

## 20.
정답 ①

**상** 부동산투자분석 및 기법

① 할인율(요구수익률)이 20%일 때, 투자안의 순현가(NPV) 값이 0이면 (현금유입의 현재가치와 현금유출의 현재가치가 동일하므로) 이 투자안의 내부수익률도 20%이다. → 투자안의 순현가 값이 0이면, 할인율(요구수익률)과 내부수익률은 같아진다.
② 세전현금수지승수와 세후현금수지승수 두 수식의 분자값(지분투자액)은 동일하고, 세후현금수지승수의 분모값이 더 작으므로, 전체 값인 세후현금수지승수가 값이 더 큰 편이다(세전현금수지승수 < 세후현금수지승수).
③ 내부수익률(IRR)은 현금유입의 현재가치와 현금유출의 현재가치를 같게 만드는 할인율을 말한다. → 현금유입의 현재가치와 현금유출의 현재가치가 같으면, 이 투자안의 수익성지수(PI)는 1이 된다.
⑤ 사전에 할인율을 결정하지 않아도, 현금흐름(투자액과 현금유입)만 알고 있어도 내부수익률을 구할 수 있다.

## 21.
정답 ⑤

**상** 부동산투자분석 및 기법

① 5년 후에 1억원이 될 것으로 예상되는 토지의 현재가치를 계산할 경우 일시불의 현재가치계수를 사용한다.
② 원리금균등상환방식에 의한 매기의 원리금은 융자금에 저당상수를 곱하여 산정한다.
③ 잔금비율은 저당대출액에 대한 미상환된 금액의 비율을 말하며, 이자율·만기·남은 저당기간의 함수이다.
④ 현재 5억원인 주택이 매년 10%씩 가격이 상승한다고 가정할 때, 일시불의 미래가치계수를 사용하여 5년 후의 주택가격을 산정할 수 있다.

## 22.
정답 ①

**[중] 부동산투자분석 및 기법**

1. 순현재가치 = 현금유입의 현재가치 - 현금유출의 현재가치
2. 할인율 5%인 경우

$$순현재가치 = \frac{4,200만원}{(1+0.05)^1} - 2,700만원 = 1,300만원$$

3. 할인율 12%인 경우

$$순현재가치 = \frac{4,200만원}{(1+0.12)^1} - 2,700만원 = 1,050만원$$

∴ 5%인 경우 1,300만원, 12%는 1,050만원이다.

## 23.
정답 ④

**[상] 부동산투자분석 및 기법**

④ 순영업소득 1억원 - 부채서비스액($x$) = 세전현금수지 4,000만원
   → 부채서비스액($x$)은 6,000만원

   ∴ 부채감당률 1.66 ≒ $\dfrac{순영업소득\ 1억원}{부채서비스액\ 6,000만원}$

① 가능총소득 2억원 - 공실(a) = 유효총소득 1억 8,000만원
   → 공실(a) = 2,000만원

   ∴ 공실률 0.1(10%) = $\dfrac{공실\ 2,000만원}{가능총소득\ 2억원}$

② 유효총소득 1억 8,000만원 - 영업경비(b) = 순영업소득 1억원
   ∴ 영업경비(b) = 8,000만원

③ $\dfrac{종합환원율}{(총투자수익률)}$ = $\dfrac{순영업소득\ 1억원}{총투자액(부동산가치)\ 20억원}$ = 5%

⑤ 총투자액 20억원 중 대부비율이 60%이므로, 자기자본비율은 40%이다.
   • 지분투자액 8억원 = 20억원 × 0.4(40%)

   ∴ 자기자본수익률 5% = $\dfrac{세전현금수지\ 4,000만원}{지분투자액\ 8억원}$

## 24.
정답 ④

**[상] 부동산투자이론**

④ 효율적 포트폴리오(투자대안)란 위험회피형 투자자의 투자대상 후보를 말한다.
   네 가지 투자안은 상호 지배관계에 있지 않은 효율적 포트폴리오(투자대안)으로서, 위험회피형 투자자는 어떤 투자안을 선택하여도 기대효용은 동일하다. 단, 위험회피형 투자자 중에서 보수적 투자자라면 기대수익률과 위험이 가장 작은 부동산A에 투자하여 기대효용을 극대화할 수 있다. → 부동산 A는 보수적 투자자의 최적 포트폴리오(투자안)라고 할 수 있다.
① 실제수익률이 기대수익률에 가까울 가능성이 가장 높은 투자대안(표준편차 즉, 위험이 가장 작은 것)은 부동산 A다.
② 부동산 B는 부동산 C에 비하면 저위험-저수익 투자안으로, 상호 지배관계에 있지 않다.
③ 부동산 D를 선택한 투자자(공격적 투자자)의 무차별효용곡선 기울기가 가장 완만한 편이다.
⑤ 변동(변이)계수 = $\dfrac{표준편차(위험)}{평균(기대수익률)}$

   ∴ 부동산 C의 변동계수 0.66 ≒ $\dfrac{10}{15}$, 부동산 A의 변동계수 0.8 = $\dfrac{4}{5}$

## 25.
정답 ②

**[하] 부동산투자이론**

② 이자율(금리)변동위험은 체계적 위험으로, 수익률의 움직임이 상이한 종목끼리 구성하여도 제거될 수 없다.
④ 두 자산의 상관계수가 1보다 작은 경우에는 두 자산간 수익률의 움직임이 완전한 정(+)의 관계가 아니므로, 분산투자로 인한 잠재적 이익이 발생한다. → 두 자산간 상관계수가 +1만 아니라면 분산투자효과는 발생한다.

## 26.
정답 ③

**[중] 부동산금융**

③ 변동금리대출상품은 대출기관을 인플레이션위험으로부터 어느 정도 보호해준다. 고정금리저당대출은 대출 이후 예상치 못한 인플레이션이 발생할 경우 상대적으로 불리해진다(손해이다).
⑤ 원금균등상환방식은 체증식 상환방식보다 금융기관 입장에서 대출초기에 원금회수가 빠르다. → 원금균등상환방식은 체증식 상환방식보다 상대적으로 원금회수위험이 작은 편이다.

## 27.
정답 ④

**[상] 부동산금융**

1. LTV 50% = $\dfrac{융자금}{부동산가격}$ = $\dfrac{융자금(a)}{6억원}$
   → 융자금(a) = 3억원 × 0.6(60%)
   LTV규제에 따른 융자금(a)은 1.8억원이다.
2. 원금균등상환방식: 거치기간이 없으므로, 1회차 원리금을 계산한다.
   • 균등한 원금 500,000원 = 융자금 1.8억원 ÷ 30년 ÷ 12개월
   • 1회차 월 이자 900,000원 = 융자금 1.8억원 × 연 이자율 0.06(6%) ÷ 12개월 = 융자금 1.8억원 × 월 이자율 0.005(0.5%)
   • 원리금 1,400,000원 = 균등한 원금 500,000원 + 첫 회 이자 900,000원
3. 원리금균등상환방식: 3년 거치 후 원리금균등상환이므로, 첫 회 월 이자만 구한다(제시된 월 저당상수는 필요하지 않음).
   → 월 이자 900,000원 = 융자금 1.8억원 × 월 이자율 0.005(0.5%)
∴ 두 상환방식의 첫 회(월) 상환액의 차이는 500,000원(= 1,400,000원 - 900,000원)이다.

## 28.
정답 ⑤

**[중] 부동산증권론 및 개발금융**

⑤ 주택저당증권은 차입자가 상환하는 매기의 대출원리금상환액에 기초하여 발행증권에 대해 고정적인 수익(채권에 대한 이자나 발행증권에서 지급하는 원리금)을 투자자에게 제공하는 부채증권이다.

## 29.
정답 ②

**[중] 부동산증권론 및 개발금융**

② 기업구조조정 부동산투자회사는 공모의무비율이 적용되지 않는다. 반면, 자기관리 부동산투자회사 및 위탁관리 부동산투자회사는 영업인가를 받거나 등록을 한 날부터 2년 이내에는 주식 총수의 100분의 30 이상을 일반의 청약에 제공하여야 한다.

# 30.

**하 부동산증권론 및 개발금융**

⑤ 주택도시기금의 관리 및 운용은 한국주택금융공사의 업무에 해당하지 않는다. 주택도시기금은 국토교통부장관이 운용·관리한다. 국토교통부장관은 주택도시기금의 운용관리에 관한 사무의 전부 또는 일부를 주택도시보증공사에게 위탁할 수 있다.

# 31.

정답 ②

**상 부동산증권론 및 개발금융**

부채금융은 저당대출담보부 채권(MBB), 주택상환사채, 신탁증서금융(담보신탁) 3개이다.
- 부채금융: 차입하거나 부채증권을 발행하여 자금을 조달하는 것으로, 이자와 원금의 상환의무가 있는 것을 말한다.
- 지분금융: 조인트-벤처(joint-venture), 부동산투자회사의 주식
- 메자닌금융: 상환우선주, 전환사채(CB) 신주인수권부 사채(BW)

# 32.

정답 ③

**중 부동산이용 및 개발**

옳은 것은 ㄱ, ㄷ, ㄹ이다.
ㄴ. 사업수탁(위탁)방식은 개발지분을 토지소유자와 개발업자가 공유하지 않는다. 개발사업의 성과는 모두 토지소유자(위탁자)에게 귀속되며, 개발업자는 개발사업을 대행하고 수수료를 취하는 방식이다.

# 33.

정답 ⑤

**하 부동산관리**

① 혼합관리의 경우 소유주와 관리요원의 협조가 제대로 이루어지지 못하면 책임소재가 불분명해진다. ➡ 책임한계가 명확하게 구분되지 못한다.
② 신탁관리의 경우, 관리기간 중에 발생한 대인 및 대물사고는 수탁자(부동산신탁회사)가 책임을 진다.
③ 자산관리란 부동산 소유주나 기업의 부를 극대화하기 위하여 대상부동산의 가치를 증진시키도록 하는 적극적 관리이다.
④ 협의의 관리는 위생관리, 설비관리, 보안관리 등 기술적(물리적) 측면의 관리를 말한다. 이와는 달리 손익분기점 관리, 수지관리 등을 수행하는 것은 경제적 측면의 관리이다.

# 34.

정답 ①

**중 부동산마케팅 및 광고**

② 고객점유마케팅전략에서 설득과정은 주목(Attention) ➡ 흥미(Interest) ➡ 욕망(Desire) ➡ 행동(Action) 단계의 순서로 이루어진다.
③ 시장점유마케팅전략의 핵심은 STP전략과 4P MIX전략을 구사하는 것이다.
④ • 다이렉트 메일(DM)광고는 표적고객을 선정하여 광고할 수 있다는 장점이 있다.
   • 노벨티(novelty)광고는 볼펜, 종이컵 등 실용적이고 장식적인 물건을 광고매체로 하는 경우를 말한다.
⑤ 시장점유마케팅은 시장을 세분화하고 표적시장에 대하여 자사의 상품을 차별화하는 전략을 구사하는 것이다.

# 35.

정답 ③

**하 감정평가의 기초이론**

① 균형의 원칙은 기능적 감가와 관련이 있고, 적합의 원칙은 경제적 감가와 관련이 있다.
② 예측의 원칙에 따르면 부동산의 가격은 장래 유·무형의 편익을 현재가치로 환원한 값이다. 현재가 아닌 장래의 이용을 예측하여 가치를 평가한다는 가격원칙이다.
④ 기여의 원리란 부동산의 가치는 각 구성부분 기여도의 합이 전체 가치를 결정한다는 것이다.
⑤ 최유효이용의 원칙은 물리적 채택가능성, 경제적(합리적), 법률적(합법적)인 조건을 충족하고 여기에 부동산이 최고의 가치를 형성할 수 있다는 것을 전제로 평가한다는 것이다. ➡ 최유효이용은 대상부동산의 물리적 채택가능성, 합리적이고 합법적인 이용, 최고수익성을 기준으로 판정할 수 있다.

# 36.

정답 ①

**상 감정평가의 기초이론**

옳은 것은 ㄱ, ㄴ, ㄷ이다.
ㄹ. 감정평가법인등은 선박을 감정평가할 때에 선체·기관·의장(艤裝)별로 구분하여 감정평가하되, 각각 원가법을 적용하여야 한다(「감정평가에 관한 규칙」 제20조 제3항).

# 37.

정답 ③

**상 감정평가의 방식**

- '적산가액 = 재조달원가 - 감가수정(감가누계액)' 공식을 이용한다.
- 신축시점과 기준시점간의 건축비의 변동(2년 동안 매년 10%씩 상승)을 감안하여 기준시점에서 재조달원가를 구한다.
  ➡ 재조달원가 = 신축공사비 4억원 × $(1 + 0.1)^2$ = 4억 8,400만원
- 내용연수 만료시 잔가율이 10%이므로, 잔존가치는 4,840만원[ = 재조달원가 4억 8,400만원 × 잔가율 0.1(10%)]이다.
  따라서, 감가총액은 4억 3,560만원(= 재조달원가 4억 8,400만원 - 잔존가치 4,840만원)이다.
- 경제적 내용연수 30년 = 경과연수 2년 + 잔존 경제적 내용연수 28년
- 초기(매년)감가액 14,520,000원 =
  $$\frac{감가총액 4억 3,560만원[ = 재조달원가 4억 8,400만원 - 잔존가치 4,840만원]}{경제적 내용연수 30년}$$
- 감가누계액 29,040,000원 = 초기(매년)감가액 14,520,000원 × 경과연수 2년
- ∴ 적산가액 = 재조달원가 4억 8,400만원 - 감가수정(감가누계액) 2,904만원 = 4억 5,496만원

# 38.

정답 ④

**상 감정평가의 방식**

④ 다른 조건이 일정할 때, 자본환원율(할인율)이 상승하면 부동산자산 가격은 하락한다.

☑ 직접환원법에서의 수익가액산정

$$수익가액(부동산가격) = \frac{순영업소득}{환원이율(자본환원율)}$$

## 39.

정답 ②

[하] 감정평가의 기초이론

② 토지를 감정평가할 때에는 공시지가기준법을 적용해야 한다(「감정평가에 관한 규칙」 제14조 제1항).

## 40.

정답 ①

[하] 부동산가격공시제도

① 공동주택가격은 국토교통부장관이 매년 4월 30일까지 산정·공시하여야 한다(「부동산 가격공시에 관한 법률 시행령」 제43조 제1항).

## 제2과목 민법 및 민사특별법

| 41 | 42 | 43 | 44 | 45 | 46 | 47 | 48 | 49 | 50 |
|----|----|----|----|----|----|----|----|----|----|
| ② | ③ | ③ | ② | ④ | ⑤ | ③ | ② | ② | ① |
| 51 | 52 | 53 | 54 | 55 | 56 | 57 | 58 | 59 | 60 |
| ④ | ④ | ③ | ① | ① | ⑤ | ④ | ⑤ | ① | ③ |
| 61 | 62 | 63 | 64 | 65 | 66 | 67 | 68 | 69 | 70 |
| ④ | ② | ① | ⑤ | ④ | ⑤ | ① | ① | ③ | ② |
| 71 | 72 | 73 | 74 | 75 | 76 | 77 | 78 | 79 | 80 |
| ④ | ③ | ⑤ | ⑤ | ① | ⑤ | ⑤ | ① | ③ | ③ |

### 선생님의 한마디

조문, 판례문제 및 사례문제를 적절히 안배하였습니다. 객관식 시험은 정확히 아는 것이 중요합니다. 따라서 틀린 문제는 반드시 문제의 해설과 교재를 통하여 정확히 이해해서 다시 틀리지 않도록 공부하여야 합니다.

## 41.

정답 ②

[하] 법률행위

② 대리인이 이중매도행위에 적극 가담하였다면, 설사 본인이 미리 그러한 사정을 몰랐다 할지라도 그 매매계약은 반사회적 법률행위로서 무효가 된다(대판 1998.2.27, 97다45532).

## 42.

정답 ③

[중] 법률행위

옳은 것은 ㄱ, ㄹ이다.
ㄴ. 대리인에 의한 불공정 법률행위시 경솔·무경험은 그 대리인을 기준으로 판단하고, 궁박상태 여부는 본인을 기준으로 판단한다(대판 1972. 4.25, 71다2255).
ㄷ. 경매의 경우에는 불공정한 법률행위가 성립할 수 없다(대결 1980.3.21, 80마77).

## 43.

정답 ③

[중] 의사표시

③ 진정한 등기명의 회복을 위한 소유권이전등기청구는 이미 자기 앞으로 소유권을 표상하는 등기가 되어 있었거나 법률에 의하여 소유권을 취득한 자가 진정한 등기명의를 회복하기 위한 방법으로 현재의 등기명의인을 상대로 그 등기의 말소를 구하는 것에 갈음하여 허용된다(대판 2001.9.20, 99다37894 전원합의체).

## 44.

**하** 의사표시

② 매매계약 내용의 중요부분에 착오가 있는 경우 매수인은 매도인의 하자담보책임이 성립하는지와 상관없이 착오를 이유로 매매계약을 취소할 수 있다(대판 2018.9.13, 2015다78703).

① 동기의 착오가 법률행위의 내용의 중요부분의 착오에 해당함을 이유로 표의자가 법률행위를 취소하려면 그 동기를 당해 의사표시의 내용으로 삼을 것을 상대방에게 표시하고 의사표시의 해석상 법률행위의 내용으로 되어 있다고 인정되면 충분하고, 당사자들 사이에 별도로 그 동기를 의사표시의 내용으로 삼기로 하는 합의까지 이루어질 필요는 없다(대판 2000.5.12, 2000다12259).

③ 상대방이 표의자의 착오를 알고 이를 이용한 경우에는 착오가 표의자의 중대한 과실로 인한 것이라고 하더라도 표의자는 의사표시를 취소할 수 있다(대판 2014.11.27, 2013다49794).

④ 제109조가 중과실이 없는 착오자의 취소를 허용하고 있는 이상, 과실로 인하여 착오에 빠져 계약을 한 것이나 그 착오를 이유로 계약을 취소한 것이 위법하다고 할 수는 없으므로, 착오 취소자가 불법행위에 의한 손해배상책임을 지지 않는다(대판 1997.8.22, 97다13023).

⑤ 매도인이 매수인의 중도금 미지급을 이유로 매매계약을 적법하게 해제한 후라도 매수인으로서는 채무불이행에 따른 손해배상책임이나 계약금의 반환을 받을 수 없는 불이익을 면하기 위하여 착오를 이유로 하여 취소권을 행사하여 매매계약 전체를 무효로 돌릴 수 있다(대판 1991.8.27, 91다11308).

## 45.

**상** 의사표시

옳은 것은 ㄴ, ㄹ이다.

ㄱ. 상대방 있는 의사표시에 관하여 제3자가 사기나 강박을 행한 경우에는, 상대방이 그 사실을 알았거나 알 수 있었을 경우에 한하여 표의자는 그 의사표시를 취소할 수 있다(「민법(이하 해설에서 법명 생략)제110조 제2항).

ㄴ. 상대방의 대리인 등 상대방과 동일시할 수 있는 자는 제3자가 아니므로(대판 1999.2.23, 98다60828), 乙이 선의·무과실이어도 甲은 취소할 수 있다.

ㄷ. 피해자가 제3자를 상대로 손해배상청구를 하기 위하여 반드시 그 계약을 취소할 필요는 없다(대판 1999.3.10, 97다55829).

ㄹ. 기망에 의하여 하자 있는 권리나 물건에 관한 매매가 성립한 경우에는 매수인은 담보책임과 제110조의 취소권을 선택적으로 행사할 수 있다(대판 1973.10.23, 73다268).

## 46.

**상** 법률행위의 대리

⑤ 대리인이 대리권 소멸 후 직접 상대방과 사이에 대리행위를 한 경우는 물론, 복대리인을 선임하여 복대리인으로 하여금 상대방과 대리행위를 하게 한 경우에도 상대방이 대리권 소멸 사실을 알지 못하고 복대리인에게 적법한 대리권이 있는 것으로 믿었고 그와 같이 믿는 데 과실이 없다면, 제129조에 의한 표현대리가 성립한다(대판 1998. 5.29, 97다55317).

## 47.

**중** 법률행위의 대리

③ 무권대리인이 차용금 중의 일부로 본인 소유의 부동산에 가등기로 담보하고 있던 소외인에 대한 본인의 채무를 변제하고 그 가등기를 말소하고 무권대리인이 차용한 금원의 변제기일에 채권자가 본인에게 그 변제를 독촉하자 그 유예를 요청하였다면 무권대리인의 행위를 추인하였다고 볼 것이다(대판 1973.1.30, 72다2309·2310).

① 무권대리행위의 추인은 무권대리행위가 있음을 알고 그 행위의 효과를 자기에게 귀속시키도록 하는 단독행위이다(대판 2002.10.11, 2001다59217).

② 대리권한 없이 타인의 부동산을 매도한 자가 그 부동산을 상속한 후 소유자의 지위에서 자신의 대리행위가 무권대리로 무효임을 주장하여 등기말소 등을 구하는 것이 금반언원칙이나 신의칙상 허용될 수 없다(대판 1994.9.27, 94다2067).

④ 본인이 무권대리행위의 일부에 대하여 추인을 하거나 그 내용을 변경하여 또는 조건을 붙여서 추인을 하는 경우에는 상대의 동의를 얻지 못하는 한 무효이다(대판 1982.1.26, 81다549).

⑤ 무권대리행위의 추인은 소급효가 있다(제133조).

## 48.

**중** 법률행위의 무효와 취소

② 협력의무 불이행을 이유로 계약을 해제할 수는 없지만 계약금에 기한 해제권은 행사할 수 있다. 즉, 토지거래허가를 받지 않아 유동적 무효상태인 매매계약에 있어서도 당사자 사이의 매매계약은 매도인이 계약금의 배액을 상환하고 계약을 해제함으로써 적법하게 해제된다(대판 1997.6.27, 97다9369).

## 49.

**하** 법률행위의 무효와 취소

② 제한능력자는 현존이익의 한도에서 상환하면 된다(제141조 단서). 설령 제한능력자가 악의이더라도 현존이익만을 반환하면 된다.

① 취소할 수 있는 행위를 추인할 때에는 법정대리인은 다른 취소권자와는 달리 취소원인의 소멸 전이라도 추인할 수 있다(제144조 제2항). 즉, 법정대리인은 추인의 시기에 대해서 제한을 받지 않는다.

③ 법률행위가 취소되면, 그 법률행위는 처음부터 무효인 것으로 본다(제141조).

④⑤ 취소권은 추인할 수 있는 날로부터 3년 내에, 법률행위를 한 날로부터 10년 내에 행사하여야 한다(제146조).

## 50.

**상** 조건과 기한

① 조건이 선량한 풍속 기타 사회질서에 위반한 것인 때에는 그 법률행위는 무효로 한다(제151조 제1항). 즉, 조건만 무효가 되는 것이 아니라, 법률행위 자체가 무효가 된다.

## 51.
정답 ④

**[상] 물권의 변동**

등기를 하여야 물권변동의 효력이 발생하는 것은 ㄴ, ㄹ이다.
ㄱ. 혼동에 의한 물권의 소멸은 법률규정에 의한 소멸로서 등기가 필요 없다(제191조).
ㄴ. 제187조의 판결은 판결 자체에 의하여 부동산 물권취득의 효력이 발생하는 경우를 말하는 것이고, 당사자 사이의 법률행위를 원인으로 하여 부동산 소유권이전등기절차의 이행을 명하는 것과 같은 판결은 이에 포함되지 아니하므로, 인낙조서가 확정판결과 동일한 효력이 있다고 하더라도 증여를 원인으로 한 소유권이전등기절차의 이행청구에 대하여 인낙한 것이라면 그 부동산의 취득에는 등기를 요한다(대판 1998.7.28, 96다50025).
ㄷ. 저당권은 피담보채권에 부종하기 때문에, 피담보채권이 소멸하면 저당권도 소멸한다(제369조). 이 경우 저당권의 소멸은 기타 법률의 규정에 의한 변동이므로 등기가 필요 없다(제187조).
ㄹ. 법률행위로 인한 부동산물권변동은 등기를 해야 효력이 발생한다(제186조).

## 52.
정답 ④

**[중] 물권의 변동**

④ 가등기에 기하여 본등기가 행해지면 물권변동의 효력은 어디까지나 본등기를 하는 때에 발생하며, 다만 본등기의 순위만 가등기에 의할 뿐이다.

## 53.
정답 ③

**[상] 물권의 변동**

옳은 것은 ㄴ, ㄷ이다.
ㄱ. 소유권이전청구권 보전을 위한 가등기가 있다 하여, 소유권이전등기를 청구할 어떤 법률관계가 있다고 추정되지 아니한다(대판 1979.5.22, 79다239).
ㄴ. 제3자가 처분행위에 개입된 경우 현 등기명의인이 그 제3자가 전 등기명의인의 대리인이라고 주장하더라도 현 등기명의인의 등기가 적법히 이루어진 것으로 추정된다(대판 1993.10.12, 93다18914).
ㄷ. 부동산등기는 현재의 진실한 권리상태를 공시하면 그에 이른 과정이나 태양을 그대로 반영하지 아니하였어도 유효한 것이므로 소유권이전등기가 전 소유자의 의사에 반하여 이루어진 것이 아니라면 명의자가 등기원인행위의 태양이나 과정을 다소 다르게 주장한다고 하여 이러한 주장만 가지고 그 등기의 추정력이 깨어진다고 할 수 없다(대판 1993.5.11, 92다46059).
ㄹ. 부동산 소유권보존등기가 경료되어 있는 이상 그 보존등기 명의자에게 소유권이 있음이 추정된다 하더라도 그 보존등기 명의자가 보존등기하기 이전의 소유자로부터 부동산을 양수한 것이라고 주장하고 전 소유자는 양도 사실을 부인하는 경우에는 그 보존등기의 추정력은 깨어지고 그 보존등기 명의자 측에서 그 양수 사실을 입증할 책임이 있다(대판 1982.9.14, 82다카707).

## 54.
정답 ①

**[하] 물권의 변동**

① 甲 소유의 토지 위에 乙이 1번 저당권, 丙이 2번 저당권을 가지고 있는 경우에 乙이 甲 소유의 토지를 양도받아 소유권을 취득하더라도 乙의 저당권은 소멸하지 않는다. 만일 그 저당권이 소멸한다면, 후순위의 丙이 선순위로 올라서게 되어 부당하게 유리한 지위를 차지함으로써 乙의 이익을 해치게 되기 때문이다.

## 55.
정답 ①

**[하] 점유권**

① 선의의 점유자라도 본권에 관한 소에 패소한 때에는 그 소가 제기된 때로부터 악의의 점유자로 본다(제197조 제2항).

## 56.
정답 ⑤

**[중] 점유권**

⑤ 점유자가 유익비상환청구를 하는 경우에 법원은 회복자의 청구에 의하여 상당한 상환기간을 허여할 수 있다(제203조 제3항).

## 57.
정답 ④

**[상] 소유권**

④ 취득시효에 의한 소유권취득의 효력은 점유를 개시한 때로 소급한다(제247조 제1항).

## 58.
정답 ⑤

**[중] 소유권**

틀린 것은 ㄷ, ㄹ이다.
ㄱ. 제267조
ㄴ. 공유물의 관리에 관한 사항은 공유자의 지분의 과반수로써 결정하고, 공유물의 사용·수익·관리에 관한 공유자간의 특약은 특정승계인에게도 승계되나, 공유물에 관한 특약이 지분권자로서 사용·수익권을 사실상 포기하는 등으로 공유지분권의 본질적 부분을 침해하는 경우에는 특정승계인이 그러한 사실을 알고도 공유지분권을 취득하였다는 등 특별한 사정이 없는 한 특정승계인에게 당연히 승계된다고 볼 수 없다(대판 2012.5.24, 2010다108210).
ㄷ. 공유자 사이에 공유물을 사용·수익할 구체적인 방법을 정하는 것은 공유물의 관리에 관한 사항으로서 공유자의 지분의 과반수로써 결정하여야 할 것이고, 과반수의 지분을 가진 공유자가 그 공유물의 특정 부분을 배타적으로 사용·수익하기로 정하는 것은 공유물의 관리 방법으로서 적법하며, 다만 그 사용·수익의 내용이 공유물의 기존의 모습에 본질적 변화를 일으켜 '관리' 아닌 '처분'이나 '변경'의 정도에 이르는 것이어서는 안 될 것이고, 예컨대 다수 지분권자라 하여 나대지에 새로이 건물을 건축한다든지 하는 것은 '관리'의 범위를 넘는 것이 될 것이다(대판 2001.11.27, 2000다33638 · 33645). 즉, 甲, 乙은 X토지에 대한 관리방법으로 X토지에 건물을 신축할 수 없다.
ㄹ. 공유물의 소수 지분권자인 피고가 다른 공유자와 협의하지 않고 공유물의 전부 또는 일부를 독점적으로 점유하는 경우 다른 소수 지분권자인 원고가 피고를 상대로 공유물의 인도를 청구할 수는 없다(대판 2020.5.21, 2018다287522 전원합의체).

## 59.
정답 ①

**[중] 용익물권**

① 지상권이 저당권의 목적인 때 또는 그 토지에 있는 건물, 수목이 저당권의 목적이 된 때 소멸청구는 저당권자에게 통지한 후 상당한 기간이 경과함으로써 그 효력이 생긴다(제288조).

## 60.
정답 ③

용익물권

③ 토지공유자의 1인은 지분에 관하여 그 토지를 위한 지역권 또는 그 토지가 부담한 지역권을 소멸하게 하지 못한다(제293조 제1항).
① 요역지는 1필의 토지이어야 하나, 승역지는 1필의 토지의 일부이어도 무방하다.
② 지역권의 존속기간은 영구무한으로 약정할 수 있다.
④ 통행지역권은 요역지의 소유자가 승역지 위에 도로를 설치하여 요역지의 편익을 위하여 승역지를 늘 사용하는 객관적 상태가 제245조에 규정된 기간 계속된 경우에 한하여 그 시효취득을 인정할 수 있다(대판 2015.3.20, 2012다17479).
⑤ 지역권은 점유하는 권리가 아니므로 반환청구권은 인정되지 않는다.

## 61.
정답 ④

용익물권

틀린 것은 ㄴ, ㄹ이다.
ㄱ. 전세권 존속 중에는 장래에 그 전세권이 소멸하는 경우에 전세금반환권이 발생하는 것을 조건으로 그 장래의 조건부채권을 양도할 수 있다(대판 2002.8.23, 2001다69122).
ㄴ. 전세권이 기간만료로 종료된 경우 전세권은 전세권설정등기의 말소등기 없이도 당연히 소멸하고, 저당권의 목적물인 전세권이 소멸하면 저당권도 당연히 소멸하는 것이므로 전세권을 목적으로 한 저당권자는 전세권의 목적물인 부동산의 소유자에게 더 이상 저당권을 주장할 수 없다(대판 1999.9.17, 98다31301).
ㄷ. 전세권이 성립한 후 전세목적물의 소유권이 이전된 경우, 목적물의 신 소유자는 구 소유자와 전세권자 사이에 성립한 전세권의 내용에 따른 권리의무의 직접적인 당사자가 되어 전세권이 소멸하는 때에 전세권자에 대하여 전세권설정자의 지위에서 전세금반환의무를 부담하게 된다(대판 2006.5.11, 2006다6072).
ㄹ. 건물의 일부에 대하여 전세권이 설정되어 있는 경우 그 전세권자는 제303조 제1항의 규정에 의하여 그 건물 전부에 대하여 후순위권리자 기타 채권자보다 전세금의 우선변제를 받을 권리가 있고, 제318조의 규정에 의하여 전세권설정자가 전세금의 반환을 지체한 때에는 전세권의 목적물의 경매를 청구할 수 있는 것이나, 전세권의 목적물이 아닌 나머지 건물 부분에 대하여는 우선변제권은 별론으로 하고 경매신청권은 없으므로, 위와 같은 경우 전세권자는 전세권의 목적이 된 부분을 초과하여 건물 전부의 경매를 청구할 수 없다고 할 것이고, 그 전세권의 목적이 된 부분이 구조상 또는 이용상 독립성이 없어 독립한 소유권의 객체로 분할할 수 없고 따라서 그 부분만의 경매신청이 불가능하다고 하여 달리 볼 것은 아니다(대결 2001.7.2, 2001마212).

## 62.
정답 ②

담보물권

유치권자의 권리가 아닌 것은 ㄱ, ㄹ이다.
ㄱ. 유치권에 기한 물권적 청구권은 인정되지 않는다.
ㄴ. 제322조 제1항
ㄷ. 제323조 제1항
ㄹ. 채무자는 상당한 담보를 제공하고 유치권의 소멸을 청구할 수 있다(제327조). 즉, 유치권자에게 인정되는 권리가 아니다.

## 63.
정답 ①

담보물권

① 저당목적물의 변형물인 금전 기타 물건에 대하여 이미 제3자가 압류하여 그 금전 또는 물건이 특정된 이상 저당권자가 스스로 이를 압류하지 않고서도 물상대위권을 행사하여 일반 채권자보다 우선변제를 받을 수 있다(대판 1998.9.22, 98다12812).

## 64.
정답 ⑤

담보물권

⑤ 근저당권의 물상보증인은 「민법」 제357조에서 말하는 채권의 최고액만을 변제하면 근저당권설정등기의 말소청구를 할 수 있고 채권최고액을 초과하는 부분의 채권액까지 변제할 의무가 있는 것이 아니다(대판 1974.12.10, 74다998).

## 65.
정답 ④

계약총론

옳은 것은 ㄴ, ㄷ이다.
ㄱ. 청약은 상대방 있는 의사표시이므로 상대방에게 도달한 때에 효력이 생긴다(제111조 제1항). 격지자·대화자를 구별하지 않는다.
ㄴ. 제534조
ㄷ. 청약자가 미리 정한 기간 내에 이의를 하지 아니하면 승낙한 것으로 간주한다는 뜻을 청약시 표시하였다고 하더라도 이는 상대방을 구속하지 아니하고 그 기간은 경우에 따라 단지 승낙기간을 정하는 의미를 가질 수 있을 뿐이다(대판 1999.1.29, 98다48903).
ㄹ. 당사자간에 동일한 내용의 청약이 상호교차된 경우에는 양 청약이 상대방에게 도달한 때에 계약이 성립한다(제533조).

## 66.
정답 ⑤

계약총론

⑤ 수량부족·일부멸실의 경우로서 담보책임의 문제가 된다.
③ 목적이 불능한 계약을 체결할 때에 그 불능을 알았거나 알 수 있었을 자는 상대방이 그 계약의 유효를 믿었음으로 인하여 받은 손해를 배상하여야 한다(제535조 제1항 전단).

## 67.
정답 ①

계약총론

동시이행관계에 있는 것은 ㄱ, ㄷ이다.
ㄱ. 제317조
ㄴ. 임대인의 보증금반환의무가 선이행의무이다(대판 2005.6.9, 2005다4529).
ㄷ. 제549조
ㄹ. 임차인의 임차목적물 반환의무는 임대차계약의 종료에 의하여 발생하나, 임대인의 권리금회수 방해로 인한 손해배상의무는 「상가건물 임대차보호법(이하 해설에서는 '상임법'이라 함)」에서 정한 권리금회수기회 보호의무 위반을 원인으로 하고 있으므로 양 채무는 동일한 법률요건이 아닌 별개의 원인에 기하여 발생한 것일 뿐 아니라 공평의 관점에서 보더라도 그 사이에 이행상 견련관계를 인정하기 어렵다(대판 2019.7.10, 2018다242727).

## 68.

정답 ①

중 계약총론

① 계약관계의 청산은 계약의 당사자인 낙약자와 요약자 사이에 이루어져야 하므로, 낙약자는 제3자를 상대로 해제에 기한 원상회복 또는 무효를 원인으로 하는 부당이득반환의 청구를 할 수 없다(대판 2005. 7.22, 2005다7566).

## 69.

정답 ③

하 계약총론

③ 과실상계는 본래 채무불이행 또는 불법행위로 인한 손해배상책임에 대하여 인정되는 것이고, 매매계약이 해제되어 소급적으로 효력을 잃은 결과 원상회복의무의 이행으로서 이미 지급한 매매대금 기타의 급부의 반환을 구하는 경우에는 적용되지 아니한다(대판 2014.3.13, 2013다34143).

① 합의해제의 경우, 다른 약정이 없는 한 반환할 금전에 그 받은 날로부터 이자를 가산하여야 할 의무가 있는 것은 아니다(대판 1979.10.30, 79다1455).

② 이행불능을 이유로 계약을 해제하는 경우에는 최고도 필요 없고, 변제기까지 기다릴 필요도 없고, 자기채무의 이행제공 없이도 해제할 수 있다.

④ 매매계약이 이행된 후에 계약이 해제되면 말소등기 없이도 소유권은 당연히 복귀한다(대판 1977.5.24, 75다1394).

⑤ 당사자 쌍방이 수인인 경우 전원에 대하여 해제의 의사표시를 하여야 한다(제547조 제2항).

## 70.

정답 ②

하 계약총론

② 위약금으로 하기로 하는 특약이 없는 이상 계약이 당사자 일방의 귀책사유로 인하여 해제되었다 하더라도 상대방은 계약불이행으로 입은 실제 손해만을 배상받을 수 있을 뿐 계약금이 위약금으로서 상대방에게 당연히 귀속되는 것은 아니다(대판 2010.4.29, 2007다24930).

## 71.

정답 ④

중 계약각론

④ 매수인이 선의인 경우에 한하여 대금감액청구권, 계약해제권, 손해배상청구권을 가진다(제574조, 제572조 제1항·제3항).

## 72.

정답 ③

중 계약각론

③ 환매특약의 등기가 부동산의 매수인의 처분권을 금지하는 효력을 가지는 것은 아니므로 그 매수인은 환매특약의 등기 이후 부동산을 전득한 제3자에 대하여 여전히 소유권이전등기절차의 이행의무를 부담하고, 나아가 환매권자가 환매권을 행사하지 아니한 이상 매수인이 전득자인 제3자에 대하여 부담하는 소유권이전등기절차의 이행의무는 이행불능상태에 이르렀다고 할 수 없으므로, 부동산의 매수인은 전득자인 제3자에 대하여 환매특약의 등기사실만으로 제3자의 소유권이전등기청구를 거절할 수 없다(대판 1994.10.25, 94다35527).

## 73.

정답 ⑤

상 계약각론

틀린 것은 ㄷ, ㄹ이다.
ㄱ. 제622조 제1항
ㄴ. 제640조
ㄷ. 공작물의 소유 등을 목적으로 하는 토지임대차에 있어서 임차인의 채무불이행을 이유로 계약이 해지된 경우에는 임차인은 임대인에 대하여 제283조, 제643조에 의한 매수청구권을 가지지 아니한다(대판 2003.4.22, 2003다7685).
ㄹ. 기간을 약정하지 않아서 임대인의 해지통고에 의하여 임차권이 소멸되는 경우에는 계약갱신청구의 유무에 불구하고 지상물매수청구권이 인정된다(대판 1994.7.11, 94다34265).

## 74.

정답 ⑤

하 계약각론

⑤ 건물 자체의 수선 내지 증·개축부분과 같이 건물의 구성부분을 이루는 경우에는 비용상환청구권을 행사하여야 한다. 부속물매수청구권의 대상은 건물과는 독립된 별개의 물건이어야 한다.

## 75.

정답 ①

중 주택임대차보호법

① 「주택임대차보호법(이하 해설에서 '주임법'이라 함)」에 의한 주택의 인도와 주민등록이라는 대항요건은 그 대항력 취득시에만 구비되면 족한 것이 아니라 그 대항력을 유지하기 위하여서는 계속 존속하고 있어야 한다(대판 1998.1.23, 97다43468).

## 76.

정답 ⑤

하 주택임대차보호법

⑤ 임차인은 계약갱신요구권을 1회에 한하여 행사할 수 있다. 이 경우 갱신되는 임대차의 존속기간은 2년으로 본다(주임법 제6조의3 제2항).

## 77.

정답 ⑤

중 상가건물 임대차보호법

⑤ 임차인의 계약갱신요구권은 최초의 임대차기간을 포함한 전체 임대차기간이 10년을 초과하지 않는 범위 내에서만 행사할 수 있으며, 법정갱신은 10년을 초과해서도 인정된다(대판 2010.6.10, 2009다64307).

# 78. 정답 ①

**하 집합건물의 소유 및 관리에 관한 법률**

② 공용부분에 대한 물권의 득실변경은 등기를 요하지 않는다[「집합건물의 소유 및 관리에 관한 법률(이하 해설에서 '집합건물법'이라 함)」 제13조 제3항].

③ 집합건물의 구분소유자가 집합건물법의 관련 규정에 따라 관리단집회 결의나 다른 구분소유자의 동의 없이 공용부분의 전부 또는 일부를 독점적으로 점유·사용하고 있는 경우 다른 구분소유자는 공용부분의 보존행위로서 그 인도를 청구할 수는 없고, 특별한 사정이 없는 한 자신의 지분권에 기초하여 공용부분에 대한 방해상태를 제거하거나 공동점유를 방해하는 행위의 금지 등을 청구할 수 있다(대판 2020.10.15, 2019다245822).

④ 대지사용권은 전유부분과 분리처분이 가능하도록 규약으로 정하였다는 등의 특별한 사정이 없는 한 전유부분과 종속적 일체불가분성이 인정되므로, 구분건물의 전유부분에 대한 저당권 또는 경매개시결정과 압류의 효력은 당연히 종물 내지 종된 권리인 대지사용권에까지 미치고, 그에 터 잡아 진행된 경매절차에서 전유부분을 경락받은 자는 그 대지사용권도 함께 취득한다(대판 2008.3.13, 2005다15048).

⑤ 관리위원회 위원은 질병, 해외체류 등 부득이한 사유가 있는 경우 외에는 서면이나 대리인을 통하여 의결권을 행사할 수 없다(동법 시행령 제10조 제2항).

# 79. 정답 ③

**하 가등기담보 등에 관한 법률**

③ 채권자가 채무자에게 지급할 청산금을 계산함에 있어서 목적부동산에 선순위담보권자가 있을 때는 그 피담보채권액을 공제하여야 하나, 후순위담보권자의 채권액은 고려대상이 아니다.

# 80. 정답 ③

**중 부동산 실권리자명의 등기에 관한 법률**

③ 甲은 乙을 대위하여 丙에게 진정명의회복을 원인으로 소유권이전등기를 청구하거나 말소등기를 청구할 수 있다.

▶ 무료 해설강의    ▶ 실시간 합격예측 서비스
* 제35회 공인중개사 시험일까지 제공

## 난이도 및 출제포인트 분석

★ 난이도가 낮은 문제는 해설 페이지를 찾아가 꼭 익혀두세요.

### 1교시 제1과목 부동산학개론

| 문제번호 | 난이도 및 출제포인트 분석 | | 문제번호 | 난이도 및 출제포인트 분석 | |
|---|---|---|---|---|---|
| 1 | 하 부동산의 개념과 분류 | p.19 | 21 | 상 부동산투자분석 및 기법 | p.22 |
| 2 | 중 부동산의 특성 및 속성 | p.19 | 22 | 중 부동산투자이론 | p.22 |
| 3 | 하 부동산의 개념과 분류 | p.19 | 23 | 상 부동산투자분석 및 기법 | p.22 |
| 4 | 하 부동산의 수요·공급이론 | p.20 | 24 | 상 부동산투자분석 및 기법 | p.22 |
| 5 | 상 부동산의 수요·공급이론 | p.20 | 25 | 하 부동산금융 | p.22 |
| 6 | 상 부동산의 수요·공급이론 | p.20 | 26 | 중 부동산투자이론 | p.22 |
| 7 | 하 부동산의 수요·공급이론 | p.20 | 27 | 중 부동산증권론 및 개발금융 | p.23 |
| 8 | 상 부동산의 수요·공급이론 | p.20 | 28 | 중 부동산증권론 및 개발금융 | p.23 |
| 9 | 하 부동산의 경기변동 | p.20 | 29 | 상 부동산금융 | p.23 |
| 10 | 중 부동산시장 | p.20 | 30 | 하 부동산증권론 및 개발금융 | p.23 |
| 11 | 중 부동산시장 | p.21 | 31 | 상 부동산이용 및 개발 | p.23 |
| 12 | 중 입지 및 공간구조론 | p.21 | 32 | 하 부동산이용 및 개발 | p.23 |
| 13 | 상 입지 및 공간구조론 | p.21 | 33 | 중 부동산관리 | p.23 |
| 14 | 하 입지 및 공간구조론 | p.21 | 34 | 하 부동산마케팅 및 광고 | p.23 |
| 15 | 하 부동산정책의 의의 및 기능 | p.21 | 35 | 상 감정평가의 기초이론 | p.24 |
| 16 | 중 부동산정책의 의의 및 기능 | p.21 | 36 | 상 감정평가의 기초이론 | p.24 |
| 17 | 하 토지정책 | p.21 | 37 | 상 감정평가의 방식 | p.24 |
| 18 | 하 주택정책 | p.21 | 38 | 상 감정평가의 방식 | p.24 |
| 19 | 상 조세정책 | p.21 | 39 | 중 부동산가격공시제도 | p.24 |
| 20 | 중 부동산투자분석 및 기법 | p.22 | 40 | 상 감정평가의 방식 | p.24 |

### 1교시 제2과목 민법 및 민사특별법

| 문제번호 | 난이도 및 출제포인트 분석 | | 문제번호 | 난이도 및 출제포인트 분석 | |
|---|---|---|---|---|---|
| 41 | 중 법률행위 | p.25 | 61 | 중 용익물권 | p.27 |
| 42 | 상 법률행위 | p.25 | 62 | 상 담보물권 | p.27 |
| 43 | 하 의사표시 | p.25 | 63 | 상 담보물권 | p.27 |
| 44 | 상 의사표시 | p.25 | 64 | 중 담보물권 | p.28 |
| 45 | 하 법률행위의 대리 | p.25 | 65 | 중 계약총론 | p.28 |
| 46 | 중 법률행위의 대리 | p.26 | 66 | 상 계약총론 | p.28 |
| 47 | 중 법률행위의 대리 | p.26 | 67 | 중 계약총론 | p.28 |
| 48 | 상 법률행위의 무효와 취소 | p.26 | 68 | 상 계약총론 | p.28 |
| 49 | 중 법률행위의 무효와 취소 | p.26 | 69 | 중 계약총론 | p.28 |
| 50 | 중 조건과 기한 | p.26 | 70 | 하 계약각론 | p.28 |
| 51 | 하 물권법 총설 | p.26 | 71 | 중 계약각론 | p.28 |
| 52 | 중 물권법 총설 | p.26 | 72 | 하 계약각론 | p.28 |
| 53 | 중 물권의 변동 | p.26 | 73 | 중 계약각론 | p.28 |
| 54 | 상 점유권 | p.26 | 74 | 상 계약각론 | p.29 |
| 55 | 상 점유권 | p.27 | 75 | 중 주택임대차보호법 | p.29 |
| 56 | 하 소유권 | p.27 | 76 | 상 주택임대차보호법 | p.29 |
| 57 | 중 소유권 | p.27 | 77 | 중 상가건물 임대차보호법 | p.29 |
| 58 | 상 소유권 | p.27 | 78 | 중 집합건물의 소유 및 관리에 관한 법률 | p.29 |
| 59 | 중 용익물권 | p.27 | 79 | 상 가등기담보 등에 관한 법률 | p.29 |
| 60 | 하 용익물권 | p.27 | 80 | 중 부동산 실권리자명의 등기에 관한 법률 | p.29 |

## 제1과목 부동산학개론

| 1 | 2 | 3 | 4 | 5 | 6 | 7 | 8 | 9 | 10 |
|---|---|---|---|---|---|---|---|---|---|
| ④ | ③ | ③ | ① | ④ | ④ | ⑤ | ② | ⑤ | ⑤ |
| **11** | **12** | **13** | **14** | **15** | **16** | **17** | **18** | **19** | **20** |
| ① | ③ | ③ | ① | ⑤ | ① | ④ | ② | ② | ② |
| **21** | **22** | **23** | **24** | **25** | **26** | **27** | **28** | **29** | **30** |
| ④ | ① | ③ | ③ | ④ | ⑤ | ④ | ④ | ③ | ② |
| **31** | **32** | **33** | **34** | **35** | **36** | **37** | **38** | **39** | **40** |
| ⑤ | ③ | ⑤ | ④ | ① | ② | ① | ② | ② | ① |

### 선생님의 한마디

실전모의고사는 10월 26일(토)에 시행되는 본 시험을 잘 치르기 위한 훈련의 과정입니다. 회차별 점수에 연연하지 마시고, 자신의 학습역량을 고려하여 습득이 가능한 분야를 보완하시려는 노력이 필요합니다. 부동산학개론 과목의 성격상 학원 커리큘럼대로 수강을 하시고 학습을 해 오셨다면 본 시험에서 60점 이상은 충분하게 획득할 수 있습니다.

### 1.
정답 ④

하 부동산의 개념과 분류

④ • 법률적 측면에서 광의의 부동산에는 등기·등록의 대상이 되는 항공기, 선박, 자동차 등도 포함된다.
    • 법률적 측면의 부동산: 협의의 부동산 + 광의의 부동산

### 2.
정답 ③

중 부동산의 특성 및 속성

옳은 것은 ㄱ, ㄷ, ㄹ이다.
ㄴ. 개별성(이질성)은 공급을 비탄력적이고 독점적으로 만드는 성질이 있다. → 개별성에 따라 하나 하나의 상품은 개별시장을 형성하고, 공급자가 각각 하나이므로 독점적 시장을 형성하게 한다.

### 3.
정답 ③

하 부동산의 개념과 분류

③ 다가구주택은 단독주택의 한 유형이다.

✅ 단독주택과 공동주택

1. 단독주택
   • 주택으로 쓰는 층수(지하층은 제외한다)가 3개 층 이하일 것. 다만, 1층의 전부 또는 일부를 필로티 구조로 하여 주차장으로 사용하고 나머지 부분을 주택(주거목적으로 한정한다) 외의 용도로 쓰는 경우에는 해당 층을 주택의 층수에서 제외한다.
   • 1개 동의 주택으로 쓰는 바닥면적의 합계가 660m² 이하일 것

- 19세대(대지 내 동별 세대 수를 합한 세대를 말한다) 이하가 거주할 수 있을 것
2. **공동주택**: 아파트, 연립주택, 다세대주택, 기숙사

## 4.
정답 ①

**하** 부동산의 수요 · 공급이론

① 수요자의 소득(➜ 해당 부동산가격 이외의 요인)이 변하여 부동산수요량이 변화하는 경우는 수요곡선 자체의 이동으로 나타난다.
　➜ 부동산'수요의 변화'
② 생산요소가격의 상승(공급자의 비용 증가) ➜ 공급 감소, 공급곡선 좌측(좌상향)으로 이동
③ 토지이용규제를 완화시키면 토지의 경제적 공급은 탄력적이 되고, 공급곡선의 기울기는 이전보다 완만해진다.
④ 유효수요 = 구매의사 + 구매력(지불능력)
⑤ 비탄력적일수록 가격의 변화폭은 커진다. ➜ 양의 변화가 작을수록 균형가격의 변화폭은 커진다.

## 5.
정답 ④

**상** 부동산의 수요 · 공급이론

④ 수요의 증가보다 공급의 감소가 클 경우(수요 증가 < 공급 감소) 균형가격은 상승하고 균형거래량은 감소한다. ➜ 변화의 폭이 제시될 경우, 변화폭이 큰 쪽만 고려하여 답을 찾는다.
② 대체관계에 있는 단독주택가격이 상승하면(단독주택 수요량은 감소하고) 이에 따라 해당 아파트 수요가 증가하여(아파트 수요곡선 우측이동) 아파트 균형가격은 상승한다.
③ 아파트 건축기술이 향상되고(➜ 공급 증가) 보금자리론 금리가 상승(➜ 수요 감소)하면, 아파트의 균형가격은 하락하고 균형거래량의 변화는 알 수가 없다. ➜ 변화폭을 제시하지 않았으므로 균형거래량의 변화는 알 수가 없다.
⑤ 수요의 증가와 공급의 증가가 동일할 경우, 균형가격은 변하지 않고 균형거래량은 증가한다. ➜ 변화의 크기가 동일하므로(수요 증가로 가격이 상승한 만큼 공급 증가로 가격이 하락함) 균형가격은 변하지 않는다.

## 6.
정답 ④

**상** 부동산의 수요 · 공급이론

- 아파트수요의 가격탄력성 $0.2 = \dfrac{\text{아파트 수요량의 변화율(a)}}{\text{아파트 가격 변화율 5\% 하락}}$

　➜ 아파트 수요량의 변화율(a) = 0.2 × 5%(0.05) = 1% 증가
　　　　　　　　　　　　　(가격과 수요량은 반비례 관계)
- 빌라 가격에 대한 아파트수요의 교차탄력성

　➜ $0.4 = \dfrac{\text{아파트 수요량의 변화율(b)}}{\text{빌라 가격 변화율 5\% 하락}}$

아파트 수요량의 변화율(b) = 0.4 × 5% = 2% 감소
　➜ 빌라 가격이 하락하면(빌라의 수요량은 증가), 이에 따라 아파트 수요량은 감소한다. 교차탄력성이 양(+)의 값을 가지므로 두 재화는 대체관계이다.
∴ 수요의 가격탄력성에 의한 아파트 수요량은 1% 증가하고, 교차탄력성에 의한 아파트 수요량이 2% 감소하므로, 두 조건을 결합한 아파트 전체 수요량은 1% 감소한다.

## 7.
정답 ⑤

**하** 부동산의 수요 · 공급이론

⑤ 통화량은 일정시점을 명시하는 저량(stock)지표이고, 가계소비(수요)는 일정기간을 명시하는 유량(flow)지표이다.

**✓ 유량 지표와 저량 지표**

| 유량(flow) 지표 | 저량(stock) 지표 |
|---|---|
| 수요(소비), 공급(생산), 소득(급여 · 임금), 임대료수입, 당기순이익, 순영업소득, 주택거래량, 신규주택공급량, 부채서비스(원리금), 이자비용, 손익계산서 등 | 인구, 부동산가격(가치), 매각대금, 순자산가치, 통화량, 주택보급률, 기존 주택공급량(재고량), 재무상태표(자산/자본, 부채) 등 |

## 8.
정답 ②

**상** 부동산의 수요 · 공급이론

틀린 것은 ㄱ, ㄷ이다.
ㄱ. 소득이 10% 증가하자 해당 재화의 수요량이 20% 감소하였으므로 이러한 재화는 열등재(하급재)이며, 수요의 소득탄력성은 음(-)의 값을 가진다. 소득탄력성 값은 -2이다.
ㄷ. 수요의 가격탄력성이 1보다 큰 경우(수요가 탄력적일 경우), 임대료가 상승하면(임대료상승률보다 수요량이 더 많이 감소하므로) 임대업자의 임대료 수입은 감소한다. ➜ 수요가 탄력적일 경우에는 저가전략이 유리하다.

## 9.
정답 ⑤

**하** 부동산의 경기변동

① 부동산경기는 일반경기에 비하여 경기의 변동폭(진폭)이 큰 경향이 있다.
② 상향시장에서 매수자는 거래의 성립을 당기려는 반면, 매도자는 거래 성립을 미루려는 경향이 있다.
③ 실수요 증가에 의한 공급부족이 발생하는 경우 공인중개사는 매도자(매물)를 확보해 두려는 경향을 보인다.
④ 하향시장의 경우 종전의 거래사례 가격은 새로운 매매활동에 있어 가격 설정의 상한선이 되는 경향이 있다.

## 10.
정답 ⑤

**중** 부동산시장

⑤ 부동산시장이 효율적 시장이라면 공개된 정보는 물론이고 미공개정보(내부자정보)까지도 이미 가격에 반영되어 있으므로 어떠한 정보를 활용하여도 정상 이상의 초과이윤(수익)을 달성할 수 없다.
① 무형의 이용과 관련한 부동산의 권리도 거래대상이 된다.
　➜ 추상적 시장, 부동산시장의 기능 중 교환기능에 대한 설명이다.
② 부동산시장은 진입장벽이 존재하므로 불완전경쟁시장이 된다.
③ 입지성에 따른 입지 독점권 ➜ 입지의 차이로 하위(부분)시장의 형성
　➜ 시장의 분화 현상
④ 지대(임대료)지불능력에 따라 토지이용의 유형이 결정된다. ➜ 높은 지대를 지불할 수 있어야 중심지에 입지한다. ➜ 부동산시장의 기능 중 '입지경쟁기능'에 대한 설명이다.

## 11.

정답 ①

**중** 부동산시장

① 고소득층 주거지역에서 주택의 보수를 통한 가치 상승분이 보수비용보다 작다면, 해당 주택을 보수하지 않기 때문에 점차 노후화되어 (소득이 상대적으로 낮은) 하위계층의 이용으로 전환되는 하향여과가 발생할 수 있다.

## 12.

정답 ③

**중** 입지 및 공간구조론

ㄱ은 차액지대설, ㄴ은 준지대, ㄷ은 경제지대이다.
ㄱ. 차액지대설에 따르면 생산물가격과 생산비가 일치하는 한계지에서는 지대가 발생하지 않으며, 지대는 토지생산물 가격의 구성요인이 되지 않고 또한 될 수도 없다.
ㄴ. 준지대란 인간이 만든 기계·기구·자본설비 등 고정생산요소에 귀속되는 일시적인 소득을 말한다.
ㄷ. 경제지대는 공급이 제한된, 공급의 희소성에 따른 생산요소의 추가적인 보수, 초과수익(잉여)을 말한다.

## 13.

정답 ③

**상** 입지 및 공간구조론

특정 매장으로의 구매확률은 매장(점포)면적에 비례하고, (공간마찰계수를 고려하여)거리에 반비례, 경쟁점포 수에 반비례하여 결정된다.

→ 특정 매장으로의 구매중력(유인력) = $\dfrac{매장면적}{거리^{마찰계수}}$

C도시 인구 20만명 중 80%인 16만명(= 20만명 × 0.8) 중에서 각 점포로 유입될 인구를 구한다.

• A점포 구매중력(유인력) = $\dfrac{1,000}{2^2}$ = 250

• B점포 구매중력(유인력) = $\dfrac{3,750}{5^2}$ = 150

A점포와 B점포로 구매하러 갈 중력(유인력)은 250:150의 비율이다.

• A점포의 구매확률 62.5% = $\dfrac{250}{400}$

• B점포의 구매확률 37.5% = $\dfrac{150}{400}$

∴ A점포의 이용객 수는 C도시 인구 20만명의 80%인 160,000명 중에서 62.5%이므로, 100,000명(= 160,000명 × 0.625)다.

## 14.

정답 ①

**하** 입지 및 공간구조론

① 선형이론에 의하면 주택구입능력이 높은 고소득층의 주거지는 주요 간선도로의 인근에 입지하는 경향이 있다. 교통축을 따라 원을 변형한 부채꼴 모양으로 도시가 성장, 확대된다는 것을 설명해준다.

## 15.

정답 ⑤

**하** 부동산정책의 의의 및 기능

⑤ 공공재(도로, 공원, 명승지 등)는 시장기구에 맡겨둘 경우 비경합성과 비배제성으로 인하여 무임승차(free-ride)현상이 발생할 수 있다.
• 비경합성: 여러 사람이 함께 공공재를 소비해도 그 소비량이 줄어들지 않으며, 다른 사람의 소비와 경합되지 않는 특징을 말한다.
• 비배제성: 생산비(가격)를 부담하지 않은 사람이라도 소비로부터 배제되는 않는 특징을 말한다.

## 16.

정답 ①

**중** 부동산정책의 의의 및 기능

① 사회적 비용이 사적 비용보다 작을 경우[→ 생산측면의 정(+)의 외부효과 → 과소생산 → 시장실패] 정부의 시장개입이 필요하다.
③ 외부비경제 = 외부불경제 = 부(-)의 외부효과
⑤ 생산측면에서 정(+) 외부효과에 대한 정부의 시장개입(보조금 지급 등)은 사적 주체의 공급곡선을 우측으로 이동시킬 수 있다. → 정부는 부동산자원의 최적 배분을 위해서 시장에 개입할 수 있다.

## 17.

정답 ④

**하** 토지정책

④ 보기 중에서 공인중개사제도가 가장 시행시기가 빠르다. 제시된 문항(제도)에서 시행시기를 나열하면 다음과 같다.
공인중개사제도(1985) → 개발부담금제(1990) → 부동산실명제(1995) → 부동산거래신고제(2006) → 토지비축제도(2009)

## 18.

정답 ②

**하** 주택정책

② 공공지원민간임대주택은 민간이 공급하는 임대주택 유형이므로, 정부가 임대주택시장에 직접적으로 개입하는 정책수단이 아니다. 생산자보조와 임대료규제가 혼합된 정책이라 할 수 있다. '공공지원민간임대주택'이란 (사적)임대사업자가 민간임대주택을 10년 이상 임대할 목적으로 취득하여 임대료 및 임차인의 자격 제한 등을 받아 임대하는 민간임대주택을 말한다(「민간임대주택에 관한 특별법」 제2조 제4호).

## 19.

정답 ②

**상** 조세정책

옳은 것은 ㄱ, ㄴ, ㄹ이다.
ㄴ. 주택의 공급곡선이 완전비탄력적일 경우(수요는 상대적으로 완전탄력적이므로 수요자에게 세금이 전가되지 않으며) 주택에 대한 재산세는 전부 공급자에게 귀착된다.
ㄷ. 토지의 공급곡선이 완전비탄력적인 상황에서 보유세가 부과되더라도 토지세는 타인에게 전가되지 않으므로, 토지를 빌려 쓰는 수요자가 이전보다 높은 임대료를 부담할 필요가 없으며, 토지의 소비량도 줄어들지 않기 때문에 자원배분의 왜곡을 초래하지 않는다.
ㄹ. 수요곡선이 변하지 않을 때(수요는 상대적으로 탄력적이므로), 공급이 비탄력적일수록 수요자에게 세금이 전가되는 부담이 작아져서 세금부과에 의한 경제적 순손실은 작아진다.

## 20.
정답 ②

- 영업소득세의 계산

| | | | |
|---|---|---|---|
| 세전현금수지 | | | 8,000만원 |
| + | 대체충당금 | + | 700만원 |
| + | 원금상환분 | + | 800만원 |
| − | 감가상각비 | − | 500만원 |
| 과세소득 | | | 9,000만원 |
| × | 소득세율 | × | 30% |
| 영업소득세 | | | 2,700만원 |

- 세후현금수지의 계산

| | | |
|---|---|---|
| 세전현금수지 | | 8,000만원 |
| − | 영업소득세 − | 2,700만원 |
| 세후현금수지 | | 5,300만원 |

따라서 세후현금수지는 5,300만원이 된다.

## 21.
정답 ⑤

상 부동산투자분석 및 기법

⑤ 현가회수기간법은 화폐의 시간적 가치를 고려하며, 회수기간이 짧은 투자안을 선택하는 투자결정법이다. ➔ 회수기간이 짧을수록 투자의 타당성이 높다고 본다.

② 회계적 이익률 > 목표이익률 ➔ 투자채택

③ • 할인율(= 요구수익률)이 20%일 때, 순현가가 양(+)의 값을 가지면 (= 요구수익률을 충족하고도 남는 금액이 있다) 이 투자안의 내부수익률은 할인율(= 요구수익률)인 20% 이상이 될 것이다.
  • 순현가 > 0 ➔ PI > 1 ➔ 내부수익률 > 요구수익률

④ 내부수익률은 현금유입의 현재가치와 현금유출의 현재가치를 같게 만드는 할인율이므로, 투자안의 순현가를 0으로 만드는 할인율을 말한다. ➔ 순현가 값이 0이면 최소한의 요구수익률은 충족한다는 개념이다.

## 22.
정답 ①

중 부동산투자이론

① 장래 기대되는 수익의 흐름이 주어졌을 때, 요구수익률(할인율)이 클수록 부동산의 투가가치는 하락한다(작아진다). 아래의 수식에서 분모 값(요구수익률 ➔ 할인율)이 커질수록 투자가치는 하락한다.

  • 투자가치 = $\dfrac{\text{장래 순수익}}{\text{요구수익률}}$

④ 공격적 투자자의 최적 포트폴리오(투자안)에 대한 설명이다. 공격적 투자자는 보수적 투자자에 비해 고위험-고수익 투자안을 선호한다.

⑤ 지배원리는 위험회피형 투자자의 투자대상후보(효율적 포트폴리오)를 선별하는 과정이다.

## 23.
정답 ③

상 부동산투자분석 및 기법

Ⅴ 수익성지수(PI)

수익성지수(PI) = $\dfrac{\text{현금유입의 현재가치 합}}{\text{현금유출의 현재가치}}$

1. 일시불의 현가계수를 사용하여 각 년도 현금유입의 현재가치를 계산한다.

  • 1년 후 550만원의 현재가치 = $\dfrac{550만원}{(1+0.1)^1}$ = 500만원

  • 2년 후 605만원의 현재가치 = $\dfrac{605만원}{(1+0.1)^2}$ = 500만원

  • 3년 후 2,662만원의 현재가치 = $\dfrac{2,662만원}{(1+0.1)^3}$ = 2,000만원

2. 수익성지수

  PI = $\dfrac{(500만원 + 500만원 + 2,000만원 =)3,000만원}{3,000만원}$ = 1.0

∴ 투자안의 수익성지수가 1이므로, 순현가는 0이 되며, 문제에서 제시된 할인율(요구수익률) 10%와 내부수익률은 같아진다. 투자안의 내부수익률은 10%이다.

## 24.
정답 ④

상 부동산투자분석 및 기법

④ 지분투자수익률은 10%이다.

  지분투자수익률 = $\dfrac{\text{세전현금수지(= 순영업소득 − 부채서비스액)}}{\text{지분투자액 4억원}}$

  = $\dfrac{4,000만원(= 8,000만원 − 4,000만원)}{4억원}$ = 10%

① 부채비율 = $\dfrac{\text{타인자본(부채) 4억원}}{\text{자기자본(지분) 4억원}}$ = 100%

② 순소득승수 = $\dfrac{\text{총투자액 8억원}}{\text{순영업소득 8,000만원}}$ = 10

③ 부채감당률 = $\dfrac{\text{순영업소득 8,000만원}}{\text{부채서비스액 4,000만원}}$ = 2

⑤ 종합자본환원율 = $\dfrac{\text{순영업소득 8,000만원}}{\text{총투자액 8억원}}$ = 10%

## 25.
정답 ③

하 부동산금융

③ 주택연금에서 연금 수령 중 담보주택이 주택재개발, 주택재건축이 되어 소유권을 상실하게 되어도 계속해서 계약을 유지할 수 있다(연금을 받을 수 있다).

## 26.
정답 ④

중 부동산투자이론

개별자산의 기대수익률을 먼저 구하고, 투자금액의 가중치(비중)를 고려하여 전체 포트폴리오 기대수익률을 구한다.

- 상가 7% = (0.3 × -10%) + (0.4 × 10%) + (0.3 × 20%)
- 호텔 11% = (0.3 × 6%) + (0.4 × 11%) + (0.3 × 16%)
- ∴ 포트폴리오 기대수익률 9.4% = (0.4 × 7%) + (0.6 × 11%)

## 27.

정답 ⑤

**중 부동산증권론 및 개발금융**

⑤ MBB(저당대출담보부 채권)에서 주택저당채권 집합물의 현금흐름(저당지불액 = 원리금)은 발행기관에게 귀속된다. 발행기관은 투자자에 주기적으로 MBB(채권)에 대한 이자를 지급하고, MBB(채권)의 만기에 투자원금을 상환한다.

② 2차 저당시장: 주택자금공급시장, 유동화시장

③ CMO(다계층채권)에서 증권발행기관이 주택저당채권 집합물의 소유권을 갖는다.

④ CMO(다계층채권)는 MPTB(저당대출원리금이체채권)처럼 혼합형 주택저당증권이다.

## 28.

정답 ④

**중 부동산증권론 및 개발금융**

지분금융에 해당하지 않는 것은 ㄴ, ㄹ, ㅁ, ㅂ 4개이다.

ㄱ. 신디케이트(Syndicate) ➡ 출자증권 발행 ➡ 지분금융

ㄴ. 신탁증서금융(담보신탁) ➡ (질권설정)차입 ➡ 부채금융

ㄷ. 주식공모에 의한 증자 ➡ 주식발행 ➡ 지분금융

ㄹ. 신주인수권부 사채(BW) ➡ 메자닌금융(지분+부채)

ㅁ. 저당대출지분이전증권(MPTS) ➡ 채권(bond)형 수익증권 ➡ 부채금융

ㅂ. 주택상환사채 ➡ 채권발행 ➡ 부채금융

## 29.

정답 ③

**상 부동산금융**

문제의 조건에서 '담보인정비율(LTV)과 소득대비 부채비율(DTI) 모두 충족'이라고 하였으므로 두 가지 조건 중 적은 한도를 기준으로 융자가능액을 구하면 된다.

1. LTV 50% = $\dfrac{융자금(a)}{부동산가치\ 5억원}$

   ➡ 담보인정비율(LTV)에 따른 융자액(a)는 2.5억원[= 5억원 × 0.5(50%)]이다.

2. DTI 50% = $\dfrac{원리금상환액(b)(=\ 융자금 × 저당상수)}{연소득\ 4,000만원}$

   ➡ 원리금(b) 2,000만원 = 4,000만원 × DTI 0.5(50%)

3. 분자 값인 원리금(b)는 융자금에 저당상수를 곱하여 산정하므로, 원리금(b) 2,000만원(= 융자금 × 저당상수 0.1)이다.

   따라서, 융자금 2억원 = $\dfrac{원리금(b)\ 2,000만원}{저당상수\ 0.1}$

∴ 두 가지 조건(LTV와 DTI)을 모두 충족시키면서 둘 중 적은 금액인 2억원이 최대대출가능금액이다.

## 30.

정답 ②

**하 부동산증권론 및 개발금융**

② • 부동산투자회사는 현물출자에 의한 설립을 할 수 없다(「부동산투자회사법」 제5조 제2항).

   • 영업인가를 받거나 등록을 하고 최저자본금 이상을 갖추기 전에는 현물출자를 받는 방식으로 신주를 발행할 수 없다(같은 법 제19조 제1항).

## 31.

정답 ⑤

**중 부동산이용 및 개발**

틀린 것은 ㄷ, ㄹ이다.

ㄷ. 예비적 타당성분석 단계에서는 개발방향을 설정하기 위해 사업시행 이전에 개발여건 및 개발잠재력을 분석하거나 수익과 비용을 개괄적으로 조사한다.

ㄹ. 부동산개발과정의 시장분석은 동일한 지역시장이 없으므로, 해당 개발사업이 진행될 지리적 · 공간적 범위에 대하여 수행된다. ➡ 해당 지역범위에 대하여 분석이 이루어진다.

## 32.

정답 ③

**하 부동산이용 및 개발**

③ 부동산개발업의 관리 및 육성에 관한 법령상 시공을 담당하는 행위는 부동산개발에 해당하지 않는다.

> **Ⓥ 부동산개발**
>
> '부동산개발'이란 다음의 어느 하나에 해당하는 행위를 말한다. 다만, 시공을 담당하는 행위를 제외한다(「부동산개발업의 관리 및 육성에 관한 법률」 제2조 제1호).
> • 토지를 건설공사의 수행 또는 형질변경의 방법으로 조성하는 행위
> • 건축물을 건축 · 대수선 · 리모델링 또는 용도변경하거나 공작물을 설치하는 행위

## 33.

정답 ⑤

**중 부동산관리**

옳게 묶인 것은 '자기관리방식 - ㅁ, ㅂ'이다.

ㄱ. 대형건물의 관리에 더 유용하다. ➡ 위탁관리의 장점

ㄴ. 관리의 전문성과 효율성을 높일 수 있다. ➡ 위탁관리의 장점

ㄷ. 소유와 경영의 분리가 가능하다. ➡ 위탁관리의 장점

ㄹ. 건물설비의 고도화에 대응할 수 있다. ➡ 위탁관리의 장점

ㅁ. 소유자의 직접적인 통제권이 강화된다. ➡ 자기관리의 장점

ㅂ. 기밀 및 보안유지가 유리하다. ➡ 자기관리의 장점

## 34.

정답 ④

**하 부동산마케팅 및 광고**

④ • 가격(price) 전략 중 경쟁사의 가격을 추종해야 하는 경우에는 시가전략(시장평균가격전략)을 이용한다.

   • 적응가격전략이란 동일하거나 유사한 제품으로 다양한 수요자들의 구매를 유입하고, 구매량을 늘리도록 유도하기 위하여 가격을 다르게 하여 판매하는 것을 말한다.

> **Ⓥ 참고**
>
> 1. **가격(price)전략**: 시장상황에 따라 구사하는 고가전략, 저가전략, 시가전략, 신축가격(≒ 적응가격)전략, 단일가격전략 등이 있다.
> 2. **4P MIX**: 제품(product), 가격(price), 유통경로(place), 판매촉진(promotion)의 제 요소의 혼합을 말한다.

# 35.

**상** 감정평가의 기초이론

틀린 것은 ㄷ이다. 「감정평가에 관한 규칙」에서는 대상물건의 가액을 '시장가치'라고 한다. 이와는 달리 '적정가격'은 부동산 가격공시에 관한 법령상 용어이다.

ㄷ. 시장가치는 감정평가의 대상이 되는 토지 등이 통상적인 시장에서 충분한 기간동안 거래를 위하여 공개된 후 그 대상물건의 내용에 정통한 당사자 사이에 신중하고 자발적인 거래가 있을 경우 성립될 가능성이 가장 높다고 인정되는 대상물건의 가액을 말한다.

# 36.

**중** 감정평가의 기초이론

② 지역분석은 표준적 사용의 현상과 장래의 동향을 명확히 파악하여 그 지역 부동산의 가격수준을 판정하는 것이고, 개별분석은 대상부동산의 최유효이용을 판정하여 구체적인 가격을 구하는 작업이다.

# 37.

**상** 감정평가의 방식

① 감가수정이란 대상물건에 대한 재조달원가를 감액하여야 할 요인이 있는 경우에 물리적·기능적·경제적 감가 등을 고려하여, 그에 해당하는 금액을 재조달원가에서 공제하여 기준시점에 있어서의 대상물건의 가액을 적정화하는 작업을 말한다.

# 38.

**상** 감정평가의 방식

> **Ⅴ** 수익환원법
>
> $$수익가액 = \frac{장래\ 순영업소득}{환원(이)율}$$

1. 수익환원법(직접환원법)에 의한 수익가액을 구하는 문제이다.
2. 순영업소득 2,880만원의 계산과정
   - 공실손실상당액 및 대손충당금 400만원 = 가능총소득 4,000만원 × 0.1(10%)
   - 유효총소득 3,600만원 = 가능총소득 4,000만원 − 공실손실상당액 및 대손충당금 400만원
   - 운영경비(영업경비) 720만원 = 유효총소득 3,600만원 × 0.2(20%)
     ➜ 순영업소득 2,880만원 = 유효총소득 3,600만원 − 운영경비(영업경비) 720만원
3. 물리적 투자결합법에 의한 환원(이)율 0.064(6.4%)의 산정과정
   (토지가격구성비율 × 토지환원율) + (건물가격구성비율 × 건물환원율)
   ➜ 6.4%(0.064) = (0.6 × 5%) + (0.4 × 8.5%)

∴ 수익가액 4억 5,000만원 = $\dfrac{순영업소득\ 2,880만원}{환원(이)율\ 0.064}$

# 39.

**중** 부동산가격공시제도

① • 표준주택가격 공시사항에 표준지의 단위면적당 가격은 포함하지 않는다. 단위면적당 가격은 표준지공시지가의 공시사항이다.
   • 표준지공시지가의 공시사항으로는 표준지의 지번, 표준지의 단위면적당 가격, 표준지의 면적 및 형상, 표준지 및 주변토지의 이용상황 등이 있다.
③ 국토교통부장관은 개별공시지가의 산정을 위하여 필요하다고 인정하는 경우에는 표준지와 산정대상 개별토지의 가격형성요인에 관한 비교표(토지가격비준표)를 작성하여 시장·군수 또는 구청장에게 제공하여야 한다.
④ 시장·군수 또는 구청장은 공시기준일 이후에 토지의 분할·합병이나 건물의 신축 등이 발생한 경우에는 대통령령이 정하는 날을 기준으로 하여 개별주택가격을 결정·공시하여야 한다.
⑤ 단독주택가격은 표준주택과 개별주택가격으로 구분하여 공시한다. 이와는 달리 공동주택가격은 구분공시하지 않고, 한국부동산원에 전수조사 의뢰한다.

# 40.

**상** 감정평가의 방식

절차를 바르게 나열한 것은 ㄱ ➜ ㄴ ➜ ㄷ ➜ ㄹ ➜ ㅁ ➜ ㅂ ➜ ㅅ 이다.

> **「감정평가에 관한 규칙」 제8조【감정평가의 절차】** 감정평가법인등은 다음 각 호의 순서에 따라 감정평가를 해야 한다. 다만, 합리적이고 능률적인 감정평가를 위하여 필요할 때에는 순서를 조정할 수 있다.
> 1. 기본적 사항의 확정
> 2. 처리계획 수립
> 3. 대상물건 확인
> 4. 자료수집 및 정리
> 5. 자료검토 및 가치형성요인의 분석
> 6. 감정평가방법의 선정 및 적용
> 7. 감정평가액의 결정 및 표시

| 41 | 42 | 43 | 44 | 45 | 46 | 47 | 48 | 49 | 50 |
|----|----|----|----|----|----|----|----|----|----|
| ① | ⑤ | ③ | ② | ④ | ② | ① | ① | ② | ③ |
| 51 | 52 | 53 | 54 | 55 | 56 | 57 | 58 | 59 | 60 |
| ④ | ② | ⑤ | ③ | ④ | ② | ④ | ④ | ① | ③ |
| 61 | 62 | 63 | 64 | 65 | 66 | 67 | 68 | 69 | 70 |
| ③ | ⑤ | ⑤ | ⑤ | ④ | ③ | ② | ③ | ③ | ③ |
| 71 | 72 | 73 | 74 | 75 | 76 | 77 | 78 | 79 | 80 |
| ① | ② | ④ | ② | ⑤ | ⑤ | ② | ⑤ | ⑤ | ⑤ |

## 선생님의 한마디

1. 「민법」 공부에는 왕도가 없습니다. 공부가 재밌을 때나 힘들 때나 꾸준히 공부하는 것이 필요합니다.
2. 강의를 듣고 내용을 이해한 후에는 교과서의 차분한 정독과 모의고사 등 문제풀이를 통한 실력의 점검이 합격의 지름길임을 다시 한 번 강조합니다.

## 41.

정답 ①

 법률행위

반사회질서의 법률행위로서 무효로 볼 수 없는 것은 ㄱ, ㄷ이다.
ㄱ. 반사회적 행위에 의하여 조성된 재산인 이른바 비자금을 소극적으로 은닉하기 위하여 임치한 것이 사회질서에 반하는 법률행위로 볼 수 없다(대판 2001.4.10, 2000다49343).
ㄴ. 어떠한 일이 있어도 이혼하지 아니하겠다는 각서를 써 주었다 하더라도 그와 같은 의사표시는 신분행위의 의사결정을 구속하는 것으로서 공서양속에 위배하여 무효이다(대판 1969.8.19, 69므18).
ㄷ. 상해보험계약을 체결할 때 약관 또는 보험자와 보험계약자의 개별약정으로 태아를 상해보험의 피보험자로 할 수 있다. 이처럼 약관이나 개별 약정으로 출생 전 상태인 태아의 신체에 대한 상해를 보험의 담보범위에 포함하는 것이 보험제도의 목적과 취지에 부합하고 보험계약자나 피보험자에게 불리하지 않으므로 「상법」 제663조에 반하지 아니하고 「민법」 제103조의 공서양속에도 반하지 않는다(대판 2019. 3.28, 2016다211224).
ㄹ. 형사사건에 관한 성공보수약정이 선량한 풍속 기타 사회질서에 위반되는 것으로 평가할 수 있음을 명확히 밝혔음에도 불구하고 향후에도 성공보수약정이 체결된다면 이는 「민법」 제103조에 의하여 무효로 보아야 한다(대판 2015.7.23, 2015다200111 전원합의체).

## 42.

정답 ⑤

상 법률행위

틀린 것은 ㄷ, ㅁ이다.
ㄱ. 甲과 乙 사이에 X토지에 관하여 이를 매매의 목적물로 한다는 쌍방 당사자의 의사합치가 있는 이상 그 매매계약은 X토지에 관하여 성립한 것으로 보아야 한다(대판 1996.8.20, 96다19581, 19598).
ㄴ. X토지에 대하여 매매계약이 성립하므로 甲은 이전등기의무를 부담한다.
ㄷ. 위 매매계약은 X토지에 관하여 이를 매매의 목적물로 한다는 쌍방 당사자의 의사합치가 있는 이상 그 매매계약은 X토지에 관하여 성립한 것으로 보아야 하고 Y토지에 관하여 매매계약이 체결된 것으

---

로 보아서는 안 될 것이다(대판 1996.8.20, 96다19581, 19598). 따라서 착오를 이유로 취소할 수 없다.
ㄹ, ㅁ. X토지에 관하여는 물권행위는 있으나 등기가 없고, Y토지에 관하여는 등기는 있으나 물권행위가 없으므로 물권변동은 X토지와 Y토지 모두에 관하여 일어나지 않는다. 따라서 Y토지가 매수인으로부터 제3자에게 적법하게 양도되어도 제3자는 유효하게 소유권을 취득할 수 없으며(등기의 공신력 부정), 매수인은 매도인에 대하여 X토지의 소유권이전등기청구권을 행사할 수 있다.

## 43.

정답 ③

하 의사표시

③ 근로자가 자의로 사직서를 제출하여 중간퇴직한 이상 적어도 퇴직금 계산의 기초가 되는 근로관계에 관한 한 그때까지의 근로계약관계는 위 퇴직일로써 일단 종료되었다고 봄이 상당하고, 위 퇴직의 의사표시를 진의 아닌 의사표시로서 무효라고 볼 수 없다(대판 1992.9.14, 92다17754).
① 비진의표시는 원칙은 유효지만 상대방이 알았거나 알 수 있었을 경우에는 무효로 되는 것이지 취소할 수 있는 것은 아니다.
② 비진의 의사표시에 있어서의 진의란 특정한 내용의 의사표시를 하고자 하는 표의자의 생각을 말하는 것이지 표의자가 진정으로 마음속에서 바라는 사항을 뜻하는 것은 아니라고 할 것이므로, 비록 재산을 강제로 뺏긴다는 것이 표의자의 본심으로 잠재되어 있었다 하여도 표의자가 강제에 의하여서나마 증여를 하기로 하고 그에 따른 증여의 의사표시를 한 이상 증여의 내심의 효과의사가 결여된 것이라고 할 수는 없다(대판 1993.7.16, 92다41528).
④ 대리권을 남용한 경우에 비진의표시에 관한 제107조를 유추적용하여 원칙적으로 효력이 발생하되, 상대방이 대리권 남용사실을 알았거나 알 수 있었을 경우에는 무효로 본다.
⑤ 법률상 또는 사실상의 장애로 자기 명의로 대출받을 수 없는 자를 위하여 대출금채무자로서의 명의를 빌려준 자에게 그와 같은 채무부담의 의사가 없는 것이라고는 할 수 없으므로 그 의사표시를 비진의 표시에 해당한다고 볼 수 없고, 설령 명의대여자의 의사표시가 비진의표시에 해당한다고 하더라도 그 의사표시의 상대방인 상호신용금고로서는 명의대여자가 전혀 채무를 부담할 의사 없이 진의에 반한 의사표시를 하였다는 것까지 알았다거나 알 수 있었다고 볼 수도 없다고 보아, 그 명의대여자는 표시행위에 나타난 대로 대출금채무를 부담한다(대판 1996.9.10, 96다18182).

## 44.

정답 ②

상 의사표시

옳은 것은 ㄱ, ㄴ, ㄷ이다.
ㄹ. 동기의 착오를 이유로 표의자가 법률행위를 취소하려면 그 동기를 당해 의사표시의 내용으로 삼을 것을 상대방에게 표시하고 법률행위의 내용으로 되어 있다고 인정되면 충분하다(대판 2000.5.12, 2000다12259). 판례는 동기가 상대방의 부정한 방법에 의해 유발된 경우(대판 1987.7.21, 85다카2339) 또는 동기가 상대방으로부터 제공된 경우(대판 1978.7.11, 78다719)에도 표의자는 취소할 수 있다고 한다. 따라서 틀린 지문이다.

## 45.

정답 ④

하 법률행위의 대리

④ 대리인이 수인인 때에는 각자가 본인을 대리한다. 그러나 법률 또는 수권행위에 다른 정한 바가 있는 때에는 그러하지 아니하다(제119조).

## 46.

**중 법률행위의 대리**

② 무권대리인이 본인을 단독상속한 경우에, 추인거절권을 행사하여 무권대리행위의 무효를 주장하는 것은 금반언의 원칙이나 신의칙에 반하여 허용되지 않는다(대판 1994.9.27, 94다20617).

## 47.
정답 ①

**중 법률행위의 대리**

① 교회의 대표자가 권한 없이 행한 교회 재산의 처분행위에 대하여는 「민법」 제126조의 표현대리에 관한 규정이 준용되지 않는다(대판 2009.2.12, 2006다23312).

## 48.
정답 ①

**상 법률행위의 무효와 취소**

丙이 선의·무과실임을 요하는 것은 ㄷ이다.
- ㄱ. 제108조 제2항의 제3자는 선의이면 족하고 무과실은 요건이 아니다(대판 2004.5.28, 2003다70041).
- ㄴ. 당사자 일방이 계약을 해제한 때에는 각 당사자는 그 상대방에 대하여 원상회복의 의무가 있다. 그러나 제3자의 권리를 해하지 못한다(제548조 제1항). 여기서 제3자는 그 계약이 해제되기 전에 계약이 해제될 가능성이 있다는 것을 알았거나 알 수 있었다 하더라도 마찬가지이다(대판 2010.12.23, 2008다57746).
- ㄷ. 상대방이 '제3자의 사기·강박의 사실을 알았거나 알 수 있었을 경우'에 한하여 그 의사표시를 취소할 수 있다(제110조 제2항). 즉, 상대방이 보호되기 위해서는 상대방의 선의·무과실이 요구된다.
- ㄹ. 제한능력을 이유로 취소하면 그 법률행위는 소급해서 무효가 되고(제141조), 이것은 제한능력자를 보호하기 위해서 모든 사람에 대한 관계에서 무효가 되는 절대적 무효이다. 따라서 그 취소를 가지고 선의의 제3자에게도 대항할 수 있다.

## 49.
정답 ②

**중 법률행위의 무효와 취소**

법정추인사유에 해당하지 않는 것은 ㄱ, ㄷ이다.
- ㄱ, ㄷ. 취소할 수 있는 행위로 취득한 권리의 전부나 일부의 양도, 이행의 청구는 취소권자가 상대방에게 한 경우에만 법정추인이 된다.

## 50.
정답 ③

**중 조건과 기한**

③ 약혼예물의 수수는 혼인 불성립을 해제조건으로 하는 증여와 유사한 성질의 것이므로, 시어머니가 며느리에게 교부한 약혼예물은 그 혼인이 성립되어 상당 기간 지속된 이상 며느리의 소유라고 본 조치는 정당하다(대판 1994.12.27, 94므895). 즉, 혼인이 성립되어 조건 불성취가 되면 효력이 소멸하지 않으므로 약혼예물의 소유권은 며느리에게 있다.
① 불법조건이 붙은 법률행위는 법률행위 자체가 무효로 된다(제151조 제1항).
② 조건의 성취가 미정인 동안의 권리의무는 일반규정에 의하여 처분, 상속, 보존 또는 담보로 할 수 있다(제149조).
④ 기한은 당사자간의 특약으로도 소급효를 인정할 수 없다.

⑤ 불확정한 사실의 발생시기를 이행기한으로 정한 경우, 그 사실이 발생한 때는 물론 그 사실의 발생이 불가능하게 된 때에도 이행기한은 도래한 것으로 본다(대판 2007.5.10, 2005다67353).

## 51.
정답 ④

**하 물권법 총설**

④ 물건에 대한 배타적인 사용·수익권은 소유권의 핵심적 권능이므로, 소유자가 제3자와의 채권관계에서 소유물에 대한 사용·수익의 권능을 포기하거나 사용·수익권의 행사에 제한을 설정하는 것을 넘어 이를 대세적·영구적으로 포기하는 것은 법률에 의하지 않고 새로운 물권을 창설하는 것과 다를 바 없어 허용되지 않는다(대판 2013.8.22, 2012다54133).

## 52.
정답 ②

**중 물권법 총설**

② 등기를 갖추지 않은 부동산 취득자에게 법률상·사실상 처분권이 인정되므로 甲은 丙에게 건물철거를 청구할 수 있다(대판 1986.12.23, 86다카1751).
① 임차인 丙에게는 건물의 철거권한이 없다.
③ 소유권에 기한 물상청구권을 소유권과 분리하여 이를 소유권 없는 전 소유자에게 유보하여 행사시킬 수는 없는 것이므로 소유권을 상실한 전 소유자는 제3자인 불법점유자에 대하여 소유권에 기한 물권적 청구권에 의한 방해배제를 구할 수 없다(대판 1980.9.9, 80다7).
④ 침해자의 고의·과실은 묻지 않으며 침해 또는 침해염려가 있을 것이라는 객관적인 사실로 충분하다.
⑤ 소유권에 기한 방해배제청구권에 있어서 '방해'라 함은 현재에도 지속되고 있는 침해를 의미하고, 법익 침해가 과거에 일어나서 이미 종결된 경우에 해당하는 '손해'의 개념과는 다르다 할 것이어서, 소유권에 기한 방해배제청구권은 방해결과의 제거를 내용으로 하는 것이 되어서는 아니 되며(이는 손해배상의 영역에 해당한다 할 것이다) 현재 계속되고 있는 방해의 원인을 제거하는 것을 내용으로 한다(대판 2003.3.28, 2003다5917).

## 53.
정답 ①

**중 물권의 변동**

물권적 청구권인 경우는 ㄱ이다.
- ㄱ. 판례는 계약해제로 인하여 등기 없이도 당연히 물권이 복귀한다는 물권적 효과설의 입장에서 해제로 인한 소유권이전등기 말소청구권은 소유권에 기한 물권적 청구권이므로 소멸시효에 걸리지 않는다고 본다(대판 1982.7.27, 80다2968).
- ㄴ, ㄷ, ㄹ. 채권적 청구권이다.

## 54.
정답 ③

**상 점유권**

옳은 것은 ㄱ, ㄹ이다.
- ㄱ. 건물은 일반적으로 대지를 떠나서는 존재할 수 없으므로, 건물의 소유자가 건물의 대지인 토지를 점유하고 있다. 이 경우 건물의 소유자가 현실적으로 건물이나 대지를 점유하지 않고 있더라도 건물의 소유를 위하여 대지를 점유한다고 보아야 한다(대판 2017.1.25, 2012다72469).
- ㄴ. 점유매개관계는 중첩적으로도 있을 수 있고, 乙뿐만 아니라 甲도 간접점유자이다.

ㄷ. 분묘기지권자의 점유는 소유의사로 점유하는 것이 아니므로 타주점유이다(대판 1997.3.28, 97다3651).
ㄹ. 매수인이 착오로 인접토지의 일부를 그가 매수한 토지에 속하는 것으로 믿고 점유한 경우에는 자주점유로 인정된다(대판 2007.6.14, 2006다84423).

## 55.
정답 ④

**상** 점유권

④ 유익비상환청구권은 지출한 금액 또는 증가액의 상환을 선택해서 청구할 수 있는데 점유자(乙)의 선택이 아니라 회복자(甲)의 선택에 의한다(제203조 제2항).

## 56.
정답 ②

**하** 소유권

② 주위토지통행권의 범위는 현재의 토지의 용법에 따른 이용의 범위에서 인정되는 것이고 장차의 이용상황까지 미리 대비하여 통행로를 정할 것은 아니다(대판 2006.10.26, 2005다30993).

## 57.
정답 ④

**중** 소유권

④ 등기부취득시효가 완성된 후 그 부동산에 관한 점유자 명의 등기가 말소되거나 적법한 원인 없이 다른 사람 앞으로 소유권이전등기가 경료되었더라도, 그 점유자는 등기부취득시효의 완성에 의하여 취득한 소유권을 상실하는 것은 아니다(대판 2001.1.16, 98다20110).

## 58.
정답 ④

**상** 소유권

옳은 것은 ㄴ, ㄹ이다.
ㄱ. 과반수지분권의 공유자로부터 사용·수익을 허락받은 점유자에 대하여 소수지분의 공유자는 점유배제를 구할 수 없다(대판 2002.5.14, 2002다9738).
ㄴ. 공유자 사이에 공유물을 사용·수익할 구체적인 방법을 정하는 것은 공유물의 관리에 관한 사항으로서 공유자의 지분의 과반수로써 결정하여야 할 것이다(대판 2002.5.14, 2002다9738). 따라서 소수 지분권자는 자신의 지분 범위 내라도 공유토지를 배타적으로 사용할 수 없고, 임대차계약을 맺을 수도 없다.
ㄷ. 공유물에 끼친 불법행위를 이유로 하는 손해배상청구권은 특별한 사유가 없는 한 각 공유자는 그 지분에 대응하는 비율의 한도 내에서만 이를 행사할 수 있다(대판 1970.4.14, 70다171).
ㄹ. 공유자 중 1인이 다른 공유자의 동의 없이 그 공유토지의 특정부분을 매도하여 타인 명의로 소유권이전등기가 마쳐졌다면, 그 매도 부분 토지에 관한 소유권이전등기는 처분공유자의 공유지분 범위 내에서는 실체관계에 부합하는 유효한 등기라고 보아야 한다(대판 1994.12.2, 93다1596).

## 59.
정답 ①

**중** 용익물권

① 동일인 소유의 토지와 그 지상의 건물에 공동저당권이 설정된 후 그 건물이 철거되고 다른 건물이 신축된 경우, 저당물의 경매로 인하여 토지와 신축건물이 서로 다른 소유자에게 속하게 되면 특별한 사정

이 없는 한 제366조 소정의 법정지상권이 성립하지 않는다(대판 2003.12.18, 98다43601 전원합의체).

## 60.
정답 ③

**하** 용익물권

③ 제292조 제2항
① 승역지의 소유자는 지역권에 필요한 부분의 토지소유권을 지역권자에게 위기하여 공작물의 설치나 수선의무의 부담을 면할 수 있다(제299조).
② 요역지는 반드시 1필의 토지이어야 하고 토지의 일부를 위하여 지역권을 설정할 수 없으나, 승역지는 1필의 토지의 일부라도 무방하다.
④ 지역권은 점유하는 권리가 아니다. 따라서 지역권은 방해제거청구권과 방해예방청구권이 인정될 뿐 반환청구권은 인정되지 않는다.
⑤ 다른 공유자를 위하여 효력이 있다(제296조).

## 61.
정답 ③

**중** 용익물권

옳은 것은 ㄴ, ㄷ이다.
ㄱ. 전세권이 용익물권적인 성격과 담보물권적인 성격을 모두 갖추고 있는 점에 비추어 전세권 존속기간이 시작되기 전에 마친 전세권설정등기도 특별한 사정이 없는 한 유효한 것으로 추정된다.
ㄴ. 법정갱신은 법률의 규정에 의한 부동산에 관한 물권의 변동이므로 전세권갱신에 관한 등기를 필요로 하지 아니하고 전세권자는 그 등기 없이도 전세권설정자나 그 목적물을 취득한 제3자에 대하여 그 권리를 주장할 수 있다(대판 1989.7.11, 88다카21029).
ㄷ. 전세권이 성립한 후 목적물의 소유권이 이전되면 신 소유자가 전세권설정자의 지위를 승계하고 구 소유자는 전세권설정자의 지위를 상실한다. 따라서 전세권이 소멸한 때에도 신 소유자가 전세권설정자의 지위에서 전세금반환의무를 부담하게 되고, 구 소유자는 전세금반환의무를 면하게 된다(대판 2000.6.9, 99다15122).
ㄹ. 건물의 일부에 대하여 전세권이 설정되어 있는 경우, 전세권의 목적물이 아닌 나머지 건물 부분에 대하여는 우선변제권은 별론으로 하고 경매신청권은 없으므로, 전세권자는 전세권의 목적이 된 부분을 초과하여 건물 전부의 경매를 청구할 수 없다(대판 2001.7.2, 2001마212).

## 62.
정답 ⑤

**상** 담보물권

⑤ 채무자 소유의 건물에 강제경매개시결정의 기입등기가 경료되어 압류의 효력이 발생한 이후에 채무자가 공사대금채권자에게 건물의 점유를 이전함으로써 유치권을 취득하게 한 경우, 그러한 유치권은 압류의 처분금지효에 저촉되므로, 그로써 경매절차의 매수인에게 대항할 수 없다(대판 2005.8.19, 2005다22688).

## 63.
정답 ⑤

**상** 담보물권

저당권의 피담보채권의 범위에 속하지 않는 것은 ㄹ, ㅁ이다.
ㄱ, ㄴ, ㄷ. 저당권은 원본, 이자, 위약금, 채무불이행으로 인한 손해배상 및 저당권의 실행비용을 담보한다.
ㄹ. 지연배상에 대하여는 원본의 이행기일을 경과한 후의 1년분에 한하여 저당권을 행사할 수 있다(제360조).
ㅁ. 질권의 피담보채권의 범위에 속한다(제334조 참고).

## 64.

<정답 ⑤>

**중 담보물권**

⑤ 근저당권자가 피담보채무의 불이행을 이유로 경매신청을 한 경우에는 경매신청시에 근저당 채무액이 확정되고, 그 이후부터 근저당권은 부종성을 가지게 되어 보통의 저당권과 같은 취급을 받게 되는바, 위와 같이 경매신청을 하여 경매개시결정이 있은 후에 경매신청이 취하되었다고 하더라도 채무확정의 효과가 번복되는 것은 아니다(대판 2002. 11.26, 2001다73022).

## 65.

<정답 ④>

**중 계약총론**

④ 격지자간의 계약은 승낙의 통지를 발송한 때에 성립한다(제531조). 따라서 乙이 10월 25일에 승낙통지를 발송하여 10월 27일에 도달한 경우, 계약은 10월 25일에 성립한다.

## 66.

<정답 ③>

**상 계약총론**

옳은 것은 ㄱ, ㄹ이다.
ㄱ. 쌍무계약의 당사자 일방이 먼저 한 번 현실의 제공을 하고 상대방을 수령지체에 빠지게 하였다 하더라도 그 이행의 제공이 계속되지 않는 한, 과거에 이행의 제공이 있었다는 사실만으로 상대방이 가지는 동시이행의 항변권이 소멸하는 것은 아니다(대판 1999.7.9, 98다13754).
ㄴ. 원고의 청구에 대해 피고가 동시이행의 항변권을 주장하는 경우에는, 원고패소판결을 내리지 않고 상환이행판결(예 '매도인은 잔금 5천만원을 수령하는 것과 상환으로 목적부동산을 매수인에게 인도하라'는 원고일부승소판결)을 한다.
ㄷ. 동시이행의 항변권을 가지는 채무자는 비록 이행기에 이행을 하지 않더라도 이행지체가 되지 않는다.
ㄹ. 동시이행의 항변권이 붙은 채권은 이를 자동채권으로 하여 상계하지 못한다.

## 67.

<정답 ②>

**상 계약총론**

② 양 당사자의 채무는 모두 소멸되었으므로 甲은 지급받은 계약금을 乙에게 부당이득으로 반환하여야 한다.

## 68.

<정답 ④>

**상 계약총론**

④ 낙약자는 요약자와의 계약 자체에 기한 항변으로 수익자에게 대항할 수 있다(제542조). 따라서 낙약자 乙은 동시이행의 항변권에 기하여 수익자 丙에게 매매대금의 지급을 거절할 수 있다.

## 69.

<정답 ③>

**중 계약총론**

최고 없이 해제권을 행사할 수 있는 경우는 ㄴ, ㄷ이다.
ㄱ. 매수인이 매매대금 지급을 지체하고 있다면 이행지체이므로 상당한 기간을 정해서 최고한 이후에 상당한 기간 내에 이행하지 않으면 해제권이 발생한다(제544조).

ㄴ. 이행불능의 경우 이행의 최고를 요하지 않는다.
ㄷ. 정기행위인 경우에는 채무자가 그 시기에 이행하지 않으면 채권자는 최고 없이 계약을 해제할 수 있다(제545조).
ㄹ. 이행거절의 의사표시가 적법하게 '철회'된 경우에는 상대방으로서는 자기 채무의 이행을 제공하고 상당한 기간을 정하여 이행을 최고한 후가 아니면 채무불이행을 이유로 계약을 해제할 수 없다(대판 2003. 2.26, 2000다40995).

## 70.

<정답 ③>

**하 계약각론**

③ 매매예약의 완결권은 일종의 형성권으로서 당사자 사이에 행사기간을 약정한 때에는 그 기간 내에, 약정이 없는 때에는 예약이 성립한 때부터 10년 내에 이를 행사하여야 하고, 그 기간이 지난 때에는 예약완결권은 제척기간의 경과로 소멸한다(대판 2018.11.29, 2017다247190).

## 71.

<정답 ①>

**중 계약각론**

대금감액청구권이 인정되는 자는 ㄱ, ㄴ이다.
ㄱ, ㄴ. 매도인의 담보책임 내용으로 대금감액청구권이 인정되는 것은 일부 타인의 권리매매(제572조)와 수량부족·일부멸실의 경우(제574조)이다. 일부 타인의 권리매매의 경우 매수인이 선의·악의 불문하고 인정되나, 수량부족·일부멸실의 경우 선의의 매수인에 한하여 인정된다.
ㄷ, ㄹ. 해당 매수인에게는 계약해제권과 손해배상청구권이 인정된다.

## 72.

<정답 ②>

**하 계약각론**

① 임대인이 제628조에 의하여 장래에 대한 차임의 증액을 청구하였을 때에 당사자 사이에 협의가 성립되지 아니하여 법원이 결정해 주는 차임은 증액청구의 의사표시를 한 때에 소급하여 그 효력이 생기는 것이므로, 특별한 사정이 없는 한 증액된 차임에 대하여는 법원 결정시가 아니라 증액청구의 의사표시가 상대방에게 도달한 때를 이행기로 보아야 한다(대판 2018.3.15, 2015다239508). 즉, 의사표시가 상대방에게 도달한 다음 날부터 지연손해금이 발생한다.
③ 임대차가 묵시의 갱신이 된 경우, 전임대차에 대해 제3자가 제공한 담보는 기간의 만료로 인하여 소멸한다(제639조 제2항).
④ 임대인의 동의 없는 전차인의 점유는 임대인에 대하여 불법점유이다.
⑤ 임차인이 임대인의 승낙 없이 제3자에게 임차물을 사용·수익하도록 한 경우에도 임차인의 당해 행위가 임대인에 대한 배신적 행위라고 인정할 수 없는 특별한 사정이 있는 경우에는 본조에 의한 해지권은 발생하지 않는다(대판 1993.4.27, 92다45308).

## 73.

<정답 ④>

**중 계약각론**

④ 임차인의 부속물매수청구권은 당사자의 약정으로 배제할 수 없으나, 유익비상환청구권은 당사자의 약정에 의해 포기될 수 있다.

## 74.

정답 ②

> (상) 계약각론

배제약정으로 유효한 것은 ㄱ, ㄹ이다.
ㄱ. 임차인의 비용상환청구권에 관한 규정은 임의규정이다. 따라서 이를 포기하는 당사자의 약정은 유효하다(대판 1996.8.20, 94다44705).
ㄹ. 제629조는 강행규정이 아니므로, 임대인의 동의를 요하지 않는다는 특약도 유효하다.

## 75.

정답 ⑤

> (중) 주택임대차보호법

⑤ 「주택임대차보호법」상 임차인으로서의 지위와 전세권자로서의 지위를 함께 가지고 있는 자가 그중 임차인으로서의 지위에 기하여 경매법원에 배당요구를 하였다면 배당요구를 하지 아니한 전세권에 관하여는 배당요구가 있는 것으로 볼 수 없다(대판 2010.6.24, 2009다40790).

## 76.

정답 ⑤

> (상) 주택임대차보호법

거절할 수 있는 사유는 ㄷ, ㅁ이다.
ㄱ. 주택임대차에서는 2기의 차임액이 연체시 거절할 수 있다(주임법 제6조의3 제1항 제1호). 상가임대차에서는 3기이다.
ㄴ. 서로 합의하여 임대인이 임차인에게 상당한 보상을 제공한 경우에 거절할 수 있다.
ㄷ. 동법 제6조의3 제1항 제4호
ㄹ. 임차인이 임차한 주택의 전부 또는 일부를 고의나 중대한 과실로 파손한 경우에 거절할 수 있다.
ㅁ. 동법 제6조의3 제1항 제8호

## 77.

정답 ②

> (중) 상가건물 임대차보호법

② 대통령령으로 정하는 보증금액, 세종특별자치시는 5억 4천만원을 초과하는 상가건물의 임대차에 대하여는 적용되지 않는다(상임법 제2조 제1항 단서). 따라서 보증금 우선변제권은 인정되지 않는다.

## 78.

정답 ①

> (중) 집합건물의 소유 및 관리에 관한 법률

① 전(前) 구분소유자의 특별승계인이 체납된 공용부분 관리비를 승계한다고 하여 전 구분소유자가 관리비 납부를 연체함으로 인해 이미 발생하게 된 법률효과까지 그대로 승계하는 것은 아니라 할 것이어서, 공용부분 관리비에 대한 연체료는 특별승계인에게 승계되는 공용부분 관리비에 포함되지 않는다(대판 2006.6.29, 2004다3598, 3604).
② 집합건물법 제11조
③ 수분양자로서 분양대금을 완납하였음에도 분양자 측의 사정으로 소유권이전등기를 경료받지 못한 경우와 같은 특별한 사정이 있는 경우에는 이러한 수분양자도 구분소유자에 준하는 것으로 보아 관리단의 구성원이 되어 의결권을 행사할 수 있다(대결 2005.12.16, 2004마515).

④ 동법 제48조
⑤ 구분소유자는 그가 가지는 전유부분과 분리하여 대지사용권을 처분할 수 없다(동법 제20조).

## 79.

정답 ⑤

> (상) 가등기담보 등에 관한 법률

틀린 것은 ㄷ, ㅁ이다.
ㄱ. 설정자가 소유자로서 목적물을 점유·이용할 권리를 갖는다.
ㄴ. 丙의 양도담보권은 혼동으로 소멸한다.
ㄷ. 담보물이 멸실·훼손되면 그 범위에서 양도담보권도 소멸한다. 그러나 피담보채권에는 영향이 없으며 무담보채권으로 남게 된다.
ㄹ, ㅁ. 채권자가 담보목적 부동산을 처분하여 선의의 제3자가 소유권을 취득하게 되었다면, 채권자는 위법한 담보목적 부동산 처분으로 인하여 채무자가 입은 손해를 배상할 책임이 있다(대판 2010.8.26, 2010다27458).

## 80.

정답 ⑤

> (중) 부동산 실권리자명의 등기에 관한 법률

⑤ 「부동산 실권리자명의 등기에 관한 법률(이하 해설에서 '부동산실명법'이라 함) 제4조 제3항
① 甲과 丙의 매매계약은 유효하다.
② 명의신탁약정은 무효이다(동법 제4조 제1항).
③④ 신탁자 甲은 '신탁약정의 해지'를 원인으로 수탁자 乙에 대해서 소유권이전등기를 청구할 수 없으며(명의신탁약정이 무효이므로), 부당이득반환을 원인으로 하여 소유권이전등기를 청구할 수도 없다(대판 2008.11.27, 2008다55290).

## 난이도 및 출제포인트 분석

★ 난이도가 낮은 문제는 해설 페이지를 찾아가 꼭 익혀두세요.

### 1교시 제1과목　부동산학개론

| 문제번호 | 난이도 및 출제포인트 분석 | | 문제번호 | 난이도 및 출제포인트 분석 | |
|---|---|---|---|---|---|
| 1 | 하 부동산의 개념과 분류 | p.30 | 21 | 상 부동산투자분석 및 기법 | p.32 |
| 2 | 중 부동산의 개념과 분류 | p.30 | 22 | 하 부동산투자분석 및 기법 | p.32 |
| 3 | 중 부동산의 특성 및 속성 | p.31 | 23 | 상 부동산관리 | p.33 |
| 4 | 상 부동산의 수요 · 공급이론 | p.31 | 24 | 하 부동산투자이론 | p.33 |
| 5 | 하 부동산의 수요 · 공급이론 | p.31 | 25 | 상 부동산투자분석 및 기법 | p.33 |
| 6 | 상 부동산의 수요 · 공급이론 | p.31 | 26 | 중 부동산금융 | p.33 |
| 7 | 하 부동산의 수요 · 공급이론 | p.31 | 27 | 상 부동산금융 | p.33 |
| 8 | 중 부동산의 수요 · 공급이론 | p.31 | 28 | 하 부동산금융 | p.33 |
| 9 | 하 부동산의 경기변동 | p.31 | 29 | 중 부동산증권론 및 개발금융 | p.33 |
| 10 | 하 부동산시장 | p.31 | 30 | 중 부동산증권론 및 개발금융 | p.33 |
| 11 | 상 부동산의 경기변동 | p.31 | 31 | 하 부동산이용 및 개발 | p.33 |
| 12 | 하 부동산시장 | p.31 | 32 | 상 부동산이용 및 개발 | p.34 |
| 13 | 상 입지 및 공간구조론 | p.31 | 33 | 하 부동산관리 | p.34 |
| 14 | 상 입지 및 공간구조론 | p.32 | 34 | 중 부동산마케팅 및 광고 | p.34 |
| 15 | 하 입지 및 공간구조론 | p.32 | 35 | 중 감정평가의 기초이론 | p.34 |
| 16 | 하 주택정책 | p.32 | 36 | 상 감정평가의 방식 | p.34 |
| 17 | 상 부동산정책의 의의 및 기능 | p.32 | 37 | 중 감정평가의 기초이론 | p.34 |
| 18 | 중 조세정책 | p.32 | 38 | 상 감정평가의 방식 | p.34 |
| 19 | 중 부동산투자분석 및 기법 | p.32 | 39 | 상 감정평가의 방식 | p.34 |
| 20 | 하 부동산투자이론 | p.32 | 40 | 하 부동산가격공시제도 | p.34 |

### 1교시 제2과목　민법 및 민사특별법

| 문제번호 | 난이도 및 출제포인트 분석 | | 문제번호 | 난이도 및 출제포인트 분석 | |
|---|---|---|---|---|---|
| 41 | 하 법률행위 | p.35 | 61 | 중 용익물권 | p.37 |
| 42 | 중 법률행위 | p.35 | 62 | 중 담보물권 | p.37 |
| 43 | 상 법률행위 | p.35 | 63 | 하 담보물권 | p.37 |
| 44 | 중 의사표시 | p.35 | 64 | 상 담보물권 | p.38 |
| 45 | 상 의사표시 | p.35 | 65 | 중 계약총론 | p.38 |
| 46 | 하 의사표시 | p.36 | 66 | 하 계약총론 | p.38 |
| 47 | 중 법률행위의 대리 | p.36 | 67 | 중 계약총론 | p.38 |
| 48 | 중 법률행위의 대리 | p.36 | 68 | 중 계약총론 | p.38 |
| 49 | 중 법률행위의 무효와 취소 | p.36 | 69 | 하 계약총론 | p.38 |
| 50 | 상 법률행위의 무효와 취소 | p.36 | 70 | 하 계약총론 | p.38 |
| 51 | 하 물권법 총설 | p.36 | 71 | 중 계약각론 | p.38 |
| 52 | 중 물권의 변동 | p.36 | 72 | 중 계약각론 | p.38 |
| 53 | 중 물권의 변동 | p.36 | 73 | 중 계약각론 | p.38 |
| 54 | 하 물권의 변동 | p.36 | 74 | 중 계약각론 | p.39 |
| 55 | 하 점유권 | p.37 | 75 | 하 주택임대차보호법 | p.39 |
| 56 | 상 점유권 | p.37 | 76 | 하 상가건물임대차보호법 | p.39 |
| 57 | 상 소유권 | p.37 | 77 | 중 상가건물 임대차보호법 | p.39 |
| 58 | 중 소유권 | p.37 | 78 | 상 집합건물의 소유 및 관리에 관한 법률 | p.39 |
| 59 | 중 용익물권 | p.37 | 79 | 하 가등기담보 등에 관한 법률 | p.39 |
| 60 | 중 용익물권 | p.37 | 80 | 중 부동산 실권리자명의 등기에 관한 법률 | p.40 |

## 제1과목 부동산학개론

| 1 | 2 | 3 | 4 | 5 | 6 | 7 | 8 | 9 | 10 |
|---|---|---|---|---|---|---|---|---|---|
| ② | ④ | ⑤ | ④ | ① | ③ | ① | ② | ① | ④ |
| 11 | 12 | 13 | 14 | 15 | 16 | 17 | 18 | 19 | 20 |
| ⑤ | ② | ③ | ⑤ | ③ | ⑤ | ② | ③ | ① | ⑤ |
| 21 | 22 | 23 | 24 | 25 | 26 | 27 | 28 | 29 | 30 |
| ① | ⑤ | ③ | ④ | ⑤ | ③ | ① | ④ | ③ | ⑤ |
| 31 | 32 | 33 | 34 | 35 | 36 | 37 | 38 | 39 | 40 |
| ⑤ | ① | ③ | ② | ⑤ | ① | ④ | ④ | ③ | ① |

### 선생님의 한마디

자신이 받은 점수를 다른 수험생과 비교하실 필요는 없습니다. 수험생마다 기본적인 학습역량, 학습의 가용시간과 환경이 모두 다릅니다. 자신의 학습역량, 학습환경에 맞게 최적의 방법을 찾아서 준비하시면 됩니다. 학원에서 제공된 이외의 필요 이상의 자료는 오히려 시험준비에 독이 될 수 있습니다. 할 수 있다는 '꺾이지 않는 마음'은 여러분을 달라지게 하고 변화시킬 수 있습니다.

## 1.　　　　　　　　　　　정답 ②

### 하 부동산의 개념과 분류

② 상품은 경제적 개념에 해당한다.

#### Ⅴ 부동산의 개념

| 법률적 개념 | • 협의의 부동산: 토지와 그 정착물<br>• 광의의 부동산: 협의의 부동산 + 준부동산 | |
|---|---|---|
| 경제적 개념 | • 자산　　• 자본　　• 생산요소<br>• 소비재　• 상품 | |
| 기술적(물리적) 개념 | • 공간　　• 위치<br>• 환경　　• 자연 | |

## 2.　　　　　　　　　　　정답 ④

### 중 부동산의 개념과 분류

옳은 것은 ㄴ, ㄷ, ㄹ이다.
ㄱ. 맹지(盲地)는 타인의 토지에 둘러싸여 도로에 직접 접하고 있지 못한 토지로, 감가(減價)현상이 있다. 공한지(空閑地)는 도시 토지로서, 투기목적으로 장기간 방치되고 있는 토지를 말한다.
ㄹ. 전지지역(농지지역)이 주거지역(택지지역)으로 그 용도가 변경되고 있는 토지를 후보지라 한다. ➡ 용도적 지역 상호간에 변경 중에 있는 토지이므로 후보지에 해당한다.

## 3.
정답 ⑤

⑤ 부동성(비이동성·지리적 위치의 고정성)으로 인해 부동상활동을 국지화시키고(지역마다 다르게 하고) 임장활동·정보활동이 되게 한다.
① 영속성으로 인해 토지는 물리적 감가가 발생하지 않지만, 기능적·경제적 감가는 발생할 수 있다.

## 4.
정답 ④

상 부동산의 수요·공급이론

④ 수요의 증가 > 공급의 증가 ➡ 균형가격은 상승하고 균형거래량은 증가한다.
① 공급이 불변이고 수요가 감소하는 경우, 새로운 균형가격은 하락하고 균형거래량은 감소한다.
② 수요가 불변이고 공급이 증가하는 경우, 새로운 균형가격은 하락하고 균형거래량은 증가한다.
③ 공급의 감소보다 수요의 증가가 큰 경우, 새로운 균형가격은 상승하고 균형거래량은 증가한다.
⑤ 공급이 가격에 대해 완전비탄력적일 경우, 수요가 증가하면 균형거래량은 변하지 않는다.

## 5.
정답 ①

하 부동산의 수요·공급이론

① • 가격 변화율과 수요량의 변화율이 동일한 경우를 단위탄력적이라고 한다(= 수요의 가격탄력성 1).
• 미세한 가격의 변화에 수요량이 무한대로 변하는 경우를 완전탄력적이라 한다.
④ 일반적으로 부동산수요에 대한 관찰기간이 길어질수록(단기보다 장기에) 수요의 가격탄력성은 커진다(탄력적이다).

## 6.
정답 ③

상 부동산의 수요·공급이론

저량(stock)지표에 해당하는 것은 ㄷ. 주택가격, ㄹ. 도시인구, ㅁ. 부채 3개이다. 저량(stock)지표는 일정시점을 명시하여 측정하는 것이고, 유량(flow)지표는 일정기간을 명시하여 측정하는 것이다.
ㄱ, ㄴ, ㅂ. 유량(flow)지표이다.

## 7.
정답 ①

하 부동산의 수요·공급이론

① 부동산수요량이란 일정기간에 시장참여자(수요자)들이 구매하고자 하는 의도된 부동산의 양을 말한다. ➡ 부동산수요·공급은 사전적(事前的) 개념이다.

## 8.
정답 ②

중 부동산의 수요·공급이론

• 수요의 가격탄력성 $0.5 = \dfrac{\text{수요량의 변화율 } 2\%\uparrow}{\text{가격의 변화율 } x\%\downarrow}$
• 가격의 변화율($x$) = 2% ÷ 0.5 = 4% 하락(가격과 수요량은 반비례관계이다)

## 9.
정답 ①

하 부동산의 경기변동

① 안정시장 국면에서는 과거의 거래가격은 새로운 거래의 신뢰할 수 있는 기준가격이 된다.

## 10.
정답 ④

하 부동산시장

④ 부동산시장은 유통구조가 비조직적이어서 집중통제가 용이하지 않은 편이다(개별성 ➡ 시장의 비조직성).

## 11.
정답 ⑤

상 부동산의 경기변동

기울기 값을 구하기 위하여 각 함수를 동일한 P로 정리한다.
1. A부동산시장: 순환형
  • 수요곡선 기울기의 절댓값은 3이다.
  • 공급함수는 수식을 P로 정리하기 위하여 양변을 2로 나누어주면 P = 150 + 3Qs가 된다. 공급곡선 기울기의 절댓값은 3이다.
  ∴ 수요곡선과 공급곡선 기울기 값이 동일하므로 순환형이 된다.
2. B부동산시장: 수렴형
  수요곡선 기울기 절댓값은 1, 공급곡선 기울기의 절댓값은 2이므로 공급곡선 기울기의 절댓값이 더 크다(= 공급곡선의 기울기가 더 급하다. 공급이 더 비탄력적이다).
  ∴ B부동산시장은 수렴형이 된다.

## 12.
정답 ②

하 부동산시장

② 여과과정과 주거분리에는 일반적으로 침입과 계승의 논리가 적용된다.

> Ⓥ 침입과 천이(계승)
>
> 어떤 지역에 다른 형태의 이질적 기능이 유입되는 현상을 침입이라 하며, 침입의 결과 다른 유형의 토지이용으로 전환·변화되어 가는 과정을 천이 또는 계승이라 한다.

## 13.
정답 ③

상 입지 및 공간구조론

두 도시로의 인구유인비율을 구하여 계산한다.
$$\frac{X_A}{X_B} = \frac{\text{A도시의 인구}}{\text{B도시의 인구}} \times \left( \frac{\text{B도시까지의 거리}}{\text{A도시까지의 거리}} \right)^2$$
$$= \frac{10\text{만명}}{40\text{만명}} \times \left( \frac{6km}{3km} \right)^2 = \frac{1}{1}$$
즉, A도시와 B도시로 유인될 비율은 1 : 1이므로, 소비자 거주지에서 각 도시로 유인되는 인구규모는 각각 50%이다.
∴ X도시 소비자 거주지 100,000명 × 0.5(50%) = 각 50,000명

## 14.
정답 ⑤

[상] 입지 및 공간구조론

ㄱ, ㄴ, ㄷ, ㄹ 모두 옳은 설명이다.
ㄱ. 리카도(D. Ricardo)의 차액지대설: 비옥도, 생산성의 차이가 지대를 결정한다.
ㄴ. 마르크스(K. Marx)의 절대지대설: 토지의 비옥도나 생산성과 무관하게 한계지에서도 지대를 요구할 수 있다.
ㄷ. 튀넨(J. H. von Thünen) 또는 알론소(W. Alonso)의 입찰지대설: 지대지불능력에 따라 토지이용이 할당된다.
ㄹ. 튀넨의 위치지대설(고립국이론): 중심에서 멀어질수록 (수송비는 증가하고) 지대는 점차 감소한다.

## 15.
정답 ③

[하] 입지 및 공간구조론

③ • 등비용선 = 등수송비선 = 등운송비선
 • 등비용선(isodapane)은 최소운송비 지점으로부터 기업이 입지를 바꿀 경우, 운송비(수송비)가 동일한 지점을 연결한 곡선을 의미한다. ➔ 해당 지문에서 '노동비'가 제외되어야 옳은 것이 된다.

⟨V⟩ 원료지향형 입지와 시장지향형 입지

| 원료지향형 입지 | 시장지향형 입지 |
| --- | --- |
| 원료 중량 > 제품 중량 | 원료 중량 < 제품 중량 |
| (제품)중량감소산업 | (제품)중량증가산업 |
| 국지(편재)원료를 많이 사용하는 공장 | 보편원료를 많이 사용하는 공장 |
| 원료지수(MI) > 1 | 원료지수(MI) < 1 |

## 16.
정답 ⑤

[하] 주택정책

⑤ 분양가규제는 주택건설업체의 경쟁력을 악화시켜 주택건설사업의 수익성(채산성)이 악화될 수 있다. 이에 따라 장기적으로 신규주택공급이 위축(감소)될 수 있다.

## 17.
정답 ②

[상] 부동산정책의 의의 및 기능

옳은 것은 ㄱ, ㄷ이다.
생산측면에서는 사회적 비용과 사적 비용을, 소비측면에서는 사회적 편익과 사적 편익을 비교한다.
ㄴ. 외부비경제(부의 외부효과)가 있는 재화의 사회적 비용은 사적 비용보다 크고(➔ 생산측면), 사적 편익이 사회적 편익보다 크다(➔ 소비측면).
ㄹ. 정부는 사회적 비용과 사적 비용을 일치시키기 위해서 또는 사회적 편익과 사적 편익을 일치시키기 위해서(사회적 최적수준을 유도하기 위해) 부동산시장에 개입한다.

## 18.
정답 ③

[중] 조세정책

③ 상대적으로 가격탄력성이 낮은(비탄력적인) 쪽이 더 많은 세금을 부담하게 된다. 수요의 가격탄력성은 비탄력적이고, 공급의 가격탄력성은 탄력적인 경우 ➔ 세금은 상대적으로 수요자에게 더 많이 전가될 수 있다.

## 19.
정답 ①

[중] 부동산투자분석 및 기법

① 현재 5억원인 주택가격이 매년 2%씩 상승(복리이자율로 가격이 상승)한다고 할 때, 5년 후의 주택가격은 일시불의 미래가치계수로 구한다.

## 20.
정답 ⑤

[하] 부동산투자이론

⑤ 위험과 수익은 상쇄관계에 있으므로 효율적 투자선은 우상향하는 곡선이다.

## 21.
정답 ①

[상] 부동산투자분석 및 기법

옳은 것은 ㄱ, ㄴ이다.
ㄴ. 순소득승수 $= \dfrac{\text{총투자액}}{\text{순영업소득}}$ ➔ 영업소득세는 세후현금수지 산정에 필요한 자료이다.
ㄷ. 투자안의 지분배당률(지분투자수익률)이 커지면 세전현금수지승수는 작아진다. 지분배당률(지분투자수익률)과 세전현금수지승수는 역수관계이다.
ㄹ. 부채감당률이 '1'보다 크면 매기의 순영업소득이 원리금을 상환하고도 잔여액이 있다는 것이다[➔ 부채서비스액(원리금)을 감당할 능력이 있는가를 측정하는 지표이다]. 반면, 부채감당률이 '1'보다 작으면 매기의 순영업소득이 원리금을 상환하기에 부족하다는 것을 의미한다.

## 22.
정답 ⑤

[하] 부동산투자분석 및 기법

⑤ 여러 투자대안 중에 순현가가 큰 투자안이 수익성지수(PI)까지 가장 큰 것은 아니다. 순현가는 금액의 크기로 부(富)의 극대화여부를 판단하는 것이며, 수익성지수는 투자액대비 상대적 효율성·수익성을 판단하는 지표이다. ➔ 투자분석지표에 따라서 투자우선순위는 달라질 수 있다.

## 23. 정답 ④

Ⓥ 비율임대차에 의한 임대료

비율임대차에 의한 임대료 = 기본임대료 + 추가임대료

- 3,500만원 = 6만원 × 500m² + (20만원 × 500m² - 5,000만원) × $(x)$% ➡ 3,500만원 = 3,000만원 + (1억원 - 5,000만원) × $(x)$%
- 해당 수식에서 추가임대료[(1억원 - 5,000만원) × $(x)$%]는 500만원 이다.

∴ 추가임대료는 5,000만원 × $(x)$% = 500만원이 되므로, 추가임대료율 $(x)$%은 500만원 ÷ 5,000만원 = 10%(0.1)이다.

## 24. 정답 ⑤

하 부동산투자이론

⑤ 민감도분석(= 감응도분석)이다.

Ⓥ 민감도분석(= 감응도분석)
- 투자위험의 관리방법 중 하나로 위험의 통제기법이다.
- 부동산개발의 타당성분석 중 경제성 분석에도 사용될 수 있다. 민감도분석을 통해 투자수익에 가장 민감하게 영향을 주는 요소가 무엇인지를 파악할 수 있다.
- 민감도가 큰 투자안일수록 기대수익의 변동가능성이 더 큰 투자안이므로 더욱 위험한 투자안으로 분석할 수 있다.

## 25. 정답 ②

상 부동산투자분석 및 기법

- 취득가격 10억원이고, 대출비율(LTV)이 40%이므로, 융자금은 4억원이다(= 10억원 × 0.4).
- 원금만기일시상환방식에 따라 융자원금이 전혀 상환되지 않았으므로, 5년 말에 미상환대출잔액은 4억원이다.
- 세전매각현금흐름(세전지분복귀액)을 계산할 때에는 자본이득세율은 필요하지 않다.

| | |
|---|---|
| 매도가격 | 14억원 |
| - 매도경비 | 1억 4천만원(= 14억원 × 0.1) |
| 순매도액 | 12억 6천만원 |
| - 미상환저당잔금 | 4억원 |
| 세전지분복귀액 | 8억 6천만원 |

∴ 세전매각흐름은 8억 6천만원이다.

## 26. 정답 ②

중 부동산금융

② 다른 조건이 일정할 때, 고정금리저당대출의 금리는 변동금리저당대출의 금리보다 높다. ➡ 고정금리저당대출은 시장상황에 따라 최초 설정된 대출금리를 변동시킬 수 없으므로, 사전에 저당대출위험(위험에 대한 대가)을 초기 대출금리에 높게 반영한다.

## 27. 정답 ③

상 부동산금융

ㄱ, ㄴ 모두 원금균등상환방식이다.
ㄱ. 대출초기에 소득대비 부채비율(DTI)이 가장 높은 상환방식(= 대출초기에 원리금상환액이 가장 많은 방식)은 원금균등상환방식이다.
ㄴ. 대출기간의 2분의 1이 경과한 후 담보인정비율(LTV)이 가장 낮은 것(= 대출원금을 가장 많이 상환한 방식)은 원금균등상환방식이다. 원금균등상환방식은 대출기간의 2분의 1이 경과하면 대출잔금도 2분의 1이 된다.

## 28. 정답 ④

중 부동산금융

1. LTV 60% = $\dfrac{융자금(a)}{부동산가격\ 3억원}$
   - 융자금(a) = 3억원 × 0.6(60%)
   - LTV규제에 따른 융자가능금액(a)는 1억 8천만원이다.
2. DTI 50% = $\dfrac{원리금(b)}{연간\ 소득\ 3,000만원}$
   - 원리금(b) = 3,000만원 × 0.5(50%) 따라서 원리금(b)는 1,500만원이 된다.
   - 원리금 1,500만원 = 융자금(c) × 저당상수(0.1)이므로, 융자가능액(c)는 $\dfrac{원리금\ 1,500만원}{저당상수\ 0.1}$ = 1억 5천만원이다.

∴ 융자가능액은 두 가지 조건을 충족시키는 적은 금액인 1억 5천만원이지만, 이미 기존주택담보대출금액 6천만원이 있으므로 이를 공제한 결과인 9천만원(= 1억 5천만원 - 6천만원)까지만 추가대출이 가능하다.

## 29. 정답 ②

중 부동산증권론 및 개발금융

② 부동산투자회사는 부동산 등 자산의 운용에 관하여 회계처리를 할 때에는 금융위원회가 정하는 회계처리기준에 따라야 한다.

## 30. 정답 ④

중 부동산증권론 및 개발금융

틀린 것은 ㄴ, ㄹ이다.
ㄴ. 2차 저당시장에서 발행되는 투자상품(MBS)은 (1차 저당시장의) 주택대출금리보다 더 낮은 액면금리를 가진다.
ㄹ. MBB(저당대출담보부 채권)의 발행기관은 최초의 주택저당채권 집합물(mortgage pool)에 대한 소유권을 갖는다.

## 31. 정답 ⑤

하 부동산이용 및 개발

① 수용방식은 환지방식에 비해 초기 사업비 부담이 크고, 토지소유자의 저항이 심할 수 있다.
② 과도한 인플레이션과 높은 금리 등 거시적 시장환경의 변화위험은 개발업자(시행사)나 시공사가 스스로 관리할 수 없는 위험이다.
   ➡ 통제하기 어려운 위험이다.
③ 흡수율분석의 궁극적인 목적은 과거 및 현재의 추세를 파악하여 이를 기초로 하여 대상개발사업의 미래의 흡수율을 파악하는 데 궁극적인 목적이 있다.

④ 시장성분석은 개발된 부동산이 현재나 미래의 시장상황에서 매매·임대될 수 있는 가능성 정도를 조사하는 것을 말한다.

## 32.

정답 ①

[상] 부동산이용 및 개발

옳은 것은 ㄱ, ㄴ, ㄷ이다.
ㄹ. 사업수탁방식의 경우 개발사업이 토지소유자의 명의로 행해지며, 사업수탁에 대한 수수료 문제가 발생한다. 사업수탁방식은 개발지분을 토지소유자와 개발업자가 공유하지 않는다.

## 33.

정답 ③

[하] 부동산관리

③ 임대료손실보험은 대상부동산에 화재가 발생한 경우, 원상회복기간 동안 임대사업을 하지 못하여 추가적으로 발생하는 임대료손실 등을 보전(보상)해 주는 것을 말한다. ➔ 화재사고의 원상회복기간 동안에 발생하는 비용(영업경비 등)을 충당하기 위한 보험을 말한다.

## 34.

정답 ②

[중] 부동산마케팅 및 광고

② • 세분화(Segmentation)전략은 고객행동변수 및 고객특성변수에 따라 시장을 나누어 몇 개의 세분시장으로 구분하는 것이다.
• 판매촉진(Promotion)전략은 구매고객을 유인하는 전략으로서 광고, 홍보, 경품제공, 인적 판매 등을 수단으로 한다.

## 35.

정답 ③

[중] 감정평가의 기초이론

③ • 가치형성요인이란 대상물건의 경제적 가치에 영향을 미치는 일반요인, 지역요인 및 개별요인을 말한다(「감정평가에 관한 규칙」 제2조 제4호).
• 가치발생요인(효용, 유효수요, 상대적 희소성, 권리의 이전성)은 「감정평가에 관한 규칙」에서 규정하는 내용이 아니다.

## 36.

정답 ①

[상] 감정평가의 방식

• 유효총수익(조소득) 1,800만원 = 가능총수익 2,000만원 - 공실 및 대손충당금 200만원
• 영업경비 540만원 = 유효총수익 1,800만원 × 0.3
• 순영업소득 1,260만원 = 유효조소득 1,800만원 - 영업경비 540만원
∴ 환원이율 0.06(6%) = $\dfrac{\text{순영업소득 1,260만원}}{\text{부동산가격(총투자액) 2억 1,000만원}}$

## 37.

정답 ④

[중] 감정평가의 기초이론

옳은 것은 ㄷ, ㄹ이다.
ㄱ. 수요와 공급에 의해서 부동산가격이 형성되고, 그 가격이 다시 수요와 공급에 영향을 준다는 것을 수요·공급의 원칙이라고 한다. 잉여생산성의 원리(= 수익배분의 원칙)은 잔여수익이 토지에게 최종적으로 귀속되고, 잔여수익인 지대가 토지가치를 결정한다는 것이다.
ㄴ. 부동산의 기능적 감가요인의 판단기준이 되는 것은 균형의 원칙이고, 부동산의 경제적 감가요인의 판단기준이 되는 것은 적합의 원칙이다.

## 38.

정답 ④

[상] 감정평가의 방식

④ • 분해법(내구성 분해방식)은 감가요인을 기능적·물리적·경제적 감가요인으로 세분하여 실제감가를 구하는 방법이다.
• 상환기금법은 내용연수 만료시 감가누계상당액과 그에 대한 복리계산의 이자상당액을 포함하여 당해 연수로 상환하는 방법을 말한다.

## 39.

정답 ③

[상] 감정평가의 방식

사례부동산은 기준시점 2년 전에 거래되었고, 2년 동안 지가가 연간 5%씩(복리) 상승하였으므로 시점수정에는 일시불의 내가계수[$(1 + r)^n$]를 사용한다.

$80,000,000원 \times \dfrac{115}{100} \times (1 + 0.05)^2 \times \dfrac{400\text{m}^2}{500\text{m}^2} = 81,144,000원$

✅ 비준가액

비준가액 = 사례가격 × 사정보정 × 시점수정 × 가치형성요인 비교 등

## 40.

정답 ①

[하] 부동산가격공시제도

② 국토교통부장관이 공동주택의 적정가격을 조사·산정하는 경우에는 인근 유사공동주택의 거래가격임대료 및 해당 공동주택과유사한 이용가치를 지닌다고 인정되는 공동주택의 건설에 필요한 비용추정액 등을 종합적으로 참작하여야 한다.
③ 시장·군수 또는 구청장은 매년 4월 30일까지 개별주택가격을 결정·공시하여야 한다.
④ 시장·군수 또는 구청장이 개별주택가격을 결정·공시하는 경우에는 해당 주택과 유사한 이용가치를 지닌다고 인정되는 표준주택가격을 기준으로 주택가격비준표를 사용하여 가격을 산정하여야 한다.
⑤ 표준지로 선정된 토지에 대하여는 개별공시지가를 별도로 공시하지 않는다. 해당 토지의 공시지가를 개별공시지가로 본다.

✅ 참고

공동주택가격을 공시할 때에는 주택가격비준표를 사용하지 않는다.

| 41 | 42 | 43 | 44 | 45 | 46 | 47 | 48 | 49 | 50 |
|---|---|---|---|---|---|---|---|---|---|
| ⑤ | ② | ⑤ | ④ | ④ | ④ | ② | ⑤ | ① | ② |
| 51 | 52 | 53 | 54 | 55 | 56 | 57 | 58 | 59 | 60 |
| ① | ③ | ④ | ④ | ⑤ | ① | ② | ⑤ | ② | ⑤ |
| 61 | 62 | 63 | 64 | 65 | 66 | 67 | 68 | 69 | 70 |
| ② | ③ | ② | ③ | ② | ④ | ③ | ③ | ⑤ | ① |
| 71 | 72 | 73 | 74 | 75 | 76 | 77 | 78 | 79 | 80 |
| ① | ② | ④ | ③ | ③ | ④ | ③ | ① | ③ | ④ |

### 선생님의 한마디

1. 공인중개사 시험은 공부할 양이 많습니다. 그중에서 특히 「민법」의 분량은 압도적이므로, 조금 일찍 공부를 시작하는 것이 좋습니다.
2. "The early bird catches the worm." 즉, 일찍 시작하면 합격할 확률이 높아집니다.

## 41.
정답 ⑤

 법률행위

상대방 있는 단독행위가 아닌 것은 ㄷ, ㄹ이다.
ㄷ. 손자에 대한 유증은 상대방 없는 단독행위이다.
ㄹ. 채무이행의 최고는 의사의 통지로서 준법률행위이다.

## 42.
정답 ②

중 법률행위

② 매매계약이 약정된 매매대금의 과다로 말미암아 「민법」 제104조에서 정하는 불공정한 법률행위에 해당하여 무효인 경우에도 무효행위의 전환에 관한 「민법」 제138조가 적용될 수 있다(대판 2010.7.15, 2009다50308).
① 불공정한 법률행위로서 무효인 경우에는 추인에 의하여 무효인 법률행위가 유효로 될 수 없다(대판 1994.6.24, 94다10900).
③ 경매의 경우에는 불공정한 법률행위가 성립할 수 없다(대결 1980.3.21, 80마77).
④ 甲은 乙에게 토지에 대한 말소등기를 청구할 수 있으나, 乙은 甲에게 불법원인급여이므로 매매대금의 반환을 청구할 수 없다(제746조 단서).
⑤ 대리인에 의하여 법률행위가 이루어진 경우 불공정한 법률행위 여부를 판단함에 있어서 경솔과 무경험은 대리인을 기준으로 하여 판단하고, 궁박은 본인의 입장에서 판단하여야 한다(대판 2002.10.22, 2002다38927).

## 43.
정답 ⑤

상 법률행위

⑤ 대리인 戊가 甲의 배임행위에 적극 가담하였다면, 본인 丙이 그러한 사정을 몰랐더라도 丙은 그 소유권을 취득할 수 없다(대판 1998.2.27, 97다45532).
① 부동산 이중양도는 원칙적으로 유효하다. 다만, 위와 같이 제2매수인이 매도인의 배임행위에 적극 가담한 경우에는 반사회질서로 무효가 된다(대판 1994.3.11, 93다55289).
② 제1매수인은 소유자가 아니므로 자신이 직접 제2매수인에게 등기의 말소와 이전등기를 청구할 수 없다. 따라서 먼저 자기의 소유권이전등기청구권을 보전하기 위하여 매도인을 대위하여 제2매수인 앞으로 된 등기를 말소청구하고 다시 매도인을 상대로 이전등기청구를 하여야 한다.
③ 특정 채권의 보전을 위하여 채권자취소권을 행사할 수는 없다(제406조).
④ 반사회질서에 해당하는 이중매매는 절대적 무효이므로 제2매수인으로부터 다시 소유권을 취득한 제3자는 선의이더라도 유효를 주장할 수 없다.

## 44.
정답 ④

중 의사표시

제3자에 해당하지 않는 자는 ㄴ, ㄹ이다.
ㄱ. 가장전세권설정등기를 경료한 후 그 전세권에 대하여 근저당권이 설정된 경우, 위 근저당권자에 대하여는 그와 같은 사정을 알고 있었던 경우에만 그 무효를 주장할 수 있다(대판 2008.3.13, 2006다29372).
ㄴ. 수익자는 계약의 당사자는 아니지만 계약으로부터 직접 채권을 취득하므로 제3자 보호규정(제108조 제2항)에 있어서의 제3자는 아니다.
ㄷ. 파산관재인은 그 허위표시에 따라 외형상 형성된 법률관계를 토대로 실질적으로 새로운 법률상 이해관계를 가지게 된 제108조 제2항의 제3자에 해당한다(대판 2010.4.29, 2009다96083).
ㄹ. 계약이전을 받은 금융기관은 계약이전을 요구받은 금융기관과 대출채무자 사이의 통정허위표시에 따라 형성된 법률관계를 기초로 하여 새로운 법률상 이해관계를 가지게 된 「민법」 제108조 제2항의 제3자에 해당하지 않는다(대판 2004.1.15, 2002다31537).

## 45.
정답 ④

상 의사표시

중요부분의 착오에 해당하지 않는 것은 ㄴ, ㄹ이다.
ㄱ. 신원보증서류에 서명날인한다는 착각에 빠진 상태로 연대보증의 서면에 서명날인한 경우, 결국 위와 같은 행위는 강학상 기명날인의 착오(또는 서명의 착오)가 제3자의 기망행위에 의하여 일어난 것이라 하더라도 제110조 제2항의 규정을 적용할 것이 아니라, 착오에 의한 의사표시에 관한 법리만을 적용하여 취소권 행사의 가부를 가려야 한다(대판 2005.5.27, 2004다43824).
ㄴ. 부동산의 매매에 있어 시가에 관한 착오는 동기의 착오에 불과할 뿐이다(대판 1991.2.12, 90다17927).
ㄷ. 토지 1,389평을 전부 경작할 수 있는 농지인 줄 알고 매수하였는데 측량 결과 약 600평이 하천을 이루고 있는 경우에는 중요부분의 착오로 인정된다(대판 1968.3.26, 67다2160).
ㄹ. 토지의 매매에 있어서 토지의 면적의 착오는 중요부분의 착오가 아니다(대판 1976.4.27, 75다1218).

## 46.

정답 ④

의사표시

④ 제3자는 선의이면 족하고 무과실까지 요구하지는 않는다(대판 2006. 3.10, 2002다1321).

## 47.

정답 ②

중 법률행위의 대리

② 추인은 다른 의사표시가 없는 때에는 계약시에 소급하여 효력이 있다. 그러나 제3자의 권리를 해하지 못한다(제133조). 즉, 위 매매계약이 체결된 후에 甲이 X토지를 丁에게 매도하고 소유권이전등기를 마쳤다면, 甲이 乙의 대리행위를 추인하더라도 丁은 유효하게 그 소유권을 취득한다.
① 본인 甲이 기간 내에 확답을 발하지 않았으므로 추인을 거절한 것으로 본다(제131조).
③ 乙이 대리권을 증명하지 못한 경우, 자신이 아닌 상대방의 선택에 따라 계약을 이행하거나 손해를 배상할 책임을 진다(제135조 제1항).
④ 상대방은 선의인 때에 한하여 철회권을 행사할 수 있다(제134조).
⑤ 제한능력자는 상대방에 대해서 무권대리인으로서의 책임(이행 또는 손해배상책임)을 지지 않는다(제135조 제2항).

## 48.

정답 ⑤

중 법률행위의 대리

⑤ 대리인은 행위능력자임을 요하지 아니한다(제117조).
① 계약해제권·법률행위의 취소권은 본인 甲에게 속한다. 대리인 乙이 취소권을 행사하려면 별도의 수권이 있어야 한다.
② 계약을 대리하여 체결하였던 대리인이 체결된 계약의 해제 등 일체의 처분권과 상대방의 의사를 수령할 권한까지 가지고 있다고 볼 수는 없다(대판 2008.6.12, 2008다11276). 즉, 해제권은 대리인 乙이 행사할 수 없으며 본인 甲이 행사한다.
③ 대리인 乙이 선의·무과실이어야 본인 甲은 하자담보책임을 물을 수 있다.
④ 대리인의 사기·강박은 제3자의 사기·강박에 해당하지 않는다. 즉, 대리인 乙이 상대방 丙에게 강박을 가한 경우에는 甲이 선의·무과실이어도 상대방 丙은 취소권을 행사할 수 있다.

## 49.

정답 ①

중 법률행위의 무효와 취소

① 제한능력자(미성년자, 피성년후견인, 피한정후견인 등)는 자신이 행한 법률행위에 대해 법정대리인의 동의 없이 단독으로 취소권을 행사할 수 있다(제140조).

## 50.

정답 ②

상 법률행위의 무효와 취소

소급효가 인정되는 것은 ㄱ, ㄷ이다.
ㄱ. 해제가 있으면 그 소급효로 인하여 계약의 효력이 소급하여 상실한다(대판 1977.5.24, 75다1394).
ㄴ. 무효행위의 추인은 무효행위 그 자체가 유효로 바뀌는 것이 아니라, 새로운 법률행위를 한 것으로 본다(제139조 단서). 즉, 소급효를 인정하지 않는 것을 원칙으로 한다.

ㄷ. 취소하면 그 법률행위는 소급적으로 무효가 된다(제141조 본문).
ㄹ. 가등기는 본등기의 순위를 '보전'하는 효력이 있으나, 이로써 물권변동의 시기가 가등기를 한 때에 소급하는 것은 아니다(대판 1982.6.22, 81다1298, 1299).

## 51.

정답 ①

ㅎ 물권법 총설

① 지상권·전세권이나 광업권·어업권을 저당권의 목적으로 하는 것과 같이, 예외적으로 권리도 물권의 객체가 될 수 있다.

## 52.

정답 ③

중 물권의 변동

③ 건물이 그 존립을 위한 토지사용권을 갖추지 못하여 토지소유자가 건물소유자에 대하여 당해 건물의 철거 및 그 대지의 인도를 청구할 수 있는 상황에서 건물소유자가 아닌 사람이 건물을 점유하고 있는 경우, 토지소유자는 그 건물점유자에 대하여 퇴거청구를 할 수 있다. 그 건물점유자가 대항력 있는 임차인이어도 그 퇴거청구에 대항할 수는 없다(대판 2010.8.19, 2010다43801).
①② 건물은 토지에 부합하지 않고 신축한 자인 乙의 소유이며(대판 2002.4.26, 2000다16350), 토지소유자인 甲은 건물소유자인 乙에게 건물철거청구를 할 수 있다(대판 2010.8.19, 2010다43801).
④ 회사의 직원은 점유보조자이므로 회사를 상대로 한 명도소송의 확정판결에 따른 집행력이 미치는 것은 별론으로 하고, 소유물반환청구의 성질을 가지는 퇴거청구의 독립된 상대방이 될 수는 없는 것이다(대판 2001.4.27, 2001다13983).
⑤ 타인의 토지 위에 건립된 건물로 인하여 그 토지의 소유권이 침해되는 경우 그 건물을 철거할 의무가 있는 사람은 그 건물의 소유권자이나, 그 건물이 미등기건물일 때에는 이를 매수하여 법률상·사실상 처분할 수 있는 지위에 있는 사람이다(대판 1987.11.24, 87다카257).

## 53.

정답 ⑤

중 물권의 변동

⑤ 소유권이전등기청구권을 매수인으로부터 양도받은 양수인은 매도인이 그 양도에 대하여 동의하지 않고 있다면 매도인에 대하여 채권양도를 원인으로 하여 소유권이전등기절차의 이행을 청구할 수 없고, 따라서 매매로 인한 소유권이전등기청구권은 특별한 사정이 없는 이상 그 권리의 성질상 양도가 제한되고 그 양도에 채무자의 승낙이나 동의를 요한다고 할 것이므로 통상의 채권양도와 달리 양도인의 채무자에 대한 통지만으로는 채무자에 대한 대항력이 생기지 않으며 반드시 채무자의 동의나 승낙을 받아야 대항력이 생긴다(대판 2001.10.9, 2000다51216).

## 54.

정답 ④

ㅎ 물권의 변동

④ 소유권이전등기가 경료되어 있는 경우에는 그 등기명의자는 제3자에 대하여서뿐만 아니라 그 전 소유자에 대하여도 적법한 등기원인에 의하여 소유권을 취득한 것으로 추정된다(대판 1997.12.12, 97다40100).

## 55.
정답 ⑤

**[하] 점유권**

⑤ 간접점유자는 그 물건을 직접점유자에게 반환할 것을 청구할 수 있다(제207조 제2항).

## 56.
정답 ①

**[상] 점유권**

구별실익이 없는 것은 ㄷ이다.
ㄱ. 점유취득시효는 점유자의 선의·악의를 묻지 않는다. 즉, 악의자도 점유시효취득은 가능하나, 등기부시효취득은 선의·무과실의 점유자만 가능하다(제245조).
ㄴ. 선의의 자주점유자는 현존이익만 반환하면 되나, 악의의 점유자는 손해 전부를 배상하여야 한다(제202조).
ㄷ. 점유자는 선·악을 불문하고 비용상환청구권을 행사할 수 있다(제203조).
ㄹ. 양수인이 평온·공연·선의·무과실로 점유를 취득하여야 한다. 즉, 악의의 점유자는 선의취득을 할 수 없다(제249조).

## 57.
정답 ②

**[상] 소유권**

옳은 것은 ㄱ, ㄷ이다.
ㄱ. 부동산의 소유자는 그 부동산에 부합한 물건의 소유권을 취득한다. 그러나 타인의 권원에 의하여 부속된 것은 그러하지 아니하다(제256조).
ㄴ. 타인이 '권원'에 의하여 부속한 경우에도, 부속된 그 물건이 사실상 분리복구가 불가능하여 거래상 독립한 권리의 객체성을 상실하거나 분리하여도 경제적 가치가 없어서 그 부동산과 일체를 이루는 구성부분이 된 경우에는, 그 물건의 소유권은 부동산의 소유자에게 귀속된다(대판 1985.12.24, 84다카2428). 따라서 시멘트는 건물에 부합한다.
ㄷ. 토지소유자의 승낙을 받음이 없이 그 임차인의 승낙만을 받아 그 부동산 위에 나무를 심었다면 특별한 사정이 없는 한 토지소유자에 대하여 그 나무의 소유권을 주장할 수 없다(대판 1989.7.11, 88다카9067).
ㄹ. 부합되는 물건은 동산에 한정되지 않고 부동산도 포함된다(대판 1962.1.13, 4294민상445).

## 58.
정답 ⑤

**[중] 소유권**

⑤ 공유물의 소수 지분권자가 다른 공유자와 협의 없이 공유물의 전부 또는 일부를 독점적으로 점유·사용하고 있는 경우 다른 소수 지분권자는 공유물의 보존행위로서 그 인도를 청구할 수는 없고, 다만 자신의 지분권에 기초하여 공유물에 대한 방해상태를 제거하거나 공동점유를 방해하는 행위의 금지 등을 청구할 수 있다고 보아야 한다(대판 2020.5.21, 2018다287522 전원합의체).

## 59.
정답 ②

**[중] 용익물권**

② 관습상의 지상권은 법률행위로 인한 물권의 취득이 아니고 관습법에 의한 부동산물권의 취득이므로 등기를 필요로 하지 아니하고 지상권 취득의 효력이 발생하고 이 관습상의 법정지상권은 물권으로서의 효력에 의하여 이를 취득할 당시의 토지소유자나 이로부터 소유권을 전득한 제3자에 대하여도 등기 없이 위 지상권을 주장할 수 있다(대판 1988.9.27, 87다카279).

## 60.
정답 ⑤

**[중] 용익물권**

⑤ 지역권은 요역지와 분리하여 양도하거나 다른 권리(예 저당권)의 목적으로 하지 못한다[제292조 제2항(지역권의 부종성)].

## 61.
정답 ②

**[중] 용익물권**

② 전세금의 지급이 반드시 현실적으로 수수되어야만 하는 것은 아니고 기존의 채권으로 전세금의 지급에 갈음할 수도 있다(대판 1995.2.10, 94다18508).

## 62.
정답 ③

**[중] 담보물권**

유치권이 성립하는 경우는 ㄴ, ㄷ이다.
ㄱ. 건물의 임대차에 있어서 임차인의 임대인에게 지급한 임차보증금반환청구권이나 임대인이 건물시설을 아니하기 때문에 임차인에게 건물을 임차목적대로 사용 못한 것을 이유로 하는 손해배상청구권은 모두 제320조 소정 소위 그 건물에 관하여 생긴 채권이라 할 수 없다(대판 1976.5.11, 75다1305).
ㄴ. 채무자 소유의 부동산에 경매개시결정의 기입등기가 경료되어 압류의 효력이 발생한 이후에 채권자가 채무자로부터 위 부동산의 점유를 이전받고 이에 관한 공사 등을 시행함으로써 채무자에 대한 공사대금채권 및 이를 피담보채권으로 한 유치권을 취득한 경우, 부동산을 점유한 채권자로서는 위 유치권을 내세워 그 부동산에 관한 경매절차의 매수인에게 대항할 수 없다(대판 2006.8.25, 2006다22050).
ㄷ. 말 2필이 타인의 농작물을 먹어 손해를 가한 경우, 그 타인의 손해배상청구권과 말 2필은 유치권 성립을 위한 견련관계가 인정된다(대판 1969.11.25, 69다1592).
ㄹ. 임대인과 임차인 사이에 건물명도시 권리금을 반환하기로 하는 약정이 있었다 하더라도 그와 같은 권리금반환청구권은 건물에 관하여 생긴 채권이라 할 수 없으므로 그와 같은 채권을 가지고 건물에 대한 유치권을 행사할 수 없다(대판 1994.10.14, 93다62119).

## 63.
정답 ②

**[하] 담보물권**

② 건물 없는 토지에 저당권이 설정된 후 저당권설정자가 그 위에 건물을 건축하였다가 담보권의 실행을 위한 경매절차에서 경매로 인하여 그 토지와 지상건물이 소유자를 달리하였을 경우에는, 제366조의 법정지상권이 인정되지 아니할 뿐만 아니라 관습상의 법정지상권도 인정되지 아니한다(대결 1995.12.11, 95마1262).

## 64.
정답 ③

담보물권

③④⑤ 채무자 소유 부동산(A)의 후순위저당권자(丙)는 물상보증인 소유 부동산(B)에 대위할 수 없다. 이에 반하여 물상보증인(戊)은 채무자 소유 부동산(A)에 대위할 수 있다. 결과적으로 물상보증인 소유 부동산(B)의 후순위저당권자(丁)는 A부동산으로부터 자신의 피담보채권 액인 3천만원을 배당받을 수 있다.
① 동시배당의 경우, 甲은 A로부터 3천만원, B로부터 2천만원의 배당을 받고, 丁은 B로부터 나머지 2천만원의 배당을 받는다.
② A가 먼저 배당되는 경우, 甲은 A로부터 5천만원은 배당받고, 후순위자 丙은 甲을 대위하여 B로부터 2천만원을 배당받을 수 있다.

## 65.
정답 ②

계약총론

옳은 것은 ㄱ, ㄹ이다.
ㄱ. 예약은 장차 일정한 계약을 체결할 것을 미리 약정하는 계약이며, 본 계약을 체결하여야 할 채무를 발생시키는 계약이므로 채권계약이다.
ㄴ. 중개계약은 「민법」상 규정이 없으므로 비전형계약이다.
ㄷ. 매매·교환·임대차계약은 쌍무·유상·낙성·불요식계약이다.
ㄹ. 쌍무계약은 언제나 유상계약이지만 유상계약이 언제나 쌍무계약은 아니다.

## 66.
정답 ④

계약총론

④ 청약의 상대방에게 청약을 받아들일 것인지 여부에 관하여 회답할 의무가 있는 것은 아니므로, 청약자가 미리 정한 기간 내에 이의를 하지 아니하면 승낙한 것으로 간주한다는 뜻을 청약시 표시하였다고 하더라도 이는 상대방을 구속하지 아니하고 그 기간은 경우에 따라 단지 승낙기간을 정하는 의미를 가질 수 있을 뿐이다(대판 1999.1.29, 98다48903).

## 67.
정답 ③

계약총론

동시이행관계에 있는 것은 ㄱ, ㄹ이다.
ㄱ. 임대차 종료 후 임차인의 임차목적물명도의무와 임대인의 연체차임 기타 손해배상금을 공제하고 남은 임대차보증금반환채무와는 동시이행의 관계에 있다(대판 1989.2.28, 87다카2114).
ㄴ. 매도인의 토지거래계약허가신청절차에 협력할 의무와 토지거래허가를 받으면 매매계약 내용에 따라 매수인이 이행하여야 할 매매대금 지급의무나 이에 부수하여 매수인이 부담하기로 특약한 양도소득세 상당 금원의 지급의무 사이에는 상호 이행상의 견련성이 있다고 할 수 없으므로, 매도인으로서는 그러한 의무이행의 제공이 있을 때까지 그 협력의무의 이행을 거절할 수 있는 것은 아니다(대판 1996.10.25, 96다23825).
ㄷ. 근저당권 실행을 위한 경매가 무효로 된 경우, 낙찰자가 부담하는 소유권이전등기 말소의무는 채무자에 대한 것인 반면, 낙찰자의 배당금 반환청구권은 실제 배당금을 수령한 채권자(=근저당권자)에 대한 채권인바, 위 두 채무는 동시에 이행되어야 할 관계에 있지 아니하다(대판 2006.9.22, 2006다24049).
ㄹ. 구분소유적 공유관계가 해소되는 경우 공유지분권자 상호간의 지분이전등기의무는 그 이행상 견련관계에 있다(대판 2008.6.26, 2004다32992).

## 68.
정답 ③

계약총론

옳은 것은 ㄴ, ㄷ이다.
ㄱ. 낙약자는 기본관계에 기한 모든 항변으로 제3자에게 대항할 수 있다(제542조).
ㄴ. 제3자를 위한 계약의 당사자가 아닌 수익자는 계약의 해제권이나 해제를 원인으로 한 원상회복청구권이 있다고 볼 수 없다(대판 1994.8.12, 92다41559).
ㄷ. 제541조
ㄹ. 제3자는 계약성립시에 특정·현존되어 있을 필요는 없다. 따라서 태아나 성립하지 않은 법인과 같이 권리능력을 가지지 않은 자를 위한 계약도 가능하다.
ㅁ. 제3자가 계약의 이익을 받을 것을 거절한 것으로 본다(제540조).

## 69.
정답 ⑤

계약총론

⑤ 채무자의 책임 있는 사유로 이행불능이 된 경우에는 채무불이행의 문제가 되며, 위험부담은 쌍무계약의 당사자 일방의 채무가 채무자의 책임 없는 사유로 이행불능이 된 경우에 문제된다.

## 70.
정답 ①

계약총론

① 당사자 사이에 약정이 없는 이상 합의해제로 인하여 반환할 금전에 그 받은 날로부터의 이자를 가하여야 할 의무가 있는 것은 아니다(대판 1996.7.30, 95다16011).

## 71.
정답 ①

계약각론

① 어느 일방이 교환 목적물의 시가나 그 가액 결정의 기초가 되는 사항에 관하여 상대방에게 설명 내지 고지를 할 주의의무를 부담한다고 할 수 없고, 일방 당사자가 자기가 소유하는 목적물의 시가를 묵비하여 상대방에게 고지하지 아니하거나 혹은 허위로 시가보다 높은 가액을 시가라고 고지하였다 하더라도 이는 상대방의 의사결정에 불법적인 간섭을 한 것이라고 볼 수 없다(대판 2002.9.4, 2000다54406).

## 72.
정답 ②

계약각론

② 매매의 일방예약은 언제나 채권계약이다.

## 73.
정답 ①

계약각론

① 지상물매수청구권이 행사되면 임대인과 임차인 사이에서는 건물에 대하여 매수청구권행사 당시의 건물시가를 대금으로 하는 매매계약이 체결된 것과 같은 효과가 발생하는 것이지 임대인이 임차인이 임차지상의 건물을 신축하기 위하여 지출한 모든 비용을 보상할 의무를 부담하게 되는 것은 아니다(대판 2002.11.13, 2002다46003).

## 74.

**중 계약각론**

③ 임차인이 임대인의 동의를 받지 않고 제3자에게 임차권을 양도하거나 전대하는 등의 방법으로 임차물을 사용·수익하게 하더라도, 임대인이 이를 이유로 임대차계약을 해지하거나 그 밖의 다른 사유로 임대차계약이 적법하게 종료되지 않는 한 임대인은 임차인에 대하여 여전히 차임청구권을 가지므로, 임대차계약이 존속하는 한도 내에서는 제3자에게 불법점유를 이유로 한 차임 상당 손해배상청구나 부당이득반환청구를 할 수 없다(대판 2008.2.28, 2006다10323).

① 임대인의 동의가 없어도 양도나 전대는 유효하고 단지 임대인에게 대항할 수 없을 뿐이다(대판 1959.6.24, 4291민상788).

② 임차인이 임대인의 동의 없이 임차권을 양도·전대한 때에는 임대인은 계약을 해지할 수 있다(제629조 제2항). 다만, 건물의 임차인이 그 건물의 소부분을 타인에게 사용하게 한 경우에는 예외이다(제632조).

④ 건물 기타 공작물의 임차인이 적법하게 전대한 경우에 전차인이 그 사용의 편익을 위하여 임대인의 동의를 얻어 이에 부속한 물건이 있는 때에는 전대차의 종료시에 임대인에 대하여 그 부속물의 매수를 청구할 수 있다(제647조 제1항).

⑤ 전차인이 임대인에 대하여 직접 '권리'를 갖는 것은 아니다. 예컨대, 목적물에 대한 수선청구권이나 비용상환청구권은 전대인에게 행사하는 것이지, 직접 임대인에게 행사할 수는 없다.

## 75.

**하 주택임대차보호법**

③ 제1경매절차에서 배당받지 못한 잔액을 가지고 경락인에게 대항할 수 있다. 그러던 중에 제2경매절차가 이루어지는 경우에 역시 대항력을 가질 뿐 우선변제적 효력을 주장하면서 배당을 요구할 수는 없다(대판 2001.3.27, 98다4552).

① 임차권등기명령에 의하여 임차권등기를 한 임차인은 배당요구를 하지 않아도 배당을 받을 수 있는 채권자에 해당한다(대판 2005.9.15, 2005다33039).

② (대지에) 저당권설정 후에 비로소 건물이 신축된 경우에까지 공시방법이 불완전한 소액임차인에게 우선변제권을 인정한다면 저당권자가 예측할 수 없는 손해를 입게 되는 범위가 지나치게 확대되어 부당하므로, 이러한 경우에는 소액임차인은 대지의 환가대금에 대하여 우선변제를 받을 수 없다고 보아야 한다(대판 1999.7.23, 99다25532).

④ 임차인이 사망 당시 상속권자가 그 주택에서 가정공동생활을 하지 아니한 때에는 그 주택에서 가정공동생활을 하던 사실상의 혼인관계에 있는 자와 2촌 이내의 친족이 공동으로 임차인의 권리와 의무를 승계한다(주임법 제9조 제2항).

⑤ 반대의무의 이행 또는 이행의 제공을 집행개시의 요건으로 하지 아니한다(동법 제3조의2 제1항).

## 76.

**하 상가건물 임대차보호법**

④ 계약갱신거절사유가 있는 경우 임대인은 권리금회수기회 보호의무를 부담하지 않는다(상임법 제10조의4 제1항 단서).

① 임대차가 종료한 날부터 3년 이내에 행사하지 않으면 시효의 완성으로 소멸한다(동법 제10조의4 제4항).

② 임대차가 종료한 후 보증금이 반환되지 않은 때에는 임차인은 건물 소재지를 관할하는 법원에 임차권등기명령을 신청할 수 있다.

③ 임대차계약이 묵시적으로 갱신된 경우, 임대차의 존속기간은 1년이다(동법 제10조 제4항). 이 경우 임차인은 언제든지 계약해지의 통고를 할 수 있고, 임대인이 통고를 받은 날부터 3개월이 지나면 효력이 발생한다(동법 제10조 제5항).

⑤ 기간을 정하지 아니하거나 기간을 1년 미만으로 정한 임대차는 그 기간을 1년으로 본다. 다만, 임차인은 1년 미만으로 정한 기간이 유효함을 주장할 수 있다(동법 제9조 제1항).

## 77.

**중 상가건물 임대차보호법**

③ 이 경우 임차인이 상임법상의 대항력 및 우선변제권을 유지하기 위해서는 건물을 직접 점유하면서 사업을 운영하는 전차인이 그 명의로 사업자등록을 하여야 한다(대판 2006.1.13, 2005다64002).

① 상임법은 대통령령으로 정하는 보증금액(서울특별시의 경우 9억원)을 초과하는 임대차에 대하여는 적용되지 않는다(상임법 제2조 제1항 단서). 위 건물은 [보증금 + (월차임 × 100)]으로 환산한 환산보증금 9억 5천만원이므로 적용대상이 아니다.

② 사업자가 폐업신고를 하였다가 다시 같은 상호 및 등록번호로 사업자등록을 하였다고 하더라도 상임법상의 대항력 및 우선변제권이 그대로 존속한다고 할 수 없다(대판 2006.10.13, 2006다56299). 즉, 임차인이 폐업신고를 하였다가 다시 같은 상호 및 등록번호로 사업자등록을 하였다면 처음 대항력이 그대로 유지되는 것이 아니라 새로 대항요건을 갖춘 때부터 대항력이 발생한다.

④⑤ 사업자등록은 대항력 또는 우선변제권의 취득요건일 뿐만 아니라 존속요건이기도 하므로 배당요구의 종기까지 존속하고 있어야 한다(대판 2006.1.13, 2005다64002).

## 78.

**상 집합건물의 소유 및 관리에 관한 법률**

옳은 것은 ㄱ, ㄴ이다.

ㄱ. 집합건물법 제2조 제3호

ㄴ. 아파트의 특별승계인은 전 입주자의 체납관리비 중 공용부분에 관하여는 이를 승계하여야 한다(대판 2001.9.20, 2001다8677 전원합의체).

ㄷ. 관리인은 규약에 달리 정한 바가 없으면 관리위원회의 위원이 될 수 없다(동법 제26조4 제2항).

ㄹ. 관리위원회 위원은 질병, 해외체류 등 부득이한 사유가 있는 경우 외에는 서면이나 대리인을 통하여 의결권을 행사할 수 없다(동법 시행령 제10조 제2항).

## 79.

**하 가등기담보 등에 관한 법률**

③ 가등기의 원인증서인 매매예약서상의 매매대금은 가등기절차의 편의상 기재하는 것에 불과하고 가등기의 피담보채권이 그 한도로 제한되는 것은 아니며 피담보채권의 범위는 당사자의 약정 내용에 따라 결정된다(대판 1996.12.23, 96다39387·39394).

① 가등기담보법은 재산권 이전의 예약에 의한 가등기담보에 있어서 그 재산의 예약 당시의 가액이 차용액 및 이에 붙인 이자의 합산액을 초과하는 경우에 한하여 그 적용이 있다 할 것이므로, 가등기담보부 동산에 대한 예약 당시의 시가가 그 피담보채무액에 미치지 못하는 경우에 있어서는 같은 법 제3조, 제4조가 정하는 청산금평가액의 통지 및 청산금지급 등의 절차를 이행할 여지가 없다(대판 1993.10.26, 93다27611).

② 가등기담보법 제9조

④ 채권자는 주관적으로 평가한 청산금의 평가액을 통지하면 족하고, 채권자가 이와 같이 주관적으로 평가한 청산금의 액수가 정당하게 평가된 청산금의 액수에 미치지 못한다고 하더라도 담보권실행의 통지로서의 효력에는 아무런 영향이 없다(대판 2016.6.23, 2015다13171).

⑤ 채권자는 담보부동산에 관하여 이미 소유권이전등기가 경료된 경우에는 청산기간 경과 후 청산금을 채무자 등에게 지급한 때에 목적부동산의 소유권을 취득하며, 담보가등기가 경료된 경우에는 청산기간이 경과하여야 그 가등기에 기한 본등기를 청구할 수 있다(동법 제4조 제2항).

## 80. 정답 ④

중 부동산 실권리자명의 등기에 관한 법률

④ 甲·乙 사이의 명의신탁약정은 부동산실명법 제4조 제1항에 의하여 무효로 되고, 위임도 일부무효의 법리에 의하여 무효로 된다. 따라서 신탁자(甲)는 명의신탁약정의 해지나 위임계약에 기하여 수탁자에게 이전등기를 청구할 수는 없다.

## 난이도 및 출제포인트 분석

★ 난이도가 낮은 문제는 해설 페이지를 찾아가 꼭 익혀두세요.

### 1교시 제1과목    부동산학개론

### 1교시 제2과목    민법 및 민사특별법

## 제1과목 부동산학개론

| 1 | 2 | 3 | 4 | 5 | 6 | 7 | 8 | 9 | 10 |
|---|---|---|---|---|---|---|---|---|---|
| ⑤ | ③ | ① | ② | ④ | ② | ③ | ⑤ | ⑤ | ① |
| 11 | 12 | 13 | 14 | 15 | 16 | 17 | 18 | 19 | 20 |
| ③ | ⑤ | ④ | ④ | ⑤ | ② | ⑤ | ③ | ② | ⑤ |
| 21 | 22 | 23 | 24 | 25 | 26 | 27 | 28 | 29 | 30 |
| ③ | ④ | ① | ② | ④ | ④ | ③ | ④ | ③ | ② |
| 31 | 32 | 33 | 34 | 35 | 36 | 37 | 38 | 39 | 40 |
| ① | ② | ① | ③ | ③ | ⑤ | ④ | ① | ① | ③ |

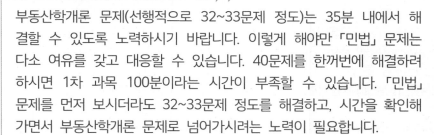

### 선생님의 한마디

부동산학개론 문제(선행적으로 32~33문제 정도)는 35분 내에서 해결할 수 있도록 노력하시기 바랍니다. 이렇게 해야만 「민법」 문제는 다소 여유를 갖고 대응할 수 있습니다. 40문제를 한꺼번에 해결하려 하시면 1차 과목 100분이라는 시간이 부족할 수 있습니다. 「민법」 문제를 먼저 보시더라도 32~33문제 정도를 해결하고, 시간을 확인해 가면서 부동산학개론 문제로 넘어가시려는 노력이 필요합니다.

## 1.

정답 ⑤

### 중 부동산의 개념과 분류

틀린 것은 ㄷ, ㄹ이다.
ㄷ. 건물로부터 제거하여 건물의 기능 및 효용을 감소시키는 물건(설비, fixture)은 부동산 정착물로 본다.
ㄹ. 임차인이 편의를 위해서 설치한 가사정착물, 농업정착물 등은 계속적 설치의도가 없으므로 부동산 정착물로 취급하지 않는다. 이와는 달리 임대인이 설치한 물건(설비) 등은 부동산 정착물로 본다.

## 2.

정답 ③

### 하 부동산의 특성 및 속성

③ • 신도시의 형성이나 교통수단의 변화 등(인문적 환경)은 부동산의 상대적 위치를 변화시킨다. → 위치의 가변성
• 토지의 물리적·절대적 위치는 변하지 않는다. → 부동성

## 3.

정답 ①

### 하 부동산의 개념과 분류

① 부지(敷地)는 일정한 용도로 제공되고 있는 바닥토지를 말한다. 택지처럼 건축이 가능한 토지 외에 건축이 불가능한 도로부지, 하천부지, 철도부지 등을 포괄하는 개념이다.

# 4.

**[하] 부동산의 수요 · 공급이론**

① 아파트 가격의 상승 ➡ 아파트 수요량 감소(수요곡선상의 점의 이동), 아파트 가격의 하락 ➡ 아파트 공급량 감소(공급곡선상의 점의 이동)
③ 대체주택 수요량 증가 ➡ 아파트 수요 감소, 소득수준의 향상 ➡ 아파트 수요증가
④ 인구유입 증가 ➡ 아파트 수요 증가, 아파트 건축규제의 완화 ➡ 아파트 공급 증가
⑤ 건설노동자의 임금 상승 ➡ 아파트 공급 감소, 아파트 건축기술의 진보 ➡ 아파트 공급 증가

# 5.
정답 ④

**[하] 부동산의 수요 · 공급이론**

④ 부동산의 공급함수는 가격에 대한 증가함수이다.
- 가격과 공급량은 비례관계이므로, 공급함수는 가격에 대한 증가함수이다(가격이 상승하면 공급량은 증가하고, 가격이 하락하면 공급량은 감소한다).
- 가격과 수요량은 반비례관계이므로, 수요함수는 가격에 대한 감소함수이다(가격이 상승하면 수요량은 감소하고, 가격이 하락하면 수요량은 증가한다).

# 6.
정답 ②

**[상] 부동산의 수요 · 공급이론**

수렴형은 ㄱ, ㄴ 2개이다.
ㄱ. 수요곡선 기울기 절댓값: 1, 공급곡선 기울기 절댓값: 3
  ➡ 공급곡선 기울기 절댓값이 더 크므로, 공급이 상대적으로 비탄력적이다. ➡ 수렴형
ㄴ. 공급곡선의 기울기가 수요곡선의 기울기보다 급할 경우 ➡ 공급이 상대적으로 더 비탄력적 ➡ 수렴형
ㄷ. 수요의 가격탄력성 0.5, 공급의 가격탄력성 2일 경우 ➡ 공급이 상대적으로 탄력적 ➡ 발산형
ㄹ. P = 300 - 3Qd,  P = 100 + 2Qs
  ➡ 수요곡선 기울기 값 3, 공급곡선 기울기 값 2 ➡ 공급곡선 기울기 값이 더 작으므로 공급이 상대적으로 탄력적 ➡ 발산형
ㅁ. 2P = 400 - 2Qd,  4P = 2Qs
  기울기 값을 찾기 위해 각 함수를 'P ='으로 정리한다.
  - 수요함수 2P = 400 - 2Qd ➡ 양변에 곱하기 2(또는 나누기 2)를 하면 P = 200 - Qd ➡ 수요곡선 기울기 값: 1
  - 공급함수 4P = 2Qs ➡ 양변에 곱하기 4(또는 나누기 4)를 하면 $P = \frac{2}{4} Qs$ ➡ 공급곡선 기울기 값: $\frac{1}{2}$

  ∴ 수요곡선 기울기 값: 1, 공급곡선 기울기 값: $\frac{1}{2}$ ➡ 공급곡선 기울기 값이 더 작으므로 공급이 상대적으로 탄력적 ➡ 발산형

# 7.
정답 ④

**[상] 부동산의 수요 · 공급이론**

- 소득 증가로 수요량이 감소하였으므로 열등재이며, 수요의 소득탄력성은 음(-)의 값을 갖는다.
- 소득변화분: 100만원 증가(400만원 ➡ 500만원)
- 수요량의 변화분: 140세대 감소(1,400세대 ➡ 1,260세대)

- 수요의 소득탄력성 = $\dfrac{\text{수요량의 변화율}}{\text{소득 변화율}}$

$= \dfrac{\dfrac{\text{수요량의 변화분 140세대 감소}}{\text{최초의 수요량 1,400세대}}}{\dfrac{\text{소득의 변화분 100만원 증가}}{\text{최초의 소득 400만원}}}$

$-0.4 = \dfrac{\text{수요량의 변화율 10\%(0.10) 감소}}{\text{소득 변화율 25\%(0.25) 증가}}$

# 8.
정답 ⑤

**[상] 조세정책**

⑤ 공급이 완전비탄력적인 토지에 세금을 부과하면 토지세는 타인에게 전가되지 않으므로, 토지수요자가 더 높은 임대료를 지불하지 않으며, 소비량이 줄어들지 않기 때문에 효율성과 (조세의)형평성 측면에서 그 목표를 달성하기 용이해진다. 토지세는 경제적 순(후생)손실이 적은 효율적인 세금이다. ➡ 자원배분의 왜곡을 초래하지 않는다.

# 9.
정답 ⑤

**[하] 부동산금융**

⑤ 한국주택금융공사는 주택저당증권(MBS)을 발행하여 금융기관을 통해 주택수요자에 주택구입자금(보금자리론 등)을 제공하고 있다. 주택저당증권(MBS)을 발행하여 조달한 자금을 부동산의 공급자(건설업자 등)에게 제공하지 않는다.

# 10.
정답 ①

**[상] 부동산증권론 및 개발금융**

① 뮤추얼 펀드(Mutual Fund): 증권시장에 상장된 명목회사(paper company)를 말한다.
② 자기관리 부동산투자회사는 자산운용 전문인력을 포함한 임직원을 상근으로 두고 자산의 투자 · 운용을 직접 수행하는 회사를 말한다.
③ 감정평가사 또는 공인중개사로서 해당 분야에 5년 이상 종사한 사람은 자기관리 부동산투자회사 또는 자산관리회사의 상근 자산운용 전문인력이 될 수 있다.
④ 위탁관리 부동산투자회사는 본점 외의 지점을 설치할 수 없으며, 직원을 고용하거나 상근 임원을 둘 수 없다. ➡ 기업구조조정 부동산투자회사도 준용된다.
⑤ 자기관리 부동산투자회사의 설립 자본금은 5억원 이상으로 한다. 영업활동을 위한 (최저) 자본금은 70억원 이상으로 한다.

# 11.
정답 ③

**[하] 부동산의 경기변동**

③ 부동산경기의 순환주기는 불규칙적으로 나타나며, 그 순환국면이 뚜렷하게 구분되지 않는다는 특징이 있다. ➡ 지역별 · 유형별로 다르게 나타나므로 순환국면이 불분명하다.

## 12.

정답 ⑤

**상 부동산의 수요 · 공급이론**

A는 0.4, B는 비탄력적이다.
최초값을 기준으로 탄력성을 구할 때 우하향하는 수요곡선상의 측정지점에 따라 가격탄력성이 달라지므로, 이를 보완하기 위한 것이 중간점을 이용한 가격탄력성이다(산술평균값을 기준으로 계산한다).

- 가격의 변화분 8만원 ← 24만원($P_1$)과 16만원($P_2$)의 차이
- 수요량의 변화분 32m² ← 184m²($Q_1$)과 216m²($Q_2$)의 차이

- A: 수요의 가격탄력성(중간점) = $\dfrac{\dfrac{\Delta Q(32)}{Q_1(184) + Q_2(216)}}{\dfrac{\Delta P(8)}{P_1(24) + P_2(16)}}$

$$= \dfrac{0.08}{0.2} = 0.4$$

- B: 수요의 가격탄력성이 '1'보다 작으므로 비탄력적이다.


## 13.

정답 ④

**중 부동산시장**

④ 약성 효율적 시장: 과거의 가격변동, 거래량 등 기술적 분석을 하여도 이미 이러한 정보가 가격에 반영되어 있으므로 정상 이상의 초과수익(이윤)을 달성할 수 없다.


## 14.

정답 ④

**하 부동산시장**

④ 여과과정이 원활하게 작동하면 주거의 질을 개선하는 효과가 있고, 장기적으로 신규주택의 건설이 촉진되므로(유량 공급이 증가하므로) 전체적인 주거안정을 달성할 수 있다.


## 15.

정답 ⑤

**상 부동산의 수요 · 공급이론**

① 두 재화간 교차탄력성이 1.0일 때(→ 대체관계), X재 가격이 1% 상승하면(X재 수요량 감소) 이에 따라 Y재 수요량은 1% 증가한다.
② 수요의 가격탄력성이란 가격이 변할 때 수요량이 얼마나 변하는지를 나타내는 정량적(定量的) 지표이다.
③ 부동산의 단기수요곡선보다 장기수요곡선의 기울기가 더 완만한 편이다.
④ 수요가 완전탄력적일 때 공급이 감소하면 (균형가격은 변하지 않고) 균형거래량은 감소한다.


## 16.

정답 ②

**하 입지 및 공간구조론**

② 지대곡선의 기울기는 생산물가격(매상고), 생산비, 수송비, 인간의 행태에 따라 달라질 수 있다.


## 17.

정답 ⑤

**중 입지 및 공간구조론**

⑤ · 보편원료(물 등)를 많이 사용하는 산업은 시장지향형 입지를 선호한다.
   · 부패하기 쉬운 원료를 많이 사용하는 산업은 원료지향형 입지를 선호한다.


## 18.

정답 ③

**중 토지정책**

③ · 재건축부담금제는 「재건축초과이익 환수에 관한 법률」에 의해서 시행되고 있다.
   · 개발부담금제(개발이익환수제)는 「개발이익 환수에 관한 법률」에 의해서 시행되고 있다.


## 19.

정답 ②

**상 부동산정책의 의의 및 기능**

시장실패의 원인에 해당하는 것은 ㄱ, ㄴ이다.
ㄱ. 수익성을 확보하기 어려운 도로나 근린공원 조성사업에 민간사업자의 참여가 활발하지 못하다. → 공공재의 과소생산
ㄴ. 특정주택을 독과점형태의 기업들이 공급하고 있으며, 분양가격을 시장균형가격보다 임의대로 높게 결정하고 있다. → 불완전경쟁, 가격결정(담합) → 소비자는 더 높은 가격을 지불해야 하고, 소비량이 감소할 수 있다.
ㄷ. 정부의 분양가 규제로 인해 주택가격이 시장가격 이상으로 급등함에 따라 저소득층의 주택난이 심화되고 있다. → 정부의 실패에 대한 설명이다.

> **Ⅴ 시장실패의 원인**
>
> · 불완전경쟁          · 규모의 경제
> · 정보의 비대칭성(불완전성)  · 외부효과
> · 공공재


## 20.

정답 ⑤

**하 토지정책**

⑤ 자산유동화제도(ABS)가 주택저당유동화제도(MBS)보다 그 시행시기가 빠르다. 1998년 「자산유동화에 관한 법률」에 의해 자산유동화제도(ABS)가 시행된 이후 2004년 「한국주택금융공사법」에 의해 주택저당유동화제도(MBS)가 시행되고 있다.


## 21.

정답 ③

**중 주택정책**

③ 임대료의 상한이 시장균형임대료보다 낮을 경우(임대료가 하락한 효과가 있으므로), 단기적으로 임대주택의 수요가 증가한다. → 임대주택의 공급은 감소하고, 수요는 증가함에 따라 임대주택에 대한 초과수요가 나타난다.

## 22.
정답 ④

④ 전액 자기자본으로 투자했을 경우나 부동산을 매각하기 전에 미상환 대출잔금을 모두 상환하였다면 순매각현금흐름과 세전매각현금흐름은 동일할 수 있다.

① 영업소득세의 계산과정에서 과세대상소득은 세전현금수지에 대체충당금과 원금상환분은 더하고 감가상각비를 공제하여 구한다.

② 전액 자기자본으로 투자할 경우(부채서비스액이 없다면) 순영업소득과 세전현금수지는 동일할 수 있다.

③ 임대부동산의 공실률 변화는 유효조소득에 영향을 준다.

⑤ 영업외수입(기타수입)은 순영업소득을 계산하는 데 필요한 자료이지만, 연간 이자비용(부채서비스액)은 필요하지 않다.

## 23.
정답 ①

- 대출만기 20년 = 상환(경과)한 기간 13년 + 남은 기간 7년
- 원리금균등상환방식에 따른 t시점에서 미상환대출잔액을 구할 때에는
1. 원리금에 연금의 현가계수(남은 기간)를 곱하여 구할 수 있다.
  원리금[= 융자금 × 저당상수(만기)] × 연금의 현가계수(남은기간)
  ➔ 6억원 × 저당상수(20년) × 연금의 현가계수(7년)
2. 융자금에 잔금비율을 곱하여 구할 수 있다.
  ➔ 6억원 × 잔금비율$\left[ = \dfrac{\text{연금의 현가계수 7년}}{\text{연금의 현가계수 20년}} \right]$

## 24.
정답 ②

ㄱ은 80억원, ㄴ은 30억원, ㄷ은 100%, ㄹ은 150%이다.
'자산 = 부채(타인자본) + 자본(자기자본)'임을 고려하여 계산한다.
1. A부동산회사
  - 자산 ㄱ: 80억원 = 부채총계 40억원 + 자본총계 40억원
  - ㄷ: 부채비율 100% = $\dfrac{\text{부채(타인자본) 40억원}}{\text{자본(자기자본) 40억원}}$
2. B부동산회사
  - 자산 50억원 = 부채총계(ㄴ) 30억원 + 자본총계 20억원
  - ㄹ: 부채비율 150% = $\dfrac{\text{30억원}}{\text{20억원}}$

## 25.
정답 ④

문제의 조건에서 제시된 부동산가격상승분까지 고려하여 자기자본수익률을 구한다.
- 부동산가격(가치) = 총투자액 = 10억원
- 대부비율 60%이므로 융자금 6억원, 지분투자액 4억원
- 부동산가격상승분 4천만원 = 부동산가격 10억원 × 가격상승률 4% (0.04)

∴ 12.5% = $\dfrac{\text{7천만원 + 4천만원 - 6천만원(= 6억원 × 0.1)}}{\text{지분투자액 4억원}} = \dfrac{\text{5천만원}}{\text{4억원}}$

> **Ⓥ 자기자본수익률**
>
> 자기자본수익률 = $\dfrac{\text{순영업소득 + 가치상승분 - 부채서비스액}}{\text{지분투자액(자기자본)}}$

## 26.
정답 ②

② 위험회피형 투자자란 기대수익률이 동일하다면 보다 적은 위험을 선호하며, 위험을 부담할 경우에는 그에 상응하는 보상을 바라는 합리적인 투자자를 말한다.

> **Ⓥ 위험회피형(기피적 · 혐오적) 투자자**
>
> 위험회피형(기피적 · 혐오적) 투자자란 기대수익률이 동일하다면 위험이 작은 투자안을 선택하며, 위험이 동일하다면 기대수익률이 높은 투자안을 선택한다. ➔ 되도록이면 위험을 회피하려 하며, 위험을 부담할 경우에는 그에 상응하는 보상을 바라는 합리적이고 이성적인 투자자를 말한다.

① 효율적 전선(前線) = 효율적 투자선 = 효율적 프론티어
③ 최적 포트폴리오 ➔ 한 투자자에게 최적이 투자안이 다른 투자자에게는 최적이 아닐 수도 있다.
④ 두 자산간 상관계수가 -1에 가까울수록 분산투자효과가 커진다.
⑤ 두 자산간 수익률의 분포도가 아무런 관련이 없는 경우(상관계수: 0)에도 위험분산효과가 나타난다. 두 자산간 상관계수가 +1만 아니라면 분산투자효과가 발생한다.

## 27.
정답 ③

투자효율성(= 투자액 대비 상대적 수익성)을 판단하는 것은 수익성지수(PI)이다.

➔ 수익성지수(PI) = $\dfrac{\text{현금유입의 현재가치}}{\text{현금유출의 현재가치}}$

1. 현금유입의 현재가치
  - 부동산 A의 현금유입의 현재가치 = $\dfrac{\text{385만원}}{(1 + 0.1)^1}$ = 350만원
  - 부동산 B의 현금유입의 현재가치 = $\dfrac{\text{242만원}}{(1 + 0.1)^1}$ = 220만원
  - 부동산 C의 현금유입의 현재가치 = $\dfrac{\text{363만원}}{(1 + 0.1)^1}$ = 330만원

2. 수익성지수
  - A의 수익성지수 1.12 = $\dfrac{\text{350만원}}{\text{312.5만원}}$
  - B의 수익성지수 1.25 = $\dfrac{\text{220만원}}{\text{176만원}}$
  - C의 수익성지수 1.10 = $\dfrac{\text{330만원}}{\text{300만원}}$

∴ 수익성지수(PI) 큰 순서대로 나열하면 B > A > C의 순서가 된다.

## 28.
정답 ④

④ 주택저당유동화제도는 주택저당채권이라는 자산을 매각하여 금융기관의 자금조달을 용이하게 하므로 유동성을 증가시킨다. 즉, 주택저당유동화는 금융기관(대출기관)의 유동성위험을 감소시킨다.

## 29.

정답 ②

옳은 것은 ㄱ, ㄴ, ㄹ이다.

ㄷ. 부외금융효과(Off-the Balance effect)는 대출기관의 이점이 아니다. 대출기관은 자신의 재무상태표에 PF 대출이라는 자산으로 기재되어 있다. ➡ 개별사업주는 재무상태표에 관련 부채가 기재되지 않기 때문에 부외금융효과(Off-the Balance effect)를 누릴 수 있다. 즉, 채무수용능력이 제고될 수 있다.

## 30.

정답 ①

하 부동산이용 및 개발

① 민간의 부동산투자회사 ➡ 제2섹터, 건축사업 ➡ 유형적 개발
② 예비적 타당성분석 단계에서는 개발사업으로 예상되는 수익과 비용을 개략적·개괄적으로 조사하는 과정이다.
③ 등가교환방식은 토지소유자와 개발업자간에 수수료 문제가 발생하지 않는다. 투자(출자)비율에 따라 개발지분을 공유하는 방식이다.
④ 부동산개발사업의 흡수율(예상분양률 등 소비되는 비율)이 높을수록 시장위험은 작다고 볼 수 있다.
⑤ 보전재개발은 아직 노후·쇠퇴가 발생하지 않았으나, 우려가 있는 시설에 대하여 그 진행을 예방하거나 방지하기 위한 재개발 유형이다.

## 31.

정답 ①

중 부동산이용 및 개발

A는 0.6, B는 0.75이다.

- A지역 건설업 0.6 = $\dfrac{\dfrac{10,000}{30,000}}{\dfrac{50,000}{90,000}}$ ≒ $\dfrac{0.333}{0.555}$

- B지역 운수장비업 0.75 = $\dfrac{\dfrac{20,000}{60,000}}{\dfrac{40,000}{90,000}}$ ≒ $\dfrac{0.333}{0.444}$

> ✓ 입지계수
>
> 입지계수(LQ) = $\dfrac{\text{지역의 X산업 고용비율}}{\text{전국의 X산업 고용비율}}$

## 32.

정답 ②

중 부동산관리

① 적재적소에 중요 인력을 배치하는 것(➡ 인력관리)은 경제적 측면의 관리에 해당한다.
③ 신탁관리는 부동산소유자가 소유권을 형식적으로 이전하고, 부동산신탁회사가 일정기간 관리하여 소유자(위탁자)에게 돌려주는 형태이다.
④ 복합개념의 관리로 구분할 때 권리분석을 하거나 임차인에게 재계약을 촉구한 것은 법률적 측면의 관리이다.
⑤ • 설계의 불량, 건물과 부지의 부적합은 건물의 기능적 내용연수와 관련이 있다. ➡ 기능적 감가
　• 주변환경과의 부조화(경제적 감가)는 경제적 내용연수와 관련이 있다.

## 33.

정답 ①

중 부동산마케팅 및 광고

② 인적판매는 4P MIX 중 판매촉진(promotion) 전략이다.
③ 관계마케팅은 고객과의 지속적이고 장기적인 관계유지에 중점을 두는 것이다.
④ AIDA원리는 주의(attention), 관심(interest), 욕망(desire), 행동(action)의 단계를 통해 소비자의 욕구를 파악하여 마케팅 효과를 극대화하는 고객점유마케팅전략의 하나이다.
⑤ 차별화전략은 동일한 표적시장을 갖는 다양한 공급경쟁자 사이에서 자신의 상품을 어디에 위치시킬 것인가를 정하는 것이다.

## 34.

정답 ③

상 부동산금융

옳은 것은 ㄴ, ㄷ이다.

ㄱ. 원금균등상환방식과 원리금균등상환방식의 잔고의 변화는 다르게 나타난다. 원금균등상환방식은 잔고가 일정하게 감소하는 반면, 원리금균등상환방식의 잔고는 불규칙하게 감소한다.
ㄹ. 원리금균등상환방식은 체증식 상환방식보다 대출기관 입장에서 원금회수속도가 빠른 편이다.
ㅁ. 대출기간의 2분의 1 경과 후 담보인정비율(LTV)은 체감식 상환방식이 원리금균등상환방식보다 낮다. ➡ 체감식(원금균등상환방식)이 원금을 더 많이 상환하였으므로 잔금(잔고)가 더 작다.

## 35.

정답 ③

하 감정평가의 기초이론

③ 일체로 이용되고 있는 대상물건의 일부분에 대하여 감정평가하여야 할 특수한 목적이나 합리적인 이유가 있는 경우에는 그 부분에 대하여 감정평가할 수 있다.

## 36.

정답 ⑤

하 감정평가의 방식

⑤ 부채감당법은 수익환원법에서 환원이율(자본환원율)을 구하는 방법이다.

> ✓ 원가법에서의 감가수정방법
>
> 1. 내용연수법: 정액법, 정률법, 상환기금법
> 2. 실제감가를 구하는 방법: 관찰감가법, 분해법

## 37.

정답 ④

중 감정평가의 방식

- 원가방식에서 임대료를 구하는 방법을 적산법이라 한다.
- 계산과정에서 환원이율은 필요하지 않다.
- 적산임료(적산법) = 기초가액 × 기대이율 + 필요제경비
　　　　　　　 = 400,000,000원 × 0.06 + 연간 6,000,000원
　　　　　　　 = 30,000,000원

## 38.
정답 ①

[중] 감정평가의 방식

ㄱ은 임대사례비교법이고, ㄴ은 수익분석법이다.
ㄱ. 임대사례비교법이란 대상물건과 가치형성요인이 같거나 비슷한 물건의 임대사례와 비교하여 대상물건의 현황에 맞게 사정보정, 시점수정, 가치형성요인 비교 등의 과정을 거쳐 대상물건의 임대료를 산정하는 감정평가방법을 말한다(「감정평가에 관한 규칙」 제2조 제8호).
ㄴ. 수익분석법이란 일반기업경영에 의하여 산출된 총수익을 분석하여 대상물건이 일정한 기간에 산출할 것으로 기대되는 순수익에 대상물건을 계속하여 임대하는 데에 필요한 경비를 더하여 대상물건의 임대료를 산정하는 감정평가방법을 말한다(같은 규칙 제2조 제11호).

## 39.
정답 ①

[중] 부동산가격공시제도

① • 비주거용 일반부동산가격은 비주거용 표준부동산가격과 비주거용 개별부동산가격으로 구분하여 공시한다.
• 비주거용 집합부동산가격은 구분공시하지 않고, 한국부동산원 등에 전수조사 의뢰하여 산정·공시한다.

## 40.
정답 ③

[상] 감정평가의 방식

• 잔존가치 5,000만원 = 재조달원가 5억원 × 잔가율 0.1(10%)
• 경제적 내용연수 40년 = 경과연수 5년 + 잔존 경제적 내용연수 35년
• 매년(초기) 감가액 = $\dfrac{\text{감가총액}(= \text{재조달원가} - \text{잔존가치})}{\text{경제적 내용연수}}$

  1,125만원 = $\dfrac{4억\ 5천만원(= 5억원 - 5천만원)}{40년}$
• 감가누계액 5,625만원 = 매년(초기)감가액 1,125만원 × 경과연수 5년

---

| 41 | 42 | 43 | 44 | 45 | 46 | 47 | 48 | 49 | 50 |
|---|---|---|---|---|---|---|---|---|---|
| ① | ② | ① | ④ | ③ | ⑤ | ⑤ | ③ | ① | ② |
| 51 | 52 | 53 | 54 | 55 | 56 | 57 | 58 | 59 | 60 |
| ③ | ② | ② | ③ | ⑤ | ⑤ | ④ | ④ | ② | ③ |
| 61 | 62 | 63 | 64 | 65 | 66 | 67 | 68 | 69 | 70 |
| ⑤ | ③ | ④ | ① | ④ | ① | ② | ④ | ④ | ③ |
| 71 | 72 | 73 | 74 | 75 | 76 | 77 | 78 | 79 | 80 |
| ④ | ② | ② | ⑤ | ① | ① | ⑤ | ① | ① | ④ |

### 선생님의 한마디

1. 「민법」은 꾸준히 공부하는 것이 필요합니다. 어려움이 있지만 인내하면서 공부하면 절대 붙습니다. "Slow and steady wins the race!" 즉, 천천히 하지만 꾸준히 한다면 반드시 합격할 수 있습니다.
2. 모의고사 문제풀이를 통한 확인학습과 본인이 정리한 단권화 교재로 정리하시면 실력이 쑥쑥 자랄 것입니다.

## 41.
정답 ①

[하] 법률행위

단속규정인 것은 ㄱ, ㄴ이다.
ㄱ. 「부동산등기 특별조치법」은 미등기전매를 형사처벌하도록 규정하고 있으나 미등기전매행위 자체가 사법상 무효인 것은 아니다. 즉, 매수인 앞으로 이전등기가 경료됨이 없이 매도인으로부터 바로 이전등기(중간생략등기)를 받은 제3자(전득자)의 소유권취득은 인정된다(대판 1993.1.26, 92다39112).
ㄴ. 개업공인중개사 등이 중개의뢰인과 직접 거래를 하는 행위를 금지하는 「공인중개사법」 제33조 제6호의 규정은 단속규정이다(대판 2017. 2.3, 2016다259677).
ㄷ, ㄹ. 효력규정이다.

## 42.
정답 ②

[상] 법률행위

A. 乙은 甲에게 100만원을 빌려주었는데 이는 도박을 위한 것이므로 도박이라는 불법적인 동기가 도박의 상대방인 乙에게 알려져 있어, 판례에 의하면 상대방에게 표시되거나 알려진 법률행위의 동기가 반사회질서적인(= 불법) 경우에도 법률행위가 반사회질서의 행위가 되므로 乙이 甲에게 100만원을 빌려준 것은 불법원인급여가 되어 반환을 청구하지 못한다(대판 2005.7.28, 2005다23858).
B. 도박 채권자가 부동산을 제3자에게 매도한 경우, 그 처분행위가 무효로 되는 범위: 도박채무의 변제를 위하여 채무자로부터 부동산의 처분을 위임받은 채권자가 그 부동산을 제3자에게 매도한 경우, 도박채무 부담행위 및 그 변제약정이 제103조의 선량한 풍속 기타 사회질서에 위반되어 무효라 하더라도, 그 무효는 변제약정의 이행행위에 해당하는 위 부동산을 제3자에게 처분한 대금으로 도박채무의 변제에 충당한 부분에 한정되고, 위 변제약정의 이행행위에 직접 해당하지 아니하는 부동산 처분에 관한 대리권을 도박 채권자에게 수여한 행위 부분까지 무효라고 볼 수는 없으므로, 위와 같은 사정을 알지 못하는 거래 상대방인 제3자가 도박 채무자부터 그 대리인인 도박

46

채권자를 통하여 위 부동산을 매수한 행위까지 무효가 된다고 할 수는 없다(대판 1995.7.14, 94다40147).

## 43.
정답 ①

**하** 의사표시

① 강행법규 위반, 반사회적 법률행위, 불공정한 법률행위 등으로 무효인 경우에는 추인에 의하여 유효로 될 수 없다.

## 44.
정답 ④

**상** 의사표시

틀린 것은 ㄷ, ㄹ이다.
ㄱ. 부동산의 매매계약에 있어 쌍방 당사자가 모두 특정의 X토지를 계약의 목적물로 삼았으나 그 목적물의 지번 등에 관하여 착오를 일으켜 계약을 체결함에 있어서는 계약서상 그 목적물을 X토지와는 별개인 Y토지로 표시하였다 하여도, X토지에 관하여 이를 매매의 목적물로 한다는 쌍방 당사자의 의사합치가 있는 이상 그 매매계약은 X토지에 관하여 성립한 것이다(대판 1996.8.20, 96다19581 · 19598).
ㄴ. 계약서상의 표시에 따라서 Y토지가 매수인 乙에게로 이전등기되면 이는 무효이다(대판 1993.10.26, 93다2629). 이 경우에는 표시의 착오를 이유로 그 의사표시를 취소할 수도 없다.
ㄷ. 乙은 甲에게 X토지에 대해 매매계약을 원인으로 소유권이전등기를 청구할 수 있다.
ㄹ. 현재 乙은 X토지에 대해 매매계약은 하였지만, 소유권이전등기를 하지 않았으므로 소유권을 취득하지 못한다.
ㅁ. 乙이 Y토지의 소유자로 등기된 것을 이용하여 Y토지를 丙에게 매도하였다면 丙은 선의이어도 Y토지의 소유권을 취득하지 못한다(등기의 공신력 부정).

## 45.
정답 ③

**중** 의사표시

③ 비진의 의사표시에 있어서의 진의란 특정한 내용의 의사표시를 하고자 하는 표의자의 생각을 말하는 것이지 표의자가 진정으로 마음속에서 바라는 사항을 뜻하는 것은 아니라고 할 것이므로, 비록 재산을 강제로 뺏긴다는 것이 표의자의 본심으로 잠재되어 있었다 하여도 표의자가 강제에 의하여서나마 증여를 하기로 하고 그에 따른 증여의 의사표시를 한 이상 증여의 내심의 효과의사가 결여된 것이라고 할 수는 없다(대판 1993.7.16, 92다41528). 따라서 대출절차상 편의를 위해 명의를 빌려준 자가 채무부담의 의사를 가졌다면 이는 비진의표시가 아니다.

## 46.
정답 ⑤

**중** 의사표시

⑤ 허위표시는 당사자 사이에는 언제나 무효이다. 허위표시 자체는 반사회질서행위가 아니다. 따라서 불법원인급여에 해당하지는 않으며(대판 2004.5.28, 2003다70041), 부당이득반환청구권을 행사할 수 있다. 다만, 원물을 반환할 수 없으므로 그 가액을 반환하여야 한다(제747조 제1항).

## 47.
정답 ⑤

**하** 법률행위의 대리

⑤ 대리인이 수인인 경우에는 특별한 사정이 없는 한 각자대리가 원칙이다.

## 48.
정답 ③

**하** 법률행위의 대리

③ 판례는 현명을 요구하여 단지 본인의 성명을 모용하여 자기가 마치 본인인 것처럼 기망하여 본인 명의로 직접 모든 법률행위를 한 경우에는 특별한 사정이 없는 한 위 제126조(권한을 넘은 표현대리)를 적용할 수 없다고 한다(대판 1974.4.9, 74다78).

## 49.
정답 ①

**중** 법률행위의 무효와 취소

① 토지거래계약 허가구역 내 토지에 관하여 허가를 배제하거나 잠탈하는 내용으로 매매계약이 체결된 경우에는, 강행법규인 구 「국토의 계획 및 이용에 관한 법률」 제118조 제6항에 따라 계약은 체결된 때부터 확정적으로 무효이다. 계약체결 후 허가구역 지정이 해제되거나 허가구역 지정기간 만료 이후 재지정을 하지 아니한 경우라 하더라도 이미 확정적으로 무효로 된 계약이 유효로 되는 것이 아니다(대판 2019.1.31, 2017다228618).

## 50.
정답 ②

**상** 조건과 기한

틀린 것은 ㄱ, ㄷ이다.
ㄱ. 사망은 장래 발생할 것이 확실(기한)하나 그 발생하는 시기가 확정되어 있지 않으므로 불확정기한에 해당한다.
ㄴ. 단독행위에는 원칙적으로 조건을 붙일 수 없다. 다만, 상대방이 동의하면 해제의 의사표시에 조건을 붙이는 것이 허용된다.
ㄷ. 조건성취의 효력은 원칙적으로 소급하지 않으나, 특약을 한 경우에는 그 특약에 의하므로 소급하여 효력이 발생한다(제147조 제3항).
ㄹ. 조건의 성취로 인하여 불이익을 받을 당사자가 신의성실에 반하여 조건의 성취를 방해한 경우, 조건이 성취된 것으로 의제되는 시점은 이러한 신의성실에 반하는 행위가 없었더라면 조건이 성취되었으리라고 추산되는 시점이다(대판 1998.12.22, 98다42356).

## 51.
정답 ③

**중** 물권법 총설

③ 건물의 신축은 법률 규정에 의한 물권변동이므로 甲은 등기 없이도 소유권을 취득한다(제187조). 그러나 매매는 법률행위에 의한 물권변동이므로 매수인 乙은 등기를 해야 소유권을 취득한다(제186조). 미등기 무허가건물의 양수인이라도 그 소유권이전등기를 경료하지 않는 한 그 건물의 소유권을 취득할 수 없고, 소유권에 준하는 관습상의 물권이 있다고도 할 수 없으며, 현행법상 사실상의 소유권이라고 하는 포괄적인 권리 또는 법률상의 지위를 인정하기도 어렵다(대판 2006.10.27, 2006다49000).

## 52.
정답 ②

**상** 물권법 총설

옳은 것은 ㄱ, ㄷ이다.
ㄱ. 소유권에 기한 물상청구권을 소유권과 분리하여 이를 소유권 없는 전 소유자에게 유보하여 행사시킬 수는 없는 것이므로 소유권을 상실한 전 소유자는 제3자인 불법점유자에 대하여 소유권에 기한 물권적 청구권에 의한 방해배제를 구할 수 없다(대판 1980.9.9, 80다7).

ㄴ. 저당권의 침해가 있는 때에는 저당권자는 방해의 제거나 예방을 청구할 수 있다. 그러나 저당권은 점유를 수반하지 않는 것이므로 반환청구권을 행사할 수는 없다.

ㄷ. 소유자가 침해자에 대하여 방해제거행위 또는 방해예방행위를 하는 데 드는 비용을 청구할 수 있는 권리는 물권적 청구권에 포함되어 있지 않으므로, 소유자가 물권적 청구권에 기하여 방해배제비용 또는 방해예방비용을 청구할 수는 없다(대판 2014.11.27, 2014다52612).

ㄹ. 물권적 청구권은 상대방의 귀책사유를 요하지 않으며 침해의 염려가 있는 경우에도 행사할 수 있으나, 손해배상청구권은 귀책사유를 요하고 침해가 있어야 행사할 수 있는 전혀 별개의 권리이다.

## 53.
정답 ②

**[중] 물권의 변동**

② 멸실된 건물의 등기는 당사자가 이를 그곳에 새로 신축한 건물의 등기에 갈음할 의사를 가졌다 하더라도 그 등기는 무효이다(대판 1976.10.26, 75다2211).

## 54.
정답 ③

**[중] 물권의 변동**

③ 소유권취득의 원인으로 주장한 '계약서'가 진정하지 않은 것으로(즉, 위조된 것으로) 증명된 경우에는 추정력은 번복되는 것이고, 또 다른 소유권취득의 원인이 있을 것으로 추정되지는 않는다(대판 1998.9.22, 98다29568).

## 55.
정답 ⑤

**[중] 물권의 변동**

⑤ 가등기만으로는 아무런 실체법상 효력이 없으므로, 가등기권리자는 무효인 중복된 소유권보존등기에 대해서도 그 말소를 청구할 권리가 없다(대판 2001.3.23, 2000다51285).

## 56.
정답 ⑤

**[중] 점유권**

⑤ 丙은 선의의 자주점유자이므로 훼손에 대해서 그 이익이 현존하는 한도에서 손해배상책임을 진다(제202조).

①② 점유자에게는 비용상환청구권이 인정된다. 그리고 丙은 불법점유가 아니므로 비용상환청구권에 관하여 유치권을 행사할 수도 있다.

③ 丙은 선의의 점유자이므로 과실수취권이 있고, 따라서 甲에게 사용료를 지급할 의무가 없다. 甲은 乙에 대해서 부당이득반환을 청구할 수 있을 뿐이다.

④ 선의점유자가 본권에 관한 소에 패소한 때에는, 그 소가 제기된 때부터 악의의 점유자로 간주된다(제197조 제2항). 따라서 甲은 소제기 이후의 丙의 점유·사용에 대해서 임료 상당의 부당이득반환청구권을 행사할 수 있다.

## 57.
정답 ④

**[상] 소유권**

④ 점유취득시효 완성을 원인으로 한 소유권이전등기청구는 시효 완성 당시의 소유자를 상대로 하여야 하므로 시효 완성 당시의 소유권보존등기 또는 이전등기가 무효라면 원칙적으로 그 등기명의인은 시효취득을 원인으로 한 소유권이전등기청구의 상대방이 될 수 없고, 이

경우 시효취득자는 소유자를 대위하여 위 무효등기의 말소를 구하고 다시 위 소유자를 상대로 취득시효 완성을 이유로 한 소유권이전등기를 구하여야 한다(대판 2007.7.26, 2006다64573).

## 58.
정답 ④

**[상] 소유권**

④ 부동산의 합유자 중 일부가 사망한 경우 합유자 사이에 특별한 약정이 없는 한 사망한 합유자의 상속인은 합유자로서의 지위를 승계하지 못하므로, 해당 부동산은 잔존 합유자가 2인 이상일 경우에는 잔존 합유자의 합유로 귀속되고 잔존 합유자가 1인인 경우에는 잔존 합유자의 단독소유로 귀속된다(대판 1996.12.10, 96다23238).

## 59.
정답 ②

**[상] 담보물권**

옳은 것은 ㄱ, ㅁ이다.

ㄱ. 근저당권 등 담보권설정의 당사자들이 그 목적토지 위에 차후 용익권설정 등으로 담보가치가 저감하는 것을 막기 위해 채권자 앞으로 지상권을 설정한 경우, 피담보채권이 변제나 시효로 소멸하면 그 지상권도 부종하여 소멸한다(대판 2011.4.14, 2011다6342).

ㄴ. 제3자가 토지소유자의 사용·승낙을 받아서 건물을 신축하는 경우에도 지상권자인 은행은 신축 중인 건물의 철거와 대지의 인도를 청구할 수 있다(대판 2008.2.15, 2005다47205).

ㄷ. 지상권은 용익물권으로서 담보물권이 아니므로 피담보채무라는 것이 존재할 수 없다. 따라서 지상권설정등기에 관한 피담보채무의 범위 확인을 구하는 청구는 원고의 권리 또는 법률상의 지위에 관한 청구라고 보기 어려우므로, 확인의 이익이 없어 부적법하다(대판 2017.10.31, 2015다65042).

ㄹ. ㅁ. 담보가치의 감소를 이유로 손해배상은 청구할 수 있으나, 임료 상당 이익이나 기타 소득이 발생할 여지가 없으므로 이를 이유로 손해배상이나 부당이득반환을 청구할 수 없다(대판 2008.1.17, 2006다586).

## 60.
정답 ③

**[하] 용익물권**

③ 토지소유자뿐만 아니라 지상권자, 전세권자 임차인 등 정당한 토지사용권을 갖는 자들도 요건을 갖추면 지역권의 시효취득이 가능하다. 다만, 토지의 불법점유자는 통행지역권의 시효취득이 허용되지 않는다(대판 1976.10.29, 76다1694).

## 61.
정답 ⑤

**[중] 용익물권**

⑤ 건물의 일부에 대하여 전세권이 설정되어 있는 경우, 전세권의 목적물이 아닌 나머지 건물 부분에 대하여는 우선변제권은 별론으로 하고 경매신청권은 없으므로, 전세권자는 전세권의 목적이 된 부분을 초과하여 건물 전부의 경매를 청구할 수 없다(대판 2001.7.2, 2001마212).

## 62.
정답 ③

③ 丙의 건축자재 대금채권은 매매계약에 따른 매매대금채권에 불과할 뿐 건물 자체에 관하여 생긴 채권이라고 할 수는 없으므로 X건물에 대해서 유치권을 행사할 수 없다(대판 2012.1.26, 2011다96208).

## 63.
정답 ④

상 담보물권

옳은 것은 ㄴ, ㄹ이다.
ㄱ. 건물 없는 토지에 저당권이 설정된 후 저당권설정자가 그 위에 건물을 건축하였다가 담보권의 실행을 위한 경매절차에서 경매로 인하여 그 토지와 지상건물이 소유자를 달리하였을 경우에는, 법정지상권이 인정되지 아니한다(대결 1995.12.11, 95마1262).
ㄴ. 토지를 목적으로 저당권을 설정한 후 그 설정자가 그 토지에 건물을 축조한 때에는 저당권자는 토지와 함께 그 건물에 대하여도 경매를 청구할 수 있다. 그러나 그 건물의 경매대가에 대하여는 우선변제를 받을 권리가 없다(제365조).
ㄷ. 일괄경매청구권은 저당권설정자가 건물을 축조하여 소유하고 있는 경우에 한한다(대판 1999.4.20, 99마146).
ㄹ. 제3취득자(저당권이 설정된 부동산에 소유권이나 지상권, 전세권을 취득한 자)가 저당목적물에 비용을 지출한 경우 우선변제를 받을 수 있다(제367조).

## 64.
정답 ①

중 담보물권

① 1번 저당권이 말소기준권리가 되므로 그 이후의 모든 권리는 소멸한다.

## 65.
정답 ④

중 담보물권

④ 피담보채권이 확정된 후에는 보통 저당권이 되므로 부종성이 생긴다.
① 피담보채권이 확정되기 전이라면 채권양도에 따른 근저당권이전은 인정되지 않는다.
② 현재의 소유자는 당연히 자신의 소유권에 기해 근저당권의 말소를 청구할 수 있다. 종전의 소유자도 근저당설정계약의 당사자로서 계약상의 권리(채권적 청구권)로서 근저당권설정등기의 말소를 청구할 수 있다(대판 1994.1.25, 93다16338 전원합의체).
③ 경매를 신청한 근저당권자의 채권액은 경매신청시에 확정되지만, 선순위 근저당권의 채권액은 매각대금 완납시에 확정된다.
⑤ 경매신청으로 채권액이 확정되면 보통의 저당권으로 전환되므로, 경매개시결정 후 경매신청이 취하되었다고 하더라도 채무확정의 효과는 번복되지 않는다(대판 2002.11.26, 2001다73022).

## 66.
정답 ①

① 계약금계약은 불요식계약이다. 다만, 계약금계약, 대물변제, 현상광고 등은 요물계약이다.

## 67.
정답 ②

② 쌍무계약에서 쌍방의 채무가 동시이행관계에 있는 경우 일방의 채무의 이행기가 도래하더라도 상대방 채무의 이행제공이 있을 때까지는 그 채무를 이행하지 않아도 이행지체의 책임을 지지 않는 것이고, 이와 같은 효과는 이행지체의 책임이 없다고 주장하는 자가 반드시 동시이행의 항변권을 행사하여야만 발생하는 것은 아니다(대판 1998.3.13, 97다54604).

## 68.
정답 ④

상 계약각론

옳은 것은 ㄴ, ㄹ이다.
ㄱ. 제3자 丙의 권리가 확정된 이후에도 요약자 甲은 丙의 동의 없이도 계약을 취소하거나 해제할 수 있다.
ㄴ. 요약자와 제3자(수익자) 사이의 법률관계(이른바 대가관계)의 효력은 제3자를 위한 계약 자체는 물론 그에 기한 요약자와 낙약자 사이의 법률관계(이른바 기본관계)의 성립이나 효력에 영향을 미치지 않는다(대판 2003.12.11, 2003다49771).
ㄷ. 丙은 계약당사자가 아니므로 해제권이나 취소권을 행사할 수는 없다.
ㄹ. 낙약자는 제3자를 상대로 해제에 기한 원상회복 또는 무효를 원인으로 하는 부당이득반환의 청구를 할 수 없다(대판 2005.7.22, 2005다7566).

## 69.
정답 ④

상 계약각론

틀린 것은 ㄴ, ㄹ이다.
ㄱ. 계약의 해제권은 일종의 형성권으로서 당사자의 일방에 의한 계약해제의 의사표시가 있으면 그 효과로서 새로운 법률관계가 발생하고 각 당사자는 그에 구속되는 것이다(대판 2001.6.29, 2001다21441).
ㄴ. 매도인의 소유권이전등기의무의 이행불능을 이유로 매수인이 매매계약을 해제하는 경우에는 잔대금지급의무의 이행제공이 필요하지 않다(대판 2003.1.24, 2000다22850).
ㄷ. 이미 그 계약상 의무에 기하여 이행된 급부는 원상회복을 위하여 부당이득으로 반환되어야 하고, 그 원상회복의 대상에는 매매대금은 물론 이와 관련하여 그 매매계약의 존속을 전제로 수령한 지연손해금도 포함된다(대판 2022.4.28, 2017다284236).
ㄹ. 매매계약을 해제하기 전에 그 부동산을 매수하고 소유권이전등기를 경료한 제3취득자에게 그 매매계약의 해제로써 대항할 수 없다(대판 1999.9.7, 99다14877). 즉, 甲의 해제에도 불구하고 丙은 제3자로서 보호된다.

## 70.
정답 ③

중 계약각론

③ 특별한 사정이 없는 한 구 「국토이용관리법」상의 토지거래허가를 받지 않아 유동적 무효상태인 매매계약에 있어서도 당사자 사이의 매매계약은 매도인이 계약금의 배액을 상환하고 계약을 해제함으로써 적법하게 해제된다(대판 1997.6.27, 97다9369).
① 이행기의 약정이 있는 경우라 하더라도 당사자가 채무의 이행기 전에는 착수하지 아니하기로 하는 특약을 하는 등 특별한 사정이 없는 한 이행기 전에 이행에 착수할 수 있다(대판 2006.2.10, 2004다11599).

② 제565조의 해약권은 당사자간에 다른 약정이 없는 경우에 한하여 인정되는 것이고, 만일 당사자가 위 조항의 해약권을 배제하기로 하는 약정을 하였다면 더 이상 그 해제권을 행사할 수 없다(대판 2009.4.23, 2008다50615).

④ 실제 교부받은 계약금이 아니라 약정된 계약금의 배액을 지급하고 매매계약을 해제할 수 있다(대판 2015.4.23, 2014다231378).

⑤ 계약금 배액의 이행의 제공이 있으면 족하고 상대방이 이를 수령하지 아니한다 하여 이를 공탁하여야 유효한 것은 아니다(대판 1992.5.12, 91다2151).

## 71.

정답 ④

중 계약각론

옳은 것은 ㄴ, ㄹ이다.

ㄱ. ㄴ. 매매계약이 있은 후에도 인도하지 아니한 목적물로부터 생긴 과실은 매도인에게 속하지만(제587조), 매매목적물의 인도 전이라도 매수인이 매매대금을 완납한 때에는 그 이후의 과실수취권은 매수인에게 귀속된다고 보아야 할 것이다(대판 2021.6.24, 2021다220666).

ㄷ. 담보책임 면제특약이 있는 경우에도 매도인이 알고 고지하지 아니한 사실 및 제3자에게 권리를 설정 또는 양도한 행위에 대해서는 책임을 면하지 못한다(제584조).

ㄹ. 쌍무계약이 취소된 경우 선의의 매수인에게 「민법」 제201조가 적용되어 과실취득권이 인정되는 이상 선의의 매도인에게도 「민법」 제587조의 유추적용에 의하여 대금의 운용이익 내지 법정이자의 반환을 부정함이 형평에 맞다(대판 1993.5.14, 92다45025).

## 72.

정답 ②

중 계약각론

② 수량부족의 경우 매수인이 악의인 때에는 담보책임을 물을 수 없다(제572조~제574조).

## 73.

정답 ②

중 계약각론

②③ 필요비는 임대차의 종료를 기다리지 않고 곧 그 상환을 청구할 수 있으나(제626조 제1항), 유익비는 임대차가 종료할 때에 상환받을 수 있다(제626조 제2항).

① 임차인의 비용상환청구권에 관한 규정은 임의규정이다. 따라서 이를 포기하는 당사자의 약정은 유효하다(대판 1996.8.20, 94다44705).

④ 임차인이 유익비를 지출한 경우에는 임대인은 임대차 종료시에 그 가액의 증가가 현존한 때에 한하여 임차인이 지출한 금액이나 그 증가액을 상환하여야 한다(제626조 제2항).

⑤ 비용상환청구권은 임대인이 목적물을 반환받은 날로부터 6개월이 지나면 행사할 수 없다(제654조, 제617조). 이는 제척기간이다.

## 74.

정답 ⑤

중 계약각론

옳은 것은 ㄱ, ㄴ, ㄷ, ㄹ 모두이다.

ㄱ. 토지임차인이 그 지상건물 등에 대하여 매수청구권을 행사한 경우, 매수대금을 지급받을 때까지 그 지상건물 등의 인도를 거부할 수 있다고 하여도, 지상건물 등의 점유·사용을 통하여 그 부지를 계속하여 점유·사용하는 것은 부당이득이 된다. 따라서 부지의 임료 상당액을 반환하여야 한다(대판 2001.6.1, 99다60535).

ㄴ. 토지임차인의 건물 기타 공작물의 매수청구권에 관한 제643조의 규정은 성질상 토지의 전세권에도 유추적용될 수 있다(대판 2007.9.21, 2005다41740).

ㄷ. 임대차계약에 있어 임대차보증금이 담보하는 채무는 임대차관계 종료 후 목적물 반환시 별도의 의사표시 없이 임대차보증금에서 당연히 공제된다(대판 2005.9.28, 2005다8323).

ㄹ. 이 경우의 '전세권설정계약서'는 원래의 임대차계약에 관한 증서로 볼 수 있고, 그 전세권설정계약서가 첨부된 등기필증에 찍힌 등기관의 접수인은 확정일자에 해당하므로, 결국 임대차계약증서상의 확정일자를 갖춘 것으로 보기 때문이다(대판 2002.11.8, 2001다51725).

## 75.

정답 ①

상 계약각론

틀린 것은 ㄱ, ㄷ이다.

ㄱ. 임차인이 임대인의 동의를 얻어 임차물을 전대한 경우에는 임대인과 임차인의 합의로 계약을 종료한 때에도 전차인의 권리는 소멸하지 아니한다(제631조).

ㄴ. 임차인이 임대인의 동의를 얻어 임차물을 전대한 때에는 전차인은 직접 임대인에 대하여 의무를 부담한다. 이 경우에 전차인은 전대인에 대한 차임의 지급으로써 임대인에게 대항하지 못한다(제630조 제1항).

ㄷ. 임대인으로부터 매수하였거나 그 동의를 얻어 임차인으로부터 매수한 경우에 부속물은 임대인에 대하여 매수를 청구할 수 있다(제647조 제2항). 즉 임대인의 동의 없이 임차인 乙로부터 매수한 경우에는 부속물매수청구권이 인정되지 않는다.

ㄹ. 임차인이 임차물을 전대하여 그 임대차기간 및 전대차기간이 모두 만료된 경우에는, 그 전대차가 임대인의 동의를 얻은 여부와 상관없이 임대인으로서는 전차인에 대하여 소유권에 기한 반환청구권에 터 잡아 목적물을 자신에게 직접 반환해 줄 것을 요구할 수 있고, 전차인으로서도 목적물을 임대인에게 직접 명도함으로써 임차인(전대인)에 대한 목적물 명도의무를 면한다(대판 1995.12.12, 95다23996).

ㅁ. 임차인의 차임연체액이 2기의 차임액에 달함에 따라 임대인이 임대차계약을 해지하는 경우에는 전차인에 대하여 그 사유를 통지하지 않더라도 해지로써 전차인에게 대항할 수 있고, 해지의 의사표시가 임차인에게 도달하는 즉시 임대차관계는 해지로 종료된다(대판 2012.10.11, 2012다55860).

## 76.

정답 ①

중 주택임대차보호법

① 임대인 甲이 주택을 丙에게 매도한 경우 乙은 매매대금으로부터 최우선변제를 받을 수 없다. 소액보증금 임차인의 최우선변제권은 주택이 경매된 경우에 인정되는 권리이기 때문이다(주임법 제8조).

## 77.

정답 ⑤

중 상가건물 임대차보호법

⑤ 상임법은 일정 보증금을 초과(서울특별시의 경우 9억원)하면 대항력은 인정되지만 우선변제권은 인정되지 않는다.

## 78.

**하 집합건물의 소유 및 관리에 관한 법률**

① 구분소유자가 10인 이상일 때에는 관리단을 대표하고 관리단의 사무를 집행할 관리인을 선임하여야 한다(집합건물법 제24조 제1항).

② 관리단집회에서 적법하게 결의된 사항은 그 결의에 반대한 구분소유자에 대하여도 효력을 미치는 것이다(대판 1995.3.10, 94다49687, 49694).

③ 분양대금을 완납하였음에도 분양자 측의 사정으로 소유권이전등기를 경료받지 못한 수분양자도 관리단의 구성원이 되어 의결권을 행사할 수 있다(대판 2005.12.16, 2004마515).

④ 구분소유자가 공동이익에 반하는 행위를 하는 경우 관리인 또는 관리단집회의 결의로 지정된 구분소유자는 관리단집회의 결의에 근거하여 소(訴)로써 적당한 기간 동안 해당 구분소유자의 전유부분 사용금지를 청구할 수 있다(동법 제44조 제1항).

⑤ 관리위원회를 둔 경우 관리인은 공용부분의 보존행위를 하려면 관리위원회의 결의를 거쳐야 한다. 다만, 규약으로 달리 정한 사항은 그러하지 아니하다.

## 79.

**중 가등기담보 등에 관한 법률**

가등기담보법이 적용되는 경우는 1개(ㄷ)이다.

ㄱ. 가등기담보법은 차용물의 반환에 관하여 다른 재산권을 이전할 것을 예약한 경우에 적용되므로, 매매대금 채무를 담보하기 위하여 가등기를 한 경우에는 가등기담보법이 적용되지 아니한다(대판 2016.10.27, 2015다63138).

ㄴ. 공사대금채권을 담보할 목적으로 가등기가 경료된 경우에는 위 법률이 적용되지 않는다(대판 1992.4.10, 91다45356).

ㄷ. 가등기담보법이 적용되기 위해서는 피담보채권은 소비대차로 인하여 발생한 채권이라야 하고, 예약 당시의 목적물가액이 피담보채권액을 초과해야 하고, 가등기나 소유권이전등기를 경료해야 하므로 이 모든 요건을 충족한다.

ㄹ. 예약 당시 담보목적물에 선순위의 저당권이 설정되어 있는 경우에는 목적물의 가액에서 선순위 근저당권자의 채권액을 공제한 나머지 가액이 차용액 및 이에 붙인 이자의 합산액을 초과하는 경우에만 적용된다(대판 2006.8.24, 2005다61140).

ㅁ. 동산은 양도담보의 목적물로 할 수는 있지만, 이러한 양도담보에 대해서는 이 법이 적용되지 않는다.

## 80.

**중 부동산 실권리자명의 등기에 관한 법률**

④ 양자간 등기명의신탁의 경우 부동산실명법에 의하여 명의신탁약정과 그에 의한 등기가 무효이므로 목적 부동산에 관한 명의수탁자 명의의 소유권이전등기에도 불구하고 그 소유권은 처음부터 이전되지 아니하는 것이어서 원래 그 부동산의 소유권을 취득하였던 명의신탁자가 그 소유권을 여전히 보유하는 것이 되는 이상, 침해부당이득의 성립 여부와 관련하여 명의신탁자 명의로의 소유권이전등기로 인하여 명의신탁자가 어떠한 '손해'를 입게 되거나 명의수탁자가 어떠한 이익을 얻게 된다고 할 수 없다. 결국 양자간 등기명의신탁에 있어서 그 명의신탁자로서는 명의수탁자를 상대로 소유권에 기하여 원인무효인 소유권이전등기의 말소를 구하거나 진정한 등기명의의 회복을 원인으로 한 소유권이전등기절차의 이행을 구할 수 있음은 별론으로 하고(대판 2002.9.6, 2002다35157), 침해부당이득반환을 원인으로 하여 소유권이전등기절차의 이행을 구할 수는 없다고 할 것이다(대판 2014.2.13, 2012다97864).

# 정답 및 해설

## 난이도 및 출제포인트 분석

★ 난이도가 낮은 문제는 해설 페이지를 찾아가 꼭 익혀두세요.

### 1교시 제1과목　부동산학개론

### 1교시 제2과목　민법 및 민사특별법

## 제1과목 부동산학개론

| 1 | 2 | 3 | 4 | 5 | 6 | 7 | 8 | 9 | 10 |
|---|---|---|---|---|---|---|---|---|---|
| ③ | ④ | ① | ① | ⑤ | ③ | ② | ④ | ⑤ | ④ |
| 11 | 12 | 13 | 14 | 15 | 16 | 17 | 18 | 19 | 20 |
| ② | ② | ③ | ① | ③ | ② | ⑤ | ② | ① | ⑤ |
| 21 | 22 | 23 | 24 | 25 | 26 | 27 | 28 | 29 | 30 |
| ③ | ① | ③ | ② | ① | ⑤ | ① | ③ | ② | ④ |
| 31 | 32 | 33 | 34 | 35 | 36 | 37 | 38 | 39 | 40 |
| ④ | ⑤ | ④ | ① | ⑤ | ④ | ⑤ | ③ | ① | ② |

### 선생님의 한마디

1번 문제에 부동산학총론(토지용어, 부동산 특성 등) 문제가 항상 출제되지는 않습니다. 문제의 순서를 무작위적(random)으로 배치하는 경우도 있으므로 마음의 여유를 갖고 전체적인 문제를 개략적으로 검토한 후, 눈에 들어오는 문제부터 대응하는 방법도 고려하시기 바랍니다. 시간 안에 해결이 어려운(3~5분 소요되는) 계산문제는 과감하게 건너뛰고 남은 시간을 사용하여 대응하여야 합니다.

## 1. 　　　　　　　　　　　　　　　정답 ③

### 중 부동산의 개념과 분류

③ 정착물은 토지에 계속적·항구적으로 부착되어 사용되는 것이 사회통념상으로 인정되는 물건을 말한다.

## 2. 　　　　　　　　　　　　　　　정답 ④

### 중 부동산의 특성 및 속성

④ 위치의 가변성 중에서 교통체계의 변화는 경제적 위치를 변화시키며, 인구의 변화는 사회적 위치를 변화시킨다. 정부의 정책, 규제, 제도 등은 행정적 위치를 변화시키는 요인이다.

## 3. 　　　　　　　　　　　　　　　정답 ①

### 하 부동산의 개념과 분류

ㄱ은 후보지, ㄴ은 택지, ㄷ은 필지, ㄹ은 이행지이다.
- ㄱ. 후보지는 임지지역·농지지역·택지지역 상호간에 다른 지역으로 전환되고 있는 지역의 토지를 말한다.
- ㄴ. 택지는 주거·상업·공업용지 등으로 이용되고 있거나 해당 용도로 이용할 목적으로 조성된 토지를 말한다.
- ㄷ. 필지는 하나의 지번을 가진 토지의 등기단위 또는 등록단위를 말한다.
- ㄹ. 이행지는 임지지역 내에서, 농지지역 내에서, 택지지역 내에서 그 용도가 변경되고 있는 지역의 토지를 말한다.

## 4.

**중 부동산의 수요·공급이론**

① 아파트 건축기술의 향상 ➡ 공급 증가(공급곡선 우측 이동)➡ 균형 가격 하락, 균형거래량 증가
② 아파트와 대체관계에 있는 빌라의 가격 하락(빌라 수요량 증가) ➡ 아파트 수요 감소(수요곡선 좌측이동) ➡ 균형가격 하락, 균형거래량 감소
③ 아파트 건축에 소요되는 건축자재가격의 상승 ➡ 공급 감소(공급곡선 좌측 이동) ➡ 균형가격 상승, 균형거래량 감소
④ 보금자리론(loan) 대출금리의 인상 ➡ 수요 감소(수요곡선 좌측 이동) ➡ 균형가격 하락, 균형거래량 감소
⑤ 주택수요자에 대한 청약 자격 제한 강화 ➡ 수요 감소(수요곡선 좌측 이동) ➡ 균형가격 하락, 균형거래량 감소

## 5.

**상 부동산의 수요·공급이론**

- 아파트 수요의 가격탄력성 $0.4 = \dfrac{\text{수요량의 변화율(a)}}{\text{가격 변화율 10\% 상승}}$

  ➡ 아파트 수요량의 변화율(a) = 0.4 × 10% = 4% 감소
  (가격과 수요량은 반비례관계)

- 교차탄력성 $0.2 = \dfrac{\text{아파트수요량의 변화율(b)}}{\text{빌라 가격 변화율 10\% 상승}}$

  ➡ 아파트 수요량의 변화율(b) = 0.2 × 10% 상승 = 2% 증가
  [교차탄력성이 양(+)의 값을 가지면 두 재화는 대체관계이다].

해당 아파트 가격 상승으로 아파트 수요량이 4% 감소하고, 대체관계에 있는 빌라 가격 상승으로 아파트 수요량이 2% 증가하였으므로, 수요의 가격탄력성(0.4)과 수요의 교차탄력성(0.2) 두 가지 조건을 고려한 아파트 전체 수요량은 총 2% 감소한다.

## 6.

**중 부동산의 수요·공급이론**

① 아파트 가격이 하락할 때 아파트의 수요량이 증가하는 것을 '아파트 수요량의 변화'라고 한다. ➡ 수요곡선상의 점의 이동
② 해당 부동산가격의 변화에 의한 공급량의 변화는 다른 조건이 불변일 때 공급곡선상의 점의 이동으로 나타난다. ➡ 부동산공급량의 변화
④ 부동산수요량은 주어진 가격수준에서 수요자 구매하고자 하는 최대 수량이다.
⑤ 임대주택의 임대료가 하락하면(임대주택 수요량은 증가하고) 대체효과에 의해 다른 주택의 소비량은 상대적으로 감소한다.

## 7.

**하 부동산의 수요·공급이론**

② 용도변경을 제한하는 법규가 완화될수록 용도적 공급이 더 가능하므로 공급은 더 탄력적이 된다. ➡ 공급곡선은 이전에 비해 그 기울기가 완만해진다.

> ⓥ 참고
>
> 탄력적일수록 곡선의 기울기가 더욱 완만해진다.

## 8.

**상 부동산의 수요·공급이론**

저량(stock)지표에 해당하는 것은 ㄷ. 도시인구, ㄹ. 부동산가격, ㅁ. 주택재고량, ㅅ. 부채, ㅇ. 부동산투자회사의 순자산가치 5개이다.

- 저량(stock)지표: 일정시점(1월 1일 현재 등)을 명시하여 측정하는 지표를 말한다
- 유량(flow)지표: 일정기간을 명시하여 측정하는 지표를 말한다(ㄱ. 주택거래량, ㄴ. 건설노동자의 임금, ㅂ. 신규주택공급량).

## 9.

**하 부동산의 경기변동**

⑤ 주택가격과 주택거래량이 2024년 5월을 저점으로 하여 회복기에 접어들었다면 이는 순환적 변동이다. 추세적(trend) 변동이란 전년 대비 일정비율이 건축허가면적이 일정비율씩(지속적·계속적으로) 증가하거나 감소하는 경우를 말한다.

## 10.

**중 부동산시장**

옳은 것은 ㄴ, ㄷ, ㄹ이다.
ㄱ. 부동산상품의 이질성(개별성)은 부동산시장을 비조직적이며, 독점적 시장으로 만드는 요인이 된다. 개별성을 갖는 하나하나의 부동산상품은 개별시장을 형성하며, 개별상품마다 공급자가 하나(1명)이므로 독점적 시장을 형성한다.

## 11.

**하 부동산시장**

② 주택의 하향여과는 상위계층이 사용하던 기존 주택이 (노후화 과정 등을 거쳐) 하위계층의 사용으로 전환되는 것을 말한다.

## 12.

**중 입지 및 공간구조론**

② 입찰지대곡선의 기울기가 급한 업종일수록(집약적 토지이용일수록, 높을 지대를 지불할 수 있는 토지이용일수록) 중심지에 가까이 입지하려는 경향이 있다.

## 13.

**상 입지 및 공간구조론**

C도시 인구 10만명 중 60% 중에서 각 할인점으로 구매하러 갈 중력(유인력)을 구한다.

- 할인점 A의 구매중력 = $\dfrac{1,000}{4^2}$ = 62.5

- 할인점 B의 구매중력 = $\dfrac{9,000}{12^2}$ = 62.5

할인점 A, B의 구매지향 비율은 전체 값 125(= 62.5 + 62.5) 중에서 각각 62.5:62.5이다. 즉, 1대 1의 비율이다. ➡ 할인점 A, B의 구매확률(구매지향비율)은 50%:50%이지만, C도시 인구 중 60%가 A할인점이나 B할인점을 이용하므로, 이를 고려한 A할인점을 이용할 인구비율은 C도시 인구 전체 중 60% × 0.5(50%: A할인점 구매확률) = 30%가 된다.

## 14.
정답 ①

**하 입지 및 공간구조론**

① 비경제적 인자이다.

> ✓ 입지인자(입지를 유인하는 요인)
>
> 1. 특정 장소에 공업입지를 끌어들이는 비용절약상의 이익을 말한다.
> 2. **비경제적 인자**: 수치로 계량화하기(계산하기) 어려운 정치적 가치, 문화적 가치, 개인의 선호 등을 말한다. ➜ 공업입지를 결정할 때에는 비경제적 인자도 고려대상이 된다.
> 3. **경제적 인자**: 노동비, 수송비처럼 수치로 계량화가(계산이) 가능한 인자를 말한다.

## 15.
정답 ③

**상 부동산정책의 의의 및 기능**

③ 사적 비용이 사회적 비용보다 클 경우 ➜ 생산측면의 정(+)의 외부효과 ➜ 과소생산 ➜ 균형상태가 아니므로 정부의 개입이 필요하다.

① 사회적 비용이 사적 비용보다 높은 재화 ➜ 생산측면의 부(-)의 외부효과 ➜ 최적수준보다 더 많이 생산된다.

② 사회적 편익이 사적 편익보다 클 경우 ➜ 소비측면에서 정(+)의 외부효과 ➜ 과소소비 ➜ 시장실패 ➜ 정부의 시장개입이 필요하다.

④ 외부경제(정의 외부효과)가 있는 재화는 사회적 최적수준보다 과소생산되는 문제가 있다.

⑤ 부(-)의 외부효과는 시장기구를 통하지 않고 제3자에게 불리한 효과를 발생시키지만, 이에 대하여 보상이 이루어지지 않는 현상을 말한다.

## 16.
정답 ②

**하 토지정책**

② 토지비축(은행)제도는 정부 등 공적 주체가 토지시장의 수요자 및 공급자 역할을 수행하므로 직접적 시장개입수단이다.

## 17.
정답 ⑤

**상 주택정책**

틀린 것은 ㄴ, ㄷ, ㄹ이다.

ㄴ. 임대료 최고가격제의 시행은 임대주택의 공급이 탄력적으로 반응할수록(공급이 더 많이 감소할수록) 저소득 임차인의 보호효과가 작아진다.

ㄷ. 정부가 임대료 상승을 시장균형가격 이하로 규제하면, (단기는 물론) 장기적으로 임대주택 공급량이 감소하기 때문에 임대료규제의 효과가 충분히 발휘되지 못한다.

ㄹ. 규제임대료가 시장균형임대료보다 낮을 경우, 초과수요(공급 감소, 수요 증가)가 발생한다.

## 18.
정답 ②

**하 조세정책**

② 임대인의 공급곡선이 비탄력적이고 임차인의 수요곡선이 탄력적일 때, 재산세를 중과하면 임차인에게 재산세가 전가되는 부분이 상대적으로 작아진다. ➜ 상대적으로 가격탄력성이 낮은(비탄력적) 쪽이 세금을 더 많이 부담한다(더 많은 세금이 귀착된다).

## 19.
정답 ①

**상 부동산투자분석 및 기법**

- 원리금(부채서비스액) 2,000만원 = 원금상환액(400만원) + 이자지급분(1,600만원)
- 세후현금수지 계산

| | |
|---|---:|
| 유효조소득 | 4억 6,000만원 |
| - 영업경비 | 4,000만원 |
| 순영업소득 | 4억 2,000만원 |
| - 부채서비스액 | 2,000만원 |
| 세전현금수지 | 4억원 |
| - 영업소득세* | 7,680만원 |
| 세후현금수지 | 3억 2,320만원 |

- *영업소득세 계산

| | |
|---|---:|
| 순영업소득 | 4억 2,000만원 |
| + 대체충당금 | 0원 |
| - 이자지급분 | 1,600만원 |
| - 감가상각비 | 2,000만원 |
| 과세대상소득 | 3억 8,400만원 |
| × 세율 | 0.2(20%) |
| 영업소득세 | 7,680만원 |

## 20.
정답 ⑤

**하 부동산투자분석 및 기법**

⑤ 순현가는 현금유입의 현재가치에서 현금유출의 현재가치(비용지출)을 차감한 금액이다.

## 21.
정답 ③

**상 부동산투자분석 및 기법**

③ 총(조)소득승수과 순소득승수의 수식에서 분자값은 동일하고 순소득승수의 분모값인 순영업소득이 더 작기 때문에, 총(조)소득승수보다 순소득승수가 더 큰 편이다.
- 총소득승수 < 순소득승수
- 세전현금수지승수 < 세후현금수지승수

① 세전현금수지승수는 화폐의 시간가치를 고려하지 않는다.

② 순소득승수의 역수는 종합(자본)환원율이다.

④ 종합환원율(자본환원율 · 총투자수익률)은 순영업소득을 총투자액으로 나눈 비율이다.

⑤ 부채감당률이 1보다 크면 매기의 순영업소득이 부채서비스액을 감당하고도 남는 금액이 있다는 것을 의미한다. ➜ 원리금지불능력이 충분하다.

## 22.
정답 ①

**중 부동산투자분석 및 기법**

일시불의 현가계수(현재가치계수)의 공식을 사용하여 각 년도 현금흐름의 현재가치를 계산한다.

- 1년 후의 440만원의 현재가치 = $\dfrac{440만원}{(1 + 0.1)^1}$ = 400만원

- 2년 후의 2,420만원의 현재가치 = $\dfrac{2,420만원}{(1 + 0.1)^2}$ = 2,000만원

- 3년 후의 2,662만원의 현재가치 = $\dfrac{2,662만원}{(1 + 0.1)^3}$ = 2,000만원

$$\therefore \text{수익성지수(PI) } 2.0 = \frac{\text{현금유입의 현재가치 합}}{\text{현금유출의 현재가치 합}} = \frac{4,400\text{만원}}{2,200\text{만원}}$$

## 23.
정답 ①

**[하] 부동산투자이론**

ㄱ은 민감도분석, ㄴ은 무차별효용곡선이다.
ㄱ. 민감도(감응도)분석은 투자효과를 분석하는 모형의 투입요소가 변화함에 따라 그 결과치가 어떠한 영향을 받는가를 분석하는 것을 말한다.
ㄴ. 특정 투자자에게 동일한 효용을 가져다주는 기대수익과 분산(위험)의 조합을 연결한 것을 무차별효용곡선이라고 한다.

## 24.
정답 ④

**[상] 부동산투자이론**

포트폴리오의 기대수익률은 개별자산(투자안)의 기대수익률을 먼저 구하고, 투자금액의 가중치를 부여하여 전체 포트폴리오의 기대수익률을 구한다.
• 부동산 A = (0.3 × 80%) + (0.4 × 15%) + (0.3 × 22%) = 15%
• 부동산 B = (0.3 × 0%) + (0.4 × 10%) + (0.3 × 20%) = 10%
∴ 포트폴리오의 기대수익률 = (0.6 × 15%) + (0.4 × 10%) = 13%

## 25.
정답 ⑤

**[중] 부동산금융**

⑤ 총부채상환비율(DTI)이 높을수록 (융자액이 많아져 채무자의 원리금 상환부담이 커지므로) 대출기관의 채무불이행 위험이 높아진다.
① 고정금리대출의 경우, 시장이자율이 대출약정이자율보다 낮아지면 차입자가 조기상환할 유인이 생긴다.
② 고정금리대출의 경우, 시장이자율이 대출약정이자율보다 높아지면 (시장이자율이 상승한 만큼 추가적으로 최초의 대출금리에 이를 반영할 수 없으므로) 대출기관의 수익성이 상대적으로 악화된다.
③ 금융당국이 주택금융에 소득대비 부채비율(DTI)을 하향 조정하면 주택수요가 감소할 수 있다.
④ 이자율스왑(swap)은 대출기관의 이자율(금리)변동위험을 줄이기 위한 방안 중 하나이다.

## 26.
정답 ③

**[상] 부동산증권론 및 개발금융**

틀린 것은 ㄱ, ㄷ, ㅁ이다.
ㄱ. 영업인가를 받은 날부터 6개월이 지난 자기관리 부동산투자회사의 (최저)자본금은 70억원 이상이 되어야 한다(설립자본금은 5억원 이상으로 한다).
ㄷ. 자기관리 부동산투자회사 및 위탁관리 부동산투자회사의 경우 주주 1인과 그 특별관계자는 발행주식 총수의 50%를 초과하여 소유하지 못한다(➡ 1인당 주식소유한도). 기업구조조정 부동산투자회사는 1인당 주식소유한도(주식분산기준)가 적용되지 않는다.
ㅁ. 자산관리회사란 위탁관리 부동산투자회사 및 기업구조조정 부동산투자회사의 위탁을 받아 자산의 투자·운용업무를 수행하는 것을 목적으로 설립된 회사를 말한다(자기관리 부동산투자회사는 자산의 투자·운용을 위탁하지 않고, 직접 수행하는 실체회사이다).

## 27.
정답 ②

**[상] 부동산증권론 및 개발금융**

① 한국주택금융공사는 2차 저당시장에서 유동화중개기관 역할을 수행하고 있다.
③ 다계층채권(CMO)의 발행기관은 선순위 트렌치보다 후순위 트렌치에게 더 높은 이자율을 지급한다. ➡ 고위험-고수익
④ 2차 저당시장에서 발행되는 투자상품(MBS)은 1차 저당시장의 주택대출금리보다 더 낮은 액면금리를 가진다.
⑤ 다계층채권(CMO)의 조기상환위험은 투자자(증권소유자)가 부담한다.

## 28.
정답 ②

**[상] 부동산금융**

1. 원리금 = 융자금(200,000,000원) × 저당상수(0.177) = 35,400,000원
2. 1차년도
• 1차년도 이자지급분 = 잔금(200,000,000원) × 이자율(0.12) = 24,000,000원
• 1차년도 원금상환분 = 원리금(35,400,000원) - 이자(24,000,000원) = 11,400,000원
• 1차년도 잔금 = 융자금(200,000,000원) - 1차년도 원금상환분(11,400,000원) = 188,600,000원
3. 2차년도
• 2차년도 이자지급분 = 1차년도 잔금(188,600,000원) × 이자율(0.12) = 22,632,000원
• 2차년도 원금상환분 = 원리금(35,400,000원) - 이자(23,632,000원) = 12,768,000원
∴ 2차년도 원금상환분은 12,768,000원이다.

## 29.
정답 ③

**[상] 부동산금융**

• LTV 50% = $\dfrac{\text{융자금(a)}}{\text{부동산가격(가치) 5억원}}$
➡ 융자금(a) = 5억원 × 50%(0.5) = 2.5억원
• DTI 40% = $\dfrac{\text{연간 원리금(b)}}{\text{연 소득 4,000만원}}$
➡ 연간 원리금(b) = 4,000만원 × 40%(0.4) = 1,600만원
여기서, 분자값 연간 원리금 1,6000만원 = 융자금(c) × 저당상수 0.1
따라서, 융자금(c) = $\dfrac{1,600\text{만원}}{0.1}$ = 1.6억원
∴ LTV가 준 융자가능액은 2.5억원이지만, DTI기준 융자가능액은 1.6억원이므로, 두 가지 조건을 모두 충족하는 (적은 한도기준) 융자가능액은 1.6억원이다.

## 30.
정답 ④

**[하] 부동산이용 및 개발**

④ 토지의 물리적 변형 없이 단순하게 이용상태의 변경을 초래하는 것(➡ 무형적 개발: 용도지역·지구의 지정 등)은 부동산개발에 해당한다.

## 31.

정답 ④

**중 부동산이용 및 개발**

④ • 부동산시장분석에서는 주어진 위치에는 어떤 용도가 적합한지, 주어진 용도에는 어떤 위치가 적합하는지 분석한다.
  • 투자분석은 개발사업의 순현가, 수익성지수 등을 구하여 최종 투자(개발)의사결정을 하는 것을 말한다.

## 32.

정답 ⑤

**중 부동산관리**

⑤ 토지의 경계를 확인하기 위한 경계측량을 실시하는 것은 기술적(물리적) 측면의 관리에 속한다.

## 33.

정답 ④

**중 부동산마케팅 및 광고**

① 표적시장선정(targeting)전략이란 자신의 경쟁우위와 경쟁상황을 고려할 때 가장 좋은 기회를 제공해 줄 수 있는 특화된 시장을 찾는 것이다.
② 고객점유마케팅전략은 소비자의 구매의사결정 과정의 각 단계마다 소비자와의 심리적 접점을 마련하고 전달하려는 메시지의 취지와 강도를 조절하는 전략이다.
③ 공급자의 전략차원으로서 표적시장을 선정하거나 틈새시장을 점유하는 것은 시장점유마케팅전략이다.
⑤ 부동산마케팅은 판매자(공급자) 주도시장에서 구매자(소비자)시장으로의 인식이 전환됨에 따라 더욱 중요하게 되었다.

## 34.

정답 ①

**하 감정평가의 기초이론**

① 기준시점을 미리 정하였을 때에는(과거의 일정시점으로 할 때에는 과거) 그 날짜에 가격조사가 가능한 경우에 경우에만 기준시점으로 할 수 있다(「감정평가에 관한 규칙」 제9조 제2항).

## 35.

정답 ⑤

**중 감정평가의 기초이론**

틀린 것은 ㄷ, ㄹ이다.
ㄷ. 개별분석에서는 대상부동산의 최유효이용을 판정하여 구체적 가격을 구한다.
ㄹ. 성숙도가 낮은 후보지의 동일수급권은 전환 전(前) 용도지역의 동일수급권과 일치하는 경향이 있다.

## 36.

정답 ④

**중 감정평가의 방식**

• 사정보정치 $1.25 = \dfrac{100}{80}$
• 시점수정치 $0.95 = \dfrac{95}{100}$
• 지역요인비교치 $0.8 = \dfrac{80}{100}$
• 개별요인비교치 $1.05 = \dfrac{105}{100}$
• 면적비교치 $1.1 = \dfrac{121}{110}$

∴ 비준가액 $= 5억원 \times \dfrac{100}{80} \times \dfrac{95}{100} \times \dfrac{80}{100} \times \dfrac{105}{100} \times \dfrac{121}{110}$
$= 548,625,000원$

> ⓥ 비준가액
>
> 비준가액 = 사례부동산가격 × 사정보정 × 시점수정 × 가치형성요인 비교 등

## 37.

정답 ⑤

**중 감정평가의 방식**

⑤ • 관찰감가법은 내용연수나 감가율의 산정 없이 대상부동산 전체 또는 구성부분에 대하여 실태를 조사하여 감가요인과 감가액을 직접 관찰하여 구하는 방법이다.
  • 상환기금법은 내용연수가 만료하는 때의 감가누계상당액과 그에 대한 복리계산의 이자상당액을 포함하여 당해 내용연수로 상환하는 방법을 말한다.

## 38.

정답 ③

**상 감정평가의 방식**

• 순영업소득의 계산

|  | 가능조소득 | 2,000만원 |
| --- | --- | --- |
| − | 공실 및 불량부채 | 200만원 |
| + | 기타소득 |  |
|  | 유효조소득 | 1,800만원 |
| − | 영업경비 | 315만원 |
|  | 순영업소득 | 1,485만원 |

• 환원이율 · 자본환원율 4.5%(0.045)= 자본수익률 2.5% ± 자본회수율 2.0%

∴ 수익가액 330,000,000원 $= \dfrac{순영업소득\ 1,485만원}{환원이율\ 0.045}$

## 39.

정답 ①

**하 부동산가격공시제도**

① 개별주택 및 공동주택가격은 주택시장의 가격정보를 제공하고 국가·지방자치단체 등이 과세 등의 업무와 관련하여 주택가격을 산정하는 데 기준으로 활용된다. 반면, 표준주택가격은 국가·지방자치단체 등이 그 업무와 관련하여 개별주택가격을 산정하는 경우에 그 기준이 된다.

## 40.

정답 ②

**중 부동산가격공시제도**

② 비주거용 표준부동산가격은 국가·지방자치단체 등이 그 업무와 관련하여 비주거용 개별부동산가격을 산정하는 경우에 그 기준이 된다. 비주거용 개별부동산가격 및 비주거용 집합부동산가격은 비주거용 부동산시장에 대한 가격정보를 제공하고, 국가·지방자치단체 등이 과세 등의 업무와 관련하여 비주거용 부동산가격을 산정하는 경우에 그 기준이 된다.

| 41 | 42 | 43 | 44 | 45 | 46 | 47 | 48 | 49 | 50 |
|---|---|---|---|---|---|---|---|---|---|
| ⑤ | ③ | ⑤ | ② | ④ | ⑤ | ② | ④ | ② | ③ |
| 51 | 52 | 53 | 54 | 55 | 56 | 57 | 58 | 59 | 60 |
| ⑤ | ④ | ② | ① | ① | ① | ③ | ① | ④ | ② |
| 61 | 62 | 63 | 64 | 65 | 66 | 67 | 68 | 69 | 70 |
| ④ | ⑤ | ⑤ | ② | ① | ③ | ① | ⑤ | ① | ④ |
| 71 | 72 | 73 | 74 | 75 | 76 | 77 | 78 | 79 | 80 |
| ③ | ① | ② | ③ | ③ | ④ | ② | ⑤ | ④ | ④ |

### 선생님의 한마디

1. 「민법」 실력이 합격할 수준에 오르면 부동산학개론에 대한 공부 걱정을 덜 수 있습니다. 2차 시험 공부도 확신을 가지고 할 수 있습니다. 「민법」 실력을 탄탄하게 하십시오.
2. 출제 가능성이 높은 중요 문제로 구성하여 공부 방향을 확실히 제시하였습니다. 본인이 정리한 단권화 교재로 내용을 정리하시면 합격에 한 발 더 다가갈 수 있을 것입니다.

## 41.  정답 ⑤

중 **법률관계와 권리변동**

권리의 원시취득에 해당하지 않는 것은 ㄷ, ㄹ이다.
ㄷ. 계약에 의해 저당권 등 제한물권을 설정하는 것은 권리의 설정적 승계에 해당한다.
ㄹ. 상속에 의한 권리취득은 포괄승계에 해당한다.

## 42.  정답 ③

중 **법률행위**

③ 부동산실명법이 비록 부동산등기제도를 악용한 투기·탈세·탈법행위 등 반사회적 행위를 방지하는 것 등을 목적으로 제정되었다고 하더라도, 무효인 명의신탁약정에 기하여 타인 명의의 등기가 마쳐졌다는 이유만으로 그것이 당연히 불법원인급여에 해당한다고 볼 수 없다(대판 2003.11.27, 2003다41722). 따라서 명의신탁자는 명의수탁자에 대해 반환청구할 수 있다.

## 43.  정답 ⑤

하 **의사표시**

⑤ 의사표시자가 그 통지를 발송한 후 사망하거나 제한능력자가 되어도 의사표시의 효력에 영향을 미치지 아니한다(제111조 제2항).

## 44.  정답 ②

중 **의사표시**

② 상대방이 표의자의 착오를 알고 이를 이용한 경우에는 착오가 표의자의 중대한 과실로 인한 것이라고 하더라도 표의자는 의사표시를 취소할 수 있다(대판 2014.11.27, 2013다49794).

## 45.  정답 ④

중 **법률행위의 대리**

대리권의 범위가 명확하지 않은 임의대리인이 할 수 있는 행위가 아닌 것은 ㄴ, ㄷ이다.
ㄱ. 보존행위이므로 임의대리인도 할 수 있다.
ㄴ. 처분행위이므로 할 수 없다.
ㄷ. 객체의 성질을 변하게 한 경우이므로 할 수 없다.
ㄹ. 개량행위로서 할 수 있다.

## 46.  정답 ⑤

하 **법률행위의 대리**

⑤ 복대리인은 본인이나 제3자에 대하여 대리인과 동일한 권리의무가 있다(제123조 제2항).
① 대리의 목적인 법률행위의 성질상 대리인 자신에 의한 처리가 필요하지 아니한 경우에는 본인이 복대리 금지의 의사를 명시하지 아니하는 한 복대리인의 선임에 관하여 묵시적인 승낙이 있는 것으로 보는 것이 타당하다(대판 1996.1.26, 94다30690).
② 아파트 분양업무는 그 성질상 분양 위임을 받은 수임인의 능력에 따라 그 분양사업의 성공 여부가 결정되는 사무로서, 본인의 명시적인 승낙 없이는 복대리인의 선임이 허용되지 아니하는 경우로 보아야 한다(대판 1999.9.3, 97다56099).
③ 복대리인은 대리인이 대리인의 권한 내에서 대리인 자신의 이름으로 선임한 본인의 대리인이다.
④ 복대리인은 그 권한의 범위 내에서 직접 본인을 대리한다(제123조 제1항). 따라서 복대리인의 대리행위의 효과는 직접 본인에게 귀속한다.

## 47.  정답 ②

중 **법률행위의 대리**

옳은 것은 ㄱ, ㄷ이다.
ㄱ. 제133조
ㄴ. 무권대리행위의 추인은 무권대리인 또는 상대방의 동의나 승낙을 요하지 않는 단독행위로서 추인은 의사표시의 전부에 대하여 행하여져야 하고, 그 일부에 대하여 추인을 하거나 그 내용을 변경하여 추인을 하였을 경우에는 상대방의 동의를 얻지 못하는 한 무효이다(대판 1992.1.26, 81다카549).
ㄷ. 무권대리행위의 추인과 추인거절의 의사표시는 무권대리인에 대해서 뿐만 아니라 상대방 기타 그 승계인에 대해서도 할 수 있다(대판 2009.11.12, 2009다46828).
ㄹ. 상대방은 선의·무과실이어야 무권대리인에게 책임을 물을 수 있다(제135조 제2항). 즉, 상대방이 악의라면 무권대리인에게 책임을 추궁할 수 없다.

## 48.  정답 ④

중 **법률행위의 무효와 취소**

옳은 것은 ㄴ, ㄹ이다.
ㄱ. 매매계약체결 당시 일정한 기간 안에 토지거래허가를 받기로 약정하였다고 하더라도, 그 약정된 기간 내에 토지거래허가를 받지 못할 경우 계약해제 등의 절차 없이 곧바로 매매계약을 무효로 하기로 약정한 취지라는 등의 특별한 사정이 없는 한, 이를 쌍무계약에서 이행기를 정한 것과 달리 볼 것이 아니므로 위 약정기간이 경과하였다는 사정만으로 곧바로 매매계약이 확정적으로 무효가 된다고 할 수 없다(대판 2009.4.23, 2008다50615).

ㄴ. 유동적 무효상태인 매매계약에 있어서도 매도인은 「민법」 제565조에 의하여 계약금의 배액을 상환하고 계약을 해제할 수 있다(대판 1997. 6.27, 97다9369).

ㄷ. 토지거래허가구역 내에서 중간생략등기를 하기로 3자간 합의를 하여 甲으로부터 丙에게로 바로 소유권이전등기를 하였다면, 丙의 소유권취득은 무효이다(대판 1997.3.14, 96다22464).

ㄹ. 구 「국토이용관리법」상 토지거래허가를 받지 않아 유동적 무효의 상태에 있던 거래계약이 확정적으로 무효가 된 경우에는 거래계약이 확정적으로 무효로 됨에 있어서 귀책사유가 있는 자라고 하더라도 그 계약의 무효를 주장할 수 있다(대판 1997.7.25, 97다4357).

## 49.
정답 ②

중 법률행위의 무효와 취소

법정추인사유에 해당하지 않는 것은 ㄱ, ㄷ이다.
ㄱ, ㄷ. 취소권자의 상대방이 한 행위는 그 자체만으로는 법정추인사유에 해당하지 않는다.

## 50.
정답 ③

하 조건과 기한

③ 기성조건이 정지조건이면 조건 없는 법률행위가 되고, 기성조건이 해제조건이면 무효가 된다(제152조 제2항).

## 51.
정답 ⑤

중 물권법 총설

⑤ 甲의 건물철거청구의 상대방은 현재의 침해자인 미등기매수인 丁뿐이다(대판 1986.12.23, 86다카1751). 乙은 현재의 침해자가 아니므로 그 상대방이 될 수 없다.
① 甲의 토지 위에 乙이 무단으로 X건물을 축조하는 것은 불법행위이므로 손해배상을 청구할 수 있다(제750조).
② 甲은 乙에게 건물의 철거를 요구할 수는 있어도 그 건물에서 퇴거를 요구할 수는 없다.
③ 토지의 불법점유자는 乙이다.
④ 토지소유자는 건물의 임차인에게 퇴거를 청구할 수 있다.

## 52.
정답 ④

중 물권의 변동

④ 미등기부동산 매수인의 등기청구권은 채권적 청구권이지만 목적물을 점유하고 있거나 그 목적물을 매도하여 점유를 상실한 경우에도 소멸시효에 걸리지 않는다(대판 1999.3.18, 98다32175).
① 등기명의인인 매도인이 법률상 소유자이다. 따라서 매도인의 채권자는 매매의 목적물에 대하여 강제집행할 수 있고 매수인은 제3자 이의의 소를 제기할 수 없다.
②③ 미등기부동산 매수인은 점유할 권리가 있다. 등기부상 소유자 甲은 乙이나 乙로부터 매수 또는 임차한 자에게 소유물의 반환을 청구할 수 없다.
⑤ 미등기 취득자는 소유자의 물권적 청구권을 대위할 수 있다(대판 1973.7.24, 73다114).

## 53.
정답 ②

중 용익물권

② 국토이용관리법상 허가구역 안에 있는 토지에 관한 매매계약을 체결하고자 하는 당사자는 공동으로 관할 관청의 허가를 받아야 하는바, 소유인인 최초 매도인이 중간 매수인에게 매도하고 이어 중간 매수인이 최종 매수인에게 순차 매도하였다면 각 매매계약의 당사자는 각각의 매매계약에 관하여 토지거래허가를 받아야 하는 것이며, 설사 최종 매수인이 자신과 최초 매도인을 매매당사자로 하는 토지거래허가를 받아 자신 앞으로 소유권이전등기를 경료하였더라도 그러한 최종 매수인 명의의 소유권이전등기는 적법한 토지거래허가 없이 경료된 등기로서 무효이다(대판 1997.3.14, 96다22464).

## 54.
정답 ①

중 물권의 변동

① 소유권보존등기의 명의자가 건물을 신축한 것이 아니라면 등기의 권리추정력은 깨어지고, 그 명의자가 스스로 소유권을 양수받게 된 사실을 증명할 책임이 있다(대판 1995.11.10, 95다13685).

## 55.
정답 ①

하 점유권

① 타인의 부동산을 점유하는 사람은 일응 소유의 의사로 점유하는 것으로 추정되고 그 추정을 번복할 만한 특별한 사정이 있는 경우에 한하여 타주점유로 인정할 수 있다 할 것인바, 토지의 점유자가 이전에 토지소유자를 상대로 그 토지에 관하여 매매를 원인으로 한 소유권이전등기청구소송을 제기하였다가 패소하고 그 판결이 확정되었다 하더라도 그 사정만을 들어서는 토지점유자의 자주점유의 추정이 이로써 번복되어 타주점유로 전환된다고 할 수 없다(대판 1997.12.12, 97다30288).

## 56.
정답 ①

상 점유권

옳은 것은 ㄱ, ㄴ이다.
ㄱ. 점유자는 선의 · 악의 또는 소유의 의사 유무를 묻지 않고 필요비의 상환을 청구할 수 있다(제203조 제1항 본문).
ㄴ. 점유자가 과실을 취득한 경우에는 통상의 필요비는 상환청구할 수 없다(제203조 제1항 단서).
ㄷ. 선의의 자주점유자는 그의 책임 있는 사유로 그 점유물을 멸실 · 훼손하여도 현존이익의 한도에서 배상하면 족하다. 선의점유자가 타주점유인 경우에는 손해 전부를 배상하여야 한다(제202조).
ㄹ. 계약해제로 인하여 계약당사자가 원상회복의무를 부담함에 있어서 계약당사자 일방이 목적물을 이용한 경우에는 그 사용에 의한 이익을 상대방에게 반환하여야 한다(대판 1991.8.9, 91다13267).

## 57.
정답 ③

하 소유권

③ 경계에 설치된 경계표, 담, 구거 등은 상린자의 공유로 추정한다(제239조).
① 서로 인접한 토지의 통상의 경계표를 설치하는 경우, 설치비용은 다른 관습이 없으면 쌍방이 절반하여 부담한다. 그러나 측량비용은 토지의 면적에 비례하여 부담한다(제237조).

② 인접지소유자는 공동비용으로 통상의 담을 설치하는 데 협력할 의무가 있다.

④ 건물의 소유자 또는 점유자가 인근의 소음으로 인하여 정온하고 쾌적한 일상생활을 영위할 수 있는 생활이익이 침해되고 그 침해가 사회통념상 수인한도를 넘어서는 경우에 건물의 소유자 또는 점유자는 그 소유권 또는 점유권에 기하여 소음피해의 제거나 예방을 위한 유지청구를 할 수 있다(대판 2007.6.15, 2004다37904·37911).

⑤ 자연유수의 승수의무란 토지소유자는 다만 소극적으로 이웃 토지로부터 자연히 흘러오는 물을 막지 못한다는 것뿐이지 적극적으로 그 자연유수의 소통을 유지할 의무까지 토지소유자로 하여금 부담케 하려는 것은 아니다(대판 1977.11.22, 77다1588).

## 58.
정답 ①

하 소유권

① 시효취득자가 원소유자에 의하여 그 토지에 설정된 근저당권의 피담보채무를 변제하는 것은 시효취득자가 용인하여야 할 그 토지상의 부담을 제거하여 완전한 소유권을 확보하기 위한 것으로서 그 자신의 이익을 위한 행위라 할 것이니, 위 변제액 상당에 대하여 원소유자에게 대위변제를 이유로 구상권을 행사하거나 부당이득을 이유로 그 반환청구권을 행사할 수는 없다(대판 2006.5.12, 2005다75910).

## 59.
정답 ④

중 소유권

③④ 공유물의 소수 지분권자가 다른 공유자와 협의 없이 공유물의 전부 또는 일부를 독점적으로 점유·사용하고 있는 경우 다른 소수 지분권자는 공유물의 보존행위로서 그 인도를 청구할 수는 없고, 다만 자신의 지분권에 기초하여 공유물에 대한 방해상태를 제거하거나 공동점유를 방해하는 행위의 금지 등을 청구할 수 있다고 보아야 한다(대판 2020.5.21, 2018다287522 전원합의체).

## 60.
정답 ②

하 용익물권

② 지역권은 요역지와 분리하여 양도하거나 다른 권리의 목적으로 하지 못한다(제292조 제2항).

## 61.
정답 ④

상 용익물권

법정지상권이 성립되는 경우는 ㄴ, ㄹ이다.

ㄱ. 토지와 건물을 동일인이 소유하다가 경매 등으로 소유자가 다르게 된 경우에 건물이 철거되지 않도록 건물소유자에게 법정지상권을 인정한다. 따라서 乙 소유의 토지 위에 乙의 승낙을 얻어 신축한 丙 소유의 건물을 甲이 매수한 경우에는 법정지상권이 인정되지 않는다.

ㄴ. 건물공유자의 1인이 그 건물의 부지인 토지를 단독으로 소유하면서 그 토지에 관하여만 저당권을 설정하였다가 위 저당권에 의한 경매로 인하여 토지의 소유자가 달라진 경우, 위 건물공유자들은 「민법」 제366조에 의하여 토지 전부에 관하여 건물의 존속을 위한 법정지상권을 취득한다(대판 2011.1.13, 2010다67159).

ㄷ. 미등기건물을 그 대지와 함께 매수한 사람이 그 대지에 관하여만 소유권이전등기를 넘겨받고 건물에 대하여는 그 등기를 이전받지 못하고 있다가 대지에 대하여 저당권을 설정하고 그 저당권의 실행으로 대지가 경매되어 다른 사람의 소유로 된 경우에는, 그 저당권의 설정 당시에 이미 대지와 건물이 각각 다른 사람의 소유에 속하고 있

었으므로 법정지상권이 성립될 여지가 없다(대판 2002.6.20, 2002다9660 전원합의체). 이 경우 관습법상의 법정지상권도 성립하지 않는다.

ㄹ. 甲과 乙이 1필지의 대지를 구분소유적으로 공유하던 중, 甲이 자기 몫의 대지 위에 건물을 신축하여 점유하였으나, 乙이 강제경매로 대지에 관한 甲의 지분을 모두 취득한 경우 乙은 위 건물을 위한 관습상의 법정지상권을 취득하였다(대판 1990.6.26, 89다카24094).

## 62.
정답 ⑤

하 용익물권

⑤ 전세권의 존속기간은 10년을 넘지 못한다. 당사자의 약정기간이 10년을 넘는 때에는 이를 10년으로 단축한다(제312조 제1항).

## 63.
정답 ⑤

중 담보물권

⑤ 유치권은 '물상대위성'이 없다. 유치권은 목적물을 유치할 수 있는 것을 본체로 하고 목적물의 교환가치로부터 우선변제를 받는 것이 아니기 때문이다.

## 64.
정답 ②

중 담보물권

저당권의 효력이 미치는 것은 ㄱ, ㄹ이다.

ㄱ. 토지소유자가 그 토지에 매설한 유류저장탱크는 토지의 부합물로서 저당권의 효력이 미친다.

ㄴ. 토지의 저당권은 토지 위의 수목에 대해서도 효력이 미친다. 그러나 등기된 입목이나 명인방법을 갖춘 수목, 전세권자가 식재한 수목에 대해서는 토지저당권의 효력이 미치지 않는다.

ㄷ. 저당권의 목적토지가 「공익사업을 위한 토지 등의 취득 및 보상에 관한 법률」에 따라 협의취득된 경우에는, 그것이 사법상의 매매이고 공용징수가 아니므로 저당권자는 그 토지에 추급할 수 있고, 토지소유자가 수령할 보상금에 대하여 물상대위를 할 수 없다(대판 1981.5.26, 80다2109).

ㄹ. 저당부동산에 대한 압류가 있으면 압류 이후의 저당권설정자의 저당부동산에 관한 차임채권 등에도 저당권의 효력이 미친다(대판 2016.7.27. 2015다230020).

## 65.
정답 ①

하 담보물권

① 이 약정은 등기를 하여야 제3자에게 대항할 수 있다(제358조 단서, 「부동산등기법」 제75조 제1항 제7호).

## 66.
정답 ③

중 계약총론

요물계약인 것은 ㄱ, ㄹ이다.

ㄱ. 현상광고는 편무·유상·요물계약이다.

ㄴ, ㄷ. 매매·교환·임대차계약은 쌍무·유상·낙성·불요식계약이다.

ㄹ. 계약금계약은 계약금을 현실로 수수하여야 성립하는 '요물계약(要物契約)'이다(대판 1999.10.26, 99다48160).

## 67.

정답 ①

**하** 계약총론

① 당사자간에 동일한 내용의 청약이 상호교차된 경우, 양 청약이 상대방에게 도달한 때에 계약이 성립한다(제533조).

## 68.

정답 ⑤

**상** 계약총론

⑤ 동시이행의 항변권이 존재하면 항변권을 행사하지 않아도 이행지체의 책임을 지지 않는다.

## 69.

정답 ①

**중** 계약총론

① 낙약자는 요약자와 수익자의 계약에 기한 항변으로 수익자에게 대항할 수 없으므로 甲과 丙 사이의 계약이 무효이더라도 甲과 乙 사이의 매매에는 영향이 없다.

② 수익자 丙은 계약의 당사자는 아니지만 계약으로부터 직접 채권을 취득하므로 제3자 보호규정에 있어서의 제3자가 아니다.

③ 제3자는 계약의 당사자가 아니므로 계약의 효력에 영향을 미칠 수 없다. 그러므로 해제권이나 취소권을 갖지 못한다(대판 1994.8.12, 92다41559).

④ 낙약자의 채무불이행이 있으면 제3자는 낙약자에게 손해배상청구권을 행사할 수 있다(대판 1994.8.12, 92다41559).

⑤ 요약자가 계약을 해제하기 위하여는 수익자의 동의를 얻어야 하는 것은 아니다(대판 1970.2.24, 69다1410).

## 70.

정답 ④

**상** 계약총론

④ 해제가 있은 후에도 말소등기가 있기 이전에 이해관계를 갖게 된 선의의 제3자는 보호된다(대판 1985.4.9, 84다카130).

## 71.

정답 ③

**중** 계약각론

③ 매매예약완결권은 일종의 형성권으로서 당사자 사이에 그 행사기간을 약정한 때에는 그 기간 내에, 그러한 약정이 없는 때에는 그 예약이 성립한 때로부터 10년 내에 이를 행사하여야 하고, 그 기간을 지난 때에는 상대방이 예약 목적물인 부동산을 인도받은 경우라도 예약완결권은 제척기간의 경과로 인하여 소멸한다(대판 1997.7.25, 96다47494).

## 72.

정답 ①

**중** 계약각론

악의의 매수인에게 인정되는 권리는 ㄱ, ㄷ이다.

ㄱ. 권리의 전부가 타인에게 속하여 매수인에게 이전할 수 없는 경우, 매수인은 선의·악의를 불문하고 해제할 수 있다(제570조).

ㄴ. 이 경우에는 악의의 매수인은 대금감액청구권을 행사할 수 없다(제574조).

ㄷ. 제576조

ㄹ. 매수인은 선의·무과실이어야 한다(제581조 제2항).

## 73.

정답 ②

**하** 계약각론

② 어느 일방이 교환목적물의 시가나 그 가액 결정의 기초가 되는 사항에 관하여 상대방에게 설명 내지 고지를 할 주의의무를 부담한다고 할 수 없고, 일방 당사자가 자기가 소유하는 목적물의 시가를 묵비하여 상대방에게 고지하지 아니하거나 혹은 허위로 시가보다 높은 가액을 시가라고 고지하였다 하더라도 이는 상대방의 의사결정에 불법적인 간섭을 한 것이라고 볼 수 없다(대판 2002.9.4, 2000다54406).

## 74.

정답 ③

**중** 계약각론

① 목적물의 파손 또는 장해가 생긴 경우 그것이 임차인이 별 비용을 들이지 아니하고 손쉽게 고칠 수 있는 정도의 사소한 것이어서 임차인의 사용·수익에 방해할 정도의 것이 아니라면 임대인은 수선의무를 부담하지 않는다(대판 1994.12.9, 94다34692).

② 토지임차인은 1차적으로 계약의 갱신을 청구할 수 있고, 임대인이 갱신을 거절하면 2차적으로 지상물의 매수를 청구할 수 있다(제643조, 제283조).

④ 임차인이 임대인의 동의 없이 전대한 경우, 임대인은 임대차계약을 해지하지 않으며 임대차계약은 유효하며 여전히 임차인에게 차임을 청구할 수 있으므로 전차인에게 불법점유를 이유로 손해배상을 청구할 수 없다(대판 2008.2.28, 2006다10323).

⑤ 「민법」상 임대차는 최장기간 제한을 받지 않으므로, 당사자들이 자유로운 의사에 따라 임대차기간을 영구로 정한 약정은 이를 무효로 볼 만한 특별한 사정이 없는 한 계약자유의 원칙에 의하여 허용된다(대판 2023.6.1, 2023다209045).

## 75.

정답 ③

**중** 계약각론

③ 지상물매수청구권은 이른바 형성권으로서 그 행사로 임대인·임차인 사이에 지상물에 관한 매매가 성립하게 되며, 임차인이 지상물의 매수청구권을 행사한 경우에는 임대인은 그 매수를 거절하지 못한다(대판 1995.7.11, 94다34265).

## 76.

정답 ④

**중** 주택임대차보호법

④ 임차권등기명령에 의한 임차권등기가 경료되면 그 임차권등기는 담보물권과 같은 성질을 갖는 것이므로 임대인의 보증금반환의무가 임차권등기말소의무보다 선이행되어야 한다(대판 2005.6.9, 2005다4529).

①② 대항력과 우선변제권을 겸유한 임차인은 임차물의 경매시 자신의 선택에 따라 대항하거나 우선변제권을 행사할 수 있다. 우선변제권을 선택하여 보증금을 전액배당받을 수 있는 경우에는 경락대금 납부 후 배당표확정시까지의 점유사용은 부당이득이 아니다. 보증금 전액을 배당받을 수 없는 경우에는 배당받을 수 있는 금액을 공제한 잔액에 대하여 경락인에게 대항할 수 있다.

③ 주택의 인도와 주민등록을 마친 당일 또는 그 이전에 임대차계약서상에 확정일자를 갖추었다면 우선변제권은 주택의 인도와 주민등록을 마친 다음 날을 기준으로 발생한다(대판 1999.3.23, 98다46938). 우선변제권은 대항력의 발생을 전제로 하기 때문이다.

⑤ 주택임차인의 소액보증금의 우선변제를 받기 위하여는 경매등기 전까지 대항요건을 갖추고 그 대항요건은 배당요구 종기시까지 지속되어야 한다.

# 77.
정답 ②

상가건물 임대차보호법

② 상임법 제10조 제1항 제1호
① 상가임차인에게도 임차권등기명령제도가 인정된다.
③ 임차인의 계약갱신요구권은 최초의 임대차기간을 포함한 전체 임대차기간이 10년을 초과하지 않는 범위 내에서만 행사할 수 있다(동법 제10조 제2항).
④ 임차인이 건물의 '인도'와 「부가가치세법」에 의한 '사업자등록을 신청'한 때에는 그 다음 날부터 제3자에 대하여 대항력이 생긴다(동법 제3조).
⑤ 임차기간을 2년으로 정한 임대차는 약정한 대로 2년이 되는 것이지 1년으로 의제되는 것이 아니다. 이에 반하여 기간의 정함이 없거나 기간을 1년 미만으로 정한 임대차는 그 기간을 1년으로 본다. 다만, 이러한 경우에도 임차인은 1년 미만으로 약정한 기간의 유효함을 주장할 수 있다(동법 제9조).

# 78.
정답 ⑤

중 집합건물의 소유 및 관리에 관한 법률

⑤ 구분건물의 전유부분에 대한 저당권 또는 경매개시결정과 압류의 효력은 당연히 종된 권리인 대지사용권에까지 미친다(대판 2008.3.13, 2005다15048). 또한, 전유부분만에 대해 내려진 가압류결정의 효력도 그 대지권에 미친다(대판 2006.10.26, 2006다29020).

# 79.
정답 ④

상 가등기담보 등에 관한 법률

④ 채권자가 나름대로 평가한 청산금의 액수가 객관적인 청산금의 평가액에 미치지 못한다고 하더라도 담보권 실행의 통지로서의 효력이나 청산기간의 진행에는 아무런 영향이 없다(대판 1996.7.30, 96다6974).

# 80.
정답 ④

상 부동산 실권리자명의 등기에 관한 법률

④ 甲과 乙이 대지를 각자 특정하여 매수하였으나 분필이 되어 있지 아니한 탓으로 구분소유적 공유관계에 있는 대지 중 乙이 매수하지 아니한 부분지상에 있는 乙 소유의 건물 부분은 당초부터 건물과 토지의 소유자가 서로 다른 경우에 해당되어 그에 관하여는 관습상의 법정지상권이 성립될 여지가 없다(대판 1994.1.28, 93다49871).

## 난이도 및 출제포인트 분석

★ 난이도가 낮은 문제는 해설 페이지를 찾아가 꼭 익혀두세요.

### 1교시 제1과목 부동산학개론

| 문제번호 | 난이도 및 출제포인트 분석 | | 문제번호 | 난이도 및 출제포인트 분석 | |
|---|---|---|---|---|---|
| 1 | 하 부동산의 개념과 분류 | p.62 | 21 | 하 부동산이용 및 개발 | p.65 |
| 2 | 중 부동산의 개념과 분류 | p.62 | 22 | 중 부동산투자분석 및 기법 | p.65 |
| 3 | 하 부동산의 특성 및 속성 | p.62 | 23 | 중 부동산투자이론 | p.65 |
| 4 | 하 부동산의 특성 및 속성 | p.63 | 24 | 중 부동산투자분석 및 기법 | p.65 |
| 5 | 상 부동산의 수요·공급이론 | p.63 | 25 | 상 부동산투자이론 | p.65 |
| 6 | 상 부동산의 수요·공급이론 | p.63 | 26 | 상 부동산투자분석 및 기법 | p.65 |
| 7 | 중 부동산의 수요·공급이론 | p.63 | 27 | 상 부동산증권론 및 개발금융 | p.65 |
| 8 | 중 부동산의 수요·공급이론 | p.63 | 28 | 하 부동산금융 | p.65 |
| 9 | 상 부동산의 수요·공급이론 | p.63 | 29 | 중 부동산금융 | p.65 |
| 10 | 하 부동산시장 | p.63 | 30 | 하 부동산증권론 및 개발금융 | p.65 |
| 11 | 중 부동산시장 | p.63 | 31 | 상 부동산증권론 및 개발금융 | p.66 |
| 12 | 상 입지 및 공간구조론 | p.63 | 32 | 하 부동산이용 및 개발 | p.66 |
| 13 | 중 입지 및 공간구조론 | p.64 | 33 | 중 부동산마케팅 및 광고 | p.66 |
| 14 | 상 입지 및 공간구조론 | p.64 | 34 | 중 부동산관리 | p.66 |
| 15 | 하 부동산정책의 의의 및 기능 | p.64 | 35 | 하 감정평가의 방식 | p.66 |
| 16 | 하 부동산투자분석 및 기법 | p.64 | 36 | 상 감정평가의 방식 | p.66 |
| 17 | 상 주택정책 | p.64 | 37 | 하 감정평가의 기초이론 | p.66 |
| 18 | 상 주택정책 | p.64 | 38 | 상 감정평가의 방식 | p.66 |
| 19 | 상 조세정책 | p.64 | 39 | 하 감정평가의 기초이론 | p.66 |
| 20 | 상 부동산투자분석 및 기법 | p.64 | 40 | 중 부동산가격공시제도 | p.67 |

### 1교시 제2과목 민법 및 민사특별법

| 문제번호 | 난이도 및 출제포인트 분석 | | 문제번호 | 난이도 및 출제포인트 분석 | |
|---|---|---|---|---|---|
| 41 | 중 권리의 변동 | p.67 | 61 | 상 용익물권 | p.70 |
| 42 | 중 법률행위 | p.67 | 62 | 중 담보물권 | p.70 |
| 43 | 하 의사표시 | p.67 | 63 | 중 담보물권 | p.70 |
| 44 | 상 의사표시 | p.68 | 64 | 하 담보물권 | p.70 |
| 45 | 상 법률행위의 대리 | p.68 | 65 | 상 담보물권 | p.70 |
| 46 | 중 법률행위의 대리 | p.68 | 66 | 하 계약총론 | p.70 |
| 47 | 중 법률행위의 대리 | p.68 | 67 | 상 계약총론 | p.70 |
| 48 | 중 법률행위의 무효와 취소 | p.68 | 68 | 중 계약총론 | p.70 |
| 49 | 하 법률행위의 무효와 취소 | p.68 | 69 | 중 계약총론 | p.70 |
| 50 | 중 조건과 기한 | p.68 | 70 | 중 계약총론 | p.71 |
| 51 | 중 점유권 | p.68 | 71 | 중 계약각론 | p.71 |
| 52 | 상 소유권 | p.69 | 72 | 중 계약각론 | p.71 |
| 53 | 중 물권의 변동 | p.69 | 73 | 중 계약각론 | p.71 |
| 54 | 하 물권법 총설 | p.69 | 74 | 중 계약각론 | p.71 |
| 55 | 상 물권의 변동 | p.69 | 75 | 중 주택임대차보호법 | p.71 |
| 56 | 하 점유권 | p.69 | 76 | 중 주택임대차보호법 | p.71 |
| 57 | 중 소유권 | p.69 | 77 | 하 상가건물 임대차보호법 | p.71 |
| 58 | 중 소유권 | p.69 | 78 | 중 집합건물의 소유 및 관리에 관한 법률 | p.71 |
| 59 | 하 용익물권 | p.69 | 79 | 중 가등기담보 등에 관한 법률 | p.71 |
| 60 | 중 용익물권 | p.69 | 80 | 중 부동산 실권리자명의 등기에 관한 법률 | p.71 |

## 제1과목 부동산학개론

| 1 | 2 | 3 | 4 | 5 | 6 | 7 | 8 | 9 | 10 |
|---|---|---|---|---|---|---|---|---|---|
| ② | ⑤ | ③ | ④ | ② | ② | ④ | ④ | ⑤ | ④ |
| 11 | 12 | 13 | 14 | 15 | 16 | 17 | 18 | 19 | 20 |
| ① | ③ | ① | ④ | ⑤ | ① | ⑤ | ③ | ③ | ② |
| 21 | 22 | 23 | 24 | 25 | 26 | 27 | 28 | 29 | 30 |
| ③ | ② | ⑤ | ② | ④ | ① | ⑤ | ① | ② | ① |
| 31 | 32 | 33 | 34 | 35 | 36 | 37 | 38 | 39 | 40 |
| ① | ③ | ⑤ | ① | ② | ② | ③ | ④ | ⑤ | ④ |

### 💬 선생님의 한마디

지문형 문제의 경우, 해당 지문의 행간의 의미를 묻는 것과 키워드를 잡아서 답을 찾는 것은 구분할 수 있어야 합니다(지문형 문제를 모두 '키워드'로 대응하시면 함정에 빠질 수 있습니다). 비교적 자주 출제되는 지문들은 본 시험에서 실수가 없도록 기계적인 반복이 필요합니다. 박스형 문제(옳은 항목이나 개수 선택 등)를 해결하는 데 시간이 소요될 수 있음에 유의해야 합니다.

## 1.                                        정답 ②

### 하 부동산의 개념과 분류

② 자산으로서의 토지는 그 가격(price)이 시장가치(value)와 괴리되는 경우가 있다. ➡ 시장에서 형성되는 가격(price)과 감정평가액(시장가치, value)은 다를 수 있다. 오차가 발생할 수 있다.

## 2.                                        정답 ⑤

### 중 부동산의 개념과 분류

① 공한지란 도시토지로서, 투기목적으로 장기간 방치되고 있는 토지를 말한다.
② 부지(敷地)는 일정한 용도로 제공(이용)되고 있는 바닥토지를 말한다. 건축이 가능한 택지뿐만 아니라 건축이 불가능한 도로부지, 하천부지 등을 포괄하는 개념이다.
③ 이행지는 공업지역이 주거(택)지역으로 그 용도가 변경되고 있는 것처럼 용도적 지역의 세분된 지역 내에서 그 용도가 변경 중에 있는 지역의 토지를 말한다.
④ 건폐율이란 대지면적에 대한 건축면적의 비율을 말한다. 용적률이란 대지면적에 대한 연(건축)면적의 비율을 말한다.

## 3.                                        정답 ③

### 하 부동산의 특성 및 속성

③ 부동성 - 부동산시장을 지역시장화 시키며, 지역시장마다 다른 가격(이질적) 가격을 형성하게 한다.

## 4.

**하** 부동산의 특성 및 속성

④ 일정범위 이상의 공중공간에 대하여 공공기관이 공익목적으로 이용하는 권리를 공적 공중권이라 한다.

> **Ⓥ 사적 공중권**
>
> 공중공간의 일정범위까지 토지소유권자가 개인적으로 이용·관리할 수 있는 권리를 말한다.

## 5.
정답 ②

**상** 부동산의 수요 · 공급이론

- 시장수요함수는 개별수요함수를 수평적으로 합한 것을 말하며, 시장수요가 개별수요보다 그 양의 변화가 많으므로 시장수요가 더 탄력적이 되고(수요곡선의 기울기가 완만해지고), 시장수요곡선의 기울기 값이 더 작아진다. 즉 기울기 값을 구하는 문제이다.
- 개별수요함수와 시장수요함수 모두 P = 200은 동일하고, 최초 수요함수 수식인 P = 200 − 8Qd에서 기울기 값만 2배로 늘어난 인원 수(2)로 나누어주면 된다.
- 수요자 수가 2배로 늘어날 경우의 시장수요함수: P = 200 − 8Qd ➡ $P = 200 - \dfrac{8}{2}Qd$

따라서, 새로운 시장수요함수는 $P = 200 - 4Q_M$이다.

## 6.
정답 ②

**상** 부동산의 수요 · 공급이론

② 아파트 공급 증가에 해당하는 것은 2개이다.
- 건설노동자의 임금 상승 ➡ 공급 감소 ➡ 좌측 이동
- 아파트 건축기술의 향상 ➡ 공급 증가 ➡ 우측 이동
- 아파트 건축규제의 완화 ➡ 공급 증가 ➡ 우측 이동
- 아파트 가격의 상승 ➡ 아파트 공급량 증가 ➡ 공급곡선상 점의 이동
- 아파트 건축자재가격의 상승 ➡ 공급 감소 ➡ 좌측 이동
- 보금자리론(loan) 금리의 인하 ➡ 수요 증가 ➡ 수요곡선 우측 이동

## 7.
정답 ④

**중** 부동산의 수요 · 공급이론

④ 아파트의 대체주택에 대한 수요가 증가하면, (해당 아파트 수요가 감소하므로) 해당 아파트 수요곡선은 좌하향으로 이동한다. ➡ 해당 아파트 수요는 감소한다.
② 아파트가격이 상승하면 아파트 공급량은 증가하고, 아파트가격이 하락하면 아파트 공급량은 감소한다. ➡ 자원배분기능
⑤ 비탄력적일수록 균형가격의 변화폭은 커진다.

## 8.
정답 ④

**중** 부동산의 수요 · 공급이론

④ 생산(건축)에 소요되는 기간이 길수록 공급의 가격탄력성은 더 비탄력적이다. ➡ 신규주택은 일반재화에 비해 생산(건축)에 소요되는 기간이 길어서 가격이 상승하여도 공급량을 적시에 늘리기 어렵다. 즉, 가격에 대해 양의 변화가 적으므로 공급은 더 비탄력적이 된다.

## 9.
정답 ⑤

**상** 부동산의 수요 · 공급이론

- 수요의 가격탄력성 $= \dfrac{\text{수요량 변화율}}{\text{가격 변화율}}$

$0.5 = \dfrac{2.0\% \text{ 감소}}{4\% \text{ 상승}}$

➡ 아파트의 수요량은 2.0%(= 0.5 × 4%) 감소한다.

- 수요의 소득탄력성 $= \dfrac{\text{수요량 변화율}}{\text{소득 변화율}}$

$0.6(\text{정상재}) = \dfrac{2.4\% \text{ 증가}}{4\% \text{ 증가}}$

➡ 아파트의 수요량은 2.4%(= 0.6 × 4%) 증가한다.

- 수요의 교차탄력성 $= \dfrac{\text{아파트 수요량 변화율}}{\text{오피스텔 가격 변화율}}$

$0.4(\text{대체관계}) = \dfrac{1.6\% \text{ 증가}}{4\% \text{ 상승}}$

➡ 아파트의 수요량은 1.6%(= 0.4 × 4%) 증가한다.

∴ 아파트의 가격 상승으로 아파트의 수요량이 2.0% 감소하였고, 소득 증가와 오피스텔가격 변화로 아파트수요량이 4.0% 증가(= 2.4% 증가 + 1.6% 증가)하였으므로, 전체 아파트의 수요량은 2% 증가한다.

## 10.
정답 ④

**하** 부동산시장

④ 여과과정이 긍정적으로 작동하면 장기적으로 신규주택의 건설이 촉진될 수 있다. ➡ 장기적으로 유량(flow)공급, 신규공급이 가능해지므로 전체적인 주거안정에 기여할 수 있다

## 11.
정답 ①

**중** 부동산시장

① 거래의 비공개성은 부동산시장의 기능이 아니다. 거래행태나 사실이 외부에 잘 드러나지 않는 거래의 비공개성(은밀성)은 일반재화시장과는 다른 부동산시장의 고유한 특성이다.

> **Ⓥ 부동산시장의 기능**
>
> 1. 교환기능　　　　　　　　　2. 자원배분기능
> 3. 정보제공기능　　　　　　　4. 가격의 창조기능
> 5. 입지주체간의 입지경쟁기능　6. 양과 질의 조정기능

## 12.
정답 ③

**상** 입지 및 공간구조론

옳은 것은 ㄴ, ㄷ이다.
ㄱ. 리카도(D. Ricardo)의 차액지대설에서 지대는 토지의 생산성과 비옥도의 차이에 의해 결정된다. 운송비(수송비)는 고려하지 않는다. 이와는 달리 튀넨(J. H. von Thünen)의 위치지대설은 운송비(수송비)를 고려한다.
ㄹ. 헤이그(R. Haig)의 마찰비용이론에서 마찰비용은 지대와 교통비용의 합으로 구성된다(마찰비용 = 지대 + 교통비).

## 13.

정답 ①

(중) **입지 및 공간구조론**

① 뢰쉬(A. Lösch)의 최대수요이론에서는 대상지역 내 원자재가 균등하게 존재한다(= 비용은 일정하다)는 전제하에, 수요가 최대가 되는 지점이 최적입지라고 본다.

## 14.

정답 ④

(상) **입지 및 공간구조론**

(V) **구매중력(유인력)**

• 각 점포로의 구매중력(유인력)을 계산하여 매출액 증가분을 구한다.

• 해당 점포로의 중력(유인력) = $\dfrac{\text{매장면적}}{\text{거리}^{\text{마찰계수}}}$

1. 잘못 적용된 마찰계수(1)를 활용한 각 점포의 구매중력

A점포 250 = $\dfrac{2{,}500}{10}$, B점포 150 = $\dfrac{750}{5}$, C점포 100 = $\dfrac{500}{5}$

각 점포로의 구매중력은 250 : 150 : 100, 따라서, 구매확률은 각각 순서대로

A점포 50% = $\dfrac{250}{500}$, B점포 30% = $\dfrac{150}{500}$, C점포 20% = $\dfrac{100}{500}$

주민 30,000명 중 30%인 9,000명이 B점포의 소비자이다.
따라서, 마찰계수를 잘못 적용한 최초의 B점포의 매출액은 9,000명 × 1인당 소비액 4만원 = 3억 6천만원이다.

2. 올바르게 적용된 마찰계수(2)를 활용한 각 점포의 구매중력

A점포 25 = $\dfrac{2{,}500}{10^2}$, B점포 30 = $\dfrac{750}{5^2}$, C점포 20 = $\dfrac{500}{5^2}$

각 점포로의 구매중력은 25 : 30 : 20, 따라서, 구매확률은 각각 순서대로

A점포 약 33.3% = $\dfrac{25}{75}$, B점포 40% = $\dfrac{30}{75}$,

C점포 약 26.7% = $\dfrac{20}{75}$

주민 30,000명 중 40%인 12,000명이 B점포의 소비자이다.
따라서, 마찰계수를 올바르게 적용한 최초의 B점포의 매출액은 12,000명 × 1인당 소비액 4만원 = 4억 8천만원이다.

3. 마찰계수를 잘못 적용했을 경우 매출액 3억 6천만원이고 올바르게 적용했을 경우 매출액 4억 8천만원이므로 이전보다 매출액은 1억 2천만원 더 증가한다.

## 15.

정답 ⑤

(하) **부동산정책의 의의 및 기능**

⑤ 사적 편익보다 사회적 편익이 더 클 경우에도 (균형상태가 아니므로) 정부의 시장개입은 필요하다. → 소비측면에서 정(+)의 외부효과 → 과소소비 → 시장실패

## 16.

정답 ①

(하) **부동산투자분석 및 기법**

① '화폐의 시간가치를 고려한다 = 미래현금흐름을 현재가치로 할인하여 투자분석한다'를 의미한다. 내부수익률(IRR)은 화폐의 시간가치를 고려하는 여러 기간의 수익률이다. 현금유입의 현재가치와 현금유출의 현재가치를 일치시키는 할인율을 말한다.

(V) **화폐의 시간가치를 고려하는 투자분석방법(할인기법)**

순현재가치법, 내부수익률법, 수익성지수법, 현가회수기간법, 연평균순현가법

## 17.

정답 ⑤

(상) **주택정책**

각 함수의 수식 P(가격)에 규제임대료 90만원을 대입하여 단기와 장기의 수요량과 공급량을 계산한다. 임대료를 시장균형임대료 이하로 규제하면, 단기보다 장기에 초과수요량은 더 많아진다.

| 구분 | 단기 | 장기 |
|---|---|---|
| 수요량 | 250 − P(90) = 160 | 250 − P(90) = 160 |
| 공급량 | 120 | 2P(90) − 100 = 80 |
| 상황 | 초과수요 40 | 초과수요 80 |

## 18.

정답 ③

(상) **주택정책**

③ 시장임대료 이하로 임대료를 통제하면 공급이 완전비탄력적인 한(→ 임대주택공급량이 전혀 감소하지 않는다면), 임대인의 소득 일부가 임차인에게 귀속되는 소득의 재분배 효과가 있다. → 임차인의 임대료부담은 상대적으로 줄어들고, 임대인의 수입은 감소하기 때문에 소득불균형 문제가 완화될 수 있다.

## 19.

정답 ③

(상) **조세정책**

③ 공급이 완전비탄력적(소유자·공급자가 모든 세금을 부담한다)인 토지에 세금을 부과하면 토지수요자(임차인)에게 세금이 전가되지 않으므로, 토지를 빌려 쓰는 자는 더 높은 임대료(가격)를 부담할 필요가 없고, 토지소비량도 감소하지 않기 때문에(→ 경제에 부정적인 영향을 주지 않기 때문에) 효율적인 세금이 된다.

## 20.

정답 ②

(상) **부동산투자분석 및 기법**

• 공실 960만원 = 가능총소득 9,600만원 × 0.1(10%)
• 이자비용 1,000만원 + 원금상환액 400만원 = 원리금(부채서비스액) 1,400만원
• 세후현금수지 계산

| | |
|---|---|
| 가능조소득 | 9,600만원 |
| − 공실 및 대손충당금 | 960만원 |
| 유효조소득 | 8,640만원 |
| − 영업경비 | 640만원 |
| 순영업소득 | 8,000만원 |
| − 부채서비스 | 1,400만원 |
| 세전현금수지 | 6,600만원 |
| − 영업소득세 | 1,600만원 |
| 세후현금수지 | 5,000만원 |

∴ 세후현금현금(수지)승수 8 = $\dfrac{\text{지분투자액 4억원}}{\text{세후현금수지 5,000만원}}$

## 21.

정답 ③

[하] **부동산 이용 및 개발**

③ 입지계수(LQ)는 전국 대비 해당 지역에서 특정산업의 특화도를 파악하는 것이다. ➡ 기반산업과 비기반산업을 판별한다.
- 입지계수(LQ) > 1 ➡ (수출)기반산업
- 입지계수(LQ) < 1 ➡ 비기반산업

## 22.

정답 ②

[중] **부동산투자분석 및 기법**

② 투자안의 내부수익률(IRR)이 요구수익률보다 작을 경우에는 투자가치가 없다고 본다. 투자안의 내부수익률(IRR)이 요구수익률보다 클 경우에 투자가치가 있다고 본다.

## 23.

정답 ⑤

[중] **부동산투자이론**

- 부동산에서 매년 일정한 순수익(순영업소득)이 영구적으로 발생한다는 조건하에서 대상부동산의 투자가치를 구하는 문제이다.
- 요구수익률 8%
  = 무위험률 3% + 위험할증률 2% + 예상인플레이션율 3%

∴ 부동산의 투자가치 6억원 = $\dfrac{\text{장래 순수익(순영업소득) 4,800만원}}{\text{요구수익률 0.08(8\%)}}$

## 24.

정답 ②

[중] **부동산투자분석 및 기법**

① 순소득승수와 세전현금수지승수는 동일할 수 있다. ➡ 전액 자기자본으로 할 경우(부채가 없을 경우 등) 동일할 수 있다.
③ 지분투자수익률은 지분투자액에 대한 세전현금수지의 비율을 말한다.
④ 부채감당률이 1보다 크면 순영업소득이 매기의 원리금(부채서비스액)을 상환하고도 남는 금액이 있다는 것을 의미한다.
⑤ 종합자본환원율(총투자수익률)과 지분투자수익률은 동일할 수 있다. ➡ 중립적 지렛대 효과

[✓] **회계적 이익(수익)률법**

회계적 이익(수익)률 = $\dfrac{\text{연평균세후순이익}}{\text{연평균투자액}}$

## 25.

정답 ④

[상] **부동산투자이론**

④ 변동계수 값이 가장 작은 것은 C이다.

- 변동계수 = $\dfrac{\text{표준편차(위험)}}{\text{평균(기대수익률)}}$
- A: 0.90 = 18 ÷ 20
- B: 0.88 ≒ 15 ÷ 17
- C: 0.70 ≒ 10 ÷ 14
- D: 0.80 = 8 ÷ 10

표준편차가 가장 작다고 하여 변이(변동)계수 값도 가장 작은 것은 아니다. ➡ 표준편차는 투자안의 절대적 위험을 측정하는 지표이고, 변동(변이)계수는 지배관계에 있지 않은 여러 투자안을 비교할 때 상대적 위험을 측정하는 것이다.

① 부동산 A, B, C, D는 상호 지배관계 있지 않고, 위험-수익의 상쇄관계를 만족하는 효율적 투자안(포트폴리오)이므로, 모두 효율적 프론티어(전선)에 존재한다.
③ 포트폴리오 기대수익률 = (0.4 × 14%) + (0.6 × 10%) = 11.6
⑤ 두 자산간 상관계수(ρ)가 -1(음의 값)에 근접할수록 분산투자효과가 더 커진다.

## 26.

정답 ①

[상] **부동산투자분석 및 기법**

① 대출의 만기 30년 = 경과한 기간 5년 + 남은 기간 25년
원리금균등상환방식에 따른 t시점에서 미상환대출잔액을 구할 때에는 원리금[= 융자금 × 저당상수(만기)]에 연금의 현가계수(남은 기간)를 곱하여 구할 수 있다.

[✓] **참고**

1. 융자금 × 저당상수(만기) × 연금의 현가계수(남은 기간)
   = 융자금 × 저당상수(30년) × 연금의 현가계수(25년)
   = 5억원 × 0.0054 × 171.06
2. 융자금에 잔금비율을 곱하여 계산할 수도 있다.
   = 5억원 × 잔금비율 $\left[ = \dfrac{\text{연금의 현가계수 25년(300月) 171.06}}{\text{연금의 현가계수 30년(360月) 185.18}} \right]$

## 27.

정답 ⑤

[상] **부동산증권론 및 개발금융**

⑤ 부외금융(off-balance sheet financing)효과는 금융(대출)기관이 아닌, 개별사업주가 얻는 장점이다. 개별사업주의 재무상태표(대차대조표)에 관련 부채가 기재되지 않는다. ➡ 개별사업주는 채무수용능력이 제고된다.

## 28.

정답 ①

[하] **부동산금융**

① • 대출의 만기가 긴 상품일수록(장기대출일수록) 대출기관의 유동성위험은 커진다. ➡ 대출의 만기가 길수록 대출금리가 높아진다.
- 대출기관의 유동성위험이란 단기로 조달한 자금을 장기로 대출(운용)하는 과정에서의 현금흐름의 불일치 문제로, 장기대출에 따른 대출기관의 자금부족위험을 말한다.

## 29.

정답 ②

[중] **부동산금융**

- LTV 60% = $\dfrac{\text{융자금 2.4억원}}{\text{주택가치 4억원}}$

- DTI 40% = $\dfrac{\text{원리금 2,000만원}}{\text{연소득 5,000만원}}$

DTI에서 연간 원리금상환액이 2,000만원을 초과할 수 없으나, 기존주택담보대출의 원리금이 연간 1,200만원이 있기 때문에 이를 공제하여 융자가능액을 구한다. 즉, 원리금 800만원(= 2,000만원 - 기존주택담보대출 원리금 1,200만원)이다.
따라서, 매기의 원리금(800만원) = 융자금($x$) × 저당상수(0.1)

➡ 융자금($x$) = 8,000만원 = $\dfrac{\text{매기의 원리금 800만원}}{\text{저당상수 0.1}}$

## 30.
정답 ①

하 **부동산증권론 및 개발금융**

① 기업구조조정 부동산투자회사는 명목회사로, 위탁관리 부동산투자회사처럼 자산의 투자·운용을 자산관리회사에 위탁한다. 설립 자본금은 3억원 이상으로 한다.
②③④⑤ 모두 실체회사인 자기관리 부동산투자회사에 대한 내용이다. 공모의무 비율은 자기관리 부동산투자회사 및 위탁관리 부동산투자회사에 적용된다.

## 31.
정답 ①

**상** **부동산증권론 및 개발금융**

부채금융기법에 해당하는 것은 ㅁ 1개이다. 부채금융이란 저당대출을 받거나 부채증권을 발행하여 자금을 조달하는 것으로, 원금과 이자에 대한 상환의무가 있다.
ㄱ. 상환우선주 ➡ 메자닌금융
ㄴ. 전환사채(CB) ➡ 메자닌금융
ㄷ. 부동산 신디케이트 ➡ 지분금융
ㄹ. 후순위채권 ➡ 메자닌금융
ㅂ. 조인트-벤처 ➡ 지분금융

## 32.
정답 ③

**하** **부동산이용 및 개발**

③ 토지(개발)신탁방식은 위탁자 입장에서 개발사업위탁에 대한 수수료 문제가 발생한다.

## 33.
정답 ⑤

**중** **부동산마케팅 및 광고**

⑤ 판매유인과 직접적인 인적 판매는 마케팅 4P MIX중에서 판촉(promotion)전략에 해당한다.

> Ⓥ 유통경로(place)전략
> 공인중개사, 분양대행사 등 중간상을 활용하는 전략을 말한다.

## 34.
정답 ①

**중** **부동산관리**

① 인근지역의 변화, 인근환경과 건물의 부적합, 당해지역 건축물의 시장성 감퇴는 경제적 내용연수에 영향을 미치는 요인이다.

## 35.
정답 ②

**하** **감정평가의 방식**

ㄱ은 수익환원법, ㄴ은 임대사례비교법, ㄷ은 적산법이다.
ㄱ. 대상물건이 장래 산출할 것으로 기대되는 순수익이나 미래의 현금흐름을 환원하거나 할인하여 대상물건의 가액을 산정하는 감정평가방법을 말한다. ➡ 수익환원법

ㄴ. 대상물건과 가치형성요인이 같거나 비슷한 물건의 임대사례와 비교하여 대상물건의 현황에 맞게 사정보정, 시점수정, 가치형성요인 비교 등의 과정을 거쳐 대상물건의 임대료를 산정하는 감정평가방법을 말한다. ➡ 임대사례비교법
ㄷ. 대상물건의 기초가액에 기대이율을 곱하여 산정한 기대수익에 대상물건을 계속하여 임대하는 데에 필요한 경비를 더하여 대상물건의 임대료를 산정하는 감정평가방법을 말한다. ➡ 적산법

> Ⓥ 「감정평가에 관한 규칙」 제2조
> 1. 수익환원법: 수익방식에서 가액을 구하는 방법
> 2. 임대사례비교법: 비교방식에서 임대료를 구하는 방법
> 3. 적산법: 원가방식에서 임대료를 구하는 방법

## 36.
정답 ③

**상** **감정평가의 방식**

• 경과연수 5년 + 잔존 경제적 내용연수 35년 = 경제적 내용연수 40년
• 재조달원가 = 400,000원 × 1,000m² = 4억원
• 잔존가치 4천만원 = 재조달원가 4억원 × 잔가율 0.1(10%)
• 매년 감가액 = $\dfrac{\text{감가총액(= 재조달원가 - 잔존가치)}}{\text{경제적 내용연수}}$

  = $\dfrac{\text{3억 6천만원(= 4억원 - 4천만원)}}{40년}$ = 900만원
• 감가누계액 4,500만원 = 매년 감가액 900만원 × 경과연수 5년
• 적산가액 3억 5,500만원 = 재조달원가 4억원 - 감가수정(누계액) 4,500만원

## 37.
정답 ③

**하** **감정평가의 기초이론**

③ 시산가액의 조정이란 감정평가 3방식 상호간에 발생하는 가격격차를 축소하는 것으로, 각 방식의 가중치를 두어(가중평균의 방법 등을 통해) 조정하고 이의 적정성을 검토하는 것이다.

## 38.
정답 ④

**상** **감정평가의 방식**

물리적 투자결합법으로 (종합)환원이율을 구하고, 이를 순영업소득을 환원하여 부동산가치(수익가액)을 계산한다.
• 순영업소득 45,500,000원 = 유효총소득 50,000,000원 - 영업경비 4,500,000원
• (종합)환원이율 = (0.6 × 5%) + (0.4 × 10%) = 7%
따라서 부동산가치(수익가액)는
$\dfrac{\text{순영업소득 45,500,000원}}{\text{환원이율 0.07}}$ = 650,000,000원

## 39.
정답 ⑤

**하** **감정평가의 기초이론**

⑤ 내부 구성요소(건물의 경우 기능, 구조, 관리상태 등)간의 조화, 생산요소(토지, 자본, 노동)의 결합 정도를 통해 가치를 평가하는 것은 균형의 원칙이다.

① 외부성의 원칙: 외부효과를 적용하여 대상부동산이 속한 외부적 환경 요인에 대한 긍정적 또는 부정적 영향을 고려하여 가치를 평가한다.
② 경쟁의 원칙: 초과이윤은 경쟁을 야기하고, 경쟁의 결과 초과이윤이 감소·소멸한다는 원칙이다.
③ 적합의 원칙: 대상부동산이 속한 외부환경, 지역, 위치, 입지 등을 고려하여 가치를 평가한다.
④ 대체의 원칙: 대체성 있는 다른 부동산과의 상호작용에 의해 대상부동산의 가격이 결정된다는 것을 말한다.

## 40.
정답 ④

> 중 부동산가격공시제도

④ 표준주택에 전세권 또는 그 밖에 주택의 사용·수익을 제한하는 권리가 설정되어 있는 경우에는 해당 권리가 존재하지 아니한 것으로 보고 적정가격을 평가하여야 한다.

---

### 제2과목 민법 및 민사특별법

| 41 | 42 | 43 | 44 | 45 | 46 | 47 | 48 | 49 | 50 |
|---|---|---|---|---|---|---|---|---|---|
| ⑤ | ① | ① | ⑤ | ② | ② | ④ | ④ | ③ | ③ |
| 51 | 52 | 53 | 54 | 55 | 56 | 57 | 58 | 59 | 60 |
| ⑤ | ③ | ⑤ | ① | ③ | ④ | ① | ② | ① | ③ |
| 61 | 62 | 63 | 64 | 65 | 66 | 67 | 68 | 69 | 70 |
| ① | ① | ③ | ② | ④ | ③ | ③ | ④ | ⑤ | ② |
| 71 | 72 | 73 | 74 | 75 | 76 | 77 | 78 | 79 | 80 |
| ④ | ③ | ⑤ | ④ | ③ | ② | ④ | ① | ② | ⑤ |

> 선생님의 한마디
>
> 1. 꾸준히 공부하시면 합격은 저절로 따라옵니다. 6회차 문제까지 풀고 있다면 시험에 붙는 것은 어렵지 않습니다.
> 2. 오답체크만 잘 해도 「민법」 실력은 탄탄해집니다. 힘내세요.^^

## 41.
정답 ⑤

> 중 권리의 변동

⑤ 임차인의 필요비상환청구권은 형성권이 아니라 청구권이다.

## 42.
정답 ①

> 중 법률행위

① 보험계약자가 다수의 보험계약을 통하여 보험금을 부정취득할 목적으로 체결한 보험계약은 반사회질서행위로서 무효이다(대판 2005.7.28, 2005다23858).
② 후발적 불능의 계약은 무효가 되지는 않는다. 다만, 채무자에게 귀책사유가 있으면 채무불이행(이행불능)과 해제가, 귀책사유가 없으면 위험부담이 문제가 된다.
③ 공인중개사 자격이 없는 자가 단 1회 중개한 경우와 같이 '중개를 업으로 한' 것이 아니라면, 관련 수수료약정이 강행규정에 위배되는 것은 아니다(대판 2012.6.14, 2010다86525). 즉, 유효이다.
④ 강제집행을 면할 목적으로 부동산에 허위의 근저당권설정등기를 경료하는 행위는 「민법」 제103조의 선량한 풍속 기타 사회질서에 위반한 사항을 내용으로 하는 법률행위로 볼 수 없다(대판 2004.5.28, 2003다70041).
⑤ 대리인이 이중매도행위에 적극 가담하였다면, 설사 본인이 미리 그러한 사정을 몰랐다 할지라도 그 매매계약은 반사회적 법률행위로서 무효가 된다(대판 1998.2.27, 97다45532).

## 43.
정답 ①

> 하 의사표시

① 제3자는 특별한 사정이 없는 한 선의로 추정할 것이므로, 제3자가 악의라는 사실에 관한 주장·입증책임은 그 허위표시의 무효를 주장하는 자에게 있다(대판 2006.3.10, 2002다1321).

## 44.

[상] 의사표시

옳은 것은 ㄷ, ㄹ이다.
ㄱ. 단지 법률행위의 성립과정에 강박이라는 불법적 방법이 사용된 데에 불과한 때에는 강박에 의한 의사표시의 하자나 의사의 흠결을 이유로 효력을 논의할 수는 있을지언정 반사회질서의 법률행위로서 무효라고 할 수는 없다(대판 2002.12.27, 2000다47361).
ㄴ. 증여계약(또는 기부행위)과 같이 아무런 대가관계 없이 당사자 일방이 상대방에게 일방적인 급부를 하는 법률행위는 그 공정성 여부를 논의할 수 있는 성질의 법률행위가 아니다(대판 2000.2.11, 99다56833).
ㄷ. 제146조
ㄹ. 강박에 의한 법률행위가 하자 있는 의사표시로서 취소되는 것에 그치지 않고 나아가 무효로 되기 위하여는, 의사표시자로 하여금 의사결정을 스스로 할 수 있는 여지를 완전히 박탈한 상태에서 의사표시가 이루어져 단지 법률행위의 외형만이 만들어진 것에 불과한 정도이어야 한다(대판 2003.5.13, 2002다73708).

## 45.

정답 ②

[상] 법률행위의 대리

옳은 것은 ㄱ, ㄹ이다.
ㄱ. 매매계약의 체결과 이행에 관하여 포괄적으로 대리권을 수여받은 대리인은 특별한 다른 사정이 없는 한 상대방에 대하여 약정된 매매대금지급기일을 연기하여 줄 권한도 가진다(대판 1992.4.14, 91다43107).
ㄴ. 대리인이 본인을 위한 것임을 표시하지 아니한 때에는 그 의사표시는 자기를 위한 것으로 본다(제115조 본문). 따라서 대리인이 법률관계의 당사자로 간주되므로 내심의 의사와 표시가 일치하지 않음을 근거로 착오를 주장하지 못한다.
ㄷ. 진의 아닌 의사표시가 대리인에 의하여 이루어지고 그 대리인의 진의가 본인의 이익이나 의사에 반하여 자기 또는 제3자의 이익을 위한 배임적인 것임을 그 상대방이 알았거나 알 수 있었을 경우에도 「민법」제107조 제1항 단서의 유추해석상 그 대리인의 행위에 대하여 본인은 아무런 책임을 지지 않는다(대판 2009.6.25, 2008다13838).
ㄹ. 계약상 채무의 불이행을 이유로 계약이 상대방 당사자에 의하여 유효하게 해제되었다면, 해제로 인한 원상회복의무는 대리인이 아니라 계약의 당사자인 본인이 부담한다(대판 2011.8.18, 2011다30871).

## 46.

정답 ②

[중] 법률행위의 대리

② 대리권한 없이 타인의 부동산을 매도한 자가 그 부동산을 상속한 후 소유자의 지위에서 자신의 대리행위가 무권대리로 무효임을 주장하여 등기말소 등을 구하는 것은 금반언원칙이나 신의칙상 허용될 수 없다(대판 1994.9.27, 94다20617).
① 무권대리인에게 한 추인은 선의의 상대방에게 대항하지 못하므로(제132조), 丙의 철회가 유효하므로 丙은 甲에게 계약의 이행을 거절할 수 있다.
③ 기간의 경과로 추인을 거절한 것으로 간주되어(제131조) 계약은 확정적으로 무효가 되므로, 丙은 계약이행을 거절할 수 있다.
④ 제한능력자(미성년자)는 무권대리인의 책임을 지지 않는다(제135조 제2항).
⑤ 본인이 추인을 거절하면 무효로 확정되므로 상대방은 최고나 철회를 할 수 없다.

## 47.

정답 ④

[중] 법률행위의 대리

④ 대리행위가 강행법규에 위반하여 무효가 된 경우에는 그 약정은 여전히 무효이므로 표현대리의 법리가 준용될 여지가 없다(대판 1996.8.23, 94다38199). 예컨대 매매계약이 토지거래허가제를 위반하여 확정적으로 무효이면 표현대리 법리가 적용될 여지가 없다.

## 48.

정답 ④

[중] 법률행위의 무효와 취소

법률행위의 효력이 확정적이지 않은 것은 ㄴ, ㄹ이다.
ㄱ. 불공정한 법률행위는 추인의 여지가 없으므로 확정적 무효이다.
ㄴ. 사기·강박으로 인한 의사표시는 취소할 수 있으므로(제110조 제1항), 유동적 유효이다.
ㄷ. 부동산 공유자의 상호명의신탁은 부동산실명법이 적용되지 않으며 확정적 유효이다.
ㄹ. 소유권유보부 매매는 정지조건부 매매로서(대판 2010.2.11, 2009다93671), 조건이 성취되기 전의 법률효과는 확정적이지 않다.

## 49.

정답 ③

[하] 법률행위의 무효와 취소

③ 제한능력자의 법정대리인은 고유의 취소권을 가진다. 반면, 임의대리인이 행한 대리행위에 관하여 취소원인이 있는 경우에 그 취소권은 대리인이 아니라 본인에게 속한다. 따라서 임의대리인이 취소하려면 본인의 특별수권이 필요하다.

## 50.

정답 ③

[중] 조건과 기한

③ 조건의 성취가 미정인 권리의무는 일반규정에 의하여 처분, 상속, 보존 또는 담보로 할 수 있다(제149조).
① 기성조건이 정지조건이면 조건 없는 법률행위이다(제151조 제2항).
② 불법조건이 붙어 있는 법률행위는 조건만 무효인 것이 아니고 법률행위 전부가 무효이다(대결 2005.11.8, 2005마541).
④ 기한의 효력에는 소급효가 없으며, 당사자의 특약에 의해서도 소급효를 인정할 수 없다.
⑤ 기한이익상실의 특약은 특별한 사정이 없는 한 형성권적 기한이익상실의 특약으로 추정한다(대판 2010.8.26, 2008다42416, 42423).

## 51.

정답 ⑤

[중] 점유권

틀린 것은 ㄷ, ㄹ이다.
ㄱ. 점유를 침탈당하거나 방해를 받은 자의 침탈자 또는 방해자에 대한 청구권은 그 점유를 침탈당한 날 또는 점유의 방해행위가 종료된 날로부터 1년 내에 행사하여야 하는 것으로 규정되어 있는데, 위의 제척기간은 재판 외에서 권리행사하는 것으로 족한 기간이 아니라 반드시 그 기간 내에 소를 제기하여야 하는 이른바 출소기간이다(대판 2002.4.26, 2001다8097·8103).
ㄴ. 丁은 간접점유자로서 점유물반환을 청구할 수 있다(제207조 제2항).
ㄷ. 침탈자의 선의의 특별승계인에 대해서는 점유물반환을 청구할 수 없다(제204조 제2항).

ㄹ. 사기의 의사표시에 의해 건물을 명도해 준 것이라면 건물의 점유를 침탈당한 것이 아니므로 피해자는 점유회수의 소권을 가진다고 할 수 없다(대판 1992.2.25, 91다17443).

## 52. 정답 ③

(상) 소유권

등기를 하여야 소유권을 취득하는 경우는 ㄱ, ㄹ이다.
ㄱ. 점유취득시효도 법률 규정에 의한 부동산 물권취득이나 제187조의 예외로 등기를 하여야만 소유권을 취득한다(제245조).
ㄴ. 신축건물의 소유권취득은 법률 규정에 의한 물권의 취득으로 신축자가 최소한의 기둥, 지붕, 주벽을 갖추면 등기 여부와 상관없이 소유권을 취득한다(대판 2002.4.26, 2000다16350).
ㄷ. 상속, 공용징수, 판결, 경매 기타 법률의 규정에 의한 부동산에 관한 물권의 취득은 등기를 요하지 아니한다. 그러나 등기를 하지 아니하면 이를 처분하지 못한다(제187조).
ㄹ. 공유지분의 포기는 법률행위로서 상대방 있는 단독행위에 해당하므로, 제186조에 의하여 등기를 하여야 공유지분 포기에 따른 물권변동의 효력이 발생한다(대판 2016.10.27, 2015다52978).

## 53. 정답 ⑤

(중) 물권의 변동

틀린 것은 ㄷ, ㄹ이다.
ㄱ. 중간생략등기의 합의 후에도 당사자는 매매대금을 인상할 수 있으며, 甲은 그 인상된 매매대금이 지급되지 않았음을 이유로 丙 명의로의 소유권이전등기를 거절할 수도 있다(대판 2005.4.29, 2003다66431).
ㄴ. 중간생략등기의 합의가 있다고 하여 위의 甲과 丙 사이에 매매계약이 성립하는 것은 아니며, 甲·乙 및 乙·丙 사이의 각 계약은 그대로 유효하다. 따라서 乙의 甲에 대한 소유권이전등기청구권이 소멸되는 것은 아니다(대판 1991.12.13, 91다18316).
ㄷ. 당사자 사이에 적법한 원인행위가 성립되어 중간생략등기가 이루어진 이상, 중간생략등기에 관한 합의가 없었다는 사유만으로는 그 소유권이전등기를 무효라고 할 수 없다(대판 1980.2.12, 79다2104).
ㄹ. 甲이 그 양도에 대하여 동의하지 않는 한 丙은 甲에 대하여 채권양도를 원인으로 하여 직접 소유권이전등기청구를 할 수 없다(대판 1995.8.22, 95다15575).

## 54. 정답 ①

(하) 물권법 총설

① 취득시효 완성으로 인한 소유권이전등기청구권은 채권자와 채무자 사이에 아무런 계약관계나 신뢰관계가 없고, 그에 따라 채권자가 채무자에게 반대급부로 부담하여야 하는 의무도 없다. 따라서 취득시효 완성으로 인한 소유권이전등기청구권의 양도의 경우에는 매매로 인한 소유권이전등기청구권에 관한 양도제한의 법리가 적용되지 않는다(대판 2018.7.12, 2015다36167). 즉, 소유자의 동의나 승낙을 받아야 하는 것이 아니다.

## 55. 정답 ②

(상) 물권의 변동

저당권의 소멸원인이 아닌 것은 1개(ㄷ)이다.
ㄱ. 저당권은 경매로 소멸한다.

ㄴ. 저당권으로 담보한 채권이 시효의 완성 기타 사유로 인하여 소멸한 때에는 저당권도 소멸한다(제369조).
ㄷ. 지상권에 저당권이 설정되어 있는 경우, 지상권자가 토지소유권을 취득해도 지상권이 저당권의 목적되어 있으므로 지상권은 소멸하지 않고(제191조 제1항 단서), 저당권은 지상권 위에 존속한다.
ㄹ. 혼동에 의하여 저당권은 소멸한다(제191조 제1항).

## 56. 정답 ④

(하) 점유권

④ 점유자가 스스로 매매 또는 증여와 같이 자주점유의 권원을 주장하였으나 이것이 인정되지 않는 경우에도, 그 사유만으로 자주점유의 추정이 번복된다거나 또는 점유권원의 성질상 타주점유라고 볼 수 없다(대판 1983.7.12, 82다708).

## 57. 정답 ①

(중) 소유권

① 일단 주위토지통행권이 발생하였다고 하더라도 나중에 그 토지에 접하는 공로가 개설됨으로써 주위토지통행권을 인정할 필요성이 없어진 때에는 그 통행권은 소멸한다(대판 1998.3.10, 97다47118).

## 58. 정답 ②

(중) 소유권

② 저당권의 효력은 저당부동산에 부합된 물건과 종물에 미친다. 그러나 법률에 특별한 규정 또는 설정행위에 다른 약정이 있으면 그러하지 아니하다(제358조). 즉, 임의규정이다.
① 건물의 증축부분이 기존건물에 부합하여 기존건물과 분리하여서는 별개의 독립물로서의 효용을 갖지 못하는 이상 기존건물에 대한 경매절차에서 경매목적물로 평가되지 아니하였다고 할지라도 경락인은 부합된 증축부분의 소유권을 취득한다(대판 1992.12.8, 92다26772, 26789).
③ 부합되는 부동산의 소유자는 원칙적으로 부합한 물건의 소유권을 취득한다. 부합하는 동산의 가격이 부동산의 가격을 초과한 경우에도 같다.
④ 임차인이 임차한 건물에 그 권원에 의하여 증축을 한 경우에 증축된 부분이 부합으로 인하여 기존건물의 구성부분이 된 때에는 증축된 부분에 별개의 소유권이 성립할 수 없다(대판 1999.7.27, 99다14518).
⑤ 토지와 건물은 별개의 부동산이므로 건물은 토지에 부합하지 않는다.

## 59. 정답 ①

(하) 용익물권

① 지역권은 요역지와 분리하여 양도하거나 다른 권리의 목적으로 하지 못한다(부종성).

## 60. 정답 ③

(중) 용익물권

③ 지상권자의 지료 지급연체가 토지소유권의 양도 전후에 걸쳐 이루어진 경우 토지양수인에 대한 연체기간이 2년이 되지 않는다면 양수인은 지상권소멸청구를 할 수 없다(대판 2001.3.13, 99다17142).

## 61.

정답 ①

상 용익물권

① 乙의 건물 전세권이 법정갱신되는 경우, 그 존속기간은 정함이 없는 것으로 본다(제312조 제4항).

## 62.

정답 ①

중 담보물권

① 채무자를 직접점유자로 하여 채권자가 간접점유하는 경우에는 유치권이 성립 내지 존속할 수 없다(대판 2008.4.11, 2007다27236).

## 63.

정답 ③

중 담보물권

③ 물상대위가 인정되는 대표물은 저당부동산의 멸실·훼손·공용징수로 인하여 저당권설정자가 받을 금전 기타의 물건이다. 그러나 보험금·손해배상금·수용보상금 등 구체적인 물건이 아니고 그에 대한 청구권이 대위의 목적이 된다(대판 2004.12.24, 2004다52798).
① 저당권자가 물상대위권을 행사하기 위해서는 저당권설정자가 채권의 목적물인 금전 등을 인도받기 전에 해당 채권을 '압류'하여야 한다(제342조, 제370조).
② 제3자가 압류하여 그 금전 또는 물건이 특정된 이상 저당권자가 스스로 이를 압류하지 않고서도 물상대위권을 행사할 수 있다(대판 2002.10.11, 2002다33137).
④ 저당권의 목적토지가 「공익사업을 위한 토지 등의 취득 및 보상에 관한 법률」에 따라 협의취득된 경우에는, 그것이 사법상의 매매이고 공용징수가 아니므로 저당권자는 그 토지에 추급할 수 있고, 토지소유자가 수령할 보상금에 대하여 물상대위를 할 수 없다(대판 1981.5.26, 80다2109).
⑤ 저당권자는 전세금반환채권에 대하여 압류 및 추심 또는 전부명령을 받거나 제3자가 전세금반환채권에 대하여 실시한 강제집행절차에서 배당요구를 하는 등의 방법으로 물상대위권을 행사할 수 있다(대결 1995.9.18, 95마684).

## 64.

정답 ②

하 담보물권

② 저당물의 제3취득자가 그 부동산의 보존, 개량을 위하여 필요비 또는 유익비를 지출한 때에는 제203조 제1항·제2항의 규정에 의하여 저당물의 경매대가에서 우선상환을 받을 수 있다(제367조).

## 65.

정답 ④

상 담보물권

옳은 것은 ㄴ, ㄹ이다.
ㄱ. 저당권은 그 담보한 채권과 분리하여 타인에게 양도하거나 다른 채권의 담보로 하지 못한다(제361조).
ㄴ. 그 밖에 등기된 선박, 어업권, 광업권, 댐 사용권, 공장 및 광업재단, 자동차, 항공기 등도 저당권의 객체가 된다.
ㄷ. 근저당권설정등기가 원인 없이 말소된 이후에 그 근저당 목적물인 부동산에 관하여 다른 근저당권자 등 권리자의 경매신청에 따라 경매절차가 진행되어 경락허가결정이 확정되고 경락인이 경락대금을 완납하였다면, 원인 없이 말소된 근저당권은 이에 의하여 소멸한다(대판 1998.10.2, 98다27197).

ㄹ. 저당권은 피담보채권에 부종하기 때문에 피담보채권이 소멸하면 저당권도 소멸한다(제369조).

## 66.

정답 ③

하 계약총론

③ 청약자가 연착통지를 하지 않은 때에는 승낙의 의사표시는 연착되지 않은 것으로 되며(제528조 제3항), 격지자간의 계약은 그 승낙의 의사표시를 발신한 때에 성립하므로(제531조) 매매계약은 10월 12일에 성립한 것으로 된다.

## 67.

정답 ③

상 계약총론

옳은 것은 ㄱ, ㄹ이다.
ㄱ. 근저당권설정등기가 되어 있는 부동산을 매매하는 경우 매수인이 근저당권의 피담보채무를 인수하여 그 채무금 상당을 매매잔대금에서 공제하기로 하는 특약을 하는 등 특별한 사정이 없는 한 매도인의 근저당권말소 및 소유권이전등기의무와 매수인의 잔대금지급의무는 동시이행의 관계에 있는 것이다(대판 1991.11.26, 91다23103).
ㄴ. 매수인이 중도금지급(선이행의무)을 하지 아니한 채 잔대금지급일을 경과한 경우에는 매수인의 중도금 및 그 지연손해금과 잔대금의 지급채무는 매도인의 소유권이전등기의무(중도금에 대해서는 후이행의무)와 특별한 사정이 없는 한 동시이행관계에 있게 된다(대판 1991.3.27, 90다19930).
ㄷ. 법원은 원고패소판결을 할 것이 아니고 상환급부판결을 하여야 한다.
ㄹ. 동시이행의 항변권이 붙은 채권을 '자동채권'으로 하여 상계하지 못한다(대판 1975.10.21, 75다48).

## 68.

정답 ④

중 계약총론

옳은 것은 ㄴ, ㄹ이다.
ㄱ. 계약금은 법률상 원인 없는 급부가 되어 부당이득의 법리에 따라 반환청구할 수 있다(대판 2009.5.28, 2008다98655·98662).
ㄴ. 채권자는 후발적 불능이 됨으로써 발생한 가치의 변형물(예 수용으로 인한 보상금, 화재로 인한 보험금 등) 대상청구권을 행사할 수 있다. 이 경우에는 채권자도 반대급부의무를 부담한다.
ㄷ. 교환계약은 쌍무계약이므로 위험부담이 문제될 수 있으나, 지문의 경우에는 귀책사유가 있는 경우이므로 위험부담이 아니라 채무불이행책임이 문제된다(제390조).
ㄹ. 위험부담은 쌍무계약에서 생기는 문제이다(제537조). 편무계약에서는 대가적인 의미에 있는 채무들의 대립상태가 없기 때문에 위험부담이 문제될 여지가 없다.

## 69.

정답 ⑤

중 계약총론

⑤ 제3자를 위한 계약관계에서 낙약자와 요약자 사이의 법률관계(이른바 기본관계)를 이루는 계약이 무효이거나 해제된 경우 그 계약관계의 청산은 계약의 당사자인 낙약자와 요약자 사이에 이루어져야 하므로, 특별한 사정이 없는 한 낙약자가 이미 제3자에게 급부한 것이 있더라도 낙약자는 계약해제 등에 기한 원상회복 또는 부당이득을 원인으로 제3자를 상대로 그 반환을 구할 수 없다(대판 2010.8.19, 2010다31860).

## 70.

정답 ②

중 계약총론

② 계약이 해제된 경우 반환할 금전에는 그 받은 날로부터 이자를 가하여야 한다(제548조 제2항).

## 71.

정답 ④

중 계약각론

④ 계약금계약은 매매계약의 종된 계약이므로, 매매계약이 무효이거나 취소되면 계약금계약의 효력도 소멸한다.

## 72.

정답 ③

중 계약각론

③ 원칙적으로 채무자 乙에게 담보책임을 물어야 하나, 채무자가 무자력인 경우에는 2차적으로 채권자에게 담보책임을 물을 수 있다(제578조).

## 73.

정답 ⑤

중 계약각론

⑤ 필요비는 지출한 즉시 그 상환을 청구할 수 있다.

## 74.

정답 ④

중 계약각론

④ 기간의 약정이 없는 토지임대차에서 임대인이 해지통고를 한 경우에는 임대인이 계약의 갱신을 거절한 것으로 볼 수 있으므로 갱신청구 없이 곧바로 지상물매수청구를 할 수 있다.
① 지상물매수청구권은 지상시설의 소유자만이 행사할 수 있고, 따라서 건물을 신축한 토지임차인이 그 건물을 타인에게 양도한 경우에는 그 임차인은 매수청구권을 행사할 수 없다(대판 1993.7.27, 93다6386).
② 토지임차인의 차임연체 등 채무불이행으로 인해 임대인이 임대차계약을 해지한 때에는 임차인이 계약의 갱신을 청구할 여지가 없으므로, 이를 전제로 하는 2차적인 지상물의 매수청구도 할 수 없다(대판 1997.4.8, 96다54249).
③ 부속물과 달리 지상물은 임대인의 동의를 얻어 신축한 것에 한하지 않는다.
⑤ 지상물매수청구권에 관한 규정은 편면적 강행규정이므로 임차인에게 불리한 약정은 무효이다.

## 75.

정답 ③

중 주택임대차보호법

③ 주택의 임차인이 제3자에 대하여 대항력을 구비한 후에 임대주택의 소유권이 양도된 경우에는 그 양수인이 임대인의 지위를 승계하게 되므로, 임대인의 임차보증금반환채무도 양수인에게 이전되는 것이고, 이와 같이 양수인이 임차보증금반환채무를 부담하게 된 이후에 임차인이 주민등록을 다른 곳으로 옮겼다 하여 이미 발생한 임차보증금반환채무가 소멸하는 것은 아니다(대판 1993.12.7, 93다36615).

## 76.

정답 ②

중 주택임대차보호법

② 부동산에 대한 소유권과 임차권이 동일인에게 귀속하게 되는 경우 임차권은 혼동에 의하여 소멸하는 것이 원칙이지만, 그 임차권이 대항요건을 갖추고 있고 또한 그 대항요건을 갖춘 후에 저당권이 설정된 때에는 혼동으로 인한 물권소멸 원칙의 예외 규정인 제191조 제1항 단서를 준용하여 임차권은 소멸하지 않는다(대판 2001.5.15, 2000다12693).

## 77.

정답 ④

하 상가건물 임대차보호법

④ 임차인이 임차한 건물의 전부 또는 일부를 고의 또는 중대한 과실로 파손한 경우에 갱신요구를 거절할 수 있으므로 경과실은 해당하지 않는다(상임법 제10조 제1항 제5호).

## 78.

정답 ①

중 집합건물의 소유 및 관리에 관한 법률

① 관리위원회를 둔 경우 관리인은 공용부분의 보존행위를 하려면 관리위원회의 결의를 거쳐야 한다. 다만, 규약으로 달리 정한 사항은 그러하지 아니하다.

## 79.

정답 ②

중 가등기담보 등에 관한 법률

② 청산절차를 거치지 않으면 그 등기는 무효이나, 나중에라도 청산절차를 거치면 실체관계에 부합하는 등기로 유효하다(대판 2002.6.11, 99다41657).

## 80.

정답 ⑤

중 부동산 실권리자명의 등기에 관한 법률

부동산실명법이 적용되지 않는 경우는 ㄱ, ㄷ, ㅁ이다.
ㄱ. 가등기담보법이 적용된다.
ㄴ. 부동산실명법이 적용된다.
ㄷ. 「신탁법」이 적용된다.
ㄹ. 종중·배우자·종교단체의 명의신탁의 경우에도 부동산실명법이 적용된다. 다만, 부부간일지라도 탈세목적으로 명의신탁약정을 하였으므로 무효이다(부동산실명법 제4조, 제8조).
ㅁ. 부동산실명법은 적용되지 않고, 종래 판례이론에 따른다.

## 난이도 및 출제포인트 분석

★ 난이도가 낮은 문제는 해설 페이지를 찾아가 꼭 익혀두세요.

### 1교시 제1과목　부동산학개론

| 문제번호 | 난이도 및 출제포인트 분석 | | 문제번호 | 난이도 및 출제포인트 분석 | |
|---|---|---|---|---|---|
| 1 | 하 부동산의 특성 및 속성 | p.72 | 21 | 상 부동산정책의 의의 및 기능 | p.74 |
| 2 | 중 부동산의 개념과 분류 | p.72 | 22 | 중 토지정책 | p.74 |
| 3 | 하 부동산의 특성 및 속성 | p.72 | 23 | 상 주택정책 | p.75 |
| 4 | 상 부동산의 수요 · 공급이론 | p.72 | 24 | 상 부동산투자분석 및 기법 | p.75 |
| 5 | 상 부동산의 수요 · 공급이론 | p.73 | 25 | 중 부동산투자이론 | p.75 |
| 6 | 상 입지 및 공간구조론 | p.73 | 26 | 중 부동산투자이론 | p.75 |
| 7 | 상 부동산의 수요 · 공급이론 | p.73 | 27 | 중 부동산투자분석 및 기법 | p.75 |
| 8 | 하 조세정책 | p.73 | 28 | 중 부동산투자분석 및 기법 | p.75 |
| 9 | 중 부동산금융 | p.73 | 29 | 하 부동산증권론 및 개발금융 | p.75 |
| 10 | 중 부동산금융 | p.73 | 30 | 상 부동산증권론 및 개발금융 | p.76 |
| 11 | 중 부동산투자분석 및 기법 | p.73 | 31 | 중 부동산이용 및 개발 | p.76 |
| 12 | 상 부동산투자분석 및 기법 | p.73 | 32 | 중 부동산이용 및 개발 | p.76 |
| 13 | 하 부동산의 경기변동 | p.74 | 33 | 하 부동산관리 | p.76 |
| 14 | 하 부동산의 수요 · 공급이론 | p.74 | 34 | 하 부동산마케팅 및 광고 | p.76 |
| 15 | 하 부동산시장 | p.74 | 35 | 하 감정평가의 기초이론 | p.76 |
| 16 | 상 부동산의 수요 · 공급이론 | p.74 | 36 | 중 감정평가의 기초이론 | p.76 |
| 17 | 상 입지 및 공간구조론 | p.74 | 37 | 상 감정평가의 방식 | p.76 |
| 18 | 하 입지 및 공간구조론 | p.74 | 38 | 중 감정평가의 방식 | p.77 |
| 19 | 중 주택정책 | p.74 | 39 | 중 부동산가격공시제도 | p.77 |
| 20 | 하 주택정책 | p.74 | 40 | 상 감정평가의 방식 | p.77 |

### 1교시 제2과목　민법 및 민사특별법

| 문제번호 | 난이도 및 출제포인트 분석 | | 문제번호 | 난이도 및 출제포인트 분석 | |
|---|---|---|---|---|---|
| 41 | 하 법률행위 | p.77 | 61 | 하 용익물권 | p.79 |
| 42 | 상 법률행위 | p.77 | 62 | 중 용익물권 | p.80 |
| 43 | 중 법률행위 | p.77 | 63 | 중 담보물권 | p.80 |
| 44 | 중 의사표시 | p.77 | 64 | 중 담보물권 | p.80 |
| 45 | 중 의사표시 | p.78 | 65 | 하 담보물권 | p.80 |
| 46 | 중 법률행위의 대리 | p.78 | 66 | 중 계약총론 | p.80 |
| 47 | 중 법률행위의 대리 | p.78 | 67 | 상 계약총론 | p.80 |
| 48 | 중 법률행위의 대리 | p.78 | 68 | 중 계약총론 | p.80 |
| 49 | 상 법률행위의 무효와 취소 | p.78 | 69 | 중 계약총론 | p.80 |
| 50 | 중 조건과 기한 | p.78 | 70 | 중 계약각론 | p.80 |
| 51 | 중 물권법 총설 | p.78 | 71 | 하 계약각론 | p.80 |
| 52 | 상 물권의 변동 | p.79 | 72 | 상 계약각론 | p.81 |
| 53 | 하 물권의 변동 | p.79 | 73 | 중 계약각론 | p.81 |
| 54 | 중 물권의 변동 | p.79 | 74 | 중 계약각론 | p.81 |
| 55 | 중 점유권 | p.79 | 75 | 하 계약각론 | p.81 |
| 56 | 상 소유권 | p.79 | 76 | 중 주택임대차보호법 | p.81 |
| 57 | 중 소유권 | p.79 | 77 | 상 상가건물 임대차보호법 | p.81 |
| 58 | 중 소유권 | p.79 | 78 | 중 집합건물의 소유 및 관리에 관한 법률 | p.81 |
| 59 | 중 소유권 | p.79 | 79 | 중 가등기담보 등에 관한 법률 | p.81 |
| 60 | 상 용익물권 | p.79 | 80 | 상 부동산 실권리자명의 등기에 관한 법률 | p.81 |

## 제1과목 부동산학개론

| 1 | 2 | 3 | 4 | 5 | 6 | 7 | 8 | 9 | 10 |
|---|---|---|---|---|---|---|---|---|---|
| ④ | ④ | ③ | ② | ④ | ② | ③ | ③ | ⑤ | ③ |
| 11 | 12 | 13 | 14 | 15 | 16 | 17 | 18 | 19 | 20 |
| ⑤ | ⑤ | ① | ④ | ① | ③ | ② | ⑤ | ④ | ① |
| 21 | 22 | 23 | 24 | 25 | 26 | 27 | 28 | 29 | 30 |
| ① | ② | ② | ① | ⑤ | ③ | ④ | ③ | ⑤ | ② |
| 31 | 32 | 33 | 34 | 35 | 36 | 37 | 38 | 39 | 40 |
| ① | ① | ① | ⑤ | ② | ② | ④ | ① | ④ | ⑤ |

### 💬 선생님의 한마디

정형화된 계산문제(문제의 변형이 크게 없는, 기출된 문제와 유사한)인 소매인력법칙, 분기점모형, 현금수지, 지분투자수익률, 대출규제(LTV, DTI), 융자금 상환방법, 적산가액, 비준가액, 수익가액 계산문제는 연습하시면 시간 안에 해결이 가능한 것이므로 선별하여 준비합니다. 계산문제는 본 시험장에서 3~4문제만 해결할 수 있다면 합격점수 받습니다(해결을 못한 문제는 잘 찍으면 됩니다).

### 1.
정답 ④

하 부동산의 특성 및 속성

④ 토지의 지하에 관한 권리의 하나인 광업권(미채굴광물 등)은 토지소유자의 권리로 인정되지 않는다. 공적 지하권의 범주이다.

### 2.
정답 ④

중 부동산의 개념과 분류

④ 연립주택은 주택으로 쓰는 1개 동의 바닥면적의 합계가 660m²를 초과하고 층수가 4개 층 이하인 주택을 말한다.

### 3.
정답 ③

하 부동산의 특성 및 속성

③ 개별성은 부동산활동이나 부동산현상을 이질화(다르게 나타나게)하는 특성으로서 부동산의 비교를 어렵게 하여 이에 따라 부동산시장 분석이 복잡해지고 다양해진다.

### 4.
정답 ②

상 부동산의 수요 · 공급이론

② 아파트 가격의 변화는 아파트 수요량과 공급량에 영향을 준다.
➡ 가격이 수요량과 공급량을 조절하는 자원배분기능을 말한다. 다른 조건이 일정할 때 아파트 가격이 상승하면 아파트 수요량은 감소하고, 아파트 공급량은 증가한다.

④ 공급이 증가할 때(가격이 하락할 때) 수요의 가격탄력성이 비탄력적일수록 균형가격은 더 많이 하락한다. → 비탄력적일수록 균형가격의 변화폭은 더 크다.

# 5.
정답 ④

상 부동산의 수요 · 공급이론

균형가격 상승 요인(수요가 증가하거나 공급이 감소하는 요인)은 ㄱ, ㄴ, ㅁ, ㅅ, ㅇ 5개이다.
ㄱ. 대체주택 가격의 상승(대체주택 수요량 감소) → 해당 아파트 수요 증가(수요곡선 우측 이동) → 아파트 균형가격 상승
ㄴ. 건축자재 가격의 상승 → 해당 아파트 공급 감소(공급곡선 좌측 이동) → 아파트 균형가격 상승
ㄷ. 아파트 건축기술의 진보 → 해당 아파트 공급 증가(공급곡선 우측 이동) → 아파트 균형가격 하락
ㄹ. 아파트 가격의 하락 → 아파트 수요량 증가: 수요량의 변화(수요곡선 상의 점의 이동)
ㅁ. 인구유입의 증가 → 해당 아파트 수요 증가(수요곡선 우측 이동) → 아파트 균형가격 상승
ㅂ. 수요자의 실질소득 감소 → 해당 아파트 수요 감소(수요곡선 좌측 이동) → 아파트 균형가격 하락
ㅅ. 모기지론 대출금리의 하락 → 해당 아파트 수요 증가(수요곡선 우측 이동) → 아파트 균형가격 상승
ㅇ. 보완재 가격의 하락(보완재 수요량 증가) → 해당 아파트 수요 증가(수요곡선 우측 이동) → 아파트 균형가격 상승

# 6.
정답 ②

상 입지 및 공간구조론

각 점포로 구매하러 갈 중력(유인력)을 구한다.
- A점포의 구매중력(유인력) = $\frac{4,000}{4^2}$ = 250
- B점포의 구매중력(유인력) = $\frac{3,000}{2^2}$ = 750
→ 점포 A, B의 구매지향 비율은 전체 값 1,000 중에서 각각 250:750 이다. 따라서, 각 점포의 구매지향비율(확률)은 25%$\left(= \frac{250}{1,000}\right)$:75% $\left(= \frac{750}{1,000}\right)$이다.
→ 점포 A의 구매인구는 15,000명(= 60,000명 × 25%)이고, A점포의 추정매출액은 18억원(= 15,000명 × 12만원)이다.
∴ X지역의 주민이 A점포를 방문할 확률은 25%이고 A점포의 월 추정매출액은 18억원이다.

# 7.
정답 ③

상 부동산의 수요 · 공급이론

- 수요자 수가 3배로 증가하였으므로 개별수요량보다 시장수요량이 더 탄력적이 되고, 이에 따라 시장수요곡선의 기울기가 완만해진다.
  → 시장수요곡선 기울기의 절댓값이 더 작아진다. 해당 문제는 기울기 값을 구하는 문제이다.
- 개별수요와 시장수요함수의 'P=120'은 동일하고, 최초의 시장수요함수에서 기울기 값인 '6'만 인원수인 3(3배)로 나누어 주면(6 ÷ 3) 된다. 따라서, 새로운 시장수요함수는
  P = 120 - 6Qd → P = 120 - $\frac{6}{3}$Qd → P = 120 - 2Q_M

# 8.
정답 ③

하 조세정책

③ 주택의 공급곡선이 완전비탄력적(수요는 상대적으로 완전탄력적)일 경우, 부과된 세금은 모두 공급자에게 귀착된다. 수요자에게는 전혀 전가되지 않는다.

# 9.
정답 ⑤

중 부동산금융

⑤ 원리금균등상환방식은 원금균등상환방식에 비하여 대출만기까지의 차입자의 누적 원리금이 더 많은 편이다. 즉, 원리금균등상환방식은 원금균등상환방식보다 전체 대출기간 동안 차입자의 이자부담이 더 많다.

# 10.
정답 ③

중 부동산금융

ㄱ은 4억원, ㄴ은 대출불가능이다.
ㄱ. 담보인정비율(LTV)이 50%라는 것은 부동산가격(가치)의 50%까지 대출받을 수 있다는 의미이다. 따라서 주택담보대출 2억원을 받으려면 담보평가가격은 4억원 이상이어야 한다.
  LTV 50% = $\frac{융자금}{부동산가치(a)}$ = $\frac{2억원}{4억원}$
  → 부동산 담보평가가치(a) = 2억원 ÷ 0.5(50%) = 4억원
ㄴ. DTI 40% = $\frac{원리금}{연소득}$ = $\frac{원리금}{6,000만원}$
  → 분자 값인 연간 상환해야 할 원리금은 2,400만원(= 6,000만원 × 0.4)을 넘을 수 없다. 문제의 조건에서 매월 상환액 220만원씩 상환하게 되면(2,640만원 = 220만원 × 12개월) 연간 원리금상환액의 상한인 2,400만원을 초과하기 때문에 대출이 불가능하다.

# 11.
정답 ⑤

중 부동산투자분석 및 기법

- 문제의 조건에서 유효총소득을 제시하였으므로, 가능총소득 자료는 필요하지 않다.
- 순영업소득을 계산하는 과정에서 부채서비스액, 영업소득세 자료도 필요하지 않다.
- 순영업소득 2,000만원 = 유효총소득 2,700만원 - 영업비용(영업경비) 700만원
∴ 순소득승수(자본회수기간) 10 = $\frac{총투자액\ 2억원}{순영업소득\ 2,000만원}$

# 12.
정답 ⑤

상 부동산투자분석 및 기법

- 융자조건이 원금만기일시상환방식이므로 융자액 2.4억원은 전혀 상환되지 않은 상태이다. 따라서 5년 말에 미상환저당잔금은 2.4억원이다.

- 세전지분복귀액의 계산

| | |
|---|---|
| 매도가격 | 6억원 |
| - 매도경비 | 6,000만원(= 6억원 × 0.1) |
| 순매도액 | 5억 4,000만원 |
| - 미상환저당잔금 | 2억 4,000만원 |
| 세전지분복귀액 | 3억원 |

∴ 세전지분복귀액을 계산하는 문제이기 때문에 자본이득세율이라는 자료는 필요하지 않다. 따라서 세전지분복귀액은 3억원이다.

## 13.
정답 ①

⬛하 **부동산의 경기변동**

① 공급자는 언제나 현재의 가격(임대료)에만 반응한다는 것을 전제 하고 있다. 공급자는 전년도 시장에서 형성된 가격이 금년에도 그대로 유지될 것이라는 전제하에 내년의 생산량을 결정한다. 즉, 거미집이론에서는 인간이 미래가격을 합리적으로 예측할 수 없다고 가정한다.

## 14.
정답 ④

⬛하 **부동산의 수요·공급이론**

④ • 가격 변화율과 수요량의 변화율이 동일한 경우를 단위탄력적이라고 한다. ➜ 수요의 가격탄력성 값: 1
  • 미세한 가격의 변화에도 수요량이 무한대로 변하는 경우를 완전탄력적이라고 한다.
⑤ 공급의 가격탄력성 ➜ 가격과 공급량은 비례관계이다.

## 15.
정답 ①

⬛하 **부동산시장**

① 부동산상품의 공공성(부증성·국토성)은 부동산시장에 대한 정부개입 및 법적 규제의 명분을 강화시킨다. ➜ 이용가능한 부동산자원이 한정되어 있으므로 부동산시장은 일반재화시장보다 법적 규제가 많은 편이다.

## 16.
정답 ③

⬛상 **부동산의 수요·공급이론**

1. 수요의 교차탄력성 4.0 = $\dfrac{\text{아파트 수요량의 변화율}}{\text{빌라 가격의 변화율}}$

➜ 교차탄력성이 양수(+) 값이므로 두 재화는 대체관계이다.

2. $4.0 = \dfrac{\dfrac{\text{아파트 수요량의 변화분 200세대}}{\text{아파트 최초 수요량 1,000세대}} = 0.2\ \text{증가}}{\dfrac{\text{빌라의 가격변화분(?)}}{\text{빌라의 최초 가격 3억원}} = \text{빌라 가격(a) 상승}}$

3. 빌라 가격(a) = 0.2 ÷ 4.0 = 0.05(5%) 상승
  • 아파트 수요량이 1,000만원에서 1,200세대로 증가 ➜ 아파트 수요량 변화분 200세대이므로, 분자 값은 '200세대 ÷ 1,000세대 = 0.2(20%) 증가'이다.
  • 따라서, 분모 값 빌라 가격의 변화율(a) = 0.05(5%) 상승(= 0.2 ÷ 4.0)한 것이므로 빌라의 최초가격 3억원 × 0.05(5%) = 1,500만원 상승

4. 대체재의 가격이 상승하면(대체재 수요량 감소), 해당 재화의 수요는 증가하므로, 교차탄력성 4.0 ➜ 빌라가격이 5% 상승함에 따라(빌라의 수요량은 감소하고) 이에 따라 아파트의 수요량은 20% 증가한다.

## 17.
정답 ②

⬛상 **입지 및 공간구조론**

② 전용수입(이전수입)는 어떤 생산요소가 현재의 용도에서 다른 용도로 전용되지 않고 현재의 용도에 사용되도록 지불해야 하는 최소한의 지급액을 말한다.

> ✔ **경제지대**
> • 경제지대는 공급이 제한되어 있거나 공급이 비탄력적인 생산요소에서 발생하는 추가적인 소득, 초과수익(잉여)을 말한다.
> • 생산요소 공급자의 총수입
>  = 전용수입(최소보수) + 경제지대(초과수입·잉여)

## 18.
정답 ⑤

⬛하 **입지 및 공간구조론**

⑤ 최소요구범위 - 판매자가 정상이윤을 얻을 만큼의 충분한 소비자들을 포함하는 경계까지의 거리

## 19.
정답 ④

⬛중 **주택정책**

④ 주택시장이 과열국면(가격 급등)에서 주택의 투기적 수요를 억제하는 것이 부동산시장의 안정화대책이라 할 수 있다. 주택 청약시 '재당첨제한'은 안정화 대책이 될 수 있다. 주택 청약시 재당첨제한을 폐지하게 되면 오히려 주택의 투기적 수요가 증가할 수 있다.
①②③⑤ 주택의 투기적 수요가 감소할 수 있으므로, 주택시장 안정화대책으로 볼 수 있다.

## 20.
정답 ①

⬛하 **주택정책**

① 임대료보조 대신 동일한 금액을 현금으로 제공하면(= 현금보조방식) 임대주택 외에 다른 재화의 소비량은 보조급 지급 전보다 더 많이 늘어날 수 있다. ➜ 현금으로 보조해주면 임차인이 주거지를 자유롭게 선택할 수 있고, 나머지 금액은 다른 재화 소비도 가능하므로 임차인의 효용증대 효과가 더 크다.

## 21.
정답 ①

⬛상 **부동산정책의 의의 및 기능**

옳은 것은 ㄱ, ㄴ, ㄷ이다.
ㄹ. 정부는 생산측면에서 사적 비용과 사회적 비용을 같게 만들기 위해서(일치시키기 위해서), 소비측면에서는 사적 편익과 사회적 편익을 같게 만들기 위해서 부동산시장에 개입할 수 있다. ➜ 정부는 부동산자원의 최적 배분을 위해서 시장에 개입할 수 있다.

## 22.
정답 ②

⬛중 **토지정책**

② 행복주택: 국가나 지방자치단체의 재정이나 주택도시기금의 자금을 지원받아 대학생, 사회초년생, 신혼부부 등 젊은 층의 주거안정을 목적으로 공급하는 공공임대주택

① 규제(보전)지역 토지소유자에게 개발권을 부여하고 이를 시장기구를 통해 보전해주는 제도를 개발권양도제라고 한다.
③ 부동산정책의 의사결정과정에서 가장 우선적으로 수행하는 것은 '부동산문제에 대한 인지'이다.

> ✔ 부동산정책의 의사결정과정
>
> 부동산문제의 인지 ➡ 문제에 대한 정보수집 및 분석 ➡ 여러 가지 대안의 작성 및 평가 ➡ 최적 대안의 선택 ➡ 정책의 집행 ➡ 정책의 평가

④ 국가 및 지방자치단체는 주거급여대상이 아닌 저소득 가구에게도 예산의 범위에서 주거비의 전부 또는 일부를 보조할 수 있다(「주거기본법」 제15조 제3항).
⑤ • 지역지구제는 용도에 맞게 토지이용을 지정하여 공적 주체가 공공용지를 확보하는 수단으로 활용된다.
  • 토지거래허가제는 「부동산 거래신고 등에 관한 법률」에 따라 투기적 거래가 성행하거나 지가급등 우려지역을 토지거래허가구역으로 지정하여 계약 전에 시장·군수·구청장의 허가를 받고 거래(투기적 거래를 방지)하는 제도이다.

## 23.

정답 ②

(상) 주택정책

② 임대주택의 공급이 완전비탄력적일 때(기존의 임대주택이 전혀 감소하지 않고 시장에 그대로 존재할 경우), 임대료 규제로 인한 소득불균형문제가 완화될 수 있다. ➡ 임대인의 수입은 감소하고, 임차인의 임대료부담은 상대적으로 작아지므로 소득재분배효과가 나타난다.

## 24.

정답 ①

(상) 부동산투자분석 및 기법

옳은 것은 ㄱ이다.
ㄱ. 순현가법은 가치합산의 원칙이 성립한다. 두 투자안의 순현가(금액)를 합산한 만큼 부(富)의 극대화를 달성할 수 있다(= 부의 극대화 여부를 판단할 수 있다).
ㄴ. 수익성지수(PI)법은 투자금액에 대한 상대적 수익성이나 투자효율성을 판단하는 지표로 활용된다. 반면, 순현가법은 절대적 금액의 크기로 투자자의 부의 극대화 여부를 판정한다.
ㄷ. 여러 투자대안 중에서 순현가가 가장 큰 것이 수익성지수(PI)도 가장 크다고 볼 수는 없다. ➡ 분석지표에 따라 투자 우선순위는 달라질 수 있다.
ㄹ. 내부수익률(IRR)법, 수익성지수(PI)법은 화폐의 시간가치를 고려한다. 즉, 장래 수익을 현재가치로 할인하여 투자분석하는 방법이다.

## 25.

정답 ⑤

(중) 부동산투자이론

⑤ A투자안이 B투자안보다 기대수익률과 표준편차가 클 경우, 'A투자대안이 B투자대안을 지배한다'라고 하지 않는다. ➡ A투자안은 B투자안보다 상대적으로 고위험-고수익 투자안이다. B투자안은 A투자대안보다 상대적으로 저위험-저수익 투자안이다.
④ 투자안의 표준편차가 작을수록 (투자위험이 작기 때문에) 기대수익률을 달성할 가능성이 높은 편이라고 볼 수 있다. ➡ 실제로 투자하면 다른 투자안보다 기대수익률을 달성할 가능성(확률)이 더 높다는 개념이다.

## 26.

정답 ③

(중) 부동산투자이론

① 부(-)의 지렛대효과가 존재할 때, 대부비율을 낮출수록 자기자본수익률은 이전보다 상승한다. 단, 정(+)의 지렛대효과로 전환되지는 않는다.
② 부동산투자자가 대상부동산을 원하는 시기와 가격에 현금화하지 못하는 경우는 유동성(환금성)위험에 해당한다.
④ 투자자본을 고정금리대출을 이용하여도 금융적 위험은 존재한다. 전액 자기자본으로 투자하면 금융적 위험은 제거될 수 있다.
⑤ 기대수익률이 요구수익률보다 높을 때, 기대수익률이 점차 하락하여 기대수익률과 요구수익률이 같아지는 수준에서 균형을 이루게 된다.

## 27.

정답 ④

(중) 부동산투자분석 및 기법

④ B투자안: 투자액 200만원의 회수기간은 4년이고, 목표회수기간인 3년보다 더 길기 때문에 투자의 타당성이 없다.

> ✔ 단순회수기간법
>
> 투자안의 회수기간 < 목표회수기간 ➡ 투자채택

① 할인율(요구수익률)이 제시되지 않았으므로 각 투자안의 순현가(NPV)는 구할 수 없다.
② A의 투자액은 500만원이고, 이의 단순회수기간은 5년이다.
③ A의 단순회수기간: 5년, B의 단순회수기간: 4년, C의 단순회수기간: 3년
⑤ 할인율을 결정하지 않더라도 현금흐름만을 이용하여 투자안의 내부수익률(IRR)을 구할 수 있다.

## 28.

정답 ③

(중) 부동산투자분석 및 기법

연금의 내가(미래가치)계수의 개념과 공식을 활용한다.

$$\therefore \text{4년 후 적금의 미래가치} = 600\text{만원} \times \frac{(1 + 0.1)^4 - 1}{0.1}$$

$$= 600\text{만원} \times \left( \frac{1.4641 - 1}{0.1} = 4.641 \right) = 27,846,000\text{원}$$

> ✔ 연금의 내가계수
>
> $$\text{연금의 내가계수} = \frac{(1 + r)^n - 1}{r}$$

## 29.

정답 ⑤

(하) 부동산증권론 및 개발금융

⑤ • 자기관리 부동산투자회사 및 자산관리회사는 내부통제기준의 준수 여부를 점검하고 내부통제 기준을 위반할 경우 조사하여 감사에게 보고하는 준법감시인을 상근으로 두어야 한다.
  • 위탁관리 부동산투자회사(명목회사)는 자산의 투자·운용을 외부 자산관리회사에게 위탁하므로 해당 조항을 적용받지 않는다.

## 30.
정답 ②

옳은 것은 ㄱ, ㄴ, ㄹ이다.
ㄴ. 기초자산인 저당대출의 만기와 주택저당증권(MBS)의 만기가 동일할
필요는 없다. 대출의 만기보다 짧은 만기를 갖는 또는 긴 만기를 갖
는 주택저당증권도 발행할 수 있다.
ㄷ. MBB(저당대출담보부 채권)에서 주택저당채권 집합물의 현금흐름(저
당지불액)은 증권발행기관(발행자)에게 귀속된다. 이와는 달리
MPTS(저당대출지분이전증권)에서 주택저당채권 집합물의 현금흐름
(저당지불액)은 증권투자자에게 귀속된다.
ㄹ. 다계층채권(CMO)에서 후순위에 있는 장기투자자들은 채권의 발행
기관의 만기전 변제(조기상환)으로부터 회피할 수 있다.

## 31.
정답 ①

중 부동산이용 및 개발

① 토지이용에 있어 총수익과 총비용이 일치하는 생산량을 조방한계라
고 한다.
- 손익분기점 = 조방한계 ➜ 총수익 = 총비용
- 이윤극대화점 = 집약한계 ➜ 한계수입 = 한계비용

## 32.
정답 ①

중 부동산이용 및 개발

① 부동산개발사업의 입지(부지)를 분석하고, 시장성을 분석하는 것은
부동산시장분석의 구성요소이다. 부동산시장분석은 부동산개발의사
결정을 지원하기 위한 시장의 동향과 추세를 연구하는 활동으로 지
역경제분석, 시장분석, 시장성분석이 이에 해당한다.
②③④⑤ 경제성분석의 구성요소이다. 경제성분석은 부동산시장분석에서
수집된 자료를 활용하여 부동산개발사업의 수익성을 평가하고 최종
투자결정을 하는 것을 말한다. 재무적 타당성분석, 투자분석이 이에
해당한다.

| 부동산시작분석과 경제성분석 | |
|---|---|
| 부동산시장분석 | 개발사업의 채택가능성 평가, 경제성분석에 필요한 정보 · 자료 제공 |
| | 1. **지역경제분석**: 지역경제의 고용, 인구, 소득수준 등을 거시적 관점에서 분석 |
| | 2. **시장분석**: 시장지역의 수요와 공급상황을 분석(근린지역과 부지분석) |
| | 3. **시장성분석**: 개발된 부동산이 현재나 미래의 상황에서 매매되거나 임대될 수 있는 능력을 조사 · 분석 |
| 경제성분석 | 개발사업의 수익성평가, 개발사업에 대한 최종투자결정 |
| | 4. **(재무적)타당성분석**: 개발사업이 투자자의 자금을 유인할 만한 충분한 수익성이 있는지를 분석 |
| | 5. **투자분석**: 투자자의 목적, 할인현금수지분석법을 통하여 최종투자결정 |

## 33.
정답 ⑤

하 부동산관리

⑤ 자가(자치)관리방식은 관리요원이 관리사무에 안일해지기 쉽고(관리
업무의 타성화문제), 관리의 전문성이 낮은 편이다. ➜ 위탁관리는
이러한 자가관리의 단점을 보완해주며 관리의 전문성과 효율성을 제
고할 수 있다.

## 34.
정답 ③

하 부동산마케팅 및 광고

③ 신문매체의 전시광고는 넓은 지면에 캐치프레이즈, 사진, 상세한 설명
등을 자유롭게 광고할 수 있다.

ⓥ 안내광고

한정된 광고란에 간단한 약어 등을 사용하여 동종의 광고를 여러 개 나열하
는 방법이다.

## 35.
정답 ②

하 감정평가의 기초이론

② 교환가치는 대상부동산이 시장에서 매매(매도)되었을 때 형성되는 가
치를 말한다. 반면, 사용가치는 대상부동산이 특정한 용도로 사용되
었을 때 지니는 가치를 말한다.

## 36.
정답 ②

중 감정평가의 기초이론

② 인근지역은 읍(邑) · 면(面) · 동(洞) 등과 같은 행정구역을 말하는 것
이 아니다. 감정평가사가 그 지역범위를 적절하게 선정할 필요가 있다.

ⓥ 인근지역의 개념과 요건

1. **개념**: 감정평가의 대상이 된 부동산(대상부동산)이 속한 지역으로서 부동
산의 이용이 동질적이고 가치형성요인 중 지역요인을 공유하는 지역을 말
한다.
2. **요건**
- 대상부동산의 가치형성에 직접적으로 영향을 주는 지역이다.
- 종합형태로서의 지역사회(도시 · 농촌 등)보다 작은 지역(일부)이다.
- 인근지역 내 부동산은 대상부동산과 용도적 · 기능적 동질성을 갖는다.
- 인근지역은 특정한 토지용도를 중심으로 집중된 지역이다.

## 37.
정답 ④

상 감정평가의 방식

- '환원이율 = 자본(종합)환원율 = 환원율'이다.
- 순영업소득의 계산

| | |
|---|---|
| 가능조소득 | 4,800만원 |
| - 공실 및 불량부채 | 480만원 |
| + 기타소득 | 180만원 |
| 유효조소득 | 4,500만원 |
| - 영업경비 | 1,350만원* |
| 순영업소득 | 3,150만원 |

* 영업경비 1,350만원 = 유효총소득 4,500만원 × 0.3(30%)
- 총투자액 3억원 = 부동산가치(가액) 3억원

$$\therefore 환원이율\ 0.105(10.5\%) = \frac{순영업소득\ 3,150만원}{부동산가치(가액)\ 3억원}$$

## 38.

정답 ①

> **중** 감정평가의 방식

ㄱ은 감가수정, ㄴ은 적산법, ㄷ은 원가법, ㄹ은 거래사례비교법이다.
ㄱ. 「감정평가에 관한 규칙」 제2조 제12호
ㄴ. 같은 규칙 제2조 제6호
ㄷ. 같은 규칙 제15조
ㄹ. 같은 규칙 제18조

## 39.

정답 ④

> **중** 부동산가격공시제도

④ 국토교통부장관은 비주거용 표준부동산을 선정할 때는 일단의 비주거용 일반부동산 중에서 해당 일단의 비주거용 일반부동산을 대표할 수 있는 부동산을 선정하여야 한다. 비주거용 집합부동산가격을 공시할 때에는 비주거용 표준부동산을 선정하지 않고, 한국부동산원 등에 전수조사 의뢰한다.

## 40.

정답 ⑤

> **상** 감정평가의 방식

대상토지 전체에서 평지의 비중은 30%(0.3), 완경사의 비중은 50%(0.5), 급경사의 비중은 20%(0.2)이다. 완경사 부분은 10% 감가, 급경사 부분은 20% 감가를 적용한다.

$$0.91 = (0.3 \times \frac{100}{100}) + (0.5 \times \frac{90}{100}) + (0.2 \times \frac{80}{100})$$

$$= (0.3 \times 1) + (0.5 \times 0.9) + (0.2 \times 0.8)$$

∴ 대상토지가액 9,100,000원 = 표준지(사례) 100,000원/m² × 100m² × 0.91

---

### 제2과목 민법 및 민사특별법

| 41 | 42 | 43 | 44 | 45 | 46 | 47 | 48 | 49 | 50 |
|----|----|----|----|----|----|----|----|----|----|
| ③ | ④ | ⑤ | ⑤ | ② | ⑤ | ① | ⑤ | ④ | ③ |
| 51 | 52 | 53 | 54 | 55 | 56 | 57 | 58 | 59 | 60 |
| ⑤ | ② | ② | ① | ③ | ⑤ | ④ | ② | ③ | ① |
| 61 | 62 | 63 | 64 | 65 | 66 | 67 | 68 | 69 | 70 |
| ③ | ① | ⑤ | ② | ③ | ④ | ④ | ⑤ | ④ | ① |
| 71 | 72 | 73 | 74 | 75 | 76 | 77 | 78 | 79 | 80 |
| ③ | ① | ③ | ② | ① | ② | ④ | ③ | ⑤ | ⑤ |

> **선생님의 한마디** 💬
>
> 1. 공인중개사 시험은 절대평가이므로 무작정 범위만 넓히는 것은 좋은 공부법이 아닙니다. 중요한 내용을 계속 반복하는 것이 필요합니다. 꾸준히 공부하시면 합격은 저절로 따라옵니다.
> 2. 오답체크를 통해 본인의 약점을 파악해서 전략적으로 학습해야 합니다.

## 41.

정답 ③

> **하** 법률행위

③ 「농지법」 소정의 농지취득자격증명은 농지를 취득하는 자가 그 소유권에 관한 등기를 신청할 때에 첨부하여야 할 서류로서, 농지를 취득하는 자에게 농지취득의 자격이 있다는 것을 증명하는 것일 뿐 농지취득의 원인이 되는 매매 등 법률행위의 효력을 발생시키는 요건은 아니다(대판 2008.2.1, 2006다27451).

## 42.

정답 ④

> **상** 법률행위

④ 이중매매가 무효이더라도 제1매수인 乙은 채권자대위권을 행사하여 매도인을 대위하여 제2매수인 丙 앞으로 경료된 소유권이전등기의 말소를 청구할 수 있을 뿐, 직접 제2매수인 丁에 대하여 자신 앞으로의 소유권이전등기를 청구할 수는 없다(대판 1983.4.26, 83다카57).

## 43.

정답 ⑤

> **중** 법률행위

⑤ 당사자가 특정 토지를 계약목적물로 합의한 경우, 자연적 해석에 의하여 합의한 토지에 대하여 계약이 성립한다.

## 44.

정답 ⑤

> **중** 의사표시

⑤ 乙은 유효하게 소유권을 취득하였으므로 乙로부터 전득한 丙은 악의라 할지라도 유효하게 소유권을 취득한다. 따라서 甲과 乙은 丙에 대하여 丙 명의의 등기말소를 청구할 수 없다.

## 45.

정답 ②

옳은 것은 ㄱ, ㄷ이다.

ㄱ. 토지거래가 계약 당사자의 표시와 불일치한 의사(비진의표시, 허위표시 또는 착오) 또는 사기, 강박과 같은 하자 있는 의사에 의하여 이루어진 경우에는, 이들 사유에 의하여 그 거래의 무효 또는 취소를 주장할 수 있는 당사자는 그러한 거래허가를 신청하기 전 단계에서 이러한 사유를 주장하여 거래허가신청 협력에 대한 거절의사를 일방적으로 명백히 함으로써 그 계약을 확정적으로 무효화시키고 자신의 거래허가절차에 협력할 의무를 면할 수 있다(대판 1997.11. 14, 97다36118).

ㄴ. 교환계약에서 목적물의 시가를 묵비하거나 허위로 고지한 것은 사기에 해당하지 않는다(대판 2002.9.4, 2000다54406).

ㄷ. 피용자의 사기는 제3자의 사기에 해당하므로 상대방이 피용자의 사기 사실을 알았거나 알 수 있었을 경우에만 취소가 가능하다(제110조 제2항).

ㄹ. 상대방 있는 의사표시에 관하여 제3자가 사기나 강박을 한 경우에는 상대방이 그 사실을 알았거나 알 수 있었을 경우에 한하여 그 의사표시를 취소할 수 있으나, 상대방의 대리인 등 상대방과 동일시할 수 있는 자의 사기나 강박은 제3자의 사기 · 강박에 해당하지 아니한다(대판 1999.2.23, 98다60828 · 60835).

## 46.

정답 ⑤

옳은 것은 ㄷ, ㄹ이다.

ㄱ. 중도금이나 잔금을 수령할 권한도 있다(대판 1994.2.8, 93다39379).

ㄴ. 권한을 정하지 않은 대리인은 보존행위와 성질이 변하지 않는 이용 · 개량행위만 할 수 있다(제118조).

ㄷ. 본인을 대리하여 금전소비대차 내지 담보권설정계약을 체결할 권한을 수여받은 대리인에게 본래의 계약관계를 해제할 대리권까지 있다고 볼 수 없다(대판 1993.1.15, 92다39365).

ㄹ. 채무의 이행은 당사자 사이에 새로운 이해관계를 형성하는 것이 아니므로 자기계약 · 쌍방대리가 허용된다. 예컨대, 대리인인 법무사가 매도인과 매수인 쌍방을 대리하여 부동산의 등기신청을 하는 것은 자기계약 · 쌍방대리가 허용된다.

## 47.

정답 ①

① 복대리인은 본인이나 제3자에 대하여 대리인과 동일한 권리의무가 있다(제123조 제2항).

## 48.

정답 ⑤

⑤ 무권대리행위의 일부에 대하여 추인을 하거나 변경을 가하여 추인을 하는 것은 상대방의 동의가 없는 한 무효이다(대판 1982.1.26, 81다549).

① 신의칙의 파생원칙인 금반언의 원칙에 반하는 것으로서 허용되지 않는다(대판 1994.9.27, 94다2067).

② 상대방 없는 단독행위(예 재단법인설립행위, 소유권의 포기 등)를 대리권 없이 한 경우에는 언제나 확정적 무효이다. 본인이 추인하더라도 아무런 효력이 생기지 아니한다.

③ 무권대리인의 책임은 무과실책임으로서 대리권의 흠결에 관하여 무권대리인에게 과실 등의 귀책사유가 있어야만 인정되는 것이 아니다.

④ 타인의 권리를 자기의 이름으로 또는 자기의 권리로 처분한 후에 본인이 그 처분을 인정하였다면 특별한 사정이 없는 한 무권대리에 있어서 본인의 추인의 경우와 같이 그 처분은 본인에 대하여 효력을 발생한다(대판 1981.1.13, 79다2151).

## 49.

정답 ④

④ 채무불이행을 이유로 거래계약을 해제하거나 손해배상을 청구할 수도 없다(대판 1997.7.25, 97다4357).

① 이때는 확정적 무효로서 유효하게 될 여지가 없다(대판 2000.4.7, 99다68812).

② 당사자는 서로 거래허가절차에 협력할 의무가 있으며, 따라서 그 협력의무의 이행을 소구할 수 있다(대판 2009.4.23, 2008다50615).

③ 허가구역 지정이 해제되거나 허가구역 지정기간이 만료되었음에도 허가구역 재지정을 하지 아니한 때에는 더 이상 관할 행정청으로부터 토지거래허가를 받을 필요가 없이 확정적으로 유효로 된다(대판 1999.6.17, 98다40459).

⑤ 유동적 무효의 계약의 경우에는 협력의무가 있으므로 강박의 피해자는 강박을 이유로 계약을 취소하여 확정적으로 무효화시키고 이 협력의무를 면할 수 있다(대판 1997.11.14, 97다36118).

## 50.

정답 ③

③ 당사자가 불확정한 사실이 발생한 때를 이행기한으로 정한 경우, 그 사실이 발생한 때는 물론 그 사실의 발생이 불가능하게 된 때에도 그 이행기한은 도래한 것으로 보아야 한다(대판 2007.5.10, 2005다67353).

① 단독행위에는 조건을 붙일 수 없는 것이 원칙이지만, 채무면제와 같이 상대방에게 이익만을 주는 경우에는 조건을 붙일 수 있다.

② 부첩관계의 종료를 해제조건으로 하는 증여계약은 그 조건만이 무효인 것이 아니라 증여계약 자체가 무효이다(대판 1966.6.21, 66다530).

④ 기한은 당사자간의 특약으로도 소급효를 인정할 수 없다.

⑤ 기한은 채무자의 이익을 위한 것으로 추정한다(제153조 제1항).

## 51.

정답 ⑤

⑤ 구분소유의 목적이 되는 하나의 부동산에 대한 등기부상 표시 중 전유부분의 면적 표시가 잘못된 경우, 이는 경정등기의 방법으로 바로잡아야 하는 것이고 그 잘못 표시된 면적만큼의 소유권보존등기의 말소를 구하는 소는 법률상 허용되지 아니하여 부적법하다(대판 2000. 10.27, 2000다39582).

① 물건에 대한 배타적인 사용 · 수익권은 소유권의 핵심적 권능이므로, 소유자가 제3자와의 채권관계에서 소유물에 대한 사용 · 수익의 권능을 포기하거나 사용 · 수익권의 행사에 제한을 설정하는 것을 넘어 이를 대세적, 영구적으로 포기하는 것은 법률에 의하지 않고 새로운 물권을 창설하는 것과 다를 바 없어 허용되지 않는다(대판 2013.8.22, 2012다54133).

② 제185조의 법률은 「헌법」상 의미의 법률만을 가리키며, 명령이나 규칙 등은 포함되지 않는다.

③ 물권의 객체는 독립한 물건이어야 한다. 그러나 용익물권은 예외적으로 1필의 토지의 일부나 1동의 건물의 일부 위에도 설정될 수 있다.

④ 농작물은 명인방법을 갖추지 않아도 그가 부착하고 있는 토지와는 따로 독립한 물건으로서 별개의 소유권의 목적이 된다.

## 52.

정답 ②

**상** 물권의 변동

옳은 것은 ㄱ, ㄹ이다.

ㄱ, ㄴ. 토지소유권은 여전히 甲에게 있으므로 甲은 乙, 丙을 상대로 각 등기의 말소등기를 청구할 수 있고, 丙을 상대로 진정명의회복을 원인으로 한 소유권이전등기를 청구할 수도 있다.

ㄷ. 부동산등기에는 공신력을 인정하지 않으므로 乙은 선의·무과실이라 하더라도 토지의 소유권을 취득할 수 없다.

ㄹ. 丙 명의의 등기가 무효인 경우에도 등기부취득시효의 요건을 갖추면 丙은 그 토지의 소유권을 시효로 취득할 수 있다(제245조 제2항).

## 53.

정답 ②

**하** 물권의 변동

② 전세권이 법정갱신된 경우 이는 법률의 규정에 의한 물권의 변동이므로 전세권갱신에 관한 등기를 필요로 하지 아니하고, 전세권자는 등기 없이도 전세권설정자나 그 목적물을 취득한 제3자에 대하여 갱신된 권리를 주장할 수 있다(대판 2010.3.25, 2009다35743).

## 54.

정답 ①

**중** 물권의 변동

① 제3자에 대해서는 당연히 인정되고 점유와 달리 권리변동의 직접 당사자인 전 등기명의인에 대해서도 추정력이 인정된다(대판 1994.9.13, 94다10160).

## 55.

정답 ③

**중** 점유권

③ 자주점유인지 여부는 점유자의 내심의 의사에 의하여 결정되는 것이 아니라, 점유취득의 원인이 된 권원의 객관적 성질에 따라 결정되어야 한다(대판 1997.8.21, 95다28625).

## 56.

정답 ⑤

**상** 소유권

⑤ 선의의 乙은 과실수취권을 가지고, 통상의 필요비는 청구할 수 없다(제203조 제1항 단서).

## 57.

정답 ④

**중** 소유권

④ 인접지소유자는 공동비용으로 통상의 담을 설치하는 데 협력할 의무가 있다(제237조 제1항).

## 58.

정답 ②

**중** 소유권

②「민법」제245조 제1항의 취득시효기간의 완성만으로는 소유권취득의 효력이 바로 생기는 것이 아니라, 다만 이를 원인으로 하여 소유권취득을 위한 등기청구권이 발생할 뿐이고, 미등기부동산의 경우라고 하여 취득시효기간의 완성만으로 등기 없이도 점유자가 소유권을 취득한다고 볼 수 없다(대판 2006.9.28, 2006다22074).

## 59.

정답 ③

**중** 소유권

③ 공유하는 부동산에 관하여 제3자 명의로 원인무효의 소유권이전등기가 경료되어 있는 경우에 각 공유자의 1인은 제3자에 대하여 자신의 지분만에 관하여 이전등기청구를 할 수 있음은 물론이고, 공유물에 관한 보존행위로서 그 등기 '전부'의 말소를 구할 수 있다(대판 1993.5.11, 92다52870).

① 공유자 사이에 공유물을 사용·수익할 구체적인 방법을 정하는 것은 공유물의 관리에 관한 사항으로서 공유자의 지분의 과반수로써 결정하여야 할 것이고(대판 2002.5.14, 2002다9738), 소수 지분권자는 자신의 지분 범위 내라도 공유토지의 특정부분을 배타적으로 사용할 수는 없다.

② 공유물에 끼친 불법행위를 이유로 하는 손해배상청구권은 특별한 사유가 없는 한 각 공유자는 그 지분에 대응하는 비율의 한도 내에서만 이를 행사할 수 있다(대판 1970.4.14, 70다171).

④ 과반수 지분권의 공유자로부터 사용·수익을 허락받은 점유자에 대하여 소수 지분의 공유자는 점유배제를 구할 수 없다.

⑤ 제3자(戊)는 소수 지분권자(乙)에 대하여도 그 점유로 인하여 법률상 원인 없이 이득을 얻고 있다고는 볼 수 없다(대판 2002.5.14, 2002다9738).

## 60.

정답 ①

**상** 용익물권

옳은 것은 ㄱ, ㄴ이다.

ㄱ. 지료지급의 약정이 있더라도 지료액 또는 그 지급시기 등의 약정을 등기하여야만 그 뒤에 토지소유권 또는 지상권을 양수하는 제3자에게 대항할 수 있다(대판 1999.9.3, 99다24874).

ㄴ. 법정지상권의 경우 당사자 사이에 지료에 관한 협의가 있었다거나 법원에 의하여 지료가 결정되었다는 아무런 입증이 없다면, 법정지상권자가 지료를 지급하지 않았다고 하더라도 지료 지급을 지체한 것으로는 볼 수 없으므로 법정지상권자가 2년 이상의 지료를 지급하지 아니하였음을 이유로 하는 토지소유자의 지상권소멸청구는 이유가 없다(대판 2001.3.13, 99다17142).

ㄷ. 지상권자의 지료 지급연체가 토지소유권의 양도 전후에 걸쳐 이루어진 경우 토지양수인에 대한 연체기간이 2년이 되지 않는다면 양수인은 지상권소멸청구를 할 수 없다(대판 2001.3.13, 99다17142).

ㄹ. 지상권이 저당권의 목적인 때 또는 그 토지에 있는 건물, 수목이 저당권의 목적이 된 때에는 전조의 청구는 저당권자에게 통지한 후 상당한 기간이 경과함으로써 그 효력이 생긴다(제288조).

## 61.

정답 ③

**하** 용익물권

① 지역권은 계속되고 표현된 것에 한하여 시효취득할 수 있다(제294조).

② 요역지의 소유권이 이전되거나 또는 다른 권리의 목적이 된 때에는 지역권도 이와 법률적 운명을 같이한다(제292조 제1항).

④ 다른 공유자도 이를 취득한다(제295조 제1항).

⑤ 다른 공유자를 위하여 효력이 있다(제296조).

## 62.
정답 ①

중 용익물권

① 전세권설정계약의 당사자가 전세권의 핵심인 사용·수익 권능을 배제하고 채권담보만을 위해 전세권을 설정하였다면, 법률이 정하지 않은 새로운 내용의 전세권을 창설하는 것으로서 물권법정주의에 반하여 허용되지 않고 이러한 전세권설정등기는 무효라고 보아야 한다(대판 2021.12.30, 2018다40235).

## 63.
정답 ⑤

중 담보물권

⑤ 유치권은 점유가 성립요건이지만, 동시이행항변권은 점유를 요건으로 하지 않는다.

## 64.
정답 ②

중 담보물권

② 종물(從物)도 부합물과 마찬가지로 저당권설정 전에 종물로 되었는가 그 후에 종물로 되었는가를 묻지 않는다(대결 1971.12.10, 71마757).

## 65.
정답 ③

하 담보물권

③ 근저당권은 피담보채무에 대한 부종성이 완화되어 있는 관계로 피담보채무가 확정되기 이전이라면 채무의 범위나 또는 채무자를 변경할 수 있다(대판 1999.5.14, 97다15777·15784).

## 66.
정답 ④

중 계약총론

계약이 성립한 경우는 ㄴ, ㄹ이다.
ㄱ. 甲이 乙에게 청약을 했는데 청약의 상대방이 아닌 丙이 승낙했으므로 계약은 성립하지 않는다.
ㄴ. 제111조 제2항
ㄷ. 승낙자가 청약에 대하여 조건을 붙이거나 변경을 가하여 승낙한 때에는, 그 청약의 거절과 동시에 새로 청약한 것으로 의제되어(제534조) 계약은 성립하지 않는다.
ㄹ. 甲과 乙 사이에 청약과 청약만이 존재하지만 내용이 일치하므로 계약은 성립한다(제533조, 교차청약).

## 67.
정답 ④

상 계약총론

동시이행관계에 있는 것은 3개(ㄱ, ㄴ, ㄹ)이다.
ㄱ. 매수인이 부동산에 관한 매매계약을 착오를 이유로 취소함으로써 그 원상회복으로서 매수인은 매도인에게 이 사건 부동산에 관하여 소유권이전등기의 말소등기절차를 이행할 의무가 있고, 또한 매도인은 매수인에게 수령한 매매대금을 반환할 의무가 있는바, 각 의무는 동시이행의 관계에 있다(대판 2001.7.10, 2001다3764).
ㄴ. 원래 부동산의 매매계약시 그 부동산의 양도로 인하여 매도인이 부담할 양도소득세를 매수인이 부담하기로 하는 특약을 하였다 하여도 매수인이 양도소득세를 부담하기 위한 이행제공의 형태, 방법, 시기 등이 매도인의 소유권이전등기의무와 견련관계에 있다고 인정되는

경우에 한하여 매도인의 소유권이전등기의무와 매수인의 양도소득세액 제공의무는 서로 동시이행의 관계에 있다(대판 1995.3.10, 94다27977).
ㄷ. 채무자는 자신의 채무를 먼저 변제하여야 담보권의 말소를 청구할 수 있다(대판 1989.10.13, 88다카29351).
ㄹ. 임대차계약의 기간이 만료된 경우에 임차인이 임차목적물을 명도할 의무와 임대인이 보증금 중 연체차임 등 당해 임대차에 관하여 명도시까지 생긴 모든 채무를 청산한 나머지를 반환할 의무는 동시이행의 관계가 있다(대판 1977.9.28, 77다1241).

## 68.
정답 ⑤

중 계약총론

⑤ 수익자는 계약의 당사자는 아니지만 계약으로부터 직접 채권을 취득하므로 제3자 보호규정에 있어서의 제3자가 아니다.

## 69.
정답 ④

중 계약총론

계약해제시 보호되는 제3자에 해당하지 않는 자는 ㄴ, ㄹ이다.
ㄱ. 해제된 계약에 의하여 채무자의 책임재산이 된 계약의 목적물을 가압류한 가압류채권자는 계약해제시 보호되는 제3자에 해당한다(대판 2000.1.14, 99다40937).
ㄴ. 계약이 해제되기 이전에 그 계약상의 채권을 양수하여 이를 피보전권리로 하여 처분금지가처분결정을 받은 채권자나 해제로 인하여 소멸되는 채권 그 자체를 압류·가압류한 자도 보호되지 않는다(대판 2000.8.22, 2000다23433 등).
ㄷ. 제548조 제1항 단서의 제3자는 일반적으로 해제된 계약으로부터 생긴 법률효과를 기초로 하여 해제 전에 새로운 이해관계를 가졌을 뿐만 아니라 등기, 인도 등으로 권리를 취득한 사람을 말한다(대판 2014.12.11, 2013다14569).
ㄹ. 제3자는 '계약의 목적물'에 관하여 권리를 취득한 자를 말하므로, '토지'의 매매계약이 매수인의 대금미지급으로 해제된 경우에 그 토지 위에 신축된 '건물'을 매수한 자는 보호되는 제3자에 해당하지 않는다(대판 1991.5.28, 90다카16761).

## 70.
정답 ①

중 계약각론

① 「민법」 제565조 제1항에서 말하는 당사자의 일방이라는 것은 매매 쌍방 중 어느 일방을 지칭하는 것이므로, 매수인이 중도금을 지급하여 이미 이행에 착수한 이상 매수인은 「민법」 제565조에 의하여 계약금을 포기하고 매매계약을 해제할 수 없다(대판 2000.2.11, 99다62074).

## 71.
정답 ③

하 계약각론

③ 환매특약의 등기는 매수인의 권리취득의 등기에 부기하고, 이 등기는 환매에 의한 권리취득의 등기를 한 때에는 이를 말소하도록 되어 있으며 환매에 의한 권리취득의 등기는 이전등기의 방법으로 하여야 할 것인 바, 설사 환매특약부 매매계약의 매도인이 환매기간 내에 매수인에게 환매의 의사표시를 한 바 있다고 하여도 그 환매에 의한 권리취득의 등기를 함이 없이는 부동산에 가압류집행을 한 자에 대하여 이를 주장할 수 없다(대판 1990.12.26, 90다카16914).

## 72.

정답 ①

옳은 것은 ㄱ, ㄴ이다.
ㄱ. 쌍무계약의 당사자 일방의 채무가 당사자 쌍방의 책임 없는 사유로 이행할 수 없게 된 때에는 채무자는 상대방의 이행을 청구하지 못한다(제537조).
ㄴ, ㄷ. 쌍무계약의 당사자 일방의 채무가 채권자의 책임 있는 사유로 이행할 수 없게 된 때에는 채무자는 상대방의 이행을 청구할 수 있다. 채권자의 수령지체 중에 당사자 쌍방의 책임 없는 사유로 이행할 수 없게 된 때에도 같다(제538조 제1항).
ㄹ. 甲의 건물에 저당권이 설정되었고 그 저당권이 실행된 경우 악의의 매수인 乙은 매매계약을 해제할 수도 있고 손해배상도 청구할 수 있다(제576조 제1항·제3항).

## 73.

정답 ③

중 계약각론

③ 교환계약은 유상계약이므로 매매에 관한 규정이 준용되어(제567조) 담보책임을 부담한다.

## 74.

정답 ②

중 계약각론

② 제641조
① 임대차가 채부불이행으로 인한 해지에 의하여 종료된 경우 부속물매수청구권이 발생하지 않는다(대판 1990.1.23, 88다카7245).
③ 목적물에 파손 또는 장해가 생긴 경우에 그 수선의무는 원칙적으로 임대인이 부담한다. 이는 임대인 자신에게 귀책사유가 없는 훼손의 경우에도 마찬가지다(대판 2010.4.29, 2009다96984).
④ 건물임차인이 건물의 소부분을 타인에게 사용하게 하는 경우에는 임대인의 동의를 요하지 않는다(제632조).
⑤ 임대인의 동의 없는 무단양도의 경우에도 임차인의 당해 행위가 임대인에 대한 배신행위라고 인정할 수 없는 특별한 사정이 있는 경우에는 임대인의 해지권은 발생하지 않는다(대판 1993.4.27, 92다45308).

## 75.

정답 ①

하 계약각론

① 비용상환청구권은 일시사용을 위한 임대차의 임차인에게도 적용된다(제653조).

## 76.

정답 ②

중 주택임대차보호법

② 乙이 주민등록을 X주택으로 옮긴 다음 날 丙이 그 주택의 소유권을 취득하였다면 乙은 임대차관계가 종료한 후에 보증금의 반환을 丙에게 청구해야 한다.

## 77.

정답 ④

상 상가건물 임대차보호법

임대차계약의 체결을 거절할 수 있는 경우는 3개(ㄱ, ㄴ, ㄹ)이다.
ㄱ. 임차인이 주선한 신규임차인이 되려는 자가 보증금 또는 차임을 지급할 자력이 없는 경우(상임법 제10조의4 제2항 제1호)
ㄴ. 임차인이 주선한 신규임차인이 되려는 자가 임차인으로서의 의무를 위반할 우려가 있거나 그 밖에 임대차를 유지하기 어려운 상당한 사유가 있는 경우(동법 제10조의4 제2항 제2호)
ㄷ. 임대차목적물인 상가건물을 1년 6개월 이상 영리목적으로 사용하지 아니한 경우(동법 제10조의4 제2항 제3호)
ㄹ. 임대인이 선택한 신규임차인이 임차인과 권리금계약을 체결하고 그 권리금을 지급한 경우(동법 제10조의4 제2항 제4호)

## 78.

정답 ③

중 집합건물의 소유 및 관리에 관한 법률

③ 아파트의 특별승계인은 전 입주자의 체납관리비 중 공용부분에 관하여는 이를 승계하여야 한다(대판 2001.9.20, 2001다8677 전원합의체).
① 관리인은 규약에 달리 정한 바가 없으면 관리위원회의 위원이 될 수 없다(집합건물법 제26조의4 제2항).
② 관리위원회 위원은 질병, 해외체류 등 부득이한 사유가 있는 경우 외에는 서면이나 대리인을 통하여 의결권을 행사할 수 없다(동법 시행령 제10조 제2항).
④ 최고는 반드시 서면으로 하여야 한다.
⑤ 분리처분금지는 그 취지를 등기하지 아니하면 선의로 물권을 취득한 제3자에 대항하지 못한다(동법 제20조 제3항).

## 79.

정답 ⑤

중 가등기담보 등에 관한 법률

⑤ 소비대차에 기한 차용금반환채무만이 남게 되었으므로 가등기담보법이 적용된다(대판 2004.4.27, 2003다29968).
① 가등기의 주된 목적이 매매대금채권의 확보에 있고, 대여금채권의 확보는 부수적 목적인 경우에는 가등기담보법이 적용되지 않는다(대판 2002.12.24, 2002다50484).
② 매매대금채권의 담보를 위하여 양도담보권이 설정된 후 대여금채권이 그 피담보채권에 포함되게 된 경우 가등기담보법이 적용되지 않는다(대판 2001.3.23, 2000다29356).
③ 예약 당시 목적물의 가액이 차용액 및 그에 붙인 이자액을 초과하는 경우에만 가등기담보법이 적용된다(동법 제1조).
④ 가등기담보법은 소비대차의 경우에만 적용되므로 공사대금채권이나 매매대금채권을 담보하기 위하여 가등기가 경료된 경우에는 동법이 적용될 수 없다.

## 80.

정답 ⑤

상 부동산 실권리자명의 등기에 관한 법률

⑤ 甲과 乙간의 명의신탁약정은 무효이며, 수탁자 乙 명의의 등기도 무효이다. 이때, 그 부동산의 소유권은 여전히 매도인 丙에게 있는 것이므로 丙은 乙에게 무효인 등기의 말소를 청구할 수 있는 권리를 갖게 되며, 한편 甲은 丙에 대한 매수인으로서 소유권이전등기청구권을 가지므로, 결국 甲은 丙을 대위하여 乙에게 이전등기의 말소를 구할 수 있다(대판 1999.9.17, 99다21738).
① 甲과 丙간의 매매계약은 효력이 있으며, 甲은 丙에 대해서 소유권이전등기청구권을 가진다.
② 수탁자 乙의 등기는 무효이며, 따라서 소유권이나 금전상의 이득을 취득한 것이 없다.
③ 명의신탁약정은 무효이므로 할 수 없다.
④ 부당이득반환청구권은 부동산 자체로부터 발생한 채권이 아닐 뿐만 아니라 소유권 등에 기한 부동산의 반환청구권과 동일한 법률관계나 사실관계로부터 발생한 채권이라고 보기도 어려우므로, 결국 제320조 제1항에서 정한 유치권 성립요건으로서의 목적물과 채권 사이의 견련관계를 인정할 수 없다(대판 2009.3.26, 2008다34828).

▶ 무료 해설강의　　▶ 실시간 합격예측 서비스
* 제35회 공인중개사 시험일까지 제공

## 난이도 및 출제포인트 분석

★ 난이도가 낮은 문제는 해설 페이지를 찾아가 꼭 익혀두세요.

### 1교시 제1과목　부동산학개론

| 문제번호 | 난이도 및 출제포인트 분석 | | 문제번호 | 난이도 및 출제포인트 분석 | |
|---|---|---|---|---|---|
| 1 | 중 부동산마케팅 및 광고 | p.82 | 21 | 상 부동산투자분석 및 기법 | p.85 |
| 2 | 상 입지 및 공간구조론 | p.82 | 22 | 중 입지 및 공간구조론 | p.85 |
| 3 | 중 입지 및 공간구조론 | p.83 | 23 | 상 부동산투자분석 및 기법 | p.85 |
| 4 | 상 부동산의 수요 · 공급이론 | p.83 | 24 | 상 부동산정책의 의의 및 기능 | p.85 |
| 5 | 상 부동산의 수요 · 공급이론 | p.83 | 25 | 상 부동산투자이론 | p.85 |
| 6 | 하 주택정책 | p.83 | 26 | 중 부동산금융 | p.85 |
| 7 | 하 부동산증권론 및 개발금융 | p.83 | 27 | 상 부동산증권론 및 개발금융 | p.85 |
| 8 | 하 부동산의 개념과 분류 | p.83 | 28 | 하 부동산의 수요 · 공급이론 | p.86 |
| 9 | 중 부동산시장 | p.83 | 29 | 상 부동산이용 및 개발 | p.86 |
| 10 | 상 부동산의 경기변동 | p.83 | 30 | 하 부동산증권론 및 개발금융 | p.86 |
| 11 | 하 부동산정책의 의의 및 기능 | p.84 | 31 | 중 부동산증권론 및 개발금융 | p.86 |
| 12 | 하 토지정책 | p.84 | 32 | 하 부동산가격공시제도 | p.86 |
| 13 | 하 부동산관리 | p.84 | 33 | 상 부동산금융 | p.86 |
| 14 | 상 입지 및 공간구조론 | p.84 | 34 | 상 감정평가의 방식 | p.86 |
| 15 | 중 조세정책 | p.84 | 35 | 중 감정평가의 방식 | p.86 |
| 16 | 하 부동산의 경기변동 | p.84 | 36 | 중 감정평가의 기초이론 | p.86 |
| 17 | 중 부동산금융 | p.84 | 37 | 중 감정평가의 기초이론 | p.87 |
| 18 | 중 부동산의 수요 · 공급이론 | p.84 | 38 | 하 감정평가의 방식 | p.87 |
| 19 | 하 부동산의 특성 및 속성 | p.84 | 39 | 상 감정평가의 방식 | p.87 |
| 20 | 상 부동산투자분석 및 기법 | p.84 | 40 | 중 부동산학의 이해 및 부동산활동 | p.87 |

### 1교시 제2과목　민법 및 민사특별법

| 문제번호 | 난이도 및 출제포인트 분석 | | 문제번호 | 난이도 및 출제포인트 분석 | |
|---|---|---|---|---|---|
| 41 | 하 법률행위 | p.87 | 61 | 상 용익물권 | p.89 |
| 42 | 중 법률행위 | p.87 | 62 | 상 담보물권 | p.89 |
| 43 | 상 법률행위 | p.87 | 63 | 하 담보물권, 용익물권 | p.90 |
| 44 | 상 의사표시 | p.87 | 64 | 중 담보물권 | p.90 |
| 45 | 중 의사표시 | p.88 | 65 | 상 담보물권 | p.90 |
| 46 | 상 법률행위의 대리 | p.88 | 66 | 하 담보물권 | p.90 |
| 47 | 중 법률행위의 대리 | p.88 | 67 | 하 계약총론 | p.90 |
| 48 | 중 법률행위의 대리 | p.88 | 68 | 하 계약총론 | p.90 |
| 49 | 중 법률행위의 대리 | p.88 | 69 | 중 계약총론 | p.90 |
| 50 | 중 조건과 기한 | p.88 | 70 | 중 계약총론 | p.90 |
| 51 | 하 물권법 총설 | p.88 | 71 | 상 계약각론 | p.91 |
| 52 | 상 물권의 변동 | p.88 | 72 | 중 계약각론 | p.91 |
| 53 | 중 물권의 변동 | p.89 | 73 | 중 계약각론 | p.91 |
| 54 | 중 물권의 변동 | p.89 | 74 | 중 계약각론 | p.91 |
| 55 | 하 점유권 | p.89 | 75 | 하 계약각론 | p.91 |
| 56 | 하 점유권 | p.89 | 76 | 중 계약각론 | p.91 |
| 57 | 중 소유권 | p.89 | 77 | 상 상가건물 임대차보호법 | p.91 |
| 58 | 상 소유권 | p.89 | 78 | 상 집합건물의 소유 및 관리에 관한 법률 | p.91 |
| 59 | 하 용익물권 | p.89 | 79 | 중 가등기담보 등에 관한 법률 | p.92 |
| 60 | 하 용익물권 | p.89 | 80 | 상 부동산 실권리자명의 등기에 관한 법률 | p.92 |

## 제1과목 부동산학개론

| 1 | 2 | 3 | 4 | 5 | 6 | 7 | 8 | 9 | 10 |
|---|---|---|---|---|---|---|---|---|---|
| ④ | ④ | ② | ③ | ③ | ⑤ | ① | ⑤ | ⑤ | ② |
| 11 | 12 | 13 | 14 | 15 | 16 | 17 | 18 | 19 | 20 |
| ① | ① | ⑤ | ③ | ⑤ | ⑤ | ④ | ③ | ④ | ① |
| 21 | 22 | 23 | 24 | 25 | 26 | 27 | 28 | 29 | 30 |
| ③ | ③ | ⑤ | ① | ② | ⑤ | ④ | ① | ② | ① |
| 31 | 32 | 33 | 34 | 35 | 36 | 37 | 38 | 39 | 40 |
| ③ | ③ | ② | ③ | ③ | ④ | ④ | ① | ② | ④ |

### 선생님의 한마디

80점 이상은 1차 시험에서 유의미한 점수가 아닙니다. 자기만족에 빠지지 않도록, 점수(고득점)에 대한 지나친 과욕을 자제하시고 「민법」 과목과의 균형적 학습시간 배분이 필요할 것입니다. 계산문제에 너무 많은 시간을 투자하시면 득보다 실이 클 수 있습니다. 시험시간 배분에 대해서도 안일하게 대응해서는 안 됩니다. 시간이 부족하여 급하게 찍어서 과락점수(40점 미만)를 받아서는 안 됩니다.

## 1.
정답 ④

중 부동산마케팅 및 광고

① 부동산마케팅의 책임자는 경쟁업자, 대중, 유통경로 구성원 등의 마케팅의 미시적 환경에 대한 분석을 수행할 필요가 있다.
② 거주자의 라이프 스타일 등을 반영한 아파트의 설계는 마케팅 4P MIX 중 제품(product)전략이다. 유통경로(place)전략이란 공인중개사나 분양대행사 등 중간상을 활용하는 전략을 말한다.
③ 안내광고는 신문광고 중의 하나로, 약어 등을 사용하여 동종의 광고를 여러 개 나열한 것이다. 전시광고는 넓은 지면에 상품의 내용을 상세하게 수록한 것이다(신문의 전면광고 등).
⑤ 공급자의 전략차원으로서 표적시장을 선점하거나 틈새시장을 점유하는 것을 시장점유마케팅전략이라 한다.

## 2.
정답 ④

상 입지 및 공간구조론

④ 파레토(V. Pareto)에 따르면 생산요소공급이 완전비탄력적인 경우에는 생산요소공급자의 총수입은 모두 경제지대가 된다. ➜ 생산요소공급이 비탄력적일수록 경제지대는 커진다.

✔ 경제지대

공급이 제한된, 공급이 비탄력적인 생산요소로부터 발생하는 초과수익(추가적인 보수 ➜ 잉여)을 말한다.

# 3.

**중 입지 및 공간구조론**

틀린 것은 ㄱ, ㄹ이다.
ㄱ. 헤이그의 마찰비용이론은 중심지로부터 거리가 멀어질수록 교통비는 증가하고 지대는 감소한다고 보고 교통비의 중요성을 강조하였다.
ㄹ. 버제스의 동심원이론에 의하면 중심업무지구에 가까울수록 범죄, 빈곤 및 질병이 많아지는 경향을 보인다.

# 4.

정답 ③

**상 부동산의 수요 · 공급이론**

아파트의 균형가격을 상승시키고 동시에 균형거래량을 감소시키는 요인(≒ 공급의 감소)은 ㄷ, ㄹ이다.
ㄱ. 해당 주거지역에 순유입인구 증가 ➡ 아파트 수요 증가 ➡ 아파트 균형가격 상승, 균형거래량 증가
ㄴ. 대체관계에 있는 단독주택가격의 상승(단독주택수요량 감소) ➡ 아파트 수요 증가 ➡ 아파트 균형가격 상승, 균형거래량 증가
ㅁ. 아파트 건축기술의 진보 ➡ 공급 증가 ➡ 아파트 균형가격 하락, 균형거래량 증가

# 5.

정답 ③

**상 부동산의 수요 · 공급이론**

1. 오피스텔 수요의 가격탄력성 0.6 ➡ 오피스텔가격 4% 상승으로 오피스텔 수요량이 2.4% 감소하고,
2. 아파트 가격에 대한 오피스텔 수요의 교차탄력성 0.5 ➡ 아파트 가격 4% 상승으로(아파트 수요량은 감소하고) 오피스텔 수요량이 2% 증가하였으므로, 소득탄력성 $x$에 의한 소득 4% 증가로 오피스텔 수요량이 0.4% 증가하여야만, 이 세 가지 조건에 따른 오피스텔 전체(총) 수요량의 변화율이 0이 된다.

| ⓐ 가격탄력성에 의한 수요량 2.4% 감소 + | |
|---|---|
| ⓑ 교차탄력성에 의한 수요량 2.0% 증가 + | ➡ 오피스텔 전체 수요량 변화 0 |
| ⓒ 소득탄력성에 의한 수요량 0.4% 증가 + | |

즉, ⓐ 2.4% 감소 + ⓑ 2.0% 증가 + ⓒ 0.4% 증가 = 전체 수요량 변화율 0

3. [(가격탄력성 0.6 = $\dfrac{ⓐ\ 2.4\%↓}{4\%↑}$) + (교차탄력성 0.5 = $\dfrac{ⓑ\ 오피스텔\ 수요량\ 2\%↑}{아파트가격\ 4\%↑}$) + (소득탄력성 $x$ = $\dfrac{ⓒ\ 수요량\ 0.4\%↑}{소득\ 4\%↑}$)] ➡ 분자 값인 오피스텔 전체 수요량 0이 된다.

오피스텔수요의 가격탄력성, 아파트 가격 변화율에 대한 오피스텔 수요의 교차탄력성, 수요의 소득탄력성의 세 가지 조건을 모두 고려(반영)한 오피스텔의 전체 수요량의 변화율이 0이라는 의미이다.
따라서 소득탄력성 $x$는 0.1이다.

# 6.

정답 ⑤

**하 주택정책**

⑤ 정부에서 임대료 보조를 주택재화의 구입에만 한정한다 할지라도(➡ 가격보조) 보조금 지급 이후 보조를 받은 임차인의 실질소득이 향상되는 효과가 있다. ➡ 임대주택 이외에 다른 재화의 소비량이 이전보다 늘어날 수 있다.

# 7.

정답 ①

**하 부동산증권론 및 개발금융**

① 담보신탁을 신탁증서금융이라고도 한다. ➡ 부채금융기법
② 처분신탁: 부동산 소유자가 부동산의 처분을 신탁회사(수탁자)에게 위임하기 위하여 신탁등기하는 것을 말한다.
③ 개발신탁: 토지를 위탁받아 개발 · 관리 · 처분하는 신탁을 말한다.
④ 관리신탁: 소유권을 이전받아 신탁재산의 전부를 관리하여 수익자에게 돌려주는 신탁을 말한다.
⑤ 명의신탁: 소유관계를 공시하도록 되어 있는 재산에 대하여 소유자 명의를 실소유자가 아닌 다른 사람 이름으로 해놓는 것을 말한다.

# 8.

정답 ⑤

**하 부동산의 개념과 분류**

⑤ 공장용지는 「공간정보의 구축 및 관리 등에 관한 법률」에 근거하는 지목이다.
①②③④ 후보지, 빈지, 유휴지, 포락지는 '지목'이 아니라 토지이용활동(부동산활동)상 용어이다.

# 9.

정답 ⑤

**중 부동산시장**

⑤ 저소득층 주거지역으로 상위계층이 유입되면 주택의 상향여과가 발생하고, 저소득층 주거지역은 점차 고소득층 주거지역으로 변해갈 것이다.

# 10.

정답 ②

**상 부동산의 경기변동**

공급의 가격탄력성이 작을수록(비탄력적일수록), 공급곡선 기울기가 급할수록, 공급곡선 기울기 절댓값이 클수록 수렴형이 된다.
이 수렴형에 해당하는 것은 ㄱ, ㄷ이다.

ㄱ. $Qd = 400 - \dfrac{1}{2}P$, $3Qs = -10 + P$

기울기 값을 찾기 위해 각 함수를 'P='으로 정리한다.

수요함수 $Qd = 400 - \dfrac{1}{2}P$ ➡ $\dfrac{1}{2}P = 400 - Qd$

양변에 2를 곱한다.

$2 × \dfrac{1}{2}P = 2 × (400 - Qd)$ ➡ $P = 800 - 2Qd$

따라서, 수요곡선 기울기 값은 2이다.
공급함수에서 공급곡선 기울기 값은 3이므로 공급곡선 기울기 값이 더 크다(공급이 더 비탄력적) ➡ 수렴형
ㄴ. 수요의 가격탄력성 절댓값이 공급의 가격탄력성 절댓값보다 작은 경우 ➡ 상대적으로 공급이 더 탄력적 ➡ 발산형
ㄷ. 수요곡선 기울기의 절댓값 0.8 > 공급곡선 기울기의 절댓값 1.2 기울기는 절댓값이므로 음(-)의 값을 고려하지 않는다. 기울기의 절댓값이 클수록 더 비탄력적이다(수요는 탄력적, 상대적으로 공급은 더 비탄력적) ➡ 수렴형
ㄹ. 공급곡선의 기울기가 수요곡선의 기울기보다 완만한 경우 ➡ 상대적으로 공급이 더 탄력적 ➡ 발산형

## 11.
정답 ①

**하 부동산정책의 의의 및 기능**

① 재화의 동질성은 효율적 자원배분의 상태인 완전경쟁시장의 요건이
므로 시장실패의 원인이 아니다.

> ⓥ 시장실패의 원인
>
> 1. 불완전경쟁      2. 규모의 경제
> 3. 공공재          4. 정보의 비대칭(불완전성)
> 5. 외부효과

## 12.
정답 ①

**하 토지정책**

① • 토지선매제도는 공익목적을 위하여 사적 거래에 우선하여 국가 ·
지방자치단체 · 한국토지주택공사 등이 그 토지를 매수할 수 있는
제도를 말한다.
• 수용제도는 국가 등 공적 주체가 토지를 강제매수하는 것을 말한다.

## 13.
정답 ②

**하 부동산관리**

② 부동산투자회사 등 부동산간접투자제도(부동산투자회사, 부동산펀드
등)가 활발해질수록 전문적인 위탁관리의 필요성이 높아진다.

## 14.
정답 ③

**상 입지 및 공간구조론**

두 도시로의 구매지향비율은 1:1이므로

$$\frac{A}{B} = \frac{A도시의\ 인구}{B도시의\ 인구} \times \left(\frac{B도시까지의\ 거리}{A도시까지의\ 거리}\right)^2 = \frac{1}{1}$$

$$= \frac{16만명}{4만명} \times \left(\frac{B도시까지의\ 거리\ b}{A도시까지의\ 거리\ a}\right)^2 = \frac{1}{1}$$

$$= \frac{4}{1} \times \left(\frac{B도시까지의\ 거리\ 1}{A도시까지의\ 거리\ 2}\right)^2 = \frac{1}{1}$$

두 도시간의 거리는 전체 3(= 2 + 1) 중에서 'A도시 2:B도시 1'의 비율
로 분기되어 있다.

따라서, 전체 15km 중에서 (A)2:(B)1의 비율이므로 15km $\times \frac{2}{3}$ = A

도시로부터 10km 지점이 상권의 경계선이다.

## 15.
정답 ③

**중 조세정책**

③ 납세의무자가 공급자일 때, 공급이 비탄력적일수록(수요는 상대적으
로 탄력적 ➡ 세금이 수요자에게 잘 전가되지 않으므로 수요자는 더
높은 가격을 지불하지 않아도 되며, 세금으로 인한 소비량이 감소하
지 않기 때문에) 세금부과에 의한 경제적 순(후생)손실은 작아진다.
⑤ 공급곡선이 수요곡선에 비하여 더 탄력적이면, 수요가 상대적으로 더
비탄력적이다. 가격탄력성이 더 비탄력인 쪽이 더 많은 세금을 부담
하게 된다.

## 16.
정답 ⑤

**하 부동산의 경기변동**

⑤ 상향시장에서 과거의 매매사례가격은 현재시점에서 하한선이 된다.

## 17.
정답 ⑤

**중 부동산금융**

⑤ 한국주택금융공사가 보증하는 주택연금은 기존의 주택담보대출을 이
용하고 있는 상태에서도 이용할 수 있다. ➡ '주택담보대출상환용 연
금'이 있다.

## 18.
정답 ④

**중 부동산의 수요 · 공급이론**

④ 공급이 증가할 때(= 가격이 하락할 때) 수요의 가격탄력성이 비탄력
적일수록 가격은 더 많이 하락한다. ➡ 비탄력적일수록 가격의 변화
폭이 더 커진다.
② 수요의 임대료탄력성이 비탄력적일 때(임대료하락률보다 수요량이
덜 증가하므로), 임대료가 하락하면 공급자의 임대수입은 감소한다.
③ 수요의 임대료탄력성이 탄력적일 때, 임대료가 하락하면(임대료하락
률보다 수요량이 더 많이 증가하므로) 공급자의 임대수입은 증가한다.

## 19.
정답 ④

**하 부동산의 특성 및 속성**

④ 인접성(연결성 · 연속성)에 대한 설명이다.
① 영속성: 사용에 의해 절대면적이 소멸되지 않는다.
② 부증성: 비용을 투입하여도 토지의 물리적 공급을 늘릴 수 없다.
③ 개별성: 동일한 토지는 존재하지 않는다.
⑤ 용도의 다양성: 여러 가지 용도로 이용할 수 있다.

## 20.
정답 ①

**상 부동산투자분석 및 기법**

A는 10%, B는 3,240만원이다.
A. 지분투자(세전)수익률
대부비율 60%이므로 총투자액 10억원(= 융자금 6억원 + 지분투자액
4억원)이다.

$$\therefore 지분투자수익률 = \frac{세전현금수지(= 순영업소득 - 부채서비스액)}{지분투자액}$$

$$= \frac{4천만원}{4억원} = 10\%$$

B. 세후현금수지

| | |
|---|---:|
| 세전현금수지 | 4,000만원 |
| − 영업소득세* | 760만원 |
| 세후현금수지 | 3,240만원 |

\* 영업소득세 계산과정

| | |
|---|---:|
| 세전현금수지 | 4,000만원 |
| + 대체충당금 | 0 |
| + 원금상환분 | 400만원 |
| − 감가상각비 | 600만원 |
| 과세대상소득 | 3,800만원 |
| × 영업소득세율 | 0.2(20%) |
| 영업소득세 | 760만원 |

- 세전현금수지 4,000만원 + 대체충당금 0 + 원금상환분 400만원 - 감가상각비 600만원 = 과세대상소득 3,800만원
- 과세대상소득 3,800만원 × 영업소득세율 20%(0.2) = 영업소득세 760만원
- ∴ 세전현금수지 4,000만원 - 영업소득세 760만원 = 세후현금수지 3,240만원

## 21. 정답 ③

**[상] 부동산투자분석 및 기법**

1. 대부비율(a) = $\dfrac{융자금(b)}{부동산가치\ 5억원}$

2. 부채감당률 1.5 = $\dfrac{순영업소득\ 3,000만원}{원리금(c)}$ 에서 분모 값인 원리금(c)를 구한다.

   → 원리금(c) = $\dfrac{순영업소득\ 3,000만원}{1.5}$ = 2,000만원이다.

   원리금(c) 2,000만원은 융자금(b)에 저당상수(0.1)를 곱하여 구하므로(원리금 = 융자금 × 저당상수), 다음과 같다.

   → 융자금(b) = $\dfrac{원리금\ 2,000만원}{저당상수\ 0.1}$ = 2억원

   ∴ 대부비율(a) 40% = $\dfrac{융자금(b)\ 2억원}{부동산가치\ 5억원}$

## 22. 정답 ③

**[중] 입지 및 공간구조론**

옳은 것은 ㄱ, ㄷ, ㄹ이다.

ㄴ. 레일리(W. Reilly)는 두 중심지가 소비자에게 미치는 영향력의 크기는 두 중심지의 크기(인구 수)에 비례하고, 두 도시의 분기점으로부터 거리의 제곱에 반비례한다고 보았다.

## 23. 정답 ⑤

**[상] 부동산투자분석 및 기법**

⑤ 부동산 A(순현가 500만원)와 C(순현가 400만원)를 함께 수행한 포트폴리오 투자대안의 순현가는 900만원이다. → 순현가법은 가치합산의 원칙이 성립한다.

| 사업 | 현금유출의 현가 | 현금유입의 현가 | 순현가 | 수익성지수 |
|---|---|---|---|---|
| A | 4,500만원 | 5,000만원 | 500만원 | 약 1.11 |
| B | 3,000만원 | 3,150만원 | 150만원 | 1.05 |
| C | 2,000만원 | 2,400만원 | 400만원 | 1.20 |
| D | 4,000만원 | 4,300만원 | 300만원 | 1.075 |

① 순현가(NPV) 값이 가장 큰 투자안은 부동산 A이다.
② B 투자안의 수익성지수(PI)는 1.05이다.
③ 투자액 대비 투자효율성이 가장 높은 것(수익성지수가 가장 큰 투자안)은 부동산 C이다.
④ B와 D를 함께 수행한 순현가 합의 크기(450만원)는 A의 순현가(500만원)보다 작다.

## 24. 정답 ①

**[상] 부동산정책의 의의 및 기능**

ㄱ은 사적 비용, ㄴ은 사회적 비용, ㄷ은 사적 편익, ㄹ은 사회적 편익이다. 생산측면에서는 사적 비용과 사회적 비용을 비교하며, 소비측면에서는 사적 편익과 사회적 편익을 비교한다.
- 생산의 긍정적 외부효과가 있을 때, (ㄱ) 사적 비용이 (ㄴ) 사회적 비용보다 크다. → 과소생산 → 시장실패
- 소비의 부정적 외부효과가 있을 때, (ㄷ) 사적 편익이 (ㄹ) 사회적 편익보다 크다. → 과다소비 → 시장실패

## 25. 정답 ②

**[상] 부동산투자이론**

② • 투자안 A와 C를 비교하면 기대수익률이 동일하지만 위험(표준편차)이 작은 A가 위험(표준편차)이 큰 C를 지배한다. → A는 효율적 포트폴리오이며, C는 비효율적 포트폴리오이다.
- 투자안 B와 D를 비교하면 표준편차(위험)가 동일하지만, 기대수익률이 큰 B가 기대수익률이 작은 D를 지배한다. B는 효율적 포트폴리오이며, D는 비효율적 포트폴리오이다.
- 투자안 E는 효율적 포트폴리오 A보다 기대수익률이 작고 위험도 작으므로 상호 지배관계에 있지 않다. 투자안 E는 B보다 기대수익률이 크고 위험도 크므로 상호 지배관계에 있지 않다.
- ∴ 지배원리를 충족하는 효율적 포트폴리오(투자대안)는 A, B, E이다.
  → 효율적 전선(프로티어)에 존재하는 투자안을 말한다.

## 26. 정답 ⑤

**[중] 부동산금융**

⑤ 원리금균등상환방식의 경우, 융자기간의 약 3분의 2가 경과한 시점에서 원리금 중에서 원금상환분이 차지하는 비중이 이자지급분보다 많아진다. → 융자기간이 2분의 1이 경과하여도 원금의 2분의 1이(50%) 상환되지 않는다.

## 27. 정답 ④

**[상] 부동산증권론 및 개발금융**

④ 기관투자자가 주택저당증권(MBS)의 매입금액을 늘리면 (이렇게 하여 더 많은 자금이 1차 저당시장에 공급되므로, 보금자리론 발행액의 증가로 주택수요가 증가하여) 주택가격이 상승할 수 있다.

> ⓥ **가중평균상환기간(duration)**
>
> - 가중평균상환기간(duration) = 채권(bond)의 만기
> - 다른 조건이 일정할 때, 채권수익률(이자율·할인율)이 상승하면 채권(bond)가격은 하락한다.
> - 다른 조건이 일정할 때, 채권수익률(이자율·할인율)이 하락하면 채권(bond)가격은 상승한다.

③ (채권발행자의) 채무불이행위험이 없는(=국가기관 등이 지급보증하는) 저당담보부 증권의 가격도 채권시장 수익률의 변동에 영향을 받는다. → 채권시장의 수익률(시장금리) 변동에 따라 채권가격이 변할 수 있다.
⑤ 채권시장 수익률이 하락할 때 가중평균상환기간이 긴 저당담보부 증권일수록(= 만기가 긴 채권일수록) 그 가격이 더 크게 상승한다.
  → 채권의 원금회수기간(duration)이 짧아진다.

## 28.
정답 ①

**하** 부동산의 수요 · 공급이론

① 부동산의 내구성은 기존주택이나 건물의 소유주를 공급자로 전환되게 하는 것을 가능하게 한다. ➜ 저량 · 재고시장 형성의 근거가 된다.

## 29.
정답 ②

**상** 부동산 이용 및 개발

틀린 것은 ㄴ이다.
ㄴ. 사회기반시설의 준공 후 일정기간 동안 운영을 통하여 투자비를 회수하고 수익을 창출한 다음, 시설을 정부 등에게 이전(기부채납)하는 것은 인정하는 것은 BOT방식이다.

## 30.
정답 ①

**하** 부동산증권론 및 개발금융

① 부동산투자회사의 상근 임원은 다른 회사의 상근임직원이 되거나 다른 사업을 하여서는 아니 된다. ➜ 겸업 제한(「부동산투자회사법」 제31조 제2항)

## 31.
정답 ③

**중** 부동산증권론 및 개발금융

③ 유동화전문회사(SPC)는 주식회사 또는 유한회사로 한다(「자산유동화에 관한 법률」 제17조 제1항).

## 32.
정답 ④

**하** 부동산가격공시제도

④ 시장 · 군수 또는 구청장은 공시기준일 이후에 분할 · 합병 등이 발생한 토지에 대하여는 대통령령이 정하는 날을 기준으로 하여 개별공시지가를 결정 · 공시하여야 한다.

## 33.
정답 ②

**상** 부동산금융

1. 융자액 3억원 = 주택가격 6억원 × 담보인정비율 0.5(50%)
2. 원리금균등상환방식 2회차 원리금: 27,000,000원 = 융자금 3억원 × 저당상수 0.09
3. 원금균등상환방식
   - 균등한 원금 1,500만원 = 융자금 3억원 ÷ 상환기간 20년
   - 1차년도 말 잔금 2억 8,500만원 = 융자금 3억원 − 1차년도 원금상환분 1,500만원
   - 2차년도 이자지급분 18,525,000원 = 1차년도 잔금 2억 8,500만원 × 이자율 0.065(6.5%)
   - 2차년도 원리금 33,525,000원 = 균등한 원금 1,500만원 + 2차년도 이자 18,525,000원
∴ 두 가지 상환방식의 2회차 원리금상환액의 차이는 6,525,000원(= 33,525,000원 − 27,000,000원)이다.

## 34.
정답 ⑤

**상** 감정평가의 방식

> **토지가액**
>
> 토지가액 = 비교표준지 × 시점수정 × 지역요인 비교 × 개별요인 비교 × 그 밖의 요인 보정

대상토지가 일반상업지역에 속하는 상업용이므로, 기호 2가 비교표준지(사례토지)가 된다(표준지 기호 1에 관한 내용은 계산과정에서 필요하지 않다).

- 지가변동률: 상업지역 5% 상승 ➜ $\frac{105}{100}$ = 1.05

- 개별요인: 2% 열세함 ➜ $\frac{100 - 2}{100}$ = 0.98

- 그 밖의 요인 보정: 20% 증액보정 ➜ $\frac{100 + 20}{100}$ = 1.2

∴ 대상토지가액은 7,408,000원/m² ≒ 600만원 × 1.05 × 0.98 × 1.2

## 35.
정답 ③

**중** 감정평가의 방식

- 경과연수 2년: 준공시점 2022년 10월 1일에서 기준시점 2024년 10월 1일까지
- 공사비(건축비)의 변동을 고려하여 재조달원가를 구한다.
  ➜ 재조달원가 1.2억원 = 신축공사비 1억원 × $\frac{120}{100}$(= 1.2)
- 전년대비 잔가율이 20%(감가율은 80%)이므로, 이를 활용하여 공장건물의 적산가액을 계산한다.
  ➜ 적산가액 7,680만원 = 재조달원가 1.2억원 × $(0.8)^2$ = 1.2억원 × 0.64

> **정률법에 의한 적산가액**
>
> 적산가액 = 재조달원가 × $(1 - 매년 감가율)^{경과연수}$
>         = 재조달원가 × $(전년대비 잔가율)^{경과연수}$

## 36.
정답 ④

**중** 감정평가의 기초이론

① 부동산의 가치는 유동적 · 가변적이므로 최유효이용을 판정하는 데 있어 변동의 원칙과 예측의 원칙을 바탕으로 삼을 필요가 있다.
② 부동산의 내부구성요소간 균형을 이루어야 부동산의 유용성이 최대가 된다는 것은 균형의 원칙이다.
③ 기여의 원칙에 의하면 부동산가격은 각 구성요소들의 기여도의 합이라 할 수 있다.
⑤ 토지, 자본, 노동의 각 생산요소에 의하여 발생하는 총수익은 이들 제 요소에 배분되는데 자본, 노동에 배분된 이외의 잔여액은 그 배분이 정당하게 행하여지는 한 토지에 귀속된다는 것이 수익배분의 원칙이다(= 잉여생산성의 원리).

## 37.
정답 ②

중 **감정평가의 기초이론**

② 능률성은 가치발생요인에 해당하지 않는다.
① 상대적 희소성: 수요에 비해 공급이 질적·양적으로 한정된 상태를 말한다.
③ 효용(유용성): 부동산을 사용·수익함에 따른 인간의 필요나 욕구를 만족시켜 줄 수 있는 재화의 능력을 말한다.
④ 권리의 이전성: 법적 개념으로, 소유권을 구성하고 있는 권리가 법적으로 이전가능함을 말한다.
⑤ 유효수요: 구매의사와 구매능력이 동반된 실질적인 수요를 말한다.

## 38.
정답 ①

**감정평가의 방식**

① 「감정평가에 관한 규칙」 제18조
② 자동차 - 거래사례비교법(같은 규칙 제20조)
③ 임대료 - 임대사례비교법(같은 규칙 제22조)
④ 건물 - 원가법(같은 규칙 제15조)
⑤ 저작권 - 수익환원법(같은 규칙 제23조 제3항)

## 39.
정답 ②

**감정평가의 방식**

② 부동산 프로젝트사업의 위험 증가는(대출기관이 요구하는 금리 또한 높아지므로) 자본환원율을 높이는 요인이 된다.
• 자본환원율은 요구수익률과 유사한 개념이다.
• 요구수익률(기회비용) = 무위험률 ± 위험할증률
• 자본환원율(환원이율) = 자본수익률 ± 자본회수율
• 자본환원율(환원이율) = $\dfrac{순영업소득}{부동산가격}$
• 부동산가격(수익가액) = $\dfrac{순영업소득}{자본환원율(환원이율)}$

## 40.
정답 ④

**부동산학의 이해 및 부동산활동**

④ 부동산투자업은 세분류 항목이 아니다. ➡ 한국표준산업분류상 (제도권) 부동산업에 해당하지 않는다.

**✓ 한국표준산업분류상의 부동산업**

| 중분류 | 소분류 | 세분류 | 세세분류 |
|---|---|---|---|
| 부동산업 | 부동산 임대 및 공급업 | 부동산임대업 | • 주거용 건물임대업<br>• 비주거용 건물임대업<br>• 기타 부동산임대업 |
| | | 부동산개발 및 공급업 | • 주거용 건물개발 및 공급업<br>• 비주거용 건물개발 및 공급업<br>• 기타 부동산개발 및 공급업 |
| | 부동산 관련 서비스업 | 부동산관리업 | • 주거용 부동산관리업<br>• 비주거용 부동산관리업 |
| | | 부동산중개, 자문 및 감정평가업 | • 부동산중개 및 대리업<br>• 부동산투자자문업<br>• 부동산감정평가업 |

---

## 제2과목 민법 및 민사특별법

| 41 | 42 | 43 | 44 | 45 | 46 | 47 | 48 | 49 | 50 |
|---|---|---|---|---|---|---|---|---|---|
| ③ | ① | ⑤ | ④ | ① | ④ | ④ | ⑤ | ① | ② |
| **51** | **52** | **53** | **54** | **55** | **56** | **57** | **58** | **59** | **60** |
| ③ | ② | ③ | ⑤ | ⑤ | ① | ⑤ | ④ | ① | ③ |
| **61** | **62** | **63** | **64** | **65** | **66** | **67** | **68** | **69** | **70** |
| ④ | ④ | ② | ③ | ③ | ⑤ | ⑤ | ② | ② | ④ |
| **71** | **72** | **73** | **74** | **75** | **76** | **77** | **78** | **79** | **80** |
| ④ | ④ | ③ | ④ | ② | ⑤ | ⑤ | ① | ① | ⑤ |

**선생님의 한마디**

공부를 많이 하고 있기 때문에 시험에 떨어지는 것은 불가능합니다. 시험에 떨어지는 것이 원시적 불능입니다. 즉, 절대 붙는다! 오답체크 잘 하시고 틀린 것들을 잘 정리해 보세요. 「민법」 실력이 탄탄해집니다. 끝까지 힘내세요.

## 41.
정답 ③

**법률행위**

상대방 없는 단독행위인 것은 ㄴ, ㄷ이다.
ㄱ, ㄹ. 동의, 철회, 상계, 추인, 취소, 해제, 해지, 채무의 면제, 취득시효 이익의 포기, 공유지분의 포기, 합유지분의 포기, 제한물권의 포기 등은 상대방 있는 단독행위이다.
ㄴ, ㄷ. 유언, 재단법인의 설립행위, 상속의 승인과 포기, 소유권의 포기 등은 상대방 없는 단독행위이다.

## 42.
정답 ①

**법률행위**

① 불공정한 법률행위로서 무효인 경우에는 추인에 의하여 무효인 법률행위가 유효로 될 수 없다(대판 1994.6.24, 94다10900).

## 43.
정답 ⑤

**법률행위**

⑤ 戊는 유효한 소유자의 처분을 통하여 권리를 취득한 자로서 비록 악의일지라도 유효하게 소유권을 취득한다.

## 44.
정답 ④

**의사표시**

④ 甲은 X부동산을 9억 8천만원에 팔기로 의욕하였지만, 乙에게 실수로 매매대금을 8억 9천만원으로 표시한 것은 중요부분의 착오를 주장하여 위 매매계약을 취소할 수 있다. 그러나, 상대방 乙이 甲의 중대한 과실을 증명하면 취소할 수 없다.
① 의사와 표시의 불일치가 있지만 甲이 모르고 한 것이므로 진의 아닌 의사표시가 아니다.

② 甲의 착오가 문제되는 상황이지, 甲과 乙이 짜고 한 것이 아니므로 통정허위표시가 문제되지 않는다.
③ 甲이 오표시무해의 원칙을 주장하려면 甲과 乙이 X부동산을 9억 8천만원에 매매하는 합의를 하였어야 한다.
⑤ 착오자의 상대방이 착오자의 진의에 동의하는 경우에는, 착오자의 취소는 신의칙에 반하는 권리행사로서 허용되지 않는다.

## 45.
정답 ①

① 제3자의 사기행위로 인하여 피해자가 주택건설사와 사이에 주택에 관한 분양계약을 체결하였다고 하더라도 제3자의 사기행위 자체가 불법행위를 구성하는 이상, 피해자가 제3자를 상대로 손해배상청구를 하기 위하여 반드시 그 분양계약을 취소할 필요는 없다(대판 1999. 3.10, 97다55829).

## 46.
정답 ④

④ 판례는 무권대리인이 본인의 사망으로 무권대리의 목적인 부동산에 대하여 이를 상속한 경우 원래 자신의 매매행위가 무권대리행위여서 무효였다는 이유로 이미 제3자 앞으로 경료된 소유권이전등기가 무효의 등기라고 주장하여 그 등기의 말소를 청구하거나 부동산의 점유로 인한 부당이득금의 반환을 구하는 것은 금반언의 원칙이나 신의성실의 원칙에 반하여 허용될 수 없다고 한다(대판 1994.9.27, 94다20617).

## 47.
정답 ④

틀린 것은 ㄴ, ㅁ이다.
ㄱ. 乙에게는 담보권설정의 기본대리권이 인정되어 권한을 넘은 표현대리가 성립할 수 있다.
ㄴ. 표현대리행위가 성립하는 경우에 그 본인은 표현대리행위에 의하여 전적인 책임을 져야 하고, 상대방에게 과실이 있다고 하더라도 과실상계의 법리를 유추적용하여 본인의 책임을 경감할 수 없다(대판 1996.7.12, 95다49554).
ㄷ. 강행법규에 반하는 표현대리행위는 확정적 무효가 된다.
ㄹ. 정당한 이유의 존부는 자칭 대리인의 대리행위가 행하여질 때에 존재하는 제반사정을 객관적으로 관찰하여 판단하여야 하는 것이지 당해 법률행위가 이루어지고 난 훨씬 뒤의 사정을 고려하여 그 존부를 결정해야 하는 것은 아니다(대판 1987.7.7, 86다카2475).
ㅁ. 乙과 丙 사이의 매매계약은 무권대리이므로 표현대리가 성립하지 않는 이상, 본인의 추인이 없는 한 丙은 甲에게 소유권이전등기를 청구할 수 없다.

## 48.
정답 ⑤

추인하면 소급효가 생기는 법률행위는 ㄷ, ㄹ이다.
ㄱ. 법률행위가 사회질서에 반하여 무효인 경우에 추인의 법리가 적용될 수 없다(대판 1973.5.22, 72다2249).
ㄴ. 불공정한 법률행위로서 무효인 경우에는 추인에 의하여 무효인 법률행위가 유효로 될 수 없다(대판 1994.6.24, 94다10900).
ㄷ. 본인이 추인을 하면 무권대리행위는 원칙적으로 계약을 체결한 때로 소급하여 효력이 발생한다(제133조).

ㄹ. 무권대리의 추인을 유추적용하여, 무권리자의 처분이 계약으로 이루어진 경우에 권리자가 이를 추인하면 원칙적으로 계약의 효과가 계약을 체결했을 때에 소급하여 권리자에게 귀속된다고 보아야 한다(대판 2017.6.8, 2017다3499).
ㅁ. 불법조건이 붙어 있는 법률행위는 무효이다(제151조 제1항). 이는 반사회적 행위로서 추인에 의하여 유효로 될 수 없다.

## 49.
정답 ①

매매계약의 효과가 甲에게 귀속하지 않는 경우는 ㄱ, ㄴ이다.
ㄱ. 자기계약 · 쌍방대리의 금지에 위반하는 행위는 무권대리행위로서 무효이다(대판 2018.4.12, 2017다271070).
ㄴ. 진의 아닌 의사표시가 대리인에 의하여 이루어지고 그 대리인의 진의가 본인의 이익이나 의사에 반하여 자기 또는 제3자의 이익을 위한 배임적인 것임을 그 상대방이 알았거나 알 수 있었을 경우에는, 제107조 제1항 단서의 유추해석상 그 대리인의 행위는 본인의 대리행위로 성립할 수 없으므로 본인은 대리인의 행위에 대하여 아무런 책임이 없다(대판 1996.4.26, 94다29850).
ㄷ. 대리인은 반드시 대리인임을 표시하여 의사표시를 하여야 하는 것은 아니고 '본인 명의'로도 할 수 있다(대판 1963.5.9, 63다67). 여러 사정을 종합하여 대리행위로 인정되는 한 대리의 성립을 긍정하여야 한다.
ㄹ. 대리인은 행위능력자임을 요하지 아니한다(제117조). 이는 대리인이 제한능력자(미성년자, 피성년후견인, 피한정후견인)라고 하여 본인이 그 대리행위를 취소할 수 없다는 의미이다.
ㅁ. 매매대금의 일부를 받은 경우로서 묵시적 추인이다(대판 1963.4.11, 63다64).

## 50.
정답 ②

② 조건이 선량한 풍속 기타 사회질서에 위반한 것인 때에는 그 법률행위는 무효로 한다(제151조 제1항).

## 51.
정답 ③

③ 소유자는 소유권을 방해할 염려 있는 행위를 하는 자에 대하여 그 예방이나 손해배상의 담보를 청구할 수 있다(제214조). 즉, 선택적으로만 행사할 수 있다.

## 52.
정답 ②

옳은 것은 ㄱ, ㄹ이다.
ㄱ. 「민법」 제187조의 판결은 판결 자체에 의하여 부동산물권취득의 효력이 발생하는 경우를 말하는 것이고, 당사자 사이의 법률행위를 원인으로 하여 부동산 소유권이전등기절차의 이행을 명하는 것과 같은 판결은 이에 포함되지 않는다(대판 1998.7.28, 96다50025).
ㄴ. 자기 비용과 노력으로 건물을 신축한 자는 그 소유권을 원시취득한다(대판 2002.4.26, 2000다16350).
ㄷ. 합유지분 포기도 법률행위이므로 등기를 해야 소멸의 효력이 발생한다(대판 1997.9.9, 96다16896).
ㄹ. 공경매에서 매수인(낙찰자)이 소유권을 취득하는 시기는 매각대금(낙찰대금)을 완납한 때이며(「민사집행법」 제135조, 제268조), 경매

의 경우 법원은 경매절차가 끝나면 매수인이 취득한 권리의 등기를 등기소에 촉탁하게 된다.

## 53.
정답 ③

중 물권의 변동

③ 중간생략등기에 관한 당사자간의 합의가 없다고 하더라도, 최종양수인(丙)은 중간자(乙)를 대위하여 甲에게서 乙에게로의 이전등기를 청구할 수는 있다(대판 1983.12.13, 83다카881).

## 54.
정답 ⑤

중 물권의 변동

⑤ 동일한 물건에 대한 소유권과 제한물권이 동일인에게 귀속하는 경우에, 그 제한물권은 소멸하는 것이 원칙이다(제191조 제1항 본문).

## 55.
정답 ⑤

하 점유권

자주점유자에 해당하는 자는 ㄷ, ㄹ이다.
ㄱ. 점유매개관계의 직접점유자(예 지상권자·전세권자·임차인 등)의 점유는 타주점유이다.
ㄴ. 타인 소유의 임야에 분묘를 설치하여 관리해 온 경우에는 타주점유에 해당한다(대판 1999.6.11, 99다2553).
ㄷ. 점유자가 소유자에 대하여 소유의 의사가 있는 것을 표시하거나 새로운 권원에 의하여 다시 소유의 의사로써 점유를 시작하면 자주점유가 될 수 있다(대판 2004.9.24, 2004다27273).
ㄹ. 권원의 성질상 자주점유인지 타주점유인지 분명하지 않은 경우에는 자주점유로 추정된다(제197조 제1항).

## 56.
정답 ①

하 점유권

① 건물의 소유자가 현실적으로 건물이나 그 부지를 점거하고 있지 아니하고 있더라도 그 건물의 소유를 위하여 그 부지를 점유한다고 보아야 한다(대판 2003.11.13, 2002다57935).
② 유치권에 기한 물권적 청구권이 인정되지 않고, 점유권에 기한 물권적 청구권으로 보호될 뿐이다.
③ 점유권에 기인한 소는 본권에 관한 이유로 재판하지 못한다(제208조 제2항).
④ 건물을 사용함으로써 얻는 이득은 그 건물의 과실에 준하는 것이므로, 선의의 점유자는 비록 법률상 원인 없이 타인의 건물을 점유·사용하고 이로 말미암아 그에게 손해를 입혔다고 하더라도 그 점유·사용으로 인한 이득을 반환할 의무는 없다(대판 1996.1.26., 95다44290).
⑤ 소유의 의사가 없는 점유자는 선의인 경우에도 손해의 전부를 배상하여야 한다(제202조).

## 57.
정답 ⑤

중 소유권

⑤ 주위토지통행권은 현재의 토지의 용법에 따른 이용의 범위에서 인정되는 것이지, 장차의 이용 상황까지를 미리 대비하여 통행로가 인정되지는 않는다(대판 1992.12.22, 92다30528).

## 58.
정답 ④

상 소유권

④ 乙은 甲을 대위하여 丙에게 말소등기를 청구할 수 있을 뿐이지, 직접 이전등기를 청구할 수는 없다.

## 59.
정답 ①

하 용익물권

① 타인의 토지 위에 분묘를 설치·소유하는 자는 다른 특별한 사정이 없는 한 그 분묘의 보존·관리에 필요한 범위 내에서만 타인의 토지를 점유하는 것이므로 점유의 성질상 소유의 의사가 추정되지 않는다(대판 1997.3.28, 97다3651).

## 60.
정답 ③

하 용익물권

③ 지역권은 점유하는 권리가 아니므로 반환청구권은 인정되지 않고, 방해제거청구권과 방해예방청구권만이 인정된다.

## 61.
정답 ④

상 용익물권

옳은 것은 ㄴ, ㄷ이다.
ㄱ. 전세권의 존속기간이 만료되면 전세권의 용익물권적 권능은 전세권설정등기의 말소 없이도 당연히 소멸한다(대판 2005.3.25, 2003다35659).
ㄴ. 전세권의 존속기간이 만료된 경우 전세권설정등기의 말소등기에 필요한 서류의 교부와 전세금반환간에는 동시이행관계가 인정되므로 甲은 乙에게 전세금반환을 거절할 수 있다(제317조).
ㄷ. 전세기간이 만료되면 전세권은 말소등기가 없어도 소멸하고 저당권의 목적물인 전세권이 소멸하면 저당권도 당연히 소멸하므로 丙은 저당권을 실행할 수 없다(대판 1999.9.17, 98다31301).
ㄹ. 丙이 전세금반환채권을 압류한 경우에는 丙은 전세금반환채권에 대해 우선변제권을 행사할 수 있다(대판 1999.9.17, 98다31301).

## 62.
정답 ④

상 담보물권

틀린 것은 ㄷ, ㄹ이다.
ㄱ. 유치권은 타물권인 점에 비추어 볼 때 수급인의 재료와 노력으로 건축되었고 독립한 건물에 해당되는 기성부분은 수급인의 소유라 할 것이므로 수급인은 공사대금을 지급받을 때까지 이에 대하여 유치권을 가질 수 없다(대판 1993.3.26, 91다14116).
ㄴ. 임대인과 임차인 사이에 건물명도시 권리금을 반환하기로 하는 약정이 있었다 하더라도 그와 같은 권리금반환청구권은 건물에 관하여 생긴 채권이라 할 수 없으므로 그와 같은 채권을 가지고 건물에 대한 유치권을 행사할 수 없다(대판 1994.10.14, 93다62119).
ㄷ. 다세대주택의 창호 등의 공사를 완성한 하수급인이 공사대금채권 잔액을 변제받기 위하여 위 다세대주택 중 한 세대를 점유하여 유치권을 행사하는 경우, 그 유치권은 위 한 세대에 대하여 시행한 공사대금만이 아니라 다세대주택 전체에 대하여 시행한 공사대금채권의 잔액 전부를 피담보채권으로 하여 성립한다(대판 2007.9.7, 2005다16942).

ㄹ. 유치권은 채권자의 이익을 보호하기 위한 법정담보물권으로서, 당사자는 미리 유치권의 발생을 막는 특약을 할 수 있고 이러한 특약은 유효하다(대판 2018.1.24, 2016다234043).
ㅁ. 유치권자가 유치물에 대한 보존행위로서 목적물을 사용하는 것은 적법행위이므로 불법점유로 인한 손해배상책임이 없는 것이다(대판 1972.1.31, 71다2414).

## 63.
정답 ②

**하** 담보물권, 용익물권

② 최선순위의 저당권보다 후에 성립한 용익물권은 경매로 소멸한다.

## 64.
정답 ③

**중** 담보물권

③ 저당권설정자로부터 저당토지에 대한 용익권을 설정받은 자가 그 토지에 건물을 축조한 경우라도 그 후 저당권설정자가 그 건물의 소유권을 취득한 경우에는 저당권자는 토지와 함께 그 건물에 대하여 경매를 청구할 수 있다(대판 2003.4.11, 2003다3850).
① 토지에 대한 저당권설정 후 건물이 축조된 경우라야 한다(제365조).
② 일괄경매청구권은 저당권설정자가 건물을 축조하여 소유하고 있는 경우에 한한다(대판 1999.4.20, 99마146). 따라서 제3자가 소유권을 취득한 경우에는 일괄경매청구권이 인정되지 않는다.
④ 건물은 저당목적물이 아니므로 우선변제를 받지 못한다(제365조 단서).
⑤ 일괄경매청구 여부는 저당권자의 자유이다.

## 65.
정답 ③

**상** 담보물권

틀린 것은 ㄴ, ㅁ이다.
ㄱ. 청약은 상대방 있는 의사표시이므로 상대방에게 도달한 때에 효력이 생긴다(제111조 제1항). 격지자·대화자를 구별하지 않는다.
ㄴ. 표의자가 의사표시를 발송한 후에 사망하거나 제한능력자가 되어도 그 의사표시의 효력에 영향을 미치지 않으므로, 甲의 청약의 의사표시는 효력이 있으며 이에 대응하는 승낙의 의사표시가 甲의 상속인에게 도달된 경우 계약은 성립한다.
ㄷ. 청약자가 미리 정한 기간 내에 상대방이 이의를 하지 아니하면 승낙한 것으로 간주한다는 뜻을 표시하였다고 하더라도 이는 상대방을 구속하지 않으며, 그 기간은 경우에 따라 단지 승낙기간의 의미를 가질 수 있을 뿐이다. 따라서 그 기간이 도과하면 청약은 실효되며, 계약이 성립할 수 없다(대판 1999.1.29, 98다48903).
ㄹ. 연착한 승낙은 새로운 청약으로 볼 수 있으므로 甲이 승낙하면 계약은 성립한다(제530조).
ㅁ. 격지자간의 계약은 승낙의 통지를 발송한 때에 성립하므로 계약은 승낙의 발송시인 10월 15일에 성립한다(제531조).

## 66.
정답 ⑤

**하** 담보물권

⑤ 전세권이 기간만료로 종료된 경우 전세권은 전세권설정등기의 말소등기 없이도 당연히 소멸하고, 저당권의 목적물인 전세권이 소멸하면 저당권도 당연히 소멸하는 것이므로 전세권을 목적으로 한 저당권자는 전세권의 목적물인 부동산의 소유자에게 더 이상 저당권을 주장할 수 없다. 이러한 경우에는 제370조, 제342조 및 「민사소송법」 제733조에 의하여 저당권의 목적물인 전세권에 갈음하여 존속하는 것으로 볼 수 있는 전세금반환채권에 대하여 압류 및 추심명령 또는

전부명령을 받거나 제3자가 전세금반환채권에 대하여 실시한 강제집행절차에서 배당요구를 하는 등의 방법으로 자신의 권리를 행사하여 비로소 전세권설정자에 대해 전세금의 지급을 구할 수 있게 된다(저자: 물상대위). 전세권저당권이 설정된 경우에도 전세권이 기간만료로 소멸되면 전세권설정자는 전세금반환채권에 대한 제3자의 압류 등이 없는 한 전세권자에 대하여만 전세금반환의무를 부담한다고 보아야 한다(대판 1999.9.17, 98다31301).

## 67.
정답 ⑤

**하** 계약총론

⑤ 쌍무계약에서 쌍방의 채무가 동시이행관계에 있는 경우 일방의 채무의 이행기가 도래하더라도 상대방 채무의 이행제공이 있을 때까지는 그 채무를 이행하지 않아도 이행지체의 책임을 지지 않는 것이고, 이와 같은 효과는 이행지체의 책임이 없다고 주장하는 자가 반드시 동시이행의 항변권을 행사하여야만 발생하는 것은 아니다(대판 1998.3.13, 97다54604).

## 68.
정답 ②

**하** 계약총론

② 낙약자의 채무불이행 등을 이유로 요약자는 제3자의 동의 없이 해제할 수 있다(대판 1970.2.24, 69다1410).

## 69.
정답 ②

**중** 계약총론

옳은 것은 ㄱ, ㄷ이다.
ㄱ. 매도인 甲의 채무가 이행불능이 되었으나 甲에게 과실이 없으므로 채무불이행책임을 지지 않으며, 그의 채무는 소멸한다.
ㄴ. 甲은 乙에 대해 매매대금의 지급을 청구할 수도 없으며, 이미 매매대금을 지급받았다면 이는 반환하여야 한다.
ㄷ. 채권자는 후발적 불능이 됨으로써 발생한 가치의 변형물(예 수용으로 인한 보상금, 화재로 인한 보험금 등)대상청구권을 행사할 수 있다. 이 경우에는 채권자도 반대급부의무를 부담한다.
ㄹ. 수용은 채무자의 귀책사유가 없는 경우이므로 위험부담 문제이다. 채무불이행이 아니므로 계약을 해제하고 손해배상을 청구할 수 없다.

## 70.
정답 ④

**중** 계약총론

고의나 과실이 있는 경우에만 인정되는 것은 ㄴ, ㄷ이다.
ㄱ. 제316조 제2항
ㄴ. 불법행위는 고의 또는 과실로 위법하게 타인에게 손해를 가하는 행위이다(제750조).
ㄷ. 이행불능이란 채권이 성립한 후에 채무자에게 책임 있는 사유로 이행할 수 없게 된 것을 말한다(제390조, 제546조). 채무불이행의 한 유형이다.
ㄹ. 담보책임은 법정의 무과실책임이다(제580조 제1항).

## 71.

정답 ④

<상> 계약각론

옳은 것은 ㄴ, ㄹ이다.
ㄱ. 쌍무계약이 무효 또는 취소된 경우의 각 당사자의 반환의무는 동시이행관계에 있다(대판 1994.9.9, 93다31191).
ㄴ. 매매계약만 체결하였을 뿐, 대금의 지급과 목적물의 인도가 행하여지지 않는 경우에는 그 목적물의 과실에 대한 수취권은. 매도인에게 있다(제587조).
ㄷ. 매매목적물을 인도하기 전이라도 매수인이 매매대금을 완납하였다면 그 이후의 과실수취권은 매수인에게 귀속된다(대판 1993.11.9, 93다28928).
ㄹ. 매수인은 대금의 지급기한이 지났더라도 목적물의 인도를 받지 않은 한 동시이행의 항변권이 있으므로 이자를 지급할 필요가 없다(제587조 제2문).

## 72.

정답 ②

<중> 계약각론

② 수량부족·일부멸실의 경우에 매수인이 선의인 때에만 대금의 감액을 청구할 수 있다(제572조, 제574조).

## 73.

정답 ③

<중> 계약각론

틀린 것은 ㄱ, ㄹ이다.
ㄱ. 교환은 낙성계약이므로 당사자 사이에 교환의 합의만 있으면 성립하고, 서면의 작성을 필요로 하지 않는다.
ㄴ. 채무자위험부담주의가 적용된다(제537조).
ㄷ. 교환은 유상계약이므로 매매에 관한 규정이 준용된다(제567조). 그러므로 담보책임에 관한 규정도 준용된다.
ㄹ. 토지매매계약을 해제한 경우에 있어 그 토지 위에 신축된 건물의 매수인은 위 계약해제로 권리를 침해당하지 않을 제3자에 해당하지 아니한다(대판 1991.5.28, 90다카16761).

## 74.

정답 ④

<중> 계약각론

건물전세권자와 건물임차권자 모두에게 인정될 수 있는 권리는 ㄴ, ㄹ이다.
ㄱ. 전세권자는 목적물의 현상을 유지하고 그 통상의 관리에 속한 수선을 하여야 한다(제309조). 따라서 필요비의 상환을 청구할 수 없다. 그러나 임차권은 채권이므로 임대인은 임차인으로 하여금 임차목적물을 제대로 사용할 수 있도록 해 주어야 할 의무를 부담한다. 따라서 임차인은 필요비상환청구권을 갖는다(제626조 제1항).
ㄴ. 유익비상환청구권은 전세권자(제310조)와 임차인(제626조 제2항) 모두에게 인정된다.
ㄷ. 지상물매수청구권은 토지전세권자(대판 2007.9.21, 2005다41740)와 토지임차권자(제643조)에게 인정되며, 건물전세권자와 건물임차권자에게는 인정되지 않는다.
ㄹ. 전세권자에게는 전세금증감청구권(제312조의2)이, 임차인에게는 차임증감청구권(제628조)이 인정된다.

## 75.

정답 ②

<하> 계약각론

② 임차인 소유의 건물이 구분소유의 객체가 되지 아니하고 또한 임대인 소유의 토지 외에 임차인 또는 제3자 소유의 토지 위에 걸쳐서 건립되어 있다면 임차인의 건물매수청구는 허용되지 아니한다(대판 1997.4.8, 96다45443).

## 76.

정답 ⑤

<중> 계약각론

⑤ 임차인의 '임차보증금의 반환청구권'은 임차목적물에 관하여 생긴 채권이 아니다(대판 1976.5.11, 75다1305). 물론 임차인은 임대인이 보증금을 반환할 때까지 임차목적물의 반환을 거절할 수 있으나, 이는 유치권이 아니라 동시이행의 항변권이다.
① 주택임대차계약이 묵시적으로 갱신되면 임대차의 존속기간은 2년으로 본다. 임차인과 달리 임대인은 해지통고를 할 수 없다.
② 점유가 불법행위에 의하여 시작된 것이어서는 안 된다. 건물임차인이 임대차계약이 해제·해지된 후에도 적법한 원인 없이 계속 건물을 점유하여 필요비나 유익비를 지출하여도 그 상환청구권에 관하여는 유치권이 생기지 않는다.
③ 임차인의 비용상환청구권에 관한 규정은 임의규정이다. 따라서 이를 포기하는 당사자의 약정은 유효하다(대판 1996.8.20, 94다44705). 실제로 건물임대차의 경우에 증·개축한 부분에 대하여 원상회복의무를 면하는 대신 유익비상환청구권을 포기하는 약정이 자주 있다(대판 2002.11.22, 2002다38828).
④ 甲의 채무불이행을 이유로 한 손해배상채권은 목적물로부터 생긴 채권이 아니므로 이를 가지고 유치권을 행사할 수는 없다.

## 77.

정답 ⑤

<상> 상가건물 임대차보호법

옳은 것은 ㄷ, ㄹ이다.
ㄱ. 상임법은 일정 보증금을 초과(서울의 경우 9억원)하여도 대항력, 계약갱신요구권, 권리금, 차임 3기 연체시 해지 규정이 적용된다. 따라서 양수인은 임대인의 지위를 승계하므로 乙은 丙에게 임차권을 주장할 수 있다.
ㄴ. ㄷ. 상임법에서 기간을 정하지 않은 임대차는 그 기간을 1년으로 간주하지만(제9조 제1항), 대통령령으로 정한 보증금액을 초과하는 임대차는 위 규정이 적용되지 않으므로(제2조 제1항 단서), 원래의 상태 그대로 기간을 정하지 않은 것이 되어 「민법」의 적용을 받는다. 「민법」 제635조 제1항·제2항 제1호에 따라 이러한 임대차는 임대인이 언제든지 해지를 통고할 수 있고 임차인이 통고를 받은 날로부터 6개월이 지남으로써 효력이 생기므로, 임대차기간이 정해져 있음을 전제로 기간 만료 6개월 전부터 1개월 전까지 사이에 행사하도록 규정된 임차인의 계약갱신요구권(상임법 제10조 제1항)은 발생할 여지가 없다(대판 2021.12.30, 2021다233730).
ㄹ. 상임법은 일정 보증금을 초과(서울의 경우 9억원)하면 임차권등기명령은 인정되지 않는다.

## 78.

정답 ①

<상> 집합건물의 소유 및 관리에 관한 법률

① 구분건물의 전유부분에 대한 저당권 또는 경매개시결정과 압류의 효력은 당연히 종된 권리인 대지사용권에까지 미친다(대판 2008.3.13, 2005다15048). 또한, 전유부분만에 대해 내려진 가압류결정의 효력도 그 대지권에 미친다(대판 2006.10.26, 2006다29020).

# 79.
정답 ①

**중 가등기담보 등에 관한 법률**

① 乙의 채무변제의무가 선이행의무이다(대판 1984.9.11, 84다카781).

# 80.
정답 ⑤

**상 부동산 실권리자명의 등기에 관한 법률**

틀린 것은 ㄹ, ㅁ이다.

ㄱ, ㄴ. 부동산경매절차에서 부동산을 매수하려는 사람이 매수대금을 자신이 부담하면서 타인의 명의로 매각허가결정을 받기로 함에 따라 그 타인이 경매절차에 참가하여 매각허가가 이루어진 경우에도 그 경매절차의 매수인은 어디까지나 그 명의인이므로 경매 목적 부동산의 소유권은 매수대금을 실질적으로 부담한 사람이 누구인가와 상관없이 그 명의인이 취득한다 할 것이고, 이 경우 매수대금을 부담한 사람과 이름을 빌려 준 사람 사이에는 명의신탁관계가 성립한다. 경매절차에서의 소유자가 위와 같은 명의신탁약정 사실을 알고 있었거나 소유자와 명의신탁자가 동일인이라고 하더라도 그러한 사정만으로 그 명의의 소유권취득이 부동산실명법 제4조 제2항에 따라 무효로 된다고 할 것은 아니다(대판 2012.11.15, 2012다69197).

ㄷ. 명의신탁자는 명의수탁자에 대하여 그 부동산 자체의 반환을 구할 수는 없고 명의수탁자에게 제공한 매수대금에 상당하는 금액의 부당이득반환청구권을 가질 뿐이다(대판 2009.9.10, 2006다73102).

ㄹ. 명의신탁자의 이와 같은 부당이득반환청구권은 부동산 자체로부터 발생한 채권이 아닐 뿐만 아니라 소유권 등에 기한 부동산의 반환청구권과 동일한 법률관계나 사실관계로부터 발생한 채권이라고 보기도 어려우므로, 결국 제320조 제1항에서 정한 유치권 성립요건으로서의 목적물과 채권 사이의 견련관계를 인정할 수 없다(대판 2009. 3.26, 2008다34828).

ㅁ. 타인권리매매가 되므로 유효이다(제569조).

▶ 무료 해설강의　 ▶ 실시간 합격예측 서비스
\* 제35회 공인중개사 시험일까지 제공

## 난이도 및 출제포인트 분석

★ 난이도가 낮은 문제는 해설 페이지를 찾아가 꼭 익혀두세요.

### 1교시 제1과목　부동산학개론

| 문제번호 | 난이도 및 출제포인트 분석 | 문제번호 | 난이도 및 출제포인트 분석 |
|---|---|---|---|
| 1 | 상 부동산의 개념과 분류　p.93 | 21 | 상 부동산투자분석 및 기법　p.96 |
| 2 | 중 부동산의 특성 및 속성　p.93 | 22 | 상 부동산투자이론　p.96 |
| 3 | 하 부동산의 개념과 분류　p.93 | 23 | 중 부동산투자이론　p.96 |
| 4 | 하 부동산의 수요·공급이론　p.94 | 24 | 중 부동산투자분석 및 기법　p.96 |
| 5 | 상 부동산의 수요·공급이론　p.94 | 25 | 중 부동산투자분석 및 기법　p.96 |
| 6 | 상 부동산의 수요·공급이론　p.94 | 26 | 상 부동산투자이론　p.97 |
| 7 | 상 부동산의 수요·공급이론　p.94 | 27 | 중 부동산증권론 및 개발금융　p.97 |
| 8 | 상 부동산의 수요·공급이론　p.94 | 28 | 하 부동산금융　p.97 |
| 9 | 상 부동산의 수요·공급이론　p.94 | 29 | 하 부동산금융　p.97 |
| 10 | 중 부동산의 경기변동　p.95 | 30 | 상 부동산금융　p.97 |
| 11 | 하 부동산시장　p.95 | 31 | 하 부동산증권론 및 개발금융　p.97 |
| 12 | 중 부동산시장　p.95 | 32 | 하 부동산이용 및 개발　p.97 |
| 13 | 중 입지 및 공간구조론　p.95 | 33 | 하 부동산관리　p.97 |
| 14 | 중 입지 및 공간구조론　p.95 | 34 | 하 부동산마케팅 및 광고　p.98 |
| 15 | 상 부동산시장　p.95 | 35 | 하 감정평가의 기초이론　p.98 |
| 16 | 상 부동산정책의 의의 및 기능　p.95 | 36 | 중 감정평가의 기초이론　p.98 |
| 17 | 하 부동산정책의 의의 및 기능　p.95 | 37 | 상 부동산가격공시제도　p.98 |
| 18 | 하 토지정책　p.95 | 38 | 상 감정평가의 방식　p.98 |
| 19 | 상 부동산관리　p.96 | 39 | 중 감정평가의 방식　p.98 |
| 20 | 중 주택정책　p.96 | 40 | 하 감정평가의 방식　p.98 |

### 1교시 제2과목　민법 및 민사특별법

| 문제번호 | 난이도 및 출제포인트 분석 | 문제번호 | 난이도 및 출제포인트 분석 |
|---|---|---|---|
| 41 | 중 권리의 변동　p.99 | 61 | 중 용익물권　p.101 |
| 42 | 중 법률행위　p.99 | 62 | 하 용익물권　p.101 |
| 43 | 하 법률행위　p.99 | 63 | 상 담보물권　p.101 |
| 44 | 상 의사표시　p.99 | 64 | 상 담보물권　p.102 |
| 45 | 중 의사표시　p.99 | 65 | 상 담보물권　p.102 |
| 46 | 중 법률행위의 대리　p.99 | 66 | 하 계약총론　p.102 |
| 47 | 중 법률행위의 대리　p.99 | 67 | 중 계약총론　p.102 |
| 48 | 중 법률행위의 무효와 취소　p.100 | 68 | 하 계약총론　p.102 |
| 49 | 중 법률행위의 무효와 취소　p.100 | 69 | 중 계약총론　p.102 |
| 50 | 하 조건과 기한　p.100 | 70 | 중 계약총론　p.102 |
| 51 | 중 물권법 총설　p.100 | 71 | 중 계약총론　p.102 |
| 52 | 중 물권의 변동　p.100 | 72 | 하 계약각론　p.102 |
| 53 | 중 물권법 총설　p.100 | 73 | 중 계약각론　p.102 |
| 54 | 상 물권의 변동　p.100 | 74 | 중 계약각론　p.103 |
| 55 | 하 물권의 변동　p.100 | 75 | 상 계약각론　p.103 |
| 56 | 하 물권의 변동　p.101 | 76 | 상 주택임대차보호법　p.103 |
| 57 | 상 점유권　p.101 | 77 | 상 상가건물 임대차보호법　p.103 |
| 58 | 상 소유권　p.101 | 78 | 하 집합건물의 소유 및 관리에 관한 법률　p.103 |
| 59 | 중 소유권　p.101 | 79 | 중 가등기담보 등에 관한 법률　p.103 |
| 60 | 중 소유권　p.101 | 80 | 중 부동산 실권리자명의 등기에 관한 법률　p.103 |

## 제1과목 부동산학개론

| 1 | 2 | 3 | 4 | 5 | 6 | 7 | 8 | 9 | 10 |
|---|---|---|---|---|---|---|---|---|---|
| ④ | ③ | ③ | ② | ② | ④ | ② | ⑤ | ④ | ⑤ |
| 11 | 12 | 13 | 14 | 15 | 16 | 17 | 18 | 19 | 20 |
| ① | ⑤ | ③ | ③ | ② | ① | ① | ① | ③ | ④ |
| 21 | 22 | 23 | 24 | 25 | 26 | 27 | 28 | 29 | 30 |
| ③ | ④ | ⑤ | ② | ④ | ③ | ② | ③ | ⑤ | ③ |
| 31 | 32 | 33 | 34 | 35 | 36 | 37 | 38 | 39 | 40 |
| ③ | ⑤ | ① | ② | ① | ⑤ | ④ | ④ | ① | ② |

### 선생님의 한마디 "

본 시험 1~2개월 전에는 자신의 학습역량으로 해결이 어려운 것들은 과감하게 버리는 용기가 필요합니다. 버릴 것은 버릴 수 있는 '헤어질 결심'도 필요한 시기입니다. 단, 단순하게 숙지하거나 암기할 것들은 이제부터는 챙겨나가야 합니다. 지금까지의 시험준비(학습)와 본 시험장에서 시험을 치르는 것은 또 다른 사안입니다. 후회함이 없도록 시험일까지 최선을 다하시기 바랍니다.

## 1.
정답 ④

상 부동산의 개념과 분류

부동산 정착물에 해당하는 것은 ㄱ. 소유권보존등기된 입목, ㄴ. 구거, ㄷ. 다년생식물, ㄹ. 도로의 포장, ㅂ. 건물, ㅅ. 명인방법을 구비한 수목 6개이다.
ㅁ. 가식(假植)중의 수목, ㅇ. 경작수확물은 부동산 정착물이 아니다.

## 2.
정답 ③

중 부동산의 특성 및 속성

③ 토지의 가치를 평가할 때 표준지공시지가를 기준으로 하는 근거가 된다(공시지가기준법). → 동일한 토지가 없으므로 대표가 되는 표준지공시지가를 기준으로 대상 토지가액을 평가한다.

## 3.
정답 ③

하 부동산의 개념과 분류

① 1필지의 토지는 여러 획지로 구성될 수 있다.
② 공지는 관련 법령이 정하는 바에 따라 재난시 피난 등 안전이나 일조 등 양호한 생활환경 확보를 위해, 건축하면서 남겨놓은 일정부분의 토지를 말한다.
④ 도시개발사업에 소요된 비용과 공공용지를 제외한 후 개발사업 전 토지의 위치, 지목, 면적 등을 고려하여 토지소유자에게 재분배하는 토지를 환지라 한다.

Ⓥ 체비지

도시개발사업에 필요한 경비를 충당하기 위해 환지로 정하지 아니한 토지

⑤ 아파트는 주택으로 쓰는 층수가 5개 층 이상인 주택을 말한다.

## 4. 정답 ②

**하 부동산의 수요 · 공급이론**

② 노동자소득은 일정기간을 명시하는 유량(flow)지표이며, 통화량은 일정시점에서 측정되는 저량(stock)지표이다.

## 5. 정답 ②

**상 부동산의 수요 · 공급이론**

균형거래량 증가요인은 ㄴ, ㄹ 2개이다.

ㄱ. 대체관계에 있는 주거지역의 경제적 · 사회적 환경 개선(대체지역 아파트 수요 증가) ➜ 해당 아파트 수요 감소 ➜ 균형거래량 감소

ㄴ. 아파트 건축기술의 향상 ➜ 공급 증가 ➜ 균형거래량 증가

ㄷ. 대체관계에 있는 단독주택의 수요 증가 ➜ 해당 아파트 수요 감소 ➜ 균형거래량 감소

ㄹ. 해당 주거지역에 순유입인구 증가 ➜ 아파트 수요 증가 ➜ 균형거래량 증가

ㅁ. 아파트 건설업체 수의 감소 ➜ 공급 감소 ➜ 균형거래량 감소

ㅂ. 아파트 건설에 소요되는 건축자재 가격의 상승 ➜ 공급 감소 ➜ 균형거래량 감소

## 6. 정답 ④

**상 부동산의 수요 · 공급이론**

틀린 것은 ㄴ, ㄹ이다.

ㄱ. 수요의 가격탄력성 $0.3 = \frac{\text{수요량의 변화율 6\% 증가}}{\text{가격 변화율 20\% 하락}}$

ㄴ. A부동산 가격하락으로(A부동산 수요량은 증가하고) 이에 따라 B부동산의 수요량이 감소하였으므로, 두 재화는 대체관계이다.

ㄷ. 교차탄력성 $0.5 = \frac{\text{B부동산 수요량의 변화율 10\% 감소}}{\text{A부동산 가격 변화율 20\% 하락}}$

ㄹ. A부동산 가격 하락으로 (A부동산 수요량은 증가하고) 이에 따라 B부동산 수요가 감소하여(B부동산 수요곡선 좌측 이동) B부동산 균형가격은 하락한다.

## 7. 정답 ②

**상 부동산의 수요 · 공급이론**

1. 가격(원인)과 수요량(결과)은 반비례관계이다.
   - 수요의 가격탄력성 $= \frac{\text{수요량 변화율}}{\text{가격 변화율}}$

     $0.6 = \frac{\text{수요량 감소율}}{\text{3\% 상승}}$

   ➜ 수요량은 1.8%(= 0.6 × 3%) 감소한다.

2. 수요의 소득탄력성이 0보다 크면 소득의 증가로 수요량이 증가하는 정상재(우등재)에 해당한다.
   - 수요의 소득탄력성 $= \frac{\text{수요량 변화율}}{\text{소득 변화율}}$

     $0.4 = \frac{\text{수요량 증가율}}{\text{5\% 증가}}$

   ➜ 수요량은 2%(= 0.5 × 4%) 증가한다.

| |
|---|
| (가격탄력성 $0.6 = \frac{1.8\%\downarrow}{3\%\uparrow}$) + (소득탄력성 $0.5 = \frac{2\%\uparrow}{4\%\uparrow}$) |
| ➜ 전체 수요량 변화율 0.2% 증가 |

∴ 두 조건을 반영한 전체 수요량은 0.2%(= 1.8% 감소 + 2% 증가) 증가한다(수요의 가격탄력성 조건에 따른 수요량 1.8% 감소 + 수요의 소득탄력성 조건에 따른 수요량 2% 증가).

## 8. 정답 ⑤

**상 부동산의 수요 · 공급이론**

⑤ 생산기술의 향상으로 부동산 공급이 증가(가격이 하락)하는 경우, 수요의 가격탄력성이 작을수록(비탄력적일수록) 균형가격의 하락폭은 커지고, 균형량의 증가폭은 작아진다. 즉, 비탄력적일수록 균형가격의 변화폭은 커지고, 균형거래량의 변화폭은 작아진다.

① 수요가 증가할 때 공급이 탄력적일수록(공급이 적시에 증가하므로) 가격은 덜 상승한다. ➜ 탄력적일수록 균형가격의 변화폭은 작아진다.

② 완전비탄력적인 조건에서 균형거래량은 변하지 않는다.

③ 생산(건축)에 소요되는 기간이 길수록(가격이 상승해도 공급이 적시에 증가하지 못하므로 그 양의 변화가 작아서) 공급의 가격탄력성은 더 비탄력적이다.

④ 장기공급의 가격탄력성은 단기공급의 가격탄력성보다 더 탄력적이다. ➜ 단기에는 양의 변화가 작아서 비탄력적이지만, 장기에는(상대적 관점, 충분히 준비하면) 양의 변화가 많아서 탄력적이다.

## 9. 정답 ④

**상 부동산의 수요 · 공급이론**

④ 수요의 가격탄력성 0.5 조건 ➜ 임대료(가격)과 수요량은 반비례관계이므로, 임대료를 20% 인상하면 수요량은 10% 감소한다.

①②

- 수요의 가격탄력성 $0.5 = \frac{\text{수요량의 변화율 } 5\%\downarrow(5\uparrow)}{\text{가격(임대료) 변화율 } 10\%\uparrow(10\downarrow)}$
- 수요의 가격탄력성(0.5)이 1보다 작기 때문에 비탄력적이고, 수요자(임차인)가 선택할 수 있는 대체부동산은 상대적으로 적은 편이라 할 수 있다. ➜ 대체재가 적을수록 수요의 가격탄력성은 비탄력적이 된다.

③ • 최초 임대료 50만원에서 60만원으로 인상 ➜ 임대료(가격) 변화분 10만원
- 최초 수요량 80실(室)에서 72실(室)로 감소 ➜ 수요량 변화분 8실(室)

⑤ 수요의 가격탄력성이 비탄력적(0.5)인 조건에서 임대료를 인하하면(내리면) 임대료인하율보다 수요량이 덜 증가하므로 임대업자의 매출액(수입)은 감소한다. 수요의 가격탄력성이 비탄력적인 경우에 임대료를 인상하면 임대료인상률보다 수요량이 덜 감소하므로 매출액(수입)은 증가한다.

## 10.
정답 ⑤

**중 부동산의 경기변동**

⑤ 우발적 변동·무작위적 변동·불규칙 변동: 예기치 못한 사태에 따른 경기변동(갑자기, 일시적, 급작스럽게 발생하는 경우)

① 해마다 겨울철에 들어서면 건축허가면적이 반복적으로 줄어들고 있다. ➡ 계절적 변동

② 주거용 부동산경기가 불황인 반면, 상업용 부동산경기는 호황국면에 있다. ➡ 부문별·유형별로 경기변동은 다르고, 순환국면이 불규칙·불분명하다.

③ 업무용 오피스텔에 대한 가격 상승 기대감이 낮아지면서 오피스텔 거래량이 매년 2%씩 계속적으로 감소하고 있다. ➡ 추세적 변동

④ 건축허가면적의 증가율이 2024년 5월을 정점으로 하여 후퇴기에 접어들었다. ➡ 순환적 변동

## 11.
정답 ①

**하 부동산시장**

① 불완전경쟁시장에서 정보의 비대칭이 존재하는 경우, 정보로 인한 초과이윤이 발생할 수 있다. ➡ 불완전경쟁시장에서 정보를 많이 보유한 주체는 정상이상의 초과이윤을 획득할 수 있다.

## 12.
정답 ⑤

**중 부동산시장**

① (개별성을 갖는 이질적인 주택시장 ➡)물리적 주택시장은 완전경쟁을 전제로 하는 이론이나 모형으로 분석이 용이하지 않다.

② 주택유량의 공급량이란 일정 기간에 공급하고자 하는 주택의 양을 말한다.

③ 9월 1일 현재 A지역에 80,000채의 주택이 존재하고 이 중에서 7,000채가 공가일 경우, 주택저량의 공급량은 80,000채이다.

④ 건축자재 등 생산요소가격이 하락하여도 단기에는 생산공급이 늘어나지 못하므로 주택가격은 변하지 않는다. 장기에는 유량(신규)공급이 가능하므로 공급곡선이 우측으로 이동하여 균형가격은 하락한다.

## 13.
정답 ③

**중 입지 및 공간구조론**

③ 리카도(D. Ricardo)는 차액지대설에서 곡물가격이 상승하여 지대가 발생한다고 하여 지대는 토지소유자의 불로소득(잉여)이라고 주장하였다. 차액지대설에서 지대는 곡물가격에 영향을 주는 비용(구성요소)이 아니다.

## 14.
정답 ③

**중 입지 및 공간구조론**

틀린 것은 ㄱ, ㄹ이다.

ㄱ • 넬슨(Nelson)의 소매입지이론은 특정 점포가 최대이익을 확보하기 위해 어떤 장소에 입지하는가에 대한 8원칙을 제시한다.
  • 레일리(W. Reilly)의 소매인력법칙: 두 도시간 상거래 흡인력(중력)은 두 도시의 인구수(도시크기)에 비례하고, 분기점로부터 거리의 제곱에 반비례하여 결정된다.

ㄹ 중간재나 완제품을 생산하는 공장(산업)은 시장지향형 입지를 선호하는 경향이 있다.

---

**✔ 원료지향형 입지와 시장지향형 입지**

| 원료지향형 입지 | 시장지향형 입지 |
| --- | --- |
| 원료 중량 > 제품 중량 | 원료 중량 < 제품 중량 |
| (제품)중량감소산업 | (제품)중량증가산업 |
| 국지(편재)원료를 많이 사용하는 공장 | 보편원료를 많이 사용하는 공장 |
| 원료지수(MI) > 1 | 원료지수(MI) < 1 |
| 부패하기 쉬운 원료를 사용하는 공장 | 부패하기 쉬운 제품을 생산하는 공장 |

## 15.
정답 ②

**상 부동산시장**

1. 확실성하에서 토지의 현재가치

$$PV = \frac{7억\ 2,000만원}{(1 + 0.2)^1} = 6억원$$

2. 불확실성하에서 토지의 현재가치

$$PV = \frac{(0.6 \times 7억\ 2,000만원) + (0.4 \times 4억\ 2,000만원)}{(1 + 0.2)^1}$$

$$= \frac{6억원}{1.2} = 5억원$$

3. 정보의 현재가치 1억원 = 6억원 − 5억원

## 16.
정답 ①

**상 부동산정책의 의의 및 기능**

옳은 것은 ㄱ, ㄴ이다.

ㄷ. 부(−)의 외부효과는 시장기구를 통하지 않고 제3자에게 불리한 효과를 발생시키지만, 이에 대한 보상이 이루어지지 않는 현상을 말한다.

ㄹ. 사적 비용이 사회적 비용보다 큰 경우에는[➡ 생산측면의 정(+)의 외부효과 ➡ 과소생산] 균형상태가 아니므로 정부의 시장개입이 필요하다.

## 17.
정답 ①

**하 부동산정책의 의의 및 기능**

① 생산이나 소비측면에서 규모의 경제(economy of scale)가 발생하면 자원배분의 효율성은 달성되지 못한다. 규모의 경제(비용체감산업)가 발생하면 주로 대기업이 경쟁우위를 갖게 되므로, 후발기업의 경쟁력이 저하되어 시장구조는 자연독점화된다. 자연독점은 불완전경쟁에 해당하며 시장실패의 원인이다.

## 18.
정답 ①

**하 토지정책**

① 지가(토지가격)는 정부가 결정하는 것이 아니라, 시장에서 수요와 공급에 의해 결정된다. 지역지구제는 토지를 경제적·효율적으로 이용하고, 공공복리 증진을 목적으로 시행된다.

---

**✔ 지역지구제**

지역지구제는 개발가능지역과 규제지역 토지소유자간 재산상 불평등 문제를 심화시킬 수 있다. ➡ 지역지구제는 사적 토지이용을 제한하여 지역에 따라 지가의 상승 또는 하락을 야기할 수 있다.

## 19.

**상** 부동산관리

③ 위탁관리형 주택임대관리업의 경우, 임차인 모집 업무는 수행하지 않는다. → 위탁관리형 주택임대관리업에서 임차인 모집행위는 임대사업자(소유자)가 직접 한다.

> **Ⅴ 위탁관리형 주택임대관리업**
>
> 위탁관리형 주택임대관리업은 주택의 소유자로부터 수수료를 받고 임대료 부과·징수 및 시설물 유지·관리 등을 대행하는 업을 말한다.

## 20.

정답 ④

**중** 주택정책

① 임대료의 상한가격이 시장균형가격보다 낮을 경우, 임대주택의 공급이 탄력적으로 반응하면(= 공급이 더 많이 감소하면) 장기적으로 임차인의 주거환경은 더욱 악화된다.
② 우리나라는 「주거기본법」 등에 의하여 주거에 대한 권리를 인정하고 있다.
③ 주택바우처는 임대주택 수요자에 대한 보조정책이다.
⑤ 정부에서 임대료보조금을 임대주택재화의 구입에만 한정할 경우에도 보조를 받은 임차인의 실질소득이 향상되는 효과가 있다. → 보조금 지급 이후 다른 재화의 소비량이 늘어나는 효과가 있다.

## 21.

정답 ③

**상** 부동산투자분석 및 기법

ㄱ은 8.0, ㄴ은 6.5이다.
부동산가격 상승분까지 반영하여 자기자본수익률을 구하는 문제이다.

> **Ⅴ 자기자본수익률**
>
> $$자기자본수익률 = \frac{세전현금수지(= 순영업소득 - 부채서비스액) + 가격상승분}{지분투자액(자기자본)}$$

1. 부동산매입가격 = 총투자액 = 4억원
2. 부동산가격 상승분 800만원 = 부동산(매입)가격 4억원 × 부동산가격 상승률 연 2%(0.02)
3. 1.~2.를 적용하여 풀면 다음과 같다.
   ㄱ. 타인자본을 50% 활용하는 경우, 자기자본은 50%이다.
   - 매입가격(총투자액) 4억원 중에서 타인자본 2억원(= 4억원 × 0.5), 자기자본 2억원(= 4억원 × 0.5)이다.
   - 부채서비스액 1,000만원 = 타인자본(융자금) 2억원 × 이자율 연 5%(0.05)
   
   → $8.0\% = \dfrac{1,600만원(= 1,800만원 - 1,000만원 + 800만원)}{지분투자액(자기자본 2억원)}$
   
   ㄴ. 타인자본을 활용하지 않는 경우 = 4억원을 전액 자기자본으로 투자하는 경우
   
   → $6.5\% = \dfrac{2,600만원(= 1,800만원 + 800만원)}{지분투자액(자기자본) 4억원}$

## 22.

정답 ④

**상** 부동산투자이론

④ 위험회피적 투자자는 효율적 포트폴리오(투자대안)인 호텔, 아파트, 원룸 어느 투자안을 선택하여도 기대효용은 동일하다. 공격적 투자자라면 원룸에 투자하여 기대효용을 극대화할 수 있으며, 보수적 투자자라면 아파트에 투자하여 기대효용을 극대화할 수 있다. → 최적 포트폴리오는 투자자의 위험선호도에 따라 달라질 수 있다.
① 표준편차(위험)가 작을수록 실제수익률이 기대수익률에 가까울 가능성이 크다.
② 원룸이 가장 고위험-고수익 투자안이며, 아파트가 가장 저위험-저수익 투자안이다.
③ 기대수익률 단위당 위험도 → 변동(변이)계수

> **Ⅴ 참고**
>
> $$변동(변이)계수 = \frac{위험(표준편차)}{기대수익률(평균)}$$

- 호텔 $0.5 = \dfrac{7}{14}$
- 아파트 $0.33 ≒ \dfrac{4}{12}$
- 원룸 $0.47 ≒ \dfrac{8}{17}$

⑤ 세 가지 투자안은 상호 지배관계에 있지 않으므로, 모두 효율적 전선(프론티어)에 존재하는 효율적 포트폴리오(투자안)이다.

## 23.

정답 ⑤

**중** 부동산투자이론

⑤ 두 자산간 상관계수 값이 마이너스(-)1에 근접할수록 분산투자효과 커지며, 플러스(+) 1에 근접할수록 분산투자효과가 작아진다. 상관계수 값이 0인(아무런 관련이 없는) 경우에도 분산투자효과가 발생한다. 보기에서 (라) 포트폴리오가 분산투자효과가 가장 크며, (마) 포트폴리오가 분산투자효과가 가장 작다.

## 24.

정답 ②

**중** 부동산투자분석 및 기법

① 내부수익률(IRR)은 투자안의 수익성지수(PI)를 1로 만드는 할인율을 말한다.
③ 내부수익률은 현금유입의 현재가치와 현금유출의 현재가치를 같게 만드는 할인율을 말한다.
④ 순현가법이란 보유기간 동안 기대되는 세후소득(세후현금수지 + 세후지분복귀액)의 현재가치 합과 투자비용으로 지출한 지분의 현재가치를 비교하여 투자결정하는 방법이다.
⑤ 투자금액이 다른 두 투자안의 순현가가 동일하더라도 두 투자안의 수익성지수(PI)는 다를 수 있다.

## 25.

정답 ④

**중** 부동산투자분석 및 기법

④ 자산 40억원 = 자본총계 16억원 + 부채총계 24억원

→ $부채비율 150\%(1.5) = \dfrac{부채총계 24억원}{자본총계 16억원}$

① 수익률법과 승수법(→ 어림셈법)은 투자현금흐름의 시간가치를 반영하지 않는다. 즉, 장래 수익을 현재가치로 할인하지 않는다.

② 총소득승수보다 순소득승수가 더 큰 편이다. ➡ 두 가지 수식의 분자 값은 동일하고, 순소득승수의 분모 값이 더 작으므로 순소득승수가 (전체 값이) 더 큰 편이다.
③ 채무불이행률은 유효조소득이 영업경비와 부채서비스액을 상환할 수 있는지를 판단한다.
⑤ 부채감당률이 1보다 크면 순영업소득이 부채서비스액을 상환하고도 잔여액이 있다. ➡ 세전현금수지는 양(+)의 값을 갖는다.

# 26.
정답 ⑤

〔상〕 부동산투자이론

- 최초 호텔 투자액 비중(가중치) 0.4(40%) = $\dfrac{40억원}{100억원}$
- 최초 아파트 투자액 비중(가중치) 0.6(60%) = $\dfrac{60억원}{100억원}$
- 최초 포트폴리오 기대수익률:
  (0.4 × 14%) + (0.6 × 10%) = 11.6%
- 5년 후 금액(가중치) 조정 후 포트폴리오 기대수익률:
  (0.6 × 14%) + (0.4 × 10%) = 12.4%
∴ 기대수익률은 0.8%p 상승한다.

# 27.
정답 ②

〔중〕 부동산증권론 및 개발금융

옳은 것은 ㄱ, ㄷ이다.
ㄴ. 조기상환위험은 증권투자자가(증권소유자)가 부담한다.
ㄹ. 신용등급이 높은 채권일수록 지급되는 표면금리는 낮아진다.
  ➡ 저위험-저수익 투자안

# 28.
정답 ①

〔하〕 부동산금융

① 변동금리 주택담보대출에 적용되는 코픽스(COFIX)기준금리는 은행 연합회에서 산출하여 고시하고 있다. 중앙은행인 한국은행은 물가안 정 및 통화가치 안정에 주안점을 두고 통화정책을 담당하는 독립기 관이다.

# 29.
정답 ⑤

〔중〕 부동산금융

⑤ 대출기관 자체적으로 담보인정비율(LTV)을 상향조정하면 융자액(대 출액)이 많아지므로, 대출기관의 채무불이행위험이 커진다. ➡ 위험 을 줄이기 위한 방안이라고 볼 수 없다.
① 유동성위험을 감소시키는 방법이다.
② 상업용 투자안의 채무불이행위험을 감소시키는 방법이다.
③ 금리변동위험을 금융기관간 상호 전가하는 방법이다.
④ 변동금리로 대출을 실행하여 금리변동위험을 차입자에게 전가시키는 방법이다.

# 30.
정답 ③

〔상〕 부동산금융

- 매년 균등한 원금 1,400만원 = $\dfrac{융자원금\ 2억\ 1천만원}{융자기간\ 15년}$

| 기간 | 원금상환분 | 이자지급분 | 원리금 | 잔금 |
|---|---|---|---|---|
| 1 | 1,400만원 | 1,260만원 | 2,660만원 | 1억 9,600만원 |
| 2 | 1,400만원 | 1,176만원 | 2,576만원 | 1억 8,200만원 |
| 3 | 1,400만원 | 1,092만원 | (ㄴ): 2,492만원 | |

- 1차년도 이자지급분 1,260만원 = 원리금 2,660만원 - 1차년도 원금 상환분 1,400만원
  ∴ 대출금리(ㄱ): 0.06(6%) = $\dfrac{1차년도\ 이자지급분\ 1,260만원}{융자원금\ 2억\ 1천만원}$
- 3차년도 이자지급분 1,092만원 = 2차년도말 잔금 1억 8,200만원 × 이자율 0.06
  ∴ 3차년도 원리금상환액(ㄴ): 2,492만원 = 원금상환분 1,400만원 + 3차년도 이자지급분 1,092만원

# 31.
정답 ③

〔하〕 부동산증권론 및 개발금융

③ 신주인수권부 사채(Bond with Warrant) 발행 - 부채금융과 지분금 융이 혼합된, 중간적 성격의 메자닌금융기법이다[부채(채권) ➡ 자기 자본(주식)]. 일정 시점에서 새로운 주식(신주)을 인수할 권리가 부여 된 옵션부 채권이다. 발행자 입장에서는 발행 당시 채권(부채)이지만, 주주가 신주를 인수하기 위해 주금을 납입하면 자기자본이 늘어나는 효과가 있다.

# 32.
정답 ⑤

〔하〕 부동산이용 및 개발

⑤ 시공을 담당하는 행위는 부동산개발에서 제외한다.

Ⓥ 참고

「부동산개발업의 관리 및 육성에 관한 법률」 제2조 【정의】 이 법에서 사용하 는 용어의 정의는 다음과 같다.
1. "부동산개발"이란 다음 각 목의 어느 하나에 해당하는 행위를 말한다. 다 만, 시공을 담당하는 행위는 제외한다.
 가. 토지를 건설공사의 수행 또는 형질변경의 방법으로 조성하는 행위
 나. 건축물을 건축·대수선·리모델링 또는 용도변경 하거나 공작물을 설 치하는 행위

# 33.
정답 ①

〔하〕 부동산관리

① • 시설관리는 시설사용자나 사용과 관련된 타부문의 요구에 단순히 부응하는 소극적이고 기술적인 측면을 중시하는 관리를 말한다.
  • 재산관리(건물 및 임대차 관리)란 부동사의 임대 및 수지관리의 측 면을 말한다(임대차 유치 및 유지 등).

## 34.

> 하 부동산마케팅 및 광고

② • 표적시장선정(Targeting)전략은 세분화된 수요자 집단에서 경쟁상
황과 자신의 능력을 고려하여 가장 자신있는 수요자 집단을 찾아내
는 것을 말한다.
• 마케팅 4P MIX 중에서 촉진(promotion)전략은 구매욕구를 증진
시키고, 구매고객을 자극·유인하기 위한 광고 및 인적 판매(판매
원), 홍보, 경품을 제공하는 것을 말한다.

## 35.

정답 ①

> 하 감정평가의 기초이론

① • 균형의 원칙이란 부동산의 유용성이 최고도로 발휘되기 위해서는
부동산(내부)구성요소(건물의 경우 구조, 설계, 기능 등)의 결합에
균형이 있어야 한다는 것을 말한다.
• 적합의 원칙은 부동산이 속한 외부환경, 지역, 위치, 입지 등을 고
려하여 가치를 평가한다.

## 36.

정답 ⑤

> 중 감정평가의 기초이론

⑤ • '기준시점'이란 대상물건의 감정평가액을 결정하는 기준이 되는 날
짜를 말한다.
• 기준시점은 대상물건의 가격조사를 완료한 날짜로 한다. 다만, 기준
시점을 미리 정하였을 때에는 그 날짜에 가격조사가 가능한 경우에
만 기준시점으로 할 수 있다(「감정평가에 관한 규칙」제9조 제2항).

## 37.

정답 ④

> 상 부동산가격공시제도

① 표준주택으로 선정된 단독주택, 국세 또는 지방세의 부과대상이 아닌
단독주택에 대하여는 개별주택가격을 결정·공시하지 아니할 수 있
다. → 공동주택은 표준주택을 선정하지 않는다.
② 시장·군수 또는 구청장은 공시기준일 이후에 토지의 분할·합병 등
이 발생한 경우에는 대통령령이 정하는 날을 기준으로 하여 개별공
시지가를 결정·공시하여야 한다.
③ 비주거용 개별부동산가격 및 비주거용 집합부동산가격은 비주거용
부동산시장의 가격정보를 제공하고, 국가·지방자치단체 등이 과세
등의 업무와 관련하여 비주거용 부동산가격을 산정하는 데 그 기준
으로 활용될 수 있다.
⑤ 시장·군수 또는 구청장은 개별공시지가는 매년 5월 31일까지, 개별
주택가격은 매년 4월 30일까지 결정·공시하여야 한다.

## 38.

정답 ④

> 상 감정평가의 방식

• 시점수정치: 1.04
• 개별요인
  - 가로조건 비교치: 1.08
  - 환경조건 비교치: 0.95
• 그 밖의 요인 보정치(50% 증액 보정): $1.5(= \dfrac{150}{100})$

∴ 1,500,000원 × 1.04 × 1.08 × 0.95 × 1.5 ≒ 2,400,000원

---

> ☑ 토지가액

토지가액 = 비교표준지 × 시점수정 × 지역요인 비교 × 개별요인 비교 × 그
밖의 요인 보정

## 39.

정답 ①

> 중 감정평가의 방식

① 상환기금법은 원가법에서 감가수정 방법 중 하나이다. 상환기금법이
란 내용연수가 만료하는 때의 감가누계상당액과 그에 대한 복리계산
의 이자상당액을 포함하여 당해 연수로 상환하는 방법을 말한다.

> ☑ 환원이율(자본환원율)을 구하는 방법

시장추출법, 요소구성(조성)법, 물리적 투자결합법, 금융적 투자결합법, 엘우드
법, 부채감당법

## 40.

정답 ②

> 하 감정평가의 방식

② 표준지 공시지가는 의뢰인과 협의하여 확정할 기본적 사항이 아니다.
표준지공시지가는 국토교부관장이 매년 1월 1일 기준으로 공시한다.

> ☑ 참고

「감정평가에 관한 규칙」제9조 【기본적 사항의 확정】 ① 감정평가법인등은
감정평가를 의뢰받았을 때에는 의뢰인과 협의하여 다음 각 호의 사항을
확정해야 한다.
1. 의뢰인
2. 대상물건
3. 감정평가 목적
4. 기준시점
5. 감정평가조건
6. 기준가치
7. 관련 전문가에 대한 자문 또는 용역(이하 "자문등"이라 한다)에 관한 사항
8. 수수료 및 실비에 관한 사항

| 41 | 42 | 43 | 44 | 45 | 46 | 47 | 48 | 49 | 50 |
|----|----|----|----|----|----|----|----|----|----|
| ④ | ① | ⑤ | ③ | ⑤ | ⑤ | ⑤ | ⑤ | ② | ① |
| 51 | 52 | 53 | 54 | 55 | 56 | 57 | 58 | 59 | 60 |
| ② | ⑤ | ① | ⑤ | ⑤ | ③ | ② | ② | ④ | ④ |
| 61 | 62 | 63 | 64 | 65 | 66 | 67 | 68 | 69 | 70 |
| ① | ④ | ② | ③ | ④ | ① | ③ | ④ | ⑤ | ① |
| 71 | 72 | 73 | 74 | 75 | 76 | 77 | 78 | 79 | 80 |
| ④ | ② | ① | ④ | ② | ④ | ② | ③ | ④ | ② |

### 선생님의 한마디

1. 공인중개사 시험 합격이 눈앞에 있습니다. 10회차 마지막 문제까지 힘내서 풀어보시면 좋겠습니다. 즉, 절대 붙는다는 생각만 하세요.
2. 박스형 문제들은 정확한 지식을 요구합니다. 「민법」이 어렵게 출제될 때를 대비하여 틀린 것들을 잘 정리해 보세요. 남들보다 한 걸음 더 나아갈 수 있습니다. 끝까지 힘내세요.^^

## 41.
정답 ④

【중】 **권리의 변동**

형성권인 것은 ㄴ, ㄹ이다.
ㄱ, ㄷ. 임차인의 비용상환청구권과 물권적 청구권은 형성권이 아니고, 청구권이다.
ㄴ, ㄹ. 지상물매수청구권과 예약완결권은 형성권이다.

## 42.
정답 ①

【중】 **법률행위**

옳은 것은 ㄱ, ㄴ이다.
ㄱ. 정지조건 있는 법률행위는 조건이 성취한 때로부터 그 효력이 생긴다.
ㄴ. 후발적 불능이 되더라도 계약이 무효로 되는 것은 아니다.
ㄷ. 사회질서의 위반을 이유로 하는 법률행위의 무효는 모든 제3자에게 대항할 수 있다(절대적 무효).
ㄹ. 불공정한 법률행위로서 무효인 경우에는 추인에 의하여 무효인 법률행위가 유효로 될 수 없다(대판 1994.6.24, 94다10900).

## 43.
정답 ⑤

【하】 **법률행위**

반사회질서의 법률행위로서 무효인 것은 ㄷ, ㄹ이다.
ㄱ. 변호사가 '형사'소송의 승소 대가로 성공보수를 받기로 한 약정은 반사회질서의 법률행위로서 무효이지만, 변호사가 '민사'소송의 승소 대가로 성공보수를 받기로 한 약정은 반사회질서의 법률행위에 해당하지 않는다.
ㄴ. 무허가건물의 임대행위는 반사회질서의 법률행위에 해당하지 않는다.
ㄷ. 당초부터 오로지 보험사고를 가장하여 보험금을 취득할 목적으로 생명보험계약을 체결한 경우에는 사회질서에 위배되는 법률행위로서 무효이다(대판 2000.2.11, 99다49064).

ㄹ. 수사기관에서 허위진술을 해주는 대가로 작성된 각서에 기한 급부의 약정은 제103조 소정의 반사회적 질서행위로 무효이다(대판 2001.4.24, 2000다71999).

## 44.
정답 ③

【상】 **의사표시**

틀린 것은 ㄴ, ㄷ이다.
ㄱ. 허위표시로서 무효인 경우, 악의의 제3자는 보호되지 않는다. 따라서 甲은 악의의 丙에게 등기말소를 청구할 수 있다.
ㄴ. 강제집행을 면할 목적으로 허위의 의사표시를 하는 것은 특별한 사정이 없는 한 반사회적 법률행위에 해당되지 않는다(대판 2004.5.28, 2003다70041).
ㄷ. 허위표시로서 무효인 경우, 선의의 제3자에게 대항하지 못한다. 따라서 甲은 선의의 丙에게 등기말소를 청구할 수 없다.
ㄹ. 대외적 관계에서는 수탁자가 소유권을 가진다. 따라서 수탁자로부터 제3자가 신탁재산을 취득한 경우에는 신탁계약의 해지 여부 그리고 그의 선·악의 여부를 묻지 않고 적법하게 소유권을 취득한다.
ㅁ. 불법인 처분행위에 제3자가 적극 가담하였다면 이는 반사회적인 행위에 해당하여 무효가 된다.

## 45.
정답 ⑤

【중】 **의사표시**

옳은 것은 ㄹ, ㅁ이다.
ㄱ. 甲이 해지의 통지를 발송한 후 사망하거나 제한능력자가 되어도 의사표시의 효력에 영향을 미치지 아니한다(제111조 제2항).
ㄴ. 乙에게 의사표시가 도달하면 의사표시의 효력이 발생한다. 그 후 상대방 乙이 성년후견개시 심판을 받은 것은 수령능력의 문제가 아니므로 의사표시의 효력을 대항할 수 있다.
ㄷ. 의사표시가 도달한 후에는 효력이 발생하므로 철회하지 못한다.
ㄹ. 상대방이 정당한 사유 없이 통지의 수령을 거절한 경우에는 상대방이 그 통지의 내용을 알 수 있는 객관적 상태에 놓여 있는 때에 의사표시의 효력이 생기는 것으로 보아야 한다(대판 2008.6.12, 2008다19973).
ㅁ. 최고의 의사표시가 기재된 내용증명 우편물이 발송되고 반송되지 아니하였다면 특별한 사정이 없는 한 이는 그 무렵에 송달되었다고 볼 것이다(대판 1997.2.25, 96다38322).

## 46.
정답 ⑤

【중】 **법률행위의 대리**

⑤ 대리인은 행위능력자임을 요하지 아니한다(제117조). 따라서 甲은 乙이 제한능력자임을 이유로 매매계약을 취소할 수 없다.

## 47.
정답 ⑤

【중】 **법률행위의 대리**

⑤ 제122조 단서
① 선임·감독에 관한 책임이 있다(제121조 제1항).
② 대리인은 복대리인에 대한 해임권이 있다(제121조 제2항).
③ 복대리인의 복대리권은 대리인의 대리권을 전제로 한 것이므로 대리인의 대리권 소멸에 의하여 역시 소멸한다.
④ 대리인이 대리권 소멸 후 복대리인을 선임하여 복대리인으로 하여금 상대방과 대리행위를 하게 한 경우에도 제129조에 의한 표현대리가 성립한다(대판 1998.5.29, 97다55317).

## 48.

정답 ⑤

중 법률행위의 무효와 취소

무효인 법률행위는 ㄷ, ㄹ이다.

ㄱ. 임대인의 동의가 없는 전대차도 임대인에게 대항할 수 없을 뿐 전대
차계약 자체는 유효하다.

ㄴ. 대리인은 제3자가 아니므로(대판 1999.2.23, 98다60828), 상대방은
대리인의 사기에 의한 법률행위를 취소할 수 있다.

ㄷ. 불법조건이 붙어 있는 법률행위는 무효이다. 조건만 무효가 되는 것
이 아니라, 법률행위 자체가 무효가 된다(제151조 제1항).

ㄹ. 지상권이나 전세권을 목적으로 저당권을 설정할 수 있지만, 지역권
은 다른 권리의 목적으로 하지 못한다(제292조 제2항). 따라서 지역
권에 저당권을 설정하는 계약은 무효이다.

## 49.

정답 ②

중 법률행위의 무효와 취소

② 취소한 법률행위는 처음부터 무효인 것으로 간주되므로 취소할 수
있는 법률행위가 일단 취소된 이상 그 후에는 취소할 수 있는 법률
행위의 추인에 의하여 유효하게 할 수는 없고, 다만 무효인 법률행위
의 추인의 요건과 효력으로서 추인할 수는 있다(대판 1997.12.12,
95다38240).

## 50.

정답 ①

하 조건과 기한

① 부첩관계의 종료를 해제조건으로 하는 증여계약은 그 조건만이 무효
인 것이 아니라 증여계약 자체가 무효이다(대판 1966.6.21, 66다
530).

② 조건은 법률행위의 효력의 발생 또는 소멸을 장래 불확실한 사실의
성부에 의존케 하는 법률행위의 부관이다. 조건부 법률행위는 조건이
성취되었을 때에 비로소 그 법률행위가 성립하는 것이 아니다.

③ 조건은 장래 성취 여부가 불확실한 사실에 의존하는 부관이며, 기한
은 장래 성취 여부가 확실한 사실에 의존하는 부관이다. 丙의 사망
여부는 확실한 사실이므로 불확정기한부 증여이다.

④ 기한부 권리도 처분·상속·보존 또는 담보로 할 수 있다.

⑤ 기한이익상실의 특약이 채권자를 위하여 둔 것인 점에 비추어 명백
히 정지조건부 기한이익상실의 특약이라고 볼 만한 특별한 사정이
없는 이상 형성권적 기한이익상실의 특약으로 추정하는 것이 타당하
다(대판 2002.9.4, 2002다28340).

## 51.

정답 ②

중 물권법 총설

② 근저당권이 설정된 후에 그 부동산의 소유권이 제3자에게 이전된 경
우에는 현재의 소유자가 자신의 소유권에 기하여 피담보채무의 소멸
을 원인으로 그 근저당권설정등기의 말소를 청구할 수 있음은 물론
이지만, 근저당권설정자인 종전의 소유자도 근저당권설정계약의 당
사자로서 근저당권 소멸에 따른 원상회복으로 근저당권자에게 근저
당권설정등기의 말소를 구할 수 있는 계약상 권리가 있다(대판 1994.
1.25, 93다16338 전원합의체).

① 물권적 청구권은 물권과 운명을 같이하므로 소유권을 상실한 전 소
유자인 甲은 물권적 청구권을 행사할 수 없다(대판 1969.5.27, 68다
725 전원합의체).

③ 丙은 정당한 점유권원을 가지고 있으므로 甲은 丙에게 소유물반환청
구를 할 수 없다(대판 1988.4.25, 87다카1682).

④ 甲이 임차인 丙에게 '퇴거'를 청구할 수 있다. 그 건물점유자가 대항
력 있는 임차인인 경우에도 마찬가지이다(대판 2010.8.19, 2010다
43801).

⑤ 미등기건물의 매수인은 소유자로 볼 수 없으므로 소유권에 기한 목
적물반환청구권을 행사할 수는 없다. 미등기건물의 매수인은 그 건물
의 불법점거자에 대하여 매도인을 대위하여 명도청구를 할 수 있다
(대판 1973.7.24, 73다114).

## 52.

정답 ⑤

중 물권의 변동

등기하여야 물권변동의 효력이 생기는 것은 ㄷ, ㄹ이다.

ㄱ. 신축건물의 소유권취득은 법률규정에 의한 물권의 취득으로 신축자
가 최소한의 기둥, 지붕, 주벽을 갖추면 등기 여부와 상관없이 소유
권을 취득한다(대판 2002.4.26, 2000다16350).

ㄴ. 법률의 규정에 의한 물권변동으로 등기를 요하지 않는다.

ㄷ. 점유취득시효는 법률규정에 의한 부동산 물권취득이나 제187조의
예외로 등기를 하여야만 소유권을 취득한다(제245조).

ㄹ. 제187조에서 이른바 판결이라 함은, 당사자 사이에 이루어진 어떠
한 법률행위를 원인으로 하여 부동산소유권이전등기절차의 이행을
명하는 것과 같은 내용의 판결 또는 소유권이전의 약정을 내용으로
하는 화해조서는 이에 포함되지 않는다(대판 1965.8.17, 64다1721).

## 53.

정답 ①

중 물권법 총설

① 온천권은 토지소유권의 내용일 뿐 독립된 물권이 아니다(대판 1970.5.
26, 69다1239).

## 54.

정답 ⑤

상 물권의 변동

옳은 것은 ㄷ, ㄹ이다.

ㄱ. 甲이 토지에 대한 소유권을 丙에게 이전한 뒤 乙이 본등기를 하려
면 丙이 아닌 甲에게 등기청구권을 행사하여야 한다.

ㄴ. 등기에 기하여 본등기가 행해지면 물권변동의 효력은 어디까지나 본
등기를 하는 때에 발생하며, 다만 본등기의 순위만 가등기에 의할
뿐이다.

ㄷ. 가등기 이후에 경료된 가압류등기는 본등기시 직권말소된다.

ㄹ. 소유권이전청구권 보전을 위한 가등기가 있다 하여, 소유권이전등기
를 청구할 어떤 법률관계가 있다고 추정되지 아니한다(대판 1979.5.
22, 79다239).

## 55.

정답 ⑤

하 물권의 변동

⑤ 합유지분권의 포기는 법률행위이므로 등기하여야 효력이 있고 지분
을 포기한 합유지분권자로부터 잔존 합유지분권자들에게 합유지분권
이전등기가 이루어지지 아니하는 한 지분을 포기한 지분권자는 제
3자에 대하여 여전히 합유지분권자로서의 지위를 가지고 있다고 보아
야 한다(대판 1997.9.9, 96다16896).

## 56.

정답 ③

**하 물권의 변동**

③ 타인 소유의 토지를 소유의 의사 없이 점유하던 자가 그 지상에 단지 그 소유의 건물을 건축하여 건축물관리대장에 등재하였다거나 토지 위에 과수나무를 식재하고, 그 지상건물을 과수원의 농막으로 사용하고 있다는 사정만으로는 소유자에 대하여 소유의 의사를 표시하였거나 새로운 권원으로 점유를 개시한 것으로 볼 수 없다(대판 1994. 4.29, 94다1449).

## 57.

정답 ②

**상 점유권**

틀린 것은 ㄱ, ㄷ이다.
ㄱ. 악의의 점유자는 수취한 과실을 반환하여야 하며 소비하였거나 과실로 인하여 훼손 또는 수취하지 못한 경우에는 그 과실의 대가를 보상하여야 한다(제201조 제2항).
ㄴ. 제202조
ㄷ. 기계의 점유자가 그 기계장치를 계속 사용함에 따라 마모되거나 손상된 부품을 교체하거나 수리하는 데에 소요된 비용은 통상의 필요비에 해당하고, 그러한 통상의 필요비는 점유자가 과실을 취득하면 회복자로부터 그 상환을 구할 수 없다(대판 1996.7.12, 95다41161).
ㄹ. 제203조 제2항

## 58.

정답 ②

**상 소유권**

② 주위토지통행권을 행사하는 통행권자는 통행지소유자의 손해를 보상하여야 한다(제219조 제2항).

## 59.

정답 ④

**중 소유권**

④ 제256조 단서 소정의 '권원'이라 함은 지상권, 전세권, 임차권 등과 같이 타인의 부동산에 자기의 동산을 부속시켜서 그 부동산을 이용할 수 있는 권리를 뜻하므로, 그와 같은 권원이 없는 자가 토지소유자의 승낙을 받음이 없이 그 임차인의 승낙만을 받아 그 부동산 위에 나무를 심었다면, 특별한 사정이 없는 한 토지소유자에 대하여 그 나무의 소유권을 주장할 수 없다(대판 1989.7.11, 88다카9067).
① 동산이 부동산에 부합하는 경우 부동산의 소유자가 동산의 소유권을 취득한다(제256조). 설사 동산의 가치가 부동산보다 크다고 하더라도 부동산의 소유자가 소유권을 취득한다.
② 임차인이 임차한 건물에 그 권원에 의하여 증축을 한 경우에 증축된 부분이 부합으로 인하여 기존건물의 구성부분이 된 때에는 증축된 부분에 별개의 소유권이 성립할 수 없으나, 증축된 부분이 구조상으로나 이용상으로 기존건물과 구분되는 독립성이 있는 때에는 구분소유권이 성립하여 증축된 부분은 독립한 소유권의 객체가 된다(대판 1999.7.27, 99다14518).
③ 독립성이 있는 물건일 때 부속물매수청구권을 행사할 수 있다.
⑤ 권한 없이 타인의 토지에 농작물을 심은 경우에도 그 농작물을 토지에 부합되지 않고 경작자에게 소유권이 있다. 나아가 명인방법을 갖출 필요도 없다(대판 1963.2.2, 62다9131).

## 60.

정답 ④

**중 소유권**

④ 총유물의 관리·처분은 사원총회의 결의에 의하여 한다(제276조 제1항). 총유물의 보존행위도 사원총회의 결의를 요한다.

## 61.

정답 ①

**중 용익물권**

① 토지 또는 그 지상 건물의 소유권이 강제경매로 인하여 그 절차상의 매수인에게 이전되는 경우에는 그 매수인이 소유권을 취득하는 매각대금의 완납시가 아니라 강제경매개시결정으로 압류의 효력이 발생하는 때를 기준으로 토지와 지상 건물이 동일인에게 속하였는지에 따라 관습상 법정지상권의 성립 여부를 가려야 한다(대판 2013.4. 11, 2009다62059).

## 62.

정답 ④

**하 용익물권**

④ 전세권의 설정은 이를 갱신할 수 있다. 그 기간은 갱신한 날로부터 10년을 넘지 못한다(제312조 제3항).
① 전전세권의 설정에는 원전세권자와 전전세권자 사이의 전전세권 설정의 합의 및 전전세권등기로 충분하며 원전세권설정자의 동의는 필요 없다.
② 토지임차인의 지상물매수청구권에 관한 규정은 토지의 전세권에도 유추 적용된다. 즉, 토지전세권의 기간이 만료한 때에 지상물이 현존하면, 전세권자는 전세권설정자에게 지상물매수청구권을 행사할 수 있다(대판 2007.9.21, 2005다41740).
③ 법정갱신의 경우 전세권의 존속기간은 정하지 않은 것으로 본다(제312조 제4항). 따라서 각 당사자는 언제든지 상대방에 대하여 전세권의 소멸통고를 할 수 있다.
⑤ 원전세권도 종료하고 원전세권설정자가 원전세금의 반환을 지체해야만 경매를 신청할 수 있다.

## 63.

정답 ②

**상 담보물권**

옳은 것은 ㄱ, ㄷ이다.
ㄱ. 다세대주택의 창호 등의 공사를 완성한 하수급인이 공사대금채권 잔액을 변제받기 위하여 위 다세대주택 중 한 세대를 점유하여 유치권을 행사하는 경우, 그 유치권은 위 한 세대에 대하여 시행한 공사대금만이 아니라 다세대주택 전체에 대하여 시행한 공사대금채권 전부를 피담보채권으로 하여 성립한다(대판 2007.9.7, 2005다16942).
ㄴ. 甲은 301호만 점유하고 있으므로 유치권은 301호에만 성립한다. 따라서 301호만 경매를 청구할 수 있다.
ㄷ. 경매개시결정등기가 되기 전에 이미 그 부동산에 관하여 유치권을 취득한 사람은 그 취득에 앞서 저당권설정등기나 가압류등기 또는 체납처분압류등기가 먼저 되어 있다 하더라도 경매절차의 매수인에게 자기의 유치권으로 대항할 수 있다(대판 2014.4.10, 2010다84932).
ㄹ. 유치권자는 채무자의 승낙이 없는 이상 그 목적물을 타에 임대할 수 있는 처분권한이 없으므로, 유치권자의 그러한 임대행위는 소유자의 처분권한을 침해하는 것으로서 소유자에게 그 임대의 효력을 주장할 수 없다(대결 2002.11.27, 2002마3516).

## 64.
정답 ③

틀린 것은 ㄴ, ㄷ이다.
ㄱ. 저당권은 그 담보한 채권과 분리하여 타인에게 양도하거나 다른 채권의 담보로 하지 못한다(제361조).
ㄴ. 저당권의 목적토지가 「공익사업을 위한 토지 등의 취득 및 보상에 관한 법률」에 따라 협의취득된 경우에는, 그것이 사법상의 매매이고 공용징수가 아니므로 저당권자는 그 토지에 추급할 수 있고, 토지소유자가 수령할 보상금에 대하여 물상대위를 할 수 없다(대판 1981. 5.26, 80다2109).
ㄷ. 토지저당권자가 일괄경매를 청구하기 위해서는 건물이 저당권설정자의 소유이어야 하므로, Y건물은 丙의 소유이므로 乙이 X에 대한 저당권을 실행하는 경우, Y에 대해서도 일괄경매를 청구할 수 없다.
ㄹ. 종된 권리에 대해서도 저당권의 효력이 미친다. 예컨대, 건물에 설정된 저당권의 효력은 그 건물의 소유를 목적으로 하는 지상권이나 토지임차권에도 미친다(대판 1993.4.13, 92다24950).

## 65.
정답 ④

④ 공동저당권이 설정되어 있는 수개의 부동산 중 일부는 채무자 소유이고 일부는 물상보증인의 소유인 경우 위 각 부동산의 경매대가를 동시에 배당하는 때에는, 채무자 소유 부동산의 경매대가에서 공동저당권자에게 우선적으로 배당을 하고, 부족분이 있는 경우에 한하여 물상보증인 소유 부동산의 경매대가에서 추가로 배당을 하여야 한다(대판 2010.4.15, 2008다41475). 따라서 먼저 채무자 乙 소유의 X부동산으로부터 1억 2,000만원을 배당받고, 부족분은 물상보증인 丙소유의 Y부동산으로부터 3,000만원을 추가로 배당받는다.

## 66.
정답 ①

① 당사자간에 동일한 내용의 청약이 상호교차된 경우, 양 청약이 상대방에게 도달한 때에 계약이 성립한다(제533조).

## 67.
정답 ③

계약체결상의 과실책임이 인정될 수 있는 것은 ㄴ, ㄷ이다.
ㄱ. 후발적 불능으로서 쌍방 귀책사유가 없는 경우로서 채무자위험부담주의가 적용된다(제537조 제1항).
ㄴ, ㄷ. 계약체결상 과실책임은 체결된 계약의 내용이 원시적 불능으로 인하여 그 계약이 무효인 경우에만 적용된다.
ㄹ. 원시적 일부불능이 있는 때에는 제574조 및 제580조에 의한 담보책임을 발생하고, 제535조에 의한 계약체결상 과실책임은 생기지 않는다(대판 2002.4.9, 99다47396).

## 68.
정답 ④

④ 임차인의 임차목적물반환의무는 임대차계약의 종료에 의하여 발생하나, 임대인의 권리금 회수방해로 인한 손해배상의무는 상가건물 임대차보호법에서 정한 권리금 회수기회 보호의무 위반을 원인으로 하고 있으므로 양 채무는 동일한 법률요건이 아닌 별개의 원인에 기하여 발생한 것일 뿐 아니라 공평의 관점에서 보더라도 그 사이에 이행상 견련관계를 인정하기 어렵다(대판 2019.7.10, 2018다242727).

## 69.
정답 ⑤

⑤ 낙약자는 요약자와의 계약에 기한 항변으로 제3자에게 대항할 수 있다(제542조).

## 70.
정답 ①

① 해제의 소급효는 제3자의 권리를 해하지 못한다. 따라서 해제권을 행사하기 전에 이해관계를 맺은 제3자(선의·악의를 불문)에게는 대항할 수 없고, 해제권을 행사한 후라도 말소등기가 있기 이전에 이해관계를 맺은 선의의 제3자에게도 대항할 수 없다(대판 2005.6.9, 2005다6341).

## 71.
정답 ④

④ 매매당사자간에 계약금을 수수하고 계약해제권을 유보한 경우에 매도인이 계약금의 배액을 상환하고 계약을 해제하려면 계약해제의 의사표시 외에 계약금 배액의 이행의 제공이 있으면 족하고, 상대방이 이를 수령하지 아니한다 하여 이를 공탁할 필요는 없다(대판 1981.10.27, 80다2784).

## 72.
정답 ②

② 매매계약에 관한 비용은 당사자 쌍방이 균분하여 부담한다(법 제566조). 계약체결에 관한 비용은 계약 체결에 일반적으로 필요한 비용을 의미하며, 이행 또는 이행의 수령에 필요한 비용은 가리키는 것은 아니다. 측량비용은 계약체결에 관한 비용이지만, 등기비용은 매수인이 부담하는 것이 관행이며, 담보권 말소비용은 이행비용으로서 채무자인 매도인이 부담하여야 한다.

## 73.
정답 ①

① 제582조 소정의 매수인의 권리행사 기간은 재판상 또는 재판 외에서의 권리행사에 관한 기간이다(대판 2003.6.27, 2003다20190).

## 74.

중 계약각론

④ 임대차가 묵시의 갱신이 된 경우, 전임대차에 대해 제3자가 제공한 담보는 기간의 만료로 인하여 소멸한다(제639조 제2항).
① 제654조, 제615조
② 숙박업자는 통상의 임대차와 같이 단순히 여관 등의 객실 및 관련 시설을 제공하여 고객으로 하여금 이를 사용·수익하게 할 의무를 부담하는 것에서 한 걸음 더 나아가 고객에게 위험이 없는 안전하고 편안한 객실 및 관련 시설을 제공함으로써 고객의 안전을 배려하여야 할 보호의무를 부담한다(대판 2000.11.24, 2000다38718·2000다38725).
③ 당사자들이 자유로운 의사에 따라 임대차기간을 영구로 정한 약정은 이를 무효로 볼 만한 특별한 사정이 없는 한 계약자유의 원칙에 의하여 허용된다고 한다(대판 2023.6.1, 2023다209045).
⑤ 건물임차인이 자신의 비용을 들여 증축한 부분을 임대인 소유로 귀속시키기로 하는 약정은 임차인이 원상회복의무를 면하는 대신 투입비용의 변상이나 권리주장을 포기하는 내용이 포함된 것으로서 특별한 사정이 없는 한 유효하므로, 그 약정이 부속물매수청구권을 포기하는 약정으로서 강행규정에 반하여 무효라고 할 수 없고 또한 그 증축부분의 원상회복이 불가능하다고 해서 유익비의 상환을 청구할 수도 없다(대판 1996.8.20, 94다44705).

## 75.

상 계약각론

옳은 것은 1개(ㄴ)이다.
ㄱ. 임차인은 선량한 관리자의 주의로 임차물을 보관하여야 한다(제374조).
ㄴ. 임차인의 귀책사유로 이행불능이 된 경우, 채무불이행책임이 성립하여 임차인은 손해배상책임을 진다(제390조).
ㄷ. 건물 자체의 수선 내지 증·개축 부분은 특별한 사정이 없는 한 건물 자체의 구성부분을 이루고 독립된 물건이라고 보이지 않으므로 임차인의 부속물매수청구권의 대상이 될 수 없다(대판 1983.2.22, 80다589).
ㄹ. 건물 기타 공작물의 임대인이 임대차에 관한 채권에 의하여 그 건물 기타 공작물에 부속한 임차인 소유의 동산을 압류한 때에는 질권과 동일한 효력이 있다(제650조).

## 76.

상 주택임대차보호법

옳은 것은 ㄴ, ㅁ이다.
ㄱ. 기간을 2년 미만으로 정한 임대차는 그 기간을 2년으로 본다. 다만, 임차인은 2년 미만으로 정한 기간이 유효함을 주장할 수 있다(주임법 제4조 제1항). 임대인은 주장할 수 없다.
ㄴ. 대항력을 갖는 임차인이 존재하는 임대주택이 양도된 경우, 임차인은 특별한 사정이 없는 한 양수인 丙에 대해서만 보증금반환을 청구할 수 있다(동법 제3조 제4항 참고).
ㄷ. 대항요건은 배당요구의 종기까지 계속 유지되어야 하는데, 동거가족이 없는 甲이 자신의 주민등록을 이전하였기 때문에 대항력을 상실한다.
ㄹ. 증액청구는 임대차계약 또는 증액이 있은 후 1년 이내에는 하지 못한다(동법 시행령 제2항).
ㅁ. 동법 제3조의3 제1항

## 77.

상 상가건물 임대차보호법

② 10년 초과시 임차인은 계약갱신을 요구할 수 없으나, 임대인은 권리금회수기회 보호의무를 부담한다(대판 2019.5.16, 2017다225312).

## 78.

하 집합건물의 소유 및 관리에 관한 법률

③ 전유부분이 수인의 공유인 경우, 의결권을 행사할 1인을 정해야 한다(집합건물법 제37조 제2항).

## 79.

중 가등기담보 등에 관한 법률

④ 甲이 청산금을 지급하기 전에는 乙이 X건물의 소유자이다. 따라서 甲은 丙에게 임료 상당의 부당이득반환청구를 할 수 없다.

## 80.

중 부동산 실권리자명의 등기에 관한 법률

② 사실혼의 배우자는 종중·배우자 특례에서 제외되므로 무효이다(대판 1999.5.14, 99두35 참고).

# 제10회 정답 및 해설

▶ 무료 해설강의   ▶ 실시간 합격예측 서비스
* 제35회 공인중개사 시험일까지 제공

## 난이도 및 출제포인트 분석

★ 난이도가 낮은 문제는 해설 페이지를 찾아가 꼭 익혀두세요.

### 1교시 제1과목 부동산학개론

| 문제 번호 | 난이도 및 출제포인트 분석 | | 문제 번호 | 난이도 및 출제포인트 분석 | |
|---|---|---|---|---|---|
| 1 | 하 부동산학의 이해 및 부동산활동 | p.104 | 21 | 중 부동산투자분석 및 기법 | p.107 |
| 2 | 하 부동산의 개념과 분류 | p.104 | 22 | 상 부동산투자분석 및 기법 | p.107 |
| 3 | 하 부동산의 특성 및 속성 | p.104 | 23 | 하 부동산투자이론 | p.107 |
| 4 | 하 부동산의 수요·공급이론 | p.105 | 24 | 하 부동산투자이론 | p.107 |
| 5 | 중 부동산의 수요·공급이론 | p.105 | 25 | 중 부동산투자이론 | p.107 |
| 6 | 상 부동산의 경기변동 | p.105 | 26 | 상 부동산투자분석 및 기법 | p.107 |
| 7 | 하 부동산이용 및 개발 | p.105 | 27 | 상 부동산금융 | p.108 |
| 8 | 상 부동산의 수요·공급이론 | p.105 | 28 | 중 부동산금융 | p.108 |
| 9 | 하 감정평가의 기초이론 | p.105 | 29 | 중 부동산증권론 및 개발금융 | p.108 |
| 10 | 하 부동산시장 | p.105 | 30 | 중 부동산증권론 및 개발금융 | p.108 |
| 11 | 중 입지 및 공간구조론 | p.106 | 31 | 중 부동산증권론 및 개발금융 | p.108 |
| 12 | 상 입지 및 공간구조론 | p.106 | 32 | 상 부동산이용 및 개발 | p.108 |
| 13 | 중 입지 및 공간구조론 | p.106 | 33 | 상 부동산관리 | p.108 |
| 14 | 하 입지 및 공간구조론 | p.106 | 34 | 하 부동산관리 | p.109 |
| 15 | 중 토지정책 | p.106 | 35 | 중 부동산이용 및 개발 | p.109 |
| 16 | 하 주택정책 | p.106 | 36 | 상 감정평가의 방식 | p.109 |
| 17 | 중 주택정책 | p.106 | 37 | 상 감정평가의 방식 | p.109 |
| 18 | 중 주택정책 | p.106 | 38 | 중 감정평가의 기초이론 | p.109 |
| 19 | 하 부동산의 경기변동 | p.107 | 39 | 상 감정평가의 방식 | p.109 |
| 20 | 중 부동산투자분석 및 기법 | p.107 | 40 | 상 부동산가격공시제도 | p.109 |

### 1교시 제2과목 민법 및 민사특별법

| 문제 번호 | 난이도 및 출제포인트 분석 | | 문제 번호 | 난이도 및 출제포인트 분석 | |
|---|---|---|---|---|---|
| 41 | 중 법률관계와 권리변동 | p.110 | 61 | 하 용익물권 | p.112 |
| 42 | 중 법률행위 | p.110 | 62 | 상 용익물권 | p.112 |
| 43 | 하 법률행위 | p.110 | 63 | 중 담보물권 | p.112 |
| 44 | 중 법률행위 | p.110 | 64 | 중 담보물권 | p.112 |
| 45 | 중 의사표시 | p.110 | 65 | 중 담보물권 | p.112 |
| 46 | 중 의사표시 | p.110 | 66 | 상 계약총론 | p.112 |
| 47 | 상 의사표시 | p.110 | 67 | 상 계약총론 | p.112 |
| 48 | 중 법률행위의 대리 | p.111 | 68 | 중 계약총론 | p.113 |
| 49 | 중 법률행위의 대리 | p.111 | 69 | 하 계약총론 | p.113 |
| 50 | 하 법률행위의 무효와 취소 | p.111 | 70 | 중 계약각론 | p.113 |
| 51 | 중 물권법 총설 | p.111 | 71 | 중 계약각론 | p.113 |
| 52 | 상 물권법 총설 | p.111 | 72 | 하 계약각론 | p.113 |
| 53 | 중 물권의 변동 | p.111 | 73 | 중 계약각론 | p.113 |
| 54 | 중 물권의 변동 | p.111 | 74 | 상 계약각론 | p.113 |
| 55 | 상 점유권 | p.111 | 75 | 중 계약각론 | p.113 |
| 56 | 하 점유권 | p.111 | 76 | 상 주택임대차보호법 | p.113 |
| 57 | 중 소유권 | p.111 | 77 | 중 상가건물 임대차보호법 | p.113 |
| 58 | 중 소유권 | p.112 | 78 | 중 집합건물의 소유 및 관리에 관한 법률 | p.114 |
| 59 | 중 용익물권 | p.112 | 79 | 중 가등기담보 등에 관한 법률 | p.114 |
| 60 | 상 용익물권 | p.112 | 80 | 상 부동산 실권리자명의 등기에 관한 법률 | p.114 |

## 제1과목 부동산학개론

| 1 | 2 | 3 | 4 | 5 | 6 | 7 | 8 | 9 | 10 |
|---|---|---|---|---|---|---|---|---|---|
| ② | ① | ⑤ | ① | ① | ③ | ① | ⑤ | ④ | ⑤ |
| **11** | **12** | **13** | **14** | **15** | **16** | **17** | **18** | **19** | **20** |
| ④ | ③ | ② | ⑤ | ③ | ① | ③ | ④ | ⑤ | ④ |
| **21** | **22** | **23** | **24** | **25** | **26** | **27** | **28** | **29** | **30** |
| ④ | ③ | ⑤ | ④ | ① | ② | ⑤ | ③ | ④ | ③ |
| **31** | **32** | **33** | **34** | **35** | **36** | **37** | **38** | **39** | **40** |
| ② | ③ | ① | ④ | ② | ② | ③ | ① | ② | ② |

### 🗨 선생님의 한마디

실전모의고사 10회를 통해 잘 준비해 오신 것들은 꾸준하게 유지하시고, 미비점이 있다면 선별하여 보완하시려는 노력이 필요합니다. 이제부터는 학원(동영상강의)에서 진행되는 9~10월 동형모의고사 및 100선 특강, 총정리특강 과정을 수강하시고 이에 집중하시기 바랍니다. 여러분은 합격하실 수 있습니다.
해커스가 응원합니다. 고맙습니다.

### 1.
정답 ②

**하 부동산학의 이해 및 부동산활동**

② 부동산활동의 일반원칙으로서 능률성의 원칙은 최유효이용을 그 지도원리로 삼는다. 이와는 달리 경제성의 원칙이란 최소의 비용으로 최대의 효과를 올리려는 합리적인 경제원칙을 말한다.

### 2.
정답 ①

**하 부동산의 개념과 분류**

ㄱ은 다세대주택, ㄴ은 연립주택이다.

> ✔ 참고
> • **다가구주택**: 주택으로 쓰는 층수(지하층은 제외)가 3개 층 이하이며, 1개 동의 바닥면적(부설주차장 면적 제외)이 660m² 이하인 단독주택이다.
> • **다중주택**: 1개 동의 주택으로 쓰이는 바닥면적의 합계가 660m² 이하이고, 주택으로 쓰는 층수(지하층은 제외)가 3개 층 이하일 것, 독립된 주거의 형태를 갖추지 아니한 것(각 실별로 욕실은 설치할 수 있으나, 취사시설은 설치하지 아니한 것을 말함)

### 3.
정답 ⑤

**하 부동산의 특성 및 속성**

⑤ 부동성(위치의 고정성)은 해당 지역(지방)에 소재하는 부동산에 대하여 조세를 부과하고, 이는 지방자치단체 운영을 위한 부동산조세 수입의 근거가 된다.

# 4.                                                정답 ①

[하] **부동산의 수요·공급이론**

① • 부동산상품의 이질성(개별성 ➡ 완전한 대체관계가 성립하지 않기 때문에)은 부동산의 수요량이 일반재화보다 가격에 대하여 더 비탄력적으로 반응하게 한다.
   • 부동산수요량은 일반재화보다 가격에 대해 그 양의 변화가 적어서 비탄력적이다.

# 5.                                                정답 ①

[중] **부동산의 수요·공급이론**

① 아파트와 보완관계에 있는 재화의 가격이 상승하면(보완재 수요량은 감소하고 이에 따라) 해당 아파트 수요도 감소한다. ➡ 아파트 수요곡선 좌측 이동
② 시장수요곡선이 더 탄력적이므로 기울기가 완만해진다. ➡ 기울기의 절댓값은 작아진다.
③ 임대주택의 임대료가 하락하면(임대주택의 수요량은 증가하고) 대체효과에 의해 다른 주택의 소비량은 상대적으로 감소한다.
⑤ 제품가격이 가계소득에서 차지하는 비중이 클수록(=소비자가 직접적으로 지불하는 비용이 클수록) 수요의 가격탄력성은 더 커진다(탄력적이다).

# 6.                                                정답 ③

[상] **부동산의 경기변동**

수렴형에 해당하는 것은 ㄴ, ㄷ이다. 공급의 가격탄력성이 비탄력적일수록(작을수록), 공급곡선의 기울기가 더 급할수록, 공급곡선 기울기의 절댓값이 더 클수록 ➡ 수렴형

ㄱ. • 기울기의 값: 수요곡선 -0.8, 공급곡선 0.2 ➡ 발산형
   • 수요곡선 기울기 절댓값 0.8, 공급곡선 기울기 절댓값 0.2 ➡ 수요곡선 기울기 절댓값이 더 크므로 수요가 비탄력적, 공급은 상대적으로 탄력적이므로 발산형으로 나타난다.

ㄴ. 수요의 가격탄력성: 1.5, 공급의 가격탄력성: 0.5 ➡ 공급이 상대적으로 더 비탄력적 ➡ 수렴형

ㄷ. • P = 400 - Qd ➡ 수요곡선 기울기 값: 1
   • 4P = 400 + 5Qs에서 기울기 값을 구하기 위해 양변을 4로 나누어(곱하기 $\frac{1}{4}$) 준다.

   ➡ P = 100 + $\frac{5}{4}$ Qs ➡ 공급곡선 기울기 값 $\frac{5}{4}$(= 1.25)

   ∴ 수요곡선 기울기 1, 공급곡선 기울기 ($\frac{5}{4}$ =) 1.25 ➡ 수렴형

ㄹ. • 2P = 300 - 4Qd,  P = 2Qs
   • 수요함수 2P = 300 - 4Qd에서 기울기 값을 구하기 위해 양변을 2로 나누어(곱하기 $\frac{1}{2}$) 준다.

   ➡ P= 150 - 2Qd, 따라서, 수요곡선 기울기 값은 2이고, 공급함수 P = 2Qs에서 기울기 값은 2이다.
   ∴ 수요곡선 기울기 2, 공급곡선 기울기 2 ➡ 순환형

# 7.                                                정답 ①

[하] **부동산이용 및 개발**

워포드(L. Wofford)에 의한 부동산개발의 과정은 다음과 같은 절차로 진행된다.
ㄱ. 사업구상(계획·아이디어 수립) ➡ ㄴ. 예비적 타당성분석 ➡ ㄷ. 부지확보 ➡ ㄹ. 타당성분석 ➡ ㅁ. 금융 ➡ ㅂ. 건설(건축) ➡ ㅅ. 마케팅(분양 및 임대)

# 8.                                                정답 ⑤

[상] **부동산의 수요·공급이론**

⑤ 두 상품이 대체관계이므로 A부동산상품 가격에 대한 B부동산상품 수요의 교차탄력성은 양(+)의 값을 갖는다.

➡ 교차탄력성 0.5 = $\frac{\text{B부동산상품 수요량의 변화율 10\%↑}}{\text{A부동산상품 가격 변화율 20\%↑}}$

① A부동산 수요의 가격탄력성 0.35 = $\frac{\text{수요량의 변화율 7\%↓}}{\text{가격 변화율 20\%↑}}$

② A부동산상품 가격이 상승함에 따라(A부동산상품의 수요량은 감소), B부동산상품의 수요량은 증가하였으므로 두 재화는 대체관계이다.

④ A부동산상품 가격이 상승함에 따라(A부동산상품의 수요량은 감소), B부동산상품의 수요증가(B부동산상품 수요곡선 우측 이동) ➡ B부동산상품 균형가격 상승

# 9.                                                정답 ④

[하] **감정평가의 기초이론**

④ 부동산가치는 부동산에서 비롯되는 장래의 유·무형 편익을 현재가치로 환원한 값이다. ➡ 현재의 부동산가격에는 미래에 대한 기대가 반영되어 있다.

| Ⓥ 가격과 가치 | |
|---|---|
| 가격(price) | 가치(value) |
| 현실적인 시장에서 매수자와 매도자간 교환의 대가로 실제 지불된 금액 | 통상적인 시장에서 (매매가)성립될 가능성이 높다고 인정되는 가액(시장가치) |
| 과거의 값 | 장래 유·무형의 편익을 현재가치로 환원한 값 ← 영속성 |
| 일정시점에서 하나만 존재 | 여러 가지 개념 성립(가치다원설) |
| 객관적·구체적 개념 | 주관적·추상적 개념 |
| 가격 ± 오차 = 가치 | |

# 10.                                               정답 ⑤

[하] **부동산시장**

⑤ 정보가 신속, 정확하게, 즉시 부동산가격에 반영된 시장을 효율적 시장이라 한다. ➡ 현재의 부동산가격에는 이미 모든 정보가 반영되어 있다는 것을 말한다.
① 강성 효율적 시장에서는 공표된 정보 및 미공개정보를 이용하여도 초과이윤(수익)을 달성할 수 없다.
② 부동산시장은 불완전하지만, 할당 효율적일 수도 있고 할당 효율적이지 못할 수도 있다.
③ 정보가 가격에 영향을 주는 효율성의 정도는 시대와 나라, 경제환경 등에 따라 달라질 수 있다(다르다).

④ 약성 효율적 시장에서는 기술적 분석을 하더라도 정상 이상의 초과
 이윤(수익)을 달성할 수 없다.

## 11.
정답 ④

중 입지 및 공간구조론

두 도시로의 구매지향비율:

$$\frac{A}{B} = \frac{A도시의 \ 인구}{B도시의 \ 인구} \times \left( \frac{B도시까지의 \ 거리}{A도시까지의 \ 거리} \right)^2$$

$$= \frac{4만명}{9만명} \times \left( \frac{9}{3} \right)^2 = \frac{4}{9} \times 9 = \frac{36}{9}$$

A도시와 B도시의 구매지향비율은 36:9의 비율이 된다.
전체 45(= 36 + 9) 중에서 A도시 80%(= 36/45), B도시 20%(= 9/45)
이다.

## 12.
정답 ③

상 입지 및 공간구조론

옳은 것은 ㄱ, ㄴ, ㄷ 3개이다.
ㄹ. 잡화점, 세탁소 등 분산입지해야 유리한 점포 유형을 산재성 점포라
 한다.
ㅁ. 일반적으로 구매빈도가 높은 상품을 취급하는 점포(편의점 등)일수
 록 그 상권의 범위는 작은 편이다.

> ⓥ 집재성 점포
>
> 동업종의 점포가 의도적으로 모여서 입지하는 유형을 말한다(가구점, 전자상
> 가 등).

## 13.
정답 ②

중 입지 및 공간구조론

② 다른 조건이 일정할 때, 생산요소공급이 비탄력적일수록(공급의 가격
 탄력성이 작을수록, 공급의 희소성이 커질수록) 경제(파레토)지대는
 커진다.

> ⓥ 경제(파레토)지대
>
> 공급이 제한된, 공급이 비탄력적인, 공급의 희소성을 갖는 생산요소로부터 발
> 생하는 초과수입(추가적인 보수, 지급액)을 말한다.

## 14.
정답 ⑤

하 입지 및 공간구조론

⑤ 허프(D. L. Huff)의 확률모형에 대한 설명이다.

> ⓥ 허프의 확률모형
>
> • 다수의 중심지에 적용이 가능하며 대도시에서 소비자의 구매패턴에 관한 확
>  률모형을 제시하였다.
> • 중력모형을 활용하여 상권의 규모 또는 매장의 매출액을 추정할 수 있다.
> • 모형을 적용하기 전에 공간(거리)마찰계수가 먼저 정해져야 한다.
> • 어떤 매장이 고객에게 주는 효용이 클수록 그 매장이 고객들에게 선택될 확
>  률이 더 높아진다는 것을 실증하였다.
> • 공간(거리)마찰계수는 교통조건이 나빠지면 더 커진다.

## 15.
정답 ③

중 토지정책

③ 개발이익환수제에서 "개발이익"이란 개발사업의 시행이나 토지이용
 계획의 변경, 그 밖에 사회적·경제적 요인에 따라 정상지가(正常地
 價)상승분을 초과하여 개발사업을 시행하는 자(이하"사업시행자"라
 한다)나 토지 소유자에게 귀속되는 토지가액의 증가분을 말한다(「개
 발이익 환수에 관한 법률」제2조 제1호).

## 16.
정답 ①

하 주택정책

① 주거급여제도는 「주거기본법」, 「주거급여법」, 「국민기초생활보장법」
 상에서 근거하고 있으며, 현재 시행되고 있는 정책수단이다.
②③④⑤ 시행되고 있지 않는(폐지된) 정책수단이다.

## 17.
정답 ③

중 주택정책

③ ㄱ은 국민임대주택, ㄴ은 통합공공임대주택이다(「공공주택 특별법 시
 행령」제2조).

> ⓥ 공공임대주택의 유형
>
> 1. 「공공주택 특별법 시행령」제2조의 공공임대주택
>  • 영구임대주택: 국가나 지방자치단체의 재정을 지원받아 최저소득 계층의
>   주거안정을 위하여 50년 이상 또는 영구적인 임대를 목적으로 공급하는
>   공공임대주택
>  • 행복주택: 국가나 지방자치단체의 재정이나 주택도시기금의 자금을 지원
>   받아 대학생, 사회초년생, 신혼부부 등 젊은층의 주거안정을 목적으로 공
>   급하는 공공임대주택
>  • 장기전세주택: 국가나 지방자치단체의 재정이나 주택도시기금의 자금을
>   지원받아 전세계약의 방식으로 공급하는 공공임대주택
>  • 기존주택전세임대주택: 국가나 지방자치단체의 재정이나 주택도시기금의
>   자금을 지원받아 기존주택을 임차하여 「국민기초생활 보장법」에 따른
>   수급자 등 저소득층과 청년 및 신혼부부 등에게 전대(轉貸)하는 공공임
>   대주택
> 2. 「민간임대주택에 관한 특별법」제2조 제4호의 공공지원민간임대주택
>  '공공지원민간임대주택'이란 임대사업자가 민간임대주택을 10년 이상 임대
>  할 목적으로 취득하여 임대료 및 임차인의 자격 제한 등을 받아 임대하는
>  민간임대주택을 말한다.

## 18.
정답 ④

중 주택정책

④ 공공임대주택 공급정책 또는 생산자보조방식은 입주자의 주거지 선
 택이 수요자(임차인)보조에 비해 상대적으로 제한된다는 단점이 있
 다. 공공임대주택을 공급하면 임차인은 공공임대주택이 공급된 지역
 에서만 거주가 가능하므로, 주거지 선택이 제한된다는 단점이 있다.
 이와는 달리 임차인에게 주택보조금을 지급하면 상대적으로 임차인
 이 주거지를 자유롭게 선택할 수 있다.
② 사적 임대주택의 공급이 증가할 때 수요의 임대료탄력성이 클수록
 (➜ 수요가 더 많이 증가할수록 임대료가 상승하므로) 임대료 하락효
 과가 작아질 수 있다. ➜ 탄력적일수록 균형가격의 변화폭은 작아진다.

106

## 19.

정답 ⑤

**하** 부동산의 경기변동

⑤ 부동산경기순환의 후퇴시장(국면)에서는 임대되지 않고 비어있는 공간이나 기간의 비율(= 공실률 또는 공가율)이 점차 늘어나는(증가하는) 경향이 있다.

## 20.

정답 ④

**중** 부동산투자분석 및 기법

① 할인율(요구수익률)이 커질수록 투자안의 순현가(NPV)는 작아진다.
② 일반적으로 대부비율이나 부채비율이 높을수록 투자자의 채무불이행 가능성은 높아진다.
③ 회계적 수익률법은 장래 현금흐름을 현재가치로 할인하지 않는다.
　➔ 화폐의 시간가치를 고려하지 않는다.
⑤ 투자안의 자기자본수익률(지분투자수익률)이 커질수록 세전현금수지 승수는 작아진다. ➔ 역수관계이다.

## 21.

정답 ④

**중** 부동산투자분석 및 기법

④ 저당상수는 이자율이 상승할수록 커진다. ➔ 이자율이 상승할수록 저당상수(매기 상환해야 할 원리금)은 커진다.
① 이자율이 상승할수록 감채기금계수(매기 적립해야 할 금액)는 작아진다. ➔ 연금의 내가계수의 역수
② 역수끼리 곱하면 1이 된다.
③ 3억원 × 일시불의 내가계수[$(1+0.05)^{10}$]= 10년 후 토지가격
⑤ 상환비율 + 잔금비율 = 1

## 22.

정답 ③

**상** 부동산투자분석 및 기법

- 부채서비스(원리금) = 원금상환액(1,000만원) + 이자지급분(2,000만원) = 3,000만원
- 세후현금수지 계산

| | |
|---|---|
| 유효조소득 | 2억 8,000만원 |
| ‑ 영업경비(운영비용) | 3,000만원 |
| 순영업소득 | 2억 5,000만원 |
| ‑ 부채서비스액 | 3,000만원 |
| 세전현금수지 | 2억 2,000만원 |
| ‑ 영업소득세 | 5,000만원* |
| 세후현금수지 | 1억 7,000만원 |

* 영업소득세 계산

| | |
|---|---|
| 순영업소득 | 2억 5,000만원 |
| + 대체충당금 | 0원 |
| ‑ 이자지급분 | 2,000만원 |
| ‑ 감가상각비 | 3,000만원 |
| 과세대상소득 | 2억원 |
| × 세율 | 0.25(25%) |
| 영업소득세 | 5,000만원 |

## 23.

정답 ⑤

**하** 부동산투자이론

⑤ 운영위험(임대부동산의 경영·관리상 어려움)에 해당하는 유형이다.

---

① 유동성(환금성)위험) 시장가치보다 낮은 가격으로 매도하는 과정에서의 손실가능성, 현금화하기 어려운 위험을 말한다.
② 금융위험: 타인자본 조달로 인한 투자자의 채무불이행 가능성을 말한다.
③ 인플레이션위험: 구매력하락 위험, 임대수익의 화폐가치 하락위험을 말한다.
④ 입지위험: 입지선정의 실패, 상대적 위치의 변화로 발생하는 손실 가능성을 말한다.

## 24.

정답 ④

**중** 부동산투자이론

④ 위험분산효과가 가장 높은 투자결합은 B + C(-0.842)이다.
- 상관계수 값이 -1에 근접할수록 비체계적 위험이 감소되는 효과가 크기 때문에 위험분산효과가 커진다.
- 상관계수 값이 +1에 근접할수록 위험분산효과가 작아진다.
- 위험분산효과가 큰 순서: ④ > ① > ⑤ > ③ > ②

## 25.

정답 ①

**중** 부동산투자이론

① 위험한 투자안을 투자대상에서 제외시키는 것은 부동산, 주식 등 위험자산을 선택하지 않고, 무위험자산인 국채에 투자하거나 정기예금에 가입하는 것을 말한다. 이는 위험의 전가(risk-shifting)에 해당하지 않는다.

> Ⓥ 위험의 전가(risk-shifting)
> 투자자 자신의 위험을 타인에게 떠넘기려는 것을 말하며, 위험을 받고자 하는 자가 그러할 의사가 있어야 전가가 가능하다.

③ 정(+)의 레버리지는 이자율의 변화에 따라(대출금리가 급등하면) 부(-)의 레버리지로 변화될 수 있다.
④ 동일 투자자산이라도 개별투자자가 위험을 기피할수록(보수적 투자자일수록 더 많은 보상을 바라기 때문에) 요구수익률이 높아진다.

## 26.

정답 ②

**상** 부동산투자분석 및 기법

1. 대부비율에 따른 융자가능액 계산
　➔ 대부비율 50% = $\dfrac{융자금(a)}{부동산가치\ 30억원}$
　따라서 융자금(a) 15억원 = 30억원 × 0.5(50%)
2. 부채감당률에 따른 융자가능액 계산
　➔ 부채감당률 1.5 = $\dfrac{순영업소득\ 3억원}{원리금(b)*}$
　따라서 원리금(b) 2억원 = 3억원 ÷ 1.5
　* 부채서비스액 = 원리금
　➔ 원리금(b) 2억원 = 융자금(c) × 저당상수 0.1
　따라서, 융자금(c) 20억원 = $\dfrac{원리금\ 2억원}{저당상수\ 0.1}$

∴ 대부비율에 따른 융자액은 15억원이고, 부채감당률에 따른 융자액은 20억원이지만, 두 가지 조건을 모두 충족하는 것은 적은 금액 한도인 15억원까지만 대출이 가능하다.

## 27.

정답 ⑤

상 부동산금융

1. 담보인정비율이 60%이므로, 융자가능액은 3억원(= 주택가격 5억원 × LTV 60%)이다.
2. 원리금균등상환방식의 첫 회 원리금
   융자금 3억원 × 저당상수 0.0944 = 28,320,000원
3. 원금균등상환방식의 첫 회 원리금: 36,000,000원
   - 균등한 원금 15,000,000원 = 융자금 3억원 ÷ 상환기간 20년
   - 1차년도 이자지급분 21,000,000원 = 1회차 잔금 3억원 × 이자율 (0.07)
   - 1차년도 원리금 36,000,000원 = 균등한 원금 15,000,000원 + 이자지급분 21,000,000원
   ∴ 따라서, 두 방식의 첫 회 원리금의 차이는 7,680,000원(= 36,000,000원 − 28,320,000원)이다.

## 28.

정답 ③

중 부동산금융

틀린 것은 ㄱ, ㄷ, ㄹ이다.
ㄱ. 체증분할상환방식은 장래 소득이 증가할 것으로 예상되는 차입자에게 적합한 대출방식이다.
ㄷ. 거치식 방식은 원리금분할상환방식보다 대출자 입장에서 시장금리 상승시 이자수입이 늘어나는 상환방식이다.
ㄹ. 원금균등상환방식의 경우, 원리금상환액이 점차 감소한다.

## 29.

정답 ④

중 부동산증권론 및 개발금융

④ 일반적으로 PF ABCP(자산담보부 기업어음)의 만기는 3개월(91일물) 또는 6개월(180일물)이며, PF ABS(자산유동화증권)는 3년이다. PF ABCP는 PF ABS에 비해 만기가 더 짧다.

## 30.

정답 ③

중 부동산증권론 및 개발금융

① 채권의 보유기간 동안 고정이자를 받더라도 채권수익률(이자율)변화에 따른 채권의 가격변동위험은 있다. ➔ 채권수익률이 상승하면 채권가격은 하락한다.
② 저당대출지분이전증권(MPTS)은 원리금수취권과 집합물의 소유권을 모두 투자자에게 이전하므로 유동화기관의 부채로 표시되지 않는다.
④ • 저당대출지분이전증권(MPTS)에서 투자자가 받는 증권의 수익은 기초자산인 주택저당채권 집합물(mortgage)의 현금흐름(저당지불액)에 의존한다.
   • 저당대출담보부 채권(MBB)에서 투자자가 받는 증권의 수익은 발행기관이 MBB에서 지급하는 채권(bond)의 이자와 채권의 만기 때 지급받는 투자원금이다.
⑤ 다계층채권(CMO)의 첫 번째 트렌치는 원리금이 투자자에게 지급되는 구조이므로, 콜방어(발행자의 채권만기 전 변제·상환으로부터 회피할 수 없다)를 할 수 없다. 나머지 장기·후순위 트렌치는 콜방어를 할 수 있다.

## 31.

정답 ②

중 부동산증권론 및 개발금융

② 위탁관리 부동산투자회사는 해당 연도 이익을 초과하여 배당할 수 있다(「부동산투자회사법」 제28조 제3항). 기업구조조정 부동산투자회사(이하 명목회사)도 해당 조항(초과배당 가능)은 준용된다.

## 32.

정답 ⑤

상 부동산이용 및 개발

- Y지역에서 입지계수(LQ)가 1보다 작은 비기반산업은 A, B, C, E산업 4개이다.
- Y지역에서 입지계수(LQ)가 1보다 큰 기반산업은 D산업 1개이다.

A산업 약 0.628 = $\dfrac{\frac{30}{320} ≒ 0.093}{\frac{80}{540} ≒ 0.148}$

B산업 약 0.939 = $\dfrac{\frac{50}{320} ≒ 0.156}{\frac{90}{540} ≒ 0.166}$

C산업 약 0.921 = $\dfrac{\frac{60}{320} ≒ 0.187}{\frac{110}{540} ≒ 0.203}$

D산업 약 1.405 = $\dfrac{\frac{100}{320} ≒ 0.312}{\frac{120}{540} ≒ 0.222}$

E산업 약 0.965 = $\dfrac{\frac{80}{320} ≒ 0.25}{\frac{140}{540} ≒ 0.259}$

✓ 입지계수

$$\dfrac{지역의\ X산업\ 고용비율}{전국의\ X산업\ 고용비율} = \dfrac{\frac{지역의\ X산업\ 고용인구}{지역의\ 총\ 고용인구}}{\frac{전국의\ X산업\ 고용인구}{전국의\ 총\ 고용인구}}$$

## 33.

정답 ①

상 부동산관리

비율임대차에 의한 임대료 = 기본임대료 + 추가임대료(예상매출액 − 손익분기점 매출액) × 임대료율(%)
= (15만원 × 600m²) + [(25만원 × 600m²) − 7,000만원] × 0.05
= 9,000만원 + (1.5억원 − 7,000만원) × 0.05 = 9,400만원

## 34.

정답 ④

**하 부동산관리**

① 복합개념의 관리로 구분할 때 건물과 부지의 적응상태를 개선시키는 활동은 기술적 관리에 해당한다.
② 위탁관리방식은 전문업자를 이용함으로써 합리적이고 편리하며, 전문화된 관리와 서비스를 받을 수 있다.
③ 시설관리는 시설사용자나 사용과 관련된 타 부문의 요구에 단순히 부응하는 소극적이고 기술적인 측면을 중시하는 관리를 말한다.
⑤ 건물의 생애주기상 노후단계는 물리적·기능적 상태가 급격히 악화되기 시작하는 단계로 리모델링을 통하여 가치를 올릴 수 있다.

## 35.

정답 ②

**중 부동산이용 및 개발**

ㄱ. 지역경제분석 ➡ ㄴ. 시장분석 ➡ ㅁ. 시장성분석 ➡ ㄷ. 재무적 타당성분석 ➡ ㄹ. 투자분석

## 36.

정답 ②

**상 감정평가의 방식**

- m²당 재조달원가 100만원 × 연면적 400m² = 재조달원가 4억원
- 경과연수 2년 + 잔존 경제적 내용연수 30년 = 전체 경제적 내용연수 32년
- 잔가율 0%이므로, 감가총액(= 재조달원가 4억원 - 잔존가치 0)은 4억원이다.
- 매년 감가액 1,250만원 = $\dfrac{\text{감가총액 4억원}}{\text{경제적 내용연수 32년}}$
- 감가누계액 2,500만원 = 매년 감가액 1,250만원 × 경과연수 2년
- ∴ 적산가액 3억 7,500만원 = 재조달원가 4억원 - 감가수정(누계액) 2,500만원

## 37.

정답 ③

**상 감정평가의 방식**

- 환원이율 = $\dfrac{\text{순영업소득}}{\text{부동산가격}}$
- 해당 문제에서 임대소득세와 기대이율은 필요하지 않다.
- 영업경비 3천2백만원 = 인건비 2천4백만원 + 수선유지비 3백만원 + 재산세 2백만원 + 광고비 3백만원

| | |
|---|---|
| 가능조소득 | 9천만원 |
| - 공실 및 대손충당금 | 4백만원 |
| 유효조소득 | 8천6백만원 |
| - 영업경비 | 3천2백만원 |
| 순영업소득 | 5천4백만원 |

- ∴ 환원이율 0.06(6.0%) = $\dfrac{\text{순영업소득 5,400만원}}{\text{부동산가격 9억원}}$

## 38.

정답 ①

**중 감정평가의 기초이론**

① 감정평가법인등은 의뢰인이 요청하는 경우, 감정평가의 목적이나 대상물건의 특성에 비추어 사회통념상 필요하다고 인정되는 경우에는 감정평가조건의 합리성, 적법성, 실현가능성을 검토해야 한다. 다만, 법령에 다른 규정이 있는 경우는 감정평가조건의 합리성, 적법성, 실현가능성을 검토하지 않는다(「감정평가에 관한 규칙」 제6조 제3항).

## 39.

정답 ②

**상 감정평가의 방식**

원가법을 적용하는 것은 ㄷ. 건설기계, ㅅ. 건물 2개이다(「감정평가에 관한 규칙」 제14조~제28조).
ㄱ, ㄴ, ㅂ. 수익환원법
ㄹ, ㅁ, ㅇ. 거래사례비교법

## 40.

정답 ②

**상 부동산가격공시제도**

② • 공동주택가격 및 개별주택가격의 공시기준일을 6월 1일로 하는 경우가 있다(공시기준일 이후 분할·합병 및 신축 등의 사유가 있을 경우).
 • 개별공시지가의 공시기준일을 7월 1일로 하는 경우가 있다(공시기준일 이후 분할·합병 등의 사유가 있을 경우).
① 개별주택가격을 산정할 때 기준이 되는 것은 주택가격비준표이다. 이와는 달리 공동주택가격은 주택가격비준표를 사용하지 않으며, 한국부동산원에 전수조사 의뢰하여 산정·공시한다.
③ 비주거용 집합부동산이란 「집합건물의 소유 및 관리에 관한 법률」에 따라 구분소유되는 비주거용 부동산을 말한다.
④ 표준지를 평가할 때 공시기준일 현재 현실화되지 않은 개발이익은 반영하지 않는다.
⑤ 표준지공시지가에 대하여 이의신청을 하고자 하는 때에는 이의신청서를 국토교통부장관에게 제출하여야 한다.

| 41 | 42 | 43 | 44 | 45 | 46 | 47 | 48 | 49 | 50 |
|----|----|----|----|----|----|----|----|----|----|
| ② | ④ | ② | ③ | ② | ① | ① | ④ | ⑤ | ① |
| 51 | 52 | 53 | 54 | 55 | 56 | 57 | 58 | 59 | 60 |
| ⑤ | ⑤ | ① | ① | ⑤ | ④ | ④ | ③ | ⑤ | ④ |
| 61 | 62 | 63 | 64 | 65 | 66 | 67 | 68 | 69 | 70 |
| ① | ② | ③ | ⑤ | ② | ③ | ① | ② | ④ | ③ |
| 71 | 72 | 73 | 74 | 75 | 76 | 77 | 78 | 79 | 80 |
| ③ | ① | ③ | ⑤ | ② | ⑤ | ③ | ② | ④ | ④ |

## 선생님의 한마디

1. 최근 시험 유형에 맞추어 문제를 구성하였습니다. 끝까지 풀어보셨기에 결과가 좋을 것을 확신합니다.
2. 출제빈도가 높은 부분들을 반복하셔서 합격하실 수 있도록 하시면 좋겠습니다. 혼자 공부하는 것은 어려우니 마지막까지 해커스 프로그램을 잘 따라오시면 좋겠습니다. 그리고 틀린 것들을 잘 정리해 보세요. 여러분의 합격을 기원합니다.^^

## 41.
정답 ②

**중 법률관계와 권리변동**

준법률행위는 ㄱ, ㄷ이다.
ㄱ. 의사의 통지로서 준법률행위이다.
ㄴ. 상대방 없는 단독행위로 법률행위이다.
ㄷ. 관념의 통지로서 준법률행위이다.
ㄹ. 상대방 있는 단독행위이다.

## 42.
정답 ④

**중 법률행위**

④ 반사회질서행위로서 무효인 경우 절대적 무효이므로 丁이 설사 선의일지라도 이중매매가 유효임을 주장할 수 없다. 그러므로 丁은 소유권을 취득할 수 없다.

## 43.
정답 ②

**하 법률행위**

② 대리인에 의하여 법률행위가 이루어진 경우 그 법률행위가 제104조의 불공정한 법률행위에 해당하는지 여부를 판단함에 있어서 경솔과 무경험은 대리인을 기준으로 하여 판단하고, 궁박은 본인의 입장에서 판단하여야 한다(대판 2002.10.22, 2002다38927).

## 44.
정답 ③

**중 법률행위**

효력규정인 것은 ㄴ, ㄷ이다.
ㄱ. 개업공인중개사 등이 중개의뢰인과 직접 거래를 하는 행위를 금지하는 「공인중개사법」 제33조 제6호의 규정은 단속규정이다(대판 2017.2.3, 2016다259677).
ㄴ. 부동산중개업 관련 법령에서 정한 한도를 초과하는 부동산 중개수료(현 중개보수) 약정은 그 한도를 초과하는 범위 내에서 무효이다(대판 2007.12.20, 2005다32159).
ㄷ. 부동산실명법상 명의신탁약정에 기초한 물권변동에 관한 규정은 효력규정으로서 이를 위반하는 행위는 무효이다.
ㄹ. 구 「주택법」의 전매금지규정은 단순한 단속규정에 불과할 뿐 효력규정이라고 할 수는 없어 당사자가 이에 위반한 약정을 하였다고 하더라도 약정이 당연히 무효가 되는 것은 아니다(대판 2011.5.26, 2010다102991).
ㅁ. 「부동산등기 특별조치법」상 조세포탈과 부동산투기 등을 방지하기 위하여 등기하지 아니하고 제3자에게 전매하는 행위를 일정 목적범위 내에서 형사처벌하도록 되어 있으나, 이로써 순차매도한 당사자 사이의 중간생략등기 합의에 관한 사법상 효력까지 무효로 한다는 취지는 아니다(대판 1993.1.26, 92다39112).

## 45.
정답 ②

**중 의사표시**

옳은 것은 ㄱ, ㄷ이다.
ㄱ. 제117조
ㄴ. 비진의표시는 원칙적으로 표시된 그대로 효력이 발생한다(제107조 제1항).
ㄷ. 표의자의 진의 아님을 상대방이 알았거나 이를 알 수 있었을 경우에는 그 비진의표시는 무효가 된다(제107조 제1항 단서).
ㄹ. 표의자의 진의 아님을 상대방이 알았거나 알 수 있었을 경우에는 그 비진의표시는 무효인데, 다만 이 경우에도 '선의'의 제3자에게는 대항하지 못한다(제107조 제2항).

## 46.
정답 ①

**중 의사표시**

제3자에 해당하는 자는 ㄱ, ㄴ이다.
ㄱ. 가장매매에 기한 대금채권의 양수인, 가장소비대차에 기한 대여금채권의 양수인은 제3자이다(대판 2004.1.15, 2002다31537).
ㄴ. 보증인이 주채무자의 기망행위에 의하여 주채무가 있는 것으로 믿고 주채무자와 보증계약을 체결한 다음 그에 따라 보증채무자로서 그 채무까지 이행한 경우, 그 보증인은 제108조 제2항 소정의 '제3자'에 해당한다(대판 2000.7.6, 99다51258).
ㄷ, ㄹ, ㅁ. 가장매매의 매수인으로부터 그 지위를 상속받은 자, 제3자를 위한 계약에서 제3자(수익자), 대리인의 통정허위표시에서 본인, 저당권을 가장포기한 경우의 후순위저당권자, 채권의 가장양도에서 변제 전 채무자는 제3자 보호규정(제108조 제2항)에 있어서의 제3자가 아니다.

## 47.
정답 ①

**상 의사표시**

옳은 것은 1개(ㅁ)이다.
ㄱ. 비진의표시는 원칙은 유효지만 상대방이 알았거나 알 수 있었을 경우에는 무효로 되는 것이지 취소할 수 있는 것은 아니다.

ㄴ. 비진의 의사표시에 있어서의 진의란 특정한 내용의 의사표시를 하고자 하는 표의자의 생각을 말하는 것이지 표의자가 진정으로 마음속에서 바라는 사항을 뜻하는 것은 아니라고 할 것이므로, 비록 재산을 강제로 뺏긴다는 것이 표의자의 본심으로 잠재되어 있었다 하여도 표의자가 강제에 의하여서나마 증여를 하기로 하고 그에 따른 증여의 의사표시를 한 이상 증여의 내심의 효과의사가 결여된 것이라고 할 수는 없다(대판 1993.7.16, 92다41528).

ㄷ. 상대방과의 매매계약을 취소하지 않고도 기망행위를 한 제3자에 대해 손해배상을 청구할 수 있다.

ㄹ. 매도인의 대리인이 매수인에게 사기를 행한 경우 언제든지 매수인이 매매계약을 취소할 수 있다.

ㅁ. 상대방이 표의자의 착오를 알고 이를 이용한 경우에는 착오가 표의자의 중대한 과실로 인한 것이라고 하더라도 표의자는 의사표시를 취소할 수 있다(대판 2014.11.27, 2013다49794).

## 48.
정답 ④

**중 법률행위의 대리**

임의대리와 법정대리의 공통된 대리권의 소멸사유가 아닌 것은 ㄴ, ㄹ이다.

ㄱ. 본인의 사망으로 대리권은 소멸한다.

ㄴ. 본인의 성년후견의 개시, 파산은 대리권의 소멸원인이 아니다.

ㄷ. 대리인의 사망, 성년후견의 개시, 파산은 대리권의 소멸원인이다.

ㄹ. 수권행위의 철회, 원인된 법률관계의 종료는 임의대리권의 특유한 소멸원인이다.

## 49.
정답 ⑤

**중 법률행위의 대리**

⑤ 상대방 丙의 선택에 따라 계약을 이행할 책임 또는 손해를 배상할 책임이 있다(제135조 제1항).

## 50.
정답 ①

**하 법률행위의 무효와 취소**

① 취소권은 추인할 수 있는 날로부터 3년 내에, 법률행위를 한 날로부터 10년 내에 행사하여야 한다(제146조).

## 51.
정답 ⑤

**중 물권법 총설**

물권적 반환청구권이 인정되지 않는 물권은 ㄷ, ㄹ이다.

ㄱ, ㄴ. 소유권, 지상권, 전세권은 반환·방해제거·방해예방청구권이 모두 인정된다.

ㄷ, ㄹ. 점유를 수반하지 않는 지역권과 저당권은 반환청구권이 인정되지 않는다.

## 52.
정답 ⑤

**상 물권법 총설**

⑤ 토지소유자는 자신의 소유권에 기한 방해배제로서 건물점유자에 대하여 건물로부터의 퇴출을 청구할 수 있다. 그리고 이는 건물점유자가 건물소유자로부터의 임차인으로서 그 건물임차권이 이른바 대항력을 가진다고 해서 달라지지 아니한다(대판 2010.8.19, 2010다43801).

## 53.
정답 ①

**중 물권의 변동**

① 乙로부터 X건물을 다시 매수하여 점유하는 丙은 정당하게 점유 또는 사용할 권리가 인정되므로 甲은 소유권에 기한 물권적 청구권을 행사할 수 없다.

## 54.
정답 ①

**중 물권의 변동**

① 소유권이전청구권 보전을 위한 가등기가 있다 하여, 소유권이전등기를 청구할 어떤 법률관계가 있다고 추정되지 아니한다(대판 1979.5.22, 79다239).

## 55.
정답 ⑤

**상 점유권**

틀린 것은 ㄷ, ㄹ이다.

ㄱ. 제199조 제1항

ㄴ. 전후 양 시점의 점유자가 다른 경우에도 점유의 승계가 입증되는 한 점유계속은 추정된다(대판 1996.9.20, 96다24279).

ㄷ. 점유권은 상속인에게 이전한다(제193조). 상속인이 상속의 개시를 알 것을 요구하지도 않는다.

ㄹ. 선대의 점유가 타주점유인 경우, 그 점유가 자주점유가 되기 위하여는 점유자가 소유자에 대하여 소유의 의사가 있는 것을 표시하거나 새로운 권원에 의하여 다시 소유의 의사로써 점유를 시작하여야 한다(대판 2004.9.24, 2004다27273). 상속은 새로운 권원이 아니다.

## 56.
정답 ④

**하 점유권**

④ 점유자가 유익비를 지출할 당시 계약관계 등 적법한 점유의 권원을 가진 경우에 그 지출비용의 상환에 관하여는 그 계약관계를 규율하는 법조항이나 법리 등이 적용되는 것이어서, 점유자는 그 계약관계 등의 상대방에 대하여 해당 법조항이나 법리에 따른 비용상환청구권을 행사할 수 있을 뿐 계약관계 등의 상대방이 아닌 점유회복 당시의 소유자에 대하여 「민법」 제203조 제2항에 따른 지출비용의 상환을 구할 수는 없다(대판 2003.7.25, 2001다64752). 따라서 임차인은 임대인에 대해서 비용상환청구를 할 수 있을 뿐이다(제626조 제2항).

## 57.
정답 ④

**중 소유권**

④ 취득시효 완성 후 제3자에게 소유권이 이전되어도 그 소유권 변동시를 새로운 기산점으로 삼아 2차 취득시효의 완성을 주장할 수 있다(대판 1994.3.22, 93다46360).

## 58.
정답 ③

**중 소유권**

③ 공유자가 공유물을 타인에게 임대하는 행위 및 그 임대차계약을 해지하는 행위는 공유물의 관리행위에 해당하므로 제265조 본문에 의하여 공유자의 지분의 과반수로써 결정하여야 한다(대판 2010.9.9, 2010다37905).

① 공유자의 지분은 다른 공유자의 동의 없이 처분할 수 있다.
② 과반수 지분의 공유자로부터 사용·수익을 허락받은 점유자에 대하여 소수 지분의 공유자는 그 점유자가 사용·수익하는 건물의 철거나 퇴거 등 점유배제를 구할 수 없다(대판 2002.5.14, 2002다9738).
④ 공유물분할청구권은 공유관계에서 수반되는 형성권이므로 공유관계가 존속하는 한 그 분할청구권만이 독립하여 시효소멸될 수 없다(대판 1981.3.24, 80다1888).
⑤ 공유물에 끼친 불법행위를 이유로 하는 손해배상청구권은 특별한 사유가 없는 한 각 공유자가 지분에 대응하는 비율의 한도 내에서만 이를 행사할 수 있다(대판 1970.4.14, 70다171).

## 59.
정답 ⑤

**중 용익물권**

⑤ 지상권의 존속기간을 정하지 않은 경우, 건물의 소유를 목적으로 하는 것이므로 15년의 최단존속기간으로 된다(제280조).

## 60.
정답 ④

**상 용익물권**

적법한 원인은 4개(ㄱ, ㄴ, ㄷ, ㅁ)이다.
ㄹ. 환지로 인하여 동일인에게 속하였던 토지와 그 지상건물의 소유자가 달라진 경우에는 관습상의 법정지상권이 인정되지 않는다(대판 2001.5.8, 2001다4101).

## 61.
정답 ①

**하 용익물권**

① 토지의 불법점유자는 토지소유권의 상린관계로서 위요지 통행권의 주장이나 통행지역권의 시효취득 주장을 할 수 없다(대판 1976.10.29, 76다1694).

## 62.
정답 ②

**상 용익물권**

옳은 것은 2개(ㄱ, ㅁ)이다.
ㄱ. 전세금의 지급은 전세권 성립의 요소가 되는 것이지만 그렇다고 하여 전세금의 지급이 반드시 현실적으로 수수되어야만 하는 것은 아니고 기존의 채권으로 전세금 지급을 대신할 수도 있다(대판 2021.12.30, 2018다268538).
ㄴ. 전세권설정계약의 당사자가 전세권의 핵심인 사용·수익 권능을 배제하고 채권담보만을 위해 전세권을 설정하였다면, 법률이 정하지 않은 새로운 내용의 전세권을 창설하는 것으로서 물권법정주의에 반하여 허용되지 않고 이러한 전세권설정등기는 무효라고 보아야 한다(대판 2021.12.30, 2018다40235).
ㄷ. 상린관계에 관한 규정은 전세권자와 인지소유자(지상권자·전세권자·임차인 포함) 사이에 준용된다(제319조).
ㄹ. 건물 일부의 전세권자는 그 건물 전부에 대하여 우선변제를 받을 권리가 있으나(제303조), 전세권의 목적물이 아닌 나머지 건물 부분에 대하여 경매신청권은 없다(대결 1992.3.10, 91마256).
ㅁ. 전세권이 성립한 후 목적물의 소유권이 이전되면 신 소유자가 전세권설정자의 지위를 승계하고 구 소유자는 전세권설정자의 지위를 상실한다. 따라서 전세권이 소멸한 때에도 신 소유자가 전세권설정자의 지위에서 전세금반환의무를 부담하게 되고, 구 소유자는 전세금반환의무를 면하게 된다(대판 2000.6.9, 99다15122).

## 63.
정답 ③

**중 담보물권**

③ 채무자 소유의 건물에 강제경매개시결정의 기입등기가 경료되어 압류의 효력이 발생한 이후에 채무자가 공사대금채권자에게 건물의 점유를 이전함으로써 유치권을 취득하게 한 경우, 그러한 유치권은 압류의 처분금지효에 저촉되므로, 그로써 경매절차의 매수인에게 대항할 수 없다(대판 2005.8.19, 2005다22688). 즉, 유치권은 성립한다.

## 64.
정답 ⑤

**중 담보물권**

⑤ 근저당부동산에 대하여 후순위 근저당권을 취득한 자는 제364조에서 정한 권리를 행사할 수 있는 제3취득자에 해당하지 아니하므로 이러한 후순위 근저당권자가 선순위 근저당권의 피담보채무가 확정된 이후에 그 확정된 피담보채무를 변제한 것은 제364조의 규정에 따라 선순위 근저당권의 소멸을 청구할 수 있는 사유로는 삼을 수 없다(대판 2006.1.26, 2005다17341).

## 65.
정답 ②

**중 담보물권**

틀린 것은 ㄱ, ㄷ이다.
ㄱ. 채무의 이자는 최고액 중에 산입한 것으로 본다(제357조 제2항).
ㄴ. 근저당권은 원본, 이자, 위약금, 채무불이행으로 인한 손해배상 및 근저당권의 실행비용을 담보하는 것이므로 이것이 채권최고액을 초과하는 경우에는 채권 전액의 변제가 있을 때까지 근저당의 효력은 잔존채무에 여전히 미친다(대판 2010.5.13, 2010다3681).
ㄷ. 담보할 채권의 '최고액'도 반드시 등기하여야 한다. 이 최고액에는 이자도 포함되므로 이자의 등기는 따로 할 수 없다.
ㄹ. 근저당권자가 피담보채무의 불이행을 이유로 경매신청을 한 경우에는 경매신청시에 근저당 채무액이 확정되고, 그 이후부터 근저당권은 부종성을 가지게 되어 보통의 저당권과 같은 취급을 받게 된다(대판 2002.11.26, 2001다73022).

## 66.
정답 ③

**상 계약총론**

③ 예약은 본계약을 체결하여야 할 채무를 발생시키는 계약이므로 채권계약이다.
① 중개계약은 「민법」의 채권편에 규정되어 있지 않으므로 비전형계약이다.
② 증여계약은 편무, 무상계약이다.
④ 청약은 불특정 다수인에 대하여도 할 수 있다.
⑤ 쌍무계약은 모두 유상계약이지만 유상계약이라고 해서 반드시 쌍무계약인 것은 아니다. 예컨대 현상광고는 편무계약이면서 유상계약이다.

## 67.
정답 ①

**상 계약총론**

옳은 것은 ㄱ, ㄴ이다.
ㄱ. 임차인의 목적물반환의무와 임대인의 보증금반환의무는 동시이행관계에 있으므로, 임대인이 임대차보증금의 반환의무를 이행하거나 적법하게 이행제공을 하는 등으로 임차인의 동시이행항변권을 상실시키지 않은 이상, 임대차계약 종료 후 임차인이 목적물을 계속 점유

하더라도 그 점유를 불법점유라고 할 수 없고 임차인은 이에 대한 손해배상의무를 지지 않는다(대판 2020.5.14, 2019다252042).
ㄴ. 임차인이 동시이행의 항변권에 기하여 임차목적물을 점유하고 사용·수익한 경우 그 점유는 불법점유라 할 수 없어 그로 인한 손해배상책임은 지지 아니하되, 다만 사용·수익으로 인하여 실질적으로 얻은 이익이 있으면 부당이득으로서 반환하여야 한다(대판 1998.7.10, 98다15545).
ㄷ. 동시이행의 항변권이 붙은 채권을 자동채권으로 상계할 수 없다.
ㄹ. 원고가 제기한 이행청구소송에서 피고가 동시이행항변권을 주장하는 경우 법원은 피고는 원고의 이행과 상환으로 이행하여야 한다는 판결(상환급부판결)을 한다.

## 68. 정답 ②
**중 계약총론**

①② 쌍무계약의 당사자 일방의 채무가 채권자의 책임 있는 사유로 이행할 수 없게 된 때에는 채무자는 상대방의 이행을 청구할 수 있다. 채권자의 수령지체 중에 당사자 쌍방의 책임 없는 사유로 이행할 수 없게 된 때에도 같다(제538조 제1항).
③ 「민법」 제537조는 채무자위험부담주의를 채택하고 있는바, 쌍무계약에서 당사자 쌍방의 귀책사유 없이 채무가 이행불능된 경우 채무자는 급부의무를 면함과 더불어 반대급부도 청구하지 못하므로, 쌍방 급부가 없었던 경우에는 계약관계는 소멸하고 이미 이행한 급부는 법률상 원인 없는 급부가 되어 부당이득의 법리에 따라 반환청구할 수 있다(대판 2009.5.28, 2008다98655).
④ 후발적 불능은 무효가 아니다. 채무자의 귀책사유가 있으면 채무불이행(이행불능)이 되며, 귀책사유가 없는 경우에는 위험부담이 문제된다.
⑤ 제535조는 원시적으로 불능이기 때문에 무효의 경우 계약체결상의 과실을 규정한다.

## 69. 정답 ④
**하 계약총론**

④ 계약상 채무자가 계약을 이행하지 아니할 의사를 명백히 표시한 경우에 채권자는 신의성실의 원칙상 이행기 전이라도 이행의 최고 없이 채무자의 이행거절을 이유로 계약을 해제하거나 채무자를 상대로 손해배상을 청구할 수 있다(대판 2005.8.19, 2004다53173).

## 70. 정답 ③
**중 계약각론**

① 제3자(수익자)는 낙약자의 채무불이행 등을 이유로 해제권을 행사할 수도 없고, 나아가 해제를 원인으로 한 원상회복청구권도 행사할 수 없다(대판 1994.8.12, 92다41559).
② 요약자와 낙약자의 합의에 의하여 제3자의 권리를 변경·소멸시킬 수 있음을 미리 유보하였거나, 제3자의 동의가 있는 경우에는 제3자의 권리를 변경·소멸시킬 수 있다(대판 2002.1.25, 2001다30285). 따라서 철회권을 미리 유보시에는 계약을 철회하여 丙의 권리를 소멸시킬 수 있다.
④ 丙이 수익의 의사표시를 한 후에도 甲은 乙을 상대로 丙에게 이행할 것을 청구할 수는 있다.
⑤ 제3자를 위한 계약의 체결 원인이 된 요약자와 제3자(수익자) 사이의 법률관계(이른바 대가관계)의 효력은 제3자를 위한 계약 자체는 물론 그에 기한 요약자와 낙약자 사이의 법률관계(이른바 기본관계)의 성립이나 효력에 영향을 미치지 아니하므로 낙약자는 요약자와 수익자 사이의 법률관계에 기한 항변으로 수익자에게 대항하지 못한다(대판 2003.12.11, 2003다49771). 그러므로 乙은 甲과 丙의 법

률관계가 무효인 경우 丙의 대금지급청구에 대해 대금지급을 거절할 수 없다.

## 71. 정답 ③
**중 계약각론**

③ 계약금 일부만 지급된 경우 수령자가 매매계약을 해제할 수 있다고 하더라도 해약금의 기준이 되는 금원은 실제 교부받은 계약금이 아니라 약정 계약금이라고 봄이 타당하므로, 매도인이 계약금의 일부로서 지급받은 금원의 배액을 상환하는 것으로는 매매계약을 해제할 수 없다(대판 2015.4.23, 2014다231378).

## 72. 정답 ①
**하 계약각론**

① 환매권 보류의 등기가 되어 있어야 제3자에게 대항할 수 있다(제592조).

## 73. 정답 ③
**중 계약각론**

③ 매도인이 선의의 매수인에게 이행불능 당시를 표준으로 한 이행이익 상당액을 배상하여야 한다(대판 1979.4.24. 77다2290).

## 74. 정답 ⑤
**상 계약각론**

⑤ 매수청구권의 대상이 되는 건물은 그것이 토지의 임대목적에 반하여 축조되고, 임대인이 예상할 수 없을 정도의 고가의 것이라는 특별한 사정이 없는 한 임대차기간 중에 축조되었다고 하더라도 그 만료시에 그 가치가 잔존하고 있으면 그 범위에 포함되는 것이고, 반드시 임대차계약 당시의 기존 건물이거나 임대인의 동의를 얻어 신축한 것에 한정된다고는 할 수 없다(대판 1993.11.12. 93다34589).

## 75. 정답 ②
**중 계약각론**

② 임대인의 동의가 없어도 양도나 전대는 유효하고, 단지 임대인에게 대항할 수 없을 뿐이다(대판 1959.6.24, 4291민상788).

## 76. 정답 ⑤
**상 주택임대차보호법**

⑤ 묵시적 갱신의 경우 2년으로 되나, 임차인 甲은 언제든지 해지통지를 할 수 있으며, 임대인이 그 해지통지를 받은 날로부터 3개월이 경과하면 해지의 효력이 발생한다.

## 77. 정답 ③
**중 상가건물 임대차보호법**

③ 임차인 乙이 중과실로 파손한 경우이어야 임대인 甲은 갱신을 거절할 수 있으며, 경과실의 경우에는 갱신을 거절할 수 없다(상임법 제10조 제1항 제5호 참고).

① 기간의 정함이 없거나 기간을 1년 미만으로 정한 임대차는 그 기간을 1년으로 본다.
② 사업자등록은 대항력 또는 우선변제권의 취득요건일 뿐만 아니라 존속요건이다(대판 2006.10.13, 2006다56299).
④ 임차인의 계약갱신요구권은 최초의 임대차기간을 포함한 전체 임대차기간이 10년을 초과하지 않는 범위 내에서만 행사할 수 있다.
⑤ 사업자등록은 대항력 또는 우선변제권의 취득요건일 뿐만 아니라 존속요건이기도 하므로, 경매절차에서는 배당요구의 종기까지 존속하고 있어야 한다(대판 2006.1.13, 2005다64002).

# 78.
정답 ②

**중 집합건물의 소유 및 관리에 관한 법률**

② 집합건물의 구분소유자가 집합건물법의 관련 규정에 따라 관리단집회 결의나 다른 구분소유자의 동의 없이 공용부분의 전부 또는 일부를 독점적으로 점유·사용하고 있는 경우 다른 구분소유자는 공용부분의 보존행위로서 그 인도를 청구할 수는 없고, 특별한 사정이 없는 한 자신의 지분권에 기초하여 공용부분에 대한 방해상태를 제거하거나 공동점유를 방해하는 행위의 금지 등을 청구할 수 있다(대판 2020.10.15, 2019다245822).

# 79.
정답 ④

**중 가등기담보 등에 관한 법률**

④ 가등기담보법 규정들은 강행법규에 해당하여 이를 위반하여 담보가등기에 기한 본등기가 이루어진 경우 그 본등기는 효력이 없다(대판 2017.5.17, 2017다202296).
① 채무변제와 담보가등기말소(예 저당권등기말소 등)는 동시이행관계가 아니다. 채무변제가 선이행되어야 한다.
② 후순위권리자는 청산기간 내에는 자기 채권의 변제기가 도래하기 전이라도 목적부동산에 대해 경매청구를 할 수 있다(동법 제12조 제3항).
③ 甲이 청산금의 지급을 지체한 경우에는 乙은 청산금의 지급을 받기 전까지 이자 등이 포함된 채무액을 변제하고 등기말소를 청구할 수 있다.
⑤ 담보가등기는 선순위이든 후순위이든 소멸한다.

# 80.
정답 ④

**상 부동산 실권리자명의 등기에 관한 법률**

옳은 것은 ㄴ, ㄹ이다.
ㄱ. 부동산실명법이 규정하는 명의신탁약정은 부동산에 관한 물권의 실권리자가 타인과의 사이에서 대내적으로는 실권리자가 부동산에 관한 물권을 보유하거나 보유하기로 하고 그에 관한 등기는 그 타인의 명의로 하기로 하는 약정을 말하는 것일 뿐이므로, 그 자체로 선량한 풍속 기타 사회질서에 위반하는 경우에 해당한다고 단정할 수 없다. 따라서 부당이득반환청구로 등기말소를 청구할 수 있다(대판 2003.11.27, 2003다41722).
ㄴ. 부동산실명법 제2조 제1호
ㄷ. 여기서 '제3자'는 명의신탁약정의 당사자 및 포괄승계인 이외의 자로서 명의수탁자가 물권자임을 기초로 그와 사이에 직접 새로운 이해관계를 맺은 사람으로서 소유권이나 저당권 등 물권을 취득한 자뿐만 아니라 압류 또는 가압류채권자도 포함하고 그의 선의·악의를 묻지 않는다(대판 2021.11.11, 2019다272725).

ㄹ. 부동산실명법 제4조 제3항에 정한 '제3자'는 명의수탁자가 물권자임을 기초로 그와 새로운 이해관계를 맺은 사람을 말하고, 이와 달리 오로지 명의신탁자와 부동산에 관한 물권을 취득하기 위한 계약을 맺고 단지 등기명의만을 명의수탁자로부터 경료받은 것 같은 외관을 갖춘 자는 위 조항의 제3자에 해당하지 않는다(대판 2008.12.11, 2008다45187).

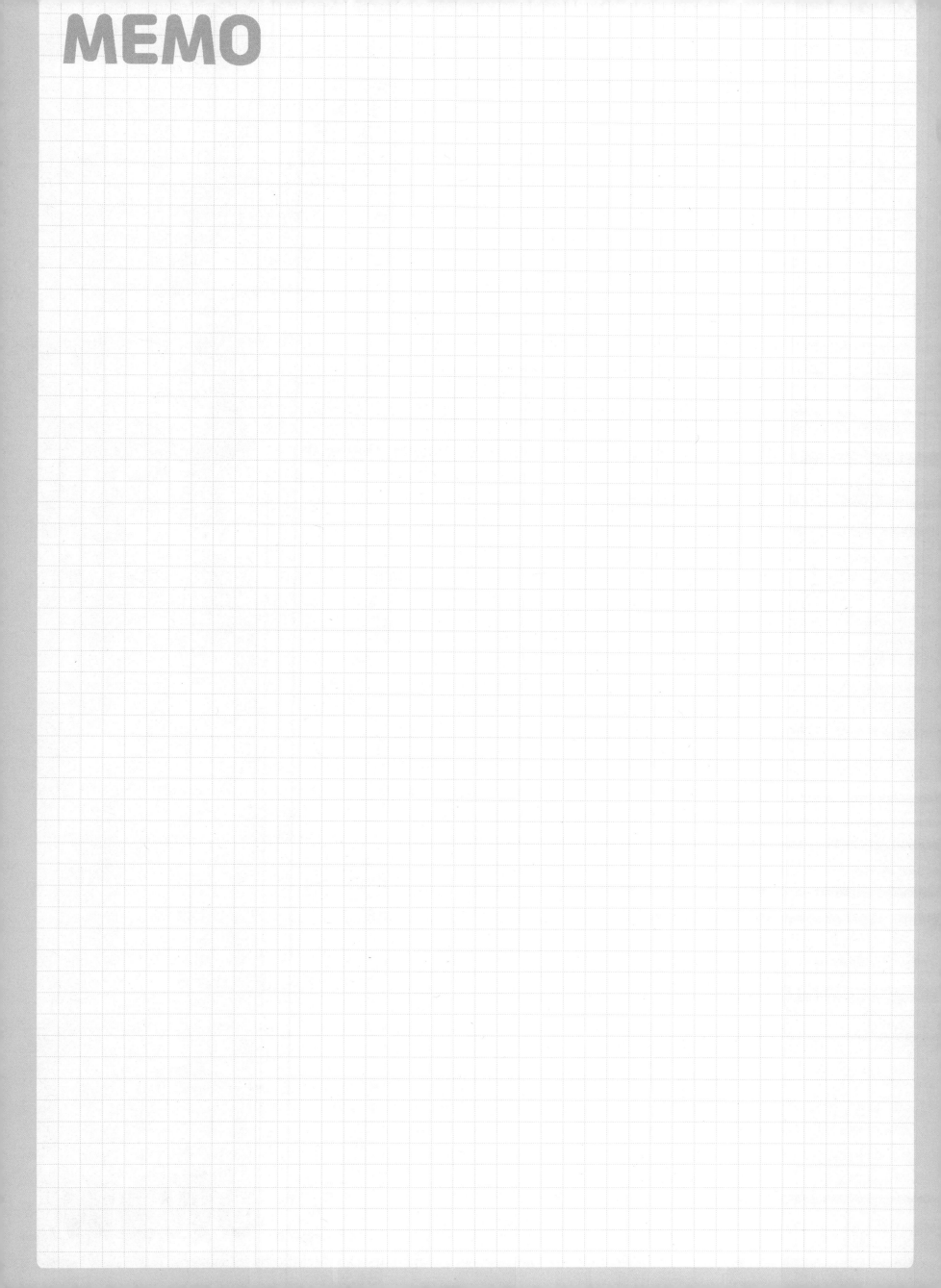

MEMO

MEMO

land.Hackers.com
**해커스 공인중개사**

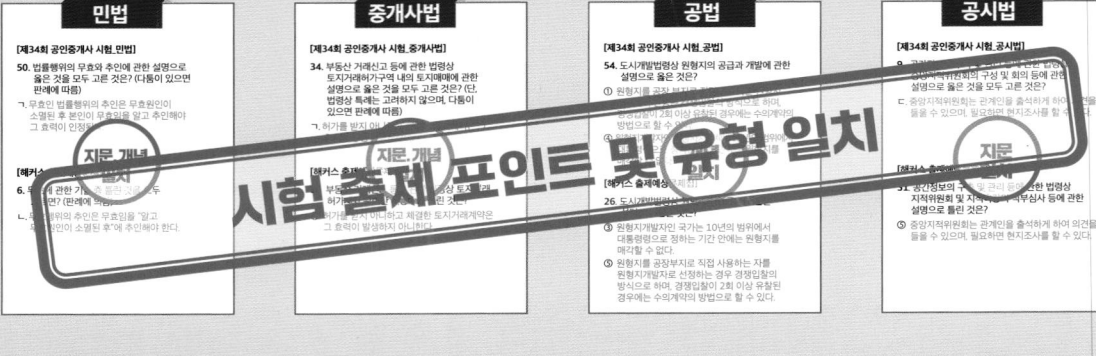
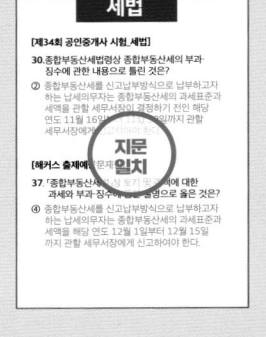

# 누구나 꿈을 이룰 수 있는 곳
# 교육그룹 1위 해커스

한경비즈니스 선정 2019 한국 브랜드선호도 교육(교육그룹) 부문 1위

## 공무원

9급·7급 공무원 1위
**해커스공무원**
gosi.Hackers.com

경찰공무원 1위
**해커스경찰**
police.Hackers.com

소방공무원 1위
**해커스소방**
fire.Hackers.com

군무원 1위
**해커스군무원**
army.Hackers.com

## 어학

외국어학원 1위
**해커스어학원**
Hackers.ac

토익·토플·스피킹·제2외국어 온라인 교육
**해커스인강**
HackersIngang.com

중국어인강 1위
**해커스중국어**
china.Hackers.com

일본어 교육 1위
**해커스일본어**
japan.Hackers.com

## 유학

소비자 평가 NO.1 브랜드
**해커스 유학컨설팅**
HackersUhak.com

온라인 SAT 교육
**해커스 프렙**
prep.Hackers.com

SAT 교육 1위
**해커스 SAT·AP**
sat.Hackers.ac

## 기초영어회화

영어회화인강 1위
**해커스톡**
HackersTalk.co.kr

## 취업

대기업/공기업 취업 전문
**해커스잡**
ejob.Hackers.com

취업 컨설팅 & 필기시험 대비 교육
**해커스 취업아카데미**
job.Hackers.com

## 중·고등영어

중·고등영어 온라인 전문 교육
**해커스 영스타 중·고등**
star.Hackers.com

## 교원임용

교원임용 교육 1위
**해커스임용**
teacher.Hackers.com

## 자격증·학위

공인중개사 교육 1위
**해커스 공인중개사**
land.Hackers.com

주택관리사 교육 1위
**해커스 주택관리사**
house.Hackers.com

금융·무역·경제·세무·회계 자격증 전문
**해커스금융**
fn.Hackers.com

자격증 교육 1위
**해커스자격증**
pass.Hackers.com

한국사 교육 1위
**해커스한국사**
history.Hackers.com

검정고시 전문 교육기관
**해커스 검정고시**
gumjung.edu2080.co.kr

학점은행제 수강생 수 1위
**해커스 원격평생교육원**
paranhanul.net

독학사 교육 1위
**해커스독학사**
haksa2080.com

사회복지사 1급 전문교육
**해커스 사회복지사**
sabok.edu2080.co.kr

## 기업교육

기업교육 1위
**해커스HRD**
HackersHRD.com

## 교재

베스트셀러 교재 개발 연구기관
**해커스어학연구소**

중·고등 영어 전문 참고서
**해커스북**
HackersBook.com

나를 위한 스마트 클래스
**해커스 ONE**

## 전문대학원·편입

온·오프라인 편입 교육 1위
**해커스편입**
HackersUT.com

로스쿨 교육 1위
**해커스로스쿨**
lawschool.Hackers.com

## 전문직 자격시험

회계사·세무사·경영지도사 전문교육
**해커스 경영아카데미**
cpa.Hackers.com

변호사·노무사·감정평가사 전문교육
**해커스 법아카데미**
law.Hackers.com

## 온라인 커뮤니티

대한민국 1위 영어사이트
**해커스영어**
Hackers.co.kr

방문자 수 1위 유학 커뮤니티
**고우해커스**
goHackers.com

해커스 ONE이 궁금하다면?
지금 바로 다운받기! ▼
Google play    App Store

---

# 1위 해커스 직영학원

**어학원**
강남역캠퍼스 02-566-0001
종로캠퍼스 02-502-2000
대구 동성로캠퍼스 053-956-9000

**유학컨설팅**
강남역캠퍼스 02-554-5800

**공무원 학원**
노량진캠퍼스 02-599-0500

**경찰 학원**
노량진캠퍼스 02-823-8806
대구 동성로캠퍼스 053-256-5000

**소방 학원**
노량진캠퍼스 02-596-1119

**경찰간부·변호사 학원**
신림캠퍼스 02-533-5555

**로스쿨 학원**
강남역캠퍼스 02-595-5000

**임용 학원**
노량진캠퍼스 02-566-6860

**공인중개사 학원**
강남본원 02-597-9000
종로학원 02-548-3333
일산학원 031-903-0000
수원학원 031-245-7777

**주택관리사**
강남본원 02-597-9000

**취업 학원**
강남역캠퍼스 02-566-0028

**편입학원**
종로본원 02-735-1881
강남역캠퍼스 02-522-1881
수원역캠퍼스 031-243-3333

**회계사·세무사 학원**
강남역캠퍼스 02-599-3011

# 해커스 공인중개사

## 실전모의고사

**1차** 부동산학개론 · 민법 및 민사특별법

합격으로 가는 확실한 선택, 해커스 공인중개사 교재 시리즈

| 만화입문서 | 기초입문서 시리즈 | 기본서 시리즈 | 핵심요약집 시리즈 | 단원별 기출문제집 시리즈 | 회차별 기출문제집 시리즈 |

| 출제예상문제집 시리즈 | 실전모의고사 시리즈 | 한손노트 시리즈 | 공법체계도 | 계산문제집 |

정가 **30,000** 원

13320

9 791172 440954

ISBN 979-11-7244-095-4

**해커스 공인중개사**

# 해커스 공인중개사
## 마무리 OX

 1차 부동산학개론·민법 및 민사특별법

해커스 공인중개사

### 🎓 합격생들이 들려주는 이야기

직장을 다니면서 공부했고, 임신 때문에 수면시간도 확보해야 해서 공부는 하루에 2~3시간만 할
수 있었어요. 시험이 일주일 남았을 때 해커스 공인중개사 실전모의고사 10회분 책을 매일 풀고,
모의고사에서 부족한 부분을 다시 공부하기를 일주일 동안 반복했습니다. 그 일주일이 정말 저에
게 도움이 많이 되었던 것 같아요. 해커스 믿고 끝까지 공부했더니 1차 평균 82.5점으로 합격했
습니다.

해커스 30대 합격생 이*영 님

# 부동산학개론

OX문제풀이를 통하여 함정을 피하는 연습을 해보세요.

## 제1편　부동산학 총론

**01** 물리적 측면의 부동산에는 생산요소, 자산, 공간, 자연이 포함된다.　　O　X

**02** 등기 · 등록의 공시방법을 갖춤으로써 부동산에 준하여 취급되는 동산은 준부동산으로 간주한다.　　O　X

**03** 포락지(浦落地)는 지적공부에 등록된 토지가 물에 침식되어 수면 밑으로 잠긴 토지를 말한다.　　O　X

**04** 택지지역 내에서 주거지역이 상업지역으로 용도변경이 진행되고 있는 토지를 이행지라 한다.　　O　X

**05** 연립주택은 주택으로 쓰는 1개 동의 바닥면적 합계가 660m² 이하이고, 층수가 4개 층 이하인 주택이다.　　O　X

**06** 부증성에 기인한 특정 토지의 희소성은 공간수요의 입지경쟁을 유발시킨다.　　O　X

---

**정답**　　01 ×　02 O　03 O　04 O　05 ×　06 O

01 물리적(기술적) 측면의 부동산에는 공간, 자연, 위치, 환경이 포함된다. 생산요소(생산재)와 자산은 경제적 측면의 개념이다. 05 연립주택은 주택으로 쓰는 1개 동의 바닥면적 합계가 660m²를 초과하고, 층수가 4개 층 이하인 주택이다.

| | | | |
|---|---|---|---|
| **07** | 영속성은 부동산활동에서 감가상각 필요성의 근거가 된다. | O | X |
| **08** | 토지의 부증성으로 인해 토지공급은 특정 용도의 토지에 대해서도 장·단기적으로 완전비탄력적이다. | O | X |
| **09** | 토지는 물리적 위치가 고정되어 있어 부동산시장이 국지화된다. | O | X |
| **10** | 부동산학의 접근방법 중 종합식 접근방법은 부동산을 기술적·경제적·법률적 측면 등의 복합개념으로 이해하여 이를 종합해서 이론을 구축하는 방법이다. | O | X |

**정답**　07 ×　08 ×　09 O　10 O

07 영속성은 부동산활동에서 토지의 물리적 감가상각을 배제하는 근거가 된다. 즉, 토지는 물리적인 감가가 발생하지 않는다. 영속성(비소모성, 비소멸성)은 물리적으로 보는 토지는 사용에 의해 마멸, 훼손되지 않으므로 절대면적이 줄어들지 않는다는 것을 말하는 것을 말한다. 08 토지의 부증성으로 인해 토지의 물리적 공급은 가격에 대하여 완전비탄력적이다. 특정 용도의 토지에 대해서 경제적 공급은 단기에는 비탄력적이지만, 장기적으로는 탄력적으로 나타난다.

**01** 공급량은 주어진 가격수준에서 실제로 매도한 수량이다. 　O　X

**02** 해당 부동산가격 이외의 다른 요인이 수요량을 변화시키면 수요곡선이 좌측 또는 우측으로 이동한다. 　O　X

**03** 아파트가격 하락이 예상되면 수요량의 변화로 동일한 수요곡선상에서 하향으로 이동하게 된다. 　O　X

**04** 부동산의 공급량과 그 공급량에 영향을 주는 요인들과의 관계를 나타낸 것이 공급함수이다. 　O　X

**05** 대체재인 단독주택의 가격이 상승하면 아파트의 수요곡선은 우상향으로 이동하게 된다. 　O　X

**06** 수요는 증가하고 공급이 감소하는데 수요의 증가폭이 공급의 감소폭보다 더 큰 경우, 균형가격은 상승하고 균형거래량은 감소한다. 　O　X

**07** 수요의 가격탄력성이 1보다 작은 값을 가진다면, 수요의 가격탄력성은 비탄력적이다. 　O　X

---

**정답**　01 ×　02 O　03 ×　04 O　05 O　06 ×　07 O

01 공급량은 주어진 가격수준에서 실제로 매도한 수량이 아닌, 공급(판매)하고자 하는 최대수량이다. 공급량의 개념 또한 사후적 개념이 아닌 사전적 개념이다. 03 아파트가격 하락이 예상(해당 부동산가격 이외의 요인)되면 '아파트수요의 변화'로 수요곡선 자체가 좌하향으로 이동하게 된다[➔ 수요 감소, 수요곡선 좌측 이동(좌하향으로 이동)]. 06 수요는 증가하고 공급이 감소하는데 수요의 증가폭이 공급의 감소폭보다 더 큰 경우(➔ 수요 증가 > 공급 감소), 균형가격은 상승하고 균형거래량은 증가한다.

| | | | |
|---|---|---|---|
| **08** | 일반적으로 부동산수요의 가격탄력성은 단기에서 장기로 갈수록 더 비탄력적이 된다. | O | X |
| **09** | 일반적으로 임대주택을 건축하여 공급하는 기간이 짧을수록 공급의 가격탄력성은 커진다. | O | X |
| **10** | 임대주택 수요의 가격탄력성이 1인 경우 임대주택의 임대료가 하락하더라도 전체 임대료 수입은 변하지 않는다. | O | X |
| **11** | 주택수요의 가격탄력성이 완전탄력적인 경우에 공급이 증가하면 균형가격은 변하지 않고 균형거래량은 증가한다. | O | X |
| **12** | 부동산수요가 증가할 때 부동산공급곡선이 탄력적일수록 부동산가격은 더 크게 상승한다. | O | X |
| **13** | 회복시장 국면에서는 매수자가 주도하는 시장에서 매도자가 주도하는 시장으로 바뀌는 경향이 있다. | O | X |
| **14** | 거미집이론에서 공급자는 현재와 미래의 가격을 동시에 고려해 미래의 공급을 결정한다는 가정을 전제하고 있다. | O | X |
| **15** | 거미집이론에서 수요곡선의 기울기 절댓값이 공급곡선의 기울기 절댓값보다 작으면 수렴형이다. | O | X |

**정답**  08 ×  09 O  10 O  11 O  12 ×  13 O  14 ×  15 O

08 부동산수요의 가격탄력성은 단기보다 장기로 갈수록(상대적 측면, 충분히 준비하면) 더 탄력적이 된다. 즉, 단기에는 그 양의 변화가 적어서 비탄력적이지만 장기에는 그 양의 변화가 많아서 보다 더 탄력적이 된다. 12 부동산수요가 증가할 때 부동산공급곡선이 탄력적일수록(공급량이 적시에 이루어지므로) 균형가격이 덜 상승한다[탄력적일수록(양의 변화가 많을수록) 가격의 변화폭은 작다]. 14 공급자는 언제나 현재가격에만 반응한다는 것을 전제하고 있다(공급자가 장래가격을 예측할 수 있다면 거미집이론은 성립되지 않는다).

**01** 부동산시장에서는 정보의 비대칭성으로 인하여 부동산가격의 왜곡 현상이 나타나기도 한다.　　O　X

**02** 부동산은 대체가 불가능한 재화이기에 부동산시장에서 공매(short selling)가 빈번하게 발생한다.　　O　X

**03** 할당 효율적 시장에서는 부동산거래의 은밀성으로 인하여 부동산 가격의 과소평가 또는 과대평가 등 왜곡가능성이 높아진다.　　O　X

**04** 고소득층 주거지와 저소득층 주거지가 인접한 경우, 경계지역 부근 의 저소득층 주택은 할인되어 거래되고 고소득층 주택은 할증되어 거래된다.　　O　X

**05** 부동산시장이 강성 효율적 시장일 때 초과이윤을 얻는 것은 불가능 하다.　　O　X

**06** 리카도(D. Ricardo)는 비옥도의 차이, 비옥한 토지량의 제한, 수확 체감법칙의 작동을 지대발생의 원인으로 보았다.　　O　X

---

**정답** 01 O　02 ×　03 ×　04 ×　05 O　06 O

**02** 부동산은 개별성에 따라 표준화가 제한되므로, 증권(주식)과 달리 공매(short selling, 空賣) 를 통한 가격 하락위험을 타인에게 전가하기가 어렵다. 즉, 부동산시장에서는 공매제도 자체가 없다. **03** 할당 효율적 시장에서는 정보비용을 상회하는 초과이윤의 획득은 불가능하며, 과소평 가나 과대평가 등의 왜곡가능성은 낮아지거나 그 가능성이 없는 상태가 된다. **04** 고소득층 주 거지역의 경계와 인접한 저소득층 주택은 정(+)의 외부효과로 인해 할증되어(비싸게) 거래되는 반면, 저소득층 주거지역의 경계와 인접한 고소득층 주택은 부(-)의 외부효과로 인해 할인되어 (싸게) 거래된다.

| | | |
|---|---|---|
| **07** | 마샬(A. Marshall)은 일시적으로 토지의 성격을 가지는 기계, 기구 등의 생산요소에 대한 대가를 파레토지대로 정의하였다. | O X |
| **08** | 마르크스(K. Marx)의 절대지대설에 따르면, 최열등지에서는 지대가 발생하지 않는다. | O X |
| **09** | 전용수입은 어떤 생산요소가 다른 용도로 전용되지 않고 현재의 용도에 그대로 사용되도록 지급하는 최소한의 지급금액이다. | O X |
| **10** | 알론소(W. Alonso)의 입찰지대곡선은 여러 개의 지대곡선 중 가장 높은 부분을 연결한 포락선이다. | O X |
| **11** | 버제스(E. Burgess)의 동심원이론에 따르면 중심업무지구와 저소득층 주거지대 사이에 점이지대가 위치한다. | O X |
| **12** | 컨버스(P. Converse)는 소비자들의 특정 상점의 구매를 설명할 때 실측거리, 시간거리, 매장규모와 같은 공간요인뿐만 아니라 효용이라는 비공간요인도 고려하였다. | O X |

**정답**   07 ×   08 ×   09 O   10 O   11 O   12 ×

**07** 마샬은 토지가 아닌 인간이 투입한 인공적인 기계, 설비 등 자본재로부터 발생하는 일시적인 소득을 준지대라 하였다. 파레토지대를 경제지대라 한다. **08** 마르크스(K. Marx)의 절대지대설에 따르면 최열등지(한계지)에서도 지대가 발생한다(비옥도와 무관하게 최열등지에서도 토지소유자는 지대를 요구할 수 있다). **12** 허프(D. L. Huff)의 확률모형에 대한 설명이다. 허프의 확률모형은 소비자들의 특정 상점의 구매를 설명할 때 실측거리, 시간거리, 매장규모와 같은 공간요인뿐만 아니라 효용이라는 비공간요인도 고려하였다. 반면에, 컨버스(P. Converse)의 분기점이론은 레일리의 소매인력법칙을 응용하여 두 점포(도시)간 상권의 분기점(경계점)을 구하는 모델을 제시하였다. 컨버스는 점포의 면적(도시크기)과 거리만 고려한다.

| | | |
|---|---|---|
| **13** | 크리스탈러(W. Christaller)의 중심지이론에서 최소요구치란 중심지로부터 어느 기능에 대한 수요가 0이 되는 곳까지의 거리를 말한다. | O X |
| **14** | 넬슨(R. Nelson)의 소매입지이론에서는 특정 점포가 최대 이익을 얻을 수 있는 매출액을 확보하기 위해서는 어떤 장소에 입지하여야 하는지를 제시하였다. | O X |
| **15** | 베버(A. Weber)는 운송비·노동비·집적이익을 고려하여 비용이 최소화되는 지점이 공장의 최적입지가 된다고 보았다. | O X |

---

**정답**   13 ×   14 O   15 O

13 최소요구치는 중심지 기능이 유지되기 위한 최소한의 수요 요구 규모를 말하며, 도달범위란 중심지로부터 어느 기능에 대한 수요가 0이 되는 곳까지의 거리를 말한다.

## 제4편　부동산정책론

| | | |
|---|---|---|
| **01** | 공공재는 비배제성에 의해 비용을 부담하지 않는 사람도 소비할 수 있다. | O　X |
| **02** | 부(-)의 외부효과를 발생시키는 시설의 경우, 발생된 외부효과를 제거 또는 감소시키기 위한 사회적 비용이 발생할 수 있다. | O　X |
| **03** | 부동산에 대한 부담금제도나 보조금제도는 정부의 부동산시장에 대한 직접개입방식이다. | O　X |
| **04** | 공공토지비축제도는 공익사업용지의 원활한 공급과 토지시장의 안정에 기여하는 것을 목적으로 한다. | O　X |
| **05** | 임대료상한을 균형가격 이하로 규제하면 임대주택의 공급과잉현상을 초래한다. | O　X |
| **06** | 영구임대주택은 국가나 지방자치단체의 재정을 지원받아 최저소득계층의 주거안정을 위하여 50년 이상 또는 영구적인 임대를 목적으로 공급하는 공공임대주택을 말한다. | O　X |
| **07** | 분양가상한제와 택지소유상한제는 현재 시행되고 있다. | O　X |

**정답**　01 O　02 O　03 ×　04 O　05 ×　06 O　07 ×

03 부담금제도나 보조금제도는 정부의 부동산시장에 대한 직접적 개입방식이 아니다. 05 임대료상한을 균형가격 이하로 규제하면 공급과잉(초과공급)이 아니라 초과수요가 발생할 수 있다. 07 분양가상한제는 현재 시행되는 제도이지만, 택지소유상한제(폐지된 제도)는 현재 시행되고 있지 않다.

**08** 수요곡선이 공급곡선에 비하여 더 탄력적이면, 수요자에 비하여 공급자의 부담이 더 커진다.

O   X

**09** 수요곡선이 변하지 않을 때, 세금부과에 의한 경제적 순손실은 공급이 비탄력적일수록 커진다.

O   X

**10** 증여세와 종합부동산세는 부동산의 보유단계에 부과한다.

O   X

**정답**   08 O   09 ×   10 ×

09 세금부과에 의한 경제적 순손실은 공급이 비탄력적일수록 작아진다(상대적으로 수요가 탄력적일수록 경제적 순손실은 작아진다). 즉, 공급이 비탄력적일수록 공급을 감소시키기 어렵게 되고 가격 인상을 통해 세금을 전가시키기 어려워진다. ➔ 세금이 가격 인상을 통해 수요자에게 전가되기 어렵기 때문에 수요자는 더 높은 가격을 지불할 필요가 없고, 그 소비량도 줄어들지 않는다. 따라서 경제적 순(후생)손실이 작아진다. 10 증여세는 취득단계에 부과하며, 종합부동산세는 부동산의 보유단계에 부과한다.

| | | |
|---|---|---|
| **01** | 요구수익률은 해당 부동산에 투자해서 획득할 수 있는 최대한의 수익률이다. | O   X |
| **02** | 임대사업을 영위하는 법인은 건물에 대한 감가상각과 이자비용을 세금산정시 비용으로 인정받을 수 있다. | O   X |
| **03** | 현재 10억원인 아파트가 매년 2%씩 가격이 상승한다고 가정할 때, 5년 후의 아파트가격을 산정하는 경우 연금의 미래가치계수를 사용한다. | O   X |
| **04** | 일시불의 현재가치계수는 할인율이 상승할수록 작아진다. | O   X |
| **05** | 순현가법과 내부수익률법에서는 투자판단기준을 위한 할인율로써 요구수익률을 사용한다. | O   X |
| **06** | 순현재가치가 '0'이 되는 단일 투자안의 경우 수익성지수는 '1'이 된다. | O   X |
| **07** | 순현재가치법은 가치가산원리가 적용되나, 내부수익률법은 적용되지 않는다. | O   X |
| **08** | 어림셈법 중 순소득승수법의 경우 승수값이 클수록 자본회수기간이 짧다. | O   X |

**정답**  01 ×  02 O  03 ×  04 O  05 ×  06 O  07 O  08 ×

01 요구수익률은 해당 부동산에 투자가 이루어지기 위한 최소한의 필수수익률이다(➜ 자본의 기회비용). 03 현재 10억원인 아파트가 매년 2%씩(복리로) 가격이 상승한다고 가정할 때, 5년 후의 아파트가격을 산정하는 경우 일시불의 미래가치계수를 사용한다. ➜ 10억원 × 일시불의 내가계수(5년) = 5년 후 10억원의 미래가치 05 순현재가치법의 할인율은 요구수익률(k)이며, 내부수익률법의 할인율은 내부수익률이다. 08 어림셈법 중 순소득승수법의 경우 승수값이 작을수록 자본회수기간이 짧다(투자의 타당성이 높아진다). 반면, 승수값이 클수록 자본회수기간은 길어진다(투자의 타당성이 낮아진다).

**09** 수익률법과 승수법은 투자현금흐름의 시간가치를 반영하여 투자타당성을 분석하는 방법이다.  O  X

**10** 부채감당률(DCR)이 '1'보다 작으면, 투자로부터 발생하는 순영업소득이 부채서비스액을 감당할 수 없다고 판단된다.  O  X

**11** 무위험률의 하락은 투자자의 요구수익률을 상승시키는 요인이다.  O  X

**12** 평균-분산 지배원리로 투자 선택을 할 수 없을 때 변동계수(변이계수)를 활용하여 투자안의 우위를 판단할 수 있다.  O  X

**13** 위험조정할인율을 적용하는 방법으로 장래 기대되는 소득을 현재가치로 환산하는 경우, 위험한 투자일수록 낮은 할인율을 적용한다.  O  X

**14** 효율적 프론티어(efficient frontier)에서는 추가적인 위험을 감수하지 않으면 수익률을 증가시킬 수 없다.  O  X

**15** 개별자산의 기대수익률간 상관계수가 '0'인 두 개의 자산으로 포트폴리오를 구성할 때 포트폴리오의 위험감소 효과가 최대로 나타난다.  O  X

---

**정답**   09 ×   10 ○   11 ×   12 ○   13 ×   14 ○   15 ×

09 어림셈법(수익률법, 승수법)은 투자현금흐름의 시간가치를 반영하지 않는 방법이다. 즉, 미래현금흐름을 현재가치로 할인하지 않고(비할인기법), 주로 1기간의 현금흐름만을 가지고 투자분석하는 방법이다. 11 무위험률(이자율)의 하락은 투자자의 요구수익률을 하락시키는 요인이고, 무위험률(이자율)의 상승은 투자자의 요구수익률을 상승시키는 요인이다. 13 위험조정할인율(= 요구수익률)을 적용하는 방법으로 장래 기대되는 소득을 현재가치로 환산하는 경우, 위험한 투자일수록(위험이 큰 투자안일수록) 높은 할인율을 적용한다. 즉, 위험이 큰 투자안일수록 할인율을 상향조정하여 위험을 관리한다. 15 개별자산의 기대수익률간 상관계수가 '0'(두 자산간 수익률의 움직임이 아무런 관련이 없는 경우)인 두 개의 자산으로 포트폴리오를 구성할 때에도 포트폴리오의 위험감소 효과가 발생한다. -1일 때 분산투자효과가 최대로 나타난다.

# 제6편   부동산금융론

|  |  |  |
|---|---|---|
| 01 | 총부채상환비율(DTI)이 높을수록 채무불이행 위험이 높아진다. | O   X |
| 02 | 고정금리대출을 실행한 대출기관은 금리 상승시 차입자의 조기상환으로 인한 위험이 커진다. | O   X |
| 03 | 원금균등상환방식의 경우, 원리금균등상황방식보다 대출금의 가중평균상환기간(duration)이 더 짧다. | O   X |
| 04 | MPTS(Mortgage Pass-Through Securities)는 지분형 증권이기 때문에 증권의 수익은 기초자산인 주택저당채권 집합물(mortgage pool)의 현금흐름(저당지불액)에 의존한다. | O   X |
| 05 | 주택저당담보부 채권(MBB)은 주택저당대출차입자의 채무불이행이 발생하더라도 MBB에 대한 원리금을 발행자가 투자자에게 지급하여야 한다. | O   X |
| 06 | 자산유동화에 관한 법령상 유동화자산의 양도방식은 매매 또는 교환에 의한다. | O   X |
| 07 | 자산담보부 기업어음(ABCP)은 금융위원회에 등록한 유동화계획의 기재내용대로 유사자산을 반복적으로 유동화한다. | O   X |

**정답**   01 O   02 ×   03 O   04 O   05 O   06 O   07 ×

02 고정금리대출을 실행한 대출기관은 대출 이후 시장금리 하락시 차입자의 조기상환으로 인한 위험이 커진다. 고정금리대출에서 조기상환은 금리 상승기에 발생하는 것이 아니다. 07 자산담보부 기업어음(ABCP)은 자산유동화증권(ABS)과 달리 「상법」의 적용을 받으며, 금융위원회(금융감독기관 등)에 등록하지 않고, 「상법」상 도관체(conduit)를 활용하여 임의대로 유사자산을 반복적으로 유동화할 수 있다.

**08** 프로젝트 금융에서 해당 프로젝트가 부실화되더라도 대출기관의 채권회수에는 영향이 없다.     O    X

**09** 위탁관리 부동산투자회사는 주주를 보호하기 위해서 직원이 준수 해야 할 내부통제기준을 제정하여야 한다.     O    X

**10** 위탁관리 부동산투자회사 및 기업구조조정 부동산투자회사의 설립 자본금은 3억원 이상으로 한다.     O    X

---

**정답**    08 ×   09 ×   10 O

08 해당 프로젝트가 부실화되면 대출기관의 채권회수에 영향을 준다. 금융기관의 부실위험을 초래할 수 있다. 09 위탁관리 부동산투자회사는 명목회사로서, 자산의 투자·운용을 자산관리 회사에게 위탁하므로 내부통제기준이 필요하지 않다. 내부통제기준(임직원이 따라야 할 절차와 기준)은 실체회사인 자기관리 부동산투자회사 및 자산관리회사에만 적용된다.

# 제7편　부동산개발 및 관리론

**01** 부동산개발업의 관리 및 육성에 관한 법령상 부동산개발업이란 타인에게 공급할 목적으로 부동산개발을 수행하는 업을 말한다.　　O　X

**02** BTL(build-transfer-lease)방식은 사회기반시설의 준공과 동시에 해당 시설의 소유권이 국가 또는 지방자치단체에 귀속되며, 사업시행자에게 일정기간의 시설관리운영권을 인정하되, 그 시설을 국가 또는 지방자치단체 등이 협약에서 정한 기간 동안 임차하여 사용·수익하는 방식을 말한다.　　O　X

**03** 흡수율분석은 부동산시장의 추세를 파악하는 데 도움을 주는 것으로, 과거의 추세를 정확하게 파악하는 것이 주된 목적이다.　　O　X

**04** 흡수율분석은 재무적 사업타당성분석에서 사용했던 주요 변수들의 투입 값을 낙관적, 비관적 상황으로 적용하여 수익성을 예측하는 것을 말한다.　　O　X

**05** 토지소유자가 제공한 토지에 개발업자가 공사비를 부담하여 부동산을 개발하고, 개발된 부동산을 제공된 토지가격과 공사비의 비율에 따라 나눈다면 이는 등가교환방식에 해당한다.　　O　X

**06** 혼합관리방식은 필요한 부분만 선별하여 위탁하기 때문에 관리의 책임소재가 분명해지는 장점이 있다.　　O　X

---

**정답**　01 O　02 O　03 ×　04 ×　05 O　06 ×

03 흡수율분석은 부동산시장의 추세를 파악하는 데 도움을 주는 것으로, (과거 및 현재를 통하여) 미래의 추세를 정확하게 파악하는 것이 주된 목적이다. 04 민감도(감응도)분석은 재무적 사업타당성분석 또는 투자분석에서 사용했던 주요 변수들의 투입 값을 낙관적, 비관적 상황으로 적용하여 수익성을 예측하는 것을 말한다. 06 혼합관리방식은 필요한 부분만 선별하여 위탁하기 때문에 운영이 잘못되면 자가관리와 위탁관리의 단점만 노출될 가능성이 있으며, 관리의 책임소재가 불분명해지는 단점이 있다.

**07** 직접(자치)관리방식은 관리업무의 타성(楕性)을 방지할 수 있고, 인건비의 절감효과가 있다.    O    X

**08** AIDA원리는 주의(attention), 관심(interest), 욕망(desire), 행동(action)의 단계를 통해 공급자의 욕구를 파악하여 마케팅 효과를 극대화하는 시장점유마케팅전략의 하나이다.    O    X

**09** 마케팅전략 중 표적시장선정(targeting)이란 마케팅활동을 수행할 만한 가치가 있는 명확하고 유의미한 구매자집단으로 시장을 분할하는 활동을 말한다.    O    X

**10** 바이럴 마케팅(viral marketing)전략은 SNS, 블로그 등 다양한 매체를 통해 해당 브랜드나 제품에 대해 입소문을 내게 하여 마케팅 효과를 극대화시키는 것이다.    O    X

---

**정답**    07 ×   08 ×   09 ×   10 O

**07** 간접(위탁)관리방식은 직접(자치)관리방식의 단점인 업무의 타성화(楕性化)를 방지할 수 있고, 불필요한 관리비용을 절감하는 효과가 있다. **08** AIDA원리는 주의(attention), 관심(interest), 욕망(desire), 행동(action)의 단계를 통해 소비자의 욕구를 파악하여 마케팅 효과를 극대화하는 고객점유마케팅전략에 해당한다. **09** 세분화전략(segmentation)이란 마케팅활동을 수행할 만한 가치가 있는 명확하고 유의미한 구매자(고객, 소비자, 수요자)집단으로 시장을 분할하는 활동을 말한다. 이와는 달리 표적시장선정(targeting)이란 세분된 시장 중에서 부동산기업이 표적으로 삼아 마케팅활동을 수행하려는 특화된 시장(가장 자신 있는 수요자집단)을 찾는 전략을 말한다.

**01** 감정평가는 기준시점에서의 대상물건의 이용상황(불법적이거나 일시적인 이용은 제외한다) 및 공법상 제한을 받는 상태를 기준으로 한다.   O   X

**02** 감정평가법인등은 대상물건의 특성에 비추어 사회통념상 필요하다고 인정되는 경우에는 대상물건의 감정평가액을 시장가치 외의 가치를 기준으로 결정할 수 있다.   O   X

**03** 기준시점은 대상물건의 감정평가액을 결정하는 기준이 되는 날짜를 말한다.   O   X

**04** 가치형성요인이란 대상물건의 시장가치에 영향을 미치는 일반요인, 지역요인 및 개별요인 등을 말한다.   O   X

**05** 균형의 원칙은 구성요소의 결합에 대한 내용으로, 균형을 이루지 못하는 과잉부분은 원가법을 적용할 때 경제적 감가로 처리한다.   O   X

**06** 인근지역이란 대상부동산이 속한 지역으로서 부동산의 이용이 동질적이고 가치형성요인 중 개별요인을 공유하는 지역을 말한다.   O   X

---

**정답**   01 O   02 O   03 O   04 ×   05 ×   06 ×

**04** 가치형성요인이란 대상물건의 경제적 가치에 영향을 미치는 일반요인, 지역요인 및 개별요인 등을 말한다. **05** 균형의 원칙은 (내부)구성요소간의 조화 여부를 통하여 가치평가를 하는 것으로, 균형을 이루지 못하는 부분(과소·과잉 설비 등 내부적인 하자)은 기능적 감가요인으로 처리된다. 반면, 적합의 원칙은 대상부동산의 주변 환경, 지역, 입지, 위치 등을 고려하는 것으로, 이에 적합하지 못하면 경제적 감가가 발생한다. **06** 인근지역이란 대상부동산이 속한 지역으로서 부동산의 이용이 동질적이고 가치형성요인 중 지역요인을 공유하는 지역을 말한다.

**07** 동일수급권은 대상부동산과 대체·경쟁관계가 성립하고 가치형성에 서로 영향을 미치는 관계에 있는 다른 부동산이 존재하는 권역을 말하며, 인근지역과 유사지역을 포함한다.　O　X

**08** 감가수정이란 대상물건에 대한 재조달원가를 감액하여야 할 요인이 있는 경우에 물리적 감가, 기능적 감가 또는 경제적 감가 등을 고려하여 그에 해당하는 금액을 재조달원가에 가산하여 기준시점에 있어서의 대상물건의 가액을 적정화하는 작업을 말한다.　O　X

**09** 수익분석법은 대상물건의 기초가액에 기대이율을 곱하여 산정된 기대수익에 대상물건을 계속하여 임대하는 데에 필요한 경비를 더하여 대상물건의 임대료를 산정하는 감정평가방법을 말한다.　O　X

**10** 감가수정방법 중 정률법에서는 매년 감가율이 감소함에 따라 감가액이 감소한다.　O　X

**11** 거래사례비교법은 감정평가방식 중 비교방식에 해당되나, 공시지가기준법은 비교방식에 해당되지 않는다.　O　X

**12** 자본환원율은 자본의 기회비용을 반영하며, 금리의 상승은 자본환원율을 높이는 요인이 된다.　O　X

---

**정답**　07 O　08 ×　09 ×　10 ×　11 ×　12 O

08 감가수정이란 대상물건에 대한 재조달원가를 감액하여야 할 요인이 있는 경우에 물리적 감가, 기능적 감가 또는 경제적 감가 등을 고려하여 그에 해당하는 금액을 재조달원가에서 공제하여 기준시점에 있어서의 대상물건의 가액을 적정화하는 작업을 말한다. 09 적산법은 대상물건의 기초가액에 기대이율을 곱하여 산정된 기대수익에 대상물건을 계속하여 임대하는 데에 필요한 경비를 더하여 대상물건의 임대료를 산정하는 감정평가방법을 말한다. 10 정률법에서는 매년 감가율이 일정함에 따라 기간이 경과할수록 감가액이 감소(체감)한다. 11 거래사례비교법은 감정평가방식 중 비교방식에 해당되며, 공시지가기준법도 비교방식에 해당된다.

| | | | |
|---|---|---|---|
| **13** | 시장 · 군수 또는 구청장은 공시기준일 이후에 분할 · 합병 등이 발생한 토지에 대하여는 대통령령으로 정하는 날을 기준으로 하여 개별공시지가를 결정 · 공시하여야 한다. | O | X |
| **14** | 표준주택은 단독주택과 공동주택 중에서 각각 대표성 있는 주택을 선정한다. | O | X |
| **15** | 국토교통부장관이 표준지공시지가를 조사 · 평가할 때에는 반드시 둘 이상의 감정평가법인등에게 의뢰하여야 한다. | O | X |

---

**정답**  13 O   14 ×   15 ×

14 표준주택은 일단의 단독주택 중에서 단독주택을 대표할 수 있는 표준주택을 선정한다. 공동주택은 표준주택을 선정하지 않고, 주택가격비준표를 사용하지도 않는다. 공동주택가격은 한국부동산원 등에 전수조사를 의뢰하여 그 가격을 공시한다. 15 국토교통부장관이 표준지공시지가를 조사 · 평가할 때에는 둘 이상의 감정평가법인등에게 의뢰하여야 한다. 다만, 지가변동이 작은 경우 등 대통령령이 정하는 기준에 해당하는 표준지에 대하여는 하나의 감정평가법인등에게 이를 의뢰하여야 한다(법령에 '반드시'라는 표현은 없다).

🎓 **합격생들이 들려주는 이야기**

시험 치기 전에 실제 시간을 정해놓고 모의고사를 보시는 것을 추천 드립니다. 저는 마지막 2주 동안 해커스 7일완성 회차별 기출문제집과 해커스 실전모의고사 10회분 교재를 사서 시간을 정해 놓고 실전처럼 풀어보았는데, 평균 80~90점 정도가 나와 자신감이 생겼고 실제 시험을 보러 가 서도 큰 긴장 없이 시험을 볼 수 있어 고득점을 받을 수 있었습니다. 해커스를 믿고 합격할 수 있다는 자신감만 잃지 않으신다면 모두가 합격하실 수 있을 거라 생각합니다.

해커스 30대 합격생 이*현 님

## 2과목

# 민법 및 민사특별법

OX문제풀이를 통하여 함정을 피하는 연습을 해보세요.

# 2과목 민법 및 민사특별법

## 제1편    민법총칙

**01** 조세를 포탈할 목적으로 하는 중간생략등기는 언제나 무효이다.    O   X

**02** 강제집행을 면할 목적으로 부동산에 허위의 근저당권설정등기를 경료하는 행위는 반사회질서의 법률행위에 해당하지 않는다.    O   X

**03** 반사회적 법률행위에 해당하는 이중매매의 경우, 제1매수인은 제2매수인에 대하여 직접 소유권이전등기말소를 청구할 수 없다.    O   X

**04** 보험계약자가 오로지 보험사고를 가장하여 보험금을 취득할 목적으로 선의의 보험자와 체결한 생명보험계약은 사회질서에 위배되는 법률행위로서 무효이다.    O   X

**05** 당사자가 합의한 매매목적물의 지번에 관하여 착오를 일으켜 계약서상 목적물의 지번을 잘못 표시한 경우, 그 계약을 취소할 수 없다.    O   X

**06** 상대방이 표의자의 진의 아님을 알았을 경우, 표의자는 진의 아닌 의사표시를 취소할 수 있다.    O   X

**07** 가장행위가 무효이면 당연히 은닉행위도 무효이다.    O   X

---

**정답**   01 ×   02 O   03 O   04 O   05 O   06 ×   07 ×

**01** 단속규정 위반으로 유효이다. **06** 비진의표시는 원칙적으로 유효이나, 상대방이 알았거나 알 수 있었을 경우에는 무효이다. **07** 가장매매는 무효이지만 은닉행위는 유효이다.

| | | |
|---|---|---|
| **08** | 토지매매계약에 있어 토지의 현황·경계에 관한 착오는 중요부분에 관한 착오이므로 이를 이유로 취소할 수 있다. | O X |
| **09** | 매매계약 내용의 중요부분에 착오가 있는 경우 매수인은 매도인의 하자담보책임이 성립하는 경우에만 착오를 이유로 매매계약을 취소할 수 있다. | O X |
| **10** | 甲의 대리인 乙의 사기로 乙에게 매수의사를 표시한 丙은 甲이 그 사실을 알지 못한 경우에도, 사기를 이유로 법률행위를 취소할 수 있다. | O X |
| **11** | 내용증명우편물이 발송되고 달리 반송되지 않았다면 특별한 사정이 없는 한 이는 그 무렵에 송달되었다고 봄이 상당하다. | O X |
| **12** | 토지 매각의 대리권을 수여받은 대리인은 특별한 사정이 없는 한 잔금을 수령할 권한은 가지나, 중도금을 수령할 권한은 가지지 않는다. | O X |
| **13** | 권한을 정하지 아니한 대리인은 대리의 목적인 물건이나 권리의 성질을 변하지 아니하는 범위에서 그 이용 또는 개량하는 행위만을 할 수 있다. | O X |
| **14** | 대리인이 본인의 허락이 없는 자기계약을 한 경우 본인이 추인하면 유효한 대리행위로 될 수 있다. | O X |
| **15** | 대리인이 여럿일 때에는 법률 또는 수권행위에서 달리 정하지 않는 한 공동으로 본인을 대리한다. | O X |

**정답** 08 O  09 ×  10 O  11 O  12 ×  13 ×  14 O  15 ×

09 매매계약 내용의 중요부분에 착오가 있는 경우 매수인은 매도인의 하자담보책임이 성립하는지와 상관없이 착오를 이유로 매매계약을 취소할 수 있다. 12 토지 매각의 대리권을 수여받은 대리인은 특별한 사정이 없는 한 중도금과 잔금을 수령할 권한을 가진다. 13 보존행위도 할 수 있다. 15 공동대리의 경우 각자대리가 원칙이다.

| | | |
|---|---|---|
| **16** | 부동산의 소유권이전등기절차에 대하여 법무사가 등기권리자와 등기의무자의 쌍방을 대리하는 행위는 유효하다. | O　X |
| **17** | 대리인 乙이 상대방 丙으로부터 대금 전부를 지급받고 아직 본인 甲에게 전달하지 않았더라도 특별한 사정이 없는 한 丙의 대급지급의무는 변제로 소멸한다. | O　X |
| **18** | 법정대리인은 특별한 사정이 없는 한 그 책임으로 복대리인을 선임할 수 있다. | O　X |
| **19** | 무권대리행위를 추인하면 제3자의 권리를 해하지 않는 한, 다른 의사표시가 없으면 계약시에 소급하여 그 효력이 생긴다. | O　X |
| **20** | 본인 甲이 무권대리인 乙에게 추인의 의사표시를 한 경우, 甲은 이러한 사실을 알지 못한 상대방 丙에게 그 추인의 효력을 주장하지 못한다. | O　X |
| **21** | 무권대리인의 계약상대방은 계약 당시 대리권 없음을 안 경우에도 본인에 대해 계약을 철회할 수 있다. | O　X |
| **22** | 대리행위가 강행법규에 위반하여 무효인 경우에는 표현대리의 법리가 적용되지 않는다. | O　X |
| **23** | 해약금으로서 계약금만 지급된 상태에서 당사자가 관할관청에 허가를 신청하였다면 이는 이행의 착수이므로 더 이상 계약금에 기한 해제는 허용되지 않는다. | O　X |

**정답**　16 O　17 O　18 O　19 O　20 O　21 ×　22 O　23 ×

21 악의의 상대방은 최고는 할 수 있으나 철회할 수는 없다. 23 관할관청에 허가를 신청한 것으로는 이행의 착수가 아니므로, 계약금에 기한 해제를 할 수 있다.

| | | |
|---|---|---|
| **24** | 무효행위의 추인은 그 무효원인이 소멸한 후에 하여야 그 효력이 있다. | O    X |
| **25** | 통정허위표시인 매매(가장매매)는 추인하면 그때부터 유효인 매매가 됨이 원칙이다. | O    X |
| **26** | 취소된 법률행위는 특별한 사정이 없는 한 처음부터 무효인 것으로 본다. | O    X |
| **27** | 취소권은 추인할 수 있는 날로부터 3년 내에 법률행위를 한 날로부터 10년 내에 행사해야 한다. | O    X |
| **28** | 정지조건이 법률행위 당시 성취할 수 없는 것인 경우에는 법률행위는 무효이다. | O    X |
| **29** | 해제조건이 선량한 풍속 기타 사회질서에 위반한 것인 때에는 특별한 사정이 없는 한 조건 없는 법률행위로 된다. | O    X |
| **30** | 불확정한 사실의 발생시기를 이행기한으로 정한 경우, 그 사실의 발생이 불가능하게 되었다고 하여 이행기한이 도래한 것으로 볼 수는 없다. | O    X |

**정답**  24 O  25 O  26 O  27 O  28 O  29 ×  30 ×

29 조건이 선량한 풍속 기타 사회질서에 위반한 것인 때에는 그 법률행위는 무효로 한다. 30 그 사실의 발생이 불가능하게 된 때에도 이행기한은 도래한 것으로 보아야 한다.

# 제2편 물권법

**01** 소유자는 자신의 소유권을 방해할 염려있는 행위를 하는 자에 대하여 그 예방이나 손해배상의 담보를 청구할 수 있다.　O　X

**02** 소유자는 자신의 소유권을 방해할 염려있는 행위를 하는 자에 대하여 그 예방이나 손해배상의 담보를 청구할 수 있다.　O　X

**03** 공유물분할청구소송에서 현물분할의 협의가 성립하여 조정이 이루어지면, 공유자들의 소유권취득에 별도의 등기 없이도 물권이 변동한다.　O　X

**04** 등기청구권이란 등기권리자와 등기의무자가 함께 국가에 등기를 신청하는 공법상의 권리이다.　O　X

**05** 등기상 이해관계인이 없는 한 멸실된 건물의 보존등기를 멸실 후 신축한 건물의 보존등기로 유용하는 것도 허용된다.　O　X

**06** 등기부상 권리변동의 당사자 사이에서는 등기의 추정력을 원용할 수 없다.　O　X

**07** 점유매개관계의 직접점유자의 점유는 타주점유이다.　O　X

**08** 전후 양 시점의 점유자가 다르더라도 점유의 승계가 증명된다면 점유계속은 추정된다.　O　X

---

**정답**　01 O　02 O　03 ×　04 ×　05 ×　06 ×　07 O　08 O

03 공유물분할청구소송에서 현물분할의 협의가 성립하여 조정이 된 때 공유자들의 소유권취득에도 등기가 있어야 물권이 변동한다. 04 등기청구권은 등기권리자가 등기의무자에 대하여 등기신청에 협력할 것을 청구하는 사법상의 권리이다. 05 표제부 등기의 유용은 인정되지 않는다. 06 제3자에 대하여서 뿐만 아니라 전 소유자에 대하여서도 추정력이 인정된다.

| 09 | 점유물의 전부가 점유자의 책임있는 사유로 멸실된 경우, 선의의 자주점유자는 특별한 사정이 없는 한 그 멸실로 인한 손해의 전부를 배상해야 한다. | O X |
|----|----|----|
| 10 | 악의 점유자라도 비용상환청구권을 행사할 수 있다. | O X |
| 11 | 무효인 매매계약의 매수인이 점유목적물에 필요비 등을 지출한 후 매도인이 그 목적물을 제3자에게 양도한 경우, 점유자인 매수인은 양수인에게 비용상환을 청구할 수 있다. | O X |
| 12 | 직접점유자가 그 점유를 임의로 양도한 경우, 그 점유이전이 간접점유자의 의사에 반하더라도 간접점유가 침탈된 것은 아니다. | O X |
| 13 | 우물을 파는 경우에 경계로부터 2미터 이상의 거리를 두어야 하지만, 당사자 사이에 이와 다른 특약이 있으면 그 특약이 우선한다. | O X |
| 14 | 점유취득시효의 완성으로 점유자가 소유자에 대해 갖는 소유권이전등기청구권은 통상의 채권양도 법리에 따라 양도될 수 있다. | O X |
| 15 | 타주점유자는 자신이 점유하는 부동산에 대한 소유권을 시효취득할 수 없다. | O X |
| 16 | 건물임차인이 권원에 기하여 증축한 부분에 구조상·이용상 독립성이 없더라도 임대차 종료시 임차인은 증축 부분의 소유권을 주장할 수 있다. | O X |
| 17 | 증축된 부분이 기존의 건물과 구조상·이용상 독립성이 없는 경우, 그 부분은 기존의 건물에 부합한다. | O X |

**정답**  09 ✕  10 O  11 O  12 O  13 O  14 O  15 O  16 ✕  17 O

09 선의의 자주점유자는 특별한 사정이 없는 한 현존이익의 한도에서 배상하면 된다. 16 독립성이 없다면, 소유권을 주장할 수 없다.

| 18 | 甲, 乙, 丙은 각 3분의 1 지분으로 나대지인 X토지를 공유하고 있다. 甲이 단독으로 丁에게 X토지를 임대한 경우, 乙은 丁에게 부당이득 반환을 청구할 수 있다. | O X |
|---|---|---|
| 19 | 공유자끼리 그 지분을 교환하는 것은 지분권의 처분이므로 이를 위해서는 교환당사자가 아닌 다른 공유자의 동의를 요하지 않는다. | O X |
| 20 | 공유자 중 1인의 지분 위에 설정된 담보물권은 특별한 사정이 없는 한 공유물분할로 인하여 설정자 앞으로 분할된 부분에 집중된다. | O X |
| 21 | 담보목적의 지상권이 설정된 경우 피담보채권이 변제로 소멸하면 그 지상권도 소멸한다. | O X |
| 22 | 지상권자에게 불리한 지상권양도금지특약도 유효하다. | O X |
| 23 | 법정지상권자가 지상건물을 제3자에게 양도한 경우, 제3자는 그 건물과 함께 법정지상권을 당연히 취득한다. | O X |
| 24 | 지역권은 요역지와 분리하여 저당권의 목적이 될 수 없다. | O X |
| 25 | 지역권의 존속기간을 영구무한으로 약정할 수는 없다. | O X |
| 26 | 토지의 불법점유자는 통행지역권을 시효취득할 수 없다. | O X |
| 27 | 통행지역권을 시효취득하였다면, 특별한 사정이 없는 한 요역지 소유자는 도로설치로 인해 승역지 소유자가 입은 손실을 보상하지 않아도 된다. | O X |

**정답** 18 O  19 O  20 ×  21 O  22 ×  23 ×  24 O  25 ×  26 O  27 ×

20 공유자 중 1인의 지분 위에 설정된 담보물권은 공유물 분할시 특별한 사정이 없는 한 공유물 전부의 위에 그대로 존속한다. 22 지상권자에게 불리한 지상권양도금지특약은 강행규정에 위반되어 무효이다. 23 등기하여야 취득한다. 25 지역권은 영구무한으로 약정할 수 있다. 27 손해를 보상하여야 한다.

| 28 | 존속기간의 만료로 전세권이 소멸하면, 전세권의 용익물권적 권능은 소멸한다. | O | X |
|---|---|---|---|
| 29 | 전세권존속기간이 시작되기 전에 마친 전세권설정등기도 유효한 것으로 추정된다. | O | X |
| 30 | 토지전세권의 설정은 갱신할 수 있으나 그 기간은 갱신한 날로부터 10년을 넘지 못한다. | O | X |
| 31 | 건물전세권이 법정갱신된 경우, 전세권자는 이를 등기해야 그 목적물을 취득한 제3자에게 대항할 수 있다. | O | X |
| 32 | 건물 일부에 전세권이 설정된 경우, 전세권자는 건물 전부에 대하여 전세권에 기한 경매를 청구할 수 없다. | O | X |
| 33 | 저당목적물의 변형물인 금전 기타 물건에 대하여 이미 제3자가 압류하여 그 금전 기타 물건이 특정된 이상 저당권자는 스스로 이를 압류하지 않고서도 물상대위권을 행사할 수 있다. | O | X |
| 34 | 유치권자가 점유를 침탈당한 경우, 유치권에 기한 반환청구권을 행사할 수 있다. | O | X |
| 35 | 경매개시결정의 기입등기 후 그 소유자인 채무자가 건물에 관한 공사대금채권자에게 그 건물의 점유를 이전한 경우, 공사대금채권자의 유치권은 성립할 수 없다. | O | X |

**정답**  28 O  29 O  30 O  31 ×  32 O  33 O  34 ×  35 ×

31 건물전세권이 법정갱신 된 경우, 등기 없이도 제3자에게 대항할 수 있다. 34 유치권에 기한 물권적 청구권은 인정되지 않는다. 35 유치권은 성립하지만 경매절차의 매수인에게 대항하지 못한다.

| | | |
|---|---|---|
| **36** | 유치권자는 유치물의 과실인 금전을 수취하여 다른 채권보다 먼저 피담보채권의 변제에 충당할 수 있다. | O X |
| **37** | 건물에 부합된 증축부분이 경매절차에서 경매목적물로 평가되지 않았다고 할지라도 경락인은 그 소유권을 취득한다. | O X |
| **38** | 토지에 저당권이 설정된 후 토지소유자가 그 토지에 매설한 유류저장탱크에 저당권의 우선변제적 효력이 미친다. | O X |
| **39** | 저당부동산에 대한 압류가 있으면 압류 이전의 저당권설정자의 저당부동산에 관한 차임채권에도 저당권의 효력이 미친다. | O X |
| **40** | 근저당권자가 경매를 신청한 경우, 그 근저당권의 원본채권액은 경매신청시에 확정된다. | O X |

**정답**  36 O  37 O  38 O  39 ×  40 O

39 저당권의 효력은 저당부동산에 대한 압류가 있은 '후'에 저당권설정자가 그 부동산으로부터 수취한 과실 또는 수취할 수 있는 과실에 미친다.

# 제3편  계약법

**01** 부동산 교환계약은 쌍무, 유상 계약이다.  O  X

**02** 하도급계약을 체결하려는 교섭당사자가 견적서를 제출하는 행위는 청약의 유인에 해당한다.  O  X

**03** 청약자가 "미리 정한 기간 내에 이의를 하지 아니하면 승낙한 것으로 간주한다." 는 뜻을 청약시 표시하였더라도 이는 상대방을 구속하지 않는다.  O  X

**04** 승낙기간을 정하여 청약을 하였으나 청약자가 승낙의 통지를 그 기간 내에 받지 못한 경우, 원칙적으로 청약은 효력을 상실한다.  O  X

**05** 격지자간의 계약에서 청약은 그 통지를 상대방에게 발송한 때에 효력이 발생한다.  O  X

**06** 교차청약의 경우에 후의 청약이 발송된 때에 계약이 성립한다.  O  X

**07** 쌍무계약에 있어서 양 당사자의 귀책사유로 이행불능이 된 경우에도 위험부담의 문제가 발생한다.  O  X

**08** 채무자의 책임 있는 사유로 이행불능이 됨으로 인하여 발생한 손해배상채무도 여전히 다른 채무와 동시이행의 관계에 있다.  O  X

**09** 쌍방의 채무가 동시이행관계에 있는 경우에는 동시이행의 항변권을 행사하지 않아도 이행지체책임을 지지 않는다.  O  X

---

**정답**  01 O  02 O  03 O  04 O  05 ×  06 ×  07 ×  08 O  09 O

05 격지자간 청약은 도달주의이다.  06 양 청약이 상대방에게 도달한 때에 계약이 성립한다.
07 위험부담 문제는 채무자의 귀책사유가 없어야 한다.

| | | | |
|---|---|---|---|
| **10** | 「주택임대차보호법」상 임차권등기명령에 따라 행해진 임차권등기의 말소의무와 임대차보증금 반환의무는 동시이행관계에 있다. | O | X |
| **11** | 제3자의 수익의 의사표시는 낙약자에게 하여야 하며, 제3자를 위한 계약의 성립요건은 아니다. | O | X |
| **12** | 요약자는 특별한 사정이 없는 한 수익자의 동의 없이 낙약자의 이행불능을 이유로 계약을 해제할 수 없다. | O | X |
| **13** | 일방 당사자의 계약위반을 이유로 상대방이 계약을 해제하였다면, 특별한 사정이 없는 한, 계약을 위반한 당사자도 계약해제의 효과를 주장할 수 있다. | O | X |
| **14** | 매매계약에 기한 매수인의 소유권이전등기청구권을 압류(및 전부명령) · 가압류한 자는 제3자에 해당되지 않는다. | O | X |
| **15** | 토지매수인으로부터 그 토지 위에 신축된 건물을 매수한 자는 토지매매계약의 해제로 인하여 보호받는 제3자에 해당하지 않는다. | O | X |
| **16** | 합의해제의 소급효는 법정해제의 경우와 같이 제3자의 권리를 해하지 못한다. | O | X |
| **17** | 매매의 일방예약은 물권계약이다. | O | X |
| **18** | 계약금 일부만 지급된 경우 수령자가 매매계약을 해제할 수 있다고 하더라도 해약금의 기준이 되는 금원은 실제 교부받은 계약금이 아니라 약정 계약금이라고 봄이 타당하다. | O | X |

---

**정답**  10 ×  11 O  12 ×  13 O  14 O  15 O  16 O  17 ×  18 O

10 보증금반환의무가 선이행의무이다. 12 요약자는 제3자의 동의 없이 해제할 수 있다. 17 매매의 일방예약은 채권계약이다.

| | | | |
|---|---|---|---|
| 19 | 매매목적물을 인도하기 전에 매수인이 매매대금을 모두 지급하였더라도 그 이후의 과실수취권은 매도인에게 있다. | O | X |
| 20 | 매매계약 당시에 그 목적물의 일부가 멸실된 경우, 선의의 매수인은 대금의 감액을 청구할 수 있다. | O | X |
| 21 | 매매계약이 취소되어 효력을 상실하면 그에 부수하는 환매특약도 효력을 상실한다. | O | X |
| 22 | 부동산의 교환계약에서, 당사자가 자기 소유 목적물의 시가를 묵비하여 상대방에게 고지하지 않은 경우, 특별한 사정이 없는 한 상대방의 의사결정에 불법적인 간섭을 한 것이다. | O | X |
| 23 | 임차인의 비용상환청구권 규정은 임의규정으로서 당사자의 특약으로서 배제할 수 있다. | O | X |
| 24 | 임차인의 비용상환청구권은 임대인이 목적물을 반환받은 날로부터 6월 내에 행사하여야 한다. | O | X |
| 25 | 임차목적물의 구성부분은 부속물매수청구권의 객체가 될 수 없다. | O | X |
| 26 | 임대차계약이 임차인의 채무불이행으로 해지된 경우, 부속물매수청구권은 인정되지 않는다. | O | X |
| 27 | 물건의 일시적 사용을 위한 임대차에 있어서도 임차인에게 부속물매수청구권이 인정된다. | O | X |

**정답** 19 × 20 ○ 21 ○ 22 × 23 ○ 24 ○ 25 ○ 26 ○ 27 ×

19 대금을 완납하면 과실은 매수인에게 귀속한다. 22 일방 당사자가 자기가 소유하는 목적물의 시가를 묵비하여 상대방에게 고지하지 아니하거나 혹은 허위로 시가보다 높은 가액을 시가라고 고지하였다 하더라도 이는 상대방의 의사결정에 불법적인 간섭을 한 것이라고 볼 수 없다. 27 일시 사용을 위한 임대차에는 부속물매수청구권이 적용되지 않는다.

| | | |
|---|---|---|
| **28** | 기간의 약정이 없는 토지임대차에서 임대인이 해지통고를 한 경우에는 갱신청구 없이 곧바로 지상물매수청구를 할 수 있다. | O X |
| **29** | 임차권을 무단으로 양도한 경우 판례에 의하면 그 임차권의 양수인이 임차인과 부부로서 임차건물에 동거하면서 함께 가구점을 경영하고 있었다면 임대인은 임대차를 해지할 수 있다. | O X |
| **30** | 임대차계약이 종료하지 않은 경우, 특별한 사정이 없는 한 임차인은 보증금의 존재를 이유로 차임의 지급을 거절할 수 없다. | O X |

---

　28 O　29 ✕　30 O

29 임대인에 대한 배신적 행위가 아니므로 해지할 수 없다.

| | | |
|---|---|---|
| **01** | 임차인이 타인의 점유를 매개로 임차주택을 간접점유하는 경우에도 대항요건인 점유가 인정될 수 있다. | O　X |
| **02** | 다가구용 단독주택 일부의 임차인이 대항력을 취득하였다면, 후에 건축물대장상으로 다가구용 단독주택이 다세대주택으로 변경되었다는 사정만으로는 이미 취득한 대항력을 상실하지 않는다. | O　X |
| **03** | 甲 소유의 X주택을 임차한 乙이 대항요건을 갖춘 후 丙이 그 주택의 소유권을 취득한 경우, 丙이 乙에게 보증금을 반환하더라도 특별한 사정이 없는 한 甲에게 부당이득반환을 청구할 수 없다. | O　X |
| **04** | 임대인 甲이 채권담보를 목적으로 임차주택을 丙에게 양도한 경우, 甲은 특별한 사정이 없는 한 보증금반환의무를 면한다. | O　X |
| **05** | 우선변제권이 있는 임차인은 임차주택과 별도로 그 대지만이 경매될 경우, 특별한 사정이 없는 한 그 대지의 환가대금에 대하여 우선변제권을 행사할 수 있다. | O　X |
| **06** | 임대차가 종료되기 전이라도 임차권등기명령을 신청할 수 있다. | O　X |
| **07** | 甲 소유의 주택을 乙이 임차하면서 존속기간을 1년으로 한 경우, 임차인 乙은 甲에게 2년의 기간을 주장할 수 있다. | O　X |
| **08** | 임대차계약이 묵시적으로 갱신된 경우, 임대인 甲은 언제든지 乙에게 계약해지를 통지할 수 있다. | O　X |

**정답**　01 O　02 O　03 O　04 ×　05 O　06 ×　07 O　08 ×

04 양도담보로 주택의 소유권이 양수인에게 이전하는 것은 아니므로 양도담보권자는 임대인의 지위를 승계하는 것이 아니다. 즉 양수인인 丙이 아닌 甲이 여전히 乙에 대하여 보증금 반환의무를 진다. 06 임차권등기명령은 임대차 종료 후에 임차인이 신청할 수 있다. 08 임대차계약의 묵시갱신의 경우 임차인만 해지를 통지할 수 있다.

| | | |
|---|---|---|
| **09** | 상가임차인의 계약갱신요구권은 최초의 임대차기간을 포함한 전체 임대차기간이 7년을 초과하지 않는 범위 내에서만 행사할 수 있다. | O X |
| **10** | 임차인이 임차한 건물을 중대한 과실로 전부 파손한 경우, 임대인 은 권리금 회수의 기회를 보장할 필요가 없다. | O X |
| **11** | 구분건물이 되기 위해서는 구분소유의 객체가 될 수 있는 구조 및 이 용상의 독립성 외에도 그 건물을 구분소유권의 객체로 하려는 소유 자의 구분소유의사가 객관적으로 표시된 구분행위가 있어야 한다. | O X |
| **12** | 집합건물 구분소유권의 특별승계인이 그 구분소유권을 다시 제3자 에게 이전한 경우, 관리규약에 달리 정함이 없는 한, 각 특별승계인 들은 자신의 전(前)구분소유자의 공용부분에 대한 체납관리비를 지 급할 책임이 있다. | O X |
| **13** | 관리단은 관리비 징수에 관한 유효한 규약이 없더라도 공용부분에 대한 관리비를 그 부담의무자인 구분소유자에게 청구할 수 있다. | O X |
| **14** | 가등기가 담보가등기인지 여부는 거래의 실질과 당사자의 의사해 석에 따라 결정된다. | O X |
| **15** | 통지한 청산금액이 객관적으로 정확하게 계산된 액수와 맞지 않으 면, 채권자는 정확하게 계산된 금액을 다시 통지해야 한다. | O X |
| **16** | 가등기담보권자는 특별한 사정이 없는 한 가등기담보권을 그 피담 보채권과 함께 제3자에게 양도할 수 있다. | O X |

**정답** 09 × 10 O 11 O 12 O 13 O 14 O 15 × 16 O

09 상가임대차에서 계약갱신요구는 10년을 초과하지 않는 범위 내에서만 행사할 수 있다. 15 채권자가 나름대로 평가하였으면 된다.

| | | |
|---|---|---|
| **17** | 가등기담보에 있어 채권자의 청산금지급의무와 채무자의 목적부동산에 대한 본등기 및 인도의무는 동시이행관계에 있다. | O  X |
| **18** | 명의신탁자와 수탁자의 혼인으로 등기명의자가 법률상 배우자가 된 경우, 위법한 목적이 없는 한 명의신탁약정은 약정시에 소급하여 유효로 된다. | O  X |
| **19** | 명의신탁자는 언제든지 명의신탁을 해지하고 소유권에 기하여 신탁해지를 원인으로 한 소유권이전등기절차의 이행을 청구할 수 있다. | O  X |
| **20** | 중간생략형 명의신탁에서 명의수탁자로부터 이전등기를 경료받은 제3자는 소유권을 취득하지 못한다. | O  X |

**정답**   17 O   18 ×   19 O   20 ×

18 위법목적이 없다면 당사자간 신탁약정은 혼인한 때로부터 유효하게 된다. 20 중간생략형 명의신탁에서 제3자는 선ㆍ악 불문하고 보호된다.

# 해커스 공인중개사

## 마무리 OX

**2차** 공인중개사법령 및 실무 · 부동산공법
부동산공시법령 · 부동산세법

🏛 해커스 공인중개사

🎓 **합격생들이 들려주는 이야기**

저는 공부하는 3개월 동안 오로지 해커스 인터넷강의를 듣고 교재는 해커스 7일완성 핵심요약집과 출제예상문제집을 반복해서 정독했으며, 마지막 10월에는 실전모의고사(10회분)을 풀어보면서 실력을 점검했습니다. 마지막 일주일 전에는 모의고사에서 70점 정도 나와 합격할 수 있다는 자신감을 갖게 되었습니다. 해커스 교수님을 믿고 강의를 듣는다면 떨어지려야 떨어질 수가 없습니다.

해커스 60대 합격생 강*주 님

# 공인중개사법령 및 실무

📖 OX문제풀이를 통하여 함정을 피하는 연습을 해보세요.

# 1과목 공인중개사법령 및 실무

## 제1편  공인중개사법령

**01** 개업공인중개사인 법인의 사원으로서 중개업무를 수행하는 공인중개사는 소속공인중개사이다.　　　　O　X

**02** 부동산컨설팅에 부수하여 반복적으로 이루어진 부동산중개행위는 중개업에 해당하지 않는다.　　　　O　X

**03** 주택이 철거될 경우 일정한 요건하에 택지개발지구 내에 이주자 택지를 공급받을 지위인 대토권은 중개대상물이다.　　　　O　X

**04** 점포위치에 따른 영업상의 이점 등 무형의 재산적 가치도 중개대상물이 될 수 있다.　　　　O　X

**05** 공인중개사 정책심의위원회는 위원장 1명을 포함하여 7명 이상 11명 이내의 위원으로 구성한다.　　　　O　X

**06** 시 · 도지사는 공인중개사 자격시험 합격자의 결정 공고일부터 1개월 이내에 시험 합격자에 관한 사항을 공인중개사 자격증 교부대장에 기재한 후 자격증을 교부해야 한다.　　　　O　X

| 정답 | 01 O　02 ×　03 ×　04 ×　05 O　06 O |
| --- | --- |

02 부동산컨설팅에 부수하여 반복적으로 이루어진 부동산중개행위도 중개업에 해당한다(대판 2007.1.11, 2006도7594). 03 대토권은 중개대상물이 아니다. 04 점포위치에 따른 영업상의 이점 등 무형의 재산적 가치는 중개대상물이 될 수 없다.

| | | |
|---|---|---|
| **07** 무자격자가 자신의 명함에 중개사무소 명칭을 '부동산뉴스', 그 직함에 '대표'라고 기재하여 사용하였더라도 이를 공인중개사와 유사한 명칭을 사용한 것이라고 볼 수 없다. | O | X |
| **08** 법인은 대표자가 공인중개사이고, 대표자를 제외한 임원 또는 사원의 3분의 1 이상이 공인중개사이어야 한다. | O | X |
| **09** 「협동조합 기본법」에 따른 사회적 협동조합인 경우 자본금이 5천만원 이상이어야 등록을 할 수 있다. | O | X |
| **10** 소속공인중개사는 중개사무소의 개설등록을 신청할 수 없다. | O | X |
| **11** 피특정후견인은 결격사유에 해당한다. | O | X |
| **12** 금고 이상의 형의 집행유예를 받고 그 유예기간 중에 있는 자는 중개사무소의 개설등록을 할 수 없다. | O | X |
| **13** 사기죄로 500만원의 벌금형을 선고받고 3년이 경과되지 않은 자는 결격사유에 해당한다. | O | X |
| **14** 개업공인중개사는 등록관청의 허가를 받아 천막 등 임시 중개시설물을 설치할 수 있다. | O | X |
| **15** 법인인 개업공인중개사는 등록관청에 신고하고 그 관할구역 내에 분사무소를 둘 수 있다. | O | X |

**정답**  07 × 08 O 09 × 10 O 11 × 12 O 13 × 14 × 15 ×

07 무자격자가 자신의 명함에 '부동산뉴스 대표'라는 명칭을 기재하여 사용한 것은 공인중개사와 유사한 명칭을 사용한 것에 해당한다(대판 2007.3.29, 2006도9334). 09 사회적 협동조합은 중개사무소의 개설등록을 할 수 없다. 11 피특정후견인은 특정 사무에 관하여 후견개시의 심판을 받은 자로서, 결격이 아니다. 13 「공인중개사법」이 아닌 다른 법을 위반하여 벌금형을 받은 자는 결격이 아니다. 14 임시 중개시설물은 설치할 수 없다. 15 분사무소는 등록관청의 관할구역 내에는 둘 수 없다.

| | | | |
|---|---|---|---|
| 16 | 다른 법률의 규정에 따라 중개업을 할 수 있는 법인의 분사무소에는 공인중개사를 책임자로 두지 않아도 된다. | O | X |
| 17 | 중개사무소를 등록관청의 관할구역 외의 지역으로 이전한 경우 이전신고는 이전한 날로부터 10일 내에 이전 전의 등록관청에 이전사실을 신고해야 한다. | O | X |
| 18 | 개업공인중개사는 소속공인중개사의 공인중개사 자격증 사본을 중개사무소에 게시하여야 한다. | O | X |
| 19 | 분사무소의 옥외광고물을 설치하는 경우에는 그 분사무소 책임자의 성명을 인식할 수 있는 정도의 크기로 표기해야 한다. | O | X |
| 20 | 개업공인중개사는 중개대상물에 대한 표시 · 광고시 성명, 명칭, 연락처, 중개사무소 소재지를 명시하여야 한다. | O | X |
| 21 | 법인인 개업공인중개사는 공인중개사를 대상으로 한 중개업 경영기법의 제공행위를 할 수 있다. | O | X |
| 22 | 법인인 개업공인중개사는 토지의 분양대행을 할 수 있다. | O | X |
| 23 | 개업공인중개사는 중개보조원과의 고용관계가 종료된 때에는 고용관계가 종료된 날부터 7일 이내에 등록관청에 신고하여야 한다. | O | X |
| 24 | 중개보조원은 개업공인중개사와 소속공인중개사를 합한 수의 5배를 초과하여 고용할 수 없다. | O | X |

**정답** 16 O　17 ✕　18 ✕　19 O　20 O　21 ✕　22 ✕　23 ✕　24 O

17 이전 후 등록관청에 이전사실을 신고하여야 한다. 18 소속공인중개사의 자격증 원본을 게시하여야 한다. 21 중개업 경영기법의 제공행위는 개업공인중개사를 대상으로만 할 수 있다. 22 주택 및 상가에 대한 분양대행만 가능하므로, 토지에 대한 분양대행은 할 수 없다. 23 고용관계 종료신고는 10일 내에 하여야 한다.

| | | | |
|---|---|---|---|
| 25 | 분사무소에서 사용할 인장의 경우에는 「상업등기규칙」에 따라 법인의 대표자가 보증하는 인장을 등록할 수 있다. | O | X |
| 26 | 등록한 인장의 변경신고는 10일 내에 하여야 한다. | O | X |
| 27 | 징집으로 인한 입영, 질병으로 인한 요양, 취학, 임신, 출산의 이유로 하는 경우 6개월을 초과하여 휴업을 할 수 있다. | O | X |
| 28 | 법인인 개업공인중개사의 인장등록은 「상업등기규칙」에 따른 인감증명서의 제출로 갈음한다. | O | X |
| 29 | 휴업 및 폐업신고는 전자문서로 할 수 있다. | O | X |
| 30 | 등록관청에 휴업신고를 한 때에는 개업공인중개사는 지체 없이 사무소의 간판을 철거해야 한다. | O | X |
| 31 | 비공개를 요청하지 않은 경우, 개업공인중개사는 전속중개계약 체결 후 7일 내에 중개대상물에 대한 정보를 부동산거래정보망 또는 일간신문에 공개해야 한다. | O | X |
| 32 | 전속중개계약을 체결한 개업공인중개사는 부동산거래정보망에 중개대상물의 정보를 공개할 경우, 권리자의 주소·성명을 공개해야 한다. | O | X |
| 33 | 임대차에 대한 전속중개계약을 체결한 개업공인중개사는 중개대상물의 공시지가를 공개해야 한다. | O | X |

**정답**   25 O   26 ×   27 O   28 O   29 ×   30 ×   31 O   32 ×   33 ×

26 등록인장의 변경신고는 7일 내에 하여야 한다. 29 휴업 및 폐업신고 자체는 등록증을 첨부하므로 전자문서에 의하여 신고할 수 없다. 30 휴업기간 중에는 간판 철거의무가 없다. 32 권리자의 주소·성명 등 인적사항에 대한 정보는 공개하여서는 아니 된다. 33 임대차 전속중개계약의 경우에는 공시지가를 공개하지 아니할 수 있다.

| | | |
|---|---|---|
| 34 | 부동산거래정보망을 설치 · 운영할 자로 지정을 받을 수 있는 자는 부가통신사업자로서, 가입 · 이용신청을 한 개업공인중개사가 500명 이상이고 2개 이상의 시 · 도에서 각 30인 이상을 확보해야 한다. | O X |
| 35 | 거래정보사업자는 그 지정받은 날부터 30일 내에 운영규정을 정하여 국토교통부장관의 승인을 얻어야 한다. | O X |
| 36 | 거래정보사업자가 정당한 사유 없이 지정받은 날부터 1년 이내에 부동산거래정보망을 설치 · 운영하지 아니한 경우에는 그 지정을 취소해야 한다. | O X |
| 37 | 개업공인중개사는 중개대상물에 대한 확인 · 설명을 중개가 완성된 때 해야 한다. | O X |
| 38 | 개업공인중개사가 성실 · 정확하게 중개대상물의 확인 · 설명을 하지 아니하면 업무정지사유에 해당한다. | O X |
| 39 | 확인 · 설명서에는 개업공인중개사가 서명 또는 날인하되, 해당 중개행위를 한 소속공인중개사가 있는 경우에는 해당 소속공인중개사가 함께 서명 또는 날인해야 한다. | O X |
| 40 | 거래계약서는 국토교통부장관이 지정한 표준거래계약서 양식으로 작성해야 한다. | O X |
| 41 | 개업공인중개사가 작성하는 거래계약서에는 권리이전의 내용, 물건의 인도일시, 확인 · 설명서 교부일자를 기재해야 한다. | O X |

**정답**    34 O   35 ×   36 ×   37 ×   38 ×   39 ×   40 ×   41 O

35 운영규정은 지정받은 날부터 3개월 내에 제정승인을 받아야 한다. 36 지정취소는 재량행위로서, 지정을 취소할 수 있다. 37 확인 · 설명은 중개가 완성되기 전에 하여야 한다. 38 개업공인중개사의 확인 · 설명의무 위반은 '500만원 이하의 과태료 부과사유'에 해당한다. 39 개업공인중개사와 중개행위를 한 소속공인중개사는 확인 · 설명서에 서명 '및' 날인하여야 한다. 40 거래계약서는 표준서식이 정해져 있지 않다.

| | | |
|---|---|---|
| 42 | 개업공인중개사는 거래계약서의 원본을 3년간 보존해야 한다. | O X |
| 43 | 소속공인중개사가 거래계약서에 거래내용을 거짓으로 기재한 경우, 그 공인중개사의 자격이 취소된다. | O X |
| 44 | 개업공인중개사는 업무개시 후 즉시 손해배상책임의 보장을 위하여 보증보험 또는 공제에 가입해야 한다. | O X |
| 45 | 손해배상책임의 보장을 위한 공탁금은 개업공인중개사가 폐업 또는 사망한 날부터 3년 이내에는 회수할 수 없다. | O X |
| 46 | 개업공인중개사는 보증보험금으로 손해배상을 한 때에는 10일 이내에 보증보험에 다시 가입하여야 한다. | O X |
| 47 | 개업공인중개사는 계약금을 자기 명의로 예치하는 경우 예치된 계약금에 해당하는 금액을 보장하는 보증보험 또는 공제에 가입하거나 공탁을 해야 한다. | O X |
| 48 | 개업공인중개사가 다른 개업공인중개사의 소개로 부동산을 매수하고, 또 다른 개업공인중개사의 소개로 부동산을 매도한 행위는 직접거래에 해당하지 않는다. | O X |
| 49 | 개업공인중개사가 중개의뢰인을 대리하여 타인에게 중개대상물을 임대하는 행위는 금지행위이다. | O X |
| 50 | 중개대상물인 주택 소재지와 중개사무소 소재지가 다른 경우 주택 소재지를 관할하는 시·도 조례에서 정한 기준에 따라 중개보수를 받아야 한다. | O X |

**정답**  42 ×  43 ×  44 ×  45 ○  46 ×  47 ○  48 ○  49 ×  50 ×

42 거래계약서는 공인전자문서센터에 보관된 경우를 제외하고 그 원본, 사본 또는 전자문서를 5년간 보존하여야 한다. 43 자격정지처분을 받을 수 있다. 44 보증의 설정은 '업무개시 전'까지 하여야 한다. 46 15일 내에 보증보험 또는 공제에 다시 가입하거나 공탁을 하면 된다. 49 일방대리로서 금지행위가 아니다. 50 중개사무소 소재지를 관할하는 시·도 조례에 따라 중개보수를 받는다.

| 51 | 개업공인중개사와 중개의뢰인간의 약정이 없는 경우, 중개보수의 지급시기는 거래계약이 체결된 날로 한다. | O X |
|---|---|---|
| 52 | 중개대상물인 건축물 중 주택의 면적이 2분의 1인 경우는 주택 외의 중개에 대한 보수규정을 적용한다. | O X |
| 53 | 전용면적이 85m² 이하이고, 전용 입식 부엌, 화장실, 목욕시설을 갖춘 오피스텔의 임대차에 대한 중개보수의 상한요율은 거래금액의 1천분의 5로 한다. | O X |
| 54 | 중개사무소의 개설등록을 하려는 자는 등록신청 전 1년 내에 시 · 도지사가 실시하는 실무교육을 받아야 한다. | O X |
| 55 | 연수교육의 교육시간은 28시간 이상 32시간 이하이다. | O X |
| 56 | 국토교통부장관은 중개대상물에 대하여 중개의뢰인과 직접거래한 자를 신고한 자에 대하여 포상금을 지급할 수 있다. | O X |
| 57 | 포상금은 포상금 지급결정일부터 3개월 이내에 지급해야 한다. | O X |
| 58 | 분사무소설치신고확인서의 재교부를 신청하는 자는 지방자치단체 조례가 정하는 수수료를 납부하여야 한다. | O X |
| 59 | 공인중개사협회 설립 창립총회에는 회원 600인 이상이 출석하되, 서울특별시에서 100인 이상, 광역시 및 도에서는 각 20인 이상이 출석하여야 한다. | O X |

**정답**  51 ✕  52 ✕  53 ✕  54 O  55 ✕  56 ✕  57 ✕  58 O  59 O

51 약정이 없는 경우 거래대금지급이 완료된 날로 한다. 52 주택의 면적이 2분의 1인 경우 주택의 중개보수 요율을 적용한다. 53 임대차는 거래금액의 1천분의 4로 한다. 매매가 1천분의 5이다. 55 연수교육시간은 12시간 이상 16시간 이하로 한다. 56 포상금의 지급권자는 등록관청이고, 직접거래한 자는 포상금이 지급되는 신고 · 고발대상이 아니다. 57 1개월 내에 지급하여야 한다.

| | | |
|---|---|---|
| 60 | 공인중개사협회가 지회를 설치한 때에는 시·도지사에게 신고하여야 한다. | O X |
| 61 | 협회는 회계연도 종료 후 6개월 이내에 매년도의 공제사업 운용실적을 공시하여야 한다. | O X |
| 62 | 업무정지처분은 그 사유가 발생한 날부터 3년이 경과한 때에는 할 수 없다. | O X |
| 63 | 등록관청은 개업공인중개사가 이동이 용이한 임시 중개시설물을 설치한 경우에는 중개사무소의 개설등록을 취소해야 한다. | O X |
| 64 | 폐업신고 전에 개업공인중개사에게 한 업무정지처분의 효과는 폐업일부터 1년간 재등록 개업공인중개사에게 승계된다. | O X |
| 65 | 시·도지사는 자격취소 또는 자격정지처분을 한 때에는 5일 이내에 국토교통부장관에게 통보해야 한다. | O X |
| 66 | 공인중개사가 폭행죄로 징역형을 선고받은 경우에는 자격취소사유가 된다. | O X |
| 67 | 소속공인중개사가 이중소속한 경우 자격정지사유에 해당하나 개업공인중개사가 이중소속한 경우에는 필요적 등록취소사유에 해당한다. | O X |
| 68 | 개업공인중개사가 아닌 자로서 중개업을 하기 위하여 중개대상물에 대한 표시·광고를 한 자에 대하여는 1년 이하의 징역 또는 1천만원 이하의 벌금에 처한다. | O X |

**정답** 60 × 61 × 62 O 63 × 64 × 65 × 66 × 67 O 68 O

60 지회를 설치한 때에는 '등록관청'에 신고하여야 한다. 61 공제사업 운용실적은 회계연도 종료 후 3개월 내에 공시하여야 한다. 63 임시 중개시설물을 설치한 때에는 등록취소 또는 업무정지처분을 할 수 있다. 64 폐업신고 전에 받은 업무정지처분의 효과는 '처분일'부터 1년간 승계된다. 65 자격취소는 5일 내 통보사항이지만, 자격정지는 국토교통부장관 통보사항이 아니다. 66 폭행죄로 징역형을 선고받은 경우에는 자격취소사유가 되지 아니 한다.

**69** 소속공인중개사가 중개의뢰인과 직접거래를 한 경우는 1년 이하의 징역 또는 1천만원 이하의 벌금에 처한다.

O X

**70** 연수교육을 정당한 사유 없이 받지 아니한 개업공인중개사에 대하여는 100만원 이하의 과태료를 등록관청이 부과한다.

O X

**정답** 69 × 70 ×

69 3년 이하의 징역 또는 3천만원 이하의 벌금에 처한다. 70 500만원 이하의 과태료를 시·도지사가 부과한다.

**01** 토지 · 건물 · 분양권 · 입주권의 매매계약과 「도시개발법」 등에 따른 부동산에 대한 공급계약은 부동산거래신고의 대상이 되는 계약이다.　　O　X

**02** 개업공인중개사가 거래계약서를 작성 · 교부한 경우 거래당사자는 30일 이내에 부동산거래신고를 하여야 한다.　　O　X

**03** 투기과열지구 또는 조정대상지역에 소재한 주택을 매수한 개인은 자금조달, 지급방식 및 입주계획을 신고하여야 한다.　　O　X

**04** 외국인이 대한민국 안의 토지를 취득하는 계약을 체결하였을 때, 부동산거래신고를 한 경우에도 별도의 외국인 취득신고를 해야 한다.　　O　X

**05** 부동산거래계약신고서상 계약대상 면적에는 실제 거래면적을 계산하여 적되, 건축물 면적은 집합건축물의 경우 전용면적을 적고, 그 밖의 건축물의 경우 연면적을 적는다.　　O　X

**06** 시 · 군(광역시, 경기도에 한함) 소재 주택으로서, 보증금이 6천만원을 초과하거나 월 차임이 30만원을 초과하는 주택임대차계약을 신규로 체결한 계약당사자는 그 보증금 또는 차임 등을 임대차계약의 체결일부터 30일 이내에 주택 소재지를 관할하는 신고관청에 공동으로 신고해야 한다.　　O　X

---

**정답**　01 O　02 ×　03 O　04 ×　05 O　06 O

02 중개거래인 경우에는 개업공인중개사가 부동산거래신고를 하여야 한다. 04 외국인이 부동산거래신고를 한 경우에는 외국인 취득신고가 면제된다.

**07** 임차인이 주택임대차계약신고서 또는 주택임대차계약서를 첨부하여 「주민등록법」에 따라 전입신고를 한 경우 주택임대차계약의 신고를 한 것으로 본다.  O  X

**08** 사원 또는 구성원의 3분의 1 이상이 대한민국 국적을 보유하지 않은 법인 또는 단체는 '외국인 등'에 해당한다.  O  X

**09** 외국법인이 상속·판결·경매·합병 등 계약 외의 원인을 통하여 국내 부동산을 취득한 경우에는 취득한 날부터 6개월 이내에 취득신고를 해야 한다.  O  X

**10** 외국정부가 「군사기지 및 군사시설 보호법」에 따른 군사시설보호지역 내 토지를 취득하려는 경우 계약 체결 전에 국토교통부장관에게 취득허가를 받아야 한다.  O  X

**11** 토지거래허가구역의 지정은 이를 공고하고 일반인이 열람할 수 있는 날이 끝난 날부터 5일 후에 그 효력이 발생한다.  O  X

**12** 농지에 대하여는 토지거래허가증을 받았더라도 「농지법」에 따른 농지취득자격증명을 별도로 받아야 한다.  O  X

**13** 토지거래허가구역 안의 토지로서 따로 정함이 없는 한 도시지역 중 주거지역은 60m², 상업지역은 150m², 공업지역은 150m², 녹지지역은 200m² 이하라면 토지거래허가를 받을 필요가 없다.  O  X

---

**정답** 07 O  08 X  09 O  10 X  11 X  12 X  13 O

08 사원 또는 구성원의 2분의 1 이상이 대한민국 국적을 보유하지 않은 법인 또는 단체가 '외국인 등'에 해당한다. 10 취득허가의 신청은 토지 소재지관할 시장·군수·구청장(신고관청)에게 하여야 한다. 11 허가구역의 지정은 허가구역의 지정을 공고한 날부터 5일 후에 그 효력이 발생한다. 12 농지에 대하여 토지거래허가증을 받으면 농지취득자격증명을 받은 것으로 본다.

14 토지거래계약허가신청에 대해 불허가처분을 받은 경우, 그 통지를 받은 날부터 3개월 이내에 해당 토지에 관한 권리의 매수를 청구할 수 있다.  O  X

15 토지거래계약허가를 받아 토지를 취득한 자가 직접 이용하지 아니하고 방치한 경우에는 토지취득가액의 100분의 20에 상당하는 금액을 이행강제금으로 부과한다.  O  X

정답  14 ✕  15 ✕

14 불허가처분에 대한 매수청구는 1개월 내에 할 수 있다. 15 방치한 경우에는 100분의 10에 상당하는 금액의 이행강제금을 부과한다.

**01** 평장·암장되어 있어 객관적으로 인식할 수 있는 외형을 갖추고 있지 않은 묘소에는 분묘기지권이 인정되지 않는다.　　O　X

**02** 개인묘지를 설치하거나 매장을 한 자는 30일 내에 신고하여야 하고, 개인묘지의 면적은 30m²를 초과할 수 없다.　　O　X

**03** 주말·체험영농을 위해 농지를 소유하는 경우 한 세대의 부부가 각각 1천m² 미만으로 소유할 수 있다.　　O　X

**04** 확인·설명서상 일조·소음·진동의 환경조건은 개업공인중개사의 세부 확인사항으로, 주거용 건축물 확인·설명서에만 기재란이 있다.　　O　X

**05** 단독경보형감지기 설치 여부 및 환경조건(일조량·소음·진동)은 중개대상물 확인·설명서 [Ⅱ](비주거용 건축물)의 세부 확인사항이다.　　O　X

**06** 종교단체의 명의로 그 산하조직이 보유한 부동산에 관한 물권을 등기한 경우, 그 등기는 언제나 무효이다.　　O　X

**07** 부동산의 매도인이 명의신탁약정사실을 알지 못한 계약명의신탁의 경우 신탁자와 수탁자간의 명의신탁약정은 무효이나, 매도인과 명의수탁자간의 매매계약 및 등기는 유효하다.　　O　X

---

**정답**　01 O　02 O　03 ×　04 O　05 ×　06 ×　07 O

03 주말·체험영농 목적의 농지는 세대원 전부합산 1천m² 미만으로 소유할 수 있다. 05 단독경보형감지기 설치 여부 및 환경조건(일조량·소음·진동)은 주거용 건축물 확인·설명서에 기재할 사항이고, 비주거용 서식에는 소방에 소화전, 비상벨을 기재하고, 환경조건 기재란이 없다. 06 종교단체의 명의로 그 산하조직이 보유한 부동산에 관한 물권을 등기한 경우라도 탈세 등의 목적이 없다면 그 등기는 유효하다.

| 08 | 주택의 일부를 주거 외의 목적으로 사용하는 경우에도 「주택임대차보호법」이 적용된다. | O | X |
|---|---|---|---|
| 09 | 확정일자를 먼저 받은 후 주택의 인도와 전입신고를 하면 그 신고일이 저당권설정등기일과 같아도 임차인이 저당권자에 우선한다. | O | X |
| 10 | 주택임대차계약이 묵시적으로 갱신된 경우 또는 계약갱신요구에 의하여 갱신된 경우 임차인은 언제든지 임대차계약의 해지를 통지할 수 있다. | O | X |
| 11 | 임차권등기명령에 따라 임차권등기가 된 주택을 그 이후에 임차한 임차인은 보증금 중 일정액을 다른 담보권자에 우선하여 변제받을 권리가 없다. | O | X |
| 12 | 보증금과 월 차임에 100을 곱한 금액의 합계액이 「상가건물 임대차보호법」상 보증금 제한 규정을 초과하더라도 상가건물의 임차인은 해당 상가의 경매시 우선변제권이 있다. | O | X |
| 13 | 매각부동산 위의 유치권자는 매수인에게 그 유치권으로 담보하는 채권의 변제를 청구할 수 있다. | O | X |
| 14 | 차순위매수신고는 그 신고액이 최고가매수신고액에서 그 보증액을 뺀 금액을 넘는 때에만 할 수 있다. | O | X |
| 15 | 매수신청대리인은 매수신청대리의 위임을 받은 경우 차순위매수신고, 공유자의 우선매수신고를 할 수 있다. | O | X |

**정답**  08 O  09 ✕  10 O  11 O  12 ✕  13 ✕  14 O  15 O

09 확정일자를 먼저 받은 후 주택의 인도와 전입 신고한 날짜가 저당권설정등기일과 동일하다면 저당권자가 우선한다. 12 보증금 제한 규정을 넘는 상가임차인에게는 우선변제권이 없다. 13 매수인은 유치권으로 담보하는 채권을 변제할 책임이 있으나, 유치권자는 변제를 청구할 수는 없다.

🎓 **합격생들이 들려주는 이야기**

10월에는 해커스 실전모의고사 10회분을 풀고 틀린 부분을 위주로 개념정리를 다시 하였습니다.
잊지 않기 위해 반복적으로 공부했으며 2차 과목, 특히 부동산공법에서 지엽적인 부분은 과감히
포기하고 교수님께서 집어주시는 부분을 위주로 반복 암기했습니다. 시간이 많지 않았지만 해커스
강의와 교재로 공부하며 결실을 맺을 수 있었습니다.

해커스 30대 합격생 이*성 님

# 2과목

# 부동산공법

▌OX문제풀이를 통하여 함정을 피하는 연습을 해보세요.

# 2과목 부동산공법

## 제1편  국토의 계획 및 이용에 관한 법률

**01** 공간재구조화계획이란 토지의 이용 및 건축물이나 그 밖의 시설의 용도·건폐율·용적률·높이 등을 강화하는 용도구역의 효율적이고 계획적인 관리를 위하여 수립하는 계획을 말한다.    O   X

**02** 공공·문화체육시설에는 학교, 공공청사·문화시설·공공필요성이 인정되는 체육시설·연구시설·사회복지시설·공공직업훈련시설·청소년수련시설이 있다.    O   X

**03** 도시·군계획사업이란 도시·군관리계획을 시행하기 위한 도시·군계획시설사업, 「도시개발법」에 따른 도시개발사업 및 「도시 및 주거환경정비법」에 따른 정비사업을 말한다.    O   X

**04** 광역계획권이 둘 이상의 시·도의 관할 구역에 걸쳐 있는 경우 해당 시·도지사가 공동으로 광역계획권을 지정한다.    O   X

**05** 국가계획과 관련된 광역도시계획의 수립이 필요한 경우나 광역계획권을 지정한 날부터 3년이 지날 때까지 관할 시·도지사로부터 광역도시계획의 승인신청이 없는 경우 국토교통부장관이 광역도시계획을 수립한다.    O   X

---

**정답**  01 ×  02 O  03 O  04 ×  05 O

01 강화하는 용도구역 ➜ 완화하는 용도구역  04 국토교통부장관이 지정한다.

| | | | |
|---|---|---|---|
| 06 | 「수도권정비계획법」에 의한 수도권에 속하고 광역시와 경계를 같이하지 않은 시로서 인구 20만명 이하인 시는 도시·군기본계획을 수립하지 않을 수 있다. | O | X |
| 07 | 시장 또는 군수는 3년마다 관할 구역의 도시·군기본계획에 대하여 그 타당성 여부를 전반적으로 재검토하여 정비해야 한다. | O | X |
| 08 | 인접한 특별시·광역시·특별자치시·특별자치도·시 또는 군의 관할 구역에 대한 도시·군관리계획은 관계 특별시장·광역시장·특별자치시장·특별자치도지사·시장 또는 군수가 협의하여 공동으로 입안하거나 입안할 자를 정한다. | O | X |
| 09 | 주민은 시가화조정구역의 지정 및 변경에 관한 사항에 대하여 도시·군관리계획의 입안권자에게 도시·군관리계획의 입안을 제안할 수 있다. | O | X |
| 10 | 시장 또는 군수가 입안한 지구단위계획구역의 지정·변경에 관한 도시·군관리계획은 시장 또는 군수가 직접 결정한다. | O | X |
| 11 | 도시·군관리계획결정은 지형도면을 고시한 날의 다음 날부터 그 효력이 발생한다. | O | X |
| 12 | 도시의 녹지공간의 확보, 도시확산의 방지, 장래 도시용지의 공급 등을 위하여 보전할 필요가 있는 지역으로서 불가피한 경우에 한하여 제한적인 개발이 허용되는 지역은 보전녹지지역이다. | O | X |

**정답**  06 ✕  07 ✕  08 O  09 ✕  10 O  11 ✕  12 ✕

06 수도권에 속하지 않고 광역시와 경계를 같이 하지 않은 시로서 인구 10만명 이하인 시이다.
07 5년마다 타당성 여부를 재검토한다. 09 시가화조정구역의 지정 및 변경은 제안할 수 있는 사항이 아니다. 11 지형도면을 고시한 날부터 발생한다. 12 자연녹지지역이다.

| 13 | 공유수면(바다에 한한다)의 매립목적이 그 매립구역과 이웃하고 있는 용도지역의 내용과 다른 경우 그 매립준공구역은 매립준공인가 일부터 이와 이웃하고 있는 용도지역으로 지정된 것으로 본다. | O X |
|---|---|---|
| 14 | 「택지개발촉진법」에 따른 택지개발지구로 지정·고시된 지역은 도시지역으로 결정·고시된 것으로 본다. | O X |
| 15 | 관리지역의 산림 중 「산지관리법」에 따라 보전산지로 지정·고시된 지역은 자연환경보전지역으로 결정·고시된 것으로 본다. | O X |
| 16 | 제3종 일반주거지역의 건폐율 최대한도는 50% 이하이다. | O X |
| 17 | 준주거지역의 용적률 최대한도는 400%, 준공업지역의 용적률 최대한도는 500%이다. | O X |
| 18 | 도시지역 또는 관리지역이 세부용도지역으로 지정되지 않은 경우에는 용도지역에서의 건축물의 건축제한, 건폐율 및 용적률을 적용할 때에 해당 용도지역이 도시지역인 경우에는 자연녹지지역에 관한 규정을 적용하고, 관리지역인 경우에는 계획관리지역에 관한 규정을 적용한다. | O X |
| 19 | 보호지구는 자연보호지구, 시가지보호지구 및 특화보호지구로 세분하여 지정할 수 있다. | O X |
| 20 | 집단취락지구는 녹지지역·관리지역·농림지역 또는 자연환경보전지역 안의 취락을 정비하기 위하여 필요한 지구이다. | O X |

**정답**  13 ×  14 O  15 ×  16 O  17 ×  18 ×  19 ×  20 ×

13 이웃하고 있는 용도지역의 내용과 다른 경우 ➡ 이웃하고 있는 용도지역의 내용과 같은 경우
15 고시에서 구분하는 바에 따라 농림지역 또는 자연환경보전지역으로 결정·고시된 것으로 본다.
17 준주거지역은 500%, 준공업지역은 400%이다. 18 도시지역인 경우 보전녹지지역, 관리지역인 경우 보전관리지역에 관한 규정을 적용한다. 19 역사문화환경보호지구, 중요시설물보호지구 및 생태계보호지구로 세분하여 지정할 수 있다. 20 개발제한구역 안의 취락을 정비하기 위하여 필요한 지구를 말한다.

| | | |
|---|---|---|
| 21 | 고도지구 안에서는 도시·군계획조례로 정하는 높이를 초과하는 건축물을 건축할 수 없다. | O X |
| 22 | 시가화조정구역을 지정 또는 변경하려는 때에는 10년 이상 20년 이내의 범위에서 도시·군관리계획으로 시가화 유보기간을 정해야 한다. | O X |
| 23 | 시·도지사가 결정하는 공간재구조화계획 중 도시혁신구역 또는 복합용도구역의 지정에 관한 사항은 중앙도시계획위원회의 심의를 거쳐야 한다. | O X |
| 24 | 도시혁신구역의 지정 및 변경과 도시혁신계획은 국토교통부장관 또는 시·도지사가 도시·군관리계획으로 결정한다. | O X |
| 25 | 「도시개발법」에 따른 도시개발구역의 면적이 100만m²를 초과하는 경우 해당 구역에서 개발사업을 시행하는 자는 공동구를 설치해야 한다. | O X |
| 26 | 한국토지주택공사가 도시·군계획시설사업의 시행자로 지정을 받으려면 토지소유자 총수의 3분의 2 이상에 해당하는 자의 동의를 받아야 한다. | O X |
| 27 | 타인의 토지에 출입하려는 행정청인 시행자는 출입하려는 날의 7일 전까지 그 토지의 소유자·점유자 또는 관리인에게 그 일시와 장소를 알려야 한다. | O X |
| 28 | 도시·군계획시설부지의 매수의무자인 지방공사는 도시·군계획시설채권을 발행하여 그 대금을 지급할 수 있다. | O X |

**정답**  21 ✕  22 ✕  23 ○  24 ✕  25 ✕  26 ✕  27 ○  28 ✕

21 도시·군관리계획으로 정하는 높이이다. 22 5년 이상 20년 이내의 범위이다. 24 공간재구조화계획으로 결정한다. 25 200만m²를 초과하는 경우이다. 26 한국토지주택공사는 동의가 필요 없다. 28 매수의무자가 지방자치단체인 경우 도시·군계획시설채권을 발행할 수 있다.

| | | | |
|---|---|---|---|
| 29 | 도시 · 군계획시설결정의 고시일부터 10년이 지날 때까지 도시 · 군계획시설사업이 시행되지 않는 경우 그 도시 · 군계획시설결정은 그 고시일부터 10년이 되는 날에 그 효력을 잃는다. | O | X |
| 30 | 도시지역 내 복합적인 토지이용을 증진시킬 필요가 있는 지역으로서 일반공업지역은 지구단위계획구역을 지정할 수 있다. | O | X |
| 31 | 국토교통부장관, 시 · 도지사, 시장 또는 군수는 정비구역 및 택지개발지구에서 시행되는 사업이 끝난 후 5년이 지난 지역은 지구단위계획구역으로 지정해야 한다. | O | X |
| 32 | 도시지역 내 지구단위계획구역에서 완화적용되는 건폐율 및 용적률은 해당 용도지역 또는 용도지구에 적용되는 건폐율의 150% 및 용적률의 200%를 각각 초과할 수 없다. | O | X |
| 33 | 주민의 입안제안에 따른 지구단위계획에 관한 도시 · 군관리계획결정의 고시일부터 3년 이내에 사업이나 공사에 착수하지 않으면 그 3년이 된 날의 다음 날에 그 지구단위계획에 관한 도시 · 군관리계획결정은 효력을 잃는다. | O | X |
| 34 | 녹지지역 · 관리지역 또는 농림지역에서 사용승인을 받은 건축물의 울타리 안이 아닌 토지에 물건을 1개월 이상 쌓아놓는 행위는 개발행위허가를 받아야 한다. | O | X |

---

**정답**  29 ✕  30 ✕  31 ✕  32 ◯  33 ✕  34 ✕

29 20년이 지날 때까지 도시 · 군계획시설사업이 시행되지 않는 경우 20년이 되는 날의 다음 날에 그 효력을 잃는다. 30 일반주거지역, 준주거지역, 상업지역 및 준공업지역에서 지정할 수 있다. 31 사업이 끝난 후 10년이 지난 지역이다. 33 5년 이내에 사업이나 공사에 착수하지 않으면 그 5년이 된 날의 다음 날에 효력을 잃는다. 34 녹지지역 · 관리지역 또는 자연환경보전지역이다.

| 35 | 지구단위계획구역으로 지정된 지역은 최장 3년까지 개발행위허가를 제한할 수 있다. | O | X |
|---|---|---|---|
| 36 | 개발행위허가를 받은 자가 행정청이 아닌 경우 새로 설치한 공공시설은 그 시설을 관리할 관리청에 무상으로 귀속되고, 개발행위로 용도가 폐지되는 공공시설은 개발행위허가를 받은 자에게 무상으로 귀속된다. | O | X |
| 37 | 특별시장 · 광역시장 · 특별자치시장 · 특별자치도지사 · 시장 또는 군수는 주거지역 · 상업지역 및 공업지역에서 성장관리계획구역을 지정할 수 있다. | O | X |
| 38 | 개발밀도관리구역에서는 해당 용도지역에 적용되는 용적률의 최대 한도의 50% 범위에서 용적률을 강화하여 적용한다. | O | X |
| 39 | 개발밀도관리구역에서 개발로 인하여 도로, 공원, 녹지 등 기반시설의 설치가 필요한 지역은 기반시설부담구역으로 지정할 수 있다. | O | X |
| 40 | 기반시설부담구역에서 200m²를 초과하는 건축물의 신축 또는 증축행위를 하려는 자는 기반시설설치비용을 내야 한다. | O | X |

**정답**  35 ✕  36 ✕  37 ✕  38 O  39 ✕  40 O

35 지구단위계획구역으로 지정된 지역은 최장 5년(3년 + 2년 연장)까지 개발행위허가를 제한할 수 있다. 36 개발행위로 용도가 폐지되는 공공시설은 새로 설치한 공공시설의 설치비용에 상당하는 범위에서 개발행위허가를 받은 자에게 무상으로 양도할 수 있다. 37 녹지지역, 관리지역, 농림지역 및 자연환경보전지역이다. 39 기반시설부담구역은 개발밀도관리구역 외의 지역에서 지정한다.

# 제2편 　 도시개발법

**01** 한국토지주택공사 사장이 10만m²의 규모로 국가계획과 밀접한 관련이 있는 도시개발구역의 지정을 제안하는 경우 국토교통부장관이 도시개발구역을 지정할 수 있다.　　O　X

**02** 자연녹지지역에서 도시개발구역을 지정할 수 있는 규모는 3만m² 이상이어야 한다.　　O　X

**03** 도시개발구역이 지정·고시된 날부터 2년이 되는 날까지 실시계획의 인가를 신청하지 않는 경우에 그 2년이 되는 날로 도시개발구역의 지정은 해제된 것으로 본다.　　O　X

**04** 지정권자는 시행자가 실시계획의 인가를 받은 후 2년 이내에 사업을 착수하지 않는 경우 시행자를 변경할 수 있다.　　O　X

**05** 조합설립의 인가를 신청하려면 해당 도시개발구역의 국공유지를 제외한 토지면적의 2분의 1 이상에 해당하는 토지소유자와 그 구역의 토지소유자 총수의 3분의 2 이상의 동의를 받아야 한다.　　O　X

**06** 한국토지주택공사인 도시개발사업의 시행자가 토지를 수용하려면 사업대상 토지면적의 3분의 2 이상의 토지를 소유해야 한다.　　O　X

**07** 토지상환채권의 발행규모는 그 토지상환채권으로 상환할 토지 또는 건축물이 해당 도시개발사업으로 조성되는 분양토지 또는 건축물 면적의 3분의 1을 넘지 않아야 한다.　　O　X

---

**정답**　01 ✗　02 ✗　03 ✗　04 O　05 ✗　06 ✗　07 ✗

01 30만m² 이상이다. 02 1만m² 이상이어야 한다. 03 3년이 되는 날까지 실시계획의 인가를 신청하지 않는 경우 3년이 되는 날의 다음 날로 해제된다. 05 국공유지를 포함한 토지면적의 3분의 2 이상에 해당하는 토지소유자와 토지소유자 총수의 2분의 1 이상의 동의를 받아야 한다. 06 공공시행자는 토지 등을 수용하기 위해 요건이 필요 없다. 07 2분의 1을 넘지 않아야 한다.

| 08 | 원형지개발자(국가·지방자치단체는 제외)는 원형지에 대한 공사 완료 공고일부터 5년이 지난 시점이라면 해당 원형지를 매각할 수 있다. | O | X |
| 09 | 시행자는 토지면적의 규모를 조정할 특별한 필요가 있으면 면적이 작은 토지는 과소토지가 되지 않도록 면적을 늘려 환지를 정하거나 환지대상에서 제외할 수 있다. | O | X |
| 10 | 행정청이 아닌 시행자가 환지계획을 작성한 경우에는 지정권자의 인가를 받아야 한다. | O | X |
| 11 | 환지예정지가 지정되어도 종전 토지의 임차권자는 환지처분 공고일까지 종전 토지를 사용·수익할 수 있다. | O | X |
| 12 | 환지계획에서 정해진 환지는 그 환지처분이 공고된 날부터 종전의 토지로 본다. | O | X |
| 13 | 토지소유자의 신청에 따라 환지대상에서 제외한 토지에 대하여는 청산금을 교부하는 때에 청산금을 결정할 수 없다. | O | X |
| 14 | 체비지는 시행자가, 보류지는 환지계획에서 정한 자가 각각 환지처분이 공고된 날의 다음 날에 해당 소유권을 취득한다. | O | X |
| 15 | 도시개발채권의 상환은 5년부터 20년까지의 범위에서 지방자치단체의 조례로 정한다. | O | X |

**정답**  08 O   09 O   10 X   11 X   12 X   13 X   14 O   15 X

10 특별자치도지사·시장·군수 또는 구청장의 인가를 받아야 한다. 11 종전의 토지를 사용하거나 수익할 수 없다. 12 공고된 날의 다음 날부터이다. 13 결정할 수 있다. 15 5년부터 10년까지의 범위이다.

01 주거환경개선사업은 도시저소득 주민이 집단거주하는 지역으로서 정비기반시설이 극히 열악하고 노후 · 불량건축물이 과도하게 밀집한 지역의 주거환경을 개선하거나 단독주택 및 다세대주택이 밀집한 지역에서 정비기반시설과 공동이용시설의 확충을 통하여 주거환경을 보전 · 정비 · 개량하기 위한 사업이다.　O　X

02 정비기반시설이란 도로 · 상하수도 · 구거(도랑) · 공원 · 공용주차장 · 공동구, 그 밖에 주민의 생활에 필요한 열 · 가스 등의 공급시설로서 대통령령으로 정하는 시설을 말한다.　O　X

03 재건축사업에서 토지등소유자란 정비구역에 위치한 토지 또는 건축물의 소유자 또는 그 지상권자를 말한다.　O　X

04 시장 또는 군수는 도시 · 주거환경정비기본계획을 10년 단위로 수립하고, 5년마다 타당성 여부를 검토해야 한다.　O　X

05 재건축사업은 정비구역에서 인가받은 관리처분계획에 따라 주택, 부대 · 복리시설 및 오피스텔을 건설하여 공급하거나 환지로 공급하는 방법으로 한다.　O　X

06 재개발사업은 토지등소유자가 20인 미만인 경우에는 토지등소유자가 시행할 수 있다.　O　X

---

**정답**　01 O　02 O　03 ×　04 ×　05 ×　06 O

03 정비구역에 위치한 건축물 및 그 부속토지의 소유자를 말한다. 04 군수는 기본계획의 수립권자가 아니다. 특별시장 · 광역시장 · 특별자치시장 · 특별자치도지사 또는 시장이 수립한다. 05 재건축사업은 환지로 공급하는 방법이 없다.

| | | |
|---|---|---|
| **07** | 재개발사업의 추진위원회가 조합을 설립하려는 때에는 토지등소유자의 4분의 3 이상 및 토지면적의 3분의 2 이상의 토지소유자의 동의를 받아 시장·군수 등의 인가를 받아야 한다. | O X |
| **08** | 조합원의 수가 50명 이상인 조합은 대의원회를 둘 수 있다. 대의원회는 조합원의 10분의 1 이상으로 구성한다. | O X |
| **09** | 조합장이 아닌 조합임원은 대의원이 될 수 있다. | O X |
| **10** | 총회의 의결은 조합원의 100분의 10 이상이 직접 출석해야 한다. 다만, 시공자의 선정을 의결하는 총회의 경우에는 조합원의 100분의 20 이상이 직접 출석해야 한다. | O X |
| **11** | 조합의 합병 또는 해산에 관한 사항은 대의원회가 대행할 수 없다. 다만, 사업완료로 인한 해산의 경우는 제외한다. | O X |
| **12** | 분양신청기간은 통지한 날부터 30일 이상 60일 이내로 해야 한다. 다만, 사업시행자는 20일의 범위에서 한 차례만 연장할 수 있다. | O X |
| **13** | 1세대 또는 1명이 하나 이상의 주택 또는 토지를 소유한 경우 1주택을 공급하고, 같은 세대에 속하지 않는 2명 이상이 1주택 또는 1토지를 공유한 경우에는 2주택만 공급한다. | O X |

**정답** 07 X 08 X 09 X 10 X 11 O 12 O 13 X

07 토지면적의 2분의 1 이상이다. 08 조합원의 수가 100명 이상인 조합은 대의원회를 두어야 한다. 09 조합장이 아닌 조합임원은 대의원이 될 수 없다. 10 시공자의 선정을 의결하는 총회는 조합원의 과반수가 직접 출석해야 한다. 13 1주택 또는 1토지를 공유한 경우 1주택만 공급한다.

**14** 관리처분계획에 따라 소유권을 이전하는 경우 건축물을 분양받을 자는 이전고시가 있은 날의 다음 날에 그 건축물의 소유권을 취득한다.

O    X

**15** 청산금을 지급받을 권리 또는 이를 징수할 권리는 이전고시일부터 5년간 행사하지 않으면 소멸한다.

O    X

---

**정답**    14 O    15 ✕

15 이전고시일의 다음 날부터 5년이다.

## 제4편   건축법

01 주요구조부란 내력벽, 사이 기둥, 최하층 바닥, 작은 보, 지붕틀 및 옥외 계단을 말한다.                                                                          O   X

02 고층건축물이란 층수가 30층 이상이고 높이가 120m 이상인 건축물을 말한다.                                                                                          O   X

03 지하층이란 건축물의 바닥이 지표면 아래에 있는 층으로서 바닥에서 지표면까지 평균높이가 해당 층 높이의 3분의 1 이상인 것을 말한다.                                    O   X

04 건축법령상 공동주택에는 아파트, 연립주택, 다가구주택 및 기숙사가 있다.                                                                                           O   X

05 21층 이상이거나 연면적의 합계가 10만m² 이상인 건축물(공장·창고 등은 제외)을 건축하려는 경우에는 특별시장·광역시장 또는 도지사의 허가를 받아야 한다.            O   X

06 건축허가나 건축물의 착공을 제한하는 경우 제한기간은 3년 이내로 한다. 다만, 1회에 한하여 2년 이내의 범위에서 제한기간을 연장할 수 있다.                          O   X

**정답**   01 ×  02 ×  03 ×  04 ×  05 ×  06 ×

01 주요구조부란 내력벽, 기둥, 바닥, 보, 지붕틀 및 주계단을 말한다. 다만, 사이 기둥, 최하층 바닥, 작은 보, 차양, 옥외 계단은 제외한다. 02 층수가 30층 이상이거나 높이가 120m 이상이다. 03 2분의 1 이상인 것이다. 04 아파트, 연립주택, 다세대주택 및 기숙사가 있다. 05 도지사는 허가권자가 아니다. 도(道)에서는 도지사의 사전승인을 받아 시장·군수가 허가한다. 06 제한기간은 2년 이내로 한다. 다만, 1회에 한하여 1년 이내에서 연장할 수 있다.

| | | |
|---|---|---|
| **07** | 연면적이 200m² 미만이고 3층 미만인 건축물의 대수선은 건축신고를 하면 건축허가를 받은 것으로 본다. | O X |
| **08** | 연면적의 합계가 1,500m² 미만인 물류시설(주거지역 또는 상업지역에 건축하는 것은 제외)은 조경 등의 조치를 하지 않을 수 있다. | O X |
| **09** | 건축물에 공개공지 등을 설치해야 하는 대상 지역은 일반주거지역, 준주거지역, 상업지역 및 준공업지역이다. | O X |
| **10** | 소요너비에 못 미치는 너비의 도로인 경우에는 그 중심선으로부터 그 소요너비의 2분의 1의 수평거리만큼 물러난 선을 건축선으로 하고, 그 건축선과 도로 사이의 대지면적은 대지면적 산정시 제외한다. | O X |
| **11** | 처마높이가 7m 이상인 건축물의 건축주는 구조안전의 확인서류를 착공신고를 하는 때에 허가권자에게 제출해야 한다. | O X |
| **12** | 지하주차장의 경사로의 면적은 건축면적에 산입한다. | O X |
| **13** | 필로티 부분은 공동주택의 경우에는 바닥면적에 산입한다. | O X |
| **14** | 「건축법」상 건축물의 높이제한 규정을 적용할 때, 건축물의 1층 전체에 필로티가 설치되어 있는 경우 건축물의 높이는 필로티의 층고를 제외하고 산정한다. | O X |

**정답**　07 O　08 O　09 O　10 O　11 X　12 X　13 X　14 O

11 처마높이가 9m 이상인 건축물이다. 12 산입하지 않는다. 13 바닥면적에 산입하지 않는다.

| | | | |
|---|---|---|---|
| 15 | 지하층은 건축물의 층수에 산입하지 않고, 용적률을 산정할 때에는 지하층의 면적은 연면적에 포함한다. | O | X |
| 16 | 층의 구분이 명확하지 않은 건축물은 그 건축물의 높이 4m마다 하나의 층으로 보고 그 층수를 산정하며, 건축물이 부분에 따라 그 층수가 다른 경우에는 그중 가장 많은 층수를 그 건축물의 층수로 본다. | O | X |
| 17 | 일반상업지역에 건축하는 공동주택으로서 하나의 대지에 두 동(棟) 이상을 건축하는 경우에는 채광의 확보를 위한 높이제한이 적용된다. | O | X |
| 18 | 국토교통부장관은 지방자치단체가 국제행사 등을 개최하는 지역의 사업구역을 특별건축구역으로 지정할 수 있다. | O | X |
| 19 | 토지 또는 건축물의 소유자, 지상권자는 과반수의 동의로 건축물의 건축·대수선 또는 리모델링에 관한 건축협정을 체결할 수 있다. | O | X |
| 20 | 결합건축이란 용적률을 개별 대지마다 적용하지 않고, 2개 이상의 대지를 대상으로 통합적용하여 건축물을 건축하는 것을 말한다. | O | X |

**정답**  15 ×  16 ○  17 ×  18 ×  19 ×  20 ○

15 용적률을 산정할 때 지하층의 면적은 연면적에서 제외한다. 17 일반상업지역과 중심상업지역에 건축하는 것은 제외한다. 18 국가가 국제행사 등을 개최하는 지역이다. 19 전원의 합의로 건축협정을 체결할 수 있다.

# 제5편    주택법

01  주택이란 세대의 구성원이 장기간 독립된 주거생활을 할 수 있는 구조로 된 건축물의 전부 또는 일부를 말하며, 그 부속토지는 제외한다.    O  X

02  주택도시기금으로부터 자금을 지원받아 건설되는 1세대당 주거전용면적 85m² 이하인 주택은 국민주택에 해당한다.    O  X

03  도시형 생활주택이란 300세대 미만의 국민주택규모에 해당하는 주택으로서 「국토의 계획 및 이용에 관한 법률」에 따른 도시지역에 건설하는 소형 주택, 단지형 연립주택 및 단지형 다세대주택을 말한다.    O  X

04  주택단지에 해당하는 토지가 폭 10m 이상인 일반도로로 분리된 경우, 분리된 토지를 각각 별개의 주택단지로 본다.    O  X

05  주택에 딸린 「건축법」에 따른 건축설비, 방범설비, 자전거보관소는 복리시설에 해당한다.    O  X

06  리모델링에는 사용검사일 또는 「건축법」에 따른 사용승인일부터 10년이 지난 공동주택을 각 세대의 주거전용면적의 40% 이내에서 증축하는 행위도 포함된다.    O  X

07  연간 단독주택의 경우에는 20호 이상의 주택건설사업을 시행하려는 자 또는 연간 1만m² 이상의 대지조성사업을 시행하려는 자는 국토교통부장관에게 등록해야 한다.    O  X

---

**정답**  01 ×  02 O  03 O  04 ×  05 ×  06 ×  07 O

01 그 부속토지를 포함한다. 04 폭 20m 이상인 일반도로이다. 05 부대시설에 해당한다. 06 15년이 지난 공동주택을 주거전용면적의 30% 이내에서 증축하는 행위이다.

| | | |
|---|---|---|
| 08 | 국민주택을 공급받기 위해 직장주택조합을 설립하려는 자는 시장 · 군수 · 구청장의 인가를 받아야 한다. | O X |
| 09 | 주택조합(리모델링주택조합은 제외)은 조합설립인가를 받는 날부터 사용검사를 받는 날까지 주택건설 예정 세대수의 50% 이상의 조합원으로 구성하되, 조합원은 10명 이상이어야 한다. | O X |
| 10 | 주택조합은 주택조합의 설립인가를 받은 날부터 3년이 되는 날까지 사업계획승인을 받지 못하는 경우 총회의 의결을 거쳐 해산 여부를 결정해야 한다. | O X |
| 11 | 주택건설사업을 시행하려는 자는 전체 세대수가 500세대 이상인 주택단지를 공구별로 분할하여 주택을 건설 · 공급할 수 있다. | O X |
| 12 | 사업주체는 사업계획승인을 받은 날부터 3년 이내에 공사를 시작해야 한다. 다만, 승인권자는 대통령령으로 정하는 정당한 사유가 있다고 인정하는 경우에는 사업주체의 신청에 따라 그 사유가 없어진 날부터 3년의 범위에서 착수기간을 연장할 수 있다. | O X |
| 13 | 공공택지에서 사업주체가 일반인에게 공급하는 공동주택 중 도시형 생활주택은 분양가상한제를 적용한다. | O X |
| 14 | 국토교통부장관 또는 시 · 도지사는 주택가격의 안정을 위하여 필요한 경우에는 주거정책심의위원회의 심의를 거쳐 투기과열지구를 지정하거나 해제할 수 있다. | O X |

정답  08 ×  09 ×  10 O  11 ×  12 ×  13 ×  14 O

08 관할 시장 · 군수 · 구청장에게 신고해야 한다. 09 조합원은 20명 이상이어야 한다. 11 전체 세대수가 600세대 이상이다. 12 5년 이내에 공사를 시작해야 한다. 다만, 1년의 범위에서 연장할 수 있다. 13 도시형 생활주택은 분양가상한제를 적용하지 않는다.

| | | | |
|---|---|---|---|
| 15 | 투기과열지구지정직전월부터 소급하여 주택공급이 있었던 2개월 동안 해당 지역에서 공급되는 국민주택규모 주택의 월별 평균 청약 경쟁률이 모두 5대 1을 초과한 곳은 투기과열지구의 지정기준에 해당한다. | O | X |
| 16 | 수직증축형 리모델링의 대상이 되는 기존 건축물의 층수가 15층 이상인 경우에는 2개 층까지 증축할 수 있다. | O | X |
| 17 | 소유자 전원의 동의를 받은 입주자대표회의는 시장·군수·구청장에게 신고하고 리모델링을 할 수 있다. | O | X |
| 18 | 토지임대부 분양주택의 토지에 대한 임대차기간은 40년 이내로 한다. 이 경우 토지임대부 분양주택 소유자의 75% 이상이 계약갱신을 청구하는 경우 40년의 범위에서 이를 갱신할 수 있다. | O | X |
| 19 | 주택조합은 주택상환사채를 발행할 수 있다. | O | X |
| 20 | 등록사업자의 등록이 말소된 경우에는 등록사업자가 발행한 주택상환사채도 효력을 상실한다. | O | X |

**정답**    15 ✕    16 ✕    17 ✕    18 ◯    19 ✕    20 ✕

15 모두 10대 1을 초과한 곳이다. 16 3개 층까지 수직증축할 수 있다. 17 시장·군수·구청장의 허가를 받아야 한다. 19 한국토지주택공사와 등록사업자는 주택상환사채를 발행할 수 있다. 20 등록말소는 주택상환사채의 효력에 영향을 미치지 않는다.

# 제6편    농지법

01  330m² 이상의 농지에서 농작물 또는 다년생식물을 경작 또는 재배하거나 1년 중 120일 이상 농업에 종사하는 자는 농업인에 해당한다.  O  X

02  주말·체험영농을 하려고 농업진흥지역 외의 농지를 소유하는 경우에는 농지취득자격증명을 발급받지 않고 농지를 취득할 수 있다.  O  X

03  시장·군수·구청장은 정당한 사유 없이 처분명령을 이행하지 않는 자에게 감정가격 또는 개별공시지가 중 더 높은 가액의 100분의 20에 해당하는 이행강제금을 처분명령 이행기간이 만료한 다음 날을 기준으로 하여 처분명령이 이행될 때까지 매년 2회 부과·징수할 수 있다.  O  X

04  농지의 임대차기간은 5년 이상으로 해야 한다. 다만, 다년생식물 재배지 등 대통령령으로 정하는 농지의 경우에는 10년 이상으로 해야 한다.  O  X

05  농업진흥지역의 지정은 녹지지역·관리지역·농림지역 및 자연환경보전지역을 대상으로 한다. 다만, 특별시의 녹지지역은 제외한다.  O  X

---

**정답**   01 ✕   02 ✕   03 ✕   04 ✕   05 O

01 1천m² 이상의 농지에서 1년 중 90일 이상 농업에 종사하는 자이다. 02 농지취득자격증명을 발급받아야 한다. 03 100분의 25에 해당하는 이행강제금을 매년 1회 부과·징수할 수 있다. 04 농지의 임대차기간은 3년 이상으로 해야 한다. 다만, 다년생식물 재배지 등은 5년 이상으로 해야 한다.

# 부동산공시법령

📖 OX문제풀이를 통하여 함정을 피하는 연습을 해보세요.

## 제1편 공간정보의 구축 및 관리 등에 관한 법률

**01** 지적소관청은 토지의 이동현황을 직권으로 조사·측량하여 토지의 지번·지목·면적·경계 또는 좌표를 결정하려는 때에는 토지이용 현황 조사계획을 수립하여야 한다. 이 경우 토지이용현황 조사계획 은 시·군·구별로 수립하되, 부득이한 사유가 있는 때에는 읍·면· 동별로 수립할 수 있다.　　O　X

**02** 분할의 경우에는 분할 후의 필지 중 1필지의 지번은 분할 전의 지번 으로 하고, 나머지 필지의 지번은 본번의 최종 부번 다음 순번으로 부번을 부여한다.　　O　X

**03** 지적확정측량을 실시한 지역에서 부여할 수 있는 종전 지번의 수가 새로 부여할 지번의 수보다 적을 때에는 블록단위로 하나의 본번을 부여한 후 필지별로 부번을 부여하거나, 그 지번부여지역의 최종 본번의 다음 순번부터 본번으로 하여 차례로 지번을 부여할 수 있다.　　O　X

**04** 지적소관청은 도시개발사업 등이 준공되기 전에 지번을 부여하는 때에는 도시개발사업 등 신고에 있어서의 사업계획도에 따르되, 지 적확정측량 시행지역에 있어서의 지번부여방법에 따라 부여하여야 한다.　　O　X

---

**정답**　01 ✕　02 O　03 O　04 O

01 토지이용현황 조사계획이 아니라, 토지이동현황 조사계획을 수립하여야 한다.

**05** 용수 또는 배수를 위해 일정한 형태를 갖춘 인공적인 수로 · 둑 및 그 부속시설물의 부지와 자연의 유수(流水)가 있거나 있을 것으로 예상되는 소규모 수로부지는 유지로 한다.　　O　X

**06** 자동차 등의 주차에 필요한 독립적인 시설을 갖춘 부지와 주차전용 건축물 및 이에 접속된 부속시설물의 부지, 「주차장법」에 따라 시설물의 부지 인근에 설치된 부설주차장은 주차장으로 한다.　　O　X

**07** 지목을 지적도에 등록하는 경우에 주차장은 '차', 유원지는 '원', 공장용지는 '장', 하천은 '천'으로 표기하여야 한다.　　O　X

**08** 분할에 따른 지상 경계는 지상건축물을 걸리게 결정해서는 아니 된다. 다만, 법원의 확정판결이 있는 경우에는 그러하지 아니하다.　　O　X

**09** 도시개발사업 등의 사업시행자가 사업지구의 경계를 결정하기 위하여 토지를 분할하려는 경우에는 지상경계점에 경계점표지를 설치하여 측량할 수 없다.　　O　X

**10** 토지대장에는 토지의 소재 및 지번, 토지의 고유번호, 토지이동 사유, 지적도의 번호, 필지별 토지대장의 장번호, 축척, 개별공시지가와 그 기준일 등을 등록한다.　　O　X

**11** 지적도에 경계, 면적, 지적도면의 색인도, 삼각점 및 지적기준점의 위치, 건축물 및 구조물 등의 위치 등을 등록한다.　　O　X

**12** 경계점좌표등록부를 갖춰 두는 지역의 지적도에는 해당 도면의 제명 끝에 '(좌표)', 좌표에 의하여 계산된 경계점간의 거리, 도곽선의 오른쪽 아래 끝에 '이 도면에 의하여 측량을 할 수 없음'이라고 적어야 한다.　　O　X

---

**정답**　05 ×　06 O　07 O　08 O　09 ×　10 O　11 ×　12 O

05 구거로 한다. 09 도시개발사업의 경우에 지상경계점에 경계점표지를 설치하여 측량할 수 있다. 11 지적도에 면적은 등록하지 아니한다.

| 13 | 지적소관청(정보처리시스템을 통하여 기록·저장한 지적공부의 경우에는 시·도지사, 시장·군수 또는 구청장)은 지적공부의 전부 또는 일부가 멸실되거나 훼손된 경우에는 지체 없이 이를 복구하여야 한다. | O | X |
|---|---|---|---|
| 14 | 지적공부를 정보처리시스템을 통하여 기록·저장한 경우 관할 시·도지사, 시장·군수 또는 구청장은 그 지적공부를 지적정보관리체계에 영구히 보존하여야 한다. | O | X |
| 15 | 임야대장의 면적과 등록전환될 면적의 차이가 허용범위 이내인 경우에는 등록전환될 면적을 등록전환 면적으로 결정하고, 허용범위를 초과하는 경우에는 임야대장의 면적 또는 임야도의 경계를 지적소관청이 직권으로 정정하여야 한다. | O | X |
| 16 | 합병하려는 토지에 소유권·지상권·전세권 또는 임차권의 등기, 승역지(承役地)에 대한 지역권의 등기 외의 등기가 있는 경우에는 합병할 수 있다. | O | X |
| 17 | 지적소관청은 토지가 바다가 된 경우에 토지소유자가 통지를 받은 날부터 90일 이내에 등록말소 신청을 하지 아니하면 직권으로 등록을 말소한다. | O | X |
| 18 | 국토교통부장관은 연속지적도의 관리 및 정비에 관한 정책을 수립·시행하여야 하며, 지적소관청은 지적도·임야도에 등록된 사항에 대하여 토지의 이동 또는 오류사항을 정비한 때에는 이를 연속지적도에 반영하여야 한다. | O | X |

**정답**  13 O  14 O  15 O  16 X  17 O  18 O

16 합병하려는 토지에 저당권 등이 있는 경우에 합병할 수 없다.

| 19 | 지적소관청은 축척변경을 하려면 축척변경 시행지역의 토지소유자 3분의 2 이상의 동의를 받아 축척변경위원회의 의결을 거친 후 시·도지사 또는 대도시 시장의 승인을 받아야 한다. | O | X |
| 20 | 수령통지된 청산금에 관하여 이의가 있는 자는 수령통지를 받은 날부터 1개월 이내에 축척변경위원회에 이의신청을 할 수 있다. | O | X |
| 21 | 공공사업 등에 따라 학교용지·도로·철도용지·제방·하천·구거·유지·수도용지 등의 지목으로 되는 토지인 경우에 해당 사업의 시행자는 토지이동 신청을 대신할 수 있다. | O | X |
| 22 | 「도시개발법」에 따른 도시개발사업의 시행자는 그 사업의 착수, 변경 또는 완료 사실의 신고를 그 사유가 발생한 날로부터 15일 이내에 하여야 한다. | O | X |
| 23 | 등기부에 적혀 있는 토지의 표시가 지적공부와 일치하지 아니하면 토지소유자를 정리할 수 있다. 이 경우 토지의 표시와 지적공부가 일치하지 아니하다는 사실을 관할 등기관서에 통지하여야 한다. | O | X |
| 24 | 지적공부에 등록된 토지표시의 변경사항은 등기관서에서 등기한 것을 증명하는 등기필증, 등기완료통지서, 등기사항증명서 또는 등기관서에서 제공한 등기전산정보자료에 따라 정리한다. | O | X |
| 25 | 토지소유자의 신청으로 등록사항을 정정하는 경우 인접 토지의 경계가 변경되는 경우에는 인접 토지소유자의 승낙서 또는 확정판결서 정본을 지적소관청에 제출하여야 한다. | O | X |
| 26 | 검사측량과 지적재조사측량은 지적측량수행자에게 측량의뢰한다. | O | X |

---

**정답**   19 O   20 ×   21 O   22 O   23 ×   24 ×   25 O   26 ×

20 1개월 이내에 지적소관청에 이의신청을 할 수 있다. 23 등기부와 지적공부의 토지표시가 불일치하면 소유자를 정리할 수 없다. 이 경우에 불부합통지한다. 24 소유자의 변경사항은 등기관련 서류에 따라 정리한다. 26 검사측량과 지적재조사측량은 지적측량수행자에게 의뢰할 수 없다.

| 27 | 지적측량수행자는 측량부 · 측량결과도 · 면적측정부, 측량성과 파일 등 측량성과에 관한 자료(전자파일 형태로 저장한 매체 또는 인터넷 등 정보통신망을 이용하여 제출하는 자료를 포함한다)를 지적소관청에 제출하여 그 성과의 정확성에 관한 검사를 받아야 한다. | O | X |
|---|---|---|---|
| 28 | 지적공부를 정리하지 아니하는 측량으로서 경계복원측량과 지적확정측량은 검사측량을 요하지 아니한다. | O | X |
| 29 | 토지소유자, 이해관계인 또는 지적측량수행자는 지적측량성과에 대하여 다툼이 있는 경우에는 관할 시 · 도지사를 거쳐 지방지적위원회에 지적측량 적부심사를 청구할 수 있다. | O | X |
| 30 | 시 · 도지사는 지방지적위원회의 의결서를 받은 날부터 5일 이내에 지적측량 적부심사 청구인 및 이해관계인에게 그 의결서를 통지하여야 한다. | O | X |

---

**정답**   27 O   28 ×   29 O   30 ×

28 경계복원측량과 지적현황측량은 검사측량을 요하지 아니한다. 30 7일 이내에 의결서를 통지한다.

**01** 등기관이 권리의 변경(경정)등기를 할 때에는 부기등기로 하여야 한다. 다만, 등기상 이해관계 있는 제3자의 승낙이 없는 경우에는 그러하지 아니하다.    O   X

**02** 등기원인에 권리소멸의 약정 또는 공유물불분할의 약정이 있으면 그 약정의 등기는 주등기로 한다.    O   X

**03** 대지권이 있는 경우, 1동 건물의 등기기록의 표제부에 대지권의 표시에 관한 사항을 기록한다.    O   X

**04** 등기관은 동일한 채권에 관하여 여러 개의 부동산에 관한 권리를 목적으로 하는 저당권설정의 등기를 할 때에 부동산이 5개 이상일 때에는 공동담보목록을 작성하여야한다.    O   X

**05** 「민법」상 조합을 등기의무자로 한 근저당권설정등기는 신청할 수 없지만, 채무자로 표시한 근저당권설정등기는 신청할 수 있다.    O   X

**06** 근저당권설정등기 후 소유권이 제3자에게 이전된 경우, 근저당권설정자가 근저당권자와 공동으로 그 근저당권말소등기를 신청할 수 있다.    O   X

**07** 등기절차의 이행을 명하는 확정판결을 받았다면 확정 후 10년이 경과하면 그 판결에 의한 등기신청을 할 수 없다.    O   X

**정답**   01 O   02 X   03 X   04 O   05 X   06 O   07 X

02 부기등기로 한다. 03 1동 건물의 등기기록의 표제부에 대지권의 목적인 토지의 표시에 관한 사항을 기록한다. 05 「민법」상 조합은 근저당권등기의 경우에 채무자도 될 수 없다. 07 확정시기에 관계없이, 즉 10년이 경과하였더라도 등기신청을 할 수 있다.

| 08 | 甲이 그 소유 부동산을 乙에게 매도하고 사망한 경우, 甲의 단독상속인 丙은 등기의무자로서 甲과 乙의 매매를 원인으로 하여 甲으로부터 乙로의 이전등기를 신청할 수 없다. | O | X |
|---|---|---|---|
| 09 | 甲이 乙에게 X부동산을 매도하였다면, 쌍무계약에 의한 소유권이전등기신청은 계약의 효력이 발생한 날로부터 60일 이내에 신청하여야 한다. | O | X |
| 10 | 같은 채권의 담보를 위하여 소유자가 다른 여러 개의 부동산에 대한 저당권설정등기를 신청하는 경우, 1건의 신청정보로 일괄하여 신청할 수 있다. | O | X |
| 11 | 부동산등기법령에서 등기할 수 있는 권리로 규정하고 있는 권리를 보존, 설정, 이전하는 등기, 등기명의인표시경정(변경)등기를 하는 경우에는 등기필정보를 작성하여 교부한다. | O | X |
| 12 | 승소한 등기의무자가 판결에 의한 등기를 신청하는 경우에 자신의 등기필정보를 첨부하여야 하며, 등기완료 후 등기권리자에게 등기필정보를 작성하여 교부한다. | O | X |
| 13 | 전자표준양식에 의한 등기신청의 경우, 자격자대리인(법무사 등)이 아닌 자는 타인을 대리하여 등기를 신청할 수 없다. | O | X |

**정답**  08 ×  09 ×  10 O  11 ×  12 ×  13 ×

08 신청할 수 있다(포괄승계인에 의한 등기). 09 쌍무계약은 반대급부의 이행이 완료된 날로부터 60일 이내에 신청하여야 한다. 11 등기명의인표시경정(변경)등기가 아니라 권리자를 추가하는 경정·변경등기를 하는 경우 등기필정보를 작성하여 교부한다. 12 승소한 등기의무자가 등기를 신청하는 경우에 자신의 등기필정보를 첨부하지만, 등기완료 후 등기권리자에 등기필정보를 작성·교부하지 아니한다. 13 전자표준양식에 의한 등기신청은 방문신청에 해당하므로 대리인의 제한이 없다.

| | | | |
|---|---|---|---|
| 14 | 관공서의 공매처분으로 인한 권리이전의 등기를 매수인이 신청한 경우, 가압류결정에 의하여 가압류채권자 甲이 乙 소유토지에 대하여 가압류등기를 신청한 경우에는 「부동산등기법」 제29조 제2호 위반에 해당한다. | O | X |
| 15 | 저당권자가 저당권설정자의 동의 없이 저당권이전등기를 경료한 경우 저당권설정자는 이의신청을 할 수 있다. | O | X |
| 16 | 말소등기신청의 경우에 등기상 이해관계 있는 제3자란 등기의 말소로 인하여 손해를 입을 우려가 있다는 것이 등기기록에 의하여 형식적으로 인정되는 자를 말한다. | O | X |
| 17 | 말소할 권리가 전세권 또는 저당권인 경우에 제권판결에 의하지 않고 전세금반환증서 또는 영수증에 의하여 등기권리자가 단독으로 말소등기를 신청할 수 있다. | O | X |
| 18 | 등기관이 미등기 부동산에 대하여 법원의 촉탁에 따라 소유권의 처분제한의 등기를 할 때에는 직권으로 소유권보존등기를 하여야 한다(체납처분에 의한 압류의 경우에도 동일하다). | O | X |
| 19 | 토지에 대하여 국가를 상대로 한 소유권확인판결에 의해서 자기의 소유권을 증명하는 자는 소유권보존등기를 신청할 수 있다. | O | X |
| 20 | 미등기 건물의 건축물대장상 소유자로부터 포괄유증을 받은 자는 자기 명의로 소유권보존등기를 신청할 수 있다. | O | X |

**정답**  14 O  15 ×  16 O  17 ×  18 ×  19 O  20 O

15 저당권이전등기는 저당권설정자의 동의를 요하지 아니하므로 저당권설정자는 저당권이전등기에 이의신청을 할 수 없다. 17 전세금반환증서 또는 영수증에 의하여 단독신청할 수 없다. 18 체납처분에 의한 압류의 경우에는 직권에 의한 소유권보존등기의 대상이 아니다.

| | | | |
|---|---|---|---|
| 21 | 등기된 공유물분할금지기간을 단축하는 약정에 관한 변경등기는 단독으로 신청하여야 한다. | O | X |
| 22 | 공유자 중 1인의 지분포기로 인한 소유권이전등기는 단독으로 신청한다. | O | X |
| 23 | 합유자 중 일부가 나머지 전원의 동의를 얻어 그의 지분을 처분하여 종전의 합유자 중 일부가 교체되는 경우에 합유지분을 처분한 자와 합유지분을 취득한 자 및 잔존 합유자의 공동신청으로 합유명의인 변경등기신청을 하여야 한다. | O | X |
| 24 | 2인의 합유자 중 1인이 사망한 경우, 잔존 합유자는 그의 단독소유로 합유명의인 변경등기신청을 할 수 있다. | O | X |
| 25 | 등기권리자의 단독신청에 따라 수용으로 인한 소유권이전등기를 하는 경우, 등기관은 그 부동산을 위해 존재하는 지역권의 등기를 직권으로 말소해서는 아니 된다. | O | X |
| 26 | 甲 소유토지에 대해 甲과 乙의 가장매매에 의해 乙 앞으로 소유권이전등기가 된 후에 선의의 丙 앞으로 저당권설정등기가 설정된 경우, 甲과 乙은 공동으로 진정명의회복을 원인으로 한 소유권이전등기를 신청할 수 없다. | O | X |
| 27 | 신탁등기의 신청은 해당 신탁으로 인한 권리의 이전 또는 보존이나 설정등기의 신청과 함께 1건의 신청정보로 일괄신청하여야 한다. | O | X |

정답 　21 ×　22 ×　23 O　24 O　25 O　26 ×　27 O

21 공유물분할금지기간을 단축하는 약정의 변경등기는 공동신청한다. 22 지분포기로 인한 이전등기는 지분포기자와 잔존소유자가 공동신청한다. 26 丙의 승낙이 없어서 말소등기를 못하는 경우에는 진정명의회복을 위한 소유권이전등기를 신청할 수 있다.

| 28 | 법원이 신탁관리인 선임의 재판을 한 경우, 그 신탁관리인은 지체 없이 신탁원부 기록의 변경등기를 신청하여야 한다. | O | X |
|---|---|---|---|
| 29 | 전세금반환채권의 일부양도를 원인으로 하는 전세권 일부이전등기의 신청은 전세권소멸의 증명이 없는 한, 전세권 존속기간 만료 전에는 할 수 없다. | O | X |
| 30 | 전세권설정등기가 된 후에 건물전세권의 존속기간이 만료되어 법정갱신이 된 경우, 甲은 존속기간 연장을 위한 변경등기를 하지 않아도 그 전세권에 대한 저당권설정등기를 할 수 있다. | O | X |
| 31 | 임차권등기명령에 의한 주택임차권등기가 경료된 경우, 그 등기의 이전등기는 허용된다. | O | X |
| 32 | 근저당권설정등기의 경우에 채권최고액과 채무자에 관한 사항은 필요적 기록사항이지만, 변제기는 임의적 기록사항이다. | O | X |
| 33 | 규약상 공용부분인 뜻의 등기신청이 있는 경우에 등기관이 그 등기를 할 때에는 그 등기기록 중 표제부에 공용부분이라는 뜻을 기록하고 각 구의 소유권과 그 밖의 권리에 관한 등기를 말소하는 표시를 하여야 한다. | O | X |
| 34 | 등기관이 구분건물의 대지권등기를 하는 경우에는 대지권의 목적인 토지의 등기기록의 표제부에 대지권 뜻의 등기를 직권으로 기록하여야 한다. | O | X |

**정답**  28 ×  29 ○  30 ×  31 ×  32 ×  33 ○  34 ×

28 법원은 신탁관리인의 선임 또는 해임의 재판을 한 경우, 지체 없이 신탁원부 기록의 변경등기를 등기소에 촉탁하여야 한다. 30 건물전세권이 법정갱신된 경우에도 등기하지 않으면 처분하지 못하므로, 갱신된 전세권을 다른 사람에게 담보를 제공하기 위해서는 먼저 전세권의 존속기간을 변경하는 등기를 하여야 한다. 31 임차권등기명령에 따른 임차권등기의 이전등기는 허용되지 아니한다. 32 근저당권설정등기는 존속기간이 임의적 기록사항이고, 저당권설정등기의 경우에 변제기가 필요적 기록사항이다. 34 대지권 뜻의 등기는 토지등기기록의 해당구에 직권으로 한다.

| 35 | 대지권이 등기된 구분건물의 등기기록에는 건물만을 목적으로 하는 저당권설정등기를 하지 못한다. | O | X |
|---|---|---|---|
| 36 | 가등기를 명하는 가처분명령은 가등기의무자의 주소지를 관할하는 지방법원이 가등기권리자의 신청으로 가등기 원인사실의 소명이 있는 경우에 할 수 있다. | O | X |
| 37 | 사인증여로 인하여 발생한 소유권이전등기청구권을 보전하기 위한 가등기는 할 수 없다. | O | X |
| 38 | 소유권이전등기청구권 보전의 가등기에 의하여 소유권이전의 본등기를 한 경우, 가등기 후 본등기 전에 마쳐진 해당 가등기상 권리를 목적으로 하는 가압류등기는 등기관이 직권으로 말소한다. | O | X |
| 39 | 처분금지가처분이 등기된 부동산에 대하여는 소유권이전등기를 신청할 수 있다. | O | X |
| 40 | 가처분등기는 청구금액을 기재하여야 하지만, 가압류등기는 기재하지 아니한다. | O | X |

**정답**   35 O   36 ×   37 ×   38 ×   39 O   40 ×

36 가등기가처분명령은 부동산소재지를 관할하는 지방법원에 신청한다. 37 가등기는 권리의 설정·이전·변경 또는 소멸의 청구권이 시기부 또는 정지조건부인 때에도 할 수 있으므로, 가등기를 신청할 수 있다. 38 해당 가등기상 권리를 목적으로 하는 가압류등기는 직권말소할 수 없다. 40 가압류등기는 청구금액을 기재하지만 가처분등기는 청구금액을 기재하지 아니한다.

MEMO

🎓 **합격생들이 들려주는 이야기**

제 커리큘럼은 기본 강의 1회독 → 문제풀이 → 해커스 실전모의고사 10회분이었습니다. 모의고사
에서 틀린 부분은 다시 기본서에서 찾아 읽어 보았고, 오답노트는 시간이 없어서 따로 만들지는
않았습니다. 그냥 어느 부분에서 틀렸는지 기본서에 있는 내용을 찾아 보는 것만으로도 공부가 되
었던 것 같아요.

해커스 30대 합격생 김*주 님

# 4과목

# 부동산세법

OX문제풀이를 통하여 함정을 피하는 연습을 해보세요.

# 4과목 부동산세법

## 제1편 조세총론, 제2편 지방세

**01** 5,000만원(가산세를 제외한 금액)의 지방세의 징수를 목적으로 하는 지방자치단체의 권리는 이를 행사할 수 있는 때부터 5년간 행사하지 않으면 소멸시효가 완성된다.    O    X

**02** 재산세와 지역자원시설세(소방분), 종합부동산세는 부동산 보유단계에서만 과세되는 조세이다.    O    X

**03** 부동산임차권, 전세권, 지상권, 지역권, 아파트당첨권은 모두 취득세 과세대상이 아니다.    O    X

**04** 관계 법령에 따른 택지공사가 준공된 토지에 정원 또는 부속시설물 등을 조성·설치하는 경우로서 건축물을 건축하면서 그 건축물에 부수되는 정원 등을 조성하는 경우에는 그 정원 등은 건축물을 취득하는 자가 취득한 것으로 본다.    O    X

**05** 상속으로 취득한 경우 취득세 과세표준은 시가인정액으로 한다.    O    X

**06** 무주택 1가구가 조정대상지역 내 1주택을 6억원에 유상승계취득하는 경우 취득세 표준세율은 1,000분의 10이다.    O    X

---

**정답**    01 ✗   02 O   03 O   04 O   05 ✗   06 O

01 5,000만원(가산세를 제외한 금액)의 지방세의 징수를 목적으로 하는 지방자치단체의 권리는 이를 행사할 수 있는 때부터 10년간 행사하지 않으면 소멸시효가 완성된다. 05 상속으로 취득한 경우 취득세 과세표준은 시가표준액으로 한다.

| | | | |
|---|---|---|---|
| 07 | 건축물을 증축하는 경우로서 증축으로 건축물 면적이 증가할 때에는 그 증가된 부분에 대하여 원시취득으로 보아 표준세율인 1,000분의 28을 적용한다. | O | X |
| 08 | 취득세가 경감된 과세물건이 추징대상이 된 때에는 그 사유발생일로부터 60일 이내에 그 산출세액에서 이미 납부한 세액(가산세 제외)을 공제한 세액을 신고·납부하여야 한다. | O | X |
| 09 | 취득세의 과세표준은 취득당시가액을 기준으로 하고 부동산에 대한 등록에 대한 등록면허세 과세표준(취득을 원인으로 하는 경우는 아님)은 등록당시가액으로 한다. | O | X |
| 10 | 증여(부담부증여 포함)를 원인으로 취득하는 경우에 취득세는 취득일로부터 60일 이내에 신고납부하여야 한다. | O | X |
| 11 | 부동산을 취득하여 등기하는 경우에 취득세와 등록면허세 모두 취득일로부터 60일 이내에 신고납부하여야 한다. | O | X |
| 12 | 취득세 부과제척기간이 경과한 물건의 등기·등록에 대한 등록면허세 과세표준은 등록당시가액과 취득당시가액 중 낮은 가액으로 한다. | O | X |
| 13 | 재산세 과세대상인 토지는 「공간정보의 구축 및 관리에 관한 법률」에 의하여 지적공부의 등록대상이 되는 토지와 그 밖에 사용되고 있는 사실상의 토지를 말하며 주택에 부속된 토지는 제외한다. | O | X |

**정답** 07 O  08 O  09 O  10 X  11 X  12 X  13 O

10 증여(부담부증여 포함)를 원인으로 취득하는 경우에 취득세는 취득일이 속하는 달의 말일부터 3개월 이내에 신고납부하여야 한다. 11 부동산을 취득하여 등기하는 경우에 취득세는 취득일로부터 60일 이내에 신고납부하여야 하지만, 등록면허세는 등록하기 전까지이다. 12 취득세 부과제척기간이 경과한 물건의 등기·등록에 대한 등록면허세 과세표준은 등록당시가액과 취득당시가액 중 높은 가액으로 한다.

**14** 지방자치단체의 장은 재산세의 납부세액이 250만원을 초과하는 경우에는 대통령령으로 정하는 바에 따라 납부할 세액의 일부를 납부기한이 지난 날부터 3개월 이내에 분할납부하게 할 수 있다.　　O　X

**15** 「건축법」 등 관계 법령에 따라 허가 등을 받아야 할 건축물로서 허가 등을 받지 아니하거나 사용승인을 받지 아니하고 주거용으로 사용 중인 건축물의 면적이 전체 건축물 면적의 100분의 50 이상인 경우에는 그 건축물을 주택으로 보지 아니하고 그 부속토지는 종합합산대상에 해당하는 토지로 본다.　　O　X

**16** 고지서 1장당 재산세로 징수할 세액이 2,000원인 경우에 해당 재산세를 징수하지 아니한다.　　O　X

**17** 재산세를 징수하려면 토지, 건축물, 주택, 선박 및 항공기로 구분한 납세고지서에 과세표준과 세액을 적어 늦어도 납기개시 5일 전까지 발급하여야 한다.　　O　X

**18** 「신탁법」 제2조에 따른 수탁자의 명의로 등기 또는 등록된 신탁재산의 경우에는 수탁자가 재산세 납세의무를 진다. 이 경우 수탁자가 신탁재산을 소유한 것으로 본다.　　O　X

---

**정답**　14 O　15 O　16 ✕　17 O　18 ✕

16 고지서 1장당 재산세로 징수할 세액이 2,000원 미만인 경우에 징수하지 않으므로, 2,000원인 경우에는 해당 재산세를 징수한다. 18 「신탁법」 제2조에 따른 수탁자의 명의로 등기 또는 등록된 신탁재산의 경우에는 위탁자가 재산세 납세의무를 진다. 이 경우 위탁자가 신탁재산을 소유한 것으로 본다.

# 제3편    국세

**01**   2024년도 종합부동산세는 원칙적으로 납세고지서에 따른 납부기한까지 완납하지 아니한 경우에 법정납부기한까지 납부하지 아니한 세액 또는 과소납부한 세액의 3%의 금액과 법정납부기한의 다음날부터 1일 0.022%의 금액을 합한 금액을 납부지연가산세로 부과한다. 단, 초과환급은 없는 경우이다.    O   X

**02**   1세대 1주택자에 대해 연령별 및 보유기간별 세액공제는 100분의 80의 범위 내에서 중복공제가 허용된다.    O   X

**03**   부부 공동명의 1세대 1주택의 경우에도 1주택자로 신고가 허용되어 종합부동산세 과세표준 계산시 12억원을 공제하고, 연령별 및 보유기간별 세액공제를 적용받을 수 있다.    O   X

**04**   주택에 대해 종합부동산세를 부과하는 경우에 개인 소유와 법인 소유 주택 모두 7단계 초과누진세율을 적용한다.    O   X

**05**   부동산임차권은 등기된 부동산임차권이 양도소득세 과세대상이 되며, 등기되지 않은 부동산임차권은 양도소득세 과세대상이 아니다.    O   X

**06**   이축권의 가액을 별도로 평가하여 구분신고하는 경우는 양도소득세 과세대상이 된다.    O   X

**정답**    01 O   02 O   03 O   04 ✕   05 O   06 ✕

**04** 개인 소유 주택의 경우에는 7단계 초과누진세율을 적용하지만, 법인(사회적 기업 등 초과누진세율 대상 제외) 소유 주택의 경우에는 주택 수에 따라 2.7%와 5%의 비례세율이 적용된다. **06** 부동산과 함께 양도하는 「개발제한구역의 지정 및 관리에 관한 특별조치법」 제12조 제1항 제2호 및 제3호의2에 따른 이축을 할 수 있는 권리(이축권)는 양도소득세 과세대상이다. 다만, 해당 이축권 가액을 별도로 평가하여 구분 신고하는 경우에는 기타소득으로 과세한다.

| 07 | 「지적재조사에 관한 특별법」제18조에 따른 경계의 확정으로 지적공부상의 면적이 감소되어 지급받은 조정금은 양도소득세를 비과세한다. | O X |
| 08 | 환산취득가액은 양도가액을 추계할 경우에는 적용되지만, 취득가액을 추계할 경우에는 적용되지 않는다. | O X |
| 09 | 취득 당시 실지거래가액을 확인할 수 없어서 추계조사결정하는 경우에는 매매사례가액, 환산취득가액, 감정가액, 기준시가를 순차로 적용하여 산정한 가액을 취득가액으로 한다. | O X |
| 10 | 「지적재조사에 관한 특별법」제18조에 따른 경계의 확정으로 지적공부상의 면적이 증가되어 징수한 조정금은 취득가액에 포함한다. | O X |
| 11 | 양도소득세가 과세되는 1세대 1주택의 장기보유특별공제는 양도차익에 보유기간에 대해서만 연 8%씩의 공제율을 적용한다. | O X |
| 12 | 부담부증여의 채무액에 해당하는 부분으로서 양도로 보는 경우에는 그 양도일이 속하는 달의 말일부터 3개월 이내에 예정신고하여야 한다. | O X |

**정답**   07 O   08 ×   09 ×   10 ×   11 ×   12 O

08 환산취득가액은 취득가액을 추계할 경우에는 적용되지만, 양도가액을 추계할 경우에는 적용되지 않는다. 09 취득 당시 실지거래가액을 확인할 수 없어서 추계조사결정하는 경우에는 매매사례가액, 감정가액, 환산취득가액, 기준시가를 순차로 적용하여 산정한 가액을 취득가액으로 한다. 10 「지적재조사에 관한 특별법」제18조에 따른 경계의 확정으로 지적공부상의 면적이 증가되어 징수한 조정금은 취득가액에 포함하지 아니한다. 11 양도소득세가 과세되는 1세대 1주택의 장기보유특별공제는 양도차익에 보유기간별로 연 4%와 거주기간별로 연 4%를 합한 공제율을 적용한다.

# 해커스
# 공인중개사

## 마무리 OX

**2차** 공인중개사법령 및 실무 · 부동산공법
부동산공시법령 · 부동산세법

---

절취선

# 2024 해커스 공인중개사 2차 실전모의고사 10회분 (2024 최신판 1쇄용)

최종 수정일 : 2024년 7월 24일

[참고] 각 쇄 확인방법은 다음과 같습니다.
1. 교재의 마지막 페이지를 넘기세요.
2. 마지막 페이지 오른쪽(저자 약력이 있는 페이지)을 보시고 O쇄를 확인하시면 됩니다.
3. 수정 전 사항은 상단에, 수정되는 사항은 하단을 확인하시면 됩니다.

## 공인중개사법령 및 실무

### 2024.7.2. 수정사항

| | | |
|---|---|---|
| [문제]<br>p.57<br>8번 ⑤<br>내용 수정 | 전 | ⑤ 휴업 또는 폐업의 신고를 하는 자는 신고서에 중개사무소등록증 원본을 첨부하여야 한다. |
| | 후 | ⑤ 휴업 또는 폐업의 신고를 하는 공인중개사인 개업공인중개사는 신고서에 중개사무소등록증 원본을 첨부하여야 한다. |
| [문제]<br>p.85<br>20번 ②<br>내용 수정 | 전 | ② 토지 매매로서 실제 거래가격이 3억원 이상인 경우에는 취득자금조달계획을 신고하여야 한다. |
| | 후 | ② 수도권 등 외의 지역에 소재하는 토지 매매로서 실제 거래가격이 3억원 이상인 경우에는 취득자금조달계획을 신고하여야 한다. |
| [해설]<br>p.55 28번<br>보충설명 내용<br>수정 | 전 | ⊘ 외국인 등의 허가대상 토지<br>3. 「자연유산의 보존 및 활용에 관한 법률」상 자연유산보호구역<br>(…이하 생략…) |
| | 후 | ⊘ 외국인 등의 허가대상 토지<br>3. 「자연유산의 보존 및 활용에 관한 법률」상 **천연기념물 등 보호구역**<br>(…이하 생략…) |

| 2024.7.24. 수정사항 - 「국토의 계획 및 이용에 관한 법률」 개정으로 인한 내용 수정 등 | | |
|---|---|---|
| [문제] p.63<br>41번 ⑤ 수정 | 전 | ⑤ 중앙행정기관의 장이 요청하는 경우 |
| | 후 | ⑤ 관계 중앙행정기관의 장이 요청하는 경우 |
| [문제] p.65<br>53번 ② 수정 | 전 | ② 시·도지사가 실시계획을 작성하는 경우 (…생략…) |
| | 후 | ② 지정권자인 시·도지사가 실시계획을 작성하는 경우<br>(…생략…) |
| [문제] p.94<br>67번 ④ 수정 | 전 | ④ 자금의 차임과 그 방법·이자율 및 상환방법 |
| | 후 | ④ 자금의 차입과 그 방법·이자율 및 상환방법 |
| [문제] p.116<br>42번 설문<br>수정 | 전 | 42. 국토의 계획 및 이용에 관한 법령상 도시·군관리계획으로<br>결정하는 사항이 <u>아닌</u> 것은? |
| | 후 | 42. 국토의 계획 및 이용에 관한 법령상 도시·군관리계획이<br><u>아닌</u> 것은? |
| [문제] p.143<br>50번 ① 수정 | 전 | ① 주민이 입안을 제안한 경우, 지구단위계획에 관한 도<br>시·군관리계획결정의 고시일부터 3년 이내에 허가를<br>받아 사업이나 공사에 (…생략…) |
| | 후 | ① 주민이 입안을 제안한 경우, 지구단위계획에 관한 도<br>시·군관리계획결정의 고시일부터 3년 이내에 사업이<br>나 공사에 (…생략…) |
| [문제] p.253<br>70번 설문<br>수정 | 전 | 70. 주택법령상 주택의 전매행위제한 등에 관한 설명으로 <u>틀린</u><br>것은? |
| | 후 | 70. 주택법령상 주택의 전매행위제한 등에 관한 설명으로<br><u>틀린</u> 것은? (단, 조정대상지역 중 위축지역이 아님) |
| [해설] p.144<br>43번 보충설명<br>수정 | 전 | ☑ 건폐율의 조정<br>2. 개발진흥지구(도시지역 외의 지역 또는 자연녹지지역만 해당한다)<br> • 도시지역 외의 지역에 지정된 경우: 40% 이하<br>(…이하 생략…) |
| | 후 | ☑ 건폐율의 조정<br>2. 개발진흥지구(도시지역 외의 지역 또는 자연녹지지역만 해당한다)<br> • 도시지역 외의 지역에 지정된 경우: 40% 이하. 계획관리지역에 산업·<br>유통개발진흥지구가 지정된 경우에는 60%로 한다.<br>(…이하 생략…) |

| 2024.7.24. 수정사항 | | |
|---|---|---|
| [문제] p.234<br>26번 설문 수정 | 전 | 26. 다음 중 상가건물의 소유권이전등기를 하지 아니하고 양도한<br>경우의 양도소득금액 산식으로 옳은 것은? |
| | 후 | 26. 다음 중 상가건물의 소유권이전등기를 하지 아니하고 양도한<br>경우의 양도소득과세표준 산식으로 옳은 것은? |

해커스 공인중개사